གངས་ཅན་སྨན་ཧཱུྃ

Transhimalaja

Erster Band

Lord Minto, Vizekönig von Indien.

Transhimalaja

Entdeckungen und Abenteuer in Tibet

Von

Sven Hedin

Mit 397 Abbildungen nach photographischen Aufnahmen,
Aquarellen und Zeichnungen des Verfassers und mit
10 Karten

7. Auflage

Erster Band

Leipzig / F. A. Brockhaus / 1922

Copyright 1909 by F. A. Brockhaus, Leipzig

Seiner Exzellenz

Earl of Minto
Vizekönig von Indien

in Dankbarkeit und Bewunderung
gewidmet.

Vorwort.

Zunächst ein Wort des Dankes an meine Gönner und Ehre dem Andenken König Oskars von Schweden! Der verewigte König brachte dem Plan meiner neuen Reise dasselbe verständnisvolle, warme Interesse entgegen, das er den früheren hatte zuteil werden lassen, nur mit dem Unterschied, daß er die Ausführung dieses Planes mit verdoppelter Freigebigkeit unterstützte.

Ich hatte die Kosten auf etwa 80 000 Kronen berechnet, und dieser Betrag wurde innerhalb einer Woche von meinem alten Freunde Emanuel Nobel und meinen Gönnern Frederik Löwenadler, Oscar Ekman, Robert Dickson, William Olsson und Henry Ruffer, Bankier in London, gezeichnet. Ich kann ihnen allen nicht genug danken. Infolge der politischen Schwierigkeiten, die sich mir in Indien entgegenstellten und die mich zu großen Umwegen zwangen, erhöhten sich die Kosten freilich noch um 50 000 Kronen, die ich aber selber zu opfern in der Lage war.

Ebenso wie früher habe ich auch jetzt Dr. Nils Ekholm zu danken für seine große Güte, alle absoluten Höhen auszurechnen. Die drei lithographischen Karten sind aus meinen Originalblättern mit der größten Gewissenhaftigkeit von Lieutenant C. J. Otto Kjellström zusammengetragen, der dieser mühsamen Arbeit seinen ganzen Urlaub geopfert hat. Die astronomischen Punkte, gegen hundert, sind von dem Amanuensis Roth an der Stockholmer Sternwarte ausgerechnet worden; nur einige wenige Punkte, die als unsicher angesehen wurden, sind beim Einzeichnen der Reiseroute in die Karte, die sich übrigens auf bereits bekannte Punkte stützte, fortgelassen worden. Die Karte, die meinen Bericht im „Geographical Journal", April 1909, illustrierte, zeichnete ich selbst aus freier Hand und aus dem Gedächtnis, ohne die Originalblätter hervorzuholen, weil es mir an Zeit fehlte; die Fehler, die ihr infolgedessen

natürlicherweise anhaften, sind auf den neuen Karten vermieden, ich habe aber hier den Grund der Ungleichheiten andeuten wollen. Ebenso werden die endgültigen Karten, die ich hoffentlich noch Gelegenheit habe in einem wissenschaftlichen Werk großen Maßstabes zu veröffentlichen, sich durch noch größere Genauigkeit und Detaillierung auszeichnen.

Meine Handzeichnungen treten ohne einen Schatten von Prätension auf, und meine Aquarelle sind sowohl in der Farbe wie in der Zeichnung außerordentlich mangelhaft. Eins der Bilder, der Lama, der die Tür einer Grabkapelle öffnet, ist sogar in der Eile unvollendet geblieben; ohne kolorierte Felder auf den Wandgemälden und ohne Schatten ist er mit unter die anderen gekommen. Diese flüchtigen Versuche etwa als Kunstwerke zu kritisieren, wäre daher dasselbe, als wollte man sein Pulver auf schon tote Krähen verschießen! Der Abwechslung halber sind mehrere Bilder von den englischen Künstlern de Haenen und T. Macfarlane gezeichnet worden. Man glaube jedoch nicht, daß diese Darstellungen Phantasien seien. Einer jeden dieser Zeichnungen liegen von mir ausgeführte Kontursskizzen, eine Anzahl Photographien und eine detaillierte Beschreibung der Szenen zugrunde. De Haenens Bilder sind in der Londoner Zeitschrift „The Graphic" erschienen, die sie schon bestellte, als ich noch in Indien war. Die Zeichnungen Macfarlanes sind diesen Sommer ausgeführt worden, und ich war in der Lage, seine Entwürfe zu sehen und zu billigen, ehe sie endgültig ausgearbeitet wurden.

Was nun den Text anbetrifft, so habe ich, soweit es der knapp bemessene Raum gestattete, den Verlauf der Reise zu schildern versucht, aber ich habe mir unvorsichtigerweise auch erlaubt, flüchtig Gebiete zu berühren, auf denen ich gar nicht zu Hause bin — ich meine besonders den Lamaismus! Und das ist dadurch auch nicht besser geworden, daß ich das ganze Buch in 107 Tagen schreiben mußte, deren Stunden überdies noch usurpiert wurden durch mancherlei Arbeit mit Karten und Illustrationen und durch eine weitläufige Korrespondenz mit ausländischen Verlegern, besonders mit Albert Brockhaus in Leipzig, der unermüdlich und unerschöpflich in gutem Rat gewesen ist. Das Ganze ist eine etwas überstürzte Arbeit, das Buch ist von Anfang an ein Schiff, das sich mit vielen Lecken und Rissen auf den Ozean des Weltgetümmels und der Kritik hinauswagt!

Dank auch meinem Vater, der das unleserliche Manuskript ins Reine geschrieben, und meiner Mutter, die mich vor vielen Irrtümern

bewahrt hat. Dr. Carl Forsstrand hat die Korrektur sowohl des Manuskripts wie des Drucks gelesen und das schwedische Register ausgearbeitet.

Die siebenunddreißig Asiaten, die mir treu durch Tibet folgten und in so hohem Grade zu dem glücklichen Ausgang und Ergebnis der Expedition beigetragen haben, wurden von Seiner Majestät dem König mit goldenen und silbernen Medaillen geehrt, die das Bild des Königs, eine durchbrochene Krone und eine Inschrift tragen. Für diese große Freigebigkeit bitte ich Seiner Majestät dem König meinen aufrichtigen, wärmsten Dank aussprechen zu dürfen.

Das Buch ist Lord Minto gewidmet worden als ein geringer Beweis meiner Dankbarkeit für all seine Güte und Gastfreundschaft. Es war Lord Mintos Absicht, meine Pläne so zu unterstützen, wie Lord Curzon es getan haben würde, wenn er noch Vizekönig von Indien gewesen wäre, aber politische Gründe haben ihn daran gehindert. Als ich jedoch einmal in Tibet war, stand es dem neuen Vizekönig frei, seinen Einfluß beim Taschi-Lama geltend zu machen, und er tat es auf eine Weise, die mir manche früher hermetisch verschlossene Pforten in dem Verbotenen Lande öffnete. Manch unausgesprochener Dank liegt noch aus anderen Gründen in der Widmung des „Transhimalaja" verborgen.

Liebe Erinnerungen aus Indien rauschten wie freundliche Palmen auch über meinen einsamen Jahren im öden Tibet. Es genügt, Männer zu nennen wie Lord Kitchener, in dessen Haus ich eine ebenso unvergeßliche wie lehrreiche Woche zubrachte; Oberst Dunlop Smith, der alle meine Aufzeichnungen und Karten verwahrte und heimschickte und mir eine ganze Karawane mit Proviant nach Gartok sandte; Major O'Connor, der mir so viele unschätzbare Dienste leistete; Younghusband, Patterson, Ryder, Rawling und viele andere. Und schließlich Oberst Burrard vom „Survey of India", der die grenzenlose Güte hatte, meine 900 Kartenblätter von Tibet photographieren zu lassen und die Negative für den Fall, daß die Originale verloren gehen sollten, in seinen Archiven aufzubewahren, und der, nachdem ich meine 200 persischen Kartenblätter der indischen Regierung zur Verfügung gestellt hatte, sie in „The North Western Frontier Drawing Office" hat ausarbeiten und zu einer großartigen Karte in elf gedruckten Blättern zusammenfügen lassen — eine Karte, die jedoch als „vertraulich" angesehen werden soll, bis meine wissenschaftlichen Arbeiten erschienen sind.

Es ist meine Absicht, alle die Erinnerungen, die nicht im „Transhimalaja" Platz gefunden haben, in einem dritten Bande zu sammeln. So habe ich ja aus Mangel an Raum die Beschreibung des Zuges von der Quelle des Indus nach Norden und von der Reise über den Transhimalaja nach Gartok, ferner den Weg von Gartok nach Ladak und schließlich die sehr interessante Reise vom Nganglaring-tso nach Simla ganz auslassen müssen. Auch die Beschreibung vieler Klöster habe ich auf eine spätere Gelegenheit verschieben müssen. In demselben Buch werde ich auch Denkwürdiges aus dem herrlichen, bezaubernden Japan, wo ich so viele Freunde gewonnen habe, und aus Korea, der Mandschurei und Port Arthur niederlegen. Das Manuskript dieses späteren Bandes liegt schon jetzt fertig vor; ich sehne mich nach der Gelegenheit, den Japanern öffentlich zu danken, wie auch unserem Vertreter in Japan und China, dem außerordentlichen Gesandten Wallenberg, für all die märchenhafte Gastfreundschaft und all die Ehren, die mir im Land der aufgehenden Sonne zuteil geworden sind.

In einem besonderen Buch soll schließlich die Jugend ihre Sehnsucht nach Abenteuern befriedigt sehen.

Es freut mich, jetzt noch in der elften Stunde mitteilen zu können, daß der auf Seite 97 als verloren gemeldete Madraser Manuel sich, wie ich vor einigen Tagen erfahren habe, endlich wiedergefunden hat.

Und jetzt noch einen Dank an meine Verleger, zunächst Herrn K. O. Bonnier in Stockholm, für gutes Zusammenarbeiten und für die hübsche äußere Ausstattung, die er meinem Buche gegeben hat, und dann den Firmen F. A. Brockhaus, Leipzig; „Elsevier", Uitgevers Maatschappij, Amsterdam; Hachette & Cie., Paris; „Kansa", Suomalainen Kustannus-O.-Y., Helsingfors; Robert Lampel Buchhandlung (F. Wodianer & Söhne) Act.-Ges., Budapest; Macmillan & Co., Ltd., London und New York; J. Otto, Prag; Fratelli Treves, Mailand.

Stockholm, im September 1909.

Sven Hedin.

Vorwort zur deutschen Ausgabe.

Ich fühle ein unwiderstehliches Bedürfnis, diese Gelegenheit auch zu benutzen, öffentlich meine tiefe, aufrichtige Dankbarkeit für die große Ehre auszusprechen, die Seine Majestät der Deutsche Kaiser mir zu erweisen geruhte, als ich wieder das Land und die Stadt besuchte, wo ich vor vielen Jahren bei dem unsterblichen Ferdinand von Richthofen meine erste wissenschaftliche Ausbildung in der Geographie Asiens genoß. Nichts konnte auf mich ermutigender und erfreuender wirken, als dem Interesse des großen, ritterlichen und warmherzigen Kaisers Wilhelm II., und dem sympathischen Verständnis zu begegnen, das Seine Majestät für meine Arbeit zu zeigen geruhte.

In die Gesellschaft für Erdkunde in Berlin kehrte ich nicht zurück als ein Fremdling, sondern als alter Freund unter lauter Freunde. Bei zwei früheren Gelegenheiten hatte sie mich schon geehrt; diesmal hatte ich die Ehre, die größte Auszeichnung zu empfangen, die die Gesellschaft verleiht, und ich verstehe, welch große Verantwortung damit verbunden ist. Wärmsten Dank dem Ersten Vorsitzenden Herrn Professor Wahnschaffe für die freundlichen Worte, die er an mich richtete, und Dank auch dem Vorstand und den Mitgliedern der Gesellschaft für die viel zu große Ehre, die sie mir haben zuteil werden lassen.

Es war mir auch eine besondere Freude, in Berlin viele meiner alten Kameraden aus Richthofens „Colloquium" wiederzusehen. Wir hatten Gelegenheit, liebe Erinnerungen von 1889 und 1892 wieder aufzufrischen, und ich fühlte stärker als je, wie tief meine „geographischen Wurzeln" in Deutschlands Boden ruhen. Wenn ich in diesem Zusammenhang der Freifrau Ferdinand von Richthofen und Herrn und Frau Dr. Ernst Tiessen einen besonderen Gruß sende, so werden sie mich ohne alle weiteren Erklärungen verstehen.

Meine Dankbarkeit erstreckt sich aber noch weit über Berlin, ja über Deutschlands Grenzen hinaus, denn der geographischen Gesellschaften

und Vereine, von denen ich mit grenzenloser Gastfreiheit aufgenommen worden bin und die mich in liebenswürdiger Weise um die Wette mit Ehrenbezeigungen überhäuft haben, sind viele.

Doch wollte ich alle die Veranlassungen zur Dankbarkeit aufzählen, die ich gegen meine deutschen Freunde habe, so würde ich den Raum überschreiten, der mir zur Verfügung steht. Daher will ich zum Schluß nur meinem vieljährigen und treuen Freunde Albert Brockhaus herzlich danken für das warme, verständnisvolle Interesse, das er mir und meinen Reisen stets gewidmet hat, und für die noble und hübsche Weise, in der er mein Transhimalajabuch ausgestattet hat. Wenn das Buch jetzt in einer würdigen äußeren Gestalt und mit einer so großen Auswahl von Illustrationen und Karten auftritt, so habe ich es ihm zu verdanken. Er ist außerdem noch so freundlich gewesen, die mühsame, zeitraubende Last des Briefwechsels mit den übrigen Verlegern auf sich zu nehmen, und hat mir dadurch die knappe Zeit gerettet, deren ich so sehr bedurfte, um das Buch zu beenden. Ein herzlicher Dank an seine berühmte Firma und an alle seine Arbeiter — meine Mitarbeiter — sei daher das letzte Wort, das ich zwischen die Buchdeckel des „Transhimalaja" schreibe.

Stockholm, im September 1909.

Sven Hedin.

Inhalt des ersten Bandes.

	Seite
Vorwort	VII—XII
Erstes Kapitel. Simla	1— 18
Zweites Kapitel. Aufbruch von Srinagar	19— 31
Drittes Kapitel. Der Weg nach Leh	32— 41
Viertes Kapitel. Die letzten Vorbereitungen	42— 54
Fünftes Kapitel. Aufbruch nach Tibet	55— 65
Sechstes Kapitel. Zum Rande der tibetischen Hochebene	66— 76
Siebentes Kapitel. Über den Kamm des Kara-korum	77— 88
Achtes Kapitel. Nach dem Lake Lighten	89— 96
Neuntes Kapitel. Im Sturm auf dem See	97—108
Zehntes Kapitel. Tod im Wolfsrachen — oder Schiffbruch!	109—119
Elftes Kapitel. Große Verluste	120—131
Zwölftes Kapitel. In unbekanntem Lande	132—141
Dreizehntes Kapitel. Unglückstage	142—153
Vierzehntes Kapitel. Fieberkrank im Land der wilden Yaks	154—162
Fünfzehntes Kapitel. Die ersten Menschen	163—175
Sechzehntes Kapitel. Unsere Schicksale auf dem Weg nach dem Bogtsang-tsangpo	176—188
Siebzehntes Kapitel. Weihnachten in der Wildnis	189—199
Achtzehntes Kapitel. Zehn Tage auf dem Eise des Ngangtse-tso	200—210
Neunzehntes Kapitel. Zurückgetrieben!	211—221
Zwanzigstes Kapitel. Vorwärts durch das verbotene Land!	222—235
Einundzwanzigstes Kapitel. Über den Transhimalaja!	236—246
Zweiundzwanzigstes Kapitel. Ans Ufer des Brahmaputra	247—256
Dreiundzwanzigstes Kapitel. Im Boot den Tsangpo hinunter. — Heimlich in Schigatse	257—268
Vierundzwanzigstes Kapitel. Das Neujahrsfest	269—283
Fünfundzwanzigstes Kapitel. Der Taschi-Lama	284—294
Sechsundzwanzigstes Kapitel. Die Gräber der Großlamas	295—304
Siebenundzwanzigstes Kapitel. Tibetische Volksbelustigungen	305—311
Achtundzwanzigstes Kapitel. Mönche und Pilger	312—324
Neunundzwanzigstes Kapitel. Streifzüge in Taschi-lunpo. — Der Weg der Toten	325—336

Dreißigstes Kapitel. Mein Leben in Schigatse . . . . 337—349
Einunddreißigstes Kapitel. Politischer Wirrwarr . . . . 350—362
Zweiunddreißigstes Kapitel. Tarting-gumpa und Taschi-gembe . . . 363—374
Dreiunddreißigstes Kapitel. Der Raga-tsangpo und der My-tschu 375—385
Vierunddreißigstes Kapitel. Nach Linga-gumpa . . . . 386—394
Fünfunddreißigstes Kapitel. Eingemauerte Mönche . . . . 395—405

Abbildungen.

Das bunte Bild auf dem Einband des ersten Bandes, nach einem Aquarell des Verfassers, stellt Gipfel und Gletscher auf dem Wege zum Surlapaß dar. (Siehe Band II, Abb. 356.)

Das Vorsatzpapier des Einbandes gibt eine Sanskrit-Zauberformel wieder, eine Dhârani, aus den „Eingeweiden" eines lamaistischen Götterbildes entnommen; in der Mitte stehen die tibetischen Bannworte: „Oṃ ma-ṇi pad-me hûm". (Siehe Band II, Seite 174 ff.)

                                                                    Seite
Lord Minto, Vizekönig von Indien . . . . (Titelbild)
1. Die neueste Karte von Tibet   2
2. Simla (2159 Meter) mit dem Sommerpalast des Vizekönigs   8
3. Palast des Vizekönigs in Simla   9
4. Herbert Viscount Kitchener of Khartoum 12
5. Oberst Sir Francis Younghusband. 6. Oberst J. R. Dunlop Smith   13
7. Lady Minto und der Verfasser auf der Terrasse des vizeköniglichen Palastes. 16
8. Seine Hoheit Sir Pratab Sing, Maharadscha von Kaschmir und Dschamu 17
9. Am Dschihlam in Srinagar 18
10. Palast Sr. Hoheit des Maharadscha von Kaschmir und Dschamu in Srinagar. 19
11. Meine drei jungen Hunde. 12. Manuel, der Koch. 13. Ganpat Sing, der Radschput. 14. Robert, der Eurasier 24
15. Meine Schutztruppe. 16. Aufbruch von Ganderbal 25
17. Vor Nedous Hotel in Srinagar. 18. Die beladenen Maultiere. 19. Eine Amateuraufnahme in Srinagar 32
20. Der Weg nach Baltal 33
21. Kargil. 22. Tschorten im Kloster von Lama-juru. Skizzen des Verfassers. 36
23, 24. Mönche. 25. Kirchenmusik in Lama-juru. Skizzen des Verfassers 37
26. Sumto-Tal unterhalb von Lama-juru. 27. Indus-Brücke bei Altschi. Skizzen des Verfassers 40
28, 29. Kopf der Pantholops-Antilope. 30, 31. Kopf des Ammonschafes. Skizzen des Verfassers 41
32. Muhamed Isa, mein unvergeßlicher Karawanenführer 44
33. Der Mohammedaner Guffaru, der sein Leichentuch stets mit sich führte. 45
34, 35. Palast der alten Könige von Ladak in Leh. Skizzen des Verfassers 48

Abbildungen.

		Seite
36.	Die Grabmäler der Forschungsreisenden Stoliczka und Dalgleish in Leh	49
37.	Tikse-gumpa, Männerkloster in Ladak. Skizze des Verfassers	56
38.	Vornehmer Lama. 39. Der Radscha von Stogh, letzter Exkönig von Ladak. Skizzen des Verfassers	57
40.	Von Singrul nach dem Passe Tschang-la. 41. Aussicht von Soltak. 42. Drugub. Skizzen des Verfassers	64
43.	Mein alter Freund Hiraman aus Ladak. 44. Sampul und Tschenmo, die Dorfältesten von Pobrang und Tankse	65
45.	Lunkar mit dem Weg zum Marsimik-la. 46. Lagerfeuer im Spanglung-Tal	72
47.	Spanglung-Tal. 48. Meine Pferde im Kara-korum-Gebirge	73
49.	Lager bei Pamsal. 50. Passierung des Tschang-tschenmo auf dem Weg nach Gogra. 51. Rabsang, Abul, Tsering und Muhamed Isa	80
52.	Muhamed Isa mit Tsering und Abul in einer Furt des Tschang-tschenmo bei Pamsal	81
53.	Eine Schlucht bei Lager Nr. 8	88
54.	Tod im Wolfsrachen — oder Schiffbruch!	89
55.	Lager Nr. 15 auf dem Westufer des Lake Lighten. 56. Im Schnee nordöstlich von Tschang-lung-jogma. 57. Mein Zelt, im Vordergrund Bikom Sing, Manuel und die jungen Hunde	96
58.	Eine schauerliche Nacht auf dem Lake Lighten	97
59.	Rehim Ali aus Ladak	104
60.	Robert	105
61.	Rehim Ali hilft mir das Boot aus der Brandung ans Ufer ziehen. Zeichnung von T. Macfarlane	112
62.	Am Westufer des Jeschil-köl. 63. Süßwassersee Pul-tso von Westen. 64. Pferde und Maultiere in unfruchtbarem Lande	113
65.	Nächtlicher Sturm auf dem Jeschil-köl. Zeichnung von T. Macfarlane . .	116
66.	Ausgrabungen im Lager von Deasy. 67. Nachmittagstee im Freien. 68. Schmelzen von Schnee zum Trinkwasser für die Tiere	117
69.	Die Leute von Tankse, die mich verließen. 70. Namgjal mit einem Sack gesammelten Yakdungs	120
71.	Schutzmauer von Proviantsäcken. 72. Mein Zelt im Lager Nr. 41, rechts Robert vor seinem Zelt. 73. Muhamed Isa und Robert am Feuer . .	121
74.	Vorbereitung zum Diner im Lager Nr. 41	128
75.	Das große scheckige Jarkentpferd. 76, 77. Die erlegten Yaks, oben links der Schütze Tundup Sonam	129
78.	Ich riß den roten Baschlik ab und schwenkte ihn rückwärts, um den Yak durch den Anblick aufzuhalten. Zeichnung von de Haenen	136
79.	Der wütende Yak stürzte sich auf Rehim Ali. Zeichnung von de Haenen .	137
80.	Rettungslos verloren. Zeichnung von T. Macfarlane	144
81, 82.	Puntsuk und Tsering Dava, die ersten Tibeter	145
83.	Muhamed Isa vor seinem Zelt. 84. Die von den ersten Tibetern gekauften Yaks	152
85.	Kurz und dreist fragte ein grober Kerl: „Was seid ihr für Leute?" (Zeichnung von T. Macfarlane)	153
86.	Aussicht vom Paß La-ghjanjak (5161 Meter) in der Nähe des Dangrajum-tso. Skizze des Verfassers	160
87.	Tibetischer Gruß	161

Abbildungen.

	Seite
88. Der improvisierte Schlitten auf dem Ngangtse-tso. 89. Transport über den See. 90. Rast auf dem Eise	168
91. Rabsang und Taschi ziehen mich im Schneesturm über das Eis des Ngangtse-tso. Zeichnung von de Haenen	169
92. Seine Exzellenz der Gouverneur Hladsche Tsering und sein Sekretär	176
93. Hladsche Tsering beim Aufbruch. 94. Hladsche Tserings Gefolge. 95. Der Eilbote Ngurbu Tundup mit den letzten Briefen in die Heimat	177
96. Der Paß von La-rock. Manis mit flatternden Gebeten. 97. Am Ufer des Brahmaputra bei Lamo-tang	184
98. Ein Haus im Dorf Rungma. 99. Das Tal des Tsangpo westlich von Lamo-tang	185
100. Haus und Garten des Taschi-Lama in Tanak. 101. Der Tsangpo mit Eisgang, östlich von Tanak	192
102. Fellboote auf dem Tschangpo. 103. Pilger auf der Reise nach Taschi-lunpo	193
104. Schigatse, Hauptstadt der Provinz Tsang, 3871 Meter	200
105. Die Burg (Dsong) von Schigatse. Skizze des Verfassers	201
106. Der Labrang, Palast des Taschi-Lama	208
107. Der obere Altan am Hof der Festspiele in Taschi-lunpo	209
108. Lamas in Taschi-lunpo. 109. Hof der religiösen Festspiele in Taschi-lunpo	216
110 und 111. „Profanum volgus" beim Neujahrsfest in Schigatse	217
112. Lama mit Muscheltrompete. 113. Lama mit Flöte. Skizzen des Verfassers	224
114. Lama mit Tempeltrommel. 115. Lesender Lama mit Dortsche (Donnerkeil) und Drilbu (Gebetglocke). Skizzen des Verfassers	225
116, 117. Maskierte Lamas (in Hemi-gumpa, Ladak)	232
118, 119, 120. Lamas in Tanzmasken. Skizzen des Verfassers	233
121. Audienzzimmer des Taschi-Lama	240
122. Ansicht von Taschi-lunpo. Skizze des Verfassers	241
123. Klostergasse in Taschi-lunpo, links ein Haus mit Mönchszellen	248
124. Fassade des Mausoleums eines Taschi-Lama in Taschi-lunpo	249
125. Fassade des Mausoleums des ersten Taschi-Lama	256
126, 127. Inneres der Mausoleen zweier Taschi-Lamas in Taschi-lunpo. Skizzen des Verfassers	257
128. Studierstunde in der Bibliothek Kandschur-lhakang in Taschi-lunpo. Skizze des Verfassers	264
129. Portal zum Mausoleum des dritten Taschi-Lama in Taschi-lunpo. Skizze des Verfassers	265
Bunte Tafel. Festkleidung und Schmuck tibetischer Frauen aus Kjangrang im Transhimalaja. Aquarelle des Verfassers	272
130. Treppe zum Mausoleum des fünften Taschi-Lama in Taschi-lunpo. Skizze des Verfassers	276
131. Schigatse. 132. Am Wettrennen beteiligte Reiter auf Besuch in meinem Garten.	277
133. Wettschießen zu Pferd beim Volksfest in der Nähe von Schigatse. Zeichnung von de Haenen	280
134. Papierpferde, die bei nächtlichem Tanz von innen beleuchtet werden	281
135. Tanzende Gaukler aus Nepal bei der Neujahrsfeier in meinem Garten	288
136. Lama in Taschi-lunpo. 137. Bürger in Schigatse. 138. Chinesischer Kaufmann in Schigatse. 139. Pförtner im Tempel des Tsongkapa. Skizzen des Verfassers	289

Abbildungen.

	Seite
140. Chinesen mit Drachen und Papierlaternen. 141. Grabkapelle zweier Taschi-Lamas	296
142. Inneres der großen roten Galerie von Taschi-lunpo. Skizze des Verfassers. 143. Der Taschi-Lama kehrt von einer Zeremonie nach dem Labrang zurück	297
Bunte Tafel. Namgjal-lhakang mit Tsongkapas Bild in Taschi-lunpo. Aquarell des Verfassers	300
Bunte Tafel. Eingang zum Grab des fünften Taschi-Lama in Taschi-lunpo. Aquarell des Verfassers	304
144. Die große rote Galerie von Taschi-lunpo von außen. Skizze des Verfassers	312
145. Der Taschi-Lama bei einer religiösen Disputation auf dem Festspielhof in Taschi-lunpo. Skizze des Verfassers	313
146. Seine Heiligkeit der Pantschen Rinpotsche oder Taschi-Lama	320
147. Pilger in einem Portal in Taschi-lunpo. 148. Eine Klosterküche in Taschi-lunpo. Skizze des Verfassers	321
149. Pilgerin aus Nam-tso. 150. Lama mit Teekanne. 151. Der Tee wird zu den Zellen der Mönche gebracht. 152. Bettelnder Lama. Skizzen des Verfassers	328
153. Straße mit Lamas in Taschi-lunpo	329
154. Tschorten in Taschi-lunpo. Skizze des Verfassers	336
155, 156. Religiöse Gegenstände und Götterbilder (in Sanskar-gumpa)	337
157. Vorlesung für Novizen in Taschi-lunpo. Skizze des Verfassers	344
158. Pilger aus Kamba-dsong. 159. Pilgerinnen aus Nam-tso. Skizzen des Verfassers	345
160. Frau Taschi Buti in Schigatse. 161. Junge Dame in Schigatse. 162. Bürgerfrau in Schigatse. Skizzen des Verfassers	348
163. Tanzende Knaben mit Trommeln. Skizze des Verfassers	349
164. Der Herzog Kung Guschuk, Bruder des Taschi-Lama	352
165. Die Herzogin Kung Guschuk und fünf ihrer Dienerinnen mit dem jüngsten Bruder des Taschi-Lama	353
166. Der Verfasser zeichnet die Herzogin Kung Guschuk (Muhamed Isa stehend). Zeichnung von T. Macfarlane	360
167. Der jüngste Bruder des Taschi-Lama mit einem Diener	361
168. Wandernde Nonne mit Tanka, eine religiöse Legende darstellend. 169. Tarting-gumpa	368
170. Motiv vom Sego-tschummo-lhakang in Tarting-gumpa. Skizze des Verfassers. 171. Das Nonnenkloster von Gandän-tschöding	369
172. Ein junger Lama. 173. Lama in Tong. Skizzen des Verfassers	376
174. Aussicht vom Ta-la (5436 Meter) nach Südosten. Skizze des Verfassers. 175. Kettenbrücke über den Brahmaputra zum Kloster Pinsoling	377
176, 177. Tarting-gumpa. 178. Inschrift und Buddhabild in Granit eingemeißelt bei Lingö. 179. Lung-gandän-gumpa bei Tong. 180. Linga-gumpa von oben. Skizzen des Verfassers	384
181. Bettler in Taschi-gembe. 182. Wandernder Lama. 183. Tibeter. Skizzen des Verfassers	385
184. Die eine Boothälfte zur Überfahrt über den Doktschu-tsangpo bei Lingö bereit. 185. Tibeter im Dorf Tong	392
186. Wandernder Musikant und Tänzerin	**393**

	Seite
187. Die hübsche Frau Putön in Sirtschung	400
188. Gruppe von tibetischen Weibern. 189. Dorf und Kloster Linga	401
190, 191. Knaben. 192. Altes Weib. 193. Junger Lama. Skizzen des Verfassers	404
194. Seine Heiligkeit der Pantschen Rinpotsche oder Taschi-Lama	405

Karte.

Übersichtskarte von Hedins Reisen in Tibet 1906—1908. Konstruiert und gezeichnet von Lieutenant C. J. Otto Kjellström. 1909. Maßstab: 1:3000000.

Erstes Kapitel.

Simla.

Im Frühling des Jahres 1905 ging mir der Gedanke an eine neue Reise nach Tibet sehr im Kopfe herum. Drei Jahre waren seit meiner Rückkehr ins Vaterland verstrichen; mein Arbeitszimmer begann mir schon zu eng zu werden; wenn am Abend ringsum alles still ward, glaubte ich im Sausen des Windes den Mahnruf zu hören: „Komm wieder zurück in die Stille der Wildnis!" Und wenn ich morgens erwachte, horchte ich unwillkürlich, ob nicht schon draußen die Karawanenglocken läuteten. So verstrich die Zeit, der Plan gedieh zur Reise, und bald war mein Schicksal entschieden: ich mußte wieder zurück in die große Freiheit der Wüste und hinaus auf die weiten Ebenen zwischen Tibets schneebedeckten Bergen. Dieser inneren Stimme, wenn sie stark und deutlich spricht, nicht zu folgen, hieße sich dem Untergang und Verderben preisgeben; der Führung dieser unsichtbaren Hand muß man sich überlassen, an ihren göttlichen Ursprung glauben und auch an sich selbst, und sich dem verzehrenden Schmerz unterwerfen, den ein neuer Abschied von der Heimat, für so lange Zeit und aufs Ungewisse hin, mit sich bringt.

Am Schluß meines wissenschaftlichen Werkes über die Ergebnisse der vorigen Reise („Scientific Results") nannte ich es eine Unmöglichkeit, von Tibets innerer Beschaffenheit, von seinen Gebirgen und Tälern, seinen Flüssen und Seen eine besondere, eingehende Schilderung zu geben, zu einer Zeit, wo noch so große Teile des Landes völlig unbekannt seien. „Unter diesen Umständen," sagte ich dort (Band IV, Seite 608), „ziehe ich es vor, die Vollendung einer solchen Monographie bis zur Rückkehr von der Reise zu verschieben, zu der ich soeben aufbrechen will." Statt mich in Vermutungen zu verlieren oder die Ergebnisse durch Mangel an Material zu verwirren, wollte ich lieber diese unbekannten Gebiete mitten in Nordtibet mit eigenen Augen sehen und vor allem die große Strecke völlig unerforschten Landes besuchen, die sich im Norden des oberen Brahmaputra ausdehnt und weder von Europäern noch von indischen „Punditen", eingeborenen Forschungsreisenden, durchkreuzt worden ist. Soviel war ja schon a priori sicher, daß gerade dieses Gebiet einige der

allergrößten und schönsten Probleme umfaßte, die in der physischen Geographie Asiens noch ungelöst geblieben waren. Dort mußte es ein oder mehrere Gebirgssysteme geben, die mit dem Himalaja und dem Karakorum parallel liefen; dort mußten sich Gipfel und Bergrücken finden, die nie der Blick eines Forschers gestreift hatte; türkisenblaue Salzseen in Tälern und Senkungen spiegelten dort den rastlosen Zug der Monsunwolken nach Nordosten wider, und von ihren südlichen Rändern mußten wasserreiche Flüsse, bald schäumend, bald ruhig, herabströmen. Dort gab es ohne Zweifel Nomadenstämme, die im Frühling ihre Winterweiden verließen und im Sommer auf höher liegenden Ebenen umherstreiften, wenn das neue Gras dem kargen Boden entsprossen war. Aber ob dort eine ansässige Bevölkerung wohnte, ob es dort Klöster gab, von deren Dach herab täglich ein Lama, pünktlich wie die Sonne, durch Blasen auf einer Muschel die Mönche zum Gebete rief, das wußte keiner. Vergeblich durchblätterte man die tibetische Literatur neuerer und früherer Zeit nach Aufklärung darüber; nichts fand man als einige phantastische Mutmaßungen über die Existenz eines gewaltigen Bergrückens, die keinen Wert hatten, da sie der Wirklichkeit nicht entsprachen und sich auf keinerlei Tatsachen stützen konnten. Dagegen waren einige wenige Reisende im Norden und Süden, Osten und Westen an dem unbekannten Lande vorübergezogen; ich selbst hatte mich unter ihnen befunden. Betrachtete man aber eine Karte, die die Reiserouten durch Tibet wiedergab, so konnte man fast den Eindruck haben, als ob wir alle den großen weißen Fleck, der sogar auf der kürzlich herausgegebenen englischen Karte (Abb. 1) nur das Wort „Unexplored" („Unerforscht") aufweist, absichtlich vermieden hätten. Daraus durfte man den Schluß ziehen, daß eine Durchquerung dieses Landes nicht leicht sein müsse, da sich sonst wohl im Laufe der Zeit jemand dorthin verirrt haben würde. In meinem Buch „Im Herzen von Asien" habe ich ausführlich geschildert, welche verzweifelten Versuche ich im Herbst und Winter 1901 anstellte, um von meiner Reiseroute zwischen dem Selling-tso und dem Panggong-tso nach Süden vorzudringen. Einer meiner Wünsche war, Gelegenheit zu finden, einen oder einige der großen Seen in Mitteltibet, die der indische Pundit Nain Sing 1874 entdeckt und die seitdem niemand außer den Eingeborenen gesehen hatte, besuchen zu können. Schon während meiner vorigen Reise hatte ich von der Entdeckung der Quelle des Indus geträumt; aber es war mir damals nicht beschieden gewesen, bis zu ihr zu gelangen. Dieser geheimnisvolle Punkt hatte noch immer nicht seinen richtigen Platz auf der Karte Asiens erhalten — irgendwo mußte er aber doch zu finden sein! Seit dem Tage, an dem der große Mazedonier Alexander (im Jahre 326 v. Chr.) mit

1. Die neueste Karte von Tibet.

Aus: Geographical Journal, 1906. Zu beachten ist der weiße Fleck nördlich des oberen Brahmaputra mit dem Wort „Unexplored" und nördlich davon die beiden andern vom Verfasser durchkreuzten weißen Flecke.

seiner sieggewohnten Schar den mächtigen Fluß überschritt, hat die Frage nach der Bestimmung dieser Stelle stets auf der Tagesordnung der geographischen Forschungsarbeit gestanden.

Im voraus einen ausführlichen Plan zu einer Reise zu entwerfen, deren Verlauf und Ausgang unsicherer als jemals waren und von Umständen abhängig erschienen, die man durchaus nicht in seiner Gewalt haben konnte, war ebenso unmöglich wie überflüssig. Ich zeichnete freilich in eine Karte von Tibet den wahrscheinlichen Weg meiner bevorstehenden Reise ein, damit meine Eltern und Geschwister ungefähr wissen sollten, wo ich mich befand. Vergleicht man diese Karte mit der wirklichen Reiseroute, so findet man zwar in beiden Fällen dieselben Gebiete berührt, Verlauf und Einzelheiten sind aber völlig verschieden gewesen.

Inzwischen schrieb ich an den damaligen Vizekönig von Indien, Lord Curzon, teilte ihm meinen Plan mit und bat um all die Unterstützung, die ich für notwendig hielt, um in dem unsicheren, seit kurzem im Kriegszustand befindlichen Tibet günstige Erfolge zu erzielen.

Bald darauf erhielt ich folgenden Brief, den ich mit seines Absenders Erlaubnis hier mitteile:

Simla, Palast des Vizekönigs, 6. Juli 1905.

Mein lieber Doktor Hedin!

Ich höre mit großem Vergnügen, daß Sie meinem Rate folgen und vor Abschluß Ihrer wunderbaren Reisen noch eine große Expedition in Zentralasien unternehmen wollen.

Ich bin stolz darauf, Ihnen, solange ich noch in Indien bin, all die Unterstützung zu gewähren, die in meiner Macht steht, und ich bedauere nur, daß ich lange vor Beendigung Ihrer großen Expedition diese Gegenden verlassen haben werde, denn ich habe die Absicht, im April 1906 heimzureisen.

Nun aber zu Ihrem Plan! Ich sehe, daß Sie erst im nächsten Frühjahr nach Indien kommen; da werde ich also vielleicht noch das Glück haben, Sie zu treffen. Ich werde dafür sorgen, daß sich ein tüchtiger eingeborener Topograph zu Ihrer Begleitung bereit hält, und ich werde Ihnen desgleichen einen mit astronomischen Beobachtungen vertrauten Mann zur Verfügung stellen nebst einem zweiten, der meteorologische Arbeiten ausführen kann. Beide werden bei Ihrer Ankunft reisefertig sein.

Ich kann nicht voraussagen, was für eine Haltung die tibetische Regierung zur Zeit Ihres Eintreffens in Indien annehmen wird; sollte sie dauernd eine freundliche bleiben, werde ich natürlich versuchen, Ihnen die notwendige Erlaubnis, einen Paß und sicheres Geleit zu verschaffen.

Mit der Versicherung, daß es mir die größte Freude bereitet, Ihre Pläne auf jede Weise zu unterstützen, bin ich

Ihr ergebener

Curzon.

Wie wichtig dieser tatkräftige Schutz und Beistand seitens des Vizekönigs mir werden würde, begreift sich leicht. Besonders freute mich, daß ich eingeborene Topographen mitnehmen sollte, die in Vermessungsarbeiten geübt waren; denn durch ihre Tätigkeit mußte die aufzunehmende Karte ungemein wertvoller werden; ich selber aber würde von diesen mannigfachen Arbeiten, die so viel Zeit rauben, befreit werden und mich den physisch-geographischen Untersuchungen ungeteilt widmen können.

Mit diesem liebenswürdigen Briefe als Einführung trat ich meine fünfte Reise nach Asien an. Lord Curzon hatte allerdings, als ich in Indien eintraf, bereits seinen Posten verlassen, und in England sollte bald unter dem Premierminister Sir Henry Campbell-Bannerman eine neue Regierung ans Ruder gelangen. Aber Lord Curzons Versprechungen waren doch so gut wie ein Königswort, und ich zweifelte nicht im geringsten daran, daß auch ein liberales Ministerium sie respektieren würde.

Am 16. Oktober 1905, an demselben Tage, an dem ich zwölf Jahre vorher meine Reise „Durch Asiens Wüsten" angetreten hatte, verließ ich wiederum mein liebes altes Heim in Stockholm. Weit ungewisser als damals schien es mir jetzt, ob ich alle die Meinigen wiedersehen würde; einmal muß ja doch die Kette reißen, die uns umschließt! Würde es mir vergönnt sein, nochmals die Heimat unverändert wiederzufinden?

Die Reise ging über Konstantinopel und das Schwarze Meer, durch Türkisch-Armenien, quer durch Persien bis Seistan und durch die Wüsten Belutschistans bis Nuschki, wo ich den westlichsten Ausläufer des indischen Eisenbahnnetzes erreichte. Nach all dem Staube und der Hitze Belutschistans wirkte Quetta auf mich wie eine frische, herrliche Oase. Am 20. Mai 1906 verließ ich diese Stadt, fuhr in vier Stunden von 1680 Meter Höhe in ein nur 100 Meter über dem Meeresspiegel liegendes Land hinab und hatte schon in Sibi abends eine Hitze von 38 Grad Celsius. Am folgenden Tage ging es am Indus und Satledsch entlang über Samasata und Bathinda nach Ambala; und ich war nun, in der heißesten Zeit des Jahres, der einzige Europäer im Zuge. Die Temperatur stieg bis 41,6 Grad, also auf dieselbe Zahl, die ich kurz vorher in Belutschistan festgestellt hatte; aber hier im schattigen Eisenbahnwagen war sie viel leichter auszuhalten. Durch ein Dach mit herabhängenden Schirmen wird der ganze Wagen gegen die direkte Sonnenglut geschützt; gleichwohl tut man gut, jegliche Berührung mit den Außenteilen des Wagens zu vermeiden — sie sind nämlich glühend heiß. Zwei Fensteröffnungen sind mit einem Geflechte feiner Wurzelfasern überspannt, die automatisch mit Wasser begossen werden, und ein Windfang treibt die Zugluft durch dies feuchte Gitter

herein. An einem solchen Fenster hatte ich sogar mittags nur 27,5 Grad und brauchte mich deshalb keineswegs zu beklagen. Auf einigen Halte= stellen findet man vorzügliche Restaurationen, und Eingeborene fahren mit im Zuge und bieten unterwegs Limonade und glashelles Eis feil.

Trotzdem sehnt man sich von Indiens schwülen, verdorrten Ebenen nach seinen Bergen mit ihrer frischen, reinen Luft hinauf. Von Kalka aus wird man durch eine kleine Schmalspurbahn in $6^1/_2$ Stunden auf eine Höhe von 2160 Meter befördert und ist dann in Simla, der Sommerresidenz des Vizekönigs und dem Hauptquartier des englisch=indischen Heeres. Die Bahnlinie ist eine der entzückendsten und großartigsten, die es auf Erden gibt. In den tollkühnsten Kurven klettert die kleine Bahn die steilen Wände hinan, die Abhänge hinab, in schmale, tiefe Talschluchten hinein, auf steile Bergabsätze hinaus, von deren äußerstem Vorsprung, so scheint es fast, der Zug in die Luft hinaussausen will, über Brücken hinweg, die unter seiner Schwere knarren und beben, in nachtschwarze Tunnel hinein und dann wieder in den blendenden Sonnenschein hinaus. Bald fährt man an einem Tal vorüber, dessen Sohle tief unten zu unseren Füßen schimmert, dann aufwärts über einen Kamm, der nach beiden Seiten freie Aussicht gewährt, dann wieder am Abhang einer steilen Wand hin, von deren Höhe man die sich wunderbar windende Bahn mehrere Stockwerke unter sich erblickt. Jede oder jede zweite Minute verändert sich die Landschaft, neue Bilder und Perspektiven, neue Sehwinkel und Beleuchtungen folgen einander und halten die Aufmerksamkeit des Rei= senden in äußerster Spannung. Durch 102 Tunnel geht die schnau= bende Fahrt; die meisten davon sind ganz kurz, der längste aber ist 1207 Meter lang.

Wir fahren durch einen Vegetationsgürtel nach dem anderen. Der Pflanzenwuchs der Ebene blieb schon lange hinter uns zurück; jetzt trifft der Blick auf neue Formen in neuen Zonen, Formen, die für die ver= schiedenen Höhen der Südabhänge des Himalaja charakteristisch sind, und schließlich zeigen sich noch weiter oben die dunkeln Deodarawälder, die königlichen Himalajazedern, in deren üppigem Grün die Häuser Simlas, hellen Schwalbennestern ähnlich, eingebettet liegen (Abb. 2). Wie fesselnd ist nicht dieses Bild, aber wieviel überwältigender wird es als ein Symbol der Macht des Britischen Reiches! Hier horstet der Adler, und von seinem Horst aus wirft er spähende Blicke über Indiens Ebenen. Hier sammelt sich ein Bündel zahlloser Telegraphendrähte von allen Ecken und Enden des britischen Kaiserreichs, und von diesem Punkte aus werden täglich unzählige Befehle und Anordnungen „in His Majesty's service only" erlassen; von hier aus wird die Verwaltung geführt und die Armee

befehligt, und von diesen Fäden umsponnen ist ein Heer von Maharadschas, indischen Großfürsten, wie die Beute in einem Spinnennetz.

Mit einigem Zagen näherte ich mich Simla. Seit Lord Curzons Brief hatten die Machthaber in Indien nichts wieder von sich hören lassen. Immer größer wächst die eigentümliche Stadt auf ihrem halbmondförmigen Bergrücken empor, immer deutlicher treten die Einzelheiten hervor, jetzt fehlen nur noch ein paar Kurven, und dann rollt der Zug in den Bahnhof von Simla ein. Vier feuerrot gekleidete Lakaien vom Auswärtigen Amt bemächtigen sich meines Gepäcks, und im Grand Hôtel empfängt mich mein alter Freund, der Oberst Sir Francis Younghusband; wir hatten 1890 in Kaschgar zusammen Weihnachten gefeiert, und er war noch ebenso stattlich, freundlich und gemütlich wie damals. Zum Mittagessen war ich sein Gast im „United Service Club". Wir schwelgten die halbe Nacht in alten Erinnerungen aus dem Herzen Asiens, wir sprachen von dem allmächtigen russischen Generalkonsul Petrowskij in Kaschgar, von der englischen Expedition nach Lhasa, deren Führer Younghusband gewesen, vom Leben in Simla und den bevorstehenden Festlichkeiten der Sommersaison — aber von meinen Aussichten sagte mein Freund kein Wort! Und ich fragte ihn auch nicht; ich konnte mir ja denken, daß er, wenn alles klipp und klar gewesen wäre, es mir sofort gesagt hätte. Aber er war stumm wie eine Wand, und ich wollte nicht fragen, obwohl ich vor Ungeduld brannte, wenigstens irgend etwas zu erfahren.

Als ich am Morgen des 23. Mai auf meinen Balkon hinaustrat, war mir zumute wie einem Gefangenen, der auf sein Urteil wartet. Unter mir glänzten Simlas Dächer im Sonnenschein, und ich stand in einer Höhe mit den Kronen der Zedern. Wie herrlich hier oben über der dumpfen schwülen Luft der Ebene! Nach Norden hin leuchtete durch eine Lücke zwischen üppigen Bäumen ein Bild von unvergleichlicher Schönheit. Dort schimmerten die nächstliegenden Himalajaketten, die mit ewigem Schnee bedeckt sind. Blendend weiß zeichnete sich der Kamm auf einem türkisblauen Himmel ab. Die Luft war so strahlend klar, daß die Entfernung unbedeutend erschien; nur wenige Tagereisen trennten mich von diesen Bergen, und hinter ihnen breitete sich das geheimnisvolle Tibet, das verbotene Land, das Land meiner Träume! Später, gegen Mittag, wurde die Luft dunstig, und das herrliche Bild verschwamm; es zeigte sich auch nicht wieder in den Wochen, die ich in Simla verbrachte. Es war, als sei zwischen Tibet und mir ein Vorhang herabgelassen, und als sollte es mir nur ein einziges Mal vergönnt gewesen sein, aus der Ferne die Berge zu sehen, über die der Weg in das gelobte Land führte!

Es wurde ein trüber Tag; um zwölf Uhr sollte ich mein Urteil

hören. Younghusband holte mich ab, und wir gingen zusammen nach dem „Foreign Secretary's Office", dem Auswärtigen Amt. Sir Louis Dane empfing mich mit der allergrößten Liebenswürdigkeit, wir plauderten von Persien und der „Handelsstraße" zwischen Indien und Seistan. Dann verstummte er plötzlich; nach einer Weile aber sagte er:

„Es ist besser, Sie erfahren es gleich: die Londoner Regierung verweigert Ihnen die Erlaubnis, über die indische Grenze in Tibet einzudringen."

„Eine traurige Nachricht! Aber weshalb denn?"

„Das weiß ich nicht; wahrscheinlich will die jetzige Regierung alles vermeiden, was möglicherweise zu Reibungen an der Grenze Anlaß geben könnte; die Bewilligung Ihres Gesuches bedeutete für uns die Verantwortung für den Fall, daß Ihnen nachher vielleicht etwas zustoßen könnte. Ja, es ist jammerschade. Was gedenken Sie nun zu tun?"

„Hätte ich in Teheran eine Ahnung davon gehabt, dann würde ich den Weg durch Russisch-Asien eingeschlagen haben, denn von russischer Seite sind mir niemals Schwierigkeiten bereitet worden."

„Ja, wir hier draußen haben alles getan, um Ihre Pläne zu unterstützen. Die drei eingeborenen Feldmesser, die Lord Curzon Ihnen versprochen hat, sind seit sechs Monaten geschult und halten sich in Dehra Dun zur Reise bereit. Aber wahrscheinlich wird auch dies von London aus rückgängig gemacht werden. Doch wir haben noch nicht alle Hoffnung aufgegeben und erwarten erst am 3. Juni die endgültige Antwort."

Elf Tage auf die endgültige Entscheidung warten zu müssen, erschien mir unerträglich. Vielleicht, daß ein persönliches Eingreifen günstig für mich wirken konnte. Ich sandte daher dem englischen Premierminister folgendes Telegramm:

> Die freundlichen Worte, die Euer Exzellenz vor zwei Jahren im Parlament über meine Reise und mein Buch gesprochen haben, geben mir den Mut, mich direkt an Sie zu wenden und im Namen der geographischen Wissenschaft Sie zu bitten, mir die Erlaubnis Ihrer Regierung zum Eindringen in Tibet über Simla und Gartok zu geben. Ich beabsichtige das zum größten Teil unbewohnte Gebiet nördlich vom Tsangpo (Brahmaputra) und um die in seiner Mitte befindlichen Seen zu erforschen und dann nach Indien zurückzukehren. Ich bin mit den gegenwärtigen politischen Beziehungen zwischen Indien und Tibet völlig vertraut, und da ich seit meinem einundzwanzigsten Jahre mit Asiaten friedlich verkehrt habe, werde ich mich auch jetzt durchaus taktvoll benehmen, den gegebenen Instruktionen folgen und es als Ehrenpflicht ansehen, alle Streitigkeiten an der Grenze zu vermeiden.

Und nun warteten wir wieder; die Tage vergingen, meine drei eingeborenen Gehilfen in Dehra Dun hielten sich reisefertig, der Höchstkommandierende, Lord Kitchener, versicherte, daß er mir mit Freuden zwanzig bis an die Zähne bewaffnete Gurkhas zur Verfügung stellen werde — nur müsse erst die Erlaubnis vom Staatssekretär für Indien, Mr. John Morley, da sein. Denn dieser war es, der die Schlüssel zur Grenze in Händen hatte; und von ihm allein hing alles ab. Lord Minto, der neue Vizekönig von Indien (Titelbild), tat alles, was in seiner Macht stand. Er schrieb lange, ausführliche Gutachten und sandte ein Telegramm nach dem anderen. Keine abschlägige Antwort konnte ihn entmutigen, er schickte immer wieder eine neue Depesche, die mit den Worten begann: „Ich bitte das Ministerium Seiner Majestät, noch einmal in Erwägung ziehen zu wollen, daß" usw. Als von London aus versichert wurde, der ablehnende Bescheid gelte durchaus nicht mir persönlich, sondern die gleiche Antwort sei mehreren britischen Offizieren erteilt worden, bat Lord Minto in seinem letzten Telegramm um die Erlaubnis für mich, den englischen Offizier begleiten zu dürfen, der im Sommer zur Inspektion des Handelsplatzes nach Gartok reisen sollte. Aber der Staatssekretär hielt auch jetzt unerschütterlich an seinem Beschlusse fest, und ich selbst bekam auf mein Telegramm folgende Antwort — und zwar durch ein Schreiben des Staatssekretärs an den Vizekönig vom 1. Juni 1906:

Der Premierminister wünscht, daß Sie Sven Hedin folgende Botschaft mitteilen: „Ich beklage es aufrichtig, daß es mir aus den Gründen, die Ihnen ohne Zweifel von der indischen Regierung auseinandergesetzt wurden, unmöglich ist, Ihnen die erbetene Unterstützung bei einer Reise nach und in Tibet zu gewähren. Diese Unterstützung ist auch der Königlichen Geographischen Gesellschaft in London und ebenso britischen Offizieren im Dienste der indischen Regierung versagt worden."

Der Inhalt der letzten Londoner Telegramme bedeutete also, daß mir alles und jedes verweigert wurde. Der indischen Regierung und dem Vizekönig blieb natürlich, wie immer, nichts weiter übrig, als dem Londoner Befehle zu gehorchen. Sie wollten ja alles tun und hegten für meine Pläne das wärmste Interesse, aber sie durften mir nicht helfen. Sie durften mir keinen Erlaubnisschein und keinen Paß aus Lhasa verschaffen, sie durften mich nicht mit der in dem unsicheren Tibet nur allzu notwendigen Eskorte umgeben, und ich wurde auch des für beide Teile großen Vorteils beraubt, drei tüchtige Topographen und Gehilfen bei meinen wissenschaftlichen Beobachtungen mitnehmen zu dürfen. Doch das war noch nicht alles! Würde ich mich, weil die Umstände es

2. Simla (2159 m) mit dem Sommerpalast des Vizekönigs.

3. Palast des Vizekönigs in Simla.

geboten, in mein Schicksal finden und allein, auf eigene Faust, mit einer
Schar Eingeborener über die Grenze gehen, so hatte die indische Regie=
rung Befehl, mich daran zu hindern! Von der indischen Seite aus war
mir Tibet also versperrt, und die Engländer, d. h. Mr. John Morley,
schlossen es mindestens ebenso hermetisch ab, wie es die Tibeter jemals
selbst getan. Ich kam bald dahinter, daß die größten Schwierigkeiten,
die ich auf dieser Reise zu überwinden hatte, mir nicht von Tibet, seinem
rauhen Klima, seiner dünnen Luft, seinen gewaltigen Bergen und seinen
wilden Völkern bereitet würden, sondern — von England! Konnte ich
nur erst Mr. John Morley unterkriegen — mit Tibet wollte ich dann
schon so oder so fertig werden!

Die Hoffnung ist das letzte, was man aufgibt, und so hoffte ich
denn noch immer, daß schließlich alles gut gehen werde. Der Mißerfolg
reizte meinen Ehrgeiz und spannte meine Kräfte bis zum äußersten.
Versucht nur, mich zu hindern, wenn ihr könnt, dachte ich; ich werde euch
zeigen, daß ich in Asien besser zu Hause bin als ihr! Versucht nur,
dieses ungeheuere Tibet abzuschließen, versucht nur, all die Täler zu sperren,
die von der Grenze zu seinen Hochebenen hinaufführen, und ihr werdet
erfahren, daß dies völlig unmöglich ist! — Eine wahre Erleichterung
war es mir daher, als die letzte unerbittliche und ziemlich kurze Ab=
lehnung kam und alle weiteren Verhandlungen unwiderruflich abschnitt.
Ich hatte das Gefühl, als ob alles um mich herum plötzlich einsam ge=
worden sei und alles weitere nun von mir allein abhänge. Mein Leben
und meine Ehre standen für die beiden nächsten Jahre auf dem Spiel —
zu kapitulieren konnte mir natürlich nicht in den Sinn kommen. Diese
fünfte Reise hatte ich mit schwerem Herzen angetreten, nicht mit Trom=
peten und Fanfaren wie die früheren. Nun aber wurde sie mit einem
Schlage mein Schoßkind. Mochte ich auch dabei untergehen müssen,
so sollte diese Reise doch der Glanzpunkt meines Lebens werden! Sie
wurde der Inhalt aller meiner Träume und Hoffnungen, ihr galten meine
Gebete, und meine ganze Sehnsucht verlangte nach der Stunde, wo die
erste Karawane fertig dastehen würde — und dann sollte jeder neue Tag
ein voller Akkord in einem Siegesliede werden!

Über die Politik, die damals scheinbar unübersteigbare Hindernisse
auf meinen Weg türmte, kann ich mir kein Urteil erlauben. Jedenfalls
war sie klug. In Zukunft wird sie notwendig sein. Hätte ich unter
britischem Schutze gestanden, britische Untertanen bei mir gehabt, und
wäre ich dann getötet worden, so hätte wahrscheinlich eine kostspielige
Strafexpedition ausgesandt werden müssen, um ein Exempel zu statuieren;
ob ich Schwede oder Engländer war, hätte in diesem Falle keinen Unter=

schied gemacht. Wie der englische Staatssekretär selbst die Sache auffaßte, ergibt sich aus seiner Antwort auf Lord Percys Interpellation einen Monat später, nachdem ich meinen Bescheid erhalten hatte: „Sven Hedin ist die Erlaubnis zum Eindringen in Tibet aus politischen Gründen verweigert worden; übereinstimmend damit wird nicht einmal britischen Untertanen erlaubt, dieses Land zu besuchen. Die indische Regierung begünstigt Expeditionen erprobter Forscher; aber die kaiserliche Regierung hat anders verfügt und hält es für ratsam, Tibet auch fernerhin in derselben Isolierung zu halten, in der es von der früheren Regierung sorgsam bewahrt wurde."

Während dieser Tage erhielt ich viele Beweise der Sympathie und der Freundschaft. In Indien hatte ich lauter Freunde, und sie empfanden es bitter, daß sie mir nicht helfen konnten. Sie hätten es so gern getan! Ich selber aber durfte sie um nichts bitten, um sie nicht in eine schiefe, peinliche Lage zu bringen. Sir Louis Dane hatte mir mitgeteilt, daß ich, wenn mein Gesuch schließlich doch gewährt werden sollte, einen Revers zu unterzeichnen hätte — was dieser aber enthalten würde, habe ich nie in Erfahrung gebracht. Vielleicht handelte es sich um irgendeine Verantwortung für die Leute, die mich begleiteten, um ein Versprechen, bestimmte Gegenden nicht zu besuchen, und um die Verpflichtung, die Resultate meiner Reise der indischen Regierung zur Verfügung zu stellen — ich weiß es nicht. Nun aber war ich aller Verpflichtungen ledig; die Freiheit ist doch das Allerbeste, und am stärksten ist der, der allein steht! Es wäre jedoch übertrieben, wenn ich behaupten wollte, daß ich in jenen Tagen Mr. John Morleys Namen liebevoll genannt hätte. Wie konnte ich damals ahnen, daß ich ihn noch einmal zu meinen besten Freunden zählen und nicht ohne Wärme, Hochachtung und Bewunderung seiner gedenken würde!

Nach dem ersten Besuch im Auswärtigen Amt begleitete mich Younghusband nach dem Palast des Vizekönigs — ich sollte meinen Namen in die Besuchsliste von Lord und Lady Minto eintragen. Younghusband (Abb. 5) ist ein ritterlicher Mann, der Typus des Edelsten, was aus einem Volke erblühen kann. Er ärgerte sich mehr als ich selbst über die Ablehnung der Regierung, aber er hatte dabei noch andere weit bittere Empfindungen — seine Expedition nach Lhasa (1904), die Tibet der wissenschaftlichen Forschung hatte erschließen sollen, war völlig vergeblich gewesen. Er führte mich jetzt im Vorbeifahren zu Lord Mintos Privatsekretär, Oberst J. R. Dunlop Smith (Abb. 6), in dem ich einen Freund fürs Leben gewann; er ist einer der feinsten, edelsten, großherzigsten und erfahrensten Männer, die ich je kennen gelernt habe, er ist ein

tiefernster, vielseitig gebildeter Mann und gründlicher Kenner Indiens, da
er vierundzwanzig Jahre hier gelebt hat. Wenn man solche Männer auf
den verantwortlichsten Posten sieht, begreift man wohl, daß die herrschende
Rasse, wenn es gilt, noch manch heftigem Sturm unter Indiens drei=
hundert Millionen wird standhalten können.

Mein Leben in dieser Zeit war überaus reich an Kontrasten. Wie
wenig glich der Aufenthalt in Simla den Jahren der Einsamkeit und
der Stille, die mich jenseits der in dunkeln Wolkenmassen verschwindenden
Berge erwarteten! Ich kann mich nicht enthalten, einige Erinnerungen
aus diesen wunderbar schönen Tagen festzuhalten.

Man begleite mich also zum ersten „Statedinner" am 24. Mai
1906. An den Wänden eines der großen Salons im Palast des Vize=
königs stehen wohl hundert Gäste versammelt, alle im Paradeanzug, in
vornehmen bunten Uniformen und mit blitzenden Orden. Einer von ihnen
überragt die anderen um Haupteslänge, er hält sich sehr gerade und sieht
kaltblütig, energisch und ruhig aus; er unterhält sich mit keinem, sondern
betrachtet seine Umgebung nur forschend mit hellen, blaugrauen Augen.
Seine Züge sind grobgeschnitten, aber interessant, ernst, unbeweglich und
wettergebräunt, man sieht ihm an, daß er viel erlebt hat und ein Soldat
ist, der im Feuer gestanden hat. Seine Uniform ist feuerrot, und auf
seiner linken Brust funkelt ein ganzes Vermögen an Diamanten. Er
trägt einen weltberühmten, einen unsterblichen Namen: Lord Kitchener
of Khartoum, der Besieger Afrikas und Oberbefehlshaber des indischen
Heeres (Abb. 4).

Ein Herr tritt auf mich zu und fragt mich, ob ich mich noch er=
innere, daß wir bei einem Essen bei Lord Curzon Tischnachbarn gewesen
seien. Der Lieutenant Governor des Pandschab, Sir Charles Rivaz,
gehört ebenfalls zu meinen alten Bekannten, und überdies stellt mich Sir
Louis Dane nach rechts und links vor. Ein Herold tritt in den Saal
und kündigt das Erscheinen des Vizekönigs an. Begleitet von seinem Stabe
macht Lord Minto die Runde, begrüßt jeden einzelnen der Gäste, mich
nur mit den Worten: „Willkommen in Simla!" Der melancholische
Klang in seinen Worten entging mir nicht; er wußte wohl, daß ich mich
nicht so „willkommen" fühlen konnte, wie er und ich es gewünscht hätten.
Unter den Klängen der Tafelmusik begeben wir uns in den Speisesaal,
werden mit den auserlesensten Gerichten französischer Küche bewirtet,
speisen von silbernem Geschirr und erheben uns dann wieder, um an der
Cour teilzunehmen, bei der dem an den Stufen des Thrones stehenden
Vizekönig fünfhundert Herren vorgestellt werden. Die Namen der ein=
zelnen werden aufgerufen, und sie defilieren in schnellem Zuge am Thron

vorüber. Jeder von ihnen macht halt und Front, und der Vizekönig erwidert ihre tiefe Verbeugung; er verbeugte sich an diesem Abend neunhundertmal! Wenn indische Fürsten oder afghanische Gesandte vorbeipassieren, verbeugt er sich nicht, sondern berührt mit der Hand den Schwertgriff des Gastes als Zeichen der Freundschaft und des Friedens.

Am Tage darauf wurde ich eingeladen, in den Palast des Vizekönigs (Abb. 3) überzusiedeln, und war von nun an Lord und Lady Mintos Gast. Es war eine unvergeßliche Zeit, die ich bei ihnen verlebte; diese Wochen erscheinen mir jetzt wie ein Traum und ein Märchen. Lord Minto selbst ist das Ideal eines britischen Gentleman, ein Aristokrat edelster Rasse und dabei einfach und anspruchslos. In Indien wurde er durch sein freundliches Wesen und seine Güte gegen alle schnell populär, und er hält sich nicht für zu hochgestellt, um nicht mit jedermann aus den zahlreichen Völkerstämmen des Riesenreiches, das seiner Verwaltung anvertraut ist, ein freundliches Wort zu reden. Lord Minto hat schon früher in Indien gedient und am Feldzug gegen Afghanistan (1879) teilgenommen; nach wechselnden Schicksalen in drei Kontinenten wurde er zum Generalgouverneur von Kanada ernannt. Im Jahre 1904 kehrte er auf sein Gut Minto in Schottland zurück in der Absicht, dort den Rest seines Lebens zu verbringen; da verlieh der König von England und Kaiser von Indien ihm das Amt des Vizekönigs und Generalgouverneurs von Indien. Er ist nicht der erste Earl of Minto, der dieses Amt bekleidet hat; denn schon sein Urgroßvater ist vor hundert Jahren Generalgouverneur des Britischen Reiches auf der indischen Halbinsel gewesen. Dazumal segelte man noch um das Kap der Guten Hoffnung, um das Land der Hindus zu erreichen, eine lange beschwerliche Reise. Infolgedessen ließ der erste Lord Minto seine Familie in der Heimat zurück. Die zwischen ihm und seiner Gattin gewechselten Briefe sind noch vorhanden und zeugen von einer geradezu idealen Liebe und Treue. Als seine Dienstzeit in Indien endlich vorüber war, bestieg er ein Schiff, das ihn den weiten Weg in die Heimat führte, und eilte mit der ersten Diligence geradeswegs nach Minto. Hier erwartete ihn seine Gattin; mit sehnsüchtigen Blicken spähte sie die Straße entlang; die festgesetzte Zeit war längst verstrichen, aber kein Wagen ließ sich sehen. Schließlich erschien statt seiner ein Reiter in einer Staubwolke und brachte die Nachricht: Lord Minto ist, nur eine Poststation von Hause, gestorben! — Auf dem zusammengebundenen Briefpaket liegt ein kleiner Zettel mit den beiden Worten: „Poor fools!" („Arme Teufel!") Die Hand der ersten Lady Minto hat sie geschrieben.

4. Herbert Viscount Kitchener of Khartoum,
Oberbefehlshaber des indischen Heeres.

5. Oberst Sir Francis Younghusband,
Chef der englischen Tibetexpedition, Resident in Kaschmir.

6. Oberst J. R. Dunlop Smith,
Privatsekretär des Vizekönigs.

Nun aber blüht das Leben in einer neuen Familie Minto. Behaglichkeit, Einfachheit und Glück herrschen in diesem entzückenden Heim, wo jedes Mitglied eine Zierde des Ganzen ist. Ein Vizekönig ist stets mit Arbeit zum Wohle Indiens überhäuft, aber Lord Minto verlor nie seine unerschütterliche Ruhe und widmete jeden Tag einige Stunden seiner Familie. Wir trafen uns täglich bei den Mahlzeiten; zum Lunch waren gewöhnlich einige Gäste gebeten, aber zum Diner waren wir manchmal allein, und dann war es am allergemütlichsten. Dann erzählte Lady Minto von ihrem Aufenthalt in Kanada, wie sie auf Eisenbahn und Dampfschiffen gegen 190000 Kilometer zurückgelegt, ihren Gatten auf allen Amtsreisen begleitet, wilde Jagdausflüge mitgemacht hatte, im Kanoe durch schäumende Stromschnellen gefahren war und an gefährlichen Streifzügen in Klondike teilgenommen hatte. Wir blätterten in ihren Tagebüchern aus jener Zeit; sie bestanden aus dicken Bänden voll Photographien, Karten, Ausschnitten und beschreibendem Text und waren gespickt mit Erlebnissen und Schilderungen von ganz eigenartigem Interesse. Und dennoch wird das Tagebuch, das Lady Minto seit ihrer Ankunft in Indien führt, noch spannender und merkwürdiger sein; denn es ist umrahmt von orientalischer Pracht und morgenländischem Pomp und Prunk, von juwelenbedeckten Maharadschas, von Empfängen in den verschiedenen Staaten, von Prozessionen und Paraden, Elefanten in Rot und Gold und all dem Großartigen und Glanzvollen, was sich von dem Hof und der Repräsentation eines indischen Vizekönigs nicht trennen läßt. Drei junge bezaubernde Töchter, die Ladies Eileen, Ruby und Violet, erfüllen dieses Heim mit Sonnenschein und Heiterkeit und sind neben ihrer Mutter die Königinnen der Bälle und der glänzenden Feste. Wie ihr Vater, lieben sie den Sport und sitzen wie Walküren zu Pferde.

Kann man sich darüber wundern, daß der Fremde sich in diesem Hause wohl fühlte, wo er täglich mit Liebenswürdigkeit und Gastfreundschaft umgeben war? Ich hatte meine Zimmer über der Privatwohnung des Vizekönigs. Zu ebener Erde liegen die Staatsgemächer, die großen Salons mit ihrer ausgesuchten Eleganz, der Speisesaal und der gewaltige, weiß und goldene Ballsaal. Aus einer großen, mit Teppichen belegten Vorhalle, die mit Waffen und schweren Draperien geschmückt ist, gelangt man in die verschiedenen Zimmer und Säle; hier herrscht bei den Festen das bunteste Gewühl. Um den größten Teil des Erdgeschosses zieht sich eine offene Galerie, eine steinerne Veranda, auf der es von Besuchern, Kurieren, Tschaprassis und Tschamadaren wimmelt, die die vizeköniglichen roten Uniformen und weiße Turbane tragen. Dahinter ist der Hof, wo Equipagen, „Rikschas" und Reiter kommen und gehen,

während gutgehaltene Wege nach den stilvollen Terrassen führen, die nach Lady Mintos Zeichnungen angelegt sind (Abb. 7). Hinter diesen Terrassen beginnt der Wald mit seinen Promenadenwegen im Schatten der Felswände. Von der großen Halle in der Mitte des Hauses führt eine mit Läufern belegte Treppe in das erste Stockwerk hinauf, wo die Familie des Vizekönigs Räume bewohnt, die an Geschmack und Ausstattung alles übertreffen. Zwei Treppen hoch liegen die Fremdenzimmer. Von einer inneren Galerie herab hat man einen Überblick über die große Halle, wo die roten Lakaien lautlos die Treppen hinauf- und hinunterhuschen. Nach außen hin hatte mein Zimmer einen Balkon, von dessen Brüstung ich jeden Morgen vergeblich nach einem Schimmer von den Bergen auf der Grenze Tibets ausschaute.

Mehrere Tage lang waren auch der höchste Beamte Peschawars, Sir Harold Deane, mit seiner Gemahlin, und der Maharadscha von Idar im Palast des Vizekönigs zu Gaste. Sir Harold war ein Mann, den keiner wieder vergißt, der ihm einmal begegnete; stark, hochgewachsen, mannhaft und liebenswürdig. Die halbwilden Stämme und Fürsten an der Grenze Afghanistans fürchten und bewundern ihn, und er soll es meisterhaft verstehen, mit ihnen fertig zu werden. Für mich war dieses Zusammentreffen von großer Bedeutung, denn Sir Harold versah mich mit Empfehlungsbriefen an den Maharadscha von Kaschmir und dessen Privatsekretär Daya Kischen Kaul. Bei meiner Rückkehr nach Indien war Sir Harold leider gestorben; mit ihm hat Indien einen seiner besten Wächter verloren.

Der Maharadscha von Idar ist ein glänzender Typus eines indischen Fürsten; er hatte eine tiefdunkle Gesichtsfarbe, hübsche Züge und ein energisches Aussehen, kleidete sich bei festlichen Gelegenheiten in Seide, Gold und Juwelen und war überhaupt eine Erscheinung, die alle Europäer unbedingt in den Schatten stellte. Dennoch war er bei ihnen ungemein beliebt und ein stets gern gesehener Gast. Er ist ein großer Sportsmann, ein unübertrefflicher Reiter und ein außerordentlich kaltblütiger Jäger. Seine große Popularität aber verdankt er folgendem Vorfall: Als einmal in der heißen Jahreszeit ein englischer Offizier in der Nähe seines Palastes starb, war man in Verlegenheit um einen Träger, um die Leiche zu begraben. Da sich alle anderen weigerten, übernahm er, der Maharadscha selbst, diese anrüchige Aufgabe. Kaum war er in seinen Palast zurückgekehrt, als dessen Freitreppe schon von wütenden Brahminen bestürmt wurde, die ihm unter Drohungen zuriefen, er habe seinen Rang eingebüßt, müsse aus seiner Kaste ausgestoßen werden und sei unwürdig, in seinem Staate zu befehlen und zu herrschen. Er

aber ging ruhig zu ihnen hinaus und erklärte ihnen, daß er nur eine Kaste kenne, die der Krieger; dann befahl er ihnen zu gehen, und sie gehorchten.

In Simla traf ich viele, die ich stets zu meinen besten Freunden zählen werde: die Generale Sir Beauchamp Duff und Hawkes mit ihren liebenswürdigen Gemahlinnen, und Oberst Adam und seine Gattin, die russisch sprach; er war Lord Mintos Militärsekretär und starb während meiner Abwesenheit. Ferner Oberst McSwiney und seine Gemahlin; 1902 war ich bei ihnen in Bellarum bei Haiderabad zu Gaste gewesen, dem Obersten war ich schon 1895 in Pamir begegnet; auch ihn hat der Tod abgerufen, und zwar einen Monat, ehe er die ersehnte Beförderung zum General der Ambalabrigade erhalten haben würde. Er war ein außergewöhnlich feiner und liebenswürdiger Mann. Auch viele Teilnehmer an Younghusbands Lhasaexpedition lernte ich kennen, darunter Hauptmann Cecil Rawling, der vor Sehnsucht brannte, wieder nach Tibet zurückkehren zu dürfen. Wir kamen oft zusammen und schmiedeten großartige Pläne zu einer gemeinsamen Reise nach Gartok, Hoffnungen, die alle in blauen Dunst aufgehen sollten. Der deutsche Generalkonsul, Graf Quadt, und seine entzückende Gattin gehörten ebenfalls zu meinen speziellen Freunden. Ihre Mutter stammt aus der schwedischen Familie von Wirsén, und wir unterhielten uns schwedisch. Nie werde ich ein Diner bei ihnen vergessen. Dunlop-Smith und ich fuhren, jeder in seinem Rikscha, einem zweirädrigen von Menschen gezogenen Wägelchen, den langen Weg nach Simla hinein, durch die Stadt hindurch und noch ebensoweit nach der anderen Seite hinaus zu Graf Quadts Haus, das früher die vizekönigliche Residenz war, ehe Lord Dufferin in den Jahren 1884—1888 den neuen Palast, das „Viceregal Lodge" erbauen ließ. Der Weg war dunkel, aber wir hatten Laternen an den Deichseln, unsere Läufer lagen beinahe wagerecht, und ihre nackten Fußsohlen klapperten wie Waschhölzer auf der harten Erde. Wir hatten uns verspätet; Lord Kitchener war schon da, und alle warteten. Nach der Tafel wurden die Gäste gebeten, sich in den Hof zu begeben; diesen bildet der Gipfel des Hügels, auf dem der alte Palast gebaut ist. Das Licht des Vollmondes zitterte in feinen Strahlen allenthalben in der linden, berauschenden Luft, ringsumher waren die Höhen in Nebel und Dunst gehüllt, und aus der Tiefe der Täler stieg das schrille, durchdringende Zirpen der Grillen empor. Dieser Hügel aber, wo heiteres Lachen ertönte und die Unterhaltung durch den Reiz des Mahles angefeuert war, schien sich hoch über die übrige Erde zu erheben. Hier und da tauchten aus dem Nebel einige dunkle Fichten und indische Zedern auf, gleich drohenden Geistererscheinungen und Spukgestalten mit langen, weit

ausgreifenden Armen. Die Nacht war so still, außer uns und den Grillen schien alles Leben zur Ruhe gegangen. Solch eine Stimmung vergißt man nie wieder. Der Etikette nach durfte sich niemand vor Lord Kitchener entfernen, er hatte das Zeichen zum Aufbrechen zu geben; aber er fühlte sich hier ungemein wohl, und wir plauderten französisch mit Frau Oberst Townsend und zogen Vergleiche zwischen dem Ehestand und den Vorteilen ungebundener Freiheit. Erst nach Mitternacht erhob sich der Allgewaltige, und nun konnten die Damen und ihre Ritter die Rikschas aufsuchen. Auf dem mondhellen Hügel wurde es still; nur der schrille Gesang der Grillen stieg noch zum Nachthimmel empor.

Auch ein paar offizielle Bälle liefen im Viceregal Lodge während meines dortigen Aufenthaltes vom Stapel. Dann fährt eine endlose Reihe von Rikschas auf dem Hofe ein; wie ein Zug von Glühwürmchen schlängelt sie sich nach dem „Observatoriumshügel" hinauf. Man wundert sich fast, daß es in Simla so viele Exemplare dieses kleinen zweirädrigen Fuhrwerks gibt, aber mit Pferden bespannte Equipagen dürfen der schmalen Straßen wegen nur der Vizekönig, der Oberbefehlshaber und der Gouverneur des Pandschab benutzen. Dann rauscht es von eitel Seide, reizende Damen, tief ausgeschnitten, mit Diamantagraffen im Haar, treten durch Vorsaal und Halle ein, von uniformierten Kavalieren im Paradeanzug begleitet. Es ist furchtbar eng in dieser Flut von Menschen, die Stunden gebraucht haben, um sich so glänzend zu putzen, aber es ist prächtig und vornehm, ein Nonplusultra von Galatoiletten, ein Schillern und Wogen von bunten Farben, von Gold und Silber; die roten Uniformen der Offiziere stechen scharf ab gegen die hellen Seidenkleider der Damen in Weiß, Rosa oder Blau; hier und da schwebt der hohe, mit Juwelen besetzte Turban eines Maharadscha über einem Meer europäischer Haarfrisuren. Dann wird es plötzlich still, eine Gasse öffnet sich mitten durch die Menge: der Herold hat das Erscheinen des Vizekönigs mit seinem Gefolge auf dem Balle angekündigt, und das Musikkorps spielt „God save the King". Der Vizekönig und seine Gemahlin schreiten langsam durch die Reihen, grüßen freundlich und verbindlich nach beiden Seiten und nehmen auf den Thronstühlen im großen Ballsaale Platz; dann wird der erste Walzer gespielt. Die hohen Gastgeber lassen sich bald diesen, bald jenen der Gäste zur Unterhaltung rufen; es ist ein Rauschen von Seide, ein Surren und Summen, die Schuhsohlen gleiten mit schlürfendem Geräusch über das Parkett hin, und mit unwiderstehlicher Gewalt reißt die Tanzmusik ihre Opfer fort. In einzelnen Partien oder Gesellschaften geht man in den nebenanliegenden Speisesaal, um dort an kleinen Tischen zu soupieren. Schließlich lichten sich die

7. Lady Minto und der Verfasser auf der Terrasse des vizeköniglichen Palastes.

8. Seine Hoheit Sir Pratab Sing, Maharadscha von Kaschmir und Dschamu.

Reihen, die Gastgeber ziehen sich zurück, die Räder des letzten Rikscha knarren auf dem Sande des Hofes, die elektrischen Lichter erlöschen, und es wird wieder still im Palast.

Lord Kitcheners Residenz liegt am Ende der Stadt Simla und heißt Snowdon. Der Besucher tritt zunächst in einen großen Vorsaal, der durch seine geschmackvolle Einrichtung und Ausschmückung eher den Eindruck eines Empfangssalons oder einer mit Trophäen übersäten Ruhmeshalle macht. Eine Staffelei zeigt ein schönes Bild von Gordon Pascha; ihm gegenüber stehen Alexanders und Cäsars Büsten. In die Täfelung des Treppenhauses motivartig eingebaut ist die Lehne des Präsidentenstuhls, den Ohm Krüger in Pretoria benutzt hat, und auf Tischen, Wandbrettern und Friesen stehen wertvolle chinesische Vasen aus den Perioden von Kang-hi (1662—1722) und Kien-lung (1736—1795). Denn Lord Kitchener ist ein leidenschaftlicher Sammler von altem chinesischen Porzellan, aber nur das allerfeinste findet Gnade vor seinen Augen. Was jedoch den Fremden in dieser einzig dastehenden Halle am meisten überrascht und seine Aufmerksamkeit vor allem fesselt, sind die Trophäen und Fahnen von Lord Kitcheners Siegen im Sudan und in Südafrika. Von einer oberen Galerie herab hängen sie an ihren Stangen wie Kulissen, unter ihnen die Fahnen des Mahdi und der Derwische von Omdurman und Omdebrikat, nebst mehreren Burenfahnen aus Transvaal und dem Oranjefreistaat. Auch in den inneren Salons finden wir dieselbe luxuriöse Dekorierung mit chinesischen Porzellanvasen und seltenen ethnographischen Gegenständen, worunter einige in Holz geschnitzte tibetische Tempelfriese großen Wert besitzen; sie wurden von Younghusbands Lhasaexpedition mitgebracht. Auf den Tischen liegen Albums mit Photographien von Lord Kitcheners zahlreichen Inspektionsreisen in Indien und von seiner Reise durch das kalte Pamir. Bei festlichen Gelegenheiten schmücken die Tafel kostbare, massiv goldene Aufsätze, Nationalgaben der Engländer für den Besieger Afrikas.

Meine Zeit in Simla ging zu Ende; es war nutzlos, noch länger zu verweilen, nachdem ich die letzte bestimmte Antwort aus London erhalten hatte. Am 9. Juni nahm ich Abschied vom Vizekönig und seiner jüngsten Tochter, die nach Maschroba reiten und den Sonntag über dort bleiben wollten. Ich kann diesen Abschied nicht beschreiben, so warm und herzlich war er. Lord Minto wünschte mir, daß es mir trotz alledem mit meinem Vorhaben glücken möchte, und er freute sich in der Hoffnung, daß wir uns noch einmal in Indien begegnen würden. Es war mir nicht möglich, ihm im Augenblicke des Abschiedes all die Dankbarkeit, die mich beseelte, auszusprechen. Er hatte alles getan, was in seiner Macht

stand, um mir zu helfen, und hatte sich meinetwegen sogar Unannehmlich=
keiten ausgesetzt. Er hatte auf ganz besondere Weise in mein Lebens=
geschick eingegriffen, und ich wußte auch, daß ich in ihm einen Freund
für immer gewonnen hatte. Es war bitter, ihm nun Lebewohl sagen
zu müssen; ihn schmerzte es mehr als mich, daß unsere Pläne mißglückt
waren, und für mich wurde es nun Ehrensache, mein Allerbestes zu tun.

Am Sonntagmorgen fuhren auch Lady Minto und ihre beiden älteren
Töchter nach Maschroba hinaus, ich sagte ihnen zum letztenmal Lebewohl
und dankte ihnen für die grenzenlose Gastfreundschaft, die ich im Vice=
regal Lodge genossen hatte. Der Augenblick des Abschieds war glück=
licherweise nur kurz; bitter ist er ja stets. Zwei glänzende Kaleschen
fuhren vor mit Reitern auf den Sattelpferden und eskortiert von ein=
geborenen Kavalleristen in Rot und Gold, die bewimpelte Lanzen in den
Händen trugen. Die Damen in sommerlich leichten hellen Toiletten mit
blumengeschmückten Hüten nahmen in den Wagen Platz — wie ein Strauß
von Blumen erschien mir die ganze Gruppe dieser Ladies von blauestem
Blut, das durch Jahrhunderte und Generationen veredelt und verfeinert
worden war. Ich blieb so lange auf der untersten Treppenstufe stehen,
als ich noch einen Schimmer von den winkenden Sonnenschirmen sehen
konnte, aber bald verschwanden die roten Uniformen der Soldaten zwischen
den belaubten Bäumen der Allee, die nach der Hauptwache hinunterführt
— und das Märchen war aus.

Als ich dann wieder mein Zimmer betrat, erschien mir der vizekönigliche
Palast ausgestorben und öde, und ich hatte keine Ruhe mehr zu längerem
Bleiben; ich packte meine Sachen, eilte in die Stadt, machte schnell ein
paar Abschiedsbesuche, traf Bestimmungen über das große Gepäck und
war bald zum Aufbruch bereit. Am 13. ging es fort. Die Zahl Drei=
zehn spielt auf dieser ganzen Reise eine gewisse Rolle; am 13. November
verließ ich Trapezunt am Schwarzen Meer, am 13. Dezember erreichte
ich Teheran, die Hauptstadt Persiens, und am 13. Juni verließ ich Simla;
aber ich war nicht abergläubisch! Younghusband war der erste, der mich
willkommen geheißen hatte, und der letzte, der mir Lebewohl sagte; ich
sollte ihn bald in Srinagar wiedersehen. Dann rollte der Zug wieder
durch die hundertundzwei Tunnel abwärts. Von einer Biegung aus sah
ich noch einmal das Viceregal Lodge mit seinen stolzen Türmen und
hohen Mauern, die Stätte so vieler fröhlichen Erinnerungen und zerron=
nenen Hoffnungen.

9. Am Dschihlam in Srinagar.

10. Palast Sr. Hoheit des Maharadscha von Kaschmir und Dschamu in Srinagar.

Zweites Kapitel.

Aufbruch von Srinagar.

Manuel war ein klassischer Kerl. Er war ein Hindu aus Madras, klein, zierlich und schwarz, sprach gut englisch und war mit seinen Eltern zur römisch-katholischen Kirche übergetreten. Er hatte sich im letzten Augenblick mit einem gewaltigen Paket von Zeugnissen bei mir eingestellt und kategorisch erklärt: „Wenn der Herr eine lange Reise zu machen gedenkt, so braucht der Herr einen Koch, und ich kann kochen." Ohne seine Zeugnisse anzusehen, nahm ich ihn in meinen Dienst (Abb. 12). Er führte sich gut, war ein Ehrenmann und machte mir mehr Freude als Verdruß. Das schlimmste, was er mir antat, war, daß er in Tibet auf geheimnisvolle Weise verschollen ist, und ich bis zu diesem Augenblicke nichts wieder von ihm gehört habe.

In meinem Abteil saßen wir so eng wie eingepökelte Heringe. Die Luft wurde immer heißer; von der herrlichen Kühle dort oben gelangten wir wieder in die drückende Hitze, die von Indiens Ebenen aufsteigt. Über Kalka, Ambala und Lahore ging es weiter bis Rawalpindi, wo ich in einem leidlichen Hotel abstieg. Aber das Zimmer war schwül und dumpf, und die Punka, der von der Decke herabhängende große Fächer, war die ganze Nacht in Bewegung; das hinderte jedoch die Mücken nicht, mir sehr zudringliche Besuche abzustatten.

Am 15. Juni standen vor dem Hotel eine Tonga und drei Ekkas; in jener nahm ich Platz, auf diese schnallten wir das Gepäck und — Manuel fest. Schnurgerade führt der Weg zwischen üppigen Baumalleen nach dem Fuß des Gebirges hin. Der Verkehr ist lebhaft: Karren, Karawanen, Reiter, Wanderer und Bettler. Vor uns zeichnen sich die niederen Abhänge und weiterhin die höheren Berge des Himalaja ab. Sind sie eine von feindlichen Göttern auf meinen Weg getürmte Mauer oder stehen sie da in Erwartung meines Kommens?

2*

Hinter Malepur fährt die mit zwei munteren Pferden bespannte Tonga zwischen die ersten Hügel, wo üppiges Grün in hellen und dunkeln Schattierungen leuchtet; der Weg schlängelt sich zwischen ihnen empor, man freut sich, die Glut der Ebene hinter sich zu haben; die Sonne brennt allerdings noch, denn die Luft ist klar, und von den Wolkenmassen des Südwestmonsuns sind nicht einmal die ersten Vorboten sichtbar. So passieren wir eine Station nach der anderen. Manchmal müssen wir langsam fahren, denn wir begegnen ganzen Zügen eingeborener Soldaten in Khakiuniform mit Furage- und Werkzeugwagen, die von je zwei Maultieren gezogen werden — wie gern hätte ich ein paar Dutzend dieser herrlichen Tiere gehabt! Frische Winde wehen uns entgegen, und Nadelholzbäume tauchen im Laubwalde auf. Wir lassen die Sommerstation Murree hinter uns, und nun werden die schneebedeckten Berge bei Gulmarg sichtbar. Nachdem wir den Paß bei Murree überschritten haben, geht es wieder abwärts. Hinter Bandi erreichen wir das rechte Ufer des Dschihlam, aber der Fluß liegt noch tief unter uns; die Landschaft ist herrlich und spottet mit ihrem großartigen, prachtvollen Relief jeglicher Beschreibung. Immer tiefer geht es hinab, wir fahren unmittelbar am Flußufer hin und bleiben die Nacht im „Dakbungalow", dem Rasthause, von Kohala.

Am nächsten Tage fahren wir jenseits der Brücke langsam die Böschungen des linken Ufers hinauf. Der Morgen ist strahlend schön, es duftet herrlich und sommerlich von der keineswegs allzu reichen Vegetation der Hügel. Zur Linken rauscht der Fluß, oft weißschäumend, aber an mein Ohr schlägt sein Rauschen nur, wenn wir haltmachen, sonst wird es vom Klappern der Tonga auf dem Erdboden übertönt. Mit gespannter Aufmerksamkeit verfolgt man den Wechsel der Szenerie in dieser wunderbaren Landschaft. Die Straße durchbohrt einige Ausläufer des Gebirges in breiten gewölbten Tunneln. Der letzte dieser Tunnel ist der längste und gähnt wie ein schwarzes Loch im Berge uns entgegen. In seinem Innern herrscht prächtige Kühle, und die kurzen Warnungsstöße des Signalhorns hallen melodisch aus den Eingeweiden des Berges wider. In Guhri frühstückt man im Dakbungalow und ruht sich eine Viertelstunde in einem bequemen Liegestuhl auf der Veranda aus. Hier hatte ich vor vier Jahren eine unvergeßliche Stunde mit Sir Robert und Lady Harwey verlebt. In denselben Pappeln, Ulmen und Weiden sauste der Wind heute wie damals; mir wurde wunderlich verlassen und melancholisch zumute; damals hatte ich eine große Reise hinter mir, jetzt erschien mir die Zukunft so hoffnungslos dunkel! Vor mir erhebt sich wie ein Theaterhintergrund der weich abgerundete,

aber steile Abhang der bewaldeten Berge auf der rechten Talseite, und drunten in der Tiefe liegt auf beiden Ufern des Flusses das Dorf Guhri. Die Luft ist lau, man träumt von ewigem Frühling und vergißt seine Sorgen. Hinter Tschinari erheben sich wieder hochstämmige Nadelholzbäume an den Felswänden. Mein Kutscher, der Persisch spricht, zeigt auf einen gewaltigen Steinblock, der in die Brüstung des Weges eingebettet liegt; zehn Tage vorher war er herabgestürzt und hatte einen Mann und zwei Pferde erschlagen; an gefährlichen Stellen, wo man Bergrutsche erwartet, sind weiße Fähnlein aufgepflanzt. Die Berglandschaft wird immer wilder, und aus dem tiefen Abendschatten tritt ihr scharfes Relief nur deutlicher hervor. Wir erreichen Uri und Rampur und fahren oft durch dichten Wald. Als wir in Baramula eintreffen, haben wir in 14 Stunden 171 Kilometer zurückgelegt.

Am 17. Juni regnete es in Strömen, aber ich wollte die sechs letzten Stationen bis Srinagar trotzdem zurücklegen. Im Galopp ging es auf der geraden Straße zwischen den Pappeln der endlosen Allee dahin. Der Schmutz klatschte und spritzte empor, der Regen trommelte auf das Dach der Tonga, schwere Wolken verbreiteten tiefes Halbdunkel, und von den Bergen war keine Spur zu sehen. Das Wetter paßte gut zu der Gemütsstimmung, in der ich in Srinagar, der „heiligen Stadt" Kaschmirs am Ufer des Dschihlam, ankam. Hier wartete meiner eine Unmenge von Vorbereitungen zur Reise — nach Turkestan, so hieß es offiziell; von Tibet war nicht mehr die Rede. Die Personen, die ich an diesem ersten Tage in der Hauptstadt des Maharadscha aufsuchte, waren verreist; aber schließlich traf ich doch noch den Vorsteher des Missionshospitals in Srinagar, Dr. Arthur Neve. Er hatte 1902 meinen kranken Kosaken Schagdur behandelt und mir noch viele andere Dienste erwiesen, die mir eine unendliche Dankesschuld gegen ihn auferlegt hatten. Einer meiner besten Freunde in Indien hatte mir geraten, ich sollte den Versuch machen, den Bruder Arthurs, Dr. Ernst Neve, zu bereden, mich zu begleiten, doch nun erfuhr ich, daß auch er um die Erlaubnis, hauptsächlich wegen der Missionsarbeit um Rudok herum Westtibet besuchen zu dürfen, eingekommen und gleichfalls abschlägig beschieden worden sei; er war jetzt auf der Rückreise von der tibetischen Grenze oberhalb Leh. Dr. Arthur Neve gehört zu den Männern, die ich am meisten bewundere. Er hat der christlichen Mission in Kaschmir sein Leben gewidmet, und sein Krankenhaus ist eines der besten und am reichsten ausgerüsteten in ganz Indien. Dort arbeitet er unermüdlich Tag und Nacht, und sein einziger Lohn ist das Bewußtsein, die Leiden anderer lindern zu können.

Diesen Tag schien mir alles quer zu gehen; verstimmt langte ich

wieder in Nedous Hotel an, gerade als der Gong acht Uhr ertönen ließ. Ich setzte mich an die lange Tafel zwischen etwa dreißig Herren und Damen, die mir alle ebenso fremd waren, wie ich ihnen. Aber in einigen Gruppen wurde von mir gesprochen.

„Haben Sie schon gehört, daß Hedin in Srinagar ist?"

„Nein, wirklich? Wann ist er denn angekommen?"

„Heute! Er will gewiß nach Tibet."

„Ja, aber es ist ihm verboten worden, und die Regierung hat Befehl, zu hindern, daß er über die Grenze geht."

„Nun, dann kann er ja um Tibet herumgehen und von Norden her eindringen."

„Ja, das hat er schon früher getan und wird gewiß wieder einen Weg finden."

Es war äußerst unbehaglich, diese Unterhaltung anhören zu müssen, und ich ertrank beinahe in meinem Suppenteller. Ich konnte kaum begreifen, wieso von mir die Rede war. Mir war, als seien sie dabei, die Träume und Illusionen meiner Seele zu zerlegen und einzeln mit Namen zu etikettieren, während mein Leib an der Table d'hôte saß und Suppe löffelte. Als wir glücklich beim Kaffee angelangt waren, verschwand ich lautlos, und aß von nun an stets auf meinem Zimmer. Meine Lage war und blieb tatsächlich so, daß ich jegliche Berührung mit Engländern vermeiden mußte; sie durften mir keinerlei Dienst erweisen, und ich wollte meine wirklichen Pläne keinesfalls verraten. Welch ein Unterschied gegen meine früheren Reisen, die ich stets von russischem Gebiet aus unternommen, wo jeder, vom Zaren bis zum untersten Tschinownik, alles getan hatte, um meine Reise zu erleichtern!

Am nächsten Tag besuchte ich den Privatsekretär des Maharadscha, den Punditen Daya Kischen Kaul, einen stattlichen, distinguierten Herrn, der die englische Sprache fehlerlos schreibt und spricht. Er durchlas aufmerksam meinen Empfehlungsbrief und versprach mir liebenswürdig, daß er alles so schnell wie möglich besorgen werde. Im Laufe des Gesprächs machte er sich Notizen; noch am selben Tage sollten seine Agenten Befehle erhalten, sollten Maulesel angeschafft, vier Soldaten zu Begleitern auf meiner ganzen Reise beordert, Proviant, Zelte und Packsättel gekauft werden, und er werde sich ein Vergnügen daraus machen, alle meine Wünsche zu erfüllen. Niemand solle eine Ahnung davon haben, daß es meinetwegen geschehe; das Ganze könne in dem schwerfälligen Apparat verschwinden, der unter der Rubrik „Hofhaltung des Maharadscha" gehe. Und Daya Kischen Kaul hielt Wort und wurde mein Freund. Schnell ging es nicht, aber es ging. Über Tibet wurde kein Wort gesprochen;

ich rüste mich zu einer Reise nach Ostturkestan, hieß es, aber sein vielsagendes Lächeln sagte mir, daß er meine Absicht durchschaute.

Selbst bei einer Operationsbasis, wo man volle Freiheit hat, ist es nicht ganz leicht, eine Karawane marschfertig zu machen; wieviel schwerer hier, wo ich überall von Intrigen und politischen Schereien umgeben war. Aber das stachelte meinen Ehrgeiz und meine Arbeitskraft, und ich war sicher, daß mein Plan schließlich trotz alledem gelingen werde. Alles erinnerte an ein Theaterstück, dessen Personenverzeichnis unendlich lang ist; die Verwicklung war großartig, ich sehnte mich nur nach eigentlicher Handlung. Ein Akt davon spielte sich in Srinagar ab, und ich kann ihn nicht ganz übergehen, da er später ein Nachspiel haben sollte.

Nachdem mir alles andere von London abgeschlagen worden war, stand mir nur noch der Weg nach Ostturkestan offen. Am 22. Juni erhielt ich vom Residenten Oberst Pears folgenden Brief:

> Die indische Regierung hat mir telegraphisch befohlen, Sie die Grenze zwischen Kaschmir und Tibet nicht überschreiten zu lassen. Gegen Ihre Reise nach Chinesisch=Turkestan hat sie aber nichts einzuwenden, da sie es für selbstverständlich hält, daß Sie im Besitze eines chinesischen Passes sind. Da Sie mir nun neulich mitgeteilt haben, daß Sie ein solches Dokument nicht besitzen, habe ich an die indische Regierung telegraphiert und um weitere Instruktionen gebeten.

Nun telegraphierte ich an den schwedischen Gesandten in London, den Grafen Wrangel, und bat ihn, mir einen Paß zu verschaffen — und zwar für Ostturkestan, ein Land, das ich im Leben nicht zu besuchen gedachte — und unterrichtete dann die Regierung in Simla von diesem Schritt und von der zustimmenden Antwort. Neunzehn Tage darauf erhielt ich folgenden Brief von Sir Francis Younghusband, der mittlerweile als neuer Resident in Kaschmir eingetroffen war:

> Ich habe von der Regierung ein Telegramm erhalten, worin mir mitgeteilt wird, daß Sie vor Eintreffen des chinesischen Passes aufbrechen dürfen, aber vorausgesetzt, daß Sie nicht über Leh hinaus gehen. Sobald aber die chinesische Regierung oder der schwedische Gesandte (in London) telegraphiert, daß Ihr Paß ausgefertigt ist, können Sie die chinesische Grenze auf Ihre Gefahr überschreiten; Ihr Paß wird Ihnen dann nachgeschickt.

Nun telegraphierte ich wieder an den Grafen Wrangel, er möge die indische Regierung darüber aufklären, daß der Paß mir wirklich bewilligt worden und schon unterwegs sei. Er war schließlich auch schon in Leh, als ich dort ankam, und hatte bereits auf mich gewartet. Alles das war eine reine Formalität, denn ich bedurfte seiner gar nicht, und

wo die Grenze zwischen Ostturkestan und Tibet ist, das hätte erst noch festgestellt werden müssen! Chinas Vertreter in London sprach dem Grafen Wrangel später seine Verwunderung darüber aus, daß ich mit einem für Ostturkestan ausgestellten Passe in Tibet umherreise, Graf Wrangel aber antwortete ihm sehr richtig, daß er unmöglich mich und die Straßen, die ich in Asien gehe, kontrollieren könne! Die englische Regierung hatte das ihrige getan, mir die Reise durch Tibet unmöglich zu machen, und so blieb mir kein anderer Ausweg übrig, als meine Gegner zu überlisten. Wie mir dies gelungen ist, wird man aus dem Inhalt dieses Buches ersehen.

An einem der ersten Tage besuchte ich in Begleitung Daya Kischen Kauls den Maharadscha von Dschamu und Kaschmir, Sir Pratab Sing, dessen Bruder Emir Sing auch zugegen war. Seine Hoheit ist ein kleiner Mann in mittleren Jahren, von träumerischem, melancholischem Aussehen (Abb. 8); er empfing mich mit der größten Freundlichkeit und versprach, meinen Wünschen in jeder Beziehung entgegenzukommen. Er hatte von meiner Wüstenreise im Jahre 1895 gehört, und als ich ihren Verlauf erzählte, hatte ich bei ihm gewonnenes Spiel; es freue ihn, versicherte er, die neue Reise von seinen Staaten ausgehen zu sehen.

Am 29. Juni war ich zu einem großen Fest bei dem Maharadscha eingeladen, zur Kaisergeburtstagsfeier. Der Geburtstag des Königs von England fällt auf den 9. November, aber der Kaiser von Indien ist am 29. Juni geboren! Wie das zugeht, weiß ich nicht. Zur festgesetzten Zeit begab ich mich zu Younghusband, und am Kai des Residenzgebäudes holte uns eine „Schikara" des Maharadscha ab, ein langes, prächtig geschmücktes Boot mit weichen Polstern und einem Zeltdach mit herabhängenden Fransen und Quasten, das von etwa zwanzig Ruderern in leuchtend roten Anzügen bedient wurde. Schnell und lautlos gleiten wir den Dschihlam hinunter, sehen Paläste, Häuser und dichte Haine sich malerisch in seinen kreisenden Wasserwirbeln spiegeln (Abb. 9), sausen an zahlreichen Hausbooten und Kähnen vorbei und halten eine Strecke unterhalb der Brücke an der Treppe des Palastes (Abb. 10), auf deren unterster Stufe uns Emir Sing in der roten Uniform eines Generalmajors empfängt. Auf der oberen Plattform der steinernen Treppe erwartet uns der Maharadscha selber. Und dann mischen wir uns unter das bunte Gewühl von Engländern und Eingeborenen, die sich alle nach Kräften herausgeputzt haben. Darauf wird die Cour abgehalten; in langem Gänsemarsch defilieren alle vorüber, und Seine Hoheit verteilt freundlich Händedrücke und nickt mit dem Kopfe. Dann darf man sich in der gleichen Ordnung auf aufgereihte Stühle niederlassen, ganz wie im Theater. Lange dauert das

11. Meine drei jungen Hunde. 12. Manuel, der Koch.
13. Ganpat Sing, der Radschput. 14. Robert, der Eurasier.

Hervorragende Mitglieder der ersten Expedition.

15. Meine Schutztruppe.
Stehend Bas Ghul und Khairullah Khan, sitzend Ganpat Sing und Bikom Sing.

16. Aufbruch von Ganderbal.

Ausruhen aber nicht, denn bald wird gemeldet, daß das Diner bereit
stehe, und nun nehmen wir vorlieb mit dem, was Küche und Keller bietet.
Nach Beendigung der Mahlzeit traten der Maharadscha, sein Bruder und
dessen kleiner Sohn, der Thronfolger, in den Saal und nahmen in einer
Gruppe in der Mitte der Tafel, an der wir saßen, Platz. Der Maharadscha brachte ein Hoch auf den Kaiser-König aus, ein Zweiter sprach
auf Younghusband, und dieser dankte in feiner, zum Teil humoristischer
Antwort. Dann wurden die Gäste gebeten, sich auf einen mit plumpen
Säulen versehenen Altan hinauszubegeben, von wo aus man einem
sprühenden Feuerwerke zusah. Zwischen Sonnen und bengalischen Flammen stiegen aus Booten, die auf dem Flusse verteilt waren, Raketen und
Schwärmer in die Luft, und am anderen Ufer las man in roten Lam-
pions: „God save the King-Emperor." Man hatte es weniger auf
Geschmack und Eleganz als auf Knalleffekte abgesehen, es knallte und
sprühte in allen Ecken und Winkeln, und das Ganze machte den Eindruck
unentwegter Loyalität. Als wir wieder zum Boote hinuntergingen, lag
die ganze Gegend in Dunkel gehüllt; nur die Schloßfassade strahlte noch
zwischen ihren Säulenreihen im hellsten Lichte. Wir ruderten stromaufwärts und erfreuten uns einer schöneren und stilleren Illumination:
der Mond zog goldene Schlangenlinien in den Wellen des Flusses, und
über den Gebirgen am Horizont zuckten ununterbrochen bläuliche Blitze.

Der Pundit Daya Kischen Kaul war wirklich in seinen Freund-
schaftsdiensten unermüdlich. Er besorgte mir 40 Maulesel, die er dem
Radscha von Poonch abkaufte; vier davon sonderte ich aus, die übrigen
waren in brauchbarem Zustande, aber sie waren von einer weniger kräftigen
Rasse als die tibetischen und gingen denn auch sämtlich in Tibet zugrunde.
Er verschaffte mir auch eine Eskorte von vier Soldaten, die im Dienste
des Maharadscha gestanden hatten (Abb. 15). Zwei von ihnen, Ganpat
Sing (Abb. 13) und Bikom Sing, waren Radschputen und sprachen
Hindi; sie hatten Zeugnisse über gute Führung, und der erstere trug eine
Verdienstmedaille. Ebenso wie der Koch Manuel erklärten auch sie sich
bereit, das Leben für mich zu opfern, aber ich beruhigte sie mit der Versicherung, daß unser Feldzug schwerlich so blutig werden dürfte. Glücklicherweise gehörten sie beide derselben Kaste an, so daß also für sie gemeinsam gekocht werden konnte, aber mit anderen Sterblichen durften sie
natürlich nicht zusammen speisen. Im Lager sah ich sie denn auch immer
eine gute Strecke von den anderen entfernt an ihrem eigenen kleinen
Feuer sitzen.

Die beiden anderen waren Pathanen (Afghanen), Bas Ghul aus
Kabul und Khairullah Khan aus Peschawar. Daya Kischen Kaul versah

sie auf meine Kosten alle mit Gewehren und Munition, und ihr Sold wurde vereinbart. Sie erhielten auch Geld zu ihrer Ausrüstung, und ich bereitete sie darauf vor, daß es kalt werden dürfte. Mein liebenswürdiger Wohltäter besorgte mir auch Zelte, Sättel, Packsättel und eine Menge anderer notwendigen Dinge. Inzwischen machte ich selber Einkäufe in den Basaren, ich erstand etwa zwanzig Jakdane, kleine, mit Leder bezogene Holzkisten, wie man sie in Turkestan gebraucht, Küchengerät und Kasserollen, Pelze, gewöhnliche Decken und Friesdecken, ein Zeltbett mit Matratze und Guttaperchaunterlage, warmes Zeug und Baschliks, Mützen, Kaschmirstiefel, Zigarren, Zigaretten und Tabak für ein Jahr, Tee und mehrere hundert Konservendosen; ferner Zeugstoffe, Messer, Dolche und dergleichen, die zu Geschenken bestimmt waren, und unzählige andere Dinge.

Bei allen Einkäufen und Vorbereitungen zum Transport hatte ich an Cockburns Agency eine unschätzbare Hilfe. Sie besorgte mir die Vorräte an Reis, Mais, Mehl und Gerste; denn es war ausgeschlossen, in Leh zureichende Mengen davon aufzutreiben. Sie richtete auch den Transport dieses schweren Gepäcks zweckmäßig ein, und ich hatte allen Grund, mit ihren Anordnungen zufrieden zu sein. Ein Boot mit Rudern, Steuer, Mast, Segeln, Rettungsringen und Schwertern brachte ich selber mit in den großen Frachtkisten, die nach Indien vorausgesandt waren. Dazu dieselben wissenschaftlichen Instrumente wie das vorige Mal, ein Universalinstrument, zwei Chronometer, meteorologische Instrumente, Kompasse, photographische Apparate mit Platten, Schreibblöcke, Skizzen- und Notizbücher, Schreibmaterial, Feldstecher, Jagdflinten, Revolver usw.

Burroughs Wellcome in London war so freundlich gewesen, mir als Geschenk eine außerordentlich vollständige Apotheke zu schicken, die an und für sich ein Kunstwerk an Geschmack und Eleganz und in ihrer Zusammensetzung für ein hohes, kaltes und trocknes Klima bestimmt war. Alle Arzneimittel waren in Tablettenform, gut und systematisch verpackt und mit Hilfe eines gedruckten Katalogs leicht zu finden. Das Ganze war sorgfältig in einem sehr hübschen Aluminiumkasten untergebracht, der wie Silber glänzte. Der Apothekenkasten war von der ersten Stunde an in der Karawane außerordentlich populär, alle hatten zu ihm blindes Vertrauen. Ich habe den Verdacht, als ob manche Leiden nur aus Sehnsucht, den Kasten wieder zu sehen, erdichtet worden sind. Jedenfalls enthielt er die vorzüglichste Reiseapotheke, die ich kenne.

Einige Schwierigkeiten machte es mir, einen Gehilfen für die meteorologischen Beobachtungen zu finden. An der Zentralanstalt in Simla gab es keinen; ich wandte mich daher an die meteorologische Station in Srinagar, deren Chef mir einen Jüngling empfahl, der dort auf der

Station Gehilfe gewesen und auf den Namen Rufus getauft, im übrigen aber ein dicker Bengali war, der stets mit einem Regenschirm umherspazierte, selbst wenn es nicht regnete. Seine Beleibtheit genierte mich weniger, die würde ich ihm auf den Bergen bald abgewöhnen; aber schlimmer war, daß er zweifellos noch nie einen Aneroidbarometer gesehen hatte, und ich ihm das Ablesen eines solchen Dinges durchaus nicht beibringen konnte. Er wurde daher wieder verabschiedet, denn schlimmstenfalls konnte ich die Instrumente selber ablesen, wenn ich auch mehr als genug anderes zu tun hatte.

Da fand sich im rechten Augenblick ein dreiundzwanzigjähriger Eurasier, der Sohn eines Europäers und einer Indierin, namens Alexander Robert (Abb. 14). In seinem ersten Briefe an mich gab er mir keinen anderen Titel als den sehr richtigen „Fremdling in Srinagar"; das ließ auf Bescheidenheit schließen. Er kam zu mir ins Hotel, zeigte mir seine Zeugnisse, die alle vortrefflich waren, und machte selber einen angenehmen, gesunden und kräftigen Eindruck. Unter anderm hatte er in Peschawar bei der Eisenbahn gedient und war Assistent in Doktor Neves Spital gewesen. Doktor Neve empfahl ihn aufs wärmste, und da er überdies schon nach einer einzigen Lektion mit den Instrumenten völlig vertraut war und zu ihrer gewissenhaften Handhabung und Ablesung nur noch einige Tage Übung in Srinagar brauchte, war ich sehr froh, ihn anstellen zu können. Allerdings ließ er eine Mutter und eine junge Gattin daheim zurück, aber sie litten keine Not, da er einen Teil seines Gehalts als Vorschuß ausbezahlt erhielt. Ich bereute es nicht, ihn mitgenommen zu haben, denn er war kenntnisreich, tüchtig, heiter und zu jeder Arbeit willig. Als ich ihn näher kennen gelernt hatte, vertraute ich seiner Obhut die ganze Reisekasse an und konnte es ohne Bedenken tun, denn seine Ehrlichkeit war über allen Zweifel erhaben. Mir wurde er ein Gesellschafter während der langen Winterabende, in der Karawane und bei den Tibetern ward er der Liebling aller, und er wachte sorgfältig darüber, daß jeder seine Pflicht tat. Robert machte mir nur ein einziges Mal Kummer, als er mich im Dezember 1907 infolge trauriger Nachrichten, die er, über Gartok, von seinen Angehörigen erhalten hatte, verließ.

Nachdem sich Robert angeschlossen hatte, ging alles leichter. Er beaufsichtigte das Einpacken der Bagage und das Abwiegen in gleichmäßige Lasten und half mir beim Verstauen und Verteilen der schweren Geldsäcke, die 22000 Silberrupien und 9000 Goldrupien enthielten. So gingen die Tage hin, und endlich schlug die Stunde der Befreiung; ich hatte mich nach ihr gesehnt wie nach einem Hochzeitsfeste und die Stunden bis zu ihrem Eintreten gezählt. Ich nahm Abschied von meinem alten

Freunde Younghusband, der mir im letzten Augenblick noch einen Karawanenführer, Muhamed Isa in Leh, empfahl, und sagte auch dem Maharadscha, Emir Sing, Daya Kischen Kaul und Frau Annie Besant, die mir bei mehreren Gelegenheiten große Freundlichkeiten erwiesen hatte und mir die besten, aufrichtigsten Wünsche mit auf den Weg gab, Lebewohl.

Die Leute erhielten Befehl, sich am 16. Juli 1906 morgens 5 Uhr auf dem Hof des Hotels (Abb. 17) bereit zu halten; der Aufbruch sollte keinen Tag später erfolgen, ich hatte jetzt lange genug gewartet. Daß einige Stunden erforderlich sein würden, um alles zum erstenmal marschfertig zu machen, war klar. Schon um acht Uhr kamen denn die Männer von Poonch mit ihren Mauleseln, aber nur, um mir zu erklären, daß sie jeder fünf Rupien zu neuen Anzügen haben müßten! Das Einkaufen dieser Kleidungsstücke nahm vier weitere Stunden in Anspruch, und am Nachmittag waren die Vorbereitungen erst so weit gediehen, daß nur noch das Aufladen zu besorgen war. Noch einige Stunden vergingen, bis die Packsättel und die Lasten angepaßt waren. Die Maulesel waren sehr aufgeregt, sie tänzelten, drehten sich im Kreise und schlugen aus, daß die Kisten nur so umherflogen, und schließlich mußte jeder Esel von einem einzelnen Mann geführt werden (Abb. 18). Die gemieteten Pferde waren vernünftiger. Manuel bot auf seinem Gaule einen etwas komischen Anblick; er hatte noch nie auf einem Pferde gesessen und sah höchst furchtsam aus; sein schwarzes Gesicht glänzte in der Sonne wie poliertes Gußeisen. Die ganze Gesellschaft wurde von mindestens einem halben Dutzend Amateurphotographen aufgenommen (Abb. 19). Endlich ging es gruppenweise fort, genau zwölf Stunden zu spät, aber nun war doch wenigstens der lange Zug auf dem Wege nach Ganderbal und Tibet — und das war die Hauptsache. Was lag daran, wieviel Uhr es war! Mit einem Gefühl, als gingen die Tore eines Gefängnisses vor mir auf, sah ich die Meinen die Straße hinabziehen — und die ganze Welt lag offen vor mir.

Von allen diesen Männern wußte keiner, wie es in mir glühte; sie kannten mich nicht, und ich kannte sie nicht; sie kamen aus Madras, Lahore, Kabul, Radschputana, Poonch und Kaschmir, ein ganzer Orientalistenkongreß von Abenteurern, die aufs Geratewohl zusammengewürfelt worden waren. Sie konnten ebensowohl Räuber und Banditen sein wie etwas anderes, und von mir konnten sie glauben, daß ich ein gewöhnlicher „Schikari Sahib" (Jagdliebhaber aus Europa) sei, dessen Gehirn mit keinem anderen Ideal als einem Rekord auf Gehörne des Ammonschafes möbliert ist. Fast mitleidig sah ich ihrem Aufbruch zu und fragte mich, ob es ihnen allen wohl vergönnt sein werde, zu Frau und Kind

heimzukehren! Aber keiner war ja gezwungen, mir zu folgen, und auf eine anstrengende Kampagne von anderthalb Jahren hatte ich sie vorbereitet. Was hätte es mir auch genützt, wenn ich sie jetzt schon geängstigt und ihnen den Teufel an die Zeltwand gemalt hätte? Die schweren Tage würden schon noch kommen.

Am meisten tat es mir jedoch um die Tiere leid, denn ich wußte, daß ihnen eine Hungerkur bevorstand. Soweit sich Gelegenheit fand, sollten sie sich gründlich an Mais und Gerste sattfressen, damit sie nachher möglichst lange von ihrem Fette leben könnten.

Schließlich stand ich allein noch auf dem Hofe, fuhr nach Dal-därvaseh, an dessen steinerner Treppe mich ein langes, schmales Fünfrudererboot erwartete, setzte mich ans Steuer, das Boot stieß ab, und nun erst war ich auf dem Wege zum Verbotenen Lande. Meine ganze lange Hinreise durch Persien und Belutschistan war nur ein Prolog gewesen, der eigentlich weiter keinen Zweck gehabt, als mich in das Spinnennetz geraten zu lassen, worin ich mich in Indien fangen sollte. Jetzt aber war ich frei, außer dem Bereich alles dessen, was Regierung hieß; jetzt durfte ich selber regieren!

Der Kanal, auf dessen blankem Spiegel wir dahinglitten, wimmelte von Wasserpflanzen, Enten und von Kähnen, die beinahe unter der Last der Landesprodukte sanken. An den Ufern hockten waschende Frauen, und hier und dort badete eine Schar lustiger Kinder; sie kletterten auf die Vorsprünge und Anlegeplätze hinaus, ließen sich in den Kanal plumpsen, plätscherten und spritzten Wasser wie kleine Walfische. Unser Boot schrammt gegen den Grund, die Ruderer steigen aus und ziehen es über die seichten Stellen weg. Auf beiden Seiten erheben sich malerische Häuser von Stein oder Holz, eine Straße Venedigs. An jeder Biegung fällt der Blick auf ein neues, den Pinsel reizendes Motiv, das durch die bunte Staffage, die Vegetation und die leichten lanzettförmigen Kähne noch wirkungsvoller wird. Auch die Beleuchtung ist herrlich in der untergehenden Sonne, die alles mit ihrem warmen, feurigen Lichte überflutet und die Konturen scharf aus den dichten Schatten hervortreten läßt. Zwischen den Häusern ist das Wasser schwarz wie Tinte. Wir nähern uns dem kleinen, vorspringenden Berge, hinter dem der Weg nach Kangan und Leh hinaufführt. Seitenarme münden in den Kanal, wir aber rudern auf einen See hinaus, der Antschar heißt; sein Wasser ist graublau und kommt vom Sind, oder Sänd, wie sie den Namen des Flusses hier aussprechen.

Nach einer Weile verraten Stromwirbel und Sandbänke, daß wir uns auf dem Flusse befinden. Die Sonne ist untergegangen; der Sommerabend ist still und voller Frieden, nur die Mücken summen über dem Wasser.

Obgleich mit Anspannung aller Muskeln taktfest gerudert wird, geht es nur langsam vorwärts, denn die Strömung liegt uns stark entgegen. Dafür erhält man Gelegenheit, in eine ganze Reihe englischer Häuslichkeiten hineinzugucken, wie sie sich in den zahlreichen Hausbooten abspielt. Es geht auf neun Uhr, und überall sitzt man im kleinen, behaglichen Kreise, in Frack und eleganter Toilette, bei Tisch. An einer Tafel saßen drei junge Damen, die wohl mit ihrer Toilette des Guten etwas zu viel getan hatten, da weit und breit keine Spur von einem Ritter zu sehen war, der sich an dem Anblick hätte erfreuen können. Aus den geöffneten Fenstern fiel das Lampenlicht grell über den Fluß; man sah uns vorbeifahren und zerbrach sich wohl den Kopf über die Veranlassung eines so späten Besuchs. Jetzt zeigen sich Ganderbals hundertjährige Platanen; wir rudern in einen Arm mit stillstehendem Wasser hinein und landen.

Dies war meine erste Tagereise, aber der Tag war noch lange nicht zu Ende. Kundschafter wurden ausgesandt, aber keine Seele ließ sich auf dem verabredeten Halteplatz blicken. Wir lassen uns zwischen gewaltigen Baumstämmen nieder und zünden ein loderndes Signalfeuer an. Nach einer Weile taucht wie ein Wegelagerer Bas Ghul im Schein der Flammen auf; er führt ein Mauleselpaar, und um zehn Uhr lagern auch Robert und Manuel an unserem Feuer. Aber die Zelte und die Küche sind noch nicht da. Um elf Uhr wurden wieder Kundschafter ausgeschickt, von denen aber vor Mitternacht nichts wieder zu hören und zu sehen war; sie berichteten, die Karawane sei in gutem Zustand und werde bald kommen. Als es aber ein Uhr war, mußte wieder ein Späher in der Dunkelheit verschwinden, und erst ein Viertel auf drei kamen endlich meine Leute, nachdem ich volle fünf Stunden auf sie gewartet hatte. Ich war jedoch durchaus nicht ärgerlich. Neue Feuer und Pechfackeln wurden angezündet; sie beleuchteten hell die unteren Äste der Platanen, und zwischen deren dunkeln Kronen funkelten die Sterne über unserem ersten Lager auf dem Wege nach Tibet.

Was für ein Unwesen und Lärm in diesem Gedränge von Menschen und Lasttieren! Der Platz glich einem Jahrmarkt, wo alle poltern und schreien und keiner zuhört. Die Eskorte versuchte sich vergeblich Gehör zu verschaffen, die Radschputen waren ruhiger, aber die Pathanen hausten wie die Wilden zwischen den ungehorsamen Kaschmiris und den mutwilligen Männern von Poonch. Die Tiere wurden etwas entfernt voneinander durch weit gespannte Stricke mit den Füßen an die Bäume gefesselt, und auf einem kleinen, ebenen Fleck wurden zum erstenmal die Pflöcke, die meine Zeltstangen halten sollten, in den Erdboden geschlagen.

Das Zelt hatte mein Freund Daya Kischen Kaul mir geschenkt, es wurde auf lange Zeit hinaus mein Heim. Das Gepäck wird zu Mauern von Proviantsäcken und Kisten aufgestapelt, und Manuel kann sich endlich über die Küchenausrüstung hermachen und packt das Emaillegeschirr aus. Die Tiere wiehern und stampfen und geben ihren Nachbarn gelegentlich einen kameradschaftlichen Schlag mit den Hinterbeinen, doch als die Gerstenbeutel umhergetragen und ihnen um den Hals gehängt werden, lassen sie behagliches Wiehern hören, das Ungeduld und guten Appetit verrät. Und dann diese Kinder des Ostens, diese Sammlung dunkelhäutiger Männer, die mit hohen weißen Turbanen im roten Feuerschein einherschreiten — welch ein schönes, fesselndes Bild auf dem Hintergrund einer undurchdringlich finstern Nacht; ich lächelte verstohlen, wenn ich sie bei ihren tausendfachen Geschäften hin und her eilen sah.

Nun aber steht das „Mittagessen" in dem erleuchteten Zelt bereit, ein Kistendeckel dient als Tisch. Ein Teppich, ein Bett und die zwei Kisten mit den täglichen Bedarfsgegenständen bilden die ganze Einrichtung, dazu die jungen Hunde. Es sind ihrer drei, zwei davon Hündinnen (Abb. 11). Es sind Parias, sie wurden in Srinagar von der Straße fortgelockt und haben keine Spur von Religion. Robert und ich, die wir stets englisch sprechen, nennen den weißen und den gelben einfach „Puppy"; der dritte erhielt bald den Namen „Manuels Freund", denn Manuel und er hielten immer zusammen.

Und diese ganze Gefolgschaft, die sich durch das Spiel des Zufalls um mich gesammelt hatte, sollte einer nach dem andern auch wieder wie Spreu vor dem Winde zerstreut werden! Ich selber war der einzige, der sechsundzwanzig Monate später wieder in Simla ankam, und der letzte von all den Männern und Tieren, die nun unter Ganderbals Platanen in tiefem Schlafe lagen.

Aber ich war nicht der letzte, der sich in dieser ersten Nacht zur Ruhe legte, denn als ich um drei Uhr endlich mein Licht auslöschte, spielte noch der Feuerschein auf der Zeltwand, und das frische Leben da draußen in Asien strömte zu mir herein wie ein kühlender Hauch von Tannenwäldern und Bergen, von Schneefeldern und Gletschern und von freien, weiten Hochebenen, wo meine Pläne in Taten umgewandelt werden sollten. Würde ich je ermüden? Ja, werde ich dessen jemals überdrüssig werden?!

Drittes Kapitel.

Der Weg nach Leh.

Spät endete der gestrige Tag, spät wurde ich am Morgen geweckt, und die Sonne stand schon hoch am Himmel, ehe wir zum Abmarsch fertig waren. Vier Stunden dauerte es, bis das ganze Lager abgebrochen, alles verstaut und die Tiere beladen waren; aber bald ging es wohl schneller, wenn nur erst alle wußten, was sie zu tun hatten.

Der lange Zug setzt sich in Bewegung, ein Trupp nach dem anderen verschwindet zwischen den Bäumen (Abb. 16). Auf beiden Seiten des Weges schimmern ländliche Höfe und Dörfer zwischen Weiden, Walnuß- und Aprikosenbäumen hindurch, und kleine Kanäle rieseln leise zwischen den Reisfeldern, auf denen gejätet wird; die Arbeiter schreiten in Reih und Glied einher und singen ein rhythmisch anfeuerndes Lied; der Gesang erleichtert die Arbeit, denn bei einem bestimmten Refrain wird das Unkraut ausgerissen, und keiner will hinter dem anderen zurückbleiben.

Eine Brücke führt über den Sind, dessen graublaues Wasser in mehreren gewaltigen Armen brausend und reißend dahinströmt. Nun geht der Weg durch das Flußtal aufwärts, denn wir biegen nach Osten ab, und bald verschwindet Kaschmirs weiter Talboden mit seinem ebenen Gelände hinter uns. Die Steigung ist schon merklich, und man freut sich ihrer, denn der Tag ist warm. Die Bäume werden spärlicher, wir reiten immer größere Strecken in der prallen Sonne, aber alles ist grün und reich bewässert, die linde Luft schwillt von Leben und Zeugungskraft, und das ganze Tal wird erfüllt vom Rauschen des Flusses und dem dadurch geweckten Echo. Schon zweimal war ich diese Straße gezogen, doch beide Male lag das Sindtal in Schnee gehüllt: jetzt herrschte der Sommer über Tiefen und Höhen.

Bei Kangan schlugen wir unsere Zelte in einem dichten Gehölz auf. Diesmal ging das Aufschlagen und Abstecken des Lagers in seine Viertel

17. Vor Nedous Hotel in Srinagar.
18. Die beladenen Maultiere.
19. Eine Amateuraufnahme in Srinagar.

20. Der Weg nach Baltal.

und Straßen ziemlich schnell. Der „Numberdar" des Dorfes verschaffte uns alles, was wir brauchten — unsere eigenen Vorräte wollten wir nicht eher anrühren, als bis jegliche Verproviantierung an Ort und Stelle unmöglich war. Die vier Kulis, die das Boot getragen hatten, wurden von vier anderen abgelöst, die es bis nach Gunt hinauf weitertragen sollten.

So hatten wir wieder eine Tagereise hinter uns; alle freuten sich des rührigen, freien Lebens. Aber der Tag schritt vorwärts, die Schatten wurden länger, die Sonne verschwand eine Stunde früher als gewöhnlich, da die Berge sie verdeckten, und nachdem wir eine Weile den Klagetönen der bellenden Schakale gelauscht hatten, gingen auch wir zeitig zur Ruhe. Stärker als vorher tönte in der Stille der Nacht das Rauschen des Flusses; sein Wasser kam von jenen Höhen, die das Ziel meiner Wünsche waren; aber weit sehnsuchtsvoller sollten dereinst meine Augen diesen spielenden Wasserwirbeln auf ihrem Wege nach dem Meere hin folgen. —

Als ich in den kühlen Morgen hinaustrat, war die übrige Karawane schon längst aufgebrochen, und das Lager sah leer und verlassen aus. Der neue Tag ließ sich drohend an, denn es regnete kräftig, und der Donner grollte dumpf zwischen den Bergen; aber es duftete nach Morgen und Sommer, nach Wald und feuchtem Grün, und nach einem reichlichen Frühstück brach auch meine Abteilung auf, zu der Robert und Manuel gehörten.

Bald war die Sonne da, aber mit der Wärme kamen Schwärme von Fliegen, die unsere Tiere peinigten und sie unruhig machten. Der Weg führte zum Flusse hinab und zwischen Laubbäumen auf seinem rechten Ufer fort. Auf dem Kamm der linken Talseite boten noch einige Schneestreifen der Sommersonne Trotz, auch war der Wald drüben viel dichter als auf unserer Seite. Hier und da erhob ein Nadelbaum seine dunkle Krone über den helleren Laubwald. Bei dem Dorfe Mamer, wo ein Mühlrad im Wasserfall rauschte und ein offener Laden die Wanderer zu einigen Erfrischungen einlud, blieb Khairullah eine Weile in Gesellschaft einer qualmenden Wasserpfeife zurück. Bei Gandschevan überschritten wir den Fluß auf drei schwankenden Brücken. Im Hintergrund des sich verengenden Tales erhob sich ein mit Schnee bedeckter Gebirgsstock. Die Landschaft war prächtig, und ich genoß das in doppelter Bedeutung wahrhaft erhebende Reiten. Manchmal mußte unsere Karawane haltmachen, wenn ein Maulesel seine Last abgeworfen hatte; aber heute gingen die Tiere bereits ruhiger, und ich sah schon mit Besorgnis dem Tage entgegen, wo sie lammfromm werden, ja, durch keine Mahnrufe mehr zum Weitergehen zu bewegen sein würden.

Das Lager bei Gunt war schon in Ordnung, als wir dort anlangten. Meine erste Fürsorge gilt immer den jungen Hunden; während der ersten Marschstunde am Morgen winseln sie und finden die Bewegungen des Maulesels sehr ungemütlich, aber bald schläfert der wiegende Gang sie ein. Kaum hat man sie aus dem Weidenkorbe herausgeholt, so liegen sie sich schon in den Haaren, und dann tummeln sie sich den ganzen Abend zwischen den Zelten umher und knabbern und reißen an allem.

Selbst bei 11,2 Grad Wärme in der Nacht empfand ich nach der Hitze der Ebene ein solches Kältegefühl, daß ich davon erwachte und mich mit einem Pelz bewaffnete. Am Morgen hatte der Fluß bloß + 6,8 Grad. Talaufwärts ward die Aussicht immer schöner. Bald ritten wir durch schmale Engpässe, bald steile, halsbrechende Abhänge hinan, bald über Talweitungen mit Ackerfeldern. Dann aber rückten die senkrechten Felswände bedenklich zusammen, und in den Weiden- und Erlengebüschen herrschte dichter, kühlender Schatten. Das Brausen der Stromschnellen übertönte alle anderen Laute. Der Fluß war jetzt kleiner geworden, nachdem wir so viele Nebenflüsse hinter uns gelassen hatten, aber auch um so imposanter in seinem wilden Ungestüm und den gewaltigen Massen seiner stürzenden Flut; das Wasser, grünblau und weiß, schäumend und aufwallend, kochte und toste zwischen gewaltigen Blöcken von dunkelgrünem Schiefer. In einer Schlucht dicht am Ufer lag noch ein tauender Lawinenkegel, und höher oben zeigten sich an den Abhängen dünne Wasserfälle, die Streifen von glänzend weißer Ölfarbe glichen; erst wenn man ihnen näher kam, erkannte man die Bewegung des Wassers und die Kaskaden, die sich in feinsten Sprühregen auflösten.

Dann erweiterte das Tal sich wieder, und nur Nadelholz bewaldete seine Abhänge. Wir lagerten bei Sonamarg, von dessen Dakbungalow aus ich vor einigen Jahren in einer Winternacht mit Laternen und Fackeln die waghalsige Wanderung über die Lawinenkegel des Sodschi-la-Passes angetreten hatte.

Der Gouverneur von Kaschmir hatte mir einen Tschaprassi mitgegeben, und auf ein Wort dieses Machthabers standen alle Lokalbehörden vor uns Kopf. Aber einigen Mitgliedern unserer Karawane konnte man nicht leicht alles recht machen. Bas Ghul und Khairullah erwiesen sich als zwei ausbündige Krakeeler, die bei jeder Gelegenheit Streit mit den anderen anfingen. Bas Ghul betrachtete es offenbar als seine Hauptaufgabe, einen Kuli zu seinem persönlichen Dienst abzurichten, und Khairullah hielt sich für viel zu vornehm, um beim Aufladen zu helfen. Die anderen beklagten sich täglich über Plackereien seitens der Afghanen, und ich sah auch bald ein, daß diese „Eskorte" uns mehr Verdruß als

Nutzen bringen werde. Aber auch unter den anderen, den Kaschmiris und den Männern aus Poonch, gab es Räuber im kleinen, so für den Hausbedarf, und die Radschputen erhielten Befehl, aufzupassen, daß nichts von unserer Habe „fortkomme". In Baltal (Abb. 20) gab es großen Spektakel, da Leute aus Sonamarg behaupteten, meine Diener hätten im Vorbeiziehen eine Kasserole gestohlen. Sie fand sich denn auch richtig bei den Poonchmännern; die Bestohlenen erhielten ihre Kasserole zurück und dazu eine Entschädigung als Buße.

Der Weg von Baltal über den Sodschi=la=Paß sah jetzt ganz anders aus als im Jahre 1902. Damals lag das ganze Land unter einer Schneedecke, und man rutschte fast den ganzen Weg auf vereisten Abhängen hinunter. Jetzt war ein halbes Tausend Arbeiter damit beschäftigt, die Straße zum Passe hinauf auszubessern. Sie taten ihren Fleiß durch dröhnende Sprengschüsse kund, und von Zeit zu Zeit kamen beängstigend große Steinblöcke in unserer unmittelbaren Nähe heruntergetanzt.

Unsere schwerbeladene Karawane sollte nun über den Paß (3500 Meter) hinüber. Langsam und vorsichtig schreiten wir harte und schmutzige, aber glatte Lawinenkegel hinauf, in die der Verkehr einen schmalen, gewundenen Pfad gemeißelt hat. Es sickert und tropft in der porösen Masse, und hier und dort fließen kleine Bäche aus Schneetoren hervor. Auf eine Strecke guten Weges folgt ein steiler Abhang längs einer Felswand, eine richtige Treppe mit Stufen von querliegenden Balken; für beladene Tiere war es wirklich eine starke Zumutung, sich hier hinaufzuarbeiten. Hin und wieder glitt denn auch eines der Tiere aus, und ein Maulesel war drauf und dran abzustürzen — ein Fall von der steilen Böschung in den unten im tiefen Hohlwege rauschenden Fluß wäre Vernichtung gewesen, man hätte keine Spur von dem Verunglückten wiederfinden können; von unserem hochgelegenen Aussichtspunkt sah der Fluß wie ein Faden aus. Nachdem einige Maissäcke über Bord gegangen waren, wurden die Tiere einzeln von je zwei Mann geführt.

Langsam schritt der Zug aufwärts. Unaufhörlich ertönten durchdringende Rufe, wenn eines der Tiere zu verunglücken drohte. Doch endlich waren wir über den schlimmen Paßknoten hinweg und wanderten nun in festem Schnee über ebeneres Gelände. Aus einem mächtigen Lawinenkegel auf der Südseite floß das Schmelzwasser teils dem Sind, teils dem Dras zu. Letzterer wuchs erstaunlich schnell zu einem wasserreichen Flusse an, längs dessen Ufer unser Pfad, schmal und schlüpfrig, hinführte. Über einen wildtosenden Nebenfluß, dessen empörte Fluten wie graue Lehmsuppe aussahen, führte eine tückische Brücke. Einer der Maulesel brach durch, und nur im letzten Augenblicke konnte seine Last

gerettet werden. Dann wurde die Brücke für die Nachkommenden mit flachen Steinen ausgebessert.

Der Dras ist ein imposanter Fluß; seine Wassermasse stürzt über zahlreiche Blöcke hinab, die in sein Bett gefallen sind; das gibt einen dumpfen, mahlenden Ton. Und dieser mächtige Fluß ist nur einer der tausend Nebenflüsse des Indus!

In rieselndem Regen erreichten wir Matajun und hatten kaum das Lager aufgeschlagen, als die Karawanenleute einander schon in die Haare gerieten. Wir holten hier einen von mir gemieteten Trupp von 30 Pferden mit Furage ein; ihre Führer hatten Befehl erhalten, möglichst schnell nach Leh zu ziehen, nun aber stellte sich heraus, daß sie mehrere Tage stillgelegen hatten und hierfür noch extra bezahlt sein wollten. Die Behörden in Srinagar hatten zwar ihr Bestes getan, um mir die Reise nach Leh zu erleichtern, aber in Kaschmir herrschte eben keine Ordnung. An Robert hatte ich eine prächtige Hilfe; er tat alles, um die aufrührerischen Männer zu beruhigen. Ich selber sah schon jetzt ein, daß hier nur ein Radikalmittel Abhilfe schaffen werde, und wartete ungeduldig auf eine passende Gelegenheit dazu. Ungefähr drei Viertel der Poonchmänner meldete sich nun krank, sie wollten reiten, das war ihre ganze Krankheit. Die Maulesel sollten unbeladen gehen, um ihre Kräfte zu schonen; gerade deshalb hatten wir ja in Srinagar Pferde gemietet. Einige Männer waren auch von unseren temperamentvollen Eseln mit Fußstößen traktiert worden und kamen jetzt, um sich Medizin gegen Eseltritte zu holen!

So ging es weiter nach Dras und Karbu. Auf der Höhe oberhalb Dras kommt man an den berühmten steinernen Buddhabildern vorüber, und dann geht es in dem schmalen, malerischen Tale nach Karbu hinunter. Der Fluß wächst immer mehr und bietet ein großartiges Schauspiel; kleine Nebenflüsse stürzen wie silberne Bänder zwischen den Felsen herab und breiten sich unten über den Schuttkegeln aus. Die Blüten des Hagedorns nicken rosig und lieblich im Winde, der uns in den sonst heißen Stunden des Tages Kühlung zuweht. Prachtvolle dunkle Wacholdersträucher, hochgewachsen wie Zypressen, schmücken das rechte Ufer.

Vor dem Stationshaus in Karbu trat mir ein älterer Mann in weißem Turban entgegen. — „Guten Tag, Abdullah!" rief ich ihm zu, denn ich erkannte in ihm sofort den Braven, der mir im Jahre 1902 über die Schneefelder des Sodschi-la hinübergeholfen hatte.

„Salam, Sahib", antwortete er schluchzend, fiel auf die Knie und umfaßte nach orientalischer Sitte meinen Fuß im Steigbügel.

„Willst du mit auf die lange Reise?" fragte ich.

21. Kargil.
Skizze des Verfassers.

22. Tschorten im Kloster von Lama-juru.
Skizze des Verfassers.

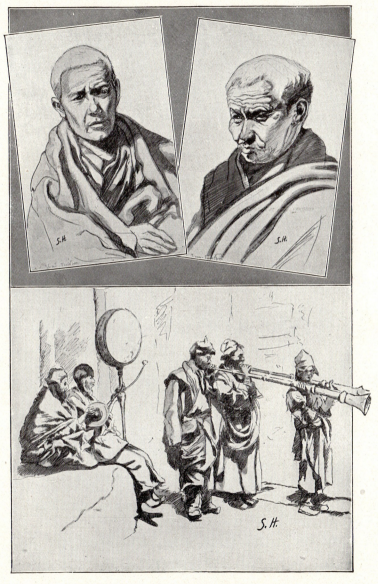

23. 24. Mönche. 25. Kirchenmusik in Lama-juru.
Skizzen des Verfassers.

„Ja, ich will euch folgen bis ans Ende der Welt, wenn nur der
Commissioner Sahib in Leh es erlaubt."

„Das werden wir schon einrichten. Aber sage mir, wie ist es dir
ergangen, seit wir uns zuletzt sahen?"

„O, ich bin der Tekkedar von Karbu und versehe durchreisende
Karawanen mit allem, was sie gebrauchen."

„Also überlege dir die Sache bis morgen, und willst du mich be=
gleiten, so habe ich unter meinen Leuten eine Stelle für dich frei."

„Da bedarf es keiner Überlegung: ich komme mit, und wenn ich
auch nur eine Rupie monatlich erhalte."

Aber Abdullah war zu alt und zu gebrechlich für Tibet, und die
Bedingungen, die er nachher Robert mitteilte, waren viel realistischer,
als er sie in der ersten Freude des Wiedersehens gestellt hatte: sechzig
Rupien monatlich, alles frei, eigenes Pferd, und Befreiung von aller
schweren Arbeit hieß es jetzt. Daraufhin sagten wir am nächsten Morgen
einander auf ewig Lebewohl.

Nun meldete sich ein Reisender von der vorigen Station und klagte,
die Poonchmänner hätten ihm ein Schaf gestohlen. Da sie leugneten,
ließ ich den Kläger bis Kargil mitkommen, wo vor dem Magistrat Recht
gesprochen werden sollte.

Wir näherten uns der imposanten Stelle, wo zwei Täler zusammen=
stoßen und der Dras sich mit dem Vackha vereinigt, passierten die scharfe
Felsecke und ritten dicht am Ufer des Vackha aufwärts. Das Tal hat
starkes Gefäll, und die gewaltige Flut stürmt in wildem Aufruhr dahin,
bauscht und wölbt sich über die Blöcke in ihrem Wege oder bricht sich
in schäumenden, zornig erregten Wogen. Mehrere alte Bekannte und
der Wesir Wesarat selber kamen uns entgegen, und noch ehe wir in
Kargil (Abb. 21) anlangten, begleitete uns eine ganze Kavalkade. In
einem kühlen Hain von Pappeln und Weiden schlugen wir unsere Zelte
auf, und der nächste Tag wurde zur Rast bestimmt.

Dieser nächste Tag brachte einige malerische Situationen. Umgeben
von den Behörden von Kargil, mit dem Punditen Laschman Das, dem
Wesir Wesarat, an der Spitze, hielt ich Gericht über das zusammengeraffte
Pack, das schon in der ersten Reisewoche so viel Verwirrung angestiftet
hatte. Zuerst wurden sämtliche Kaschmiris und ihr Anführer Aziza
entlassen. Dann kam die Reihe an ihre Landsleute, die Mais und Gerste
für unsere Tiere auf gemieteten Pferden bis hierher befördert hatten, und
schließlich an alle Poonchmänner. Wegen des Schafdiebstahls wurde
folgendermaßen Gericht gehalten. Man band die Verdächtigen an ein
paar Bäume fest; aber obwohl der Schatten kühl war, wurde ihnen die

Zeit doch zu lang, und nachdem sie drei Stunden vergeblich auf einen
rettenden Engel gewartet hatten, gestanden sie ohne weiteres und wurden
dann verurteilt, den doppelten Wert des Schafes zu bezahlen. Nun trat
Khairullah vor und bat für seinen Freund Aziza; da seine Bitten nichts
halfen, wurde er verdrießlich und weigerte sich rund heraus, die Nacht=
wache zu übernehmen. Nun wurde auch er verabschiedet und durfte sich
den anderen Afghanen Bas Ghul, der an periodischem Wahnsinn litt
und überdies ein Spitzbube war, zur Gesellschaft mitnehmen. Es war
mir eine wahre Beruhigung, diese Zierden der Sicherheitswache unserer
Karawane los zu sein. Von dem ursprünglichen „Orientalistenkongreß"
in Srinagar waren jetzt nur noch vier Mann übrig, nämlich Robert,
Manuel, Ganpat Sing und Bikom Sing.

Als wir am 26. Juli von Kargil aufbrachen, nahmen wir 77 ge=
mietete Pferde nebst ihren Führern mit; der Proviant der Tiere bildete
161 kleine Lasten. Ein einheimischer Tierarzt sollte uns begleiten, um
aufzupassen, daß die Maulesel gut gepflegt würden. Seitdem ich alle
Gerste, die ich erhalten konnte, gekauft hatte, war unsere Karawane ge=
wachsen, und die in Kargil vorgenommene Auslese machte die nächsten
Tagereisen nach Leh viel angenehmer als die früheren.

Bei Schirgul passierten wir den ersten Lamatempel auf dieser Reise;
oberhalb Mullbe aber wurden diese Tempel immer zahlreicher. Bei
jedem Schritt merkt man, daß man im Lande der Lamas ist; Storch=
nestern ähnlich thronen die kleinen weißen Tempel tibetischen Stils auf
ihren Felsenspitzen oder Vorsprüngen und beherrschen die Täler und die
unter ihnen liegenden Dörfer. Doch nur selten ist ein Mönch in seiner
roten Toga zu sehen; die Tempel scheinen still und ausgestorben zwischen
den pittoresken Tschortenmonumenten und Mani=Mauern zu liegen. Das
ganze Relief des Landes erscheint jetzt viel ausgeprägter als im Winter,
wo die ewig weiße Schneedecke alles gleich macht und alle Formen
glättet. Und scharf treten auch die phantastischen Umrisse der Berge
hervor mit wilden Felsspitzen und zinnenartigen Kämmen, die oberhalb
Bod=Karbu mit den alten Mauern und Türmen verwachsen, wovon jetzt
nur noch Ruinen übrig sind.

Am 28. Juli gingen wir auf einer ziemlich festen Brücke über den
Fluß und stiegen immer höher das Tal hinauf, das zum Potu=la (la =
Paß) führt. Bald hinter dem Passe kamen uns die Behörden von Lama=
juru mit Blumen und Früchten entgegen, und jeder bot, der Landessitte
gemäß, eine Rupie dar, die man indes nur mit der Hand zu berühren
braucht. Eine Strecke weiter wurde ein erstes Tschorten sichtbar, dem andere
in langen Reihen folgten; die Mani=Mauern wiesen auf das berühmte

Kloster Lama=juru hin. Noch eine vorstehende Ecke weiter und man hatte freie Aussicht auf ein kleines Tal zwischen hohen Bergen; hier erhob sich senkrecht die Geröllterrasse, auf der das Kloster erbaut ist. Nur einige weiße Tempelgebäude hoben sich da oben scharf gegen das ewige Grau ab, und in der Tiefe des Tales dehnten sich zwischen spärlichen Baumgruppen Ackerfelder aus.

Sobald unsere Gesellschaft oben im Tal sichtbar wurde, ertönte Musik, und von den Tempeldächern hallten die langen Messingposaunen so tief und feierlich wie Orgelklänge. Es schallte ordentlich festlich zwischen den Bergen wider. Ob Tibets Lamaklöster mich wohl je ebenso freundlich willkommen heißen würden? Als wir in das Dorf einzogen, standen dort etwa dreißig Frauen in ihren besten Kleidern, in pelzverbrämten, bunter Mänteln, mit Scheuklappen, die fest mit den Haarzöpfen verflochten waren, und mit Türkisen auf dem Scheitel. Alle Dorfbewohner waren herausgekommen und bildeten eine malerische Gruppe um die Musik, deren Flöten und Trommeln eine ohrenbetäubende Weise anstimmten.

Nachmittags gingen wir nach dem Tempelkloster hinauf, an dessen Hauptportal uns der Prior und die Mönche (Abb. 23 und 24) in Empfang nahmen. Sie führten uns in den von alten Gebäuden, Tschorten und Fahnenstangen umgebenen, offenen Hof des Klosters (Abb. 22). Von hier aus hat man eine großartige Aussicht über das Tal, das sich zum Indus hinabsenkt. Unter dunkeln Wolkenmassen und bei feinem Regen tanzten nun sieben Mönche einen Beschwörungstanz; sie hatten sich furchterregende Masken von wilden Tieren, Höllengeistern und Ungeheuern mit lachendem Munde, Hauern als Zähnen und unheimlich starrenden Augen vorgebunden. Die bunten Röcke standen beim Tanzen glockenförmig ab, und die ganze Zeit über spielte die bizarre Musik (Abb. 25). Wie müssen sich die Mönche hier in ihrem freiwilligen Gefängnisse langweilen! Offenbar ist es ihre einzige Zerstreuung, der Neugier durchreisender Fremdlinge ihren religiösen Fanatismus vorzuführen.

Gleich hinter dem Dorfe geht es in der schmalen, engen und wilden Talschlucht, die zum Indus hinunterführt, halsbrecherend steil abwärts. Der tief eingeschnittene Dras wird auf kleinen, netten Holzbrücken passiert, und nach ein paar Stunden reitet man wie durch ein Tor in das große, helle Tal des Indus ein und hat den berühmten Fluß vor sich. Er ist wie ein König anzuschauen, und ich halte eine ganze Weile auf der schwankenden Holzbrücke, um die ungeheuren Wassermassen zu betrachten, die mit ihrer gewaltigen Last und ihrem reißenden Laufe die Talrinne immer tiefer aushöhlen müssen. Das Stationshaus von Nurla erhebt sich unmittelbar über dem Flusse, der unter den Fenstern tost und rauscht.

Der Tag war glühend heiß gewesen; es war, als ob die Felsen und der Boden dieses grauen, unfruchtbaren Tales doppelte Wärme ausstrahlten, und selbst in der Nacht waren es noch 16 Grad. Selbst das Flußwasser hatte bei Tage 12 Grad gehabt, und obgleich schmutziggrau wie Haferbrei, war es doch bei der Hitze ein herrliches Getränk.

Bis Saspul reitet man auf dem rechten Ufer, unmittelbar über dem Flusse. Hier ist der Weg oft sehr gefährlich, da er wie ein Wandbrett in eine steile Felswand eingeschnitten ist, und man fühlt sich erst sicher, wenn das wertvolle Gepäck alles glücklich vorüber ist. Die Gefahr besteht darin, daß ein Packpferd sich an der Bergseite an einem anderen vorbei- und dabei dieses über den Rand der Felsen hinausdrängt, so daß man im Handumdrehen seine Instrumente, photographischen Apparate oder Rupiensäcke verlieren kann.

Bei Dschera stürzt ein kleiner smaragdgrüner, weißschäumender Bergbach ungestüm in den Indus hinunter, um in dessen Armen zu sterben — das klare, grüne Wasser wird augenblicklich von dem überwältigenden, trüben Induswasser verschlungen. Man freut sich der ständig wechselnden, kühnen Perspektiven und der Überraschungen, die sich bei jeder neuen Biegung darbieten. Ich folge mit den Blicken der saugenden Spirale eines unermüdlichen Stromwirbels oder dem zischenden Sprühregen, der im peitschenden Winde von den Wogenkämmen aufspritzt, und beneide fast die trüben Strudel dieses Wassers, das aus dem verbotenen Lande kommt, aus Gartok, aus den Gegenden im Norden des heiligen Kailasberges, ja, aus der unbekannten Quelle des Indus selber, wohin noch nie ein Reisender vorgedrungen und deren Lage noch nie auf einer Karte verzeichnet worden ist!

Die Brücke von Altschi sah mit ihren krummen, nachgebenden Balken noch ebenso lebensgefährlich aus wie beim letzten Male, aber ihr schwankender Bogen verbindet doch kühn die beiden Ufer, und während einer herrlichen Rast im Schatten wurde die Brücke mit ihrem Geländer meinem Skizzenbuche einverleibt (Abb. 27). Die Wellen schlagen melodisch gegen den steinernen Kai der Straße, und man vermißt ihr Lied, wenn der Weg das Flußufer verläßt und nach Saspul hinaufgeht, wo uns wie gewöhnlich Musik und tanzende Frauen empfangen.

Basgho-gumpa (gumpa = Kloster) hat eine schöne Lage in einem Nebental des Indus. An der linken Talseite ist das Kloster auf einem länglichen Felsen erbaut, auf dessen Gipfel sich die weißen Mauern zu drei Stockwerken mit Altanen, wirkungsvollen Dachgesimsen und Wimpeln erheben. Eine Menge Tschorten und Manis umgeben Basgho. Auf grünen Schieferplatten ist die heilige Formel des indischen Gottes Avalokiteschvara „Om mani

26. Sumto-Tal unterhalb von Lama-juru.

27. Indus-Brücke bei Altschi.
Skizzen des Verfassers.

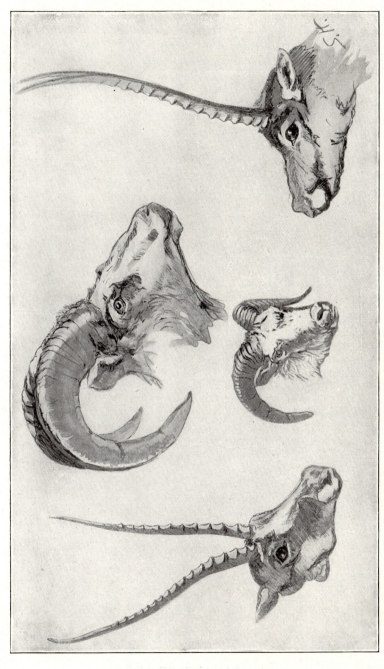

28 und 29 (links und rechts). Kopf der Pantholops-Antilope. 30 und 31 (Mitte). Kopf des Ammonschafes.
Skizzen des Verfassers.

padme hum" („Oh das Kleinod im Lotos! Amen") eingehauen, und Eidechsen, grün wie der Stein, huschen über die ewigen Wahrheiten hin.

Der 1. August war der letzte Tag auf dem Wege nach Leh. Ein strahlender, stiller Morgen; durch das Laub der Aprikosenbäume schlüpften die Sonnenstrahlen freundlich und warm und warfen grüne Reflexe in das Innere des Stationszimmers. Wir ritten in der Nähe des Indus, bis an die Stelle, wo das Kloster Spittok auf seinem Hügel liegt, nachher aber biegt der Weg vom Flusse ab und führt gerade hinauf nach Leh, das sich, von sommerlich grünen Gärten umgeben, schon in der Ferne zeigt. Mohanlal, ein Kaufmann in Leh, der einen großen Teil der endgültigen Ausrüstung übernommen hatte, kam uns entgegen, und als wir an einem üppigen, eingefriedigten Kleefeld vorbeiritten, erzählte er, daß er es für meine Maulesel gekauft habe.

Am Eingangstor eines großen Gartens stiegen wir ab und gingen hinein. In der Mitte des Gartens erhebt sich ein von Pappeln und Weiden umgebenes, steinernes Haus — sonst wohnt der Wesir Wesarat, der Vertreter Kaschmirs in Ladak, darin; jetzt sollte es zwölf Tage lang mein Hauptquartier sein. Hier hatte ich zum letztenmal für zwei lange Jahre ein Dach über dem Kopfe und fühlte mich in meinem geräumigen Arbeitszimmer eine Treppe hoch außerordentlich wohl. In einem anderen Zimmer wohnte Robert, und ein offener, schattiger Balkon ward als meteorologisches Observatorium eingerichtet. Im Erdgeschoß regierten Manuel und die beiden Radschputen; auf dem Hofe war ein beständiges Kommen und Gehen von Lieferanten und neuen Dienern. An den Garten grenzte unser Stall, wo die neuen Pferde unter freiem Himmel aufgereiht standen.

Leh ist der letzte anständige Ort, den man auf dem Wege nach Tibet berührt. Hier sollte auch die letzte Ausrüstung stattfinden. Nichts durfte versäumt werden; vergaß ich etwas, so konnten wir es nie mehr bekommen. Hier rollte auch der silberne Strom der Rupien ununterbrochen dahin, aber ich tröstete mich damit, daß ich bald in Gegenden gelangen würde, wo man beim besten Willen auch nicht einen einzigen Heller ausgeben konnte. Eine große Karawane saugt Geld wie ein Vampir Blut, solange man in bewohntem, angebautem Lande weilt; wenn aber jede Verbindung mit menschlicher Kultur abgeschnitten ist, muß sie von sich selber zehren; daher schwindet sie allmählich dahin und geht ihrem Untergang entgegen. Solange wie nur irgend möglich, läßt man daher die Tiere soviel fressen wie sie mögen; der beste Klee muß beschafft werden, und Pferde wie Maulesel werden so gut gepflegt, daß sie nachher noch lange von ihrem eigenen Fette zehren und die ihrer wartenden Strapazen aushalten können.

Viertes Kapitel.

Die letzten Vorbereitungen.

Hauptmann Patterson war jetzt „Joint Commissioner", der höchste Beamte der indischen Provinz Ladak; er empfing mich vom ersten Augenblick an mit der allergrößten Gastfreundschaft und Liebenswürdigkeit und war einer der prächtigsten Menschen, mit denen ich je in Berührung gekommen bin. Als gründlicher Kenner Indiens, Ladaks und Tibets konnte er mir viele wertvollen Aufklärungen und Ratschläge geben, auch bei der Ausrüstung der großen Karawane, als deren Ziel offiziell noch immer Ostturkestan galt, leistete er mir unermüdlichen Beistand, ohne jedoch seine Instruktion auch nur um Haaresbreite zu überschreiten. In ihm fand ich einen wirklichen Freund, und nach dem Mittagessen, das ich jeden Abend um 8 Uhr einnahm, saßen wir oft bis lange nach Mitternacht beisammen und plauderten über Asiens Zukunft und den Lauf der Welt.

Sir Francis Younghusband hatte mir einen wohlbekannten Karawanenführer empfohlen, Muhamed Isa (Abb. 32). Ich kannte ihn von Kaschgar und Srinagar her und wußte, daß er bei der Ermordung des französischen Forschungsreisenden Dutreuil de Rhins am 5. Juni 1894 zugegen gewesen war. Ungefähr 30 Jahre lang war er so ziemlich in ganz Zentralasien umhergereist und kannte auch große Strecken von Tibet. Außer einer Menge kleinerer Reisen, an denen er im Dienste einzelner Sahibs teilgenommen, war er auch Careys und Dalgleishs Karawanenführer auf ihrem großen Zuge durch Zentralasien gewesen und hatte ein paar Jahre unter Dutreuil de Rhins gedient. Er begleitete auch Younghusband auf dessen berühmtem Marsch über den Mustaghpaß (1887) und war schließlich auf dem Kriegszuge nach Lhasa (1903—1904) sein Karawanenführer gewesen. Ryders und Rawlings (1903) Reise im Tale des oberen Brahmaputra und von dort nach Gartok hatte er als Aufseher ihrer Gepäckkarawane mitgemacht. Während aller dieser Reisen hatte er Erfahrungen

gesammelt, die meinen Plänen sehr zugute kommen konnten. Ich nahm daher Younghusbands Vorschlag mit Dankbarkeit an, um so mehr, als auch Hauptmann Patterson, in dessen Dienst Muhamed Isa jetzt stand, nichts dagegen hatte, ihn mir zur Verfügung zu stellen. Obendrein sprach Muhamed Isa fließend Turki, Tibetisch und Hindi und hegte selber keinen größeren Wunsch, als den, mich zu begleiten. Ohne zu wissen, daß er mir so warm empfohlen war, hatte er selbst seinen Herrn eindringlich gebeten, in meinen Dienst treten zu dürfen.

Sein Vater war aus Jarkent, seine Mutter eine Lamaistin aus Leh. Die Mischrasse, die solcher Verbindung entstammt, wird „Argon" genannt und zeichnet sich gewöhnlich durch physische Kraft und außerordentlich gut entwickelten Körperbau aus. Muhamed Isa war auch in der Tat ein stattlicher Mann, groß und stark wie ein Bär, ausdauernd, zuverlässig und redlich, und schon nach wenigen gemeinsamen Tagereisen fand ich, daß ich meine Karawane keinen besseren Händen als den seinen hätte anvertrauen können. Daß die erste Durchquerung Tibets so gut gelang, war zum sehr wesentlichen Teile sein Verdienst. Unter den Leuten hielt er tadellose Disziplin, und wenn er auch bisweilen streng gegen sie war, so geschah das nur zum Besten der Karawane; denn er duldete keine Pflichtversäumnis.

Stundenlang konnte er Robert, mich und selbst die Karawanenleute mit Erzählungen seiner Schicksale und seiner Abenteuer im Dienste anderer Europäer unterhalten; dabei kritisierte er einige seiner früheren Herren ziemlich rücksichtslos. Die Erinnerung an Dutreuil de Rhins schien ihn zu verfolgen; er kam häufig auf die Schilderung des auf den unglücklichen Franzosen gemachten Überfalles zurück. Übrigens prahlte er recht tapfer und behauptete, daß er einmal mitten im Winter mit einem Brief in zehn Tagen von Jarkent nach Leh gegangen sei und seinen ganzen Mundvorrat auf dem Rücken getragen habe — bei gewöhnlichen Sterblichen nimmt diese Reise einen Monat in Anspruch! Aber seine Aufschneidereien waren nicht böse gemeint; auch war er witzig und amüsant, immer heiter und zum Scherzen aufgelegt und hielt in trüben Situationen den Mut der anderen aufrecht. Armer Muhamed Isa! Wie wenig ahnten er und wir, als wir jetzt zusammen aufbrachen, daß er nie wieder zu seiner Gattin und in seine Heimat zurückkehren werde!

Kaum hatte ich meine neue Wohnung in Leh betreten, als sich Muhamed Isa mit einem vergnügten, freundlichen „Salam, Sahib" einfand.

„Friede mit dir!", antwortete ich, „du hast dich wenig verändert,

Muhamed Isa, in all den Jahren, seit denen wir uns in Kaschgar trafen. Hast du Lust, mich auf eine zweijährige Reise durch das Hochgebirge zu begleiten?"

„Ich wünsche nichts so sehr, und der Commissioner Sahib hat mir erlaubt, mich zum Dienst bei Ihnen zu melden. Aber ich möchte gern wissen, wohin die Reise gehen soll."

„Wir gehen nordwärts nach Ostturkestan; wohin es dann weiter geht, erfährst du, wenn wir die letzten Dörfer hinter uns haben."

„Aber schon der Ausrüstung wegen müßte ich über die Einzelheiten Ihrer Pläne Bescheid wissen."

„Du mußt auf drei Monate Proviant für Menschen und Tiere mitnehmen, denn es kann sein, daß wir so lange mit Menschen in keine Berührung kommen."

„Dann soll wohl in Tibet eingedrungen werden — das ist ein Land, das ich so genau kenne wie meinen eigenen Hof in Leh."

„Was sind deine Bedingungen?"

„Vierzig Rupien den Monat, und zweihundert Rupien Vorschuß, die ich meiner Frau bei der Abreise hierlasse."

„Gut! Ich nehme dich in meinen Dienst, und mein erster Auftrag ist: kaufe etwa sechzig kräftige Pferde, vervollständige den Proviant, so daß er drei Monate reicht, und beschaffe für die Karawane die nötige Ausrüstung."

„Ich weiß genau, was wir brauchen, und werde die Karawane in zehn Tagen marschfertig machen. Ich erlaube mir aber noch den Vorschlag, mich auch mit der Anstellung der Diener beauftragen zu wollen, ich kenne die Leute hier in Leh und weiß ganz genau, wer sich für eine lange, anstrengende Reise eignet.

„Wie viele brauchst du zur Wartung der Karawane?"

„Fünfundzwanzig Mann."

„Gut, engagiere sie; aber du stehst dafür, daß nur tüchtige und ehrliche Leute in meinen Dienst treten."

„Sie können sich auf mich verlassen", sagte Muhamed Isa; er wisse ja, fügte er hinzu, daß es nur sein eigener Vorteil sei, wenn er mich gut bediene.

Die nächsten Tage über war Muhamed Isa unausgesetzt auf den Beinen, um Pferde zu besorgen. Sie in Masse zu kaufen, erschien aus mancherlei Gründen unklug, nicht zum wenigsten deshalb, weil dann die Preise steigen würden; wir kauften daher täglich nur fünf bis sechs. Da jedoch die Bauern schon im Anfang unverhältnismäßig hohe Summen forderten, wurde eine Kommission von drei vornehmen Ladakis eingesetzt,

32. Muhamed Isa, mein unvergeßlicher Karawanenführer;
gest. in Saka-dsong, 1. Juni 1907.

33. Der Mohammedaner Guffaru, der sein Leichentuch stets mit sich führte.

die den wirklichen Wert der feilgebotenen Pferde festzustellen hatte. War der Verkäufer mit ihrer Taxe zufrieden, dann erhielt er den Betrag sofort ausbezahlt, und das Pferd wurde nach unserem offenen Stall in seinen Stand geführt. Im anderen Falle konnte der Verkäufer seiner Wege gehen, kam aber gewöhnlich schon am nächsten Tage wieder.

Im ganzen wurden 58 Pferde gekauft, und Robert machte ein Verzeichnis von ihnen: 33 waren aus verschiedenen Dörfern Ladaks, 17 waren aus Ostturkestan, 4 aus Kaschmir und 4 aus Sanskar. Die Sanskarpferde gelten als die besten, sind aber schwer zu regieren. Auch die Ladakipferde sind gut, da sie, im Gebirge geboren, an die dünne Luft und kärgliche Weide gewöhnt sind; sie sind klein und zäh. Die turkestanischen Pferde sind im allgemeinen weniger ausdauernd, aber aus Mangel an besseren mußten wir sie nehmen, und unsere hatten schon alle, ein oder mehrere Male, den 5650 Meter hohen Karakorumpaß überschritten.

So wie die Pferde gekauft wurden, erhielten sie ihre laufende Nummer im Verzeichnis, worauf die entsprechende Nummer auf einem Lederläppchen an der Mähne des Pferdes befestigt wurde. Ich legte später eine Totenliste von ihnen an, je nachdem sie zusammenbrachen, um ihre relative Widerstandskraft festzustellen. Der erste Tote war ein Sanskarpferd, aber das war reiner Zufall — es starb einige Tage nach dem Abmarsch aus Leh an einer akuten Krankheit. Später waren die Verluste am größten unter den Jarkentpferden. Der Preis schwankte sehr bedeutend, zwischen 37 und 96 Rupien; der Durchschnittspreis betrug 63 Rupien. Ein Pferd zu 95 Rupien fiel nach drei Wochen, ein anderes, das genau die Hälfte kostete, trug mich anderthalb Jahre. Die Kommission merzte kritisch aus, und Muhamed Isa prüfte erst jeden vierbeinigen Kandidaten, ehe er zugelassen wurde. Im allgemeinen trugen wir kein Bedenken, zehn- oder zwölfjährige Pferde zu nehmen; die erprobten waren immerhin sicherer als die jungen, die sich äußerlich oft viel kräftiger ausnahmen. Doch keines von ihnen allen sollte je aus Tibet zurückkehren! Die hohen Berge gaben nichts von ihrer Beute heraus. „Morituri te salutant!" sagte Hauptmann Patterson ahnungsvoll, als die Karawane aus Leh abzog.

Die Karawane belief sich also auf 36 Maulesel und 58 Pferde. Endgültig aufzubrechen ist immer ein schwerer Entschluß; nach wenigen Tagen schon würden wir uns in Gegenden befinden, wo man nichts anderes erhalten konnte, als was auf dem Felde wuchs. Die Jahreszeit war freilich die allerbeste, das Sommergras stand jetzt am üppigsten, aber bald mußte es spärlicher werden, und nach etwa zehn Tagen würden wir auf Höhen von 4—5000 Meter gelangen, wo es keine Weide mehr

gab. Daher galt es, so viel Mais und Gerste wie nur irgend möglich mitzunehmen. Aber gerade hierdurch entstand die Schwierigkeit: man darf die Tiere nicht durch allzu schwere Lasten ruinieren, denn dann ist die Kraft der Karawane schon im ersten Monat gebrochen, und im zweiten, wenn man sich aller Wahrscheinlichkeit nach in unfruchtbaren Gegenden befindet, geht sie unter. Und während die Tage dahingehen, schrumpft auch der Proviant zusammen und ist gerade dann zu Ende, wenn man seiner am nötigsten bedarf. In den ersten Wochen hatten wir den Aufstieg aus den Grenzgebieten zur tibetischen Hochebene vor uns, folglich gerade am Anfang der Reise die größten Terrainschwierigkeiten zu erwarten. Unmittelbar nach dem Aufbruch waren daher die Märsche nur kurz, um so mehr, als die Lasten da am schwersten waren. Alles das ist ein ziemlich verwickeltes Problem für eine Armeeintendantur.

Nach Beratung mit Muhamed Isa beschloß ich daher, in Tankse eine Hilfskarawane von dreißig Pferden zu mieten, die uns den ersten Monat begleiten und dann umkehren sollte. Doch auch daraus erwuchs ein Rechenproblem. Die Männer aus Tankse forderten 35 Rupien monatlich für jedes Pferd, also 1050 Rupien im ganzen; sie setzten sich allerdings einem großen Risiko aus, und ich mußte mich daher verpflichten, 30 Rupien für jedes Pferd, das auf der Ausreise, und 10 Rupien für jedes, das auf der Heimkehr stürzen würde, zu bezahlen. Schlimmstenfalls konnten also die Kosten auf 1950 Rupien steigen. Kaufte ich dagegen diese Pferde zu 60 Rupien pro Stück, so war das eine Ausgabe von 1800 Rupien, und die Pferde gehörten mir. Dann aber wiederholte sich dasselbe Problem: ich hätte auch Futter für diese dreißig Pferde mitnehmen, außerdem noch zehn Mann zu ihrer Wartung anstellen und mich auch für diese mit Proviant versehen müssen. Nach manchem Wenn und Aber entschlossen wir uns endlich, die Pferde nur zu mieten, denn dann gehen ihre Besitzer auf eigenes Risiko mit und kommen selbst für ihren Proviant auf, den sieben Yaks tragen sollten. Der während des ersten Monats draufgehende Proviant sollte von unseren eigenen Tiere genommen werden, um ihre Lasten zu erleichtern und ihre Kräfte zu schonen, denn irgendein Pferd oder ein Maulesel ermüdet stets schon am Anfang der Reise und muß geschont werden. Wurde aber eines der gemieteten Pferde schlapp, so stand es seinem Besitzer frei, es schon vor Ablauf des vereinbarten Monats heimzuschicken.

Da Futter und Weide in Leh teuer waren, schickte ich schon am 10. August 35 Maulesel und 15 Pferde mit ihren Lasten, 15 Mann und einem Tschaprassi nach Muglib voraus, das oberhalb Tankse liegt und gute Weideplätze hat. Zum Führer dieser Karawane wurde Sonam

Tsering ausersehen, den mir Captain Rawling warm empfohlen hatte. Er erhielt 100 Rupien, um damit die Ausgaben der Karawane zu bestreiten. Muhamed Isa begleitete sie eine Strecke Weges, um darüber zu wachen, daß alles gut ablaufe.

Bereits wenige Tage nach seinem Engagement stellte mir Muhamed Isa die 25 Männer vor, die ich auf seinen Vorschlag in meinen Dienst nehmen sollte. Leute zu finden, die bereit waren, mitzukommen, war keine Kunst; ganz Leh hätte mich begleitet, wenn es gedurft hätte! Die Schwierigkeit lag darin, die richtige Auswahl zu treffen und nur tüchtige Leute anzustellen, die ihren Platz ausfüllten und ihre Obliegenheiten verstanden.

Es war ein recht feierlicher Augenblick, als die Stammtruppe der Karawane sich in meinem Garten versammelte; aber das Schauspiel erhielt einen gewissen humoristischen Anstrich, als Muhamed Isa, stolz wie ein Welteroberer, die Front abschritt und seine Legionen musterte. Auf meine Bitte hatte Hauptmann Patterson sich eingefunden, um sich die Leute anzusehen; er ermahnte sie jetzt in einer kleinen Ansprache und brachte ihnen zu Bewußtsein, wie wichtig es für sie selber sei, mir redlich zu dienen. Ihr Lohn wurde auf monatlich 15 Rupien festgesetzt, und alle erhielten den Lohn eines halben Jahres als Vorschuß; Reverend Peter war so freundlich, die Verteilung dieser Summe an die Familien der Abziehenden zu übernehmen. Schließlich versprach ich jedem eine Gratifikation von 50 Rupien für gute Führung und verpflichtete mich, von dem Punkt aus, wo wir uns dereinst trennen würden, ihre Heimreise nach Leh zu bezahlen und zu sichern.

Im Laufe meiner Erzählung werde ich noch genug Anlaß haben, dem Leser diese einzelnen Männer vorzustellen. Außer dem bereits erwähnten Sonam Tsering, der unter Deasy und Rawling gedient hatte, will ich hier zunächst den alten Guffaru (Abb. 33) namhaft machen, einen Greis mit langem, weißem Bart, der vor 33 Jahren Forsyths Gesandtschaft an Jakub Bek, den Beherrscher von Kaschgar, begleitet hatte. Er hatte den großen Bedaulet („den Glücklichen") in all seinem Pomp gesehen und wußte viel zu erzählen von den Erfahrungen, die er auf Forsyths berühmter Reise gesammelt hatte. Ich trug erst Bedenken, den Zweiundsechzigjährigen mitzunehmen, aber er bat so herzlich, mitkommen zu dürfen; er sei Muhamed Isas Freund und sei so arm, daß er sonst nicht leben könne. Er war indessen so vorsichtig, sich gleich sein Leichentuch einzupacken, um anständig begraben zu werden, falls er unterwegs sterben sollte. Damit in diesem Falle alles ordentlich zugehe und sein eventuell noch ausstehender Lohn seiner Familie auch richtig ausgehändigt

werde, nahm er noch seinen Sohn Kurban mit. Aber Guffaru starb nicht, sondern hielt sich geradezu brillant die ganze Zeit über, die er bei mir war.

Ein anderer, an den ich mit großer Sympathie und Freundschaft zurückdenke, hieß Schukkur Ali. Ich kannte ihn seit 1890 von Kaschgar her, wo er in Younghusbands Diensten stand, und ebenso wie ich wußte er noch, daß ich ihn einmal im Zelte seines Herrn gezeichnet hatte. Er war derartig und zwar ganz unfreiwillig komisch, daß man schon vor Lachen ersticken konnte, wenn er nur den Mund öffnete; unter dieser Schar mehr oder weniger erprobter Asiaten war er mein ältester Bekannter. Er hatte 1896 an Wellbys Reise teilgenommen und machte uns die unheimlichsten Beschreibungen von den Leiden, die der im Burenkriege gefallene Hauptmann mit seiner Karawane in Nordtibet habe ausstehen müssen, als aller Proviant verzehrt und alle Tiere verendet waren. Ein Jahr später nahm er an meinen Bootfahrten über den heiligen See Manasarowar teil und war mir dort ebenso nützlich, wie er mich erheiterte. Schukkur Ali war eine ehrliche Haut, ein wackerer Kerl, der ungeheißen seine Arbeit tat, sich nie mit jemand zankte und zu jedem Dienste willig und bereit war. Immer war er strahlend heiterer Laune, selbst während des heftigsten Sturmes mitten auf dem See, und nur zweimal sah ich ihn weinen wie ein Kind: am Grabe Muhamed Isas und in der Stunde, als wir uns Lebewohl sagten.

Diese drei waren, wie schon ihre Namen verraten, Mohammedaner. Im ganzen zählte die Karawane acht Söhne des Islam; der Führer Muhamed Isa war der neunte. Die übrigen siebzehn waren Lamaisten. Dazu kamen die beiden Hindus, ein Katholik, Manuel, und zwei Protestanten, Robert und ich. Für die religiöse Überzeugung der Lamaisten will ich jedoch nicht einstehen. Von einigen unter ihnen erfuhr ich, daß sie mitunter ihre Religion wechselten. Rabsang z. B. war, als er nach Jarkent reiste, Mohammedaner und rasierte seinen Kopf, als er aber nach Tibet zog, war er ein ebenso überzeugungstreuer eifriger Lamaist!

Der älteste meiner Begleiter war der zweiundsechzigjährige Guffaru, der jüngste Adul mit zweiundzwanzig Jahren, und das Durchschnittsalter der ganzen Gesellschaft belief sich auf 33 Jahre. Elf der Leute stammten aus Leh, die anderen aus verschiedenen Dörfern Ladaks. Nur einer war ein Ausländer, der Gurkha Rub Das von der Grenze Nepals; er war still und treu und einer der allerbesten; was schadete es da, daß er keine Nase hatte; bei einer heftigen Rauferei in Lhasa hatte sein Gegner ihm dieses ebenso wichtige wie dekorative Organ abgebissen!

Über die Ausrüstung kann ich mich kurz fassen; es ist ja immer

34 und 35. Palast der alten Könige von Ladak in Leh.
Skizzen des Verfassers.

36. Die Grabmäler der Forschungsreisenden Stoliczka und Dalgleish in Leh.

dieselbe. Für die Leute wurde Reis, Mehl, Talkan oder geröstetes Mehl, das mit Wasser angerührt gegessen wird, und Ziegeltee in Massen mitgenommen. Für mich selbst mehrere Hundert Konservendosen, Tee, Zucker, Tabak und dergleichen mehr, alles von dem Kaufmann Mohanlal, dessen Rechnung 1700 Rupien betrug. Neue Packsättel, Stricke, Friesdecken, Hufeisen, Spaten, Beile und Brechstangen, Blasebälge, Kochtöpfe, kupferne Kannen und das gesamte Küchengeschirr der Leute nebst sonstigem Zubehör kosteten gegen 1000 Rupien. Die Packsättel, die wir in Srinagar gekauft hatten, waren so schlecht, daß wir neue anfertigen lassen mußten, und Muhamed Isa trommelte daher etwa zwanzig Sattler zusammen, die tagelang unter den Baumgruppen des Gartens nähten. Doch wurde alles rechtzeitig fertig, und alles war erstklassig. Hauptmann Patterson versicherte, daß noch nie eine besser vorbereitete Karawane Leh verlassen habe. Wie dumm war es von mir gewesen, so lange in Srinagar zu bleiben und mich mit den trägen Herren des Maharadscha einzulassen! Alles, was von dort stammte, war entweder unverhältnismäßig teuer oder unbrauchbar. Nur die Maulesel waren gut. Dennoch gedenke ich des Aufenthaltes in Srinagar mit großer Dankbarkeit.

Unschätzbare Dienste leisteten mir die Herrnhuter Missionare in Leh; sie empfingen mich ebenso gastlich und freundlich wie früher, und ich verlebte in ihrer gemütlichen Häuslichkeit viele unvergeßliche Stunden. Reverend Peter hatte meinetwegen endlose Plackereien, er ordnete sowohl jetzt wie späterhin alle meine Geschäfte mit den neuen Dienern. Doktor Shawe, der Missionsarzt, war mir von meiner früheren Reise her ein alter Freund, da er 1902 meinen kranken Kosaken Schagdur in dem vorzüglichen Missionskrankenhause behandelt hatte. Auch jetzt half er uns mit Rat und Tat. Er starb ein Jahr darauf in Leh nach einem der leidenden Menschheit geweihten Leben.

Viele meiner schönsten Erinnerungen aus den langen, in Asien verlebten Jahren stammen aus den Missionshäusern, und je besser ich die Missionare kennen lernte, desto mehr bewunderte ich ihre stille, beharrliche und oft so undankbare Arbeit. Alle die Herrnhuter, mit denen ich im westlichen Himalaja zusammentraf, stehen auf einer sehr hohen Bildungsstufe und kommen außerordentlich gut für ihre Aufgabe vorbereitet hierher. Deshalb ist es stets herzerhebend und in hohem Grade lehrreich, unter ihnen zu weilen, und es gibt unter den jetzt lebenden Europäern niemand, der sich an Kenntnis des Ladakvolkes und der Geschichte Ladaks mit diesen Missionaren messen könnte. Ich brauche nur Dr. Karl Marx und Pastor A. H. Francke als zwei Männer zu nennen, die auf dem

Gebiet der streng wissenschaftlichen archäologischen Forschung völlig zu Hause sind.

Einige junge Fante, denen nichts heilig ist und deren Oberstübchen nicht entfernt so gut möbliert sind wie die der Missionare, glauben, es gehöre zum guten Ton, letztere mit überlegener Verachtung zu behandeln, sie zu tadeln, über sie zu Gericht zu sitzen und ihre Arbeit im Dienste des Christentums zu verurteilen. Was auch das Resultat der undankbaren Tätigkeit sein mag, der selbstlose Kampf für eine ehrliche Überzeugung ist stets bewundernswert, und in einer Zeit, die an widerstreitenden Faktoren so reich ist, erscheint es wie eine Erlösung, gelegentlich noch Menschen zu begegnen, die für den Sieg des Lichtes auf der Erde kämpfen. In Leh haben die Missionare eine Gemeinde, die sie mit größter Zartheit und Pietät behandeln, da sie wohl wissen, daß die von den Vätern ererbte Religion den Eingeborenen in Fleisch und Blut übergegangen ist und sich nur durch vorsichtige, geduldige Arbeit besiegen läßt. Selbst die Ladakis, die niemals die Missionsstationen besuchen, sprechen immer gut von den Missionaren und haben blindes Vertrauen zu ihnen, denn abgesehen von der Missionsarbeit wirken sie auch als gute Beispiele. Das Krankenhaus wird überaus eifrig in Anspruch genommen, und die ärztliche Kunst ist ein sicherer Weg zu den Herzen der Eingeborenen.

Am letzten Tage meines Aufenthalts in Leh sah ich auch meine alten Freunde, Herrn und Frau Ribbach, wieder, in deren gastfreiem Hause ich vor vier Jahren so viele gemütliche Winterabende verlebt hatte.

Eines Tages schlug mir Hauptmann Patterson vor, zusammen mit ihm den reichen Kaufmann Hadschi Naser Schah in seinem Hause zu besuchen. In einem großen Zimmer des ersten Stockwerks, das ein gewaltiges Fenster mit der Aussicht auf das Industal hat, saß der Alte auf weichen Polstern an der einen Längswand; um ihn herum seine Söhne und Enkel. Allenthalben standen Kisten voll Silber und Goldstaub, Türkisen und Korallen, Stoffen und Waren, die nach Tibet verkauft werden. Es liegt etwas imponierend Patriarchalisches über Hadschi Naser Schahs mächtigem Handelshause, das ausschließlich von ihm selbst und seiner großen Familie geleitet wird. Letztere zählt etwa hundert Mitglieder, und die verschiedenen Filialen in Lhasa, Schigatse, Gartok, Jarkent und Srinagar stehen alle unter der Verwaltung seiner Söhne oder schon ihrer Söhne. Vor 300 Jahren wanderte die Familie aus Kaschmir in Ladak ein. Hadschi Naser Schah ist der jüngste von drei Brüdern; die beiden anderen hießen Hadschi Haidar Schah und Omar Schah und starben, viele Söhne hinterlassend, vor einigen Jahren.

Die eigentliche Quelle ihres Reichtums ist die sogenannte Loptschak-Mission, die sie als Monopol besitzen. Nach einem gegen 200 Jahre alten Vertrag schickten die Könige von Ladak jedes dritte Jahr eine besondere Mission an den Dalai-Lama in Lhasa, um Geschenke zu überbringen, die ein Symbol wenigstens geistiger Unterwerfung unter Tibets Oberhoheit waren. Nachdem aber Gulab Sings Heerführer Sorawar Sing 1841 Ladak erobert und den größeren Teil dieses Landes Kaschmir einverleibt hatte, übernahm der Maharadscha von Kaschmir die Verpflichtung, die Bestimmungen der Loptschak-Mission zu erfüllen, und betraute hiermit stets eine der edelsten, vornehmsten Familien Ladaks. Seit einigen fünfzig Jahren ist dieses Vertrauensamt der Familie Naser Schahs zuteil geworden und eine Quelle großer Einkünfte für sie gewesen, besonders dadurch, daß der Mission mehrere Hundert Lasttiere von Leh bis Lhasa kostenfrei zur Verfügung gestellt werden müssen. Auch von Lhasa wird alljährlich ein derartiger Handelsagent nach Leh geschickt; er erfreut sich derselben Transportvergünstigung.

Vor acht Monaten war die diesjährige Loptschak-Mission unter Führung eines der Söhne des Hadschi abgegangen. Ein anderer Sohn, Gulam Rasul, sollte sich im September nach Gartok begeben, wo er der mächtigste Mann auf der Messe ist. Ich fragte ihn scherzend, ob ich nicht mitreisen könne, aber Hadschi Naser Schah erwiderte, er würde das Monopol verlieren, wenn er einen Europäer in Tibet einschmuggelte. Gulam Rasul bot mir jedoch, falls ich in die Nachbarschaft von Gartok käme, seine Dienste an, und daß dies keine leeren Redensarten waren, sollte ich später erfahren. Er wird in dieser Erzählung noch eine außerordentlich wichtige Rolle spielen. Nach meiner Rückkehr nach Indien hatte ich meinerseits Gelegenheit, höheren Orts darauf aufmerksam zu machen, welch wichtige Rolle er in kommerzieller Beziehung für die englischen Interessen in Tibet spiele, und ich empfahl ihn warm als geeigneten Kandidaten für den vielbegehrten Ehrentitel Khan Bahadur, den er, dank Oberst Dunlop Smith' gütiger Fürsprache, auch erhielt.

Auch jetzt leistete er mir viele wertvolle Dienste; der größte war vielleicht der, daß er mir für eine bedeutende Summe indischen Papiergeldes bare Münze gab, darunter ein paar Beutel tibetischer „Tengas", die uns vier Monate später sehr zustatten kommen sollten.

Der alte Hadschi war ein vornehmer Mohammedaner edelsten Schlages. Treulich erfüllte er die Gebote des Korans und wanderte fünfmal täglich auf zitternden Beinen in die Moschee, seine Andacht zu verrichten. Der Güter dieses Lebens hatte er mehr als genug, denn seine weitreichenden Handelsverbindungen brachten ihm alljährlich 25000

Rupien Reingewinn, und sein Name war in ganz Innerasien bekannt und geachtet. Auch er sollte vor meiner Rückkehr vom Schauplatz abtreten und, mit dem Gesicht nach Mekka gewandt, seinen Platz auf dem mohammedanischen Friedhof vor dem Tore der Stadt Leh einnehmen.

Die kleine Stadt selbst ist voll der lockendsten, fesselndsten Motive tibetischer Baukunst; allenthalben zeigen sich stille Straßenecken mit bunter Staffage, Tempelportale, Moscheen, amphitheatralisch gebaute Häuser und offene Läden, vor denen sich Kauflustige drängen, und in der Hauptbasarstraße wurde der Verkehr jetzt mit jedem Tage lebhafter, seitdem die Sommerkarawanen aus Jarkent über den Kardangpaß in Leh einzutreffen begannen. Rings um die Stadt erhebt sich ein Kranz höckeriger, kahler, sonnenbestrahlter Berge; nach Süden und Südosten senkt sich die dürre Kiesebene zum Indus hinab, wo eine Reihe von Dörfern im Schmuck grünender Felder und Waldungen dem Bilde einiges Leben verleiht. Auf der anderen Seite thront der Stoghpa, ein hoher Berggipfel, unter dem das Dorf Stogh aus einer Talmündung hervorguckt. Dort residiert ein Exkönig in dritter Generation, der Radscha von Stogh, dessen Großvater noch als König über Ladak herrschte, aber durch Sorawar Sing seiner Würde und seines Reiches beraubt wurde.

Der Radscha von Stogh (Abb. 39), oder wie sein Name kurz und gut lautet: Jigmet Kungak Singhej Lundup Thinlis Sangbo Sodnam Nampur Gelvela, Jagirdar des Staates Stogh, macht einen sehr sympathischen, etwas schwermütigen Eindruck; offenbar entbehrt er die Ehre und die Macht, die das Schicksal nie in seine Hand gelegt hat, sehr schmerzlich. Er war gerade in Leh zu Besuch, denn er besitzt hier an der Hauptstraße ein einfaches, aber hübsches Haus. Die Tibeter betrachten ihn noch immer als den wirklichen, rechtmäßigen König von Ladak, während der neue Herrscher des Landes, der Maharadscha von Kaschmir, nur als Usurpator gilt. Ich war daher auf den Gedanken gekommen, daß ein Empfehlungsschreiben dieses Radschas von Stogh mir vielleicht eines Tages sehr nützlich sein könnte; er fühlte sich auch sichtlich geschmeichelt, als ich ihn darum bat, und war gern bereit, meinen Wunsch zu erfüllen. In seinem offenen Briefe befiehlt er „allen Großen und Kleinen in Tibet, von Rudok, Gartok und Rundor bis Schigatse und Gyangtse, den Sahib Hedin frei und unbelästigt passieren zu lassen und ihm alle notwendige Hilfe zu leisten". Aber das hochwichtige Dokument, das mit Datum und dem roten viereckigen Siegel des Radscha versehen war, lasen später viele tibetische Häuptlinge, ohne daß es auf sie auch nur den geringsten Eindruck machte. Sie antworteten ruhig: „Wir haben nur von dem

Dewaschung (d. i. der „Heilige Rat des Dalai=Lama") in Lhasa Befehle zu empfangen."

Wie ein gigantisches Denkmal entschwundener Größe erhebt sich der alte Palast von Leh auf seinem Felsen (Abb. 34 und 35). Von seinem Dach aus hat man eine herrliche Aussicht auf die Stadt, das Industal und die mächtigen Berge jenseits des Flusses. Vor uns dehnen sich Weizen= und Gerstenfelder, noch schreiend grün in dem ewigen Grau, kleine Wälder von Baumgärten, Pappelgehölze, Bauernhöfe, höckerige Landrücken, und scharf und grell tritt in der Abendsonne der öde Friedhof der Mohammedaner hervor; unmittelbar unter mir liegt ein Gewirr von viereckigen Stein= und Lehmhäusern mit hölzernen Altanen und Veranden, das nur die Hauptstraße und die im Winkel von ihr ausgehenden Seitengassen unterbrechen. Auf der Spitze eines Felsens im Osten sieht man ein Kloster, das ein Lama (Abb. 38) Semo=gungma nannte. Semo=jogma liegt hier im Palaste selbst. Der Tempelsaal hier heißt Diwa und die beiden vornehmsten Götterbilder Guru und Schakya Toba, d. i. Buddha. Das Portal des Palastes macht mit seinen Säulen einen außerordentlich malerischen Eindruck. Durch dieses Portal gelangt man in einen langen, dunkeln, gepflasterten Gang und wird dann über steinerne Treppen und durch düstere Gänge und Korridore geführt, von denen kleine Abzweigungen nach Balkonfenstern hingehen; nach dem Innern zu aber verirrt man sich in den immer gleich dunkeln Hallen. Kein Mensch wohnt jetzt in diesem Gespensterschloß, in das die Phantasie ungehindert die tollsten Spukgeschichten verlegen kann. Nur die Tauben, die unter alten, verwitternden Denkmälern ewig jung bleiben, ließen ein schnarrendes Gurren hören, das Zufriedenheit und gute Laune verriet.

Der Palast erhebt sich jedoch trotz seines Verfalls noch immer königlich und stolz über der tief unter seinen Mauern liegenden Stadt mit ihrem Gewerbfleiß und Geschäftseifer, über diesem Knotenpunkt auf dem Wege zwischen Turkestan und Indien. Frei und ungehindert fegt der Wind über das Dach, seine flachen Terrassen und die Brüstungen mit den Gebetwimpeln, die an ihren Stangen flattern und klatschen. Ein Labyrinth steiler Gassen führt hier herauf. Wohin man sich auch wendet, überall fällt das Auge auf lauter pittoreske Motive, ganze Reihen von Tschorten, deren einer sogar den Weg als Durchgang überwölbt, kleine Tempel und Lamahäuser, Hütten und Mauern.

Auf dem Hügel hinter Hauptmann Pattersons Bungalow liegt ein Friedhof mit fünf Europäergräbern; unsere Aufmerksamkeit fesseln hier besonders die Namen Stoliczka und Dalgleish (Abb. 36). Auf Stoliczkas Grab erhebt sich ein großartiges Granitmonument; die Inschrift auf einer

Platte vorn besagt, daß er im Juni 1838 geboren und im Juni 1874 in Murgoo beim Karakorumpasse gestorben ist. Die indische Regierung errichtete das Denkmal im Jahre 1876 als Beweis der Achtung und zum Dank für die Dienste, die Stoliczka während Forsyths Gesandtschaftsreise geleistet hat. Auf der anderen Seite liest man dieselben Erinnerungsworte lateinisch. Dalgleishs Grabmal ist einfacher, aber auch mit einer Platte aus Gußeisen verziert. Er wurde 1853 geboren und 1888 auf dem Karakorumpasse ermordet. Beide endeten ihre Wanderung durchs Leben in derselben Gegend hoch über der übrigen Erde, und beide schlafen ihren letzten Schlummer unter denselben Pappeln und Weiden. Jetzt vergoldete die Abendsonne die Kämme des Gebirges, rötlichgelbes Licht fiel auf die Gräber und die Stämme der Pappeln, ein schwacher Wind sauste leise in den Baumkronen und erzählte mit melancholischem Flüstern von der Eitelkeit aller Dinge; eine Weile später aber, als die Lampen im Regierungsgebäude angezündet waren, knallten die Champagnerpfropfen bei dem Abschiedsdiner, das Hauptmann Patterson einem anderen solchen Pilger gab, der seine einsamen Streifzüge durch das weite öde Asien noch nicht beendet hatte!

Fünftes Kapitel.

Aufbruch nach Tibet.

Unter der aufs äußerste angestrengten Arbeit flogen die Tage in Leh nur so dahin, aber das Ergebnis unserer Mühen war eine stattliche, vollkommen marschfertige Karawane. Robert und Muhamed Isa schienen von meiner Sehnsucht, aufzubrechen, angesteckt zu sein, denn sie arbeiteten von Morgen bis Abend und paßten auf, daß die andern ihre Pflicht taten. Ich verabschiedete mich von dem liebenswürdigen Hauptmann Patterson, der uns auf so manche Weise geholfen hatte, und am 13. August standen die Lasten der zweiten großen Karawane paarweise auf dem äußeren Hofe; sie brauchten nur noch auf die Packsättel der Pferde gehoben zu werden.

Am nächsten Morgen um 4 Uhr brach Muhamed Isa auf, und einige Stunden später folgte ich mit Robert und Manuel, vier Reitpferden und neun Pferden für unser Gepäck. Hadschi Naser Schah und seine Söhne, unsere zahlreichen Lieferanten, die Behörden und Punditen der Stadt und viele andere hatten sich zum Abschied eingestellt und gaben uns die freundlichsten Wünsche, zahlreiche „Salam" und „Dschole", mit auf den Weg.

Eine Bettlerschar eskortierte uns durch die Hauptstraße, auf der Freitreppe seines Hauses machte uns der Kaufmann Mohanlal seine Verbeugung, und durch das kleine Stadttor gelangten wir in die Vorstadtgassen. Aber schon bei der ersten Biegung hatte das Pferd, das meine beiden Tageskisten trug, seine Last satt und befreite sich in einem Augenblick davon. Sie wurden nun einem andern Pferde aufgeladen, das friedlicher aussah; es trug sie auch bis zum Begräbnisplatz der Mohammedaner, aber da war es ebenfalls ihrer überdrüssig, scheute, ging durch, verschwand zwischen einigen Tschorten und schleuderte die Kisten so schnell auf die Erde, daß es geradezu ein Wunder war, wenn sie nicht

auf dem Geröll und den Felsblöcken in tausend Stücke gingen. Im Handumdrehen wickelte sich der Gaul aus allen Stricken heraus und galoppierte mit dem Packsattel, der ihm nachschleppte und hinter ihm hertanzte, zwischen den Grabmälern umher, unter denen die Mohammedaner in Ruhe schlummerten. Damit die Kisten nicht völlig ruiniert würden, mieteten wir für diesen Tag ein sanftes Pferd. So geht es im Anfang immer, ehe die Tiere sich an ihre Lasten und Packsättel gewöhnt haben. Hier klappern ein paar eiserne Eimer oben auf einer Last, dort die Griffe eines Jakdans, dann wieder sind es ein paar Zeltstangen, die auf- und niederwippen und bei jedem Schritt gegeneinanderschlagen. Die Ruhe im Stall hat die Pferde nervös gemacht, sie sind dick und feist von den duftenden Bündeln saftigen Klees, stark, munter und zum Tanzen auf der Landstraße sehr geneigt. Jedes Pferd mußte jetzt von einem Manne geführt werden; aber endlich kamen wir aufs freie Land hinaus, unsere Begleiter verließen uns einer nach dem anderen; der letzte, der mir Lebewohl sagte, war der prächtige, edle Reverend Peter.

Dann ging es abwärts, an endlosen „Mani-ringmos", langen Mauern aus Mani-Steinen, vorbei, durch enge Stellen zwischen kleinen Felsrücken hindurch, und so näherten wir uns wieder dem Indus. Ein Felsenvorsprung wurde passiert, darauf ein zweiter unmittelbar an einem Flußarm, und hinter ihm öffnet sich die Aussicht auf Sche mit seinem kleinen Kloster auf der Felsspitze. Der Weg führt durch das Dorf, über dessen Kanäle mit ihren steinernen Brücken en miniature, über Rasenplätze und reifende Kornfelder; hier und dort dehnt sich ein Sumpf aus, den übergetretenes Berieselungswasser gebildet hat. Links haben wir Granitfelsen, deren Vorsprünge und Ausläufer von Wasser und Winden rundgeschliffen und poliert sind.

Nachdem wir den Fluß aus dem Gesicht verloren haben und durch das Dorf geritten sind, wo die Leute unsere Pferde durch Trommeln und Pfeifen zu Tode zu erschrecken suchen, werden vor uns das Kloster Tikse (Abb. 37) auf seinem dominierenden Felsen und an dessen Fuß das Dorf Tikse mit seinen Gärten und Feldern sichtbar. In einem Weidengebüsch waren die Zelte schon aufgeschlagen. An der Außenseite des Lagers zog sich die große Landstraße mit ihrem Kanal hin, und hier standen unsere Maulesel und Pferde in langen Reihen vor ihren frischen Grasbündeln angebunden. Die kleinen Hunde wurden sofort herausgelassen; ihr Korb wird ihnen jetzt schon zu klein, sie wachsen sichtlich, beißen mächtig und fangen bereits an, mein Zelt zu bewachen, wo sie wütend kläffen, sobald sie etwas Verdächtiges wittern.

Kaum eine halbe Stunde, nachdem das Lager in Ordnung ist,

37. Tikse-gumpa, Männerkloster in Ladak.
Skizze des Verfassers.

38. Vornehmer Lama.   39. Der Radscha von Stogh, letzter Erbkönig von Ladak.
Skizzen des Verfassers.

kommt Manuel und setzt mir Tee und Kakes vor; er ist nach dem Tages=
ritt etwas mürbe und sieht sehr ernst, schwarzbraun und glänzend aus; wenn
er ärgerlich ist, wird er noch schwärzer als gewöhnlich. Robert aber
ist von seinem Pferd entzückt, und auch ich habe alle Ursache, mit dem
meinigen zufrieden zu sein, einem großen, starken Apfelschimmel aus
Jarkent, der über vier Monate aushielt, aber am Heiligabend starb.
Der Tag war ordentlich heiß gewesen, und noch um 9 Uhr zeigte das
Thermometer 21 Grad. Muhamed Isa trägt die Verantwortung für
meine zwanzig Kisten; er hat sie zu einer Ringburg aufgestapelt und
mit seinem großen Zelt überdeckt, und hier residiert er zusammen mit
einigen anderen unserer vornehmeren Ladakis. Robert und Manuel haben
ein gemeinsames Zelt, die Küche aber mit ihrem beständig rauchenden Feuer
ist im Freien, und auch die übrigen Leute schlafen unter freiem Himmel.

Erst jetzt hatte die neue Reise im Ernst begonnen — wir waren
auf dem Wege nach dem verbotenen Land. Durch eine ganze Kette von
Schwierigkeiten und Hindernissen hatte ich mich hindurcharbeiten müssen,
um überhaupt zu diesem ersten Tag zu gelangen. In Batum hatte voll=
ständige Revolution geherrscht; in Kleinasien hatte mir der Sultan Abdul
Hamid eine Sicherheitswache von sechs Hamidiereitern zum Schutz gegen
Räuber mitgegeben; in Teheran zeigten sich schon damals revolutionäre
Neigungen; in Seistan hatte die Beulenpest entsetzlich gewütet, und in
Indien fand ich das schlimmste von allem: das unbedingte Verbot, von der
indischen Seite aus in Tibet einzudringen. Dann folgte all der un=
nötige Wirrwarr in Srinagar und auf dem Wege nach Leh, und die
alberne Geschichte mit dem chinesischen Paß, den ich gar nicht brauchte und
dessen Erlangung mir so viel Mühe machte. War das nicht wie das
Märchen von dem Ritter, der eine Menge scheußlicher Ungeheuer und
Widerwärtigkeiten zu überwinden hatte, ehe er zur Prinzessin auf den
Gipfel des Glasberges hinaufgelangte? Nun aber hatte ich endlich alle
Bureaukraten, Politiker und andere Störenfriede hinter mir; nun mußte
uns jede Tagereise immer weiter von der letzten Telegraphenstation, Leh,
entfernen, und dann wartete unser die große Freiheit.

Am 15. August waren gerade einundzwanzig Jahre verflossen, seit
ich meine erste Reise in Asien angetreten hatte. Was mochte das nächste
Jahr bringen? Würde es ein Höhepunkt oder ein Rückgang sein? Würden
die Widerwärtigkeiten fortdauern oder die Tibeter sich freundlicher er=
weisen als die Europäer? Ich wußte es nicht; die Zukunft lag so dunkel
vor mir wie das Industal, wo heute schwere Wolkenmassen um die Berge
zogen und der Regen auf dem Zelttuch trommelte. Ich ließ es regnen
und freute mich darüber, denn wenn die Niederschläge sich noch weit über

Tibet erstreckten, würden die Weiden üppiger sein und die Quellen reichlicher fließen.

Bei Tikse befinden wir uns bedeutend tiefer als in Leh, dann aber geht es wieder aufwärts. Nach kurzem Marsch sind wir bei dem vor 30 Jahren neuangelegten Dorf Rambirpur angelangt, und auf der rechten Seite unseres Weges erhebt sich das kleine Kloster Stagna-gumpa auf seinem Felszahn. Auf dem linken Ufer erscheint das Dorf Tschanga und ein wenig höher oben der Eingang des gut maskierten, kleinen und engen Tales, wo die berühmten Tempel von Hemis versteckt liegen. Über seinen Bergen rollt dumpfer Donner, als ob die Götter auf ihren Altarplatten zornig aufbrüllten.

In der Ecke, wo eine kleine schwankende Holzbrücke über den Indus führt, stehen wieder einige lange Manis; sie sind mit hübsch ausgehauenen Steinplatten gedeckt, auf denen die Silben schon mit einer Verwitterungskruste bezogen sind und sich dunkel von den ausgemeißelten, heller getönten Zwischenräumen abheben. Ehemalige Könige von Ladak haben sie einst ausführen lassen, um dadurch ihr Gewissen zu beruhigen und sich für ein künftiges Leben Verdienste zu erwerben. Sie bezahlten den Lamas die Arbeit; jedermann steht es frei, auf diese Weise die göttlichen Mächte milde zu stimmen. So erhalten auch die Klostermönche eine Einnahme und jedermann, Wanderer und Karawanen nicht zum wenigsten, freut sich der frommen Tat, während die Steinplatten in Regen und Sonnenschein, bei Tag und Nacht, in Kälte und Hitze in ihrer stillen Sprache von schlechten Gewissen und mannigfachen Sünden reden.

Jetzt verlassen wir den Indus zum letztenmal. „Leb' wohl, du in der Geschichte so stolzer, erinnerungsreicher Strom! Gilt es auch mein Leben, so werde ich doch dereinst deine Quelle droben in dem verbotenen Lande finden!" So dachte ich, während ich in Begleitung einiger Tschamadare und Tschaprassis des Staates Kaschmir und einiger meiner eigenen Leute um die Felsenecke herum- und in das Nebental einbog, durch das der Weg an den Klöstern Karu und Dschimre vorbei nach dem Tschang-la hinaufführt. Der Weg wird jetzt schlechter; er verschlimmert sich mit jeder Tagereise und verwandelt sich bald in einen oft kaum mehr erkennbaren Fußpfad, um schließlich ganz zu verschwinden. Die große Straße nach Lhasa, die sich längs des Indus hinzieht und nach Gartok hinaufführt, war mir ja versperrt.

Unsere Reisegesellschaft ist recht stattlich; jeden Abend wird ein Schaf geschlachtet, und in der Mitte der verschiedenen Gruppen, die sich zu gemeinsamer Mahlzeit gebildet haben, kochen die Töpfe über den Feuern. Noch mache ich keinen Versuch, die Namen meiner neuen Diener zu er-

lernen; es wimmelt ja unter ihnen noch bei jeder Gelegenheit von Kulis
und Dorfbewohnern, die kommen und gehen, und ich weiß kaum, wer
meine eigenen Leute sind. Einstweilen muß es noch so gehen; es wird
schon die Zeit kommen, daß ich ihre nähere Bekanntschaft mache, wenn
sich erst alle fremden Elemente verlaufen haben. In der Dunkelheit er=
tönt wehmütiger Gesang; es ist der Nachtwächter, der singt, um nicht
einzuschlafen.

Schon bei Dschimre sind wir auf einer Höhe von 3651 Meter, und
während der ganzen Tagereise bis nach Singrul, wo wir uns 4898 Meter
über dem Meere befinden, geht es aufwärts. Der Weg zieht sich meist
auf den steinigen, unfruchtbaren Abhängen der linken Talseite hin, während
der Bach näher an der rechten entlangfließt, wo intensiv grüne Felder
seinen Wasservorrat derartig brandschatzen, daß bei seinem Austreten aus
dem Tal nur wenig davon übrig ist. Durch ein Seitental von rechts
führt ein Paßweg nach Nubra. In Sakti verirrt man sich in einem
Labyrinth von engen Gängen zwischen Hütten und Tschorten, Geröll=
blöcken und Mauern, Mani=Steinwällen und Terrassen, die den horizon=
talen, stufenartig angelegten Äckern als Stützen dienen. Auf der Höhe
über uns sieht man den Tschang=la, und schon beim Anblick der ge=
waltigen, abschüssigen Steigung des dort hinaufführenden Weges wird
einem schwindlig.

Tagar ist das letzte Dorf vor dem Passe; hier hatte ich früher schon
ein paarmal Rast gehalten. Seine Weizenfelder ziehen sich noch eine
Strecke weit talaufwärts, laufen dann aber keilförmig zu und setzen sich
schließlich nur noch als schmaler, gewundener Grasstreifen in der eigent=
lichen Rinne der Talsohle fort. Die verschiedenen Kolonnen der Kara=
wane schreiten immer höheren Regionen zu, einige sind schon am Ziel,
und die letzten haben wir eingeholt. Der Pfad führt steil zwischen ge=
waltigen Blöcken von grauem Granit aufwärts, so daß unsere Ladakis
aufpassen müssen, daß die Kisten nicht daran stoßen.

Nach vier und einer halben Stunde sind wir oben auf der kleinen
terrassenförmigen Raststelle Singrul, und von den mit Yakdung unter=
haltenen Feuern schwebt der blaugraue Rauch über den nur spärlich mit
Gras bewachsenen Boden hin, den ein kristallheller Quell durchrieselt.
Eine hochalpine, kalte und unfruchtbare Landschaft umgibt uns (Abb. 40).
Muhamed Isa thront wie ein Pascha in seiner Burg von Kisten und
Proviantsäcken, das übliche Schaf wird geschlachtet und zerlegt und
strandet dann mit Magen, Gedärmen und allem sonstigen in dem gemein=
samen Kessel. Nur der Kopf und die Füße werden auf Steinen am Feuer
gebraten. Einige der Männer nehmen sich das Fell und benutzen den

Abend dazu, um es zu reiben und weich zu machen — vermutlich soll es als Bettdecke benutzt werden.

Die beiden Radschputen saßen ein wenig von den anderen entfernt an ihrem eigenen kleinen Kochtopf und verzehrten, wie ich sah, ein sehr leichtes Mittagessen von Spinat, Brot und Reis. Die dünne Luft schien ihnen gar nichts auszumachen und die Kälte auch nicht; dagegen waren die kleinen Hunde sehr mißmutig darüber, daß das Thermometer am Abend nur noch 7 Grad zeigte; sie jaulten jämmerlich und krochen unter meinem Zeltbett zu einem einzigen Knäuel zusammen. Die vier Kulis, die das Boot trugen, gingen noch über Singrul hinaus nach einer Grotte, wo sie, wie sie sagten, besser vor der Nachtkälte gesichert sein würden. Gegen Abend schwoll der Bach an und einer seiner Arme steuerte gerade auf mein Zelt los; es mußte durch einen provisorischen Damm geschützt werden. Die Ladakis saßen höher oben und schlürften ihren roten, mit Butter gemischten Tee, und an mehreren Stellen erhellten rötlichgelbe Feuer die Nacht.

Die Temperatur sank auf — 6,1 Grad, und es ward wirklich recht unbehaglich in diesen hohen, rauhen Regionen, wo die Winde frei ihr Spiel treiben und die Sonne den Schnee noch nicht überwältigt hat; noch liegen überall ziemlich große Schneeflecken, und von ihren Rändern rieseln klare Bächlein herab, an deren Seiten saftiges Moos und Gras sprießt, das wie ein feiner Rasenteppich aussieht. An Indiens Wärme gewöhnt, empfindet man die Kälte besonders heftig beim Aufstehen, wenn der Hagel wie Zuckerkügelchen gegen das Zelt schmettert. Ein blauschwarzer Rabe sitzt auf einem Steinblock, fliegt manchmal herab, um zu untersuchen, was wir liegengelassen haben, schmatzt und schluckt mit klingendem Ton und scheint mit seiner Morgenbeute zufrieden zu sein.

Schwer und langsam arbeiten sich die Pferde und die Maulesel durch diesen ewig grauen Granitschutt und zwischen den im Wege liegenden Blöcken im Zickzack hinauf. Unsere Truppe ist bedeutend verstärkt, denn die Tiere brauchen auf den Abhängen Hilfe und die Lasten geraten leicht ins Rutschen. Um, wie unsere Kulis, diese Höhen mit schweren Lasten auf dem Rücken zu erklimmen, bedarf es besonders konstruierter Lungen, eines guten Brustkorbes und eines kräftigen Herzens. Immer höher hinauf geht es zu dem Paß in der gewaltigen Bergkette, die den Indus von seinem großen Nebenflusse Schejok trennt. Noch sehen wir die grünen Felder drunten in der Tiefe des Tales, die Vogelperspektive und ihre kartographische Wirkung steigern sich immermehr, und immer deutlicher und übersehbarer wird die Landschaft, die hinter uns bleibt.

Scharf gezeichnete orographische Linien lassen uns das Industal ahnen, und die mächtige Kette auf seiner anderen Seite steigt dunkel und mit Schnee bedeckt vor uns auf. Fünfzig mit Salz beladene Maulesel aus Rudok drohen uns den Weg zu versperren, werden aber von unseren Leuten beiseite getrieben. Von Zeit zu Zeit machen wir halt, um die Tiere verschnaufen zu lassen. Dann geht es wieder eine Strecke aufwärts; immer häufiger muß gerastet werden; die Pferde schnauben, dehnen ihre Nüstern und atmen schnell. Und dann wieder eine Strecke bis zum nächsten Ruhepunkt.

Endlich aber sind wir oben, 5360 Meter über dem Meere! Allerdings zeigte das Thermometer 5,2 Grad über Null, aber es war Nordwind, der Himmel überzog sich mit dichten Wolken, die über die Kämme des Gebirges heranfegten, und bald darauf hagelte es wie Rutenschläge auf uns nieder. Oben auf dem Tschang-la steht ein Steinhaufen mit Opferstangen, die überall mit zerlumpten, vom Wind zerrissenen Wimpeln behängt sind; alle diese Wimpel tragen in tibetischen Schriftzeichen das Gebet der heiligen sechs Silben; bunt und verblichen, flattern und klatschen sie im Winde, als wollten sie die Gebete antreiben, sich in immer höhere Regionen auf unbekannten Wegen zu den Ohren der Götter emporzuschwingen. Hörner und Schädel zieren das erhabene Opfermal. Hier machen alle unsere Ladakis der Reihe nach halt, schreien Hurra, tanzen, schwenken ihre Mützen und freuen sich, diesen kritischen Punkt ohne Mißgeschick erreicht zu haben.

Der Abstieg nach Osten hin vom Passe hinunter ist jedoch noch schlimmer; lauter Schutt, Blöcke jeder Größe, scharfkantige Granitstücke und dazwischen eine ewige Schlammsuppe, worin es bei jedem Schritte der Pferde gluckst und quatscht. Bisweilen gleicht der Pfad mehr einer Treppe, auf der es kopfüber hinabgeht, aber unsere Pferde sind sicher auf den Füßen und an schlechtes Terrain gewöhnt; kalt und öde, rauh und grau, windig und düster ist es — wie anders als in den sonnigen, sommerlich warmen Gegenden, die wir kürzlich verlassen haben!

Am Fuße des eigentlichen Paßkegels wartete der alte Hiraman, ein Freund von meiner früheren Reise her. Der Alte war ganz unverändert, vielleicht noch ein bißchen runzeliger als gewöhnlich (Abb. 43).

Nach einer Nacht mit 7,1 Grad Kälte ritten wir von Sultak weiter, an seinem kleinen, durch Moränen aufgestauten See vorbei und das Gerölltal hinab (Abb. 41). Jetzt mußten die Hunde laufen und taten es auch während des kurzen Tagemarsches ohne Murren; als sie aber in Drugub anlangten, bereuten sie ihre Kraftprobe aufrichtig und waren so erschöpft vor Müdigkeit, daß sie sogar ihre übliche Beißerei vergaßen.

Drugub (Abb. 42) liegt nur 3900 Meter hoch, und auf der kurzen Strecke bis Tankse stiegen wir auch nur 91 Meter; von da an aber geht es langsam wieder bergauf, bis man schließlich auf die großen offenen Hochebenen gelangt, wo die Höhenunterschiede während des monatelangen Vorrückens bloß unbedeutend wechseln. Oberhalb Tankse erhebt sich im Hintergrund ein mächtiger, schön gemeißelter Bergstock; auf seinen beiden Seiten gähnen tiefe Täler; durch das südliche geht ein Weg nach Gartok, den ich später kennen lernen sollte, durch das nördliche aber die Straße nach Muglib, auf der ich schon früher marschiert war; diese sollte ich nun wiedersehen und zwei Tagereisen lang auf Wegen ziehen, die mir wohlbekannt waren.

Der Tanksefluß ist ziemlich wasserreich; wir überschritten ihn an einer breiten, seichten Stelle, wo das Gefälle sehr schwach ist; das Wasser ist fast ganz klar, von blaugrüner Farbe und gleitet lautlos wie Öl über den Kiesgrund des Bettes hin. Das ganze Dorf war auf den Beinen und sah zu, wie mein Zelt aufgeschlagen wurde in dem kleinen Gebüsch einiger Weiden, die entschlossen den Kampf mit der hohen Lage und dem rauhen Klima aufgenommen hatten. Dies waren aber auch die letzten Bäume, die wir während des nächsten halben Jahres zu sehen bekamen.

In Tankse rasteten wir einen Tag und schlossen mit den Männern ab, die mit ihren dreißig gemieteten Pferden warteten. Auf den ersten Tagemärschen macht man stets allerlei Erfahrungen, und auch jetzt blieb noch dieses und jenes abzuändern. So stellte Muhamed Isa für die Karawanenleute ein großes tibetisches Zelt mit breiter Rauchspalte auf dem Dache her. Rings um den inneren Zeltrand sollten die Proviantsäcke einen Wall zum Schutz gegen den Wind bilden und dort selbst vor Regen geschützt sein. Außerdem wurde geröstetes Mehl, Gewürz und Tabak für die Leute gekauft, dazu alle Gerste, die in der Gegend zu haben war. Die Häuptlinge von Tankse und Pobrang (Abb. 44) erboten sich, uns einige Tage zum Vergnügen zu begleiten, um aufzupassen, daß alles gut gehe.

Spät am Abend erhellten flammende Feuer in Muhamed Isas Lager die Gegend, und die lärmende Musik klang fröhlicher als je. Die Karawanenleute nahmen mit einem Schmause Abschied von der „Zivilisation" und hatten die Dorfhonoratioren und Tänzerinnen zu Tee und Gesang geladen. Es ging dabei recht heiter zu; das Gerstenbier „Tschang", ein Nationalgetränk Ladaks, brachte Gäste und Wirte in fröhliche Stimmung, und noch als ich einschlief, hörte ich Frauengesang, Flötentöne und Sackpfeifermelodien von den Bergwänden widerhallen.

Am 21. August setzten wir uns wieder in Bewegung; bei unserem Abzug war ganz Tankse auf den Beinen, außerdem noch die Eingeborenen, die sich aus den Nachbardörfern gesammelt hatten, und alle riefen uns nun ganz freundlich ein letztes „Dschole" und „Glückliche Reise" zu.

Hier begann ich das erste Kartenblatt zu zeichnen und damit eine Arbeit, die nun länger als zwei Jahre meine Aufmerksamkeit angespannt auf jeden Kilometer des zurückgelegten Weges und auf alles richten sollte, was sich von meiner Route aus beobachten ließ. Zugleich begann das Sammeln von Gesteinproben; Handstück Nr. 1 war von kristallinischem anstehendem Schiefer, während der Talboden noch immer mit großen und kleinen Granitblöcken bedeckt war.

Wir ließen das kleine Tanksekloster auf seinem Felsenvorsprung links liegen und hielten uns von jetzt ab auf der rechten Seite des Muglib= baches, bald am Fuß des Bergstockes und an seinen Schuttkegeln vor= bei, bald über deutlich erkennbare Geröllterrassen, bald wieder längs des Bachufers, wo sich hier und dort eine Wiese en miniature ausdehnt. Im Talkessel bei Muglib dagegen ist gutes, üppiges Weidegras; dicht am Bach sind die Wiesen sumpfig und tückisch, aber weiter oben ist der Boden sandig und sogar Disteln kommen zwischen dem Grase vor, das in Rasenbüscheln den Boden bedeckt.

Hier weideten unsere 130 Tiere, die in aller Eile besichtigt wurden. Sonam Tsering mußte Rechenschaft ablegen über sein Vogtamt, das er trefflich verwaltet hatte. Unsere Maulesel sahen nun, nachdem sie fünf Tage lang im Freien auf den Wiesen von Muglib gegrast hatten, fett und rundlich aus. Mein Lager war jetzt zum erstenmal vollständig beisammen und nahm sich mit seinen vier Zelten und seinen vielen Gruppen der um verschiedene Feuer sitzenden Männer recht stattlich aus. Überall hört man Pferde wiehern und Esel schreien, die Männer nehmen ihnen die Packsättel ab, um nachzusehen, ob deren Unterseite auch glatt ist und keine Wunden scheuern kann, die Tiere werden gestriegelt und gefüttert, ihre Hufe werden untersucht und frisch beschlagen, wenn die alten Hufeisen auf dem bisherigen steinigen Gelände abgenutzt sind.

Das Dorf Muglib besteht aus drei armseligen Hütten, deren zwölf Bewohner Gerste und Erbsen bauen. Man erwartete die Gerstenernte in zehn Tagen, aber die Erbsen standen noch in voller Blüte und konnten vor dem Eintreten der Nachtfröste nicht mehr reif werden; sie werden dann, während sie noch saftig und grün sind, als Pferdefutter verbraucht. Ich fragte einige Leute aus Muglib, was sie im Winter täten. „Schlafen und frieren", antworteten sie.

Die Sonne war am folgenden Morgen noch nicht aufgegangen, als

mich Geschrei und Geklapper, lautes Reden, Rossestampfen und Gewieher aus dem Schlafe weckten — die schwere Kavallerie brach unter Muhamed Isas Führung auf! Und dann machten die Hündchen ausfindig, daß mein Bett ein trefflicher Spielplatz sei, und ließen mir keine Ruhe mehr. Manuels Morgenfeuer in der Küche begann zu knistern, und duftende Dämpfe verrieten, daß es zum Frühstück Hammelkotelettes gab. Nun, ich war ja an das Feldleben gewöhnt, hatte es aber nie so gut gehabt wie jetzt und war noch nie Besitzer einer so großen und so vollständigen Karawane gewesen.

Oberhalb des Dorfes geht es sechsmal über den Bach; er ist ganz klein, und seine Wassermenge scheint immer die gleiche zu sein, denn er kommt aus einem kleinen See, an dessen Ostufer ich im Dezember 1901 gelagert hatte. Jetzt folgen wir seinem Nordufer über mehrere recht beschwerliche Bergausläufer von schwarzem Schiefer und Quarzit hinweg; weiterhin ist der Boden bald mit Kies bedeckt, bald hat er kleine Flächen mit struppigem Gras, und ist dann wieder sehr sandig. Bisweilen rieseln wasserreiche klare Quellen gerade an den Bergseiten hervor, wo sich in den Mündungen der Schluchten mächtige Schuttkegel fächerartig nach dem Tale hinziehen.

Ein beflaggter Steinhaufen und ein Mani bezeichnen den hydrographisch wichtigen Punkt, der eine Wasserscheide zwischen dem Panggongtso und dem Indischen Ozean bildet; seine Höhe beträgt 4327 Meter. Von hier aus fällt das Tal langsam nach dem See ab, und wir reiten in der Rinne, die einst seinen Abfluß nach dem Schejok und dem Indus bildete.

Jetzt ist der Panggong-tso (tso = See) vom Indus abgeschnitten und hat infolgedessen salziges Wasser. Hinter einem Bergvorsprung auf der rechten Talseite, der die Aussicht verdeckt, tritt die westliche Spitze des Sees hervor, und nachdem wir noch ein paar Minuten geritten sind, entrollt sich vor mir ein großartiges Panorama: der große blaugrüne See zwischen seinen kolossalen Felsen. Sein Nordufer entlang war ich vor fünf Jahren mit meinen Kamelen gezogen, meinen alten tüchtigen Veteranen, die in Ladak solches Aufsehen erregt hatten, daß ich dort noch immer der „Kamelherr" genannt wurde!

Gerade an der Stelle, wo der Pobrangfluß mündet und sein flaches, lagunenreiches Delta bildet, hielt ich eine Weile Rast, um mit dem Kochthermometer noch eine kontrollierende Höhenbestimmung zu erhalten, dann ritten wir am Flusse entlang; im Dezember 1901 war er mit Flugsand angefüllt, jetzt aber voll Wasser. Wenn im Winter der Zufluß aufhört, füllt sich das Bett augenscheinlich mit Sand, aber die Dünen werden wieder fortgespült, sobald die Frühlingsflut einsetzt.

40. Von Singrul nach dem Passe Tschang=la.

41. Aussicht von Soltak.

42. Drugub.

Skizzen des Verfassers.

43. Mein alter Freund Hiraman aus Ladak.

44. Sampul und Tschenmo, die Dorfältesten von Pobrang und Tankse, links mein Karawanenführer Muhamed Isa.

Lukkong ist ein kleines Dorf mit ein paar Steinhütten, einem Gerstenfeld, einem Tschorten, einer Wiese und einer verkrüppelten Bergpappel. Von hier aus zog sich unser Weg nach Norden und Nordosten durch das breite, mit Geröll bedeckte Tal, wo man schon eine Vorahnung von den flacheren Bodenformen des tibetischen Plateaus bekommt. Wir befanden uns in einem Gebiet, das nach dem Meere hin keinen Abfluß mehr hat; wir hatten bereits drei wichtige Schwellen, nämlich den Sodschi-la, den Tschang-la und heute auch den kleinen Panggongpaß überschritten, hatten aber noch zwei gigantische Pässe vor uns, ehe wir endgültig die weite Fläche des Hochlandes betraten. Hinter dem ersten mußten wir nochmals in das Stromgebiet des Indus hinabsteigen, hinter dem zweiten aber erwartete uns ein abflußloses Gebiet, bis wir später in die Gegenden gelangten, die durch das obere Talgebiet des Brahmaputra einen Abfluß nach dem Weltmeer haben.

Von einem kleinen Paß mit einigen Steinmalen aus hatten wir schließlich eine überraschende Aussicht über ein Tal, das mit dem eben durchwanderten parallel lief und reich an grünen Wiesen war. Oberhalb und unterhalb des Dorfes Pobrang zeigten sich zahlreiche Zelte und Lagerfeuer, und der Weidegrund war schwarz getupft von Karawanentieren, denn mein Lager war nicht das einzige, das Pobrang heute einen flüchtigen Besuch abstattete; auch ein englischer Schikari war dort zu Gaste, ein Mr. Lucas Tooth, der im Gebirge gejagt hatte und mit seiner Beute an Antilopengehörnen sehr zufrieden war. Wir unterhielten uns bis Mitternacht in meinem Zelt; es war der letzte Europäer, den ich während einer Zeit von mehr als zwei Jahren gesehen habe.

Sechstes Kapitel.

Zum Rande der tibetischen Hochebene.

In Pobrang hatten wir wieder einen Ruhetag; dort trafen wir das letzte gute Weideland auf dem Weg nach Tibet; auch war es wichtig, daß Leute und Tiere sich allmählich, Schritt für Schritt an die zunehmende Höhe gewöhnten. Ich hatte ferner meine Post aus Schweden und Indien erhalten und war lange in meine Briefe und ihre Beantwortung vertieft; der Postbote sollte schon am nächsten Morgen nach Leh zurückkehren. Es war jedoch vereinbart worden, daß uns noch ein „Mail=runner" von dort nachgeschickt werden sollte. Von Pobrang aus sollte er einen Kameraden mitnehmen, weil die Gegend der Wölfe wegen unsicher ist. Nach dem Aufhören des Weges würden sie den Spuren der Karawane leicht folgen können, und es wurde verabredet, daß wir an zweifelhaften Stellen kleine Steinhaufen anlegen wollten, nach denen die Postboten sich richten könnten. Sie ließen jedoch nie wieder etwas von sich hören, und ich weiß nicht, wie ihr Vorhaben abgelaufen ist! Pobrang blieb also der letzte Punkt, an dem ich noch mit der Außenwelt in Berührung stand.

Hier kauften wir auch dreißig Schafe als lebenden Proviant, denn mehr glaubten wir nicht nötig zu haben, da die Jagd doch auch etwas abwerfen mußte und einige meiner Leute tüchtige Jäger waren.

Auf Muhamed Isas Vorschlag wurde Sonam Tserings Lohn auf zwanzig Rupien erhöht und er selbst zum Karawan=baschi der Maulesel ernannt. Der alte Guffaru war Anführer der Pferdekarawane, und Tsering, wie wir Muhamed Isas jüngeren Bruder ganz einfach nannten, hatte die Oberaufsicht über die kleine Karawane, die mein Tagesgepäck, mein und Roberts Zelt und die Küche beförderte.

Der Tschamadar Rahman Khan, der 1902 mein Führer gewesen und nun schon von Lama=juru mit uns gekommen war, wurde entlassen und gut bezahlt, ebenso die beiden Tschaprassis Rasul und Ische. Der alte Hiraman wollte uns durchaus noch eine Tagereise weit begleiten,

während der „Numberdar" von Pobrang und der „Kotidar" von Tankse uns, wie gesagt, noch bis auf das Plateau hinauf bringen sollten. Auf diese Weise schrumpfte die Gesellschaft allmählich zusammen; zuletzt sollten uns die gemieteten Pferde und ihre zehn Führer verlassen.

Allabendlich pflegte ich mit Muhamed Isa Rat zu halten; gewöhnlich war auch Robert zugegen, denn er war ja doch der erste aller meiner Diener, er leitete die Geschäfte der Karawane und führte Buch über unsere Ausgaben. Wir beschlossen jetzt, daß einige der gemieteten Yaks das Boot tragen und unsere letzten Kulis umkehren sollten. Dann machten wir einen Überschlag über unseren Proviant; der Mais und die Gerste mußten 68 Tage ausreichen; das Mehl für unsere dreißig Leute hielt wenigstens 80 Tage, bei einiger Sparsamkeit drei Monate vor; der Reisvorrat konnte erst nach vier bis fünf Monaten erschöpft sein. Doch wie man auch rechnet und seine Voranschläge macht, eine Durchquerung ganz Tibets ist immer eine riskante, abenteuerliche Sache, und die Rechnung stimmt selten. Man kann sicher sein, daß man seine Tiere massenhaft verliert; es kann vielleicht auch zu einer Krisis kommen, in der die Lasten den noch lebenden Tieren zu schwer werden und man einen Teil des Gepäcks opfern muß. Aber es kann auch vorkommen, daß der Proviant schneller zu Ende geht als die Tiere; dann müssen diese sich große Schmälerungen ihres Futters gefallen lassen und sich schließlich nur noch von dem ernähren, was die Erde bietet.

Die Hauptsache war mir jetzt, daß ich die Karawane so lange halten konnte, bis wir nördlich vom Bogtsang-tsangpo, etwa in 32° n. Br. und 86° ö. L., die ersten Nomaden treffen würden; waren wir erst glücklich so weit, dann halfen wir uns schon auf irgendeine Weise durch. Schon jetzt entwarf ich einen Feldzugsplan, der hauptsächlich darin bestand, uns nie von Zeit und Entfernungen, sondern nur von Weideland und Wasser abhängig zu machen. Die Dauer eines Tagemarsches richtet sich dann nach dem Vorkommen dieser unentbehrlichen Hilfsmittel, und selbst ein einstündiger Marsch genügt für einen Tag, wenn er nur zu leidlicher Weide führt. Wo jedoch das Land völlig unfruchtbar ist, kann man beliebig weit vorrücken. Von meinen wirklichen Plänen ahnte noch keiner etwas; erst wenn die letzten Männer uns mit ihren Pferden verlassen hatten, wollte ich alles verraten. Tat ich das jetzt schon, so wäre der Plan in Ladak bekannt geworden und hätte von dort aus die Ohren meiner Gegner erreicht. Dann aber wäre mir schon am Bogtsang-tsangpo, wie schon so oft, ein unerbittliches „Bis hierher und nicht weiter" entgegengeklungen.

Am 24. August verließen wir Pobrang, das letzte Dorf, und ritten

talaufwärts. Auf kleinen Rasenplätzen sonnten sich prächtige zahme Yaks. Links dehnt sich das Lbatatal aus, dessen unterer Teil gute Weide hat. Von einer flachen hügelartigen Bodenerhebung mit ein paar Steinmalen aus gesehen, erscheint das Land nach Osten hin mit seinen flachen, abgerundeten Formen und seinen wenig ausgeprägten offenen kleinen Tälern mit ausgetrockneten Abflußrinnen immer mehr tibetisch. Alles sieht öde und unfruchtbar aus; nur noch kleine, harte Japkakpflanzen kommen vor. Das Steigen geht außerordentlich langsam, aber der Pfad ist in dem ermüdenden Kies oder Sand noch deutlich zu erkennen. Von Wasser sieht man keinen Tropfen. Das Wetter ist ganz tibetisch, bald glutheiß, wenn es ruhig und klar ist, bald rauh und kalt, wenn Wolken die Sonne verbergen und der Wind Roß und Reiter mit Flugsand umhüllt.

Bei Lunkar lagerten wir in der Nähe einiger verlassenen Steinhütten. Nur ein paar hundert Meter von uns entfernt weideten ein paar Kulane oder Kiangs, wie die Wildesel in Tibet und Ladak genannt werden. Neun Lagerfeuer erhellten die Dunkelheit, und zwischen ihren Feuerbränden zischte der Schnee, der abends fiel und, wie der Nachtwächter meldete, erst gegen Morgen aufhörte.

Am Morgen hörte man denn auch den knarrenden Ton, der entsteht, wenn man auf gefrorenen Schnee tritt; mein Zelt wölbte sich unter seiner Schneelast nach innen, und die ganze Landschaft verschwand unter der winterweißen Decke, während dichte Wolken über allen Kämmen schwebten. Manuel und Ganpat Sing hatten noch nie Schnee fallen sehen; sie machten ein überaus erstauntes und neugieriges Gesicht, sahen aber auch in ihren Pustins oder Jarkentpelzen recht verfroren aus. Die Hündchen hingegen waren über dies neue Begebnis höchst mißvergnügt und bellten den Schnee in ihrem Ärger so lange an, bis sie merkten, daß es ihnen nichts half. Unsere Dreistigkeit, die Karawane durch zwei große Hunde aus Pobrang zu verstärken, konnten sie auch nicht billigen. Eine andere Verstärkung, die in Lunkar gemacht wurde, bestand aus zehn Ziegen, die mich mit Milch versehen sollten.

Im Handumdrehen waren wir aus dem noch in Tankse herrschenden Sommer in vollständigen Winter auf den Höhen versetzt und erhielten einen Vorgeschmack von der Nähe der tibetischen Kälte. Vom Sommer bekamen wir dies Jahr wohl nicht mehr viel zu sehen, höchstens Pamsal konnte uns noch einen letzten Abschied von der warmen Jahreszeit bescheren.

Die ganze Karawane war noch da, als ich aus meinem Zelte trat, und wir brachen daher gemeinsam auf. Der alte Hiraman verabschiedete sich und ritt wieder nach seiner Hütte talabwärts. Die Sonne schien, und alles wurde daher blendend weiß; sogar die Ladakis mußten ihre

Augen mit einer Wollzotte schützen, die sie sich vorn unter die Mütze steckten, und sahen mit diesem nichts weniger als kleidsamen Stirnschmuck urkomisch aus.

Der gewaltige Zug schlängelte sich jetzt, einer schwarzen Riesenschlange vergleichbar, zum nächsten Passe hinauf. Zuerst brachen die vierzig Schafe und Ziegen mit ihren Führern auf, wurden aber bald von den Mauleseln überholt, die nun den ganzen Tag an der Spitze marschierten. Der nächste im Zug war dann Muhamed Isa mit der Pferdekarawane, der die gemieteten Pferde mit ihren Führern und deren Yaks auf den Fersen folgten. In ihren Spuren trotteten unsere sieben gemieteten Yaks, deren Los es war, die schwersten Kisten und das Boot zu schleppen; sie machten ihre Sache ganz vorzüglich, waren aber auch Tiere erster Güte, große schwarze Biester; sie schienen weder die hohe Lage des Passes noch das Gewicht der Kisten zu fühlen und hielten den ganzen Tag hindurch mit den letzten im Zuge gleichen Schritt. Hinter den Yaks dann ritt ich mit Robert, dem Kotidar von Tankse und einem Mann zu Fuß, der mein Pferd hielt, wenn ich abstieg, um Gesteinproben zu suchen, Peilungen vorzunehmen oder Skizzen zu machen. Zuletzt kamen Tsering und Manuel mit meiner kleinen Lagerkarawane.

Wir waren noch nicht weit geritten, als wir das Pferd einholten, das als Nummer 52 auf der Liste stand, es war aus Sanskar und hatte 90 Rupien gekostet. Es hatte gestern nicht mehr gefressen, und heute ging es sichtlich mit ihm zu Ende, denn, von einem Manne angetrieben, taumelte es nur noch schrittweise vorwärts. Es blutete aus den Nüstern, sein Bauch war geschwollen und sein Maul kalt, was als schlimmes Zeichen galt; es schien an Schwindel zu leiden, fiel schließlich hin und war nicht mehr zum Aufstehen zu bewegen. Nach einer Weile raffte es sich zwar von selbst mit einer letzten Kraftanstrengung empor, rollte aber nur wieder auf die andere Seite. Vom Paß aus sah man es noch lange regungslos daliegen, seinen Begleiter neben ihm; dieser holte uns später wieder ein und erklärte, mit dem Pferde sei nichts mehr anzufangen. Es erhielt also Nummer 1 auf der Verlustliste, und ich bestimmte, daß der Kotidar von Tankse es behalten dürfe, falls es unerwarteter Weise doch noch genesen sollte.

Von unserem Lagerplatz in Lunkar aus hatte der heutige Paß, der Marsimik-la, ganz leicht und harmlos ausgesehen (Abb. 45), aber schon jetzt merkte man, daß sein Übersteigen eine recht ernste Sache werde. Zuerst mußten die Pferde alle fünf Minuten anhalten und sich verschnaufen, dann schon alle anderthalb Minuten, schließlich konnten sie nicht länger als eine Minute auf einmal weiter und mußten dann ebensolange stillstehen. Der

Schnee lag jetzt beinahe fußhoch, und die Karawane sah in der weißen Umgebung wie eine rabenschwarze Schlangenlinie aus. Über der gewaltigen Schneekette im Süden und Westen türmten sich seltsam gelbgraue und violette Wolken. War die Sonne zu sehen, dann brannten uns Gesicht und Hände; verbarg sie sich aber hinter den Wolken, dann war es prächtig, und das Sonnengeflimmer im Schnee, das den Augen außerordentlich lästig war, dämpfte sich durch die Wolkenschatten.

Vor uns scheint die Karawane ganz still zu stehen, so langsam geht es in dieser stark verdünnten Luft. Trotzdem bewegt sie sich vorwärts, man hört es an den beständigen Rufen der Treiber. Einige Ladakis singen einstimmig und melodisch, um sich selbst und den Tieren die Arbeit zu erleichtern. Sie sind so heiter und vergnügt, als zögen sie zum Erntefest. Von Zeit zu Zeit aber dröhnt Muhamed Isas Stimme wie rollender Donner und läßt die Mahnrufe „Chavaß" und „Chabardar" ertönen. Hoch oben sehen wir ihn stehen in der letzten Biegung, die zum Paß hinaufführt, und hören, wie er als Mittelpunkt des Halbkreises, den die Karawane jetzt bildet, seine Befehle austeilt. Sein geübtes Falkenauge sieht jedes einzelne Pferd; wenn eine Last herunterzugleiten droht, ruft er den nächsten Mann an; wenn eine Stockung oder eine Lücke entsteht, wenn ein Tier vom Pfade abbiegt, er merkt es sofort. Die Hände in den Taschen und die Pfeife im Munde, geht er hinterher ruhig zu Fuß über den Marsimik-la.

Jetzt erreicht die erste Kolonne der Maulesel die Paßschwelle. Ein singender Freudenruf erschallt über den Bergen; er hört sich klar und rein, aber unbeschreiblich dünn, kalt und klanglos an und erstirbt sofort, ohne auch nur das schwächste Echo zu wecken; dazu ist die Luft zu dünn. Jede neue Abteilung, die den Paß erreicht, stimmt dasselbe Triumphgeschrei an. Mit einem Gefühl der Erleichterung sehe ich das letzte Pferd hinter der weißen Kammlinie des Passes verschwinden.

Auf dem höchsten Punkt des Passes machte ich wie gewöhnlich eine ziemlich lange Rast zu Beobachtungen, während Tserings Kolonne an mir vorbeizog und auch die Yaks grunzend über den Marsimik-la trabten. Die absolute Höhe betrug 5591 Meter, der Himmel war teilweise klar, und es war hier so warm wie in einem Ofen, obgleich die Temperatur nur auf $+1{,}5$ Grad gestiegen war. Bevor wir uns wieder in Bewegung setzten, waren uns die letzten des Zuges schon an der Felsecke, die den Eingang des abwärtsführenden Tales bezeichnete, aus dem Gesichte verschwunden. Einsam und verlassen lag das gefallene Pferd wie ein schwarzer Punkt im Schnee. Es war das Opfer, das die Götter des Passes als Zoll für unseren Übergang gefordert hatten.

Nach Osten hin sieht das Hochgebirge gleichmäßiger, wie abgehobelt aus, und keine ragenden Gipfel erheben sich über den Kämmen. Der Paßabhang ist widerwärtig mit Schutt und kleinen Blöcken bedeckt, die sozusagen in Schlamm schwimmen. Der Schnee taut, und man hört unausgesetzt ein sickerndes, brodelndes Geräusch. Den Weg der Karawane bezeichnet eine endlose Reihe kleiner tiefer Gruben, die sich mit Wasser gefüllt haben und die weiße Decke wie eine schwarze Schlangenlinie durchziehen. Unzählige Rinnsale sammeln sich zu einem Bache, der zwischen den Steinen dahinrieselt. Wo der Boden eben ist, bildet sich ein Sumpf, kuppelförmige Moosrasen verleihen ihm ein höckeriges Aussehen, und zwischen ihnen stehen Pfuhle, die oft hinterlistig tief sind. Wir folgen lange einem völlig vegetationslosen Abhang, und man wird beinahe ungeduldig, daß es so langsam nach dichteren Luftschichten abwärtsgeht.

Endlich geht es steil ins Tal hinab, einen unangenehmen Schuttabhang hinunter, den eine Menge kleiner Rinnsale durchfurchen. Von Westen her mündet hier ein großes, muldenförmiges Tal, in dessen oberem Teil man drei überschneite Gletscherzungen mit deutlich hervortretenden Frontspalten im Eise erblickt. Von ihnen stammt ein größerer Bach her, der sich mit dem Paßbach zu einem grüngrauen, weißschäumenden Flusse vereinigt. Von ihrem Vereinigungspunkt aus sehen wir das Tal, in dem wir zu unserem Lager ziehen sollen, in seiner ganzen Länge vor uns. Es ist tief und energisch eingeschnitten; der schäumende Fluß füllt seinen ganzen Boden aus. Man muß sich daher auf den abschüssigen Halden der rechten Talseite, ein- bis zweihundert Meter über dem Flusse, halten.

Hier kam uns einer der Hunde von Pobrang entgegen; er machte einen großen Bogen, um uns auszuweichen, und sah uns nicht einmal an, als wir ihn zu locken versuchten. Wahrscheinlich ahnte er, daß wir auf dem Wege nach unwirtlichen Gegenden seien und daß er bei Pobrangs elenden Hütten ein ruhigeres Leben führen könne. Über sumpfige, bemooste Schutthalden ging es dann endlich steil zum Lager hinunter, das sich gerade da erhob, wo unser Tal mit dem Spanglungtal in einem Winkel zusammenstieß, mitten zwischen hohen Bergen, wo nichts als das eintönige Rauschen der beiden Flüsse zu hören war (Abb. 46 und 47). Müde wirft man sich im Zelt nieder und freut sich über die wohlige Wärme des Kohlenbeckens. Bikom Sing war oben auf den Höhen und tat einen Fehlschuß auf eine Antilope. Muhamed Isa meinte scherzend, die Radschputen hätten bisher noch nicht mehr geleistet als die Hündchen. In unserer Mannschaftsliste zählte er sie überhaupt nicht mit; seiner Ansicht nach taten sie nichts, als an unseren Mehl- und Reisvorräten zehren.

Kalt und bleich schwebte eine kleine Mondsichel über den Gebirgen,

und wir waren froh, zur Ruhe zu kommen; nach einem solchen Tage kommt die Nacht als Erlöserin und Freundin.

Unser Weg nach Pamsal führte weiter durch das Spanglungtal abwärts, teils etwa fünfzig Meter über seiner Sohle, wo noch einige Schneeflecken mit dem kurzen Sommer kämpften, teils auf scharf gezeichneten Seitenterrassen, die mehrere Absätze bildeten. Der Weg war schlecht, denn die ganze Gegend lag voller Schutt. Auf der rechten Seite mündete das Lungnaktal mit kleinen Schneebergen im Hintergrund, und vor uns erhob sich eine mächtige schwarze Kette, die auf der Nordseite des Tschang-tschenmo-Tales liegt. Von Südwesten her mündet das Nebental Manlung ein; sein Fluß führte unserem Tal einen bedeutenden Zuschuß an trübem Wasser zu.

Als wir weiter hinuntergekommen waren, traten im Westen neue prächtige Schneeberge und zackige Gipfel hervor, es sind die Gebirge, die das Tschang-tschenmo-Tal einfassen. Der Pfad führte uns schließlich in dieses Tal hinein, und wir lagerten auf dem kleinen Vegetationsgürtel am linken Ufer seines Flusses (Abb. 49).

Gegen Abend stieg der Fluß ansehnlich; als ich am folgenden Mittag seine Wassermenge maß, betrug sie 14 Kubikmeter in der Sekunde, und große Streifen des steinigen Bettes waren noch von dem mitternächtlichen Hochwasser naß. Im Sommer kann man hier nicht durch den Fluß reiten, er wälzt dann gewaltige Fluten nach dem Indus hinab. Sein Name ist Kograng-sanspo, während Tschang-tschenmo mehr das ganze Land ringsumher bezeichnet. Die Ladakis sagten, der Sommer werde hierzulande noch zwanzig Tage dauern; von da ab würden die Nächte kalt, aber die Tage blieben noch leidlich warm; dann aber komme bald der Winter mit immer heftiger werdender Kälte.

Nach Osten hinauf hat man fünf Tagereisen bis an den Paß Lanek-la, der dem durch ganz Tibet gehenden kolossalen Rücken des Karakorumgebirges angehört. Einige englische Reisende hatten diesen Paß überschritten. Mir war dieser Richtweg versperrt; ich hatte Lord Minto versprochen, den Wünschen der englischen Regierung nicht zuwider zu handeln, aber ich möchte wohl wissen, wer mich jetzt hätte hindern können!

Am 28. August verließen wir diesen friedlichen, gemütlichen Platz wieder, und nun sollte es lange dauern, bis wir wieder so tief hinunter kamen wie jetzt. Immer weiter entfernten wir uns von menschlichen Wohnungen und Wegen, einige Zeit noch blieben wir in bekannten Gegenden, dann aber erwartete uns das große unbekannte Land im Osten. Der Tag war schon freundlich und warm, als ich mit meinen gewöhn-

45. Lunkar mit dem Weg zum Marsimik-la.

46. Lagerfeuer im Spanglung-Tal.

47. Spanglung-Tal.

48. Meine Pferde im Kara-korum-Gebirge.

lichen Begleitern, Robert, Rehim Ali, einem unserer Mohammedaner,
und den beiden Führern aus Tankse und Pobrang aufbrach.

Die linke Uferterrasse, auf der wir reiten, wird von einem Arm
des Flusses bespült, der sehr trüb ist, kleine Stromschnellen bildet und
gewöhnlich in mehrere Arme geteilt ist. Der ganze Talboden ist grau
von Schutt; das Flußwasser hat ungefähr denselben Farbenton und macht
sich daher in der Landschaft wenig geltend. Nichts Lebendes ist rings=
umher zu sehen, weder zahme Yaks noch wilde Tiere, und auch von
Menschen keine Spur. Dennoch verrät ein schwach ausgeprägter Fuß=
pfad, daß sich Bergbewohner gelegentlich hierher verirren. Er führt uns
wieder zum Flußufer hinab, und zwar zu einer Stelle, die der Mündung
des engen, tiefen, kühn ausgeschnittenen und mit den gewöhnlichen Ter=
rassen versehenen Quertales Kadsung gegenüberliegt, aus dessen Tor ein
Bächlein mit klarem, blauem, herrlich frischem Wasser heraustritt, um sich
mit dem trübgrauen Wasser des Hauptflusses zu vermischen und sich von
ihm verschlingen zu lassen. Hier führt der Pfad wieder aufwärts, um
über einen kleinen Paß hinweg die Entfernung bis zu unserem heutigen
Lager abzukürzen. Schon aus weiter Ferne konnte man sehen, daß
mitten auf der steilen Halde, da, wo der Pfad hinlief, ein Erdrutsch
stattgefunden hatte und eine tiefe Spalte entstanden war, über die wir
ohne besondere Vorarbeiten kaum hinübergelangen konnten. Eine Schar
Leute wurde also mit Spaten und Hacken vorausgeschickt; unterdessen
versammelten sich die verschiedenen Abteilungen der Karawane am Ufer.

Einige Fußgänger untersuchten die Furt, denn hier mußten wir über
den Hauptfluß hinüber. Allerdings schäumte das Wasser in weißen Flocken
um die Brust der Pferde, die jetzt in langen Reihen hinübergeführt wurden,
aber die Tiefe überstieg nirgends 70 Zentimeter, und alle kamen glücklich
am anderen Ufer an (Abb. 50, 51, 52). Den Yaks bereitete das Bad
sichtlich Vergnügen, sie wateten so langsam wie nur möglich durch das
Wasser, und mein Boot schwebte über seinem eigenen Element, ohne es auch
nur zu streifen. Am schwersten waren die Schafe und Ziegen hinüber zu
bringen. Die ganze Herde wurde nach dem Rand des Wassers hinunter=
getrieben, dort packte man einige an den Hörnern und warf sie in den
Fluß, obgleich sie sich verzweifelt zur Wehr setzten. Die anderen aber
fanden die Situation zu ungemütlich, machten kehrt und retteten sich in
wilder Flucht auf die nächste Terrasse hinauf. Zum zweitenmal wurde
die ganze Gesellschaft ans Ufer getrieben und dort von den Männern,
die eine Kette bildeten, ins Wasser gestoßen; als jetzt die ersten sich zum
Waten entschlossen, folgten ihnen auch die anderen und kämpften tapfer
gegen die starke Strömung an.

Sobald man ein paar Minuten jenseits des kleinen Passes Mankogh=la ist, hat man einen übersichtlichen Blick über das Tal des Kograng=sanspo, wenigstens über den oberen Teil eben des Tales, dem wir von Pamsal aus gefolgt waren; es macht also hier eine scharfe Biegung, und wir kamen über Hügel und Ausläufer hinweg wieder nach dem Flußufer hinunter. Der Lagerplatz, der ziemlich gute Weide hatte, hieß Gogra. Von hier aus führen zwei Täler zum Hauptkamm der Kara=korumkette hin-auf: das Tschang=lung=barma und das Tschang=lung=jogma, oder „das mittelste und das untere Nordtal". Beide Täler mußten uns zu einem bösartigen Passe führen; wir entschieden uns für das zweite. Irgendwie würden wir schon hinüberzukommen wissen, und an gefährlichen Stellen konnte im Notfall das wertvollste Gepäck von den Männern getragen werden. Die Mütze schief auf dem Kopfe, den Pelz nachlässig um die Schultern und die unentbehrliche Pfeife im Munde schritt Muhamed Isa wie ein Feldmarschall im Rauch der Lagerfeuer umher und erteilte seine Befehle für den morgenden Marsch. Zwar hatte keiner unserer Leute den Weg selbst gesehen, nach ihren unbestimmten Erzählungen davon ließ sich jedoch ahnen, daß uns eine böse Kampagne bevorstand.

Bedeutend höher kamen wir während des Marsches eigentlich nicht, aber es ging über so viele Höhen und steile Abhänge hinauf und hinab, daß die Tagereise ebenso angreifend war, wie wenn sie uns über eine Reihe von Pässen geführt hätte. Der Fluß war jetzt bedeutend kleiner, da wir schon viele seiner Nebenflüsse hinter uns gelassen hatten. Trotz-dem war das Durchwaten beschwerlicher als das vorige Mal, denn die ganze Wassermasse strömte in einem einzigen Bette dahin und das Gefälle war stärker. Es schien aussichtslos, die Schafe in das morgenkalte Wasser hineinzubringen, wo, wie sie recht gut wußten, die Strömung sie fortreißen würde. Ihre Hirten unterhandelten noch vergeblich mit ihnen, als ich sie aus dem Gesicht verlor, und ich weiß nicht, wie es bei der Überführung zuging; hinüber aber kamen sie, denn sie langten wohlbe-halten im Lager an. Der schwarzgrüne Schiefer, der sich hier in der Umgegend findet, ist teils stark verwittert, teils hart und frisch. Auf einem Hügel steht ein großes Steinmal, und einer der Leute behauptete, hier habe eine alte Straße nach Jarkent vorbeigeführt, während Guffaru versicherte, daß wenigstens einige der Begleiter Forsyths durch diese Gegenden gezogen seien.

Die Hauptmasse des Flusses kommt aus einem großen, nordwest-lichen Tal, dessen Hintergrund Schneeberge bilden, während wir längs den Höhen eines Nebentales, das von oben gesehen einen großartigen, beinahe unheimlichen Eindruck macht, aufwärts ziehen. Unten im Tal-

grund rauscht melodisch ein kleiner, klarer Fluß. Nun geht es wieder in rotem, weichem Staub und Schutt abwärts. Niedrige alte Steinmale bezeichnen den Weg und weisen uns wieder zum Boden des Tales hinunter, das hier nur 20 Meter breit und zwischen steilen, dunkeln Schieferfelsen eingezwängt ist. Ein wenig höher hinauf sind die Felswände lotrecht und der Fluß in einen dunkeln Gang eingepreßt. Man muß daher an der rechten Seite hinaufklettern, um die schwere Stelle zu umgehen, und der Anstieg ist sehr steil. Hier geriet die ganze Karawane ins Stocken; man sah Muhamed Isas riesige Gestalt gerade an der schroffsten Stelle des Abhanges stehen. Jedes Pferd mußte von fünf Leuten hinaufgebracht werden. Ein Mann zog es am Zügel, zwei stützten seitwärts die Last, um ihr Abrutschen zu verhindern, und zwei schoben von hinten nach; sobald sie auf einem weniger steilen Teil der Halde anlangten, rückten sie das Gepäck wieder zurecht, zogen die Stricke fester an, und dann mußte das Pferd sich auf der Spur der Karawane allein weiterhelfen.

In der Gegend Tschuta, wo wir uns wieder unten im Talgrund befinden, treten warme Quellen mit schwefelhaltigem Wasser zutage. Eine davon hat eine drei Meter hohe Pyramide gebildet, die einem Fliegenpilz ähnelt; gerade oben in der Mitte sickert das Wasser heraus und tropft an den Seiten herunter, wo es am Rande des Hutes einen Kranz von Stalaktiten bildet. Das Wasser hatte im Quellauge eine Temperatur von 51 Grad. Eine andere Quelle, deren Strahl gerade in den Fluß hineinsprühte, war nur 42 Grad warm. An vielen Stellen der Ufer und des Flußbettes selbst brodelt und siedet das Wasser.

Nach einigen weiteren schroffen Abhängen von Schutt und lockerem gelbem Staub landeten wir endlich im Tschang-lung-jogma-Tal, wo die Weide sehr dürftig war. Abends schneite es recht munter, und die Täler waren in ein mystisches Licht gehüllt, das wohl ein schwacher Reflex des Mondes war. Ein paar Feuer leuchteten aus dem Nebel hervor, und das große Zelt der Ladakis war von innen erhellt. Nur das Rieseln des Baches unterbrach die Stille. Plötzlich aber erschallten durch das nächtliche Schweigen langgezogene Rufe — es handelte sich um einige Pferde, die mit der Absicht umgingen, nach wirtlicheren Gegenden hinunter durchzubrennen.

Ein Ruhetag in diesem Lager war notwendig, denn vor uns wartete der hohe Paß, der eine Wasserscheide zwischen dem Indus und dem abflußlosen Plateau bildet. Muhamed Isa und Sonam Tsering ritten talaufwärts, um zu rekognoszieren, und inzwischen machten Robert und ich uns unter abwechselndem Sonnenschein und Schneetreiben daran, meine Kisten umzupacken; Winterzeug und Pelze wurden herausgenommen und

das Zeltbett wurde kassiert; mein Bett sollte von nun an auf der Erde aufgeschlagen werden, auf einer Unterlage, die aus einer Wachstuchdecke und einer Filzmatte bestand; auf diese Weise kann man sich leichter warm halten.

Am letzten Tag des August ging es immer höher bergan (Abb. 56). Die Landschaft war kreideweiß von Schnee, aber schon vor Mittag war der Boden wieder schneefrei. Ich ritt jetzt einen kleinen, weißen, munteren Ladakipony, der sicher ging — wir wurden bald die besten Freunde. Eine kleine Steinmauer an einer Biegung bezeugt, daß dieser Ort von Menschen betreten worden ist, aber seit jenem Besuch sind vielleicht schon viele Jahrzehnte verflossen, denn von Pfaden oder anderen Merkmalen finden wir keine Spur. Alles ist vegetationslos; gleichwohl sieht man, daß hier kürzlich wilde Yaks gewesen sind. In der Mündung eines sehr kleinen, unansehnlichen Nebentales hatte Muhamed Isa drei Steinmale errichtet, die eigentlich für die erwarteten Postboten bestimmt waren. Hier bogen wir vom Haupttal ab. Die Formen der Berge werden jetzt abgerundeter, die relativen Höhen immer geringer und die Täler sind nicht mehr so tief eingeschnitten, wie die auf unserer gestrigen Reise. Das Bächlein, dem wir aufwärts bis zu seiner Quelle auf dem Hauptkamm folgen, ist das letzte, was noch vom Flußsystem des Indus übrig ist, aber es ist doch ein Kind des Indus und bringt dem Meere Kunde von diesen hohen Gegenden. Bald mußte der Winter seine Flut in Fesseln schlagen, bald schlummerte es in den Armen der Kälte und des Frostes, bis die Frühlingssonne es wieder ins Leben rief.

Auf einem Felsvorsprung war, auch eines von Muhamed Isas Wegzeichen, ein verwitterter Yakschädel aufgestellt und grinste uns entgegen. In einer kleinen Mulde gab es viele Japkakpflanzen, die so hart wie Holz waren, aber wir waren nun schon so weit, daß nicht einmal diese magere Weide verschmäht werden durfte. Wir lagerten daher an einem Punkt, dessen Höhe 5170 Meter betrug, nun schon fast 400 Meter mehr als die Höhe des Montblanc! Dieses Lager wurde Nr. 1 getauft, denn wir befanden uns bereits in Gegenden, die außerhalb des Bereiches der geographischen Namen lagen. Inmitten der Zelte wurde zur Erinnerung eine gewaltige Steinpyramide errichtet, denn die Männer hatten ja nichts anderes zu tun, während die Tiere in unserer unmittelbaren Nähe an den Japkakstengeln knabberten.

Siebentes Kapitel.

Über den Kamm des Kara-korum.

Am 1. September hatten wir einen schweren Tag. Die Erde lag weiß da, und der Himmel sah drohend aus, aber ein schmaler blauer Streifen im Süden ließ uns auf schönes Wetter hoffen. Wir brachen früh auf, und als ich in den Sattel stieg, sah ich die ganze enge Talrinne vor mir schon von den verschiedenen Abteilungen der Karawane angefüllt. Als ich mein Zelt seinem Schicksal, nämlich Tsering und den Indern überließ, rauchten unsere verlassenen Lagerfeuer noch, und das neue Steinmal hob sich schwarz gegen den Schnee ab. Mit einiger Spannung verließen wir das Lager Nr. 1, denn jetzt näherten wir uns im Ernst wilden Gegenden und sollten einen erstklassigen Paß überschreiten, den keiner meiner Leute kannte und von dem sie nur wußten, daß er Tschang-lung-jogma hieß; er liegt ein wenig östlich von dem Paß, den man auf der großen englischen Karte von Nordostladak angegeben findet; meines Wissens hat ihn noch nie ein Reisender benutzt.

Die Uferterrassen hören nach und nach im Tale auf, und da, wo sie sich noch gelegentlich zeigen, sind sie nur ein paar Meter hoch und durch beständige Erdrutsche entstellt. Unser Weg geht nach Nordosten. Vor uns zeichnet sich ein kreideweißer Sattel ab, den jetzt die Sonne überflutet; wir halten ihn für den Paß — aber nein, die Maulesel sind, wie man aus ihren Spuren im Schnee sieht, nach einer anderen Richtung hin abgebogen.

Die Gehänge bestehen auf beiden Seiten aus lauter losem, außerordentlich feinem Material, das feucht und von fußtiefen Spalten durchzogen ist. Am Rand einiger Ausläufer verlaufen diese Spalten ebenso wie die Randspalten einer Gletscherzunge. Es ist fließender Boden: die Gehänge geraten ins Gleiten und verschieben sich durch ihre eigene Schwere, weil sie durch und durch naß sind und keine Wurzeln das feine Material festhalten; sie sind in Bewegung begriffen, und die flach abge-

rundeten Oberflächenformen, die nun in der Landschaft vorherrschen, sind das Resultat dieses Phänomens.

Das Schweigen der Einöde herrscht in diesen Gegenden, wohin sich nie eines Menschen Fuß verirrt; nur dann und wann hört man die Warn- und Mahnrufe der Karawanenleute. Noch ist keines der Tiere zurückgeblieben, alles geht normal; möchten sie doch alle diese schwere Tagereise glücklich überstehen! Das Tal wird ganz schmal; aus seinem Kiesboden sickert Wasser, das kaum einen Bach zu bilden vermag. Aber auch in diesen Kies, auf dem nicht einmal Moos wächst, sinken die Tiere wie in Schlamm ein.

Am Fuß des muldenförmigen Aufganges zu einem Nebenpasse, der uns wieder irreführte und betrog, hatte die Karawane haltgemacht, und man suchte nun einen gangbaren Weg.

Ich ritt in unzähligen Zickzackwindungen voraus und hielt an jeder Winkelecke einen Augenblick an, um Atem zu schöpfen. Muhamed Isa meldete, der wirkliche Paß sei gefunden, doch ritt ich, um zu rekognoszieren, mit Robert auf eine Anhöhe hinauf, die höher lag als die ganze Umgegend.

Die Aussicht von hier aus war viel zu überwältigend, um orientierend genannt zu werden. Über und hinter den näherliegenden, teilweise rabenschwarzen Bergen sah man einen weißen Horizont, eine sägezähnige Linie mächtiger Himalajagipfel. Eine geradezu erhabene Landschaft! Der Himmel war fast klar; nur hier und dort schwebten weiße Wölkchen. In der Tiefe unter uns lag das kleine Tal, durch das wir uns eben mit so vieler Mühe emporgearbeitet hatten; von hier aus sah es jämmerlich klein aus, eine unbedeutende Abflußrinne innerhalb einer Welt gigantischer Berge. Einige Abteilungen der Karawane mühten sich noch in dem engen Gang mit dem Hinaufklimmen ab, und aus der Tiefe drangen die Rufe und Pfiffe der Männer zu uns herauf. Der Horizont war klar, nicht in Dunst gehüllt wie sonst so oft; seine Konturen waren außerordentlich scharf gezogen; silberweiße, sonnenbeglänzte Gipfel türmten sich übereinander und hintereinander empor; gewöhnlich schimmern die ewigen Schneefelder in blauen Schattierungen von wechselnder Intensität, bald matt, bald dunkel, je nach dem Winkel der Gehänge im Verhältnis zur Sonnenhöhe; bald gehen Schatten und Lichter weich und allmählich ineinander über, bald sind sie scharf abgegrenzt; es ist ein verwickeltes Spiel physischer Gesetze, die in unbedingtem Gehorsam zu Stein erstarrt sind. Auf einem Absatz unter uns stand ein Teil der Karawane und verschnaufte sich; die Tiere sahen wie schwarze Punkte auf dem Schnee aus. Hier oben auf unserer Anhöhe ober hüllte

uns der Südwestwind in schnell weiterziehende kleine Wolken wirbelnder
Schneeflocken.

Dieses ganze aufgeregte Meer der höchsten Gebirgswogen der
Erde sieht seltsam gleichmäßig und eben aus, wenn der Blick ungehindert
über seine Kämme hinschweift. Man ahnt, daß sich kein Berggipfel über
eine gewisse Maximalhöhe erhebt; denn ehe er sein Haupt über die Menge
emporzurecken vermag, haben Wetter und Winde, die Denudation, ihn von
oben abgefeilt. Darin gleichen die Berge den Meereswellen; auch wenn
diese sich in schäumender Wut erheben, nimmt sich ihr Getümmel, vom
Schiffsdeck gesehen, gleich hoch aus, und der Horizont ist eine gerade
Linie; es ist ebenso wie bei den kleinen Erdwällen zwischen den Furchen,
die der Pflug im Acker aufreißt, sie haben alle dieselbe Höhe und, aus
der Ferne betrachtet, erscheint das Feld völlig eben.

Der Horizont schien unendlich weit entfernt; nur im Norden und
Nordosten unterbrachen ihn naheliegende Höhen, die das Dahinterliegende
verdeckten, und in dieser Richtung schwebten auch dichtere Wolken, die,
oben weiß und auf der Unterseite bläulich dunkel, weichen Kissen vergleichbar über der Erde lagen. Man erhielt daher von dem Plateaulande
kein rechtes Bild, ahnte aber fern im Norden eine Bergkette von himmel-
stürmender Höhe. Im Nordwesten sah man sehr deutlich einen Hauptkamm; er geht von unserem Aussichtspunkt, d. h. von der Anhöhe, wo
wir standen, aus. Es ist das Kara-korumgebirge. Der ganze Kamm
tritt hier als ein flach abgerundeter Landrücken auf, ohne anstehendes Gestein,
aber von unzähligen kleinen Tälern durchfurcht, die samt und sonders
oben auf dem Kamm beginnen und sich dann allmählich immer tiefer in
seine Seiten einschneiden. Der Hauptkamm windet sich wie eine Schlange
über das Hochland hin, und die Erosionstäler gehen nach allen Rich-
tungen wie die Äste eines Baumes. Hier herrschen die horizontalen
Linien in der Landschaft vor, aber weiter unten, in den peripherischen
Gebieten, fällt der Blick auf vertikale Linien, wie in den Quertälern von
Tschang-tschenmo. Dort unten sind die Landschaftsbilder imposanter und
pittoresker, hier oben aber ist das Antlitz der Erde eher flach; hier
haben die Stürme ihre Wohnungen und ihre unbegrenzten Tummelplätze
in langen dunkeln Winternächten.

Bis ins Mark durchkältet gingen wir zu Fuß nach der Paßschwelle
hinunter, wo sich die ganze Karawane angesammelt hatte; die Höhe
betrug 5780 Meter, und es war 1 Grad Wärme. Die Leute sangen
nicht, sie waren zu müde, aber wir hatten doch allen Grund, froh zu
sein, denn alle Tiere waren mit ihren Lasten glücklich heraufgekommen.
Nach Norden hin zieht sich ein kleines Tal, dem wir langsam bergab

folgten. Sein Boden besteht aus lauter Schlamm, in den die Tiere bei jedem Schritt einsanken, und in den Gruben, die ihre Hufe hinterließen, sammelte sich sofort trübgraues Wasser an. Um uns herum dehnte sich ein Gewirr von relativ niedrigen, flachen Hügeln aus, die stets von jenen Spalten, die fließenden Boden ankündigen, durchfurcht waren. In der Mitte des Tales schlängelte sich lautlos ein Wässerlein ohne Stromschnellen hin; im übrigen war die ganze Gegend überschwemmt, und Wassermangel hatten wir also zunächst nicht zu befürchten.

Da, wo wir lagerten, war kein Grashalm zu sehen; es hatte daher gar keinen Zweck, die Tiere frei umherlaufen zu lassen, sie wurden paarweise zusammengebunden und mußten so stehend warten, bis die Sonne unterging. Dann setzte Guffaru sich auf eine Filzmatte, ließ einen Sack Mais vor sich hinstellen, füllte eine Holzschale mit diesem Futter und leerte sie in einen dargereichten Beutel aus, den ein Ladaki dann einem Pferd vor das Maul hängte. Und so liefen die Männer hin und her, bis alle Tiere ihren Anteil erhalten hatten und die trocknen, harten Maiskörner angenehm zwischen den Zähnen der hungrigen Tiere krachten. Die Ladakipferde weigerten sich energisch, Mais zu fressen, und erhielten statt dessen Gerste; sie wieherten so freundlich, wenn die Beutel gebracht wurden, aber lange hielt die Freude nicht vor; das Knabbern hörte nach und nach auf, und mit hängendem Kopf erwarteten sie blinzelnd und müde die neue lange Nacht (Abb. 48).

Einige überflüssige Pferde waren mit trocknen Japkakpflanzen beladen; beim Lager Nr. 2 gab es keine Spur von Feuerungsmaterial. Wir waren jetzt 5552 Meter hoch.

Am Morgen nahm ich von Tschenmo, dem Kotidar von Tankse, und von Sambul, dem Numberdar Pobrang, die hier umkehrten, Abschied. Sie konnten sich bald wieder an warmen Winden und dem Sonnenschein heller Tage erfreuen. Außer reichlicher Bezahlung für ihre guten Dienste erhielten sie jeder ein Zeugnis in rühmenden Ausdrücken. Sie nahmen meine Post mit und sollten den Boten aus Leh, falls sie ihnen begegneten, über den Weg Bescheid sagen. Unsere Gesellschaft verkleinerte sich dadurch um sechs Mann, drei Pferde und sieben Yaks. In meiner Abteilung waren wir nun bloß noch zu drei Mann, nämlich ich selbst, Robert zu Pferd und Rehim Ali zu Fuß.

Wir machten nun mit dem Bach einen Bogen nach Norden und hatten dabei auf beiden Seiten hügelige Berge. Das Land war wie tot, man sah keinen Grashalm, nicht einmal die Spur einer verirrten Antilope; alles organische Leben schien von hier verbannt zu sein. Aber als wir ein wenig weiter gekommen waren, tauchten Spuren von Menschenbesuchen

49. Lager bei Pamsal.

50. Passierung des Tschang-tschenmo auf dem Weg nach Gogra.

51. Rabsang, Adul, Tsering und Muhamed Isa.

52. Muhamed Isa mit Tsering und Abul in einer Furt des Tschang-tschenmo bei Pamsal.

auf. Man sah im Boden einen schwachen, hellen Streifen, der wie ein lange nicht begangener Pfad aussah, und neben ihm ein zylinderförmiges Steinmal mit einer Steinplatte obenauf. Und an einer Stelle lagen mehrere Pferde- und Yakschädel. Doch sollen sich Jäger, wie man mir sagte, nie hierher verirren; vielleicht war es ein Erinnerungszeichen an die Kartenaufnahmearbeiten der Survey of India oder stammte von einem der europäischen Pioniere her, die vor vielen Jahren zwischen Ostturkestan und Indien hin und her gereist sind.

Das Wetter war echt tibetisch. Eine Hagelbö nach der anderen durchkältete uns und jagte uns ihre kühlen Schauer ins Gesicht, aber die Sonne schien doch immer irgendwo innerhalb unseres Gesichtskreises. Von den Wolken, die ganz unbedeutend aussahen, hingen lange Hagelfransen herab, aber diese vermochten den Boden nicht weiß zu färben; er blieb so trocken wie Zunder, im Gegensatz zu den feuchten Gehängen auf beiden Seiten des Kara-korum-Kammes. Es staubte sogar ab und zu hinter den Pferden. Weit vor mir sah ich zwei schwarze Punkte auf dem gelblichgrauen Gelände — es waren ein Pferd und sein Führer, die hinter den anderen zurückgeblieben waren.

Man sah den großen Zug der Karawane sich ungeheuer langsam einen Abhang entlang bewegen. Sie machten halt, sie hatten also Weide gefunden! Ach, nein — der Boden war hier ebenso unfruchtbar wie überall während der 19 Kilometer, die wir an diesem Tage zurückgelegt hatten. So wie gestern mußten die Tiere zusammengebunden stehenbleiben und die Riemen ihrer Gersten- und Maisbeutel wurden ihnen wieder um den Hals gehängt.

In der Dämmerung berief ich Muhamed Isa zum Kriegsrat.

„Wie lange können die Tiere noch aushalten, wenn wir keine Weide finden?"

„Zwei Monate, Herr, aber wir finden schon eher Gras."

„Wenn wir keine längeren Tagemärsche machen wie heute, brauchen wir bis an den Lake Lighten, den Wellby Sahib vor zehn Jahren entdeckt hat, zehn Tage, und der Weg führt durch Ling-schi-tang und Aksai-tschin, die zu den ödesten Gegenden ganz Tibets gehören."

„Dann wollen wir versuchen, doppelte Tagemärsche zu machen, um möglichst schnell durch das böse Land zu kommen; in der Gegend des Jeschil-köl ist die Weide gut, wie Sonam Tsering, der dort gewesen ist, sagt."

„Wie steht es mit den Tieren?"

„Die halten sich gut, nur ein Pferd und ein Maulesel sind müde, aber die lassen wir einstweilen ohne Last gehen. Für die übrigen ist

die Last ein wenig schwerer geworden, seit wir die sieben Yaks nicht mehr haben. Aber das gleicht sich bald aus."

„Wie machen sich die gemieteten Pferde?"

„Die machen sich auch gut, bis auf zwei, mit denen es zu Ende geht und die wir wohl bald verlieren werden."

„Achte ja darauf, daß die Tiere möglichst geschont und gut gepflegt werden."

„Sie können sich auf mich verlassen, es wird nichts versäumt. In solchen Lagern wie diesem hier bekommen sie mehr Mais und Gerste als gewöhnlich, aber da, wo es Weide gibt, gehen wir mit unseren Vorräten sparsam um."

Am 3. September lag das flache Plateau in Schneerauch und Nebel verborgen, und es war schwer zu entscheiden, nach welcher Seite man ziehen mußte; wir verabredeten jedoch, daß keiner den Fluß aus den Augen verlieren dürfe, denn anderes Wasser schien nicht zu finden zu sein. Wir waren noch nicht weit gelangt, als der Schneefall begann, ein scharfer Südwestwind sich erhob und die wirbelnden Flocken uns sogar die allernächsten Hügel verbargen. Es schneite jetzt so dicht, daß wir fürchteten, die Spur der Karawane, die schon weit voraus war, zu verlieren. Der englischen Karte nach konnten wir von einem kleinen Salzsee nicht mehr weit entfernt sein, aber in diesem Wetter war man nicht imstande, sich von dem Aussehen des Landes einen Begriff zu machen, und es hatte keinen Zweck, des Umschauens wegen einen der Hügel zu besteigen. Wir saßen eingeschneit im Sattel, aber der Schnee taute auf unseren Kleidern, und man wurde von einem unangenehmen Feuchtigkeitsgeruch verfolgt.

Doch lange dauerte dieses Wetter nicht; die schweren, dunkelblauen und violetten Wolkenmassen zogen sich wie Vorhänge auseinander und setzten ihre schnelle Flucht nach Osten hin fort; die Aussicht wurde wieder frei. Einige Kundschafter, die vorausgegangen waren, entdeckten am linken Ufer des Flusses üppige Japkakpflanzen, mit denen unsere hungrigen Tiere gern vorlieb nahmen. Drei Antilopenpfade, die wir gekreuzt hatten, wurden für ein gutes Zeichen gehalten; es mußte also irgendwo in der Gegend Weide geben, aber wo?

Der nächste Tagemarsch führte uns über eine dem Auge ganz gleichmäßig erscheinende Ebene, die ein Kranz von Bergen umgab; unsere Richtung war im allgemeinen nordöstlich. Wir brachen gleichzeitig auf; ich ritt an der ganzen Karawane entlang, die sich imposant ausnahm. Die Tiere gehen nicht in der Reihe, sondern in zerstreuten Gruppen, und ihre gesamten Fährten gleichen einer ungeheuren Landstraße. Die

Maulesel halten sich tapfer und sind immer voran. Mehrere Pferde sind
angegriffen und legen sich von Zeit zu Zeit nieder, aber nur, um sofort
von einem der Ladakis wieder auf die Beine gebracht zu werden. Vorn
an der Spitze geht Muhamed Isa zu Fuß; er ist der sichere Magnet,
der die ganze Gesellschaft nachzieht.

Nun versuchten wir, das breite, sumpfige Bett des Flusses zu über=
schreiten. Muhamed Isa bestieg sein Pferd, aber das Tier sank bald
bis an den Bauch ein; wir mußten das Unternehmen aufgeben und statt
dessen längs des Ufers weiter ziehen. Bisweilen mußten wir über Neben=
flüsse mit ebenso tückischem Boden hinüber. Wenn der Lotse den Weg
gezeigt hatte, folgten einige bepackte Maulesel; dann kamen die anderen
Tiere alle miteinander. Sie sanken bis ans Knie in die klatschende
Schlammsuppe ein, und hinter ihnen sah der Boden wie ein schwedischer
Brotfladen aus.

Um 10 Uhr stellte sich der tägliche Sturm wieder ein. Im Nord=
westen sah man seine äußerste Grenze mit ungeheurer Schärfe gezogen.
Es war, als ob etwas großes schweres Schwarzes über das Plateau
hinrolle. Jetzt ist der Sturm über uns mit seinen ersten schwarzen
Fransen, zwischen denen das blaue Himmelsfeld verschwindet. Zwei
Raben, die uns während der letzten Tage treu begleitet haben, krächzen
heiser; einige kleine Vögel streichen zwitschernd über den Boden hin. Der
Schneehagel peitscht uns mit ungeheurer Wut; er kommt von der Seite,
die Tiere wollen ihm ausweichen und drehen dem Sturme den Schwanz
zu, geraten dabei aber aus dem Kurs und werden wieder auf die rich=
tige Straße getrieben. Wir wissen nicht, wohin wir gehen. Auf einem
Hügel halte ich einen Augenblick mit Muhamed Isa.

„Falls wir den Fluß aus dem Gesicht verlieren sollten, wäre es
wohl besser, wenn wir einige Ziegenlederschläuche mit Wasser füllten",
schlägt er mir vor.

„Nein, laß uns weitergehen; es wird sich schon aufklären, und nach=
her finden wir schon Rat."

Und der Zug schreitet weiter, trotz des Schneetreibens und des
winterlichen Dunkels. Es wird hell, und wieder schweift der Blick un=
gehindert über das öde, hügelige, verschneite Land hin; im Westen dehnen
sich die Ebenen von Ling=schi=tang aus, nach Südosten erstreckt sich die
gewaltige Kette des Kara=korum mit ihren ewigen Schneegipfeln, wo der
Donner rollt zwischen bleischweren, blauschwarzen Wolken. Bald erreicht
uns auch dieses Unwetter, und nun werden wir in mehlfeine, trockne,
dichte Schneeflocken eingehüllt, während es um uns her dunkle Nacht
wird. Ich reite als der letzte im Zuge. Die Karawane ist in vier

Kolonnen geteilt. Die nächste, in deren Kielwasser ich ziehe, sieht im Nebel beinahe schwarz aus; ihre Vorgängerin erscheint wie ein schmutziggrauer Knäuel, die dritte Kolonne ist nur schwach zu erkennen, und die vorderste sieht man fast gar nicht mehr. Muhamed Isa ist verschwunden. Der Schnee geht bald in große federleichte Flocken über, die wie feine, weiße Striche horizontal am Boden hinjagen. In unserer Gesellschaft ist es still; keiner spricht; die Männer marschieren vornübergebeugt mit gekreuzten Armen und über die Ohren gezogenen Pelzmützen. Die ganze Gesellschaft sieht jetzt wie Schneemänner aus, und der Schnee macht den Tieren die Lasten noch schwerer, als sie eigentlich sein sollten.

Schließlich schimmerte wieder unser alter Fluß aus der Dämmerung hervor, und wir schlugen an seinem Ufer Lager. Tsering entdeckte reichliche Japkakmengen in der Nachbarschaft, die teils grün waren, so daß wir die Tiere dorthin führen konnten, teils verdorrt uns als Brennholz sehr willkommen waren. Abends hatten wir drei Grad Kälte. Das Mondlicht verteilte sich in Strahlenbündeln in einer Atmosphäre von umherfliegenden feinen Schneekristallen. Grabesstille! Man hört das eigene Ohrenklingen, man hört den Herzschlag der kleinen Hunde und das Ticken der Chronometer, man hört die niedersinkende Nachtkälte sich in der Erde festbeißen.

Am 5. September marschierten wir über ein Gelände, das gut und eben war, besonders in der Nähe des kleinen Sees, dessen blauer Spiegel sich jetzt im Südosten zeigte. Wie alle anderen Salzseen Tibets scheint er sich in einem Stadium der Austrocknung zu befinden, denn wir legten eine längere Strecke auf seinem trocknen Schlammboden zurück, und sahen dabei höher oben deutlich ausgeprägte frühere Uferterrassen. Muhamed Isa meldete, ein erschöpfter Maulesel werde wahrscheinlich nicht mehr imstande sein, den heutigen kleinen Paß zu überschreiten, der innerhalb einer kleineren Kette unseren Weg versperrte. Das Tier kam aber doch noch über den Paß hinüber und langte auch abends im Lager an, sah aber mager und ausgemergelt aus. Zwei Pantholops-Antilopen, die man leicht an ihren hohen, leierförmigen Gehörnen erkennt (Abb. 28 und 29), entflohen nach Süden hin, und wir stießen auch auf eine Wolfsfährte. An einigen Stellen war die Weide so gut, daß wir ein paar Minuten anhielten und die Tiere fressen ließen. Manchmal war man in Versuchung, schon das Lager aufzuschlagen, aber wir zogen dennoch weiter. Schließlich lagerten wir in einer Talerweiterung mit einem stillstehenden Wasserarm, Japkak und spärlichem Graswuchs. Diese drei Dinge, die uns notwendig waren, Weide, Brennstoff und Wasser, hatten wir so bald und so nahe am Kara-korum kaum zu finden gehofft. In diesem Lager Nr. 6 beschlossen wir, den Tieren nach all den Anstrengungen der letzten Zeit einen Ruhetag zu gewähren.

Am 7. September wurden bei Tagesanbruch sechs erbärmliche Gäule von den gemieteten ausgesondert, und da ihre Lasten bereits verzehrt waren, durften sie nebst zwei Führern umkehren. Der kranke Maulesel lag tot in der Lagerstadt. Der Himmel war völlig wolkenlos, und der Tag wurde glutheiß. Doch auch in anderer Hinsicht traten wir in neue Verhältnisse ein, denn obgleich wir 30 Kilometer zurücklegten, sahen wir keinen Tropfen Wasser, bevor wir an den Punkt gelangten, wo wir das Lager aufschlugen. Es hatte den Anschein, als könnten die Monsunwolken nicht mehr über den Kara-korum kommen, und dann konnte unsere Lage vielleicht durch Wassermangel recht kritisch werden!

Die Marschrichtung des Tages ergab sich von selbst, da sich offenes Gelände zwischen niedrigen, runden, rötlichen Hügeln nach Norden hinzog. Der Boden wäre ebenfalls vorzüglich gewesen, hätten ihn nicht die Feldmäuse unterwühlt gehabt, so daß die Pferde unaufhörlich in die Löcher hineintraten und dabei fast auf die Nase fielen. Die Mäuse selbst ließen sich zwar nicht sehen, aber für ihren tiefen Winterschlaf war es noch zu früh im Jahr. Das breite Tal mündet in einen kolossalen Kessel, den auf allen Seiten prächtige Berge umgeben, ein echter „Meidan", wie die Turkestaner ein solches Tal nennen. Im Norden erheben die Berge zwischen Kara-kasch und Jurun-kasch ihre hohen Zacken, und im Süden zieht sich der Kara-korum immer weiter von unserer Bahn hin.

Über die Ebene eilen Antilopen in leichten, flüchtigen Sprüngen; sie stehen regungslos da, um uns zu betrachten, aber sobald wir uns nähern, springen sie fort, wie von einer Stahlfeder emporgeschnellt und verschwinden bald in der Ferne.

Ein vor uns liegender Bergvorsprung erschien uns als ein passendes Ziel, wo Wasser zu finden sein mußte. Aber die Stunden vergingen, und er schien noch ebenso fern. Ein sterbendes Pferd hielt mich auf; es war unbepackt, aber dennoch zusammengebrochen. Ich empfand großes Mitleid mit ihm und bedauerte, daß es uns nicht weiter begleiten konnte. So blieb ich denn bei ihm, um ihm noch eine Weile Gesellschaft zu leisten, aber der Tag ging hin, und die beiden Männer, die sich mit ihm beschäftigten, erhielten Befehl, es zu erstechen, wenn es nicht mehr mitkommen könne. Meine Ladakis fanden es ebenfalls grausam, ein noch lebendes Pferd zu verlassen; sein Todeskampf konnte ja noch stundenlang dauern und seine letzten Augenblicke entsetzlich werden, wenn Wölfe es aufspürten. Es war ein großes, schwarzes Jarkentpferd und erhielt abends sein Kreuz auf der Liste.

In der Ferne sah man die schwarze Linie der Karawane sich nach

einer Schlucht zwischen den Hügeln hinbewegen, wo ein schwacher grünlicher Schimmer auf Gras schließen ließ. Eine Weile darauf zog sie aber wieder hinunter und verschwand im Gelände; augenscheinlich hatte es auch dort kein Wasser gegeben. Wieder verfloß eine ziemliche Weile, bis wir weit draußen auf der Ebene im Westen kleine schwarze Punkte und Linien erblickten, ohne entscheiden zu können, ob es Wildesel oder unsere eigenen seien. Der Feldstecher reichte dazu nicht aus. Am Fuß eines Bergstockes im Westen glänzte ein Bach wie Silber, aber bis dorthin war es weit, und alle Entfernungen waren so groß, daß die Luftspiegelung irreführte und das, was man für eine Karawane hielt, ebenso gut der auf einer Erosionsterrasse liegende Schatten sein konnte.

Die guten Augen Roberts aber entdeckten am Fuß des Berges den Rauch eines Signalfeuers. Die Karawane war also angelangt und hatte Lager geschlagen, und nach einem Ritt von noch einer Stunde quer über die Ebene waren wir wieder mit ihr vereinigt (Abb. 57).

Wir befanden uns hier in einer Gegend, die zu dem herrenlosen Gebiete Aksai-tschin in Nordwesttibet gehört. Oder sage mir einer, welcher Macht dieses Land gehorcht? Erhebt der Maharadscha von Kaschmir Anspruch darauf oder der Dalai-Lama, oder ist es ein Teil von Chinesisch-Turkestan? Auf den Karten sind keine Grenzen angegeben und nach Steinmalen sucht man vergebens. Die Wildesel, die Yaks und die schnellfüßigen Antilopen sind keinem Herrn untertan und die Winde des Himmels kümmern sich nicht um irdische Grenzsteine. Von hier aus konnte ich also ostwärts ziehen, ohne den Wünschen der englischen Regierung zunahezutreten, und die Chinesen verzeihen es mir gewiß, daß ich von ihrem Passe gar keinen Gebrauch machte.

Die fernen Gebirge im Norden, die sich eben noch in rosigen Farben wie die Häuserreihen einer Riesenstadt am Himmel abzeichneten, erblaßten im grauen Licht der Dämmerung, und das großartige Relief wurde zerstört, als eine neue Nacht ihre dunklen Schwingen über die Erde senkte. Eine Flöte klang leise und melodisch zwischen den Zelten, und ihre Töne lockten unsere müden Wanderer zur Ruhe.

Am folgenden Morgen sah das Lager außergewöhnlich klein aus, denn die gemieteten Pferde und Maulesel waren mitten auf der Ebene geblieben, wo ihre Führer durch Graben Wasser gefunden hatten. Sie ersparten sich dadurch einen bedeutenden Umweg. Der Sicherheit halber nahmen wir nun ein paar Ziegenlederschläuche voll Wasser mit, und alle Flaschen und Kannen wurden gefüllt. Noch unmittelbar vor dem Aufbrechen sahen wir unsere Ladakis lang ausgestreckt am Rinnsal der Quelle

liegen und ihren Durst gründlich stillen, und auch die Pferde erhielten so
viel, wie sie nur wollten.

Die heutige Marschstrecke war vortrefflich, fest und eben; „the great
trunk road" in Indien konnte nicht besser sein, kaum eine Landstraße
in Schweden. Von Osten über Süden nach Südwesten zeigten sich Wolken
in Masse; es stürmte wohl im Kara-korum, aber uns erreichten nicht einmal die Ausläufer des Unwetters. Hier war der Boden trocken, und
der von der Karawane aufgewirbelte, überaus feine Staub zog wie eine
Dampfwolke längs der Erde hin. Die anderen Kolonnen steuerten gleich
mir einem verabredeten Ziel, einem Bergvorsprung im Nordosten zu.
Wir näherten uns ihm und zerbrachen uns den Kopf darüber, ob wir
auf seiner anderen Seite den Aksai-tschin-See, den Crosby 1903 passiert
hat, erblicken würden.

Im Norden des Bergvorsprungs dehnt sich die große, flache Ebene
aus, und hier zeigte sich eine geradezu verwirrende Luftspiegelung. Die
Gebirge schienen sich in einer vollkommen ruhigen Seefläche zu spiegeln,
aber diese Oberfläche glich nicht dem Wasser; sie war hell, leicht und
luftig, sie war flüchtig wie ein Farbenspiel zwischen Wolken, es sah aus
als habe sie eine Unterlage von durchsichtigem Glas. Auch die Mauleselkarawane, die wir jetzt vor uns hatten, war ein Spielzeug der Luftspiegelung; man sah sie doppelt, als ob sie zugleich auch am Rand eines
Sees hinzöge.

Endlich erreichten wir den hartnäckigen Vorsprung und rasteten dort
eine Weile. Robert erkletterte den Abhang, um nach dem erwarteten
See auszuschauen; als er wieder herunterkam, geriet der Schutt ins
Rutschen, unsere Pferde wurden scheu und gingen im tollsten Lauf nach
Osten hin durch. Glücklicherweise folgten sie dabei dem Weg der Ka-
rawane, die gerade im Begriff war, Lager zu schlagen. Die Weide beim
Lager Nr. 8 war die beste, die wir seit Pobrang gesehen hatten, und
Wasser fanden wir beim Graben schon in 55 Zentimeter Tiefe. Für
Brennmaterial hatten die Kulane gesorgt, denn ihr Dung war hier reichlich
vertreten (Abb. 70). Der Platz war so behaglich, daß wir den nächsten
Tag noch hier blieben und an diesem Tage einen Ausflug nach der fast
wie eine umgekehrte Schüssel geformten Erhebung von Sandstein und
Konglomerat machten, die im Süden der Ebene steht und ihren scharf
abgeschnittenen Rand nach Norden kehrt. Oben auf ihrem Gipfel errichtete
Muhamed Isa ein Steinmal (Abb. 53). Er hatte eine Art Steinmal-
Raptus; damals ahnte ich nicht, daß ich dieses Merkzeichen anderthalb
Jahre später noch einmal wiedersehen sollte!

Beim Grauen des nächsten Tages taten wir einen neuen Schritt in

das verbotene Land hinein. Die Luft war nicht ganz klar, und man sah sie über dem Erdboden zittern; aber höher oben wurde sie durchsichtiger, denn die Kämme der Berge waren schärfer abgezeichnet als ihr Fuß. Es ging nach Osten hin; zur Rechten hatten wir die blutrote Konglomerat=masse, die wie ein Schutzdach über grünem Schiefer lag. Zur Linken zeigte sich jetzt der Aktsai=tschin=See, dessen intensiv blauer Spiegel grell abstach gegen die matten Töne, die sonst vorherrschten. Der Anblick eines Sees wirkt belebend, er verleiht der Landschaft erst den richtigen Reiz. Nach Osten hin war das Land bis an den Rand des Horizontes offen; nur in der Ferne sah man auf dieser Seite ein Schneegebirge, aber wahrscheinlich setzte sich unser Längstal auf der Nord= oder der Südseite dieses Berg=stockes fort. Kurz, das Terrain war so günstig wie nur möglich, es blieb auch mehrere Tage so, und ich mutmaßte, daß der Lake Lighten, der Jeschil=köl und der Pul=tso, bekannt von Wellbys, Deasys und Rawlings Reisen, in diesem Längstal liegen dürften, das in jeder Hin=sicht für das tibetische Hochland charakteristisch ist.

Der Boden erinnerte an eine völlig wurmstichige Diele; die Löcher der Feldmäuse lagen so dicht nebeneinander, daß jeder Versuch, ihnen auszuweichen, nutzlos war. Selbst auf den Zwischenräumen war man nicht sicher. Oft barst die Decke von trockner, mit Kies gemischter lockerer Erde über einem unterirdischen Gang. Robert überschlug sich ein=mal mit seinem Pferd. Diese lästigen Nagetiere, die von den Wurzeln der Japkakpflanzen und des Grases leben, sind höchst ärgerlich.

Ganz nahe am Ufer hatte sich die Karawane an reichlich fließenden Quellen mit herrlichstem Wasser, das als kleiner Bach in den scharf=salzigen See hineingeht, gelagert. Spät am Abend sahen wir in weiter Ferne ein Feuer brennen. War noch ein Reisender am See oder hatten sich Jäger hierher verirrt? O nein, es waren einige unserer eigenen Leute, die die Karawanentiere hüteten und ein Feuer angezündet hatten, um sich warm zu halten. Außer uns gab es keine Menschen in diesen öden Gegenden.

53. Eine Schlucht bei Lager Nr. 8.

54. Tod im Wolfsrachen — oder Schiffbruch!

Achtes Kapitel.

Nach dem Lake Lighten.

Mit einem Gefühl des Behagens verließen wir Lagerplatz Nr. 9 (4929 Meter), denn soweit der Blick reichte, war das Gelände völlig eben; seine Erhebung vom Seeufer an war jedenfalls so unbedeutend, daß man sie ohne Instrumente gar nicht wahrnehmen konnte. Die Luft war trüb; das reine Blau des Sees, ein Widerschein des Himmels, war ganz verschwunden, und er zeigte sich jetzt in einer düsteren, grauen Färbung. Eines der gemieteten Pferde wurde im Lager zurückgelassen; sein Besitzer hoffte, es später noch retten zu können, aber darin täuschte er sowohl sich wie das Pferd, denn er begab sich auf einem anderen Wege heim, und das verlassene Tier war also unbarmherzig der Einsamkeit und den Wölfen preisgegeben.

Wir ritten lange auf altem Seegrund und vollkommen ebenen Flächen von Tonschlamm. Nachher ward der Boden feinkiesig und hart, als habe ihn das Gewicht einer Chausseewalze festgepreßt. Nur in einem abflußlosen Becken können derartige ebenen Flächen zwischen gewaltigen Bergen entstehen. Verwitterung, Niederschläge, fließendes Wasser, Wetter und Winde arbeiten gemeinsam an der Nivellierung des Landes; alle Höhen und Kämme werden dadurch niedriger, alle Vertiefungen durch Schlamm, Sand und Schutt ausgefüllt. Fern im Osten ist das Land ganz offen. Hier hätten auf indischen Elefanten reitende Riesen Raum genug zu einer Polopartie in großem Stile, und die schnellfüßigen Dschambasdromedare könnten sich hier müde laufen! Denn nicht einmal der rastlose Westwind findet hier ein Hindernis auf seinem Weg. Antilopen und Kulane zeigten sich in scheuen Herden. Von Menschen keine Spur. Bloß gestern sahen einige der Männer drei Steine, die wie zu einem Herde aufgestellt waren; vielleicht rührten sie noch von Crosbys Expedition (1903) her, denn auch er zog vom Aksai-tschin-See aus ostwärts nach dem Lake Lighten.

Im Norden, auf der linken Seite unseres Weges, konnte man im

Gebirge drei Etagen oder Kämme wahrnehmen; uns zunächst eine Reihe kleiner dunkelgrüner Hügel; weiterhin eine fortlaufende Kette ohne Schnee, und ganz hinten den Hauptkamm mit einer Reihe von Schneegipfeln. Im Süden war unser Längstal von Bergen begrenzt, deren Höhe nach Osten hin zunahm. Beim Lager Nr. 10 fanden wir alles, was wir brauchten, nur war das Wasser ein wenig salzhaltig. Das Glück war unser Begleiter, und wir hatten ohne unser Verdienst eine Gegend erreicht, die viel freundlicher war, als ich zu hoffen gewagt hatte.

In der Nähe des Lagers waren wir über einen stillstehenden Flußarm gegangen, und am 12. September überschritten wir mehrere. Es stellte sich bald heraus, daß ein mächtiges, aber wenig wasserreiches Flußbett nach dem See hinging, und wir spürten seine Nähe den ganzen Tag hindurch. Die Landschaft war einförmig und veränderte während der ganzen Tagereise kaum ihr Aussehen. Aber das Terrain war im höchsten Grade günstig, und wenn es noch länger so blieb, konnte es uns auf dem Weg zum Herzen des verbotenen Landes ein gutes Stück weiter helfen. Das Gras trat jetzt auch in größeren Mengen auf, als wir es bisher gesehen hatten. Es gedieh am besten da, wo der Boden sandhaltig war. Es wuchs in kleinen Büscheln, die nur in der Mitte grün und saftig waren, denn das andere war durch den Nachtfrost gelb und hart geworden. Der Westwind, der den ganzen Tag über Tibet hinstrich, rief einen angenehm prasselnden, sausenden Ton im Grase hervor. Eine richtige Prärie hier oben in Nordtibet, wer hätte das ahnen können! Bis an den Rand des Horizonts war der Boden intensiv strohgelb, und über uns wölbte sich trotz des Windes ein klarer blauer Himmel; mir war, als umhülle eine Riesenfahne in den Farben meines Heimatlandes Himmel und Erde. Im Norden und Süden erhoben sich dunkelviolette, graugelbe, rote und weißhäuptige Berge.

Das Terrain war so eben, daß die Karawane, obwohl sie eine Stunde Vorsprung hatte, beständig wie eine kleine schwarze kurze Linie an der höchsten Stelle des Horizonts sichtbar war, ohne jemals auch nur durch die geringste Bodenerhebung verdeckt zu werden. Infolge der Luftspiegelung schien sie ein wenig über dem Erdboden zu schweben, und die Tiere sahen wie phantastisch langbeinige Kamele aus.

An einer Stelle, wo das Gras besonders gut war, hatte die gemietete Karawanenabteilung haltgemacht; sie hatte noch ein Pferd verloren und wollte versuchen, ein paar andere Todeskandidaten zu retten. Die Lasten lagen am Boden umhergestreut, die Tiere grasten munter, und die Männer saßen am Feuer, hatten dem Wind den Rücken zugekehrt und rauchten abwechselnd eine gemeinschaftliche Pfeife.

Stellenweise war der Boden weiß von Salz, an anderen Stellen fand sich eine dünne Schicht von grobem Quarzsand mit Anlage zur Dünenbildung. Die Karawane hatte sich gelagert, und kleine, zerstreute schwarze Punkte verrieten uns, daß die Tiere auf der Weide waren. Ein paar Punkte aber, die sich weit von den anderen entfernten, waren Reiter, die nach Wasser suchten. Leicht war es nicht, die Zelte aufzuschlagen; alle Mann mußten sie mit ihrer ganzen Kraft festhalten, damit sie nicht fortgeweht oder in Fetzen gerissen wurden, und dabei schlug ihnen der grobe Flugsand ins Gesicht. Wir waren froh, endlich unter Dach zu kommen, aber auch dort zog und pfiff es durch alle Spalten und Löcher, und die kleinen Hunde waren sehr übler Laune. Einen Vorteil hat ein solcher Weststurm aber doch, er erleichtert den Marsch und schiebt von hinten nach; man braucht nur zu wenden und versuchsweise gegen den Sturm anzureiten, um den Unterschied zu merken.

Der 13. fing schlimm an, denn über Nacht waren neun Pferde ausgekniffen, und Muhamed Isa war mit einigen Ladakis auf der Suche nach ihnen. Unterdessen warteten wir in vollständigem Schneesturm. Manuel war in einem sehr lebhaften Wortwechsel mit Ganpat Sing begriffen; es handelte sich dabei um ein Paar Strümpfe, die letzterer unserem Koch in Leh abgekauft hatte. Nun aber merkte Manuel, daß er sie selber gebrauchen konnte, und redete so lange auf Ganpat Sing ein, bis er den Kauf rückgängig gemacht hatte. Manuel machte mir und Robert mit seinem gebrochenen Englisch manchen Spaß. Wenn es schneite, sagte er „der Tau fällt", wenn es stürmte, „heute scheint eine Brise in der Luft zu sein", und als wir den See verließen, fragte er, wann wir an den nächsten „Weiher" kommen würden. Er hielt den Aksai-tschin-See wohl im Vergleich mit dem unendlichen Ozean vor Madras für einen jämmerlichen Pfuhl.

Nachdem fünf der verlorenen Pferde wieder eingefangen waren, brach ich auf der Spur der Esel auf. Das Terrain stieg ebenso langsam an wie bisher, von den Bergen sah man im Schneetreiben nichts; wir hätten uns ebensogut auf den Ebenen der Mongolei oder in der Kirgisensteppe befinden können. Das heutige Lager wurde an einer Quelle aufgeschlagen, am Fuß des auf der nördlichen Talseite liegenden Gebirges, wo gutes Weideland war. In Ermangelung eines Zeltes waren wir in Sonam Tserings kleiner runder Festungsmauer von Proviantsäcken, in deren Mitte ein Feuer loderte, zu Gast und fanden dort Schutz vor dem Winde (Abb. 71). Gegend Abend ließ Muhamed Isa melden, noch ein Pferd habe sich gefunden, es sei aber unmöglich, die andern in diesem

Schneetreiben zu suchen und er bitte um Pelze und Proviant aus dem
Hauptlager. Indessen gelang es dem Mann, der den wenig beneidens-
werten Auftrag erhielt, mit diesen Sachen in Dunkelheit und Schneetreiben nach dem Lager Nr. 11 zurückzugehen, nicht, den Karawan-baschi
und seine Begleiter zu finden, und diese mußten infolgedessen die Nacht
im Freien, im Frost und ohne Speise und Trank zubringen. Sie
waren daher recht mitgenommen, als sie am folgenden Tag mit allen
durchgebrannten Pferden wieder zu uns stießen. Ich hielt meinen Nacht-
wächtern nun eine Strafpredigt und erklärte ihnen energisch, daß dies
nicht wieder vorkommen dürfe, da die Tiere dadurch ermüdet und den
Angriffen der Wölfe ausgesetzt würden, der Marsch aber verzögert werde.
Tatsächlich war es jedoch wunderbar, daß wir erst einen Maulesel und
zwei Pferde eingebüßt hatten.

Und nun ging es nach Osten weiter, immer noch in demselben gewaltigen Längstal. Der Fluß wurde immer wasserreicher, je höher wir
kamen, denn weiter unten ging das Wasser durch Verdunstung und Ein-
sickern in den Boden verloren.

Auf unserer rechten Seite dauerte das rote Konglomerat und der
Sandstein fort, zur Linken hatten wir grünen Schiefer. Mitten in dem
sterilen Tal passierten wir eine kleine ringförmige Grasoase, die einer
Koralleninsel im Ozean glich. Der heutige Sturm brachte uns Regen
und Schloßenwetter; um die Mittagszeit goß es, und das Thermometer
zeigte $+3{,}9$ Grad. Alles war unbehaglich naß und schmutzig, als wir
lagerten, und das feuchte Brennmaterial wollte gar nicht Feuer fangen.
Nun aber fing es an zu schneien, und am späten Abend war das Land
wieder winterlich weiß. Vergeblich hatten wir gehofft, über die Schwelle
hinüberzukommen, von der man den Lake Lighten würde sehen können.
Nach Wellbys Karte konnte er nur noch ein paar Tagereisen entfernt
liegen, aber unter günstigen Verhältnissen mußte man den See schon
aus weiter Ferne erblicken können.

Eisiger Ostwind herrschte am Tag darauf. Es wurde kalt und
rauh, als er über die nachtkalten Schneefelder hinfuhr, und das scheuß-
liche Wetter war nicht nur körperlich unbehaglich, sondern wirkte auch
geistig niederdrückend, so daß man schlaff im Sattel hing, schläfrig und
gleichgültig war und sich nach seinem abendlichen Kohlenbecken sehnte.
Die Antilopen waren dreister als gewöhnlich; um diese Jahreszeit sind
sie dick und fett. Wir ritten an einem Pferd vorbei, das in der Karawanenspur gestürzt und gestorben war, ohne daß man ihm hätte helfen
können. Es lag mit weit geöffneten Augen da, als spähe es nach einem
Land im Osten aus, und war noch ganz warm. Der Packsattel hatte

sich nützlich erwiesen, denn Muhamed Isa war so fürsorglich gewesen, alle Sättel mit saftigem Heu füllen zu lassen, das man später noch brauchen konnte. Die Tiere konnten infolgedessen nach und nach ihre eigenen Packsättel verzehren. Im Lager wurden zwei Schafe geschlachtet, die nicht nach längerer Widerstandsfähigkeit aussahen.

Am Morgen lag wieder ein sterbendes Pferd zwischen den Zelten. Ein Wolf saß in einem Nebental und war Zeuge unseres Abmarsches, er wartete auf seine schöne Mahlzeit; aber die Freude, das Pferd umzubringen, sollte er doch nicht haben, da wir seinem Leben mit einem Messer vorher ein Ende machten. Wir waren jetzt in die kritische Zeit eingetreten, daß kaum ein Tag verging, wo wir nicht eines oder mehrere unserer Tiere verloren.

Noch immer stiegen wir langsam nach Osten. Im Vertrauen auf Wellbys Karte hatte ich den Leuten versprochen, daß sie heute einen großen See erblicken würden. Wir gingen eine Schwelle hinauf, sahen uns aber enttäuscht; von ihrer höchsten Stelle aus erschien nur eine zweite, die alle Aussicht verbarrikadierte, und als wir uns endlich auf diese hinaufgearbeitet hatten, zeigte sich vor uns eine dritte. Jetzt aber sollte unsere Hoffnung nicht länger trügen. In Ostsüdosten zeigte sich zwischen den nächsten Hügeln eingeklemmt, ein Teil des Lake Lighten. An seinem Südufer, an dem Wellby 1896 entlanggezogen war, erhob sich mit bizarren, unregelmäßigen Spitzen und Gruppen die Fortsetzung der roten Schneekette, die wir schon mehrere Tage lang gesehen hatten und die jetzt, bei dem herrlichen Wetter, in ihrer ganzen wilden Pracht hervortrat. Sechs Tage lang waren wir nach dem ersehnten Paß hinaufgestiegen und fanden ihn endlich unmittelbar über dem See. Seine Höhe betrug 5273 Meter!

Jetzt waren viele der Pferde schon so erschöpft, daß wir um jeden Preis gute Weide finden und die Tiere einige Tage ausruhen lassen mußten. Das Lager Nr. 15 wurde am Strande aufgeschlagen; es hatte die Aussicht über den ganzen See (Abb. 55). Im Süden erhob sich die eigentümliche Kette in gelbroten und feuerroten, rosenroten und hellbraunen Schattierungen und zeigte zwischen weichen, glänzenden, blauschimmernden Schneefeldern phantastische, schroffe Felsspitzen.

Lager 15 sollte ein wichtiger Wendepunkt meines kühnen Einfalles in das verbotene Land werden. Kaum waren wir in Ordnung, als die letzten acht der gemieteten Tankseleute sich in Begleitung Muhamed Isas vor meinem Zelte einfanden, nach Ladakisitte auf die Knie fielen, mit der Stirn den Boden berührten und dann regungslos wie Götzenbilder dasaßen, während ihr Führer und Vormann das Wort ergriff:

„Sahib, uns sind noch 19 Pferde geblieben; acht davon sind noch stark, aber die übrigen werden es nicht mehr lange machen. O, Sahib, laß uns nach Hause zurückkehren, ehe der Winter kommt und unsere Tiere tötet."

„Es war abgemacht, daß ihr uns bis an den Jeschil=köl begleiten solltet; wollt ihr euer Wort brechen?"

„Sahib, wir wissen, daß wir in euren Händen sind und von eurer Gnade abhängen; unser Proviant reicht nicht mehr zehn Tage; gehen wir bis zum Jeschil=köl mit, dann werden wir alle auf dem Heimweg sterben. O, Sahib, habt Erbarmen mit uns und laßt uns nach Hause gehen."

„Nun gut, wenn ich euch nun gehen lasse, welchen Weg werdet ihr dann einschlagen?"

„Sahib, wir wollen über die Berge hier im Süden gehen, am Arport=tso vorbei nach dem Lanek=la, den wir in zehn Tagen erreichen können."

„Findet ihr den Weg auch und seid ihr sicher, daß euer Proviant=vorrat ausreicht?"

„Ja, Herr."

„Dann macht euch fertig!" Mich an Muhamed Isa wendend, fuhr ich fort: „Manuel und die beiden Radschputen können das Klima nicht vertragen, es wird das beste sein, sie ebenfalls zu entlassen, ehe die Winterkälte kommt."

Muhamed Isa war Diplomat und versuchte seine Befriedigung zu verbergen, als er antwortete: „Ja, wenn wir sie im Winter mit land=einwärts nehmen, erfrieren sie uns. Schon jetzt kriechen sie am Lagerfeuer wie Murmeltiere zusammen und trotzdem klappern sie mit den Zähnen und zittern vor Frost in ihren Pelzen."

„Wir können sie leicht entbehren."

„Bisher haben sie noch nicht mehr geleistet als die Hündchen, eher noch weniger, denn sie sind entweder zu faul oder zu vornehm, um sich für ihr eigenes Feuer Brennstoff zu sammeln; zwei unserer Ladakis müssen sie und ihre Pferde bedienen. Es wäre ein großer Gewinn, wenn wir sie los würden."

„Lassen wir sie gehen, so kommen uns auch ihre Pferde zugute, denn ich kann ihnen ja einige der abziehenden Tanksepferde mieten, die ihnen dann während der Reise nach Ladak zur Verfügung stehen."

„Ja, Herr, sie haben drei Pferde zum Reiten und benutzen außer=dem noch zwei für ihr Gepäck. Wir verlieren nun die Tanksepferde, von denen einige allerdings nur Brennmaterial getragen haben, aber unser Gepäck vergrößert sich trotzdem durch ihren Fortgang um fünfzehn neue

Lasten für unsere eigenen Tiere. Daher sind die Pferde der schwarzen Männer für uns eine höchst notwendige Zugabe."

Am folgenden Tag wurden die Platten und Gesteinproben, die nach Srinagar geschickt werden konnten, eingepackt, und ich schrieb Briefe nach Haus und an Freunde in Indien. Ich bat den Oberst Dunlop Smith, mir mit Erlaubnis des Vizekönigs Ende Oktober alle Briefe, die bis dahin für mich angelangt seien, in die Gegend des Dangra=jum=tso nachzuschicken. Sie müßten über Giangtse und Schigatse geschickt werden; der Taschi=Lama, der neulich so gut in Indien aufgenommen worden sei, werde gewiß mit Vergnügen dafür sorgen, daß mir die Posttasche zugestellt werde. Ich dachte mir, daß, wenn mir auch im Innern von Tibet die Weiterreise verboten werde, man mir doch nicht meine Post verweigern könne — im äußersten Notfall konnte ich ja meinerseits die Beförderung der Posttasche zur Bedingung für die Annahme ihrer eigenen Forderungen machen. Ich bat also, ein Postbote möge den Auftrag erhalten, sich Ende November am Dangra=jum=tso einzufinden und dort unsere Ankunft zu erwarten.

Am Morgen des 17. Septembers lagen drei meiner eigenen Pferde tot zwischen den Zelten. In der folgenden Nacht starb das große scheckige Jarkentpferd, das mein Boot getragen hatte (Abb. 75). Als am 19. die Sonne aufging, hatten sich noch zwei Opfer den voraufgegangenen zugesellt und lagen, Beine und Hals von sich gestreckt und, nach einer Nachtkälte von — $18{,}4$ Grad, steinhart gefroren da! Ich ließ Muhamed Isa rufen.

"Wieviel Tiere haben wir noch?"

"Wir haben 83; 48 Pferde und 35 Maulesel; 10 Pferde und ein Maulesel sind gestorben."

"Es wäre schlimm, wenn dies Sterben im Tempo der letzten drei Tage fortdauern sollte!"

"Das glaube ich nicht, Sahib, die schwächsten sind krepiert, die stärksten haben wir behalten."

"Aber sechs Pferde sind hier gefallen, das bedeutet für die Überlebenden sechs Lasten mehr, außer den 15 von den Tankseparferden!"

"Die sechs gefallenen sind während der letzten Tage gar nicht beladen gewesen."

"Aber die Lasten werden jetzt auf alle Fälle zu schwer."

"Seit wir hier lagerten, habe ich den Tieren doppelte Mais= und Gersterationen geben lassen, teils um sie zu kräftigen, teils um die Lasten zu erleichtern. Die ersten Tage, von hier gerechnet, müssen wir kurze Märsche machen und lieber die Tiere tüchtig fressen lassen, als einen einzigen Sack Gerste fortwerfen."

„Gut. Wir haben 510 englische Meilen nach dem Dangra-jum-tso, das macht bei 10 Meilen täglich 51 Tagesmärsche. Kommen noch 15 Ruhetage hinzu, so müssen wir am 25. November oder in zwei Monaten und sechs Tagen an jenem See anlangen. Die Maulesel scheinen mir widerstandsfähiger zu sein als die Pferde; wir müssen suchen, wenigstens eine Stammtruppe starker Maulesel zu retten; später wird sich schon irgendwie Rat finden, wenn wir die ersten Nomaden getroffen haben."

„O ja, im allerschlimmsten Fall können unsere Ladakis das Notwendigste tragen und wir alle zu Fuß gehen."

„Ja, Muhamed Isa, denke daran, daß ich keinesfalls umkehre, wenn ich nicht durch Übermacht dazu gezwungen werde!"

„Nein, das weiß ich; es wird schon alles gut gehen."

Vier Pferdelasten Mais und Gerste waren in diesem Lager verzehrt worden; von nun an sollte täglich eine Pferdelast draufgehen, die Kost der Leute ungerechnet. Doch wahrscheinlich verloren wir auch täglich ein Tier, manchmal vielleicht auch zwei oder mehr. Indessen blieb uns immer noch die Hoffnung, bessere Weide zu finden, auf der die Tiere sich wieder kräftigen konnten, wenn wir erst nach Südosten abschwenkten. Wir hatten noch keinen Grund zum Klagen. Die gemieteten Tanksepferde hatten mir vortreffliche Dienste geleistet. Wir konnten das Westufer des Lake Lighten mit 83 vollbeladenen Tieren verlassen. Zu dem Boot mit all seinem Zubehör waren zwei Pferde erforderlich, aber ein paar Tage gedachte ich sie zu schonen und das Boot sich selber über den See befördern zu lassen.

Soweit war es mir also gelungen, unsere Etappen vorzuschieben, und das war prächtig. Wellby, Deasy, Rawling und Zugmayer, die alle schon in dieser Gegend waren und so schöne, verdienstvolle Resultate von ihren Reisen mitbrachten, hatten gerade hier und am Jeschil-köl nur über Karawanen verfügt, die in viel weniger gutem Zustande gewesen waren als die meine. Leh und Tankse waren meine Ausgangspunkte gewesen. Am Lake Lighten aber zerrissen nun die allerletzten Bande, und von dort begann ein Gewaltmarsch unbekannten Geschicken entgegen.

55. Lager Nr. 15 auf dem Westufer des Lake Lighten.

57. Mein Zelt, im Vordergrund Bikom Sing, Manuel und die jungen Hunde.

56. Im Schnee nordöstlich von Tschang-lung-jogma.

58. Eine schauerliche Nacht auf dem Lake Lighten.

Neuntes Kapitel.

Im Sturm auf dem See.

Am neunzehnten Tag des Septembers nahmen wir von den Indern und den Eingeborenen von Tankse Abschied (Abb. 69). Um jene tat es mir leid, sie konnten ja nicht dafür, daß sie nicht für das Klima taugten, und sich sonstwie auszuzeichnen hatten sie noch keine Gelegenheit gehabt. Den letzten Abend hatte Bikom Sing seinen Schwanengesang in unserer Gesellschaft angestimmt, nämlich dieselbe eintönige, resignierte Sanskrithymne, die ihm und seinen Landsleuten schon so oft eine Erinnerung gewesen war an ein wärmeres Land mit freundlichen Hütten im Schatten der Palmen und der Mangobäume, an beladene Ochsenkarren auf staubigen Landstraßen und an das entsetzliche Warngebrüll des Königstigers in den Dschungeln der Flußufer, wenn in den lauen Frühlingsnächten der Vollmond am Himmel steht. Jetzt dankte ich ihnen für treue und ehrliche Dienste, bezahlte sie gut, sorgte für ihre Rückreise und versah sie mit besten Empfehlungen. Als Proviant erhielten sie Mehl, Zucker, Tee und Reis, nebst einem Schafe für ihren Unterhalt. Manuel durfte einen der kleinen Hunde, in den er sich verliebt hatte, mitnehmen. Muhamed Isa hatte ihnen aus leeren Kornsäcken ein Zelt zum Schutz gegen die Nachtkälte genäht.

Am ersten Tag wollten sie bloß bis an den Fuß der roten Bergkette ziehen, und der Tag war schon weit vorgeschritten, als sie nach einem kräftigen Händedruck zum Abschied zu Pferde stiegen. Wir blieben noch eine Weile stehen, sahen ihre kleine Schar sich unter der Sonne im Südwesten verkleinern, und bald verschwanden sie hinter den ersten Hügeln.

Ich habe nie wieder etwas von ihnen gehört! Nach anderthalb Jahren fragte Manuels Vater schriftlich bei mir an, wo sein Sohn geblieben sei, aber ich wußte es nicht. Soviel machte ich ausfindig, daß er wohlbehalten in Leh angelangt war, aber weiter konnte ich seine Spur nicht verfolgen. Indessen hoffe ich, daß er nach seinen Irrfahrten glücklich heimgekommen sein wird. Die Scheidenden fehlten uns ordentlich,

aber ich tröstete mich mit dem Boot, das ausgepackt und am Ufer zusammengesetzt wurde.

Ein strahlend klarer Tag nach 16,8 Grad Kälte! Die Quelle an unserem Lager war zu einem glänzenden Streifen gefroren, der sich zum Strand hinunterschlängelte, und am Ufer klapperte ein zwei Meter breiter Eisrand im Wellengeplätscher. Das Wasser des Sees läßt sich im Notfall trinken; wahrscheinlich verringern seinen Salzgehalt die Zuflüsse an unserem Ufer, wo der vom Paß kommende Fluß und zahlreiche Quellen münden. Die feine Kräuselung des Sandes auf dem Grund des Sees ist von der oszillierenden Bewegung des Wellenganges scharf gezeichnet; das Wasser ist vollkommen kristallklar.

Nun wurden unsere Tiere, die im Lager Nr. 15 noch einen Kameraden verloren hatten, mit den schweren Lasten beladen. Die Karawane hatte Befehl, am Nordufer entlang zu ziehen und in seiner Nähe an einer geeigneten Stelle Lager zu schlagen. Robert sollte eine provisorische Kartenskizze von dem Verlauf der Uferlinie machen, Tsering, Muhamed Isas Bruder, durfte mich auf seine Bitte begleiten. Und so verließen wir denn gleichzeitig und mit einem Gefühl der Erleichterung diesen öden Platz, wo wir unseren Reisegefährten Lebewohl gesagt und sieben unserer Pferde verloren hatten! Von der Stille der Einöde umgeben, lagen sie da wie durch das Lied der Uferwellen in Schlaf gewiegt — ein von Göttern und Menschen vergessener Friedhof.

Tsering fand sich mit den Rudern bald gut zurecht, und nachher kam uns der Westwind zu Hilfe. Wir fuhren schräg nach der nordwestlichen Ecke des Sees hinüber und hatten es viel näher als die Karawane, die einen bedeutenden Umweg machen mußte. Die Fahrt machte keinen Anspruch darauf, mehr als eine Probefahrt zu sein, aber vom ersten Augenblick an war ich entzückt von dem englischen Boot, das ebenso fest und bequem, wie leicht zu regieren war. Die größte gemessene Tiefe betrug 48,5 Meter. Nachdem wir um einen Vorsprung herumgefahren waren, erblickten wir den blaugrauen Rauch unseres Lagers eine Strecke weit vom Ufer, zogen das Boot aufs Land und gesellten uns wieder zu den unseren.

Das Lager war nun folgendermaßen angeordnet. In einem großen, unten viereckigen und oben pyramidenförmigen Zelt residierten Muhamed Isa, Tsering, die Küche und zwei der anderen Leute (Abb. 83). Die vornehmeren Ladakis wohnten in dem tibetischen Zelt, während die übrigen sich innerhalb der Verschanzung der Proviantsäcke aufhielten. In Manuels Zelt hauste Robert allein, und um sein Bett herum hatte er so viele Kisten aller Art aufgestellt, daß es an ein Parsigrab erinnerte. Zu äußerst auf

dem rechten Flügel stand mein Zelt ein wenig von den anderen entfernt. Der schwarze Pobranghund wurde vermißt; wahrscheinlich hielt er einen Schmaus an den sieben toten Pferden; und richtig: als Muhamed Isa einen Mann zum Lager 15 zurückschickte, fand sich der Hund dort dick und strotzend wie ein vollgestopfter Beutel und so faul und unlustig, daß er kaum gehen konnte. Er hatte sich vollständig überfressen und mochte nachher einen ganzen Tag lang sein Futter nicht einmal ansehen.

Der 21. September wurde ein sehr denkwürdiger Tag in meiner Chronik. Das Boot lag segelfertig am Ufer, und ich beschloß, die Pferde wieder mit seinem Gewicht zu verschonen. Nach Osten hin sah der See ganz klein aus, und es konnte nicht weit bis zu seinem östlichen Ufer sein, in dessen Nähe die Karawane ja überall, wo leidliche Weide war, lagern konnte. Wurde es zu dunkel, ehe ich etwas von mir hören ließ, so konnten meine Leute ja am Ufer ein Signalfeuer anzünden. Aber wir würden schon rechtzeitig eintreffen! Wir behandelten die Sache als Bagatelle und dachten nicht daran, uns mit Proviant, Trinkwasser, Brennmaterial und warmem Nachtzeug zu versehen. Ich war wie gewöhnlich angezogen, trug meine Lederweste und hatte den Ulster mitgenommen, und nur, damit ich auf der Bank im Achter weich sitzen sollte, war ein Pelz darübergebreitet worden.

Ja, wir waren bei dieser Gelegenheit zu leichtsinnig! Vormittags inspizierte ich, wie gewöhnlich, alle Tiere und gab dann Rehim Ali (Abb. 59) Unterricht im Rudern, denn diesmal sollte er mitkommen, und er machte seine Sache so gut, daß er feierlich zum „Kemi-baschi", zum — Flottenchef ernannt wurde. Unmittelbar beim Abfahren beschloß ich, erst quer über den See zu rudern, um seine Tiefe zu loten und seine Breite zu finden. Die Entfernungen oder richtiger die Geschwindigkeit maß ich mit Lyths Strommesser aus Stockholm, und die Tiefe sollte einmal in jeder Viertelstunde gelotet werden. Den Sammelplatz erreichten wir wohl noch vor Eintreten der Dunkelheit. Um 11 Uhr war die Temperatur des Wassers 6,2 Grad und nachher stieg sie noch um einige Grad. Der Tag war strahlend hell und windstill, um 1 Uhr hatten wir 11,7 Grad. Ich nahm mir das schwarze Mündungstor einer Uferterrasse als Ziel, dorthin wollten wir gewissenhaft steuern. Trinkwasser konnten wir entbehren; das Aräometer zeigte im See 1000; es schwamm also ebenso tief wie in süßem Wasser.

Die Lagunen an unserem Ufer waren mit zentimeterdickem Eise bedeckt. Am Fuß der nördlichen Berge zeigten sich sechs wilde Yaks. Der See lag betörend still und blank da, nur noch eine langsame, schwache

Dünung, die letzte Nachwehe der Tätigkeit des sterbenden Nachtwindes, ließ sich spüren. Nicht ein Wölkchen, nicht die leiseste Brise, ein doppelter Genuß nach den Stürmen der letzten Tage. Gegen die hell türkisblaue Farbe des Himmels glänzte der See, wenn man nach Süden sah, so hellgrün wie das zarte Laub der Birken im Frühling.

Noch einige Minuten hörten wir die Glocken der abziehenden Maulesel, aber bald verschwanden die schwarzen Linien der Karawane in dem hügeligen Ufergelände. Rehim Ali ruderte wie ein ausgebildeter Ruderknecht. Schon beim zweiten Lotungspunkt betrug die Tiefe 35,1 Meter und beim dritten 49. Als mein Ruderer das nächste Mal die Ruder einziehen mußte, reichte die 65 Meter lange Lotleine nicht bis auf den Grund; leider hatten wir keine Reserveleinen, da ich früher nie so große Tiefen in tibetischen Seen gefunden hatte.

„Dieser See hat überhaupt keinen Grund", seufzte Rehim Ali.

„Natürlich hat er Grund, aber wir haben keine Leinen mehr."

„Hält der Sahib es nicht für gefährlich, weiterzufahren, wenn der See so bodenlos ist?"

„Das hat gar keine Gefahr; wir rudern nach dem Ufer hin, das ist nicht mehr weit, und dann haben wir bloß eine kleine Strecke nach dem Lager."

„Inschallah! Aber es kann weiter sein, als es aussieht. Bismillah!" rief er und legte sich wieder in die Riemen.

Gegen zwei Uhr war der See völlig blank wie eine Glasscheibe; seltsame, verwirrende Spiegelbilder der Berge entstanden. Man wurde ganz wirr im Kopf, der See hatte jetzt dieselbe Farbe wie der Himmel, man glaubte in einem Raum von hellblauem Äther inmitten eines phantastischen ringförmigen Planeten zu schweben. Im Norden hinter uns hatte sich das Panorama eines mächtigen Kammes aufgerollt, mit flachen, hohen Kuppen, die ewiger Schnee bedeckte. Die Sonne brannte glühend heiß, Rehim Ali trocknete sich die Stirn, der Rauch meiner Zigarette blieb regungslos in der Luft stehen, nur das Boot und die Ruderschläge verursachten eine Kräuselung des Wassers — es war geradezu schade um diese ungewöhnlich blanke Fläche. Alles war so still und ruhig wie ein Nachsommertag, der sich zwischen den Bergen verspätet hatte.

„Gott bewahre uns vor der Dunkelheit," meinte Rehim Ali, „es ist gefährlich, noch auf dem Wasser zu sein, wenn die Sonne untergegangen ist."

„Sei nicht bange!"

Jetzt fand die Leine in 29 Meter Grund und das nächste Mal bei 10 Meter. Eine Viertelstunde später sprangen wir ans Land.

Ich zeichnete ein Panorama der nördlichen Berge, während Rehim Ali an einem Stück Brot kaute, das er vorsichtigerweise mitgenommen hatte.

Es war ³/₄4 als wir wieder abstießen. In zwei Stunden mußte es dunkel werden, aber dann würden wir ja das Lagerfeuer am Ufer sehen. Das Ostende des Sees erschien ganz nahe; aber man täuschte sich darin leicht infolge der Luftspiegelung. Wir ruderten eine Weile nach Ostnordosten längs des Ufers. Es wäre doch seltsam, wenn der Westwind heut ausbliebe; immer wieder fragte ich Rehim Ali, der den westlichen Horizont vor sich hatte, ob es dort klar aussehe oder ob der Weststurm sich noch nicht zeige.

„Nein, es gibt keinen Sturm", antwortete er ruhig.

„Doch, nun kommt er," meinte er nach einer kleinen Weile, „und es wird ein böser Sturm!"

Ich wende mich um und sehe im Westen über dem Paß, den wir vor einigen Tagen überschritten, hohe, lichtgelbe Staub- und Sandtromben, die sich bald bis 30 Grad über den Horizont emportürmen; sie erheben sich schnell, fließen zusammen zu einer finsteren Wolke und verdecken die Aussicht auf die westlichen Berge. Ja, das ist ein heranziehender Weststurm.

Aber für uns ist die Gefahr nicht groß, wir können an Land gehen, wo wir wollen; Zündhölzer haben wir, um Feuer anzuzünden, und Japkak findet sich genug; wir erfrieren also nicht, auch wenn es 16 Grad Kälte gibt; und ohne Nahrung können wir schon einmal sein.

„Noch wollen wir nicht landen; vielleicht ist das Lager ganz nahe; rudere nur zu, Rehim Ali — nein, warte noch, richte den Mast auf und hisse das Segel, ehe der Sturm einfällt, dann bekommen wir ein Stück des Weges Hilfe. Wird der Sturm zu stark, dann gehen wir an Land."

Noch ist es totenstill. Aber jetzt kommt ein erster Vorläufer, ein Kräuseln läuft über die Wasserfläche, der Wind legt sich in das Segel, bläht es auf wie einen Ball und glättet alle seine Falten, das Boot schießt vorwärts, und eine wirbelnde kochende Spur bildet sich in unserem Kielwasser. Wir halten uns am südlichen Ufer; dort ist eine Reihe von Lagunen und Landzungen von Sand und Geröll. Auf einer dieser Landspitzen sitzt ein Paar Schwarzgänse; sie starren uns verwundert an, als wir vorbeisausen; sie halten uns wohl für einen gewaltigen Seevogel, der nicht fliegen kann, da er nur eine Schwinge hat. Die See geht schon höher; wir schießen gegen eine Landspitze im Nordosten; o weh, das Wasser ist nur einen Meter tief unter dem Kiel. Kommen wir aber auf Grund, so wird das Boot aufgerissen; sein ölgetränktes Segeltuch ist gespannt wie ein Trommelfell; ich steuere also, was das Steuer aushalten kann, und streife die Landspitze mitten in der rasenden Brandung — es

glückt und im nächsten Augenblick sind wir draußen auf offenem, tiefem Wasser, wo die Wogen gleichmäßiger gehen.

Nun erscheint in Ostnordost eine weit in den See hinausspringende Landzunge; aber es ist weit bis dahin, und wir sind draußen auf dem hochgehenden See, wo die weißen Schaumkämme der Wogen immer größer, ihr Brausen immer gewaltiger werden; der ganze See zischt und ist im wildesten Aufruhr; kommen wir nur heil und glücklich bis zu jener Landspitze drüben, dann liegen wir geschützt vor dem Wind und können landen. Ja, wir müssen landen, wenn es irgend möglich ist! Denn der Sturm ist nun über uns; er wird immer heftiger, es knackt im Mast; ich wage nicht länger weiterzufahren mit festgebundener Schote; wir haben den prächtigsten Fahrwind, es rauscht und braust um den Vordersteven, es siedet und kocht hinter uns, es gilt aufzupassen: bricht der Mast, der schon wie ein Bogen gespannt ist, so kippt das Boot, füllt sich in einem Augenblick mit Wasser und wird von den Bootschwertern, die zwar nicht gebraucht, aber gleichwohl als Ballast mitgeführt werden, in die Tiefe gerissen. Für den äußersten Notfall haben wir zwei Rettungsringe.

Rehim Ali sitzt im vorderen Bootsteil. Er hält sich am Mast fest, steht auf, späht geradeaus und meldet, daß hinter der gelben Landzunge der See ebenso groß ist wie im Westen! Alles ist nur eine Gesichtstäuschung gewesen, wir können den östlichen Strand nicht erreichen, ehe uns die Dunkelheit völlig überrascht. Wäre es nicht besser zu landen und den Tag abzuwarten? Ja, wir wollen landen und hinter der Landzunge Deckung suchen! Die Sonne sinkt, der Sturm wird immer stärker, man hört ihn heulen in den wilden Klüften im Süden, feiner Schaum steht wie Kometenschweife auf den Wogenkämmen, es ist ein äußerst kritischer und spannender Moment. Die Staubwolken sind verschwunden, man sieht undeutlich den westlichen Horizont. Wie eine Kugel von flüssigem Gold nähert sich die Sonne seinem Rand, und ein unheimlich zauberhafter Schein ergießt sich über die ganze Gegend. Alles ist gerötet außer dem schwarzblauen, weißgeränderten See. Im Osten steigt die Nacht herauf, dunkelviolette Schatten heben sich hinter den Bergen, aber die östlichen Bergzacken und der alles überragende Gipfel T mit seinen gleißenden Schneefeldern stehen feuerrot gegen den finsteren Hintergrund, gleich Vulkankegeln von Glas, deren Inneres von glühenden Lavaströmen erleuchtet ist; ein paar zerrissene Wolken jagen gen Osten; in Scharlach gefärbt wetteifern sie an Schönheit mit den Schneefeldern und Gletschern unter ihnen. Das Segel schimmert in allen Rosafarben, und auf den Kämmen der Wogen zittert purpurner Schaum, als ob wir über ein Meer von Blut getrieben würden.

Die Sonne sinkt; nun färben sich Segel und Wogenschaum weiß, und bald leuchtet nur noch auf den höchsten Schneefeldern der letzte Hauch des scheidenden Abendrotes. Die Nacht schreitet weiter gen Westen, und die letzte Glut, der letzte Schimmer des Tages erlischt auf den Gipfeln in Südost.

Rehim Ali sitzt zusammengekauert auf dem Grund des Bootes, während wir schaukelnd, wiegend und schlingernd vorwärts schießen gegen die Landzunge. Noch sind alle Umrisse scharf und deutlich. Ich steuere das Boot aus der Brandung heraus, um die Landzunge herum, zaudere dann aber einen Augenblick; es wäre leicht, in Lee zu gehen; aber nein, jetzt geht ja alles gut — der Mond leuchtet so klar, und ehe er untergeht, haben wir wohl eine neue Landspitze erreicht.

Im stöbernden Gischt und im brausenden Wellenschaum jagen wir an der Landzunge vorüber und in einer Sekunde war es zu spät in Lee zu gehen, auch wenn wir es noch so gern getan hätten, denn das Tosen der Brandung erstarb lautlos hinter uns, und vor uns hatten wir aufs neue ein offenes, nachtschwarzes gähnendes Wasser, in der Ferne begrenzt von einem kaum erkennbaren Landstreifen, einer neuen Landzunge von den zahlreichen Schuttkegeln des südlichen Ufers.

So jagen wir vorwärts über den aufgewühlten See. Da schrecken wir empor, denn wir hören die mächtigen, sich überstürzenden Wogen hinter uns. Das dumpfe Getöse kommt näher, ich wende mich um — wir mußten rettungslos unter den wälzenden und rollenden Kämmen der Wogen begraben werden. Im Westen hat sich noch ein schwacher Widerschein des fliehenden Tages verspätet; sein Licht bricht sich auf dem nahenden Wogenberg und färbt ihn smaragdgrün. Der Schaum wird vom Sturm gepeitscht und gibt uns ein kühlendes Bad. Da erreicht uns die Welle — aber sie hebt das Boot sanft in die Höhe, und dann rollen wir weiter gegen das östliche Ufer, das Rehim Ali nicht mehr für erreichbar hält.

Nun ist das Segel kreideweiß im Mondschein, auf seiner Fläche geht mein Schatten auf und nieder je nach der Bewegung des Bootes. Rehim Ali ist halbtot vor Schreck, er hat sich auf dem Grund des Bootes wie ein Igel zusammengerollt und sein Gesicht in meinen Ulster vergraben, um nicht den aufgeregten See zu sehen. Er sagt nichts mehr, er ist in alles ergeben und wartet nur auf sein letztes Stündlein. Die Entfernung bis zum östlichen Ufer abzuschätzen, war unmöglich, und eine Landung dort gewiß nicht ohne Schiffbruch auszuführen. Fanden sich Klippen und Scheren am Ufer, dann wurden wir zermalmt und vernichtet in der Brandung, und fiel der Strand sacht ab, dann mußten

wir kentern und wurden wie ein Stückchen Kork von den gewaltig rollenden Wogen aufs Land geworfen.

In dem undeutlichen nächtlichen Chaos ringsum leuchtet die Brandung an der Spitze der Landzunge; sie ist wilder als die vorige, denn die Wogen sind gewachsen, eine je weitere Fläche des Sees wir hinter uns gelassen haben. Ich versuche in Lee zu kommen, aber der Sturm treibt uns wieder hinaus, und ehe wir uns besonnen haben, sind wir wieder vom Land entfernt. Es wird jetzt kälter, aber mich friert nicht, die Aufregung ist zu groß, das Leben steht ja auf dem Spiel! Vergeblich spähe ich auf das Feuerzeichen meiner Leute; haben sie meinen Befehl nicht befolgt, oder sind wir so weit vom Strand, daß das Feuer nicht mehr sichtbar ist? Ich mache glücklich die Achterbank los und setze mich auf den Boden nieder, wo ich vor dem durchkältenden Wind etwas geschützt bin. Hinter uns macht die zerfetzte Lichtstraße des Mondscheins auf dem Wasser die Wogen noch unheimlicher als früher; sie sind jetzt Riesen geworden, und die vorderste verdeckt jetzt alle anderen (Abb. 58).

Die Stunden der Nacht schreiten vorwärts; der Mond geht unter. Jetzt erst ist es stockdunkel; nur die Sterne flimmern wie Fackeln hoch über uns, sonst ist alles rabenschwarz. Meine rechte Hand schläft halb erstarrt um die Ruderstange; man meint, das Boot fliege gen Osten, aber die Wogen rollen an uns vorbei, sie sind noch schneller als wir. Ab und zu frage ich Rehim Ali, ob er nicht mit seinen Katzenaugen bis zur östlichen Uferbrandung sehen könne. Er wirft einen flüchtigen Blick über die Reling, antwortet, daß es noch endlos weit sei, und verbirgt sein Gesicht wieder in den Ulster. Die Spannung vergrößert sich, mag kommen was will, wir nähern uns doch dem Augenblick, wo das Boot machtlos auf den Strand geworfen wird. Ich hoffe, der See ist so groß, daß wir die wilde Fahrt bis zum Tagesanbruch fortsetzen können; aber nein, das ist undenkbar, so große Seen gibt es in Tibet nicht; wir haben ja noch die ganze Nacht vor uns, und in dieser fliegenden Eile bewältigt man ungeheure Entfernungen.

Es liegt etwas Unheimliches und zugleich Imponierendes in einer solchen Fahrt, wo die Wogenkämme in der Finsternis nur sichtbar sind in dem Augenblick, wo sie das Boot heben, um im nächsten Moment dröhnend weiterzurollen. Nichts hört man als ihr Brausen, das Heulen des Windes und das Zischen des Schaumes um den Vordersteven.

„Paß auf, Rehim Ali," rufe ich, „wenn du merkst, daß das Boot Grund hat, springst du hinaus und ziehst es mit aller Kraft auf den Strand!" Aber er antwortet nicht mehr, er ist völlig versteinert vor

59. Rehim Ali aus Ladak.

60. Robert.

Schreck! Ich meinerseits packe meine Aufzeichnungen und Skizzenbücher in eine kleine Tasche.

Aber, was ist das? Ich höre ein donnerndes Brausen, das das Brüllen des Sturmes noch übertönt, und in der nachtschwarzen Dunkelheit vor uns sehe ich etwas wie einen helleren Rand in unserer unmittelbaren Nähe. Das muß die Uferbrandung sein. „Reffe das Segel!" schreie ich so laut, daß fast die Stimmbänder springen, aber Rehim Ali ist wie gelähmt, er rührt sich nicht vom Fleck. Ich lasse das Tau los und lasse das Segel flattern und schlagen im selben Augenblick, als das Boot auf den Grund schrammt und plötzlich festsitzt.

„Spring ins Wasser und zieh das Boot hinauf", rufe ich, aber er gehorcht nicht; ich puffe ihn in den Rücken, aber er merkt es nicht. Da packe ich ihn am Kragen und werfe ihn über Bord, eben als die nächste Sturzwelle das Ufer hinaufrollt, das Boot füllt, es auf die Seite wirft und mich bis auf die Haut durchnäßt! Da kann ich ja ebensogut hinausspringen, und jetzt erst erfaßt Rehim Ali die Situation und hilft mir das Boot aus dem Bereich der Brandung aufs Ufer ziehen (Abb. 61). Pelz und Ulster waren ebenso durchnäßt wie wir selbst, und nach langem Suchen fanden wir alle Sachen wieder, die beim Schiffbruch abhanden gekommen waren.

Wir waren halbtot vor Ermattung und Aufregung; bei einer solchen Anstrengung in dieser dünnen Luft kommt man fast ganz außer Atem. Wir gingen eine sandige Anhöhe hinauf und setzten uns, aber der eisig durchschauernde Wind jagte uns wieder auf. Ob uns das Boot nicht Schutz geben konnte? Wir mußten nur die Bolzen herausziehen, die seine beiden Hälften zusammenhielten, und mit Hilfe des einen Bootschwertes gelang es schließlich. Mit vereinten Kräften richteten wir die eine Hälfte des Bootes auf, lehnten sie schräg auf ein Brett der Bank und duckten uns dahinter. Wir waren völlig erstarrt; kein Wunder, denn das Wasser gefror in den Kleidern, so daß sie knisterten, wenn man sich nur rührte. Man hörte, wie das Wasser auf dem Boden des Bootes zu Eis wurde; mein Pelz war hart wie ein Brett und absolut nicht zu brauchen. Hände und Füße waren steif und gefühllos; wir mußten uns wieder aufraffen, um nicht völlig zu erfrieren. Es blieb uns nichts anderes übrig. Im Schutz der Boothälfte zog ich mir die Kaschmirstiefel und die Strümpfe aus, Rehim Ali mußte meine Füße kneten; aber erst als er seinen Tschapan öffnete und eine gute Weile meine armen Füße an seinem nackten Leibe wärmte, spürte ich wieder Leben darin. —

Ringsum keine Spur von Leben! Bei dem Toben der Brandung mußten wir schreien, um uns verständlich zu machen. Wie sollten wir

übernachten bei 16 Grad Kälte und nassen Kleidern, die schon zu Eispanzern erstarrt waren? Konnten wir auch nur das Leben fristen, bis die Sonne aufging? Rehim Ali verschwindet im Dunkel, um nach Brennstoffen zu suchen, aber er kommt mit leeren Händen zurück. Zu meiner Freude finde ich, daß mein Zigarettenetui und die Streichhölzer noch brauchbar sind; ich hatte nur bis zur Brust im Wasser gestanden, auch als die letzte Sturzwelle ein übriges getan hatte, um mich völlig zu durchnässen. Ich zünde also eine Zigarette an und gebe Rehim Ali auch eine, um sich damit zu beleben.

„Gibt es denn hier gar nichts, was wir verbrennen können? Ja, halt, wir haben doch die Holzrolle der Lotleine und den Rahmen, worin die Rolle befestigt ist. Hol sie sofort her."

Unbarmherzig zerbrechen wir dies Meisterstück der Schreinerkunst Muhamed Isas und zerstückeln dann mit unseren Messern den Rahmen; die nassen Späne legen wir beiseite, die inneren trocknen Rippen benutzen wir als Brennholz. Sie bilden ein ganz winziges Häuflein. Nur ein paar auf einmal dürfen geopfert werden, und mit Hilfe einiger weißen Blätter aus meinem Notizbuche bringe ich sie zum Brennen. Unser Feuer ist klein und unansehnlich, wärmt aber herrlich, und unsere Hände tauen wieder auf. Dicht über das Feuer gebeugt sitzen wir da und unterhalten es mit der größten Sparsamkeit, nur dann und wann einen Span auflegend. Ich ziehe mich aus, um mein Zeug auszuwringen und notdürftig zu trocknen; Rehim Ali trocknet meinen Ulster, der meine Hoffnung für die Nacht ist; der Pelz wird preisgegeben. Wie lange ist es noch bis zum Morgengrauen? Ach, noch mehrere Stunden! Die Rolle und die Kurbel haben wir noch in Reserve, aber lange kann dieser kleine Holzvorrat nicht vorhalten, und ich sehe mit Beben dem Augenblick entgegen, da die Kälte uns zwingen wird, auch den Mast und die Bänke zu opfern. Die Minuten verstreichen so langsam; wir reden nicht viel miteinander, wir sehnen uns nur nach der Sonne. Wenn nur erst unser Zeug notdürftig trocken ist, können wir in der Schöpfkelle Wasser kochen, um etwas Warmes in den Leib zu bekommen.

Und doch hatten wir allen Grund, uns darüber zu freuen, daß wir noch so gut davongekommen waren. Nie werde ich den Lake Lighten, Wellbys und Deasys See vergessen! Er hatte uns mehrere Tage Gesellschaft geleistet, sein Strand hatte uns sieben Pferde genommen und unsere Freunde mit der letzten Post heimziehen sehen. Strahlend schön war dieser See vor uns erschienen, in hellen, leichten Farbentönen, aber auch pechschwarz wie ein Grab in den Armen der Nacht, spiegelnd und blank hatte er in glühendem Sommersonnenschein

dagelegen; aber er hatte uns auch die Zähne gezeigt, blendend weiße Schaum- und Spritzwasserzähne; vor kurzem waren wir auf seinen unbekannten Tiefen von kristallhellem, lenzgrünem Wasser in der Sonnenhitze fast gebraten worden; jetzt waren wir an seinem Ufer drauf und dran in schneidender Winterkälte zu erfrieren; vorhin hatte er so still dagelegen, daß man kaum zu sprechen gewagt, um die friedliche Ruhe nicht zu stören, jetzt tobte er in ungezügelter Wut! Seine Ufer hatten uns Gras, Quellwasser und Feuerungsmaterial gespendet, aber den nächtlichen Seglern war der See fast grenzenlos erschienen; das Ostufer hatte sich den ganzen Tag hindurch vor uns zurückgezogen, wir hatten die Sonne aufsteigen, sinken und in einem Meer von Purpur und Flammen untergehen, sogar den Mond seine kurze Bahn durchmessen sehen, ehe wir unser Ziel erreichten, wo die Brandung donnerte und uns in ihre naßkalten Arme schloß. Eine großartige Segelfahrt hatten wir in dem kleinen Zeugboot gemacht, abwechslungsreich und aufregend; dreimal hatte unser Leben an einem Haar gehangen, als wir an den sandigen Landzungen beinahe auf Grund gelaufen waren; denn wären wir da gekentert, so hätten wir das Land wohl kaum erreicht, ehe unsere Hände an den Rettungsringen in dem eiskalten Wasser erlahmten. Wunderbarer See! Nur die Yaks, die Wildesel und die Antilopen finden eine Freistatt an deinen Ufern; nur Gletscher, Firnfelder und die ewigen Sterne spiegeln sich in deiner Wasserfläche, und deine Stille unterbrechen nur deine eigenen Wellenlieder und die siegesfrohen Kriegshymnen, die der Weststurm auf deinen Saiten von smaragdgrünem Wasser spielt!

Doch jetzt waren wir noch am Leben und mit unversehrten Gliedern am Lande, sehnten uns nur nach dem Morgengrauen, knappten mit dem Feuer und speisten es nur dann und wann mit einem neuen Span, um sein Erlöschen zu verhindern. Von Schlaf durfte keine Rede sein, dann wären wir erfroren. Manchmal nickten wir einen Augenblick ein, während wir so vor der flackernden Flamme niedergehockt dasaßen, und Rehim Ali summte gelegentlich ein Liedchen, damit die Zeit schneller vergehen sollte.

Eben denke ich gerade darüber nach, wie mir jetzt wohl ein Glas heißen Tees schmecken würde, als Rehim Ali zusammenfährt und ausruft:

„Ein Feuer in der Ferne!"

„Wo?" frage ich ein wenig ungläubig.

„Dort, im Norden, am Ufer", antwortet er und zeigt auf einen schwach leuchtenden Punkt.

„Das ist ein Stern", sage ich, nachdem ich das nächtliche Dunkel eine Weile mit dem Fernglase durchsucht habe.

„Nein, es ist diesseit des Bergkammes."

„Warum hätten wir dann das Feuer nicht eher gesehen? Mitten in der Nacht werden sie keine Signalfeuer anzünden."

„Es ist auch kein Feuer, es ist eine Laterne; ich sehe, wie sie sich hin und her bewegt."

„Ja wirklich, es ist ein Lichtschein, der seine Stelle wechselt."

„Jetzt ist er fort."

„Und er zeigt sich nicht wieder; vielleicht war es nur eine Gesichtstäuschung."

„Nein, jetzt ist er wieder da."

„Und nun ist er wieder fort."

Und fort blieb er so lange, daß wir die Hoffnung wieder verloren und uns über der Glut der letzten Späne der Rolle zusammenkauerten.

„Hört der Sahib nichts?" fragt Rehim Ali plötzlich.

„Ja, es klingt wie Pferdegetrappel!"

„Ja, und wie Menschenstimmen!"

Im nächsten Augenblick zeichnen sich die Schattenrisse fünf großer Pferde und dreier Reiter am Himmel ab. Die Reiter steigen ab und nähern sich uns mit fröhlichem, freundlichem Gruß. Es sind Muhamed Isa, Rabsang und Adul! Sie setzen sich zu uns und berichten, daß das Lager 18 eine Wegstunde weiter nördlich ein wenig vom Ufer entfernt liege. Sobald sie das Lager aufgeschlagen, hätten sie Leute ausgeschickt, um nach uns auszuspähen, hätten aber das Suchen aufgegeben, als diese weder unsere Spur gefunden, noch ein Feuer erblickt hätten. In später Nacht sei jedoch Robert, den der Sturm beunruhigt habe, auf einen Hügel gestiegen und habe von dort aus unser kleines Feuer gesehen! Sofort habe er uns die drei Männer nachgeschickt. Sie selbst hatten, wie sie sagten, den ganzen Abend ein großes Signalfeuer brennen lassen, aber augenscheinlich hatten die Unebenheiten des Geländes es verdeckt; jedenfalls hatten wir es vom See aus nicht sehen können.

Ich ließ mir von den Männern zwei Gürtel, um sie mir um die Füße zu wickeln. Dann stiegen wir in den Sattel und, mit der Laterne voran, begab sich die kleine Kavalkade nordwärts nach dem Lager, während die Wellen ihren unermüdlichen Sturmlauf gegen das Ufer fortsetzten.

Zehntes Kapitel.

Tod im Wolfsrachen — oder Schiffbruch!

Als wir am 22. September über die alten Terrassen des Sees nach Osten weiter- und zur Paßschwelle hinaufzogen, die sein Becken von dem Jeschil-köl trennt, öffnete sich hinter uns die Aussicht über den Lake Lighten, je höher wir stiegen, immer weiter, und schließlich lag der ganze große blaue See in all seiner Pracht am Fuß der Schneegebirge vor uns. Der Weidegrund war überall vortrefflich, und die Pantholops-Antilopen wußten in ihrer Überraschung und Unschlüssigkeit manchmal nicht, nach welcher Seite hin sie entfliehen sollten, sondern kamen uns, von Neugier getrieben, gedankenlos gerade entgegen. Die Paßschwelle hat eine Höhe von 5301 Meter. Kaum hatten wir auf ihrer anderen Seite einige Schritte zurückgelegt, so ging in der Landschaft ein gründlicher Szenenwechsel vor sich. Es war, als wenn man in einem großen Buche ein Blatt umschlägt. Die Bilder, die eben noch unseren Blick gefesselt haben, verschwinden auf immer, und vor uns haben wir neue Berge, ein neues Becken und einen neuen türkisblauen See, den Jeschil-köl (Abb. 62). Im Süden und Südwesten des Sees dehnen sich große Flächen kreideweißen Salzes aus; konzentrische Ringe und abgeschnürte Tümpel, die ebenso blau sind wie der See, verraten, daß auch der Jeschil-köl im Einschrumpfen begriffen ist.

Am nächsten Tag lagerten wir in einer Gegend, wo die Weide gut, das Trinkwasser aber schwach salzhaltig war. Auf der großen flachen Ebene, die sich im Westen des Sees ausdehnt, gewahrt man lange Reihen von Steinmalen, Erdhügeln oder Schädeln, die ein paar Meter voneinander entfernt aufgeschichtet sind. Sie sehen wie Grenzzeichen aus, wurden aber in Wirklichkeit von Antilopenjägern des Tschangpa-Stammes errichtet, tibetischen Nomaden, die wirklich „Nordmänner", Eingeborene der nördlichen Hochebene Tschang-tang, sind und auf diese Weise das Wild in die an der Erde ausgelegten Schlingen hineintreiben. Die Antilopen haben nämlich einen ausgesprochenen Widerwillen gegen das

Überspringen solcher Malreihen und ziehen es vor, an ihnen entlang zu laufen, bis sie zu Ende sind. Aber schon vorher hat gewiß eine von ihnen das Pech gehabt, in eine mit einer Schlinge versehene Grube zu treten. Nur ein Sohn der Wildnis, der wie die wilden Tiere sein Leben im Freien verbringt, kann auf eine solche Fangart verfallen. Meine Ladakis versicherten, die Tschangpas hätten die Jagd hier aufgegeben, aus Furcht vor den Ostturkestanern, die mehrmals feindlich gegen sie aufgetreten seien.

Der 24. September wurde abermals ein denkwürdiger Tag — meine Seefahrten in Tibet endeten seltsamer Weise fast immer mit Abenteuern! Von meinen Ladakis hatten fünf in Deasys oder Rawlings Dienst gestanden, und zwei von ihnen versicherten, daß ein glänzender Punkt in Ostsüdost die Quelle sei, an der Hauptmann Deasy im Juli 1896 zehn Tage lang gelagert habe und die er in seinem Reisewerk das „Fieberlager" nennt. Die Angabe stimmte auch mit seiner Karte überein; Muhamed Isa erhielt daher Befehl, mit der Karawane dorthin zu ziehen, beim Einbruch der Dunkelheit auf der nächsten Uferstelle ein großes Signalfeuer anzuzünden und zwei Pferde bereit zu halten.

Mein Plan war, in ostnordöstlicher Richtung nach dem Nordufer und von dort wieder südwärts gerade auf das Signalfeuer loszufahren. Rehim Ali erhielt diesmal einen Gehilfen an Robert (Abb. 60), der sich später zu einem trefflichen Seemann ausbildete. Der See lag fast ganz ruhig da; sein Wasser ist infolge der geringen Tiefe grünlicher, aber ebenso klar wie das seines Nachbars im Westen. Es ist so salzig, daß alles, was damit in Berührung kommt, Hände, Boot, Ruder usw., von Salzkristallen glitzert. Ufer und Grund des Sees bestehen meist aus Ton, der sich mit kristallisierendem Salz zu steinharten Fladen und Blöcken zusammengebacken hat, so daß man außerordentlich vorsichtig sein muß, wenn das Boot ins Wasser geschoben wird, denn diese Fladen haben messerscharfe Kanten und Ecken. Der See ist ein ziemlich elliptisches Salzbecken mit sehr flachen Ufern; die Berge treten nirgends bis an den Strand heran. Die Meterlinie läuft 100 Meter vom Lande; aber noch 600 Meter weit draußen ist der See nur 4,6 Meter tief.

Wir legten die erste Lotungslinie diagonal über den See in schönster Ruhe zurück, und ich steuerte nach dem eingepeilten Ziel hin. Um 1 Uhr hatten wir 9,5 Grad im Wasser und 10,3 Grad in der Luft. Die Tiefe nahm sehr regelmäßig zu, ihr Maximum betrug unweit des Nordufers 16,1 Meter. Robert fand viel Vergnügen an der angenehmen Fahrt und bat, künftig immer mitkommen zu dürfen, was ich ihm um so lieber bewilligte, als er immer heiter und angeregt war und ich über-

dies bei allen Messungen wirkliche Hilfe an ihm hatte. Eine kleine Bucht des Nordufers diente uns als Landungsplatz. Wir betrachteten die Umgebung und verzehrten dann schnell unser Frühstück, das aus Brot, Apfelsinenmarmelade, Gänseleber und Wasser bestand. Meine Begleiter hatten Zucker, eine Teekanne und Emaillebecher mitgenommen, den Tee aber zurückgelassen; doch erhöhte diese Vergeßlichkeit nur unsere gute Laune.

Und so stießen wir denn wieder ab, um der Quelle im Südosten zuzusteuern. Vom Landungsplatz aus zog sich eine Reihe von Steinblöcken und Salzklumpen nach Ostsüdost hin, und das Wasser war hier so seicht, daß wir das Boot sehr vorsichtig vorwärtsstoßen mußten. Gerade als wir den letzten Block, von dem wir noch eine Gesteinprobe nahmen, hinter uns hatten, erhob sich westlicher Wind, der Seespiegel kräuselte sich, und schon nach ein paar Minuten zeigten sich auf den salzigen Wellen Schaumköpfe.

„Das Segel auf und die Schwerter nieder!"

Vor uns war der See rotviolett schattiert, ein Widerschein der Farbe des Tongrundes; dort mußte es sehr seicht sein, aber wir würden schon hinüberkommen.

„Seht ihr im Südwesten die kleinen weißen Windhosen? Das sind die Vorläufer des Sturmes, der den Salzstaub aufrührt", sagte ich.

„Wird der Sturm arg, dann ist das Boot auf dem scharfkantigen Grunde zerfetzt, ehe wir das Land erreichen", bemerkte Robert.

„Das sind keine Salzwolken," fiel Rehim Ali ein, „das ist der Rauch von Feuern."

„Muhamed Isa soll aber doch an Deasy Sahibs Quelle lagern; die liegt im Südwesten!"

„Da ist kein Rauch zu sehen," erwiderte Robert, der den Fernstecher hatte, „vielleicht haben sie die Salzebene im Süden des Sees gar nicht überschreiten können."

„Dann sind es ihre Signalfeuer, die wir sehen; aber wir können mit diesem Boot im Sturme nicht kreuzen."

„Master," meinte Robert, der sich dieser Anrede stets bediente, „wäre es nicht das klügste, wieder an Land zu gehen, ehe der Sturm anschwillt? Hinter den Blöcken sind wir gesichert und können noch vor Sonnenuntergang eine Masse Brennstoff sammeln."

„Ja, das wird wohl das beste sein; der See hier ist bei Sturm viel gefährlicher als der Lake Lighten. Wir haben zwar keine Pelze, aber es wird auch so gehen. Refft das Segel und rudert hinter die Blöcke. — Wonach guckst du denn so?" fragte ich Robert.

„Master! Ich sehe zwei große Wölfe, und wir haben keine Flinte mit!"

Richtig, gingen da am Ufer zwei helle, fast weiße Isegrimme spazieren! (Abb. 54.) Sie liefen so, daß sie den Inhalt des Bootes immer wittern konnten; frisches, lebendes Fleisch stieg ihnen wohl in die Nase. Hielten wir, so blieben auch sie stehen, und setzten wir uns in Bewegung, dann gingen sie unmittelbar am Rand des Wassers weiter. Früher oder später müßt ihr an Land, und dann ist die Reihe an uns, mochten sie wohl denken! Rehim Ali hielt sie für zwei Spione eines ganzen Rudels und meinte, es sei gefährlich, uns ihren nächtlichen Angriffen auszusetzen. Er selbst hatte nur ein Klappmesser bei sich, Robert und ich sogar nur Federmesser in der Tasche; unsere Aussicht auf erfolgreiche Verteidigung war also überaus gering! Robert seinerseits zog den See in vollem Sturm den Wölfen vor. Ich hatte früher schon so oft unbewaffnet im Freien geschlafen, daß ich mich ihretwegen nicht weiter aufregte. Aber mitten im Kriegsrat sahen wir uns plötzlich gezwungen, an etwas anderes zu denken. Pfeifend kam der Sturm über den See gefahren!

Zum Glück stand das Segel noch und die Schwerter hingen aus; der Wind faßte die Leinwand, am Vordersteven begann es zu rauschen, und wir schossen vor dem Seitenwind glatt südwärts. Robert stieß einen Seufzer der Erleichterung aus. „Alles, nur keine Wölfe", sagte er. Ich ließ Robert und Rehim Ali rudern, um Zeit zu gewinnen, und bald waren uns die beiden Isegrimme aus dem Gesicht verschwunden. „Sie werden gewiß um den See herumlaufen, sie wissen genau, daß wir irgendwo landen müssen", meinte Robert. Er hatte allerdings nicht unrecht, die Situation war höchst ungemütlich: uns blieb nur die Wahl zwischen dem Sturm und den Wölfen. Auf unsere Leute rechneten wir nicht mehr; wir waren offenbar durch Salzsümpfe, in die man sich nur mit Lebensgefahr hineinwagt, getrennt. Wir wollten daher versuchen, noch vor Dunkelheit einen günstigen Punkt des Südufers zu erreichen.

Aber die Stunden vergingen, und die Sonne versank brennend gelb hinter den Bergen. Zwei Stunden lang hielten wir die Richtung nach Deasys Lager ein, als aber in der zunehmenden Dämmerung die Signalfeuer immer deutlicher wurden, änderten wir den Kurs und steuerten nach Süden, um den Unseren näher zu kommen. Es war jedoch hoffnungslos weit bis zu ihnen; von dort her kam ja gerade der Sturm und in dem gebrochenen, launischen Licht der Mondstraße traten die Wellenkämme unheimlich wie sich tummelnde Delphine hervor. Einigemal konnte ich noch schnell Lotungen vornehmen; sie ergaben 10 und 11 Meter Tiefe. Unser Schicksal war jetzt ebenso ungewiß wie das vorige Mal auf dem Lake Lighten; wir steuerten auf ein Ufer zu, wußten aber nicht, wie groß die Entfernung war. Rehim Ali schloß aus der Länge der Mondstraße, daß

61. Rehim Uli hilft mir das Boot aus der Brandung ans Ufer ziehen.

62. Am Westufer des Jeschil-köl.

63. Süßwassersee Pul-tso von Westen.

64. Pferde und Maultiere in unfruchtbarem Lande.

es sehr weit sei. Wieder vergingen zwei Stunden! Jetzt hatten wir die
Wellen gerade von der Seite; wenn ich die heranrollenden Schaumkämme
nicht parierte, mußten sie das Boot füllen und zum Sinken bringen;
wir mußten ihnen also direkt entgegensegeln.

Die Situation war nicht wenig aufregend, aber noch ging alles
glücklich. Das Boot zerteilte die Wellen gut, nur dann und wann er=
hielten wir kleine Spritzer. Die Duschen tropften uns am Halse herab,
waren angenehm kühl und schmeckten salzig. Wieder machte ich einige
Lotungen. Robert las die Leine ab; zehn Meter, dann acht und schließ=
lich sechs.

„Jetzt kann das Südufer nicht mehr weit sein", sagte ich, aber meine
Begleiter blieben still und horchten. „Was gibt's?" fragte ich.

„Schwerer Sturm aus Westen", antwortete Rehim Ali, sein Ruder
senkend.

Man hörte entferntes, gleichmäßiges Sausen, das immer näher kam.
Es war der Sturm, der mit verdoppelter Heftigkeit über den See fuhr
und Schaum von den Wellen aufpeitschte.

„Wir erreichen das Ufer nicht mehr, bevor er uns einholt! In der
Minute ist er hier! Hört nur, wie es tobt! Master, wir kentern, wenn
die Wellen doppelt so hoch werden wie jetzt."

Mit fabelhafter Schnelligkeit schwollen die Wogen an, die Serpen=
tinen der Mondstraße wurden immer größer, wir schaukelten wie in einer
ungeheuren Hängematte. Eben hatte die Lotleine nur sechs Meter ergeben!
Wie lange noch und das Boot muß auf dem harten Salzboden auf=
rennen, wenn es sich in einem Tal zwischen zwei Wellenbergen be=
findet. Da fällt eine greuliche Welle wie ein alles verschlingendes Un=
geheuer über uns her, aber das Boot fährt glatt über sie hinweg, und
im nächsten Augenblick schaukeln wir wieder in einem so tiefen Wellental, daß
der ganze Horizont durch den nächsten Kamm verdeckt wird (Abb. 65).
Diese neue Welle rechtzeitig abzufassen, war ich aber nicht schnell genug;
sie lief längs der Reling hin und gab uns ein tüchtiges Fußbad.

„Master, es sieht gefährlich aus."

„Ja, angenehm ist es nicht, aber nur ruhig! Wir können bei
solchem Seegang unmöglich landen. Wir müssen wenden und auf den
offenen See hinaus. Um Mitternacht wird der Sturm sich wohl legen;
dann können wir landen."

„Wenn wir es nur aushalten, so lange zu rudern."

„Wir behelfen uns mit dem Segel."

„Noch bin ich nicht müde."

„Das Landen am Südufer ist sicherer Schiffbruch; wir werden alle

bis auf die Haut durchnäßt, und das ist heute Nacht, wo wir nicht auf die geringste Hilfe von der Karawane rechnen können, lebensgefährlich. Wir erfrieren noch vor Morgengrauen! Brennstoff zu finden, ehe der Mond untergeht, ist undenkbar, denn die Salzebenen im Süden sind absolut vegetationslos. Nein, wir wenden!"

In demselben Augenblick fühlten wir einen heftigen Stoß, unter dem das Boot bebte. Das Backbordruder, das Rehim Ali führte, war auf Grund gestoßen und sprang klingend aus der Schraube, mit der es in der Reling befestigt war. Rehim Ali konnte es noch in der letzten Sekunde fassen; dabei rief er: „Es ist nur ein Steinwurf bis zum Land."

„Was heißt denn das — hier ist ja der See fast ruhig?"

„Hier geht ein Vorsprung in den See hinein, Master, wir erhalten Schutz!"

„Schön, dann sind wir gerettet; rudert langsam, bis das Boot festsitzt!" Das geschah bald genug, das Segel wurde gerefft, der Mast niedergelegt. Wir zogen Stiefel und Strümpfe aus, stiegen ins Wasser und zogen das Boot aufs Trockne. In dem salzigen und bis auf 5 Grad abgekühlten Wasser erstarrten mir aber die Füße derart, daß ich nicht mehr stehen konnte, mich setzen und sie in den Ulster wickeln mußte. Wir hatten ein relativ trocknes Fleckchen von Salzklumpen gefunden, zwar durch und durch feucht, aber immer noch das beste, was vorhanden war. Denn um uns herum stand Wasser, und das Ufer war ungeheuer flach. Wie weit es bis zu wirklich trocknem Boden war, ließ sich nicht entscheiden; noch weit landeinwärts schimmerte die matt erhellte Bahn des Mondlichtes.

Während ich durch Reiben wieder Leben in meine Füße zu bringen versuchte, schleppten die anderen unsere Habseligkeiten auf unsere armselige Salzinsel. Dann wurde das Boot auseinandergenommen und die beiden Hälften als Schutzschirme aufgestellt. Um neun Uhr hatten wir — 0,5 Grad und um Mitternacht — 8 Grad; doch hier war es wärmer als an den vorhergehenden Tagen, denn das Seewasser behält noch etwas von der Wärme der Sommerluft. Muhamed Isa hatte aus einer leeren Kiste eine neue Rolle für die Lotleine mit Gestell und Kurbel angefertigt; sie wurde nun natürlich sofort als Brennholz benutzt.

Wieder holten wir die Proviantbeutel und die Wasserkannen hervor, tranken einen Becher siedendheißen Zuckerwassers nach dem anderen und versuchten uns einzubilden, es sei Tee. Solange das Feuer vorhielt, fror uns nicht — dann aber, welch eine Nacht! Gegen zehn Uhr hatte der Wind ausgetobt — jetzt kam der Nachtfrost. Wir legten uns auf die

Rettungsringe, um nicht direkt mit dem Salzboden in Berührung zu kommen; Robert hatte den Pelz, ich den Ulster, und Rehim Ali durfte sich in das Segel hüllen. Er schlief hockend, die Stirn auf die Knie gestemmt, wie es bei den Mohammedanern Brauch ist, und er schlief wirklich! Robert und ich rollten uns wie Knäuel zusammen, aber was nützte das? Dicht vor dem Erfrieren kann man nicht schlafen! Meine Füße waren zwar gefühllos, aber dieser Trost war doch mehr Galgenhumor. Ich stand auf, stampfte auf die Salzfladen und versuchte „auf der Stelle" zu marschieren, denn der Raum war mir sehr sparsam zugemessen. Ich sang, ich pfiff, ich summte ein Liedchen und ahmte das Geheul der Wölfe nach, um zu sehen, ob sie antworten würden. Aber die Gegend blieb stumm. Ich erzählte Robert Anekdoten, aber er fand sie durchaus nicht lustig. Ich erzählte Abenteuer, die ich früher mit Wölfen und Stürmen bestanden, aber in unserer jetzigen Lage trugen sie wenig zur Ermutigung bei. Vergebens spähten wir nach einem Feuer; nirgends war etwas zu sehen. Der Mond näherte sich langsam dem Horizont. Der Wind hatte sich vollständig gelegt. Nach und nach verhallten auch die zur Ruhe gehenden Salzwellen melodisch am Ufer — eine verzweifelte Stille umgab uns. Uns fror zu sehr, als daß wir viel an die Wölfe hätten denken können. Ein paarmal erhoben wir gemeinsam ein wildes Geschrei, aber der Klang unserer Stimmen erstarb sofort, ohne jede Spur von Widerhall; wie hätte er da bis zur Lagerstätte der Karawane dringen können!

„Jetzt ist es Mitternacht, Robert, in vier Stunden wird's Tag."

„Master, so hab' ich noch nie im Leben gefroren! Wenn ich lebend nach Indien zurückkomme, werde ich diese unheimliche Mondnacht auf dem Jeschil=köl und die hungrigen Wölfe am Ufer nicht vergessen, sollte ich auch hundert Jahre alt werden!"

„Ach was! Du wirst mit Sehnsucht daran denken und dich freuen, dabei gewesen zu sein!"

„Hinterdrein ist alles hübsch, aber jetzt wäre es angenehm, wenn man sein warmes Bett im Zelt und Feuer hätte."

„Ohne Abenteuer ist das Leben in Tibet zu eintönig. Das nächste Mal aber nehmen wir Tee und Brennholz mit!"

„Habt ihr noch viel solche Seefahrten vor, Master?"

„Gewiß, wenn sich Gelegenheit findet, aber ich fürchte, die Winter= kälte wird sie bald unmöglich machen."

„Wird es denn noch kälter als jetzt?"

„Ja, das ist nichts gegen die Kälte in zwei Monaten!"

„Wieviel Uhr ist es, Master?"

"Zwei Uhr; bald liegen wir sechs Stunden im Sumpf."

Wir nicken wieder ein bißchen ein, aber ohne eine Minute zu schlafen; von Zeit zu Zeit teilt mir Robert mit, wieviel seiner Zehen erfroren sind. Um drei Uhr ruft er nach längerem Schweigen: "Jetzt habe ich in keiner einzigen Zehe mehr Gefühl."

"Bald kommt die Sonne!" — Ein Viertel nach vier beginnt es schwach zu dämmern. Wir sind so durchfroren, daß wir kaum mehr aufstehen können. Aber wir richten uns doch nach und nach auf und stampfen auf den Boden. Dann hocken wir wieder über der eisigen Asche unseres Abendfeuers. Unaufhörlich schauen wir nach Osten und beobachten den neuen Tag, der langsam über die Berge guckt, als ob er sich erst einmal umsehen wolle. Um fünf Uhr beginnen die höchsten Schneegipfel purpurn zu glänzen, wir werfen schon einen leichten Schatten auf den Boden des Bootes, und dann steigt die Sonne kalt, hell und blendend gelb über den Kamm im Osten herauf. Nun werden die Lebensgeister langsam wieder frisch. Rehim Ali ist seit einer Stunde verschwunden, aber jetzt sehen wir ihn mit einem großen Haufen Holz durch den Salzsumpf stapfen, und bald haben wir ein sprühendes, knisterndes Feuer angefacht. Wir ziehen uns aus, um die naßkalten Kleider los zu sein, erwärmen den Leib direkt über den Flammen, und bald sind unsere Glieder wieder geschmeidig.

Da erscheint in der Ferne Muhamed Isas stattliche Gestalt zu Pferde! Er bindet seinem Gaul einen Strick um die Vorderbeine, läßt ihn am Anfang des Sumpfes stehen und geht zu Fuß weiter. Als mich am ärgsten fror, hatte ich mir eine tüchtige Gardinenpredigt für ihn ausgedacht, sobald wir wieder zusammenträfen. Doch als ich jetzt meinen prächtigen Karawanenführer vor mir hatte, vergaß ich alles, denn seine Gründe für die Verzögerung mußte ich gelten lassen. Die Karawane war durch unsicheren Boden so lange aufgehalten worden, die Männer hatten alle Sachen tragen müssen. Wir gingen nun zusammen nach Deasys Lager, wo auch die Karawane anlangte. Als die Sonne mittags ihren höchsten Stand erreichte, fand sie mich noch in den Armen des Traumgottes.

Am Morgen des 26. Septembers ging es mit zwei weiteren Pferden zu Ende, sie konnten nicht mehr aufstehen und mußten erstochen werden; eins war im vorigen Lager gestorben, und eins fiel auf dem Marsche. Wir hatten von 58 Pferden nun 15 verloren, von 36 Maulesels aber nur einen einzigen; diese Zahlen sprachen deutlich zugunsten der Maulesel.

Wir ritten nun in dem gewaltigen Längstal weiter, das uns schon seit dem Lager Nr. 7 durch sein günstiges Terrain vorwärtsgeholfen hatte, und passierten ein Salzbecken mit einem Tümpel in der Mitte,

65. Nächtlicher Sturm auf dem Tefchil-köl.

66. Ausgrabungen im Lager von Deasy.

67. Nachmittagstee im Freien.

68. Schmelzen von Schnee zum Trinkwasser für die Tiere.

den konzentrische Austrocknungsringe so regelmäßig wie die Bankreihen eines Amphitheaters umgaben. Am Fuß eines Hügels zeigten sich Wölfe; vielleicht waren es unsere gestrigen Bekannten! Wir mußten ihnen wider Willen im letzten Lager, wo sich gleich sechs Raben über die gefallenen Pferde hergemacht hatten, einen gehörigen Schmaus zurücklassen.

Eine der obersten „Bankreihen", die etwa 50 Meter über dem Spiegel des Tümpels lag, gab einen vortrefflichen Weg. Ringsumher war der Boden kreideweiß von Salz. Zur Rechten hatten wir einen niedrigen, braunvioletten Kamm. Bald überholte ich mit meinen gewöhnlichen Begleitern, Robert und Rehim Ali, ein erschöpftes Pferd. Es sah keineswegs mager aus, war aber schon mehrere Tage dienstfrei gewesen; wir hofften, es noch retten zu können. Doch sein Führer erschien abends allein im Lager und meldete, sein Schützling sei unterwegs zusammengebrochen und verendet. Das Gelände ist etwas hügelig, aber nur selten tritt anstehendes Gestein auf, und dann besteht es aus Kalkstein und hellgrünem Tonschiefer.

Der heutige Lagerplatz Nr. 22 war von besonderem Interesse. Auf seiner denkwürdigen Expedition durch Westtibet und Ostturkestan während der Jahre 1896—1899 hatte Hauptmann H. H. P. Deasy große Schwierigkeiten zu überwinden gehabt und so viele seiner Tiere verloren, daß er um die Expedition und ihre Resultate zu retten, einen großen Teil des Gepäcks und Proviantes, kurz alles irgend Entbehrliche zurücklassen mußte. Im Jahre 1903 machte Hauptmann Cecil Rawling eine ebenso verdienstvolle Forschungsreise durch dieselben Teile Tibets, und da auch er infolge Proviantmangels in eine sehr kritische Lage geriet, beschloß er Deasys Depot, das sich der Karte nach in der Nähe befinden mußte, aufzusuchen. Zwei der Leute Rawlings, Ram Sing und Sonam Tsering, hatten auch Deasy begleitet, und Sonam Tsering hatte auch den Ort zeigen können, wo Gepäck und Vorräte eingegraben worden waren. Dank den Reis=, Mehl= und Gerstevorräten, die man dort mitten in der Wildnis fand, konnte Rawling seine Pferde, die sonst verloren gewesen wären, retten, und ein kleiner Sack mit Hufeisen und Nägeln kam auch ihren Hufen sehr zugute.

Derselbe Sonam Tsering begleitete nun auch mich auf meinem Zuge; ich hatte ihm am Morgen befohlen, erst bei Deasys und Rawlings Lager haltzumachen, und wir marschierten deshalb heute mit den Mauleseln voran. Es war natürlich für meine Route von großem Wert, einen so genau bestimmten Punkt zu berühren.

Das Finden des Platzes bot nicht die geringste Schwierigkeit, und als wir das Lager erreichten, das auf einem kleinen ebenen Fleck zwischen

weich gerundeten Hügeln lag, hatte Muhamed Isa schon sieben Kisten ausgraben lassen (Abb. 66). Eine davon war mit Mehl gefüllt, das in der langen Zeit völlig verdorben war; jedenfalls war es schon unbrauchbar gewesen, als Rawling vor drei Jahren hier war. Nur eine der Kisten war tibetische Arbeit, denn Rawling hatte, wie mir Sonam Tsering mitteilte, einige seiner abgenutzten Kisten aus Kaschmir mit Deasys turkestanischen vertauscht, die weit besser waren. Aber auch Rawlings Kisten waren besser als meine leichtzerbrechlichen Holzkasten aus Leh, in denen wir Lichte und Konserven aufbewahrten. Daher annektierten wir einige von ihnen und benutzten die unseren als Brennholz. Im übrigen hatte Rawling das Depot so gründlich ausgeplündert, daß für mich nicht mehr viel übrig geblieben war — aber ich brauchte die Sachen ja auch nicht so notwendig wie er. Einige Konservendosen mit amerikanischem Rindfleisch waren den Hunden sehr willkommen, wurden aber von den Männern verschmäht, solange wir noch frisches Schaffleisch hatten. Würfelförmige Blechkasten, in denen indisches Mehl gewesen war, lagen überall umher. Eine der Kisten enthielt eine Menge leerer Patronenhülsen; sie zeigten aber keine Spur von Gebrauch; Sonam Tsering glaubte daher, daß ein paar Jahre nach Rawling Tschangpas hier gewesen seien und das Pulver herausgekratzt hätten; er zeigte mir auch ein paar Feuerstellen, die viel jünger aussahen. In einer anderen Kiste fanden wir einen Schiffskalender und einige Kartenblätter über Oberbirma — Deasy hatte den Plan gehabt, nach jenem Lande zu ziehen, war aber durch Krankheiten und Todesfälle in seiner Karawane daran verhindert worden. Ein Paket Löschpapier kam uns sehr gelegen, da Robert für mich ein Herbarium angelegt hatte, und Muhamed Isa entdeckte einige unbeschädigte Stricke. Sonst nahm ich nur noch ein paar Romane und Bowers Beschreibung seiner Tibetreise im Jahre 1891 als willkommene Ergänzung meiner gar zu dürftigen Bibliothek mit.

Wir befanden uns also jetzt in einer Gegend, die mehrere Reisende vor mir besucht hatten. Wellby und Malcolm, die den Lake Lighten, den schon von Crosby 1903 berührten See, entdeckten, habe ich schon genannt. Am Jeschil-köl sind Dutreuil de Rhins, Wellby und Malcolm, Deasy, Rawling und der österreichische Naturforscher Zugmayer gewesen. Die Route des letztgenannten kreuzte ich schon ein paar Monate nach seiner Reise; er hat ebenso wie der Franzose und die englischen Forscher ein sehr verdienstvolles Buch über seine Beobachtungen geschrieben. Von seinen Wegen konnte ich damals noch nichts wissen, finde aber jetzt, daß ich seine Route nur an einem Punkt gekreuzt habe. Auch Wellbys und Dutreuil de Rhins' Weg habe ich nur einmal,

Deasys Weg aber an zwei Stellen gekreuzt. In der nächsten Zeit war es
schwerer, die Gegenden zu vermeiden, wo Wellby und Rawling gewesen
waren und wo besonders der letztere mit Hilfe seiner „Native surveyors",
eingeborenen Topographen, eine so genaue und zuverlässige Karte aufgenommen
hatte, daß für mich keine Aussicht war, sie noch verbessern zu können.

Ich sehnte mich infolgedessen nach Gegenden, die nie von anderen
Reisenden berührt worden waren. Mein Lager 22 war mit Rawlings
Lager Nr. 27 identisch gewesen, seine Expedition hatte aber den Pul-tso,
der jetzt eine Tagereise weit vor uns lag, sowohl nördlich als südlich
umgangen. Um auch hier seine Route zu vermeiden, ging ich auf die Mitte
des sich ungewöhnlicherweise von Norden nach Süden ziehenden Sees zu.

Wenn bei Sonnenaufgang die große Karawane beladen wird und
aufbricht, ist das Lager gewöhnlich voll Lärm und Getreibe. Infolge
unserer täglichen Verluste an tragfähigen Tieren müssen die Lasten beständig anders gepackt werden; ist aber der Troß endlich abgezogen, dann
wird es wieder still, das eiserne Kohlenbecken und das heiße Badewasser
werden gebracht, und bald wird es in meinem Zelt, dessen Öffnung des
vorherrschenden Westwindes wegen stets nach Osten geht, so heiß wie in
einem Dampfbad. Durch diese Wärme wird man verführt, sich leichter
als sonst zu kleiden, bereut es aber bald, denn im Freien ist es immer
kalt. Und so geht es denn wieder in die öde Gegend hinaus, wo drei
Expeditionen auf demselben Punkt zusammengetroffen sind.

Der Erdboden ist ziegelrot, die Weide überall gut, im Süden beugen
niedrige Hügel ihre gewölbten Rücken, im Norden haben wir das mächtige Gebirgssystem des Kven-lun mit mehreren imposanten Bergmassiven, die ewiger
Schnee bedeckt, im Ostsüdosten, gerade vor uns, taucht der kolossale, kuppelförmige, mit ewigem Schnee bedeckte Komplex auf, den Rawling „Deasy
Group" getauft hat; schon vom Jeschil-köl aus hatten wir diesen Bergriesen gesehen; er sollte uns jetzt mehrere Tage lang als Landmarke dienen.

Am Ufer des Pul-tso (Seehöhe 5076 Meter), in der Nähe eines kleinen
Kalksteinfelsens, lagerte die Karawane (Abb. 63). Tundup Sonam, der
„Oberhofjägermeister" der Karawane, bat, auf Jagd gehen zu dürfen und
erhielt vier Patronen. Nach einigen Stunden kam er mit drei Patronen
zurück und zeigte uns einen Yakschwanz als Beweis, daß er einen gewaltigen
Stier erlegt hatte, den er einsam und friedlich grasend hinter den Hügeln im
Süden angetroffen. Nun hatte die Karawane auf etwa zehn Tage frisches
Fleisch, „und wenn das verzehrt ist, schießt Tundup uns wieder einen Yak",
versicherte Muhamed Isa, der immer sehr befriedigt war, wenn die von
ihm ausgesuchten Leute ihre Sache gut machten. Als Mittagessen erhielt
ich Mark aus den Yakknochen, ein geradezu lukullisches Gericht.

Elftes Kapitel.

Große Verluste.

Kaum hatten wir uns am Westufer des Pul-tso gelagert, als Muhamed Isa sich mit der Bitte um einen Ruhetag einstellte. Die Weide sei gut, Brennstoff reichlich vorhanden und die Tiere müßten sich verschnaufen. Ich ging um so lieber auf seinen Wunsch ein, als dies gut mit meinem eigenen Plan — einer neuen Seefahrt — zusammenpaßte. Ich wollte am nächsten Morgen in aller Frühe mit Robert und Rehim Ali schräg über diesen See in der Richtung eines abschüssigen Berges, der sich in N 56° O zeigte; von dort gedachte ich dann wieder nach dem Südufer hinüber zu segeln und an einem Berg in S 62° O zu übernachten. Am nächsten Morgen wollte ich die Nordostecke des Sees erreichen, wo die Karawane uns auf den dort gelbgrün schimmernden Weiden erwarten sollte. Ich brauchte also auf dem See zwei Tage zu einer Wegstrecke, die die Karawane an einem Tag zurücklegte. Proviant, warmes Zeug und Bettstücke wollten wir aber mitnehmen, nebst einer Menge Feuerung, um nicht wieder so von allem entblößt zu sein, wie das letzte Mal. Wasser war nicht nötig; das Seewasser war trinkbar, wenn es auch einen schwachen Beigeschmack hatte.

Einladend und idyllisch, zeigte der See am Abend eine ganz blanke Fläche und lag dunkel, träumerisch und schweigend zwischen den mit ewigem Schnee bedeckten Bergen. Große, qualmende Dungfeuer brannten gemütlich zwischen den Zelten, die Männer bereiteten sich ihr Abendessen oder flickten unter eifriger Unterhaltung Packsättel; überall war es still und friedlich, und der Mond schwebte silberweiß und kalt zwischen rosenroten Wolken.

Da höre ich fern im Osten einen sausenden Ton, der schnell anschwillt, näher kommt, sich in ein betäubendes Donnern verwandelt, und im Nu fegt einer der heftigsten Stürme über unser Ufer hin. Ich rufe mir Leute, damit meine Zeltöffnung zusammengebunden wird, ich höre Robert ein Indianergeheul ausstoßen, als seine luftige Wohnung umfliegt und in

69. Die Leute von Tankse, die mich verließen.

70. Namgjal mit einem Sack gesammelten Yakdungs.

71. Schutzmauer von Proviantsäcken.

72. Mein Zelt im Lager Nr. 41, rechts Robert vor seinem Zelt.

73. Muhamed Isa und Robert am Feuer.

Fetzen zerrissen zu werden droht. Aber sie wird von einem Dutzend
Männer wieder in Ordnung gebracht. Dann wird mein Zelt mit Sand=
wällen und Kisten befestigt; ich bin mit meinem Kohlenbecken eingesperrt,
habe aber ein kleines Guckloch in der Zeltöffnung. Der Mondschein
glitzert hell in der Brandung der sich gegen das Ufer wälzenden Sturzseen,
ein herrliches Schauspiel, wild, unheimlich, beinahe theatralisch prächtig.
Ein heftiger Sturm erster Ordnung, der rücksichtslos dreinfährt! Es klang,
als wenn Schnellzüge unter überbauten Bahnhallen durchrollen, es peitschte,
brauste und heulte, und taktfest und dröhnend schlug die Brandung gegen
das Ufer. Die eben noch so freundlich flackernden Feuer verlöschen, die
Brände werden wie Raketen fortgeweht; Muhamed Isas Zelt höre ich
wie ein losgemachtes Segel flattern; dann vernimmt man keine menschlichen
Stimmen mehr, nur das Heulen des Sturmes und das Donnern der
Uferwellen stört die Ruhe der Wildnis. Ich brauche nur aus meinem
Guckloch hinauszuschauen, um in dem pressenden Druck der Luftmassen
beinahe zu ersticken! Nur den Yaks gefällt solches Wetter, sie grunzen
und schnauben vor Vergnügen, wenn ihre langen, schwarzen Seitenfransen
in den Windstößen flattern.

Der 28. September brach jedoch klar an, der Sturm war auf seinem
Zug nach Westen weitergeeilt, und nur das schwermütige Plätschern der
Dünung am Uferrand ist von seiner Wut übriggeblieben. Bevor wir
auf der ersten Lotungslinie den halben Weg zurückgelegt hatten, lag der
See wieder glatt wie ein Spiegel; nur war er mit kleinen, vom Sturme
zurückgebliebenen Schaumflocken eigentümlich gefleckt. Das Wasser war
nicht klar, dazu war es zu sehr aufgewühlt worden. Wir brauchten
wenig mehr als eine Stunde, um den Felsenvorsprung zu erreichen und
hatten dabei eine größte Tiefe von beinahe 17 Meter gelotet. Im
Norden hatten wir eine bedeutende Bucht liegen lassen, die die Karawane
umgehen sollte.

Nach kurzer Rast ruderten wir nach Südosten weiter und erhielten
von einer schwachen nördlichen Brise gute Hilfe. Diesmal erreichten wir
das Ufer ohne Abenteuer und vor Sonnenuntergang. Wir gingen mit
Sack und Pack an Land, Rehim Ali sammelte Haufen von trocknem Dung,
Robert brachte den Lagerplatz in Ordnung, und ich selber kreuzte noch in
der Abendbrise umher, bis die Dämmerung kam und kühles Dunkel auf
unser Leben à la Robinson Crusoe herabsenkte. Wir setzten uns um das
Feuer, plauderten und kochten. Das Mahl aus gebratenem Schafshirn
und gebratener Schafsniere schmeckte unter freiem Himmel trefflich. West=
wärts konnten wir die Feuer der Karawane im Lager Nr. 23 sehen.
Später am Abend erhob sich wieder ein heftiger Ostwind, und kaum zwei

Meter von uns tobten die Wellen gegen das Ufer. Wir hüllten uns in die Pelze und starrten in das Feuer — nie hat man den Kopf so voller Pläne und Hoffnungen, als wenn der Blick dem Spiel der flackernden, blauen Flammen und den in der Glut entstehenden feurigen Figuren folgt!

Aber der Sturm wurde stärker, wir konnten das Feuer kaum noch schützen und krochen bald unter das Boot, das uns diesmal unzerteilt als Schutzdach diente. Alle drei lagen wir in diesem provisorischen Zelt und verstärkten es noch durch das Segel und zwei geteerte Schutz=hüllen, mit denen die Bootshälften während des Marsches bedeckt sind, die wir aber mitgenommen hatten, um bei schlechtem Wetter unser Nachtzeug und unsere Betten zu schützen. An der Decke hing eine Laterne, die wir auslöschten, als wir fertig waren; jetzt erhellte der Mond das Segel, der Sturm heulte und jammerte um das Boot herum, die Ufer=brandung aber wiegte uns bald in Schlaf.

Das Minimumthermometer zeigte —10,2 Grad, in der Nähe der Seen ist es stets milder. Früh waren wir wieder auf den Beinen, ein prächtiges Feuer belebte uns neu, und an seinen Flammen nahmen wir unser Frühstück ein, wobei die Sonne Augenzeugin war. Unsere nächt=liche Koje wurde wieder in ihr Element gebracht, das Gepäck verstaut, wir stiegen an Bord und steuerten ostwärts nach der Mündung eines Sundes, der den Pul=tso in zwei Becken teilt. Die Breite beträgt hier einige 60 Meter; in dem südlichen Becken war das Wasser manchmal von kleinen Krustentieren beinahe rotgefärbt. Wir kreuzten es nach Süd=westen und fanden kaum 14 Meter Tiefe. Nun erhob sich eine recht frische Brise aus Nordwesten, und die Wogen plätscherten und rauschten munter gegen das Boot. Wenn wir nur Südwestwind bekämen, so könnten wir bequem nach dem verabredeten Sammelplatz segeln. Wir wollen eine Weile am Ufer warten! Es ist hübsch geschweift und hat vier Ter=rassen, jede ungefähr 2 Meter hoch.

Auf der Rückfahrt nach Nordost wurde eine neue Linie abgelotet, deren größte Tiefe fast 19 Meter betrug. Jetzt hatten wir günstigen Wind von der Seite, ließen die Bootschwerter hinab, hißten das Segel und schaukelten weiter nach dem Sunde hin. Als wir gerade seiner Ostspitze zuglitten, tauchte ein Reiter mit einigen ledigen Rossen und mehreren Fußgängern auf. Es war Muhamed Isa, der uns entgegengekommen war. Jetzt sollte Rabsang versuchen, Rehim Ali abzulösen; aber er ging so unge=schickt mit den Rudern um, daß ich es vorzog, unseren alten Ruderer wieder mitzunehmen. Wir sagten der Rettungsgesellschaft Lebewohl und steuerten nordwärts über das nördliche Becken des Sees, wo die Tiefe höchstens 3 Meter betrug. Leider sprang der Wind nun nach Norden um

und es wurde kalt, so daß wir während der beiden Stunden, die uns vom nördlichen Ufer trennten, gründlich froren.

Muhamed Isa hatte uns aber eine betrübende Nachricht gebracht; im Lager Nr. 23 waren wieder zwei Pferde und ein Maulesel gestorben; am Abend starb noch ein Pferd. Sonst war die Karawane im Lager Nr. 25 gesund und munter. Um so verwunderter waren wir, als wir vom See aus ein großes Feuer auf dem verlassenen Lagerplatz im Westen erblickten. Die Karawane war morgens gegen acht Uhr aufgebrochen, und jetzt war es vier Uhr nachmittags. Keine Katze war im Lager Nr. 23 zurückgeblieben, und doch brannte dort ein Feuer! Wir sahen Flammen und Rauch, der sich wie ein großer Schleier am Ufer entlangzog. Rehim Ali glaubte, daß die Post aus Ladak uns endlich eingeholt habe.

„Nein, das ist unmöglich, ein Postbote kann nicht so weit gehen und seinen Proviant mitführen!"

„Aber das Lagerfeuer hätte gleich nach dem Abzug der Karawane erlöschen müssen! Ohne Menschen brennt kein Feuer so hell!"

„Der Rauch des Lagers Nr. 25 ist vom Lager Nr. 23 aus deutlich zu sehen. Hätte die Post das Lager Nr. 23 erreicht, dann hielte sie sich dort keine Minute auf, sondern würde weiter eilen, um noch vor Nacht zu uns zu stoßen."

„Ja, Sahib, vielleicht aber ist der Bote so erschöpft, daß er um Hilfe signalisiert."

„Können es nicht auch Tschangpas sein?" bemerkte Robert.

„Ja freilich, es können Tibeter sein, die aus dem Süden abgeschickt sind, uns Halt zu gebieten oder uns wenigstens zu beobachten und den nächsten Häuptlingen Bericht zu erstatten!"

„Master, vielleicht müssen wir eher haltmachen, als wir glauben! Was wird dann?"

„Ich glaube nicht, daß die Tibeter uns so weit nördlich hindern können; zum Rückzug können sie uns nicht zwingen. Im schlimmsten Fall müssen sie uns in Mitteltibet ostwärts nach China oder Birma ziehen lassen, wie Bower dies tat."

„Seht nur, wie es qualmt; dies große Feuer muß etwas zu bedeuten haben!"

„Ja, ein richtiges Spukfeuer, ein Sankt-Elmsfeuer! Die Seegötter haben es angezündet, um uns irrezuführen!"

„Ich glaube, es ist die Post; aber unheimlich sieht das Feuer aus", sagte Rehim Ali und ruderte aus Leibeskräften.

„Nur keine Angst! Ist es die Post, dann hören wir noch vor Abend von dem Boten; ich glaube, das Lagerfeuer ist einfach nicht ganz

erloschen gewesen, sondern hat an einer geschützten Stelle tagüber weiter geschwelt; als der Wind sich drehte, hat irgendein Reservehaufen Dung Feuer gefangen und ist nun bei dem nördlichen Wind in hellen Flammen aufgegangen." Mit dieser Vermutung mußten wir uns bescheiden.

Um sechs Uhr waren wir wieder „daheim". Nachdem ich eine sehr nötige Mahlzeit eingenommen hatte, ließ ich mir Muhamed Isa und Sonam Tsering zu einer Beratung rufen.

„Wieviel Pferde haben wir noch?" — „Vierzig."

„Wieviel Maulesel?" — „Vierunddreißig."

„Sind sie in einigermaßen gutem Zustand?"

„Nein, Sahib, nicht alle; vier meiner Pferde und sechs von Sonam sind Todeskandidaten, und fünf Maulesel."

„Wir haben also in den nächsten Tagen noch mehr Verluste zu erwarten?"

„Ja, leider! Aber um zu retten, was sich retten läßt, bekommen jetzt nur die kräftigsten Tiere Mais und Gerste; die Todeskandidaten müssen für sich selber sorgen bis ihre Stunde kommt. Sie sind in jedem Fall verloren!"

„Das ist barbarisch; gib ihnen wenigstens etwas! Vielleicht sind einige noch zu retten."

„Wir müssen mit der Furage haushälterisch umgehen, Sahib."

Die Anordnungen des Karawan-baschi waren klug, aber grausam.

Um sieben Uhr kam der Sturm — es war der dritte Abend, an dem wir heftigen Ostwind hatten; eine sonst in Tibet äußerst seltene Windrichtung. Er kam wie ein Schlag und machte dem Frieden ein Ende, brach alle Unterhaltung ab, störte alle Arbeit, löschte die Lagerfeuer, wehte Wolken von Sand und Staub in mein Zelt und hinderte die müden Tiere beim Weiden. Denn bei Sturm grasen sie nicht. Sie stellen sich mit dem Schwanz gegen den Wind, halten alle vier Beine möglichst dicht zusammen und lassen den Kopf hängen. So bleiben sie stehen und warten, bis es wieder ruhig wird. Sie mußten die ganze Nacht warten und träumten wohl, schläfrig und mit schwerem Kopf, von der Herzlosigkeit harter Männer und den friedlichen, sonnigen Halden bei Tankse und Leh. Am Abend inspizierte ich sie mit Muhamed Isa. Der Mond schien hell, aber sein kaltes, bläuliches Licht machte den durchdringenden Wind noch eisiger als gewöhnlich. Wie dunkle Gespenster standen die Tiere in der Nacht da, so regungslos, daß man hätte denken können, sie seien schon zu Eis geworden. Nicht die Kälte, sondern der Wind bringt unsere Tiere um; alle meine Leute sagen es; der Winter zieht mit aller Macht in unsere Gebirge ein. Die Luftverdünnung und die spärliche Weide werden aber wohl das allerschlimmste sein.

Der Sturm pfiff klagend um die Ecken, als ich einschlief, und derselbe Ton schlug an mein Ohr, als der mit einem dicken Winterpelz vermummte Tsering mir am Morgen das Kohlenbecken brachte. Ein düsterer Morgen! Im Zelt verschwanden alle Gegenstände unter einer dicken Schicht von Staub und Flugsand, und ich war schon völlig durchfroren, ehe ich noch in den Kleidern war. Pferde und Maulesel waren nach Osten weitergezogen, aber ich brach erst um neun Uhr auf — in rasendem Sturm. Unmittelbar vor dem Lager lag das zuletzt verendete Pferd kalt und hart wie Eis. Tsering erzählte, er sei kaum einen Steinwurf von dem Kadaver entfernt gewesen, als auch schon Wölfe herangeschlichen seien, um sich daran gütlich zu tun.

Das Gelände ist gut, Sand, Staub und feiner Kies; später wird der Boden intensiv ziegelrot. Man sieht nicht weit, die Luft ist dunstig und der Himmel bewölkt, aber soweit der Blick reicht, sehen wir nur niedrige Berge. Aus kleinen Nebentälern im Norden kommen ein paar fest zugefrorene Bäche. Langsam steigen wir zu einer Paßschwelle (5239 Meter) hinauf, von deren Höhe das Land nach Osten hin gerade so flach und günstig wie bisher erscheint. Hier ziehe ich auf Rawlings Weg; seine Karte entspricht auch in der kleinsten Kleinigkeit den wirklichen Verhältnissen.

Es ist etwas ganz anderes, auf ansteigendem Gelände gegen den Sturm anzureiten, als bergab den Wind im Rücken zu haben. Wir pflügen uns vorwärts durch den Wind, der durch die Pelze dringt, und sind schon nach zehn Minuten total erstarrt. Kaum kann ich die Hände zur Kartenarbeit gebrauchen; zwischendurch stecke ich sie in die Pelzärmel, bücke mich soweit vornüber wie möglich und lasse das Pferd seinen Weg allein finden. Vor Abend starben noch zwei Pferde; ein drittes wurde in der Nähe des Lagers geführt; es sah dick und fett aus, taumelte aber nur noch vorwärts.

Als ich ins Lager einritt, hatte ich von diesem greulichen Tag mehr als genug. In der Proviantburg der Ladakis brannte ein schönes Feuer, an dem wir, auf Tsering wartend, plaudernd eine Stunde zubrachten. Die Lagerburg schrumpfte von Tag zu Tag beängstigend zusammen, aber die Tiere starben in so schnellem Tempo, daß die Lasten trotzdem immer zu schwer waren (Abb. 64). Muhamed Isa glaubte jedoch, daß noch genug Maulesel bis an den Dangra-jum-tso aushalten würden und kein Gepäck zurückgelassen zu werden brauchte. Im Notfall könnten wir das Boot und ein paar Zelte opfern. Leere Proviantkisten wurden sofort als Feuerung verbraucht. Kein Zweifel, wir mußten den fernen See im Zustand höchster Hilfsbedürftigkeit erreichen! Ward uns dann keine Hilfe zuteil, so konnten wir nirgends mehr hin! Dann war es den Tibetern

leicht, uns festzuhalten. Wir waren daher eine Beute größter Aufregung, und diese nahm von nun an mit jedem Tage zu.

„Wenn die Tiere im selben Tempo wie jetzt zusammenbrechen, werden wir nicht bis zu den ersten Nomaden kommen!"

„Sahib, die stärksten leben noch."

„Ja, das ist immer dein Trost; aber in wenigen Tagen werden auch einige der stärksten Todeskandidaten sein."

„Der Wind bringt sie um; wenn wir nur einige Tage ruhiges Wetter hätten!"

„Dazu ist in dieser Jahreszeit keine Aussicht. Dieser Sturm hat jetzt 27 Stunden angehalten. Dann aber kommen die Winterstürme aus Südwest!"

Am 1. Oktober schrieb ich in mein Tagebuch: „Was werden wir in diesem neuen Monat erleben! Um acht Uhr morgens tobte der Sturm noch immer, und der Ritt dieses Tages war noch schlimmer als der vorige."

Flaches, offenes Land. Nur ein paar Hügel von rotem Sandstein und Konglomerat nebst grünem Schiefer, sonst kein festes Gestein. Die im Südosten thronende „Deasy Group" kommt immer näher. In einer gefrorenen Blutlache liegt das Pferd Nr. 27, kalt und nackt, da der Packsattel des Heues wegen mitgenommen wurde. Während der Nacht waren drei Pferde durchgebrannt und wurden von Muhamed Isa und drei Ladakis gesucht. Zwei hatten sie wiedergefunden, nach dem dritten suchte Rabsang noch. Dumme Tiere, sich so unnötig müde zu laufen! Eine unerklärliche Unruhe schien sie von der Stelle, wo man ihnen ihre Lasten abnahm, fortzutreiben. Die Armen glaubten wohl, selbst besseres Gras finden zu können, als unsere Hartherzigkeit ihnen bot.

Wir näherten uns einem ganz kleinen Süßwassersee, an dem sowohl Wellby wie Deasy schon gerastet hatten. Ein Viertel seines Spiegels war zugefroren, und am westlichen Ufer hatte der Sturm einen fußhohen Wall zertrümmerten Eises aufgeschichtet. Ein eisglänzender Bach ging von der Deasy Group nach dem See hinunter. Das Wasser des Sees war bis unter den Gefrierpunkt abgekühlt; nur einige Stunden vollkommener Windstille und der ganze See fror zu. Am Ufer fand Sonam Tsering drei alte Zeltstangen, an denen noch die eisernen Ringe saßen. Er konnte sich nicht erinnern, daß Rawling sie zurückgelassen hatte; wahrscheinlich waren sie noch ein Andenken an Wellbys Besuch.

Tundup Sonam hatte eine Antilope erlegt, und zu Mittag erhielt ich duftenden, am Spieß gebratenen „Schißlik". Tsering verstand seine Sache; er war bei Beach und Lennart, die ich 1890 in Kaschgar traf,

Koch gewesen und war geschickter als „der schwarze Kerl", wie Muhamed Isa den seligen Manuel verächtlich nannte.

Die Lamaisten unter meinen Ladakis teilten mir im Vertrauen mit, sie beteten allabendlich zu ihren Göttern um glückliche Reise. Sie wünschten ebenso eifrig wie ich selber, daß wir Schigatse und das heilige Kloster Taschi-lunpo, wo der Taschi-Lama residiert, erreichen möchten. Denn dann würden sie einen Ehrentitel erhalten, ebenso wie ein Mohammedaner „Hadschi" wird, wenn er in Mekka war. Gern wollten sie als fromme Gabe sieben Rupien zu Butter für die Altarlampen spenden, ja, Seiner Heiligkeit dem Taschi-Lama auch noch einen ganzen Monatslohn als Geschenk opfern. Bei ihnen handelte es sich also um eine glücklich zu Ende zu führende Wallfahrt; bei mir darum, möglichst viele weiße Flecke auf der Karte von Tibet zu erforschen. Es muß uns glücken! O Gott, laß uns Glück haben!

Daß wir keinen einzigen Mann als Eskorte hatten, daran dachte keiner. Wir näherten uns doch mit jedem Tag bewohnten Gegenden und drangen in ein Land, das kürzlich (1904) mit seinem mächtigen Nachbar im Süden in Fehde gelegen hatte. Die Tibeter waren den Europäern immer feindlich gesinnt; nach dem Blutbad bei Guru und bei Tuna aber mußten sie es wahrscheinlich noch viel mehr sein. Ich hatte weder Paß noch Erlaubnis, in das „Verbotene Land" einzudringen! Wie würde es uns ergehen? Meine Aufregung stieg immer mehr. Würden wir gar wie Feinde empfangen und uns schließlich noch zurücksehnen nach den Wölfen am Ufer des Jeschil-köl?

2. Oktober. Nachts 20,2 Grad Kälte — und Rabsang läßt nichts von sich hören! Ist ihm etwas zugestoßen? Schukkur Ali wird mit Fleisch, Tee und Brot auf der Karawanenspur zurückgeschickt. Im Lager wird ein Maulesel, der nicht mehr aufstehen kann, getötet. Wenn der Wind gelegentlich aufhört, wird es ganz seltsam still. Die Landschaft bleibt einförmig, eine endlose, langsam ansteigende Ebene. Im Norden und Süden setzen sich die beiden Bergkämme mit den Schneemassiven fort. Überall wächst Gras und Japkak. Stunde auf Stunde reiten wir nach Ostnordost, ohne irgendeinen Szenenwechsel. Ich sehne mich nach dem Augenblick, da wir nach Südosten abschwenken können; aber bis dahin ist es noch weit, denn ich muß erst das ganze Gebiet, das Rawling schon erforscht hat, umgehen. Für die Tiere wird es dann noch schwerer werden, weil wir mehrere Pässe überschreiten müssen. Die Bergketten ziehen sich von Ost nach West; einstweilen wandern wir noch zwischen zweien von ihnen hin, später müssen wir aber über sie alle hinweg! Mit großer Spannung mustere ich täglich die Tiere und setze meine Hoffnung auf die

kräftigsten, die Elitetruppe, die bis zuletzt aushalten soll. Wie drückt es mich nieder, wenn eines von ihnen aus dem Spiel ausscheidet!

Rot wie Blut stieg an diesem Tag der Vollmond über den Bergen im Osten auf. Er wurde schnell bleicher, je höher er stieg; und die Schneegebirge leuchteten so weiß wie der hellste Rauch eines Dampfers. Der Abend war windstill, und im Lager Nr. 28 ließ das Zelt sich leicht erwärmen. Die Kälte sank jedoch bis auf — 22,2 Grad — und Rabsang wurde noch immer vermißt! Ob ihn Wölfe zerrissen hatten? —

Am folgenden Morgen aber kam er in Begleitung Schukkur Alis zurück, jedoch ohne das Pferd. Er hatte die Spur des umherirrenden Tieres lange verfolgt und hatte dann im Ufersand des kleinen Sees die Schilderung eines tragischen Ereignisses von beinahe dramatischer Wirkung lesen können. Die Spur bewies, daß das Pferd wie toll dahingerannt war, auf beiden Seiten von einer Schar Wölfe verfolgt. Sie hatten ihr Opfer auf eine schmale Schlammzunge hinaufgejagt, die in einer Spitze endete. Von dem Pferde hatte er dort nur eine Spur gesehen, die von der Spitze in dem langsam abfallenden Seegrund verschwand. Aber die Wölfe hatten eine Doppelspur hinterlassen, sie waren umgekehrt! Sie hatten das Pferd auf der Landzunge, wo es nicht weiterlaufen konnte, überrumpeln wollen, aber sie hatten sich verrechnet. Rabsang meinte, ihre zurückführende Spur habe ganz verdutzt ausgesehen! Das hilflose Pferd, durch den hungrig und wild mit aufgerissenem Rachen hinter ihm herstürmenden Tod zur Verzweiflung getrieben, war ins Wasser hineingelaufen und hatte lieber ertrinken als in die Klauen seiner Verfolger fallen wollen. Kein einziger Tropfen Blut war zu sehen gewesen. Hätte es versucht, den See zu durchschwimmen, müßte es am Starrkrampf gestorben sein; wäre es zum Ufer zurückgekehrt, dann hätten die Wölfe es hier erwartet und sich nicht ins Gebirge zurückgezogen. Es war ein Held, und ich vermißte es jetzt doppelt; es war eins der besten in der ganzen Karawane, ein Sanskari, und hatte lange die schwersten Kisten mit Silberrupien getragen. Das Bild seines mutigen Sprunges in die unbekannte Tiefe des Sees hinein und seiner an Wahnsinn grenzenden Verzweiflung verfolgte mich noch lange, wenn ich abends wach lag, und ich dachte dabei an das Roß, auf dem der Römer Marcus Curtius den Todessprung in den Abgrund ausführte.

Der Marsch am 3. Oktober führte uns in derselben gleichmäßigen Ebene, auf der schließlich jede Spur von Vegetation aufhörte, weiter. Beim Lager Nr. 29 gab es leider keine Weide, und so mußten wir die Tiere an den Fuß der Berge führen, wo auch nur spärliches Gras wuchs.

4. Oktober. Wir setzen unseren Zug nach Ostnordost fort und das

74. Vorbereitung zum Diner im Lager Nr. 41.

75. Das große scheckige Jarkentpferd.

76 und 77. Die erlegten Yaks, oben links der Schütze Tundup Sonam.

Land verändert sich nicht im geringsten; man kommt sich wie ein Eichhörnchen auf einer rollenden Walze im Käfig vor, man geht immerfort und befindet sich trotzdem immer in derselben Landschaft, das Panorama bleibt sich gleich, im Norden und im Süden zeigen sich dieselben Gipfel, nur ihren Sehwinkel verändern sie langsam. Dieses große, offene Längstal nannte Deasy „Antelope Plain". In seinem südwestlichen Teil ist Rawling auf zwei Linien gereist, und zwischen ihnen zieht sich meine Route auf dem linken Ufer der sehr breiten, jetzt ausgetrockneten Abflußrinne des Tales hin. In Ostnordost ahnen wir den Salzsee, an dessen Südufer Wellby entlang zog, aber noch ist er nicht sichtbar. Gelbes Gras tritt wieder auf beiden Seiten auf, und an einem kleinen Becken herrlichen Quellwassers wird das Lager errichtet. Sobald die Tiere von ihrer Last befreit und losgelassen sind, kann man annehmen, daß ein Drittel sofort zu grasen beginnt, das zweite Drittel sich mit herabhängendem Kopf stehend ausruht, das dritte aber sich sofort niederlegt. Die ersten sind die besten und kräftigsten Tiere, die letzteren die am meisten erschöpften. Unter letzteren befand sich auch das Pferd Nr. 10, das am folgenden Morgen getötet werden mußte; in der Totenliste hatte es die Nr. 25!

Muhamed Isa bricht jetzt morgens nicht vor $^1\!/_2 9$ auf; denn er hat die Beobachtung gemacht, daß die Tiere in den ersten Stunden nach Sonnenaufgang mit besserem Appetit grasen. Das breite harte Flußbett bietet uns einen vorzüglichen Weg, eine wahre Chaussee, die außerordentlich langsam abwärtsgeht. Während der letzten Tage haben die Zeiger der Aneroide beinahe unverändert auf denselben Ziffern gestanden. Im Norden haben wir noch immer den Kven-lun, bald als schwarze Bergmassen, bald mit schneegekrönten flachen Gipfeln.

Um ein Uhr halte ich stets mit Robert und Rehim Ali kurze Rast, um die meteorologischen Instrumente abzulesen. Das Journal wird von Robert mit größter Sorgfalt geführt. Ich selber zeichne ein Panorama und mache Peilungen, während unsere Pferde grasend umhergehen dürfen. Aber Essen gibt es dann nicht, denn wir speisen täglich nur zweimal, um 8 Uhr morgens und 6 Uhr abends. Dennoch ist uns die kleine Mittagsrast willkommen. Wir sind vorher durchgefroren; auf der Erde kann man sich leichter warm halten als im Sattel, wo man dem Wind völlig preisgegeben ist.

Den ganzen Tag haben wir keinen Tropfen Wasser gesehen, und daß die Karawane nach einer Quelle ausschaut, sieht man nur zu deutlich an den Spähern, die sich von Zeit zu Zeit bald nach rechts, bald nach links von den anderen absondern. Schließlich entdecken sie einen großen

Tümpel und dort werden die Zelte aufgeschlagen. Während der letzten Tage sind wir täglich 15 Kilometer marschiert — mehr halten wir nicht aus.

Am Morgen des 6. Oktobers sind wir kaum aufgebrochen, als der Lagerplatz auch schon von Wölfen inspiziert wird, die wieder auf ein Pferd lauern; diesmal aber sind sie die Angeführten. Sie folgen uns ebenso treu wie die Raben und ziehen vielleicht nach und nach Verstärkungen an sich. Strenge Befehle sind ergangen, daß die Nachtwache für die Tiere verantwortlich ist und bestraft wird, wenn wir durch Wölfe Verluste erleiden. Auch die sechs Raben begleiten uns noch immer. Sie setzen sich, wenn wir lagern, sie brechen mit uns zugleich auf und verfolgen uns mit ihrem heiseren Krächzen den ganzen Tag hindurch.

Wir gehen über das Flußbett, das jetzt Wasser und Eis enthält, aber noch immer verdecken niedrige Hügel den erwarteten See. Sonst ist der Boden eben, so eben, daß nur die schwache Bewegung des Stromes angibt, nach welcher Richtung sich das Gelände senkt. Gelbe Sandtromben im Nordwesten verraten das Herannahen eines Sturmes, der aus heiterem Himmel über uns kommt. Innerhalb einer halben Stunde geht er in einen Oststurm über, ein typischer Zyklon. Erschöpft vor Kälte kommen wir im Lager 32 an.

Die Hündchen sind jetzt schon groß und treiben allen möglichen Unfug. Auf der Konduitenliste des weißen Puppy steht, daß er eines meiner Kartenblätter zerrissen hat. Zum Glück fehlte keiner der einzelnen Fetzen. Vor meinem Zelt fand Tsering auch eine Zahnbürste, die der dumme Hund als überflüssig angesehen haben muß. Der braune Puppy zerbiß einen Aräometer, der in einem Lederfutteral umherlag. Ihre Erziehung ist höchst mangelhaft, aber sie sind ja auch Findelkinder von Srinagars Straßen, und man kann daher wohl nicht viel von ihnen verlangen. Der Begriff „Disziplin" ist ihnen völlig unbekannt, sie gehorchen gar nicht, wenn man sie ruft. Wenn aber Tsering mit dem Mittagessen hereinkommt, dann sind sie gleich bei der Hand, spielen die Liebenswürdigen und drängen sich auf jede Weise in den Vordergrund. Ein großes Verdienst haben sie aber doch: sie halten mir nachts die Füße warm, denn dann liegen sie nebeneinander zusammengerollt auf meinem Bett.

24,8 Grad Kälte in der Nacht zum 7. Oktober! Das war wohl der Grund, weshalb ich einen so gräßlichen Traum hatte: ein ganzes Heer schwarzer Tibeter kam uns entgegen und trieb uns nach Norden zurück. Wasserbecher und Tinte sind Eisklumpen.

Jetzt haben wir Rawling weit hinter uns gelassen, und nun

ist der Weg Wellbys und Malcolms die letzte Route, die in dieser Gegend zurückgelegt worden ist. Wir folgen noch immer demselben Tal wie jene Expedition.

Unser Vorrat an Yakfleisch war gerade zu Ende, als Tundup Sonam den Augenblick benutzte, eine Antilope zu erlegen. Eine zweite, bedauernswerte hatte er nur angeschossen, und sie entwischte ihm auf drei Beinen. Droben auf dem Hügel spazierte einer unserer Wölfe umher. Er hatte den Verlauf der Jagd genau beobachtet, und die verwundete Antilope wurde ohne Zweifel seine Beute.

In seinem dicken grauen Winteranzug geht Muhamed Isa, die Pfeife in der Mundecke, einher und lotst die Karawane gerade zwischen den Hügeln aufwärts, als wir sie einholen. Wir erreichen den Gipfel des Hügels. Ein weißer Rand zeigt sich und unter ihm ein blaugrüner Steifen, der immer größer wird. Nach einigen Minuten haben wir den ersehnten Salzsee unmittelbar unter uns, da die Hügel steil nach dem südlichen Seeufer abfallen. Jetzt stimmen die Ladakis in schmelzenden, weichen Tönen eines ihrer schönsten Marschlieder an; sie sind glücklich, an diesem See, von dem ich tagelang geredet habe, angelangt zu sein, und denken wie ich, daß wir eine neue Etappe auf dem weiten Weg nach dem Dangra-jum-tso erreicht haben. Nach Nordwesten hin imponiert die Landschaft mit dem gewaltigen Hochgebirge voll schneebedeckter Gipfel und großer Gletscher. In der westlichen Verlängerung des Sees ist das Flachland kreideweiß von Salz, und dort tanzen weiße Tromben wirbelnd an dem öden Ufer.

Nach Ostnordosten hin ist das Längstal noch ebenso offen wie bisher; dort ist Wellby entlanggezogen. Jetzt können wir also, wann wir wollen, nach Südosten abschwenken, ohne Rawlings Route weiter zu berühren. Dort wartet unser ein neues Land, das große Dreieck zwischen Wellbys, Bowers und Dutreuil de Rhins' Routen. Einer meiner sehnlichsten Wünsche war ja gewesen, wenigstens auf einer Linie den großen weißen Fleck zu durchqueren, der auf der großen englischen Karte von Tibet keine andere Bezeichnung trägt als „Unexplored"!

Zwölftes Kapitel.

In unbekanntem Lande.

Mitten in der Nacht weckten mich sieben Maulesel, die dicht neben meinem Zelt standen und auf dessen Stricke trampelten. Ich ging hinaus, um sie fortzujagen, aber als ich sah, wie erbärmlich sie froren und wie dicht sie sich aneinandergedrängt hatten, um sich gegenseitig zu wärmen, ließ ich sie gewähren. Einer von ihnen lag am Morgen mit unförmlich geschwollenem Bauche tot neben meinem Zelt.

Grüner Schiefer bildete in dem sonst weichen Boden kleine Schwellen und Leisten, so daß die Erde aus der Ferne schwarzgestreift aussah. Hier und dort tauchten Quarzitadern auf. Am östlichen Horizont erhoben sich rotviolette Hügel und das Land wurde unebener. Nach einer Weile ritten wir an den Schafen vorbei, die von den Männern in der Karawanenspur getrieben wurden. Sie zogen sehr langsam dahin, da sie während des Marsches grasten; noch hatten wir 18 behalten. Auch heute sah es mit dem Wasser böse aus. Beim Graben wurde allerdings in ein Fuß Tiefe welches gefunden, aber es war salzig. Der Tagesmarsch wurde infolgedessen länger als gewöhnlich, 19,3 Kilometer; da hatten wir aber auch eine Quelle erreicht.

Am Abend vor einem Ruhetag hat man das Gefühl, als sei Samstagabend und morgen keine Schule. Den 9. Oktober wollten wir im Lager Nr. 34 zubringen; ich hatte seit 17 Tagen keinen Rasttag gegeben. Alle freuten sich darauf, und die Ladakis veranstalteten in Erwartung des Ruhetages ein Fest im Freien um ein großes Lagerfeuer herum. Die Bewirtung war dieselbe wie immer, Tee in hölzernen Bechern, geröstetes Mehl und gebratenes Antilopenfleisch — Spirituosen in irgendeiner Gestalt durften in meiner Karawane nicht vorkommen. Aber die Stimmung war trotzdem ausgelassen; die Männer tanzten um das Feuer und sangen ein munteres Lied mit einem Refrain, dessen Höhepunkt ein barbarisches, gellend klingendes Gelächter bildete. Sie freuten sich, daß wir so weit vorgerückt waren, und besaßen Widerstandskraft genug, um

noch schwerere Strapazen zu ertragen. Vom Kara-korum an haben wir 533 Kilometer zurückgelegt, nach dem Dangra-jum-tso sind es noch 660; aber wir sind dem See näher als Leh und haben also wirklich mehr als die Hälfte des Weges hinter uns!

Nach 23 Grad Kälte in der Nacht brach der 10. Oktober mit strahlendem Wetter sonnig und windstill an. Das Pferd Nr. 3 war der 26. Märtyrer der Karawane; es lag tot auf der Weide. Ein zweites überholten wir, es war mager wie ein Gerippe und erreichte das Lager nicht mehr. Wir zogen nach Ostsüdost, und jetzt galt es, das Längstal zu verlassen, in dem Wellby ganz Nordtibet durchwandert hat. Eine kleinere Bodensenkung wurde überschritten, und zwischen den Hügeln auf ihrer Südseite schlugen wir unser Lager auf.

Rote und gelbgraue Hügel umgaben den Weg, der uns in drei Stunden nach einer kleinen flachen Schwelle hinführte, von der aus die Aussicht nach Osten grenzenlos erschien. Wäre es meine Absicht gewesen, in dieser Richtung weiterzuziehen, so würden wir viele Tagereisen weit keine Terrainhindernisse auf unserem Weg gefunden haben, aber mein unverrückbares Ziel war der Dangra-jum-tso, und wir mußten daher nach Südosten steuern. Dort zeigte sich bald eine schwarze Kette mit gezähntem, ungleichmäßigem Kamm. Zwischen ihren Gipfeln sah man tiefeingeschnittene, sattelförmige Einsenkungen; aber man täuschte sich, sie waren schwieriger zu passieren, als sie aussahen; einer Karawane in unserem angegriffenen Zustand wurde auch die geringste Steigung fühlbar.

Nun stiegen wir wieder eine kleinere Schwelle (5253 Meter) hinauf. Vor uns sahen wir in der Spur der Karawane einen schwarzen Punkt; es war ein toter Maulesel, der neben seinem Packsattel mit weitgeöffneten Augen den letzten Schlaf schlief. Hinter einem Hügel überraschten wir einen großen, hübschen Fuchs, der es sehr eilig hatte, als wir uns ihm näherten. Aber er konnte es doch nicht lassen, sich unaufhörlich umzuwenden und uns anzustarren; er hatte jedenfalls noch nie Menschen gesehen.

Beim Lager Nr. 36 gab es keinen Tropfen Wasser, aber wir waren nicht imstande, weiterzuziehen. Zwei mit Eis gefüllte Ziegenlederschläuche hatten wir bei uns, und das reichte gerade zu unserem Tee (Abb. 67); die Tiere aber mußten dursten. Wir durften uns jedoch nicht beklagen; seit Leh war es ja das erstemal, daß wir kein Wasser hatten.

Ein ungewöhnlicher Anblick wurde uns am Morgen des 12. Oktobers: das ganze Land war mit Schnee bedeckt. Aber kaum war die Sonne hochgestiegen, so wurde auch der Boden wieder schneefrei und trocken. Die Karawane brach sehr früh auf, um den Durst der Tiere zu verkürzen. Jetzt hielten wir beständig auf Südosten zu und ließen einen

See, den Rawling entdeckt und nach dem langjährigen, sehr verdienst=
reichen ehemaligen Präsidenten der Geographischen Gesellschaft in London
„Lake Markham" genannt hat, außerhalb unseres Gesichtskreises liegen.

Wieder passieren wir ein Pferd mit aufgeschnittenem Hals; es ist
rotbraun und sticht grell gegen den grauen Sandboden ab. Die Augen
sind schon von den sechs Raben ausgepickt, die wie schwarze Totenbrüder
um das gefallene Tier herumsitzen und Leichenwache halten. Ein wenig
weiter zeigt sich wieder etwas Verdächtiges in der Karawanenspur — es
ist der sechste Maulesel. Er ist auf dem Marsch zusammengebrochen
und braucht nicht erst totgestochen zu werden; er ist noch weich und warm,
und seine Augen haben ihren Glanz noch nicht verloren, aber bald werden
die Raben da sein, sie folgen der Karawane wie Delphine im Kiel=
wasser eines Schiffes. Mit jedem Tier, das fällt, wird ein Woilach
frei und kommt einem der Kameraden zugute. Sie brauchen ihn, wenn
die große Winterkälte kommt. Die beiden heutigen Opfer waren schon
lange dienstfrei gewesen, aber sie mußten dennoch mitlaufen, bis sie
stürzten, ich hoffte ja, daß sie sich noch erholen würden, allerdings
vergeblich.

Die Spur führt uns in die Mündung eines Tales, wo wir die
Karawane bald einholen — alle Tiere halten den Kopf in einen Bach,
sie hatten ja so lange dursten müssen. Das Tal muß von einem Paß
herabkommen, und wir ziehen in ihm hinauf. Es wird schmäler und ist
schließlich ein nur vier Meter breiter Gang zwischen Wänden von vertikal
stehendem Schiefer. Am Bache lag der gebleichte Schädel eines Ammon=
schafes mit schönem Gehörn (Abb. 30, 31). Unter dem Fuß einer jähen
Felswand auf der linken Talseite fanden wir vor dem schneidenden Winde
Schutz und richteten dort unsere Zeltstangen auf. Muhamed Isa bestieg mit
dem Fernglas eine uns gegenüberliegende Höhe. „Ein Labyrinth von klei=
nen Bergen" lautete sein wenig erfreulicher Bericht. Wir hatten jetzt schon
29 Pferde und 6 Maulesel verloren und besaßen nur noch 29 Pferde und
30 Maulesel. „Die kräftigsten Tiere leben noch", tröstete Muhamed Isa.

13. Oktober. Mit 21,8 Grad Kälte raubte uns die Nacht wieder
ein Pferd und einen Maulesel! Ihre Knochen bleichen im Lager 37
und geben von unserem Besuch Kunde. Beschwerlicher Marsch durch sehr
wellenförmiges Terrain! Wir mußten über drei kleine, anstrengende Pässe
hinüber. Es lag noch ziemlich viel Schnee. Zur Rechten erstreckte sich
ein roter Bergkamm, und in einer Schlucht war ein Wasserfall zu einem
Eisklumpen erstarrt. Muhamed Isa hatte drei Steinmale errichtet, um
uns den Weg an solchen Stellen anzugeben, wo die Spur der Karawane
im Geröll undeutlich wurde. Auf dem ersten Paß war die Aussicht

trostlos, lauter rote, violette und gelbe Berge. Im Norden dominierten noch immer die turkestanischen Berge mit ihren majestätischen Gipfeln, eine Reihe von Kaiserkronen, höher als alles andere. In N 50° O glaubten wir einen großen See zu sehen, aber es konnte ebensogut eine Ebene sein, auf der die Luftspiegelung ihr Spiel trieb. Viele Hügel und Ausläufer der Gegend bestehen aus fließendem Boden, der entsprechend seiner letzten Bewegung in Mustern und konzentrischen Ringen gefroren ist. Die dritte Paßschwelle erhebt sich in völlig sterilem Land. Hier machte sich Tsering riesige Mühe mit dem Errichten eines Steinmales, was jedoch ganz überflüssig war, da uns keiner mehr nachkam; aber es war eine Huldigung, die er den Göttern des Gebirges darbrachte, eine flehentliche Bitte, daß sie uns gesund passieren lassen möchten.

Endlich kamen wir auf offenes Gelände hinunter, nämlich in ein Haupttal, das nach Osten ging und wo in der Ferne gelbes Gras leuchtete. Tundup Sonam schoß zwei Ammonschafe, deren Fleisch unseren 18 Schafen das Leben verlängerte. Bei diesem kalten, windigen Wetter wird man eigentlich nie richtig warm. Wenn ich im Sitzen das Panorama des Tages zeichne oder die Sonne observiere, muß ich das Kohlenbecken neben mir haben, um mir die erstarrenden Hände so weit wieder anzuwärmen, daß ich sie gebrauchen kann. Nur Muhamed Isa, Tsering, Sonam Tsering und Guffaru sind vom Nachtdienst befreit; sonst müssen alle anderen in die kalte, dunkle Winternacht hinaus. Wenn die Dunkelheit eintritt, arbeite ich die am Tag gemachten Aufzeichnungen aus, studiere die Karten, lese teils leichte Lektüre, teils Supans „Physische Erdkunde" und ein paar Bücher über Buddhismus und Lamaismus. Um neun Uhr macht Robert meteorologische Observationen und stellt dann das Siedethermometer auf, das ich selbst in meinem Zelt ablese. Nachher plaudern wir noch eine Weile und gehen dann schlafen. Mein Bett ist auf einer Kautschukunterlage und zwei zusammengefalteten turkestanischen Filzdecken hergerichtet; auf den Filzdecken liegt ein großes Quadrat zusammengenähter Ziegenfelle. Auf die eine Hälfte des Quadrates lege ich mich und mit der anderen decke ich mich zu, worauf Tsering die Ränder so unter die Filzdecken stopft, daß das Ganze in einen Sack verwandelt wird. Zuletzt breitet er noch zwei Filzdecken, meinen Ulster und meinen Pelz über mich! Auf dem Kopf habe ich meine Pelzmütze und einen Baschlik, im übrigen aber entkleide ich mich wie gewöhnlich. Bei stürmischem Wetter ist das Morgenbad nicht gerade angenehm; mein Zeug ist während der Nacht eiskalt geworden. Die Ladakis haben keinen Begriff von Reinlichkeit und schleppen infolgedessen gastfrei kleine Kolonien von Ungeziefer mit sich herum, wofür ich nicht die geringste Verwendung

habe. Aber die, welche mein Bett machen, aufräumen und mich im Zelt bedienen, teilen mir unwillkürlich recht freigebig von ihrem Überflusse mit, und mein Unterzeug muß daher sehr oft in kochendem Wasser gewaschen werden. Meine Empfindlichkeit in dieser Beziehung macht den Ladakis unbeschreiblich viel Spaß; ich höre sie über mein Entsetzen vor jeglicher Art blutsaugender Gesellschaft herzlich lachen. Ich sage ihnen daher, daß ich mich nur dann wohl fühle, wenn ich in meinen Kleidern ganz allein bin!

Die Winterabende wurden immer länger, und unser Leben verlief einsam und eintönig. Am schlimmsten aber war es, daß meine leichte Lektüre zu Ende ging. Um die Freistunden auszufüllen, ließ ich mir dann von den Ladakis Sagen und Märchen aus ihrem eigenen Lande erzählen und zeichnete einige davon auf. Ich ließ auch jeden meiner Diener seine eigenen Schicksale berichten, aber die Aufzeichnungen, die ich davon machte, sind nicht sehr merkwürdig, denn die Leute haben nicht viel zu erzählen und finden alles so natürlich und unwichtig. Man muß sie ausfragen und auspumpen, und doch kommt nichts Rechtes heraus. Äußerst selten wissen sie, wie ein Europäer, dem sie jahrelang gedient haben, auch nur geheißen hat, und ihr eigenes Alter können sie nicht angeben. Aber ganz genau wissen sie, wieviel Tiere in einer Karawane waren, die sie vor Jahren begleiteten, und welche Farbe die verschiedenen Pferde hatten. Ein Ladaki, der die bewohnten Teile Westtibets durchzogen hat, kann mir den Namen jedes Lagerplatzes nennen, ihn genau beschreiben und sagen, ob die Weide dort gut oder schlecht war. Für die Terrainverhältnisse haben sie also ein unglaubliches Gedächtnis.

Die Rücksicht auf den Umfang dieses Berichtes verbietet es mir zwar, mich auf biographische Weitläufigkeiten einzulassen, aber es ist doch nötig, daß ich dem Leser meine kleine Schar wenigstens ganz flüchtig vorstelle. Beginnen wir also mit Rabsang, der das von den Wölfen gehetzte Pferd suchte. Er ist „Bod", d. i. Buddhist, eigentlich Lamaist; sein Vater heißt Pale, seine Mutter Rdugmo aus dem Dorfe Tschuschutjogma in Ladak. Von Beruf ist er „Semindar", Ackerbauer, baut Gerste, Weizen und Erbsen, hat zwei Pferde und zwei Yaks, aber keine Schafe, und bezahlt jährlich 23 Rupien Steuer an den Maharadschah, dagegen keine Abgaben an die Lamas. Einmal jährlich geht er im Dienst afghanischer Kaufleute nach Jarkent und erhält für eine ganze Reise 50 Rupien Lohn. Die Kaufleute bringen Kleiderstoffe, Korallen, Tee, Indigo und dergleichen nach Yarkent, wo sie in der Karawanserei der Hindus einkehren und zwanzig Tage bleiben, um ihre Waren zu verkaufen und dafür Seide, Filzteppiche, gewöhnliche Teppiche usw. einzuhandeln, die sie dann in Peschawar veräußern. Rabsang hatte besonders dem Hadschi

78. .... Ich riß den roten Baschlik ab und schwenkte ihn rückwärts, um den Pat durch den Anblick aufzuhalten.

79. Der wütende Yak stürzt sich auf Rehim Ali.

Eidar Khan, einem reichen Kaufmann aus Kabul, gedient. Vor sechs Jahren erlebte er ein Abenteuer auf dem Paß Suget-davan, wo seiner Karawane zwölf Leute aus Badakschan, die dem Hadschi Geld schuldig waren, begegneten. Die Zwölf aber hatten in Jarkent ein wüstes Leben geführt und konnten nun ihre Schulden nicht bezahlen. Die Afghanen, die nur aus fünf Mann bestanden, fielen über sie her, und es kam zu einer heftigen Schlägerei, die in Blutvergießen ausartete. Dies war Rabsangs schlimmstes Abenteuer gewesen. Dem Hauptmann Deasy hatte er fünf Monate und einem anderen Engländer ebensolange gedient. Wenn er selber auf Reisen war, bestellten seine Frau und ein Bruder sein Land und besorgten seine Geschäfte.

„Kannst du dich denn so lange auf die Treue deiner Frau verlassen?" fragte ich ihn.

„Nein," antwortete er, „aber in Ladak macht man sich daraus nichts."

„Was geschieht, wenn sie dich mit einem anderen betrügt?"

„Dann muß er mir als Buße ein Schaf geben".

Als wir soweit gekommen waren, konnte ich aus Rabsang kein Wort mehr herausbringen.

In unserer Karawane steht er unmittelbar unter Tserings Kommando und begleitet die vier Pferde, die mein Zelt, mein Bett, die täglich gebrauchten Kisten und das Küchengeschirr tragen. Er ist Gehilfe des Oberkochs und hat mich den ganzen Abend mit glühenden Kohlen zu versorgen. Er holt für Tsering Brennstoff und Wasser zum Kochen und ist ein außergewöhnlich starker, tüchtiger Kerl. Ein Jahr später sollte er in unserer Karawane eine besondere Rolle spielen.

Von dem Mohammedaner Rehim Ali habe ich bereits gesprochen. Er ist mein Handlanger während der Märsche. Guffaru ist der Älteste unserer Gesellschaft und Anführer der Pferdekarawane; er hat infolgedessen immer weniger zu tun, je mehr Pferde uns sterben. Der Hadschi Gulam Rasul ist zweimal in Mekka gewesen; er ist Muhamed Isas Koch. Schukkur Ali hat viele merkwürdige Reisen gemacht, die ein besonderes Kapitel erfordern würden; bei uns ist er Führer einer Abteilung der Pferdekarawane, hat aber nur noch zwei Schutzbefohlene. Gaffar ist ein junger Mohammedaner, der die Pferde begleitet, Feuerung einsammelt und Wasser holt. Dieselben Beschäftigungen sind das Los des jungen Tsering, und zur selben Kategorie gehören auch Ische Tundup und Adul; letzterer, ein arbeitsamer, tüchtiger Mensch, ist in meine Dienste getreten, um sich in Leh ein Haus zu kaufen und sich verheiraten zu können. Islam Ahun ist Pferdewärter. Bolu gehört zu meiner Karawane und ist einer der Handlanger Tserings. Galsan, der

viel in Westtibet umhergereist ist, dient als Maultiertreiber. Ische Tundup ist für die Schafe verantwortlich. Lobsang Rigdal, scherzweise der Lama genannt, hat mit den Pferden zu tun. Er ist mitgekommen, um Geld zu verdienen, das er seinem Vater und seinen älteren Brüdern geben will, weil sie früher immer für ihn gesorgt haben. Er ist der Spaßvogel der Karawane und sieht sehr komisch aus. Taschi, der die Pferde begleitet, ist einer unserer besten Leute. Tundup Sonam rettet die Weidmannsehre der Karawane und versieht uns alle mit frischem Fleisch. Er tut fast nie einen Fehlschuß und ist so ruhig und gesetzt, wie eine Satte dicker Milch. Er hatte schon einmal unter mir gedient, im Winter 1902, als ich von Leh nach Jarkent reiste. Gartschung gehört zur Mauleselkarawane und trat in meine Dienste, um seine pekuniären Verhältnisse wieder in Ordnung zu bringen. Ein kleiner, untersetzter, schwarzbärtiger Kerl von 50 Jahren hört auf den Namen Taschi Tsering; „früher hieß ich Islam Ahun", sagt er; er hat also seine Religion gewechselt, obgleich es nur selten vorkommt, daß ein Mohammedaner zum Lamaismus übertritt. Er führt auch eine Abteilung der Pferde. Rub Das ist ein Gurkha aus Sitang und ist unser Mädchen für alles, er ist schweigsam und arbeitet wie ein Sklave, ohne der geringsten Ermahnung zu bedürfen. Tundup Galsan ist der Märchenerzähler, dessen Stimme man noch lange hört, wenn schon alle Tagesarbeit beendet ist; überdies ist er Oberkoch im schwarzen Zelt der Ladakis. Namgjal ist Eseltreiber und einer unserer Besten, Sonam Tsering der Chef der Maulesel, Kurban nichts als Guffarus Sohn und Tsering mein Oberkoch.

Damit ist die Liste geschlossen. Jeder von diesen Männern hatte seine Pflicht zu erfüllen, alle waren willig und gutmütig, und nie hörte man Zank und Streit; aber Robert und Muhamed Isa verstanden es auch vorzüglich, Disziplin zu halten (Abb. 73). Jeder hatte seinen warmen Schafpelz; dazu machten sie sich Bettunterlagen von den Fellen der geschlachteten Schafe oder des erlegten Wildes; als die Winterkälte abnahm, benutzten sie leere Proviantsäcke als Schlafdecken. Da sie alle zu Fuß gingen, nutzten sich ihre weichen Ladakistiefel schnell ab, und sie mußten sie immerfort mit neuen Sohlen versehen; dazu gebrauchten sie Fellstücke, deren Wolle sie nach innen kehrten.

Am 14. Oktober zogen wir über eine Reihe großer Flußbetten, die den Kamm im Süden in flachen Tälern durchschnitten. Kulane und Antilopen ästen hier in großer Zahl. Bei dem Lager, das zwischen hagebuttenfarbigen Hügeln lag, war die Weide gut. Unsere Marschrichtung war Ostsüdost. In der Nacht starb ein Pferd. Das Land behält von

nun an ungefähr denselben Charakter: es besteht aus einer Menge kleiner
Kämme, die sich von Osten nach Westen hinziehen und deren Über=
schreitung sehr zeitraubend ist; zwischen ihnen liegen Längstäler. Nicht
selten zählen wir südwärts drei bis vier solcher Kämme, und alle müssen
wir sie überschreiten! Wir haben uns in einem Meer erstarrter Riesen=
wellen verloren; wir gleichen einem Schiff, das sein Steuer eingebüßt
hat und bald sinken muß; keine rettenden Inseln, keine entgegenkommen=
den Schiffe, auf allen Seiten nur endloses Meer. Wir möchten Öl auf
diese aufgeregte See gießen, wir sehnen uns nach ruhigem Fahrwasser,
aber solange uns noch eine Planke bleibt, werden wir uns doch an ihr
festklammern. Beim Lager 40 gab es gute Weide, und das nötige
Wasser konnten wir uns aus Eis herstellen (Abb. 68).

Dem braunen Puppy haben die Männer einen Filzmantel genäht,
den sie ihm anziehen, wenn es abends kalt wird. Er sieht in seinem
neuen Nachtgewand drollig aus, wenn er einherspaziert, sich auf die
Zipfel tritt und dann hinpurzelt. Der weiße Puppy sitzt erst ganz ver=
blüfft da und gafft ihn an, findet aber dann die Sache so verführerisch,
daß er es nicht unterlassen kann, den Kameraden zu necken, um ihn
herumzutanzen und in den Mantel zu beißen. Der Braune aber kurz
entschlossen, bleibt trübselig still sitzen und läßt den weißen um sich
herumtoben.

Immer tiefer bohren wir uns in das unbekannte Land ein. Am 16. Ok=
tober, dem Jahrestag meiner Abreise aus Stockholm, hatten wir bis an
den Dangra=jum=tso noch 609 Kilometer zurückzulegen, aber jetzt waren wir
selten imstande, mehr als 12 Kilometer täglich zu marschieren! Im Lager
41 wurden einige entbehrliche Sachen kassiert, um die Lasten zu er=
leichtern, darunter mehrere ausgelesene Bücher nebst Bowers Reisebe=
schreibung, die ihre Rolle in meiner Wanderbibliothek nun ausgespielt
hatte. Die Zelte waren in einem geschützten Tal am Fuß eines Felsens
aufgeschlagen worden (Abb. 72, 74). Tundup Sonam war vorausgegangen
und hatte einen vierjährigen Yak, der auf einem Abhang in der Sonne lag,
überrascht. Durch das Terrain gedeckt, hatte der Schütze sich ganz nahe an
ihn heranschleichen können. Die erste Kugel war im Becken steckenge=
blieben. Der so unangenehm aus seinen Betrachtungen geweckte Yak
war aufgesprungen und hatte eine zweite Kugel in den Bug erhalten.
Er war nun den Abhang hinuntergestürmt und tot kopfüber auf den
Talboden gestürzt, wo dann aus diesem Grund die Zelte aufgeschlagen
wurden. Er war schon abgehäutet und zerlegt, als wir anlangten, und
das dunkelrote Fleisch mit einer violetten Schattierung an den Keulen
glänzte in der Sonne. Der Magen war kolossal und voller Gras,

Flechten und Moos — kein Wunder, daß er nach solcher Schlemmerei der Ruhe bedurft hatte. Der Kopf wurde dekorativ am Fuße eines Bergvorsprunges aufgestellt und der Schütze neben dieser Trophäe photographiert. Die Ladakis erhielten Befehl, sich ordentlich an Fleisch satt zu essen, denn mit einer Extrabürde konnten wir uns nicht belasten. Alles Fett wurde jedoch mitgenommen, und ich erhielt das Mark. Als wir den Platz verließen, war von dem Yak nicht mehr viel übrig, und ich habe die Ladakis in Verdacht, daß sie sich in ihren Privatschnappsäcken doch noch einige schöne Stücke mitgenommen hatten.

In Gesellschaft eines Adlers saßen die Raben schmausend um das blutige Skelett herum. Jetzt sind ihrer bereits elf, und ihre Flügel glänzen in der Sonne wie blauer Stahl. Sie fühlen sich in der Karawane leider ganz heimisch und sind halbzahm. Die Hunde schenken ihnen keine Aufmerksamkeit und werden von den Raben mit ironischer Verachtung behandelt.

Der 17. Oktober war ein anstrengender Tag; es wehte heftig aus Westen, und die Temperatur konnte sich mittags nicht über — $5{,}1$ Grad erheben. Wir rückten nach einem Paß hinauf, schlugen aber schon vor ihm Lager. Um 9 Uhr waren es — $12{,}6$ Grad, und im Zelt konnte ich es nur auf — $4{,}2$ Grad bringen, denn das bißchen Wärme, das vom Kohlenbecken ausstrahlte, trieb der Wind gleich wieder hinaus. Das Minimumthermometer stand denn auch auf $28{,}2$ Grad Kälte, der niedrigsten Temperatur, die wir bis jetzt abgelesen hatten! Ein weißer Maulesel, der schon zehn Tage keine Last mehr getragen hatte, erfror. Jetzt hatte ich nur noch 27 Maulesel, 27 Pferde und 27 Diener in der Karawane. Seit 57 Tagen hatten wir keine Menschen gesehen; ob wir wohl alle beisammenblieben, bis wir auf die ersten Nomaden stießen?

Antilopen und Yaks grasen an den Abhängen des Passes. Die Höhe ist hier 5357 Meter, und in der Richtung unseres Marsches breitet sich ein Labyrinth von Bergen aus! Wir biegen daher nach Nordost aus und lagern in einer Talmulde.

In der Nacht auf den 19. Oktober erfroren uns wieder zwei Pferde und ein Schaf. Von letzteren haben wir jetzt nur noch 16; von Gasen aufgeschwellt, lagen die drei Toten am Abhang und starrten uns mit dunkeln, blutigen Augenhöhlen an; die Raben waren schon darüber gewesen. Das Terrain war sehr schwierig, es ging unausgesetzt bergauf und bergab. Man sah die Karawane sich nach einem Paß hinaufarbeiten, aber dahinter zeigte sich ein zweiter, noch höherer, der Schneestreifen aufwies. Die Bergkämme schienen sich in dieser Gegend im allgemeinen nach Ostnordost zu ziehen. In einer Entfernung von etwa 20

bis 40 Kilometer dehnte sich im Süden ein See aus, aber er blieb weit rechts von unserem Wege liegen.

Als wir das Lager 44 auf einer Höhe von 5346 Meter inmitten greulicher Berge erreichten, wurde Muhamed Isa krank gemeldet. Er hatte schon einige Tage entsetzliche Kopfschmerzen gehabt und erhielt daher eine ordentliche Dosis Chinin. Da er nicht wie gewöhnlich rekognoszieren konnte, bat Robert um die Erlaubnis, den hohen Paß, der uns im Osten den Weg versperrte, erklimmen und dort Ausschau halten zu dürfen. Er kam erst bei Dunkelheit wieder und erklärte, daß wir bald aus diesen unangenehmen Bergen hinauskommen würden, wenn wir uns nur nach Südosten wendeten. Daraufhin erhielt Muhamed Isa eine entsprechende Instruktion für den folgenden Tag.

Welch ein Unterschied gegen gestern Abend, als die Sterne elektrisch weiß von einem blauschwarzen Himmel herabfunkelten und die Feuer gelbrot und hell flammten! Jetzt liegen schwere Wolkenmassen über Berg und Tal, und zwar so niedrig, daß wir sie berühren zu können glauben. Es schneit außerordentlich dicht, der Boden ist weiß, und seine Unebenheiten und Moosbüschel werfen lange Schatten um die Feuer. Aus dem Inneren der jetzt ganz zusammengeschrumpften Proviantburg steigt nur ein bleiches Licht auf, das einen schwachen Schein auf das schwarze Zelt der Ladakis wirft. Tsering und seine Mannschaft sitzen, in ihre Pelze gehüllt, um das Küchenfeuer herum, und seit zwei vollen Stunden hat er ihnen, ohne eine Sekunde zu pausieren, eine Vorlesung gehalten. Seine Zunge ist wie eine Windmühle im Winde. Sie kennen einander seit Jahren. Was in aller Welt kann er ihnen zu erzählen haben, das sie nicht schon zwanzigmal gehört hätten! Aber Rabsang, Rehim Ali und noch ein paar hören andächtig zu und äußern von Zeit zu Zeit ihr Entzücken. Ich setze mich eine Weile zu ihnen. Da erheben sie sich, grüßen mich und legen einen neuen Armvoll trockner Dungfladen auf das Feuer. Die lodernden Flammen werfen ein grelles Licht auf den Schnee, der unter den Tritten der Männer knarrt. Aber weit reicht der Flammenschein nicht, und jenseits gähnt auf allen Seiten schwarze Nacht. Man sieht weder die weidenden Tiere, noch hört man sie, aber man vernimmt den zischenden Laut des Schnees, der unaufhörlich in die Glut des Feuers fällt.

Dreizehntes Kapitel.

Unglückstage.

Der 20. Oktober 1906 wurde ein böser Tag. Der Schnee lag drei Zoll hoch, alles war blendend weiß im Sonnenschein, nur nach Westen zu lagen blaue Schatten auf den Gehängen. Wir sollten über den Paß. In dem ewigen Weiß sah der Abstand kurz aus, aber die Karawane hatte noch nicht den halben Weg zurückgelegt, als er immer noch wie ein verschwindend kleiner schwarzer, unbeweglicher Punkt erschien. Die Erdmäuse waren noch wach und huschten zwischen ihren Löchern hin und her im Schnee, der immer tiefer wurde, je mehr die Steigung zunahm. Bald lag er fußhoch, und wir mußten sorgsam in der Spur der Karawane bleiben, um nicht kopfüber in verschneite Abgründe zu stürzen. Blutspuren zeigten sich; eines der Tiere hatte sich wohl in dem scharfkantigen Schutt den Fuß verletzt. Schritt für Schritt reiten wir aufwärts, hinter uns ballen sich drohende blauschwarze Schneewolken zusammen, und im Nu hüllt uns das wildeste Schneetreiben ein; der trockne, mehlfeine Schnee wirbelt wie Kometenschweife um uns her mit sausendem Ton. Er sammelt sich in dünenförmigen Wehen, die Spur der Karawane verschwindet, und wir sehen nicht mehr, wie weit es noch nach diesem mörderischen Paß ist.

Ein totes Pferd liegt am Wege, augenlos — die bösen Raben müssen die Augen immer haben, wenn sie noch warm und weich sind. Der Wind hat ihm den Schnee an Rücken und Hals hinaufgetrieben, wie um dem Toten ein feines, bequemes Lager zu bereiten. Es liegt wie auf einem Paradebett in allen Winden des Himmels, mit reinen, weißen Laken und den schwarzen Todesraben als Ehrenwache, der einzige Dank, den es für seine Dienste hat!

Auf dem Paß machen wir wie gewöhnlich der Messungen wegen halt; die Höhe beträgt 5611 Meter, es weht und schneit bei 10,1 Grad Kälte. Man ahnt jedoch die Schwelle im Südosten, die Robert gestern rekognosziert hat und die auf ebenes Gelände hinabführen soll. Aber Muhamed Isa ist seine eigenen Wege gegangen und ein Tal hinunter-

gezogen, das nach Nordosten führt, und das wurde uns verhängnisvoll. Weit voraus, wie er ist, müssen wir, wenn auch widerwillig, seiner Spur folgen, um einander nicht zu verlieren. Schon jetzt konnte man nur noch mit Schwierigkeit sehen, wo die Karawane hinmarschiert war. Verliert man einander in solchem Gelände und der Schneefall dauert fort, so ist man verloren.

Wir folgen ihm also talabwärts. Hinter uns sieht der Paß unheimlich aus, ein schneeweißer Sattel mit einem Hintergrund blauschwarzer Wolken, die erstickendem, wirbelndem Rauche gleichen. Tsering erreicht mit seinen zwei Männern und vier Pferden den Paß und ehrt ihn mit einem lauten Salam. Tückische vereiste Quellen werden überschritten, sie sind so hart wie Glas und so glatt wie Schmierseife; unsere Reitpferde stolpern und glitschen. Nur selten lugt ein kleiner Hügel schwarzen Schiefers aus dem Schnee hervor.

Da das Tal gar zu weit nach Norden führt, wittert die Karawane Unrat, schwenkt nach Osten ab und verliert sich in einem Hügellabyrinth, wo kein Grashalm wächst. Wir reiten an der Herde mit den 16 Schafen und den Ziegen vorbei; der weiße Puppy neckt sie wie gewöhnlich, bis ein tapferer Widder ihn in die Flucht jagt. Die Ziegen sind merkwürdig widerstandsfähig; es geht ihnen ausgezeichnet, und sie versorgen mich noch immer morgens und abends mit einer Tasse Milch.

Hinter einer zweiten Schwelle fanden wir die Karawane. Sie hatte sich gelagert, aber an einer außerordentlich ungünstigen Stelle; es gab hier weder Gras noch Japkak, weder Dung noch Wasser: absolut gar nichts. Die Tiere standen in einem schwarzen Knäuel, der grell gegen den weißen Schnee abstach. So mußten sie still und geduldig die ganze Nacht stehen und deutlich empfinden, wie langsam die Zeit verging, wie Hunger und Durst sich steigerten und die Kälte wieder abnahm; stehend sollten sie das Morgenrot erwarten, das vielleicht ganz ausblieb, denn noch immer bedeckten schwarze Wolkenmassen den Himmel.

Robert und ich suchten Schutz im Zelt der Ladakis, wo ein kleines Feuer brannte, das mit den Bruchstücken einer Kiste und Antilopendung gespeist wurde. Wasser konnten wir wenigstens durch Schmelzen des Schnees erhalten; mein Mittagessen bestand aus geröstetem Mehl, Brot und Kaffee, anderes ließ sich nicht bereiten. In der Dämmerung erschien Rabsang und bat mich, hinauszukommen. Auf dem Gipfel eines benachbarten Hügels standen verwundert zwei große wilde Yaks und starrten unser Lager an. Wir ließen sie jedoch in Ruhe, denn wir brauchten ihr Fleisch nicht und wollten unsere Lasten nicht vergrößern. Sie trollten sich langsam fort, als ihnen klar geworden, daß wir nicht zu ihrer Art gehörten. Die Nacht war pechschwarz, so daß ich unsere müden Tiere beim Schein einer Laterne inspizieren mußte.

In aller Frühe brachen wir aus diesem Unglückslager, wo noch ein Maulesel auf seinem Posten gefallen war, auf. Die abendlichen Spuren im Schnee zwischen den Zelten hatte frisch gefallener Schnee schon ausgefüllt, und ein neues Wegesystem war entstanden. Kaum zwei Minuten vom Lager lag ein totes Pferd, das noch gestern seine Last getragen hatte, die schwarze Leichenwache wieder daneben. Auch eine tote Wildente fanden wir im Schnee. Gibt es in der Nähe einen See? Nein, die Enten kommen weit her; diese hatte sich wohl verirrt.

Bald glüht die Sonne, bald umhüllt uns der Schneesturm mit seinem feinen Puder, bald wird man gebraten, bald durchfroren, echt tibetisches Wetter, unberechenbar und launenhaft. Wieder ein totes Pferd! Um seine Leiden zu verkürzen, hatten die Männer ihm den Hals abgeschnitten; den in der Kälte erstarrenden Blutstrom deckte schnell wirbelnder Schnee. Wir arbeiten uns nach einem neuen Paß hinauf und ziehen dann auf einem Kamm entlang, aber das Terrain ist greulich und mörderisch. Schließlich reiten wir in einem flachen Tale abwärts, das allmählich nach Norden umbiegt; im Süden steht ein gewaltiger Gebirgskamm. Muhamed Isa hatte Befehl, nach Möglichkeit eine südöstliche Richtung zu verfolgen, da er aber des Weges nicht sicher war, hatte er in der Biegung lagern lassen. Er selber war mit zwei Mann weiter gegangen, um zu rekognoszieren. Gegen vier Uhr kehrte er zurück und berichtete, wir würden nach kaum dreistündigem Weg in offenes Land kommen. Mein erster Gedanke war, sofort aufzubrechen, denn hier beim Lager 46 gab es wieder kein Gras, und die Tiere waren so hungrig, daß sie sich gegenseitig die Schwänze und Packsättel anzufressen versuchten. Ein Pferd hatte buchstäblich kein einziges Haar mehr im Schwanz gehabt, aber es war in der vorigen Nacht gestorben. Die alten Erprobten meiner Begleiter glaubten jedoch, daß es besser sei, erst in der Frühe aufzubrechen.

Ich erteilte daher Befehl, so viel Reis, wie wir für vierzig Tage brauchten, zurückzubehalten, den übrigen aber, mit Gerste und Mais vermengt, den Tieren zu geben. Während sie aus ihren Futterbeuteln fraßen, kamen jedoch die Leute wieder auf andere Gedanken, und Muhamed Isa fragte, ob wir nicht aufbrechen könnten.

„Ja gern, aber in einer Stunde ist es stockfinster."

„Ich finde den Weg, wir brauchen nur der Spur im Schnee zu folgen."

So begann denn das Aufbruchsgewimmel und das knarrende Stapfen im Schnee, aber die gewöhnlichen Lieder waren erfroren. Es waren 15 Grad Kälte und wehte heftig aus Westen. Alles wurde mitgenommen außer meinen und Roberts Sachen und der Küche. Ein Maulesel, der sich sträubte mitzugehen, durfte bei uns bleiben. Keine Feuer leuchteten dem

80. Rettungslos verloren.

81 und 82. Puntsuk und Tsering Dava, die ersten Tibeter.

dunkeln Zug, an dessen Spitze die Pferde marschierten und den die Schafe beschlossen. Er entfernte sich langsam, und die Mahnrufe der Männer tönten immer schwächer zu uns herüber, bis die Karawane dann in dem bleichen Mondlicht verschwand. Steifgefroren ging ich wieder ins Zelt. Nach einer Viertelstunde kam ein Mann und brachte noch einen Maulesel zurück, der nicht weiter gekonnt hatte. Wir hatten also zwei Todeskandidaten bei uns.

Und nun kam die Nacht. Die Luft war klar und still, die Sterne funkelten wie Diamanten im Schein elektrischen Lichtes, und die Kältewellen legten sich schneidend um unser Zelt. Draußen hatten sich Tsering, Rabsang, Rehim Ali und Bolu unter ihrer ganzen Habe in einen Klumpen zusammengeballt. Solange ich wach war, hörte ich den unverwüstlichen Tsering aus der Tiefe ihrer Pelzhöhle Räubergeschichten erzählen, und die anderen ließen dann und wann ein unterirdisches Kichern hören. Merkwürdige Kerle, diese Ladakis! Keine Kälte scheint ihnen etwas anhaben zu können, während ich in meinem Zelt nur minutenlang schlafen kann.

Unheimliche, grimmige Nacht in Tibets einsamen Gebirgen! Die Kälte sank auf —27,4 Grad, und das war den beiden Mauleseln, die man uns zurückgelassen hatte, zuviel. Der eine verendete schon um Mitternacht; es war das Tier, das Sonam Tsering schon am ersten Tag als unbrauchbar nach Leh hatte zurückschicken wollen. Wir versuchten damals, den Maulesel gegen ein Pferd zu vertauschen, aber da ihn niemand haben wollte, durfte er schließlich mitkommen. Er war daher gewöhnt, mit den Pferden zu marschieren und blieb später immer mit ihnen zusammen. Zur allgemeinen Verwunderung erholte er sich aber und ging stets an der Spitze, ein gutes Beispiel für die Pferde. Jetzt lag er kalt und hart wie Holz da, mit von sich gestreckten Beinen; hätte man ihn aufgerichtet, er wäre so stehen geblieben (Abb. 80). Sonam Tsering weinte, als er erfuhr, daß das Tier uns verlassen habe.

Den anderen Maulesel hatte man noch in der Nacht umhergehen und am Yakgrase knabbern hören, das jedoch für andere Tiere als die Yaks zu kurz ist; die Yakzunge ist mit hörnernen Widerhaken versehen, mit denen sie das feine, samtartige Gras abraufen. Frühmorgens hörte ich den Esel schreien, und war froh, daß wenigstens einer noch lebte. Als aber die Sonne aufging, war auch seine Kraft zu Ende, und als Tsering mich weckte, sagte er, das Tier sei dem Tode nahe. Es sah freilich gesund und wohlgenährt aus, aber als wir vergeblich versucht hatten, es aufzurichten und ihm Mais zu geben, wurde es den Göttern dieses Todestales geopfert. Es rührte kein Glied, zuckte nicht einmal mit den Wimpern,

als der rote Blutstrahl über den Schnee spritzte; es schien nur ein wohliges Gefühl unendlicher Ruhe und Ergebung zu empfinden, während sein Blick klar auf die Sonne gerichtet war.

Als wir gerade aus diesem scheußlichen Lager aufbrechen wollten, kam eine neue Hiobspost. Tundup Sonam erschien, um uns den Weg zu zeigen, und berichtete, daß die Pferdekarawane sich zu weit nach links verirrt habe, während die Maulesel unter Muhamed Isa nach der entgegengesetzten Richtung geraten seien; Muhamed Isa sei aber, sobald er seinen Irrtum bemerkt habe, in das erste beste Tal hinabgestiegen, um dort die Morgendämmerung zu erwarten. Von der Schafherde wußte Tundup Sonam nur, daß sie anfangs der Pferdespur gefolgt sei, nachher aber sich verlaufen habe. Überall herrschte größter Wirrwarr, aber mit dem Schlimmsten rückte Sonam Tsering erst zuletzt heraus: über Nacht waren noch vier Maulesel verendet!

Meine Lage war verzweifelt. Lange konnte es so nicht weitergehen; wir näherten uns einer Krisis. Terrain, Wetter und Kälte waren unsere Gegner, die Tiere starben massenweise, und bis zu den nächsten Nomaden konnte es noch trostlos weit sein. Was lag mir jetzt daran, ob die Tibeter feindlich oder freundlich sein würden; jetzt hieß es nur: werden wir überhaupt imstande sein, uns nach bewohnten Gegenden hinzuschleppen? Denn wenn es mit diesen Verlusten noch einige Tage weiterging, waren wir bald gezwungen, das ganze Gepäck im Stich zu lassen und zu Fuß weiterzuziehen. Konnten wir selbst aber soviel Proviant tragen, wie wir in diesen unbewohnten Gegenden gebrauchten? Sollten wir der Reihe nach in dieser eisigen Bergwüste des tibetischen Hochlandes zusammenbrechen? Und wenn wir schließlich in elendem, halbtotem Zustand mit Tibetern zusammentrafen, konnten sie mit uns machen was sie wollten. Jedenfalls würden wir uns freien Durchzug nach Schigatse und dem unbekannten Land im Norden des Tsangpo, dem Ziel aller meiner sehnsüchtigen Träume, nicht erzwingen können!

Eine Reise in der Diagonale durch ganz Tibet sieht auf der Karte elegant und bequem aus. In Wirklichkeit aber ist sie ernst und schwierig, sie kostet Leiden, Aufregung und Tränen. Die sich schlängelnde Linie ist auf der Karte rot angegeben, weil sie in Wirklichkeit mit Blut gezeichnet ist! —

Von Tundup Sonam geleitet, brachen wir auf, und es stellte sich bald heraus, daß wir ohne ihn nie den Weg gefunden hätten. Aufwärts und abwärts, über Hügel und durch Täler ging es in diesem tückischen Labyrinth, wo die hohe Schneedecke alles nivellierte und in der Schätzung der steilen Abhänge völlig irreführte. Die Spur der Pferde

hatten wir links liegen lassen; dort stand eine zurückgelassene Maislast, aber Tundup Sonam versicherte, sie solle noch geholt werden! Rechts zeigte sich das hohe Terrain, auf dem sich die Maulesel in der Nacht verirrt und unnötigerweise ruiniert hatten. Auch jetzt noch fuhr eisiger Südwestwind über die nachtkalten Schneefelder. Von Zeit zu Zeit richtete Tundup Sonam eine Schieferplatte auf, die Tsering, der ohne Wegweiser als letzter kam, als Wegzeichen dienen sollte.

Jetzt kreuzten wir die Spur der Maulesel und sahen das Tal, wo sie die Nacht zugebracht hatten. „Da am Abhang liegt ein Maulesel," sagte Tundup Sonam, „und hinter dem Hügel zwei, noch weiter weg dann der vierte." Von unserem Weg aus konnten wir sie nicht sehen, aber die Raben, die, schläfrig und satt, hier Rast hielten, bestätigten seine Angaben.

Endlich erreichten wir den Paß, von dem aus wir die Ebene und einen kleinen See im Südosten erblickten. Die Höhe betrug 5501 Meter! Um ein Uhr hatten wir 10 Grad Kälte; es wehte heftig und schneite so dicht, daß die Aussicht wieder verschwand. Wir blieben keine Minute länger oben, als zu den Messungen erforderlich war, und ritten nun steil abwärts. Bei dem ersten Grase rasteten wir, die Pferde waren wie toll, als sie es sahen; ihr Magen war ja auch ganz leer.

Auf einer Anhöhe sahen wir jetzt fünf Männer. Es waren Muhamed Isa und vier Begleiter, die sich aufgemacht hatten, um die Vermißten: 14 Pferde, 8 Mann, 16 Schafe und 2 Hunde, zu suchen! Wir konnten ihnen mitteilen, daß die Spur nordöstlicher führe, und nachdem sie uns über den Lagerplatz der Maulesel Bescheid gesagt hatten, verschwanden sie wieder im Schneetreiben. Nachdem wir lange vergeblich nach Spuren gesucht und nach dem Rauch des Lagerfeuers ausgespäht hatten, machten wir auf dem ebenen Plateau halt, da die Weide dort gut war, und sammelten Dung zu einem Feuer — es war hohe Zeit, denn Robert und ich waren vor Kälte halbtot.

Unsere Lage war gar zu traurig. Wir wußten nicht, wo die Maulesel lagerten, und hatten keine Ahnung, wo die Pferde geblieben waren. Die Schafe waren in dieser an Wölfen so reichen Gegend wahrscheinlich verloren. Tsering war hinter uns zurückgeblieben und konnte meine Spur in dem Schneetreiben leicht verlieren. Wir selber konnten nichts weiter tun, als unsere Glieder auftauen. Nachdem wir eine Stunde dagesessen und uns am Feuer einigermaßen erholt hatten, kam der „Lama" über die Ebene und führte uns zu Sonam Tsering, der sich mit den Mauleseln hinter einigen Hügeln gelagert hatte. Der gute Mann weinte verzweifelt über unsere Verluste: Muhamed Isa sei diesmal ein schlechter

Lotse gewesen! Neun Maulesel waren verendet innerhalb weniger Stunden in diesen schrecklichen Bergen, die wahrscheinlich die westliche Fortsetzung des Systems bilden, das die weiter östlich wohnenden Mongolen Buka-magna, den „Kopf des wilden Yaks", nennen. Zwanzig Maulesel waren noch da, aber zwei von ihnen waren schon zum Tode verurteilt. Von den 23 vorhandenen Pferden war eines mit Packsattel in einem Hohlweg zurückgelassen worden und jetzt wahrscheinlich schon tot. Als es schon spät am Abend war, hatte erst eine der vermißten Abteilungen, nämlich Tsering, etwas von sich hören lassen.

Daher war es selbstverständlich, daß wir im Lager Nr. 47 einen Ruhetag haben mußten. Als der Tag anbrach, weckten mich blökende Schafe! Ihr Hirte war zwar anfangs der Spur der Pferde gefolgt, hatte sie aber bald verlassen, als er merkte, daß die Maulesel fehlten, und angefangen, auf eigenes Risiko nach der Spur der letzteren zu suchen. In der Dunkelheit hatte er sich total verirrt, und in einem Paß hatte eines der Schafe sich geweigert, weiterzugehen. Er hatte es nun eine Strecke weit getragen, aber da er bald gefunden, daß es steif und kalt wurde, hatte er es als tot fortgeworfen. Bange vor dem nächtlichen Dunkel und den Wölfen hatte er sich in eine Schlucht geflüchtet, die Schafe und die Ziegen im Kreis aneinandergebunden und sich in die Mitte gesetzt, um warm zu bleiben und nach Wölfen Ausschau zu halten. Diese hatten es jedoch nicht gewagt, ihn anzugreifen. In der Morgendämmerung hatte er eine der vielen Spuren, die nach dem Lager Nr. 47 führten, gefunden.

Am Vormittag tauchten dann noch zwei der vermißten Männer, Kisten tragend, im Lager auf. Ein Pferd war also zurückgelassen worden. Islam Ahun, der die Pferdekarawane geführt hatte, war jedoch so klug gewesen, auf dem kürzesten Weg nach dem kleinen See hinunterzuziehen, und hatte dort bei guter Weide gelagert. Muhamed Isa und seine Begleiter hatten sich in der Nacht verirrt, an einem Feuer geschlafen und nichts weiter zu essen und zu trinken gehabt als Schnee. Aber auch sie fanden sich wieder zu uns hin, und so waren denn die Trümmer der Karawane wieder an einer Stelle vereinigt.

Hier wurde nun alles ausgesondert, was sich entbehren ließ: Säcke, Beutel, Stricke, Hufeisen, Werkzeuge und Küchengeschirr; Kisten wurden verbrannt, nachdem wir ihren Inhalt in andere verstaut hatten, niemand durfte die Karawane mit unnötigen Dingen beschweren. Das Kassierte bildete einen großen Haufen, und wir befreiten uns dadurch von zwei Pferdelasten. Dann machten wir einen Überschlag und fanden, daß wir mit dem Boot noch 32 Lasten hatten. Wir besaßen 20 Maulesel,

von denen es mit zweien zu Ende ging, und 21 Pferde mit ebenfalls zwei Todeskandidaten, also 37 gebrauchsfähige Tiere; nur Robert und ich durften noch reiten; wir hatten also noch drei ledige Pferde, aber die Lasten wurden am Abend so verteilt, daß alle Tiere, außer den vier kümmerlichen, etwas zu tragen bekamen. Vier Tiere sollten mit Mais und Gerste beladen werden, der Reis machte noch sieben Lasten aus, das Mehl fünf, das Brot eine, aber die Butter, die die Ladakis zu ihrem Tee gebrauchten, nur noch eine halbe. Wir glaubten, daß wir mit dem Mehl noch einen Monat auskommen würden; vom Reisvorrat sollten fünf Lasten den Tieren geopfert werden, und ich ermahnte alle Leute, die Veteranen mit der größten Sorgfalt zu pflegen. Tundup Sonam schoß drei Antilopen, als der Fleischvorrat gerade zu Ende ging. Einige Ladakis mußten sie zerlegen, und abends, als sie mit der Beute heimkehrten, hörte man ihren Wechselgesang — dasselbe Lied, das sie singen, wenn sie daheim in Ladak ein „Dandy", eine gewöhnliche Last, tragen. Eine der Antilopen war jedoch, ehe sie hatte geholt werden können, ganz und gar von Wölfen aufgefressen worden.

Im nächsten Lager beschlossen wir, ein paar Tage zu ruhen, und Tundup Sonam übernahm es, uns zu einem im Osten liegenden kleinen See zu führen, an dem außergewöhnlich gutes Gras wuchs.

In der Nacht zum 24. Oktober starben noch ein Pferd und zwei Maulesel; wir hatten also jetzt nur noch 38 Tiere. „Die kräftigsten sind noch am Leben", sagte Muhamed Isa wie gewöhnlich!

Im Norden zog sich das hohe Gebirgssystem hin, das uns so viele Leiden verursacht hatte; man sah seine Kämme sich nach Osten weiterziehen. Über ebenen Boden hinweg erreichten wir nach kurzem Marsch den kleinen runden See, der fest zugefroren und von gelbglänzenden Weideplätzen umgeben war. Wasser lieferte uns eine Quelle, die ein kleines zugefrorenes Bassin bildete; aus einem in das Eis gehauenen Loch konnten die Tiere saufen, soviel sie wollten; seit drei Tagen hatten sie kein Wasser erhalten. Der sandige Boden war jetzt so hart gefroren, daß die eisernen Zeltpflöcke sich krümmten, als sie in die Erde geschlagen wurden! Der Himmel war bewölkt und es wehte heftig, aber nach Ostsüdost hin sah das Terrain vorteilhaft aus. Die vier Zelte standen in einer Reihe, meins aber auf der Windseite, so daß ich nicht unter dem Rauch der anderen Feuer zu leiden hatte.

Um zehn Uhr abends flog in herrlichem, silberweißem Mondschein eine Schar Wildgänse über unser Lager. Sie strichen ganz tief und schnatterten die ganze Zeit über. Wahrscheinlich hatten sie an der Quelle Rast halten wollen, zogen nun aber, als sie den Platz besetzt sahen,

weiter. „Die Erde ist hell beleuchtet, wir werden in kurzer Zeit daher die nächste Quelle erreichen." Man konnte sich denken, daß dies der Inhalt der Unterhaltung war, die die Leitgans mit den anderen führte. Gewiß hatte sie schon bei Sonnenuntergang ihre Befehle ausgeteilt und gesagt: „Heute Nacht bleiben wir an der Quelle am Ufer des kleinen Sees, wo wir im letzten Frühling gerastet haben." Alle waren einverstanden gewesen, und die im Keil fliegende Schar hatte sich allmählich immer tiefer auf die Erde herabgesenkt. Als sie aber über die Hügel, welche die Stelle noch verdeckten, hinübergekommen waren und den zugefrorenen See im Mondschein wie einen Spiegel hatten blinken sehen, hatte die Leitgans gerufen: „Menschen! So nahe bei Zelten und Feuern können wir nicht bleiben! Heben wir uns wieder und fliegen weiter!" und alle aus der Schar hatten geantwortet: „Wir können an der nächsten Quelle rasten, in dem Tal hinter den Hügeln im Süden." Das war die Unterhaltung, die ich über meinem Zelte hörte, als im Lager schon alles still war. Vielleicht drehte sich das lebhafte Geschnatter auch um etwas anderes, aber ich glaube doch, daß ich die Wildgänse richtig verstanden habe. Denn daß sie auf ihren langen Reisen Beratungen halten und ihre Pläne diskutieren, ist ganz sicher. Und warum sollten nicht auch sie mit Intelligenz ausgerüstet sein? Warum sollten sie nur wie seelenlose Flugmaschinen aufs Geratewohl drauflosfliegen? Sie sind in ebenso hohem Grade wie wir von der Erde und den Winden abhängig. Legen sie an einem klaren, windstillen Tag 200 Kilometer zurück, so müssen sie zu derselben Entfernung längere Zeit gebrauchen, wenn Sturm und Gegenwind herrschen. Daher können sie nicht jedes Jahr die Nächte an denselben Quellen auf ihrem Strich zubringen, sondern müssen ihre Entschlüsse von den Umständen abhängen lassen. Aber auf der Linie, welche diese selben Wildgänse alljährlich zweimal zurücklegen, kennen sie jede einzelne Quelle, und wenn sie müde sind, lassen sie sich an der nieder, die sie gerade vor sich sehen. Auf meinen Reisen in verschiedenen Teilen Tibets bin ich zu der Überzeugung gelangt, daß dieselben Gesellschaften oder Nationen der Wildgänse, die seit Generationen an denselben Wasserläufen Turkestans gebrütet haben, auch stets denselben Flugbahnen durch Tibet folgen. Die Gänse, die wir jetzt sahen, kamen, sagen wir, von einem der Uferseen des Tarim unterhalb Schah-jar und beabsichtigten, den Winter vielleicht in der Gegend von Katmandu, der Hauptstadt von Nepal, zuzubringen. Im Frühling kehren sie wieder nach den Tarimseen zurück und folgen dann genau derselben Bahn wie jetzt im Herbst, und so Jahr für Jahr. Die Jungen, die am Tarim geboren sind, machen im Herbst die Reise über das Gebirge zum erstenmal; im

darauffolgenden Herbst erinnern sie sich des Weges, und später kommt
die Zeit, da sie selber ihre Jungen über die Lage der Quellen unter=
richten. Die Kenntnis des Weges verliert sich daher nie bei dem Ge=
schlecht, und die Leitgänse würden nie auf den seltsamen Gedanken ver=
fallen, es einmal auf einer anderen Bahn zu versuchen. Wir hatten be=
reits bei mehreren Gelegenheiten Wildgänse südwärts fliegen sehen, aber
sie waren sicher anderen Straßen gefolgt, kamen von anderen Brut=
plätzen und hatten andere Ziele. Sie gehörten anderen Nationen an.
Wenn es überhaupt möglich wäre, in eine Karte von Tibet alle die
Striche der verschiedenen Gänsenationen einzuzeichnen, so würde sie ein
ganzes System mehr oder weniger meridionaler Linien aufweisen. Viel=
leicht verschmelzen manche dieser Linien teilweise miteinander, wie man
es an der feinen Kräuselung auf der Oberfläche einer Sanddüne sieht.
Vielleicht geht hin und wieder eine Linie stark im Zickzack. Man kann
dann annehmen, daß sie so in grauester Vorzeit gezogen worden ist, als
die Stammväter jener Nation sich den Weg von einer Quelle zur anderen
erst gesucht haben. Jede Nation zerfällt in eine Menge Genossenschaften
und jede Genossenschaft in Familien. Wahrscheinlich sind alle Gänse
einer Genossenschaft nahe miteinander verwandt. Jede Genossenschaft bleibt
auf der Reise zusammen; aber wie wählt sie ihren Führer? Vermutlich
fliegt die älteste Gans der Schar an der Spitze, denn sie muß ja die
reichste Erfahrung haben, und wenn sie stirbt, wird die zweitälteste selbst=
verständlich ihre Nachfolgerin. Ich liebe die Wildgänse und bewun=
dere ihre Klugheit und ihren ungeheuer feinen Ortssinn.

Im Lager Nr. 48 lagen wir drei ganze Tage still, und der Süd=
westwind heulte unablässig: „Geduld, Geduld!" Mir vergingen die Tage
recht langsam, aber den Tieren war die Ruhe nötig. Am ersten Morgen
lag das Pferd Nr. 39 tot auf der Weide und wurde mit derselben
Nummer in die Totenliste eingetragen!

Die Wölfe waren zudringlich und heulten unmittelbar außerhalb des
Lagers, aber sie wurden höflicher, nachdem Tundup einen Isegrimm ge=
schossen hatte, der aufs Eis lief und sich dann mitten auf dem See zum
Sterben hinlegte. Der Schurke erhielt bald Gesellschaft an einem Raben,
der schon darauf verfallen war, die lebenden Pferde an den Mähnen
zu zupfen und sie im Grasen zu stören. Schon abends um 9 Uhr hatten
wir —21,1 Grad und nachts —28,1 Grad!

Am Morgen meldete Muhamed Isa, daß unsere Dungsammler etwas
entdeckt hätten, das sie als die Ruinen einiger Steinhäuser bezeichneten.
Ich begab mich mit Robert sogleich dorthin. Es stellte sich heraus, daß
es wirklich drei viereckige, aus Schieferplatten aufgeführte Steinmauern

waren, vielleicht uralt. Denn sie guckten kaum noch über den Erdboden, und beim Nachgraben fanden wir, daß sie einen guten Meter tief begannen. Wahrscheinlich hatten sie nur Grundmauer und Windschirm für dauernd aufgeschlagene Zelte gebildet, denn solche Mauern sollten wir später bei mehreren Gelegenheiten sehen. Von einer Feuerstelle keine Spur. Die Ladakis, die viel in Westtibet umhergereist waren, glaubten, der Platz sei früher einmal der ständige Aufenthalt einiger Tschangpas gewesen, die sich ihren Steuerpflichten gegen den Devaschung, die Regierung in Lhasa, hätten entziehen wollen.

Jedenfalls hatte dieser Fund eine sehr aufmunternde Wirkung auf uns! Seit 65 Tagen hatten wir keine Menschen gesehen, und jetzt fanden wir das erste Zeichen, das auf ihre Nähe deutete. Wir fühlten uns neubelebt, und der Märchenerzähler in Muhamed Isas Zelt war am Abend unermüdlicher als je zuvor. Er sang ein Lied, in dessen Refrain alle einstimmten. Jetzt galt es, das vor uns liegende Land mit gespannter Aufmerksamkeit zu beobachten, denn dieser ersten Menschenspur mußten sicherlich andere folgen.

Bei heftigstem Südweststurm zog die Karawane am 28. Oktober nach Ostsüdost weiter. Ein Maulesel war über Nacht gestorben; wir besaßen also noch 36 Lasttiere, aber seit der letzten Musterung war der Proviant um beinahe drei Lasten zusammengeschrumpft. Auch in diesem Lager wurden wieder überflüssige Sachen zurückgelassen. Ich selber warf den Roman „Sonja" von Blicher-Clausen fort. Robert und ich saßen am Morgenfeuer, während die Männer unsere Pferde sattelten, und ich amüsierte mich damit, ein Blatt nach dem anderen aus dem Buche zu reißen und so den ganzen Schmöker in die Luft zu werfen, wo der Wind die fliegenden Blätter mit verzweifelter Schnelligkeit nach Nordosten jagte. Die zehn Raben zerbrachen sich den Kopf darüber, was dies wohl für eine neue Art fliegendes Vieh sei, zogen sich aber nur wenig davor zurück, auch die Hunde gaben den Versuch, die Blätter zu verfolgen, bald wieder auf. Nur eines der Packpferde Tserings war so verdutzt, daß es scheu wurde, durchging und die Hügel hinaufjagte, wo es erst nach einer guten halben Stunde wieder eingefangen wurde. Unterdessen fuhr „Sonja" fort, über Berg und Tal zu flattern, und das gönnte ich ihr, denn ich hatte mich am letzten Abend darüber geärgert, daß sie ihren gutmütigen Gatten verließ. Wann und wo mochten diese gejagten Blätter wohl Ruhe finden, nachdem sie über endlose Strecken unbekannten Landes hingeflogen? Sicherlich hat selten ein Buch „eine so weite Verbreitung gefunden!"

Zwischen niedrigen Bergen folgten wir in einem offenen flachen Tal der Spur der Karawane. Nachdem wir einige Stunden geritten, waren

83. Muhamed Isa vor seinem Zelt.

84. Die von den ersten Tibetern gekauften Yaks.

85. Kurz und dreist fragte ein grober Kerl: „Was seid ihr für Leute?"

wir so durchkältet, daß wir in einem Hohlweg haltmachen und Feuer
anzünden mußten. Mein kleines, weißes Ladakipferd war in vorzüglichem
Zustand; es nahm die Kälte, wie die anderen Widerwärtigkeiten mit er=
habener Ruhe hin. Der große Apfelschimmel, den ich seit Leh ritt, war
gewöhnlich dienstfrei, weil er Anzeichen von Erschöpfung zeigte. Beim
heutigen Lager gab es kein Wasser, nur Schnee in einer Schlucht. Trotzdem
waren wir in heiterster Stimmung, denn die Leute hatten an zwei Plätzen
Feuerstellen gesehen aus drei quergestellten Steinen, die zum Tragen eines
Kessels bestimmt waren. Es mußte aber schon lange her sein, seit
sie benutzt worden waren, denn man hatte weder Asche noch Ruß
zwischen ihnen entdeckt. Auch eine eiserne Kelle wurde gefunden, von
der Art, wie die Tibeter sie benutzen, aus Blei Kugeln zu gießen. Also
hatten sich entweder Räuber oder Jäger hier früher einmal aufgehalten!

Vierzehntes Kapitel.

Fieberkrank im Land der wilden Yaks.

Nach einer Nacht mit 27,2 Grad Kälte brachen wir am 29. Oktober in aller Frühe auf, um so bald wie möglich Wasser für unsere durstigen Tiere zu finden. Ein kleiner See und zwei Quellen, an denen wir vorüberkamen, waren steinhart gefroren; an der einen lag der Schädel eines Yaks, dessen Hals sichtlich mit einem Messer durchschnitten worden war; auch wieder ein paar Feuerstellen sahen wir unterwegs und beim Lager Nr. 50 einen Pfad, den jedoch auch wilde Yaks ausgetreten haben konnten. Wir näherten uns also offenbar anderen Menschen und schauten daher unwillkürlich nach schwarzen Zelten aus.

Am nächsten Tag hatte sich der Sturm verstärkt, und ich mußte meine ganze Willenskraft aufbieten, um die Hände zum Kartenzeichnen gebrauchen zu können. Ich war wie gelähmt und hörte auf klar zu denken. Wir glichen den Erdmäusen, die von einem Loch zum anderen eilen, um Schutz vor Wind und Kälte zu finden.

An einer Quelle angekommen, ließ ich mich matt vom Pferd hinabgleiten und glaubte erfrieren zu müssen, ehe das Feuer angezündet war. Auch Muhamed Isa und vier andere waren krank und konnten nicht beim Aufschlagen der Zelte helfen. Als mein Zelt endlich fertig war, kroch ich hinein und ging mit Kleidern, Stiefeln und allem, was ich um- und anhatte, zu Bett. Während Robert und Tsering mich warm zudeckten, überfiel mich ein arger Schüttelfrost, ich klapperte mit den Zähnen und bekam entsetzliche Kopfschmerzen. Robert, der in Dr. Arthur Neves Schule viel von Krankenpflege gelernt hatte, erwies sich nun als ein trefflicher Arzt und nahm sich meiner in jeder Weise an. Kaum unter Dach, vertiefte er sich schon in das Studium der medizinischen Anweisungen von Burroughs Wellcome. Die „Tabloid Brand Medicine Chest" stand, wie schon so oft, geöffnet in meinem Zelt. Stanley, Emin Pascha, Jackson, Scott und viele andere Reisende haben diese ideale Reiseapotheke ebenso hoch geschätzt wie ich; mein Exemplar, wie schon erwähnt, ein

Geschenk der englischen Firma, war mit besonderer Berücksichtigung des tibetischen Klimas zusammengestellt worden.

Abends zehn Uhr entkleideten mich Robert und Tsering. Die Nacht brachte wieder 26,6 Grad Kälte, der Sturm heulte unheimlich. Alle zwei Stunden maß Robert meine Temperatur, die jetzt schon 41,5 Grad zeigte, also hohes Fieber. Er grübelte, wie er mir später erzählte, darüber nach, was er anfangen solle, wenn ich für immer im Lager Nr. 51 bliebe! Schlaf fand ich nicht, aber Robert und Tsering wachten abwechselnd an meinem Bett; die ganze Nacht hindurch wurden glühende Kohlen gebracht, und im Schutz einer Kiste, wo sie vor Zugluft und Wind geschützt war, stand eine brennende Kerze. Ich phantasierte unaufhörlich, und die Männer waren voller Besorgnis, da sie mich noch niemals krank gesehen hatten.

Am nächsten Tag war das Fieber ein wenig heruntergegangen, als Muhamed Isa sich leise ins Zelt schlich, um sich zu erkundigen, wie es dem Sahib gehe. Er erzählte, daß ein verwundeter Yak, den Tundup Sonam aufgespürt hatte, verendet sei und daß sie beim Zerteilen zwei tibetische Kugeln, die der Yak überlebt habe, gefunden hätten. Auch hätten sie wieder an drei Stellen Feuerstätten gesehen, die höchstens zwei Monate alt sein könnten, da die Asche noch zwischen den Steinen gelegen habe. Also seien hier im Herbste Jäger gewesen, und er sei fest überzeugt, daß wir bald auf die ersten Nomaden stoßen würden.

Ringsum war es grabesstill, nur der Sturm heulte und klagte. Keiner im Lager wollte mich stören, bis ich am Abend Befehl gab, die Leute sollten ihre gewöhnlichen Abendlieder am Feuer singen. Ohne Hilfe konnte ich keinen Arm heben, ich lag eine Stunde nach der anderen, die seltsame Beleuchtung im Zelt anstarrend. Von innen wurde es durch das Stearinlicht matt erhellt, von außen durch den gelbroten Schein des Lagerfeuers und das bläuliche Mondlicht. Melancholisch und sehnsuchtsvoll klang der Gesang, und das Heulen des Sturmes bildete die Begleitung.

Auch am 2. November tobte der Sturm weiter, jetzt schon den sechsten Tag! Ich hatte einige Stunden geschlafen, obwohl die Kälte auf 29 Grad gestiegen war. Es ging mir ein wenig besser, aber ich war noch völlig kraftlos. Robert las mir aus einem der Romane, die wir aus Deasys Depot gestohlen hatten, vor; er war sehr betrübt, denn sein Reitpferd war über Nacht gestorben. Und Tsering und Rehim Ali massierten mich asiatisch, damit sich die Kräfte heben sollten. So kam der vierte Abend. Vierundachtzig Stunden war ich schon ans Bett gefesselt; die tibetische Erde schien mich festhalten zu wollen; es sah aus, als

sollte es mir nur beschieden sein, aus der Ferne vom „Verbotenen Land" im Süden träumen zu dürfen!

Am 3. November sagte wohl der Gott der Winde zum Weststurm: „Sechs Tage sollst du arbeiten — am siebenten aber sollst du zum Orkan werden!" Staub und Sand regneten durch die dünne Leinwand und bedeckten alles im Zelt. Die Leute, die mit den Tieren an der Quelle gewesen waren, hatten Ringe von Staub um die Augen, und ihre Gesichtsfarbe war aschgrau. Mir selber war zumute wie einem unserer armen, abgetriebenen Gäule, die nicht wissen, ob sie noch das nächste Lager erreichen. Da beschloß ich, mit einigen Leuten und etwas Proviant hier zu bleiben und Robert und Muhamed Isa unbekannte Menschen aufsuchen und mich dann von diesen abholen zu lassen. Doch nein, ich wollte versuchen, mich im Sattel zu halten, denn in diesem elenden Fieberlager wollte ich nicht bleiben. Übereinander legte ich eine ganze Wintergarderobe an: mehrere Beinkleider, mein Lederwams, den Ulster, den Pelz, die Mütze und den Baschlik; es war ein tüchtiges Gewicht, als ich mit schwachen, unsicheren Beinen zu meinem Pferd ging und mich in den Sattel heben ließ. . . .

Wir folgten dem Ufer des kleinen Sees in der Nähe unseres Lagers. Aber schnell fühlte ich, nachdem ich wiederholt beinahe gestürzt wäre, daß mir die Anstrengung doch zu groß sei; wir hielten Rast und zündeten Feuer an. Nachdem ich kurz geruht hatte, ritten wir weiter und freuten uns, als wir endlich hinter einem Hügel die Rauchwolken unserer Karawane aufsteigen sahen, die sich an einer offenen Quelle gelagert und auch dort Feuerstätten vom letzten Sommer gefunden hatte, um die herum Schädel und Hörner von zahmen Schafen lagen. Yakdung war in großer Fülle vorhanden; die Quelle war also einer der Trinkplätze der wilden Yaks. Auch ein Drittel meiner Mannschaft war krank, die meisten hatten Kopfschmerzen und alle fühlten sich angegriffen. Nur Robert war gesund und pflegte uns.

Am 5. November wurden die menschlichen Spuren häufiger. An einer Feuerstelle lag ein Yakgerippe, und die zwischen den Steinen aufgehäufte Asche konnte erst gestern erkaltet sein. Wir stiegen aufwärts über beschwerliche Hügel, von deren Höhe es steil in eine Talrinne hinabging, die dann wieder in ein großes, von feuerroten Anhöhen umgebenes Tal einmündete. In der Nachbarschaft fielen uns eine Menge Gruben auf, die alle einen Sandhaufen neben sich hatten! Der Sand enthielt nämlich Gold, es waren also keine gewöhnlichen Nomaden, sondern Goldsucher wohl allsommerlich hierhergekommen, um nach Gold zu graben.

Im unteren Teil eines Tales sprudelten warme Quellen, deren Temperatur $+14$ Grad betrug, so daß das Wasser sich ordentlich heiß

anfühlte. Einige Meter weiter abwärts bildete es aber schon große Eisfladen.

Im nächsten Tal, einem Hohlweg zwischen schroffen, terrassenförmigen Gehängen, lag ein kolossaler wilder Yak erschossen am Boden, und um ihn herum standen zwölf unserer Leute. Tundup Sonam hatte hier eine ganze Herde, die zum Trinken ins Tal hinabgestiegen war, überrascht. Die anderen Tiere waren in wilder Flucht talaufwärts gestürmt, dieser aber, den eine Kugel getroffen, war auf den Schützen losgerannt, und es war Tundup nur noch im letzten Augenblick gelungen, den Rand einer Terrasse zu erklettern. An deren Fuß blieb der Yak unschlüssig stehen und erhielt einen zweiten Schuß ins Herz.

Ehe er abgezogen wurde, photographierte ich ihn von mehreren Seiten (Abb. 76 und 77). Es war nicht so leicht, ihn dazu aufzurichten, alle Zwölf mußten aus Leibeskräften helfen! Das rabenschwarze Tier stach grell gegen die rote Erde ab; seine langen Seitenfransen dienen ihm im Liegen als Matratze.

Der 7. November führte uns am See entlang; rechts hatten wir steile Berge mit unangenehmen Kegeln von scharfkantigem Schutt. Zwei Rudel von neun und fünf der herrlichen Ammonschafe jagten in stolzen, kühnen Sprüngen über die glatten, jähen Felsen. Hasen zeigten sich massenweise, und an mehreren Stellen Murmeltierhöhlen, deren Bewohner noch im Winterschlaf lagen. Zwei tibetische Steinmale zeigten, daß wir uns auf dem rechten Weg befanden, d. h. auf dem, den die Goldgräber benutzen.

Jetzt ließen wir diesen Gebirgsteil rechts liegen und zogen auf die südliche, ausgedehnte und offene Uferebene des Sees hinaus. Dort weidete eine Herde von wohl fünfzig Yaks. Zwanzig Antilopen, die die Karawane wahrscheinlich erschreckt hatte, eilten mit elastischen Sprüngen davon, wie die Schatten der Wolken über den Erdboden hingleiten. Bald traten die Zelte und alle Einzelheiten des Lagers Nr. 56 deutlich hervor, und wir waren nur noch einige Minuten davon entfernt, als selbst diese geringe Entfernung für einen von uns leicht hätte zu weit sein können, wenn das Schicksal es so gewollt hätte!

Denn unmittelbar neben den Zelten zeigte sich, ganz in der Nähe unserer Tiere weidend, ein großer schwarzer Yak. Rehim Ali, der zu Fuß voranging, machte uns auf ihn aufmerksam, aber wir nahmen weiter keine Notiz von ihm. Ich machte meine letzte Peilung auf die Zelte und zeichnete gerade das Terrain auf dem Kartenblatt ein, als ein Schuß aus Muhamed Isas Zelt krachte und der Yak, augenscheinlich getroffen, wie toll nach Norden stürmte. Wir folgten ihm mit den Blicken und erwarteten, daß er

zusammenbrechen werde. Aber nein, er machte kehrt und kam in tollem Lauf auf uns los! Rehim Alis Gesicht verzerrte sich vor wahnsinniger Angst, er streckte die Arme gen Himmel und schrie: „Allah, Allah, wir sind verloren!" Der Staub umwirbelte das Untier, seine Seitenfransen wehten und flogen, und es senkte die Hörner zum Angriff. Noch blieb ich ruhig, denn ich glaubte, es habe uns nicht gesehen und werde wieder wenden, aber es behielt die Richtung bei und wurde sichtlich größer. Rehim Ali lief schreiend nach den Zelten zu, kehrte aber plötzlich wieder um und packte, als unsere Pferde vor dem Untier scheuten und galoppierten, Roberts Gaul am Schwanz, in der Hoffnung, uns laufend folgen zu können. Immer schneller ging die wilde Jagd über die Ebene, der Yak veränderte seine Bahn nach und nach in einen Bogen, kam uns immer näher und schien vor Wut toll geworden. Sein Atem stieg wie Dampfwolken aus den Nüstern, das Maul streifte beinahe die Erde — er war bereit, sein Opfer auf die Hörner zu nehmen, in die Luft zu schleudern und dann mit den Vorderfüßen zu Mus zu zerstampfen. Aus immer größerer Nähe hörte ich ihn stöhnen und wie eine Dampfsäge keuchen. Mich im Sattel wendend sah ich ihn nur noch etwa 20 Meter von mir entfernt, seine kleinen, wilden Augen glühten vor Wut und wahnsinnigem Haß, er rollte sie, daß das blutunterlaufene Weiße deutlich hervortrat! Hier war eine Sekunde entscheidend! Ich ritt am weitesten rechts, mich und mein Pferd würde der Yak zuerst auf die Hörner nehmen! — Jetzt streckten die Pferde die Beine wie Bogensehnen. Ich riß meinen roten Baschlik ab und schwenkte ihn rückwärts, um den Yak durch den Anblick aufzuhalten (Abb. 78), aber er sah ihn gar nicht. Dann riß ich den Gürtel ab, um den Pelz auszuziehen und ihn dem Yak über die Augen zu werfen und ihn gerade in dem Augenblick zu blenden, wenn er dem Pferde die Hörner in den Bauch bohren und die Nackenmuskeln zum Todeswurf anspannen wollte. Noch eine Sekunde, und der Yak hob das Pferd empor, brach mir das Rückgrat und trat meinen Brustkorb ein — ich glaubte schon das Knacken und Brechen meiner Rippen zu hören —, da ertönte ein herzzerreißender Verzweiflungsschrei! Als ich mich schnell umdrehte, sah ich Rehim Ali mit erhobenen Armen bewußtlos zu Boden stürzen, den Yak aber wenden und auf Rehim Ali losfahren! Als leblose Masse blieb jener liegen und ich sah noch, wie der Yak die Hörner senkte und, die blauviolette Zunge lang aus dem Maule hängend, sich in einer Staubwolke auf ihn stürzte (Abb. 79). Jetzt gingen alle Pferde durch, wenig fehlte und ich wäre von meinem Ladakischimmel gestürzt. Als ich mich aber nach einer Sekunde wieder umsah, lief der Yak, von einer Staubwolke umgeben, talabwärts!

„Umkehren und sehen ob noch ein Funken von Leben in Rehim Ali ist und ob er noch gerettet werden kann!" rief ich.

„Master, es ist zu gefährlich, der Yak ist noch in der Nähe und kann wiederkommen. Muhamed Isa und all die anderen laufen schon aus dem Lager, um nach Rehim Ali zu sehen."

Aber ich hatte schon gewendet und ritt zu dem Gefallenen. Mit ausgestreckten Armen lag er tot auf dem Gesicht — Robert und ich glaubten wenigstens, daß er tot sei. Aber als wir bei ihm abgestiegen waren, drehte er langsam den Kopf und machte mit entsetzten Blicken eine Handbewegung, die sagen wolle: „Kümmert euch nicht um mich, ich bin schon mausetot!" Wir konnten ein Lächeln nicht unterdrücken, als wir ihn wie einen Braten wendeten, seine Knochen und Gelenke untersuchten und dabei fanden, daß der Bursche noch in brauchbarem Zustand, wenn auch tüchtig geschunden war. Der Yak hatte ihn innen auf den linken Schenkel getreten, wo ein blutiger Streifen den Eindruck des Hufes zeigte.

Zwei starke Männer trugen den gefallenen Helden nach Muhamed Isas Zelt, wo er von Robert gut gepflegt wurde. Er war noch mehrere Tage wie betäubt, und wir fürchteten schon, daß sein Abenteuer seinem Verstand geschadet habe. Er aß nicht, sprach nicht, mußte auf dem Marsche reiten und einen seiner Landsleute als Krankenpfleger erhalten. Nach einiger Zeit, als er wieder klar im Kopf war, konnte er uns seine Eindrücke mitteilen. Als er gesehen, wie der Yak sich zum Angriff auf mein Pferd angeschickt, hatte er kehrtgemacht und sich flach auf die Erde geworfen. Vielleicht durch den rotvioletten Tschapan, der hin und her flatterte, wütend gemacht, hatte der Yak von mir abgelassen, eine unerwartete Frontänderung vorgenommen und war mit gesenkten Hörnern auf den Gefallenen losgestürmt. Dieser war halb unbewußt schnell beiseite gerückt, und die Hörner waren nun, anstatt in seinen Leib, so dicht neben seinem Kopf in den Boden eingedrungen, daß Rehim Ali den keuchenden Atem des Yaks im Gesicht gefühlt hatte. Dann hatte er das Bewußtsein verloren, das erst wiedergekehrt war, als wir uns näherten, und da hatte er gedacht, der Yak sei wieder über ihm! In dem Glauben, sich selbst durch sein Manöver retten zu können, war er unser Retter geworden. Nach diesen Abenteuern, bei denen er in der letzten Zeit eine Rolle gespielt, hatte er weiterhin vor tibetischen Seen und vor wilden Yaks eine grenzenlose Angst!

Am 8. November — 27 Grad in der Nacht! Man sollte denken, daß die Temperatur mit dem fortschreitenden Winter sinken müsse, aber sie blieb die gleiche, was nicht zum wenigsten darauf beruhte, daß wir süd=

wärts zogen. Über einen kleinen Paß erreichten wir nun ein neues Längstal, wo das Land nach Südosten zu offen war. Die Gegend war wildreich; überall kreuzten sich Fährten auf dem Boden, und zwei dreiste Yaks flößten uns größeren Respekt ein als je zuvor! An sechs Stellen sahen wir große Herden von Wildeseln, und Antilopen weideten auf den Ebenen. Ein Maulesel ging uns hier verloren, und wir hatten jetzt von beiden Arten nur noch je sechzehn Tiere.

Noch eine Tagereise führte uns über ebenes Gelände. Über den großen weißen Fleck unbekannten Landes hinweg näherten wir uns Bowers Route in spitzem Winkel, obgleich wir noch ziemlich weit östlich von ihr waren. Ein wilder Yak lief uns über den Weg, und wir fragten uns, ob es wohl unser gestriger Feind sei. Auf dem Platz, wo wir Lager Nr. 58 aufschlugen, fanden wir wieder einige Feuerstätten, die erst ein paar Tage alt sein konnten! Unsere Aufregung und unsere Sehnsucht wurde mit jedem Tag größer, jetzt konnte der äußerste Rand des bewohnten Tibet nicht mehr weit entfernt sein! Als ich von meiner Zelttür aus den Blick über diese ungleichmäßigen roten oder schwarzen, beschneiten oder schneefreien Kämme schweifen ließ, glaubte ich über ihnen ein ganzes Heer von Fragezeichen tanzen zu sehen, einige im Narrengewand, die mich verhöhnten, weil ich mich ohne Eskorte in das Herz des verbotenen Landes gewagt, andere winkend und einladend, aber alle unsicher und forschend. Schritt für Schritt, Tag für Tag näherten wir uns mit schwindenden Kräften der Antwort auf alle diese Fragen. Jeden Augenblick konnte sie am Horizont in Gestalt einer Reiterschar auftauchen, die uns den Befehl des Devaschung, der Regierung in Lhasa, brachte, das Land sofort zu verlassen und uns nach Norden zurückzuziehen.

Ich war noch immer Rekonvaleszent, ging schon um 7 Uhr zu Bett, schlief gut und hatte doch wenig Nutzen davon, denn ich fühlte mich stets entsetzlich matt. Tsering war in Verzweiflung, daß ich seinen Gerichten so wenig Ehre antat. „Wie kann der Sahib wieder kräftig werden, wenn er nicht ißt", pflegte er mich zu mahnen. Er war ein komischer Kerl, der Tsering, wenn er tagaus, tagein mit seinem Stock in der Hand selbstbewußt und feierlich wie ein Haushahn an der Spitze seiner kleinen Abteilung marschierte.

Spät am Abend hörten wir unheimliches, langgezogenes Wolfsgeheul in der Nähe. Aus dem wilden, klagenden Ton konnte man heraushören, daß der Hunger die Tiere kühner gemacht hatte und der Geruch frischen Fleisches sie reizte. Sie waren auf der anderen Seite unserer Quelle, und dorthin schlich sich Tundup Sonam, um in das Rudel hineinzuschießen und sie dadurch zu verscheuchen, obwohl er bei der Finsternis wenig Aus=

86. Aussicht vom Paß La-chjanjak (5161 m) in der Nähe des Dangra-jum-tso. Unten im Tal der kleine See Tang-jung-tsaka.
Skizze des Verfassers.

87. Tibetischer Gruß.

sicht hatte, zu treffen. Die Bestien zogen sich zwar zurück, hatten aber während der Nacht doch eine Hetzjagd auf unsere Tiere veranstaltet, die, als ob es hinter ihnen brenne, nach Norden geflohen waren. Doch fanden die Leute, die ihre Spur verfolgten, sie bei Tagesanbruch eine gute Tagereise von unserem Lager entfernt wieder.

Am 10. November hatten wir wieder gutes Terrain und sahen in Ostsüdost einen See, der in der Mitte tiefblau war, sonst aber einem blendendweißen Ringe glich. In der Nähe des heutigen Lagers, Nr. 59, zeigten sich deutliche Spuren eines Mannes, der fünf zahme Yaks nach dem See getrieben hatte. Die Spuren konnten höchstens drei Tage alt sein und erregten die größte Aufregung in der Karawane! Wir befanden uns entschieden in unmittelbarer Nähe menschlicher Wohnungen, und ich gedachte fast mit Bedauern der beinahe dreimonatigen Zeit, während der wir feindliche Menschenstämme nicht hatten zu fürchten brauchen. Wir hielten Kriegsrat: sollten wir die Berührung mit Menschen noch möglichst lange vermeiden und ihren Zelten aus dem Wege gehen, um wenigstens nicht eher umkehren zu müssen, als bis jedes Vordringen nach Süden unmöglich wurde? Oder sollten wir die ersten Nomaden so schnell wie möglich aufsuchen und sie um Beistand bitten? Gerade in diesem Augenblick kam Tundup Sonam atemlos angelaufen: er hatte auf einer Rekognoszierungstour im Westen ein schwarzes Zelt gesehen! Sogleich schickte ich ihn mit zwei der anderen dorthin und ließ sie eine Handvoll Rupien mitnehmen.

Besonders interessante Aufklärungen brachten sie aber von diesem unseren ersten Zusammentreffen mit Menschen nicht zurück.

In dem Zelt hauste nur eine Frau mit ihren drei Kindern. Sie war aus dem Distrikt Gertse im Südwesten und hatte den Weg von dort in 25 kurzen Tagemärschen zurückgelegt. Vor siebzehn Tagen war sie mit ihren beiden Männern angekommen, beide aber waren vor einigen Tagen wieder nach Gertse zurückgekehrt, nachdem sie ihr das Zelt mit Wildeselfleisch gefüllt hatten. Sie erwartete täglich ihre Eltern, die ihr drei Monate Gesellschaft leisten sollten, während welcher Zeit sie von Wild, Yaks, Kiangs und Antilopen, leben würden. Sie besaß einige zahme Yaks und eine kleine Schafherde, die sie und das älteste der Kinder hüteten und molken. Das Innere des Zeltes war sehr armselig, aber in seiner Mitte brannte doch ein wärmendes Feuer. Ihres Wissens ständen in einem benachbarten Tal noch vier andere Zelte. Als Tundup Sonam erzählt hatte, daß wir eine Ladakigesellschaft seien, die nach den heiligen Orten wallfahre, meinte sie, das wir uns dazu einen schlechten Weg ausgesucht und besser getan hätten, südlicher, wo es Menschen gebe, zu ziehen. Ihre geographischen Kenntnisse waren beschränkt. Die Gegend,

in der wir uns jetzt befanden, nannte sie Gomo=felung. Die Goldfund=
stellen, an denen wir vorübergekommen waren, lagen im Lande La=schung,
und den See am Lager Nr. 55 nannte sie La=schung=tso. Meine Diener,
die früher in Westtibet gewesen waren, hielten diese Angaben für zuver=
lässig, da sie die Namen schon gehört hatten.

Nun war also das Eis gebrochen! Nach 79 Tagen völliger Tren=
nung von der Außenwelt hatten wenigstens einige meiner Leute Menschen
gesehen. Aber dieser einsamen Frau, dieser Tochter der Wildnis, dieser
echten „lady of the mountains" mußten sehr bald mehr Stamm=
verwandte folgen. Und wieder berieten wir über die Maßregeln, die er=
griffen werden müßten. Die Frau wohnte allein, durch sie konnte sich
keine Kunde von unserem Herannahen nach Süden hin verbreiten. Einst=
weilen konnten wir die Sache also noch ebenso ruhig mit ansehen wie
bisher, und erst dann, wenn wir auf allen Seiten von Nomaden, unter
denen ein Gerücht sich schnell fortpflanzt, umgeben sein würden, mußten
wir an Beschleunigung unserer Märsche denken.

Zunächst gönnten wir den Tieren einen Ruhetag, denn die Weide
war gut. Und schön war es, diesen Tag hinter der Zeltleinwand zu
verbringen. Der Sturm pfiff und heulte im Gras und um die Steine.
Alles Lose und Leichte wurde fortgeweht, und der Boden sah nachher
wie abgefegt aus. Der Himmel ist wolkenlos und klar, die wilde Jagd
findet nur unmittelbar am Erdboden statt, und man begreift so die wichtige
Rolle, die der Wind bei der Deformation der Erdoberfläche spielt; bei
jedem solchen Sturm verändern ungeheuere Massen festen Materials
ihren Platz.

Mit einem Schlage hörte der Sturm aber nachts auf, und es wurde so
plötzlich still, daß ich davon erwachte. Es war, als hätten wir an einem
Wasserfall gelagert, der mit einemmal aufgehört zu rauschen. Man
fährt zusammen und fragt sich, was geschehen ist, gewöhnt sich aber
bald an die Stille und empfindet das Fehlen des Sausens und der Zug=
luft als eine Erholung.

Fünfzehntes Kapitel.

Die ersten Menschen.

Am Morgen des 12. Novembers wieder eine Trauerkunde: noch zwei unserer besten Pferde waren verendet, ein drittes, das schon von Leh an zwei in Stockholm gefertigte Kisten getragen hatte, lag im Sterben. Alle drei waren am vorigen Abend noch gesund und starben unter ganz denselben Symptomen. Sie wurden schwindlig, verloren die Herrschaft über die Beine, konnten ihre Bewegungen nicht mehr kontrollieren, fielen hin und waren nicht imstande, sich wieder zu erheben. Ich hoffte immer noch, die Trümmer der Karawane retten zu können, und träumte schon davon, sie in Schigatse an Krippen zu führen, die mit duftendem Klee gefüllt waren — und nun brachen gerade die zusammen, die wir für die stärksten gehalten hatten! Jetzt waren nur noch 13 Pferde übrig; bald mußten die Lasten den Überlebenden zu schwer sein.

Dazu kam es jedoch nicht, denn dieser Tag, der so traurig angefangen, sollte uns auch noch, ehe die Sonne unterging, eine Freude bringen. Der Spur der Karawane folgend, ritten wir zwischen Hügeln hin und her und erblickten unter uns im tiefen Tal das Lager Nr. 60. Ich war gerade in meinem Zelt, als Muhamed Isa meldete, daß oben im Tal Tundup Sonam in Begleitung zweier Tibeter, eines Fußgängers und eines Reiters, komme. Verzagt und unsicher, ob Tundup Sonam sie nicht zu Räubern gelockt habe, legten die Tibeter ihre langen, plumpen Flinten auf die Erde und traten vorsichtig näher. Tundup hatte alle Künste seiner Beredsamkeit spielen lassen müssen, ehe es ihm gelungen war, sie zum Mitkommen zu bewegen! Er hatte ihnen gesagt, daß wir Pilger seien, die einen vornehmen Lama aus Ladak nach den heiligen Orten begleiteten. Da hatten sie erklärt, daß sie „Seiner Heiligkeit" ihre Ehrfurcht bezeugen und ihm als Beweis ihrer unbegrenzten Hochachtung einen Schafmagen mit Butter und einen solchen mit Ziegenmilch bringen wollten. Muhamed Isa, der an den Umgang mit Tibetern gewöhnt war, beruhigte sie dadurch, daß er in seinem Zelt mit ihnen

plauderte und scherzte. Dann wurden sie zu mir gebracht, legten ihre Geschenke auf den Boden, fielen auf die Knie, streckten die Zunge heraus und verbeugten sich tief. Statt eines heiligen Mannes fanden sie einen Europäer, schienen aber gar nicht unzufrieden mit diesem Tausch. Muhamed Isa fungierte als Dolmetscher. Zuerst mußten sie uns über die Geographie der Gegend und die Beschaffenheit des Landes, durch das unser Weg gehen sollte, Bericht erstatten. Die Angaben, welche uns die „lady of the mountains" gemacht hatte, wurden in jeder Hinsicht bestätigt; die beiden Tibeter sagten uns, daß wir noch mehrere Tage keine Menschen treffen, dann aber täglich an schwarzen Zelten vorbeikommen würden.

Unsere Gäste mochten 50 und 40 Jahre alt sein. Der ältere war in hohem Grade typisch, eher einem Affen als einem Menschen ähnlich; der jüngere sah aus, als ob er schon viel Abenteuer erlebt habe und konnte ebensogut Räuberhauptmann als etwas anderes sein (Abb. 81 und 82).

Die Unterhaltung, die sich jetzt zwischen ihnen und mir entspann, mag an und für sich wenig interessant sein. Aber für uns in unserer Lage war sie so spannend wie ein Märchen — es handelte sich ja einfach um unsere Rettung!

„Wie weit ist es bis zum nächsten Weg nach Schigatse?" fragte ich.

„Vier lange oder fünf kurze Tagereisen."

„Wollt ihr uns führen?"

„Ja, wenn wir dafür bezahlt werden."

„Wieviel wollt ihr haben?"

„Das soll der Bombo Tschimbo (der große Häuptling, nämlich ich) selber bestimmen."

„Habt ihr einige Pferde, die ihr uns verkaufen könnt?"

„Wir haben zwei, verkaufen sie aber nicht."

„Habt ihr einige Yaks, die verkäuflich sind?"

„Ja, wir können fünf verkaufen, wenn wir für jeden zwanzig Rupien bekommen."

„Gebt ihr uns auch einige eurer Schafe?"

„Sechs könnt ihr haben, wenn ihr vier Rupien für das Schaf gebt."

„Schön. Bringt mir jetzt alle Tiere, die ihr verkaufen wollt, her, und wenn ich zufrieden bin, sollt ihr gut bezahlt werden."

„Der Bombo Tschimbo muß aber bis morgen hier liegen bleiben, wenn wir das alles besorgen sollen."

Es wurde also vereinbart, daß wir blieben. Aber ich kannte meine Tibeter und wußte, daß sie viel versprechen und wenig halten. Ich behielt daher die Kerls die Nacht über bei uns und sie mußten in

Muhamed Isas Zelt schlafen. Dort wurden sie in den Abendstunden durch die Töne unserer Flöten ergötzt und fühlten sich bald so heimisch, daß ihre Zungen sich lösten und wie Gebetmühlen schnurrten. Noch als ich einschlief, hörte ich ihr Geschnatter.

Und an diesem Abend schlief ich gut! Nach 80 Tagen völliger Einsamkeit hatte ich wieder Menschen als Gäste in unseren Zelten; ich hatte herrliche fette Ziegenmilch erhalten und sollten morgen ein wohlgenährtes Schaf schmausen; ich hatte Auskunft bekommen über das Land und die Tagereisen, die unser auf dem Weg nach dem fernen Ziel noch warteten! Und was das Allerbeste war: unsere Veteranen, unsere Karawanentiere erhielten Hilfe! Und diese Hilfe war wirklich wie vom Himmel gesandt, denn gerade heute waren, da wir auf einen Schlag noch drei Pferde verloren hatten und Rehim Ali leider noch immer zum Gepäck gerechnet werden mußte, meinen Tieren die Lasten zu schwer geworden. Die Zukunft erschien mir auf einmal in hellerem Lichte. Wohl war der Rücken des Samoma=saktschä=Gebirges hier am See im Purpur des Abendrotes auch nicht purpurner als die Berge, die wir an so vielen einsamen Abenden in prachtvollem Farbenspiel hatten erglühen sehen, wohl war der blaue Rauch der Lagerfeuer einem anmutigen Elfenreigen auf dem Steppengrase nicht ähnlicher als bisher, wohl stieg die Nacht ebenso dunkel und kalt über den Bergen im Osten auf — mir aber erschien heute alles freundlicher, heiterer und hoffnungsvoller!

Der neue Tag war kaum angebrochen, als sich unsere beiden Tschangpas in Begleitung einiger Ladakis nach Hause begaben, um die Vorbereitungen zu dem großen Handelsgeschäft zu treffen. Schon ein paar Stunden später war ich glücklicher Besitzer von fünf prächtigen Yaks (Abb. 84), die, wie die Tibeter sagten, mit Leichtigkeit je vier Kisten tragen konnten, während unsere Pferde und unsere Maulesel nur zwei getragen hatten. Einer der Yaks mußte das Boot übernehmen, und das Pferd, das es schon vom Lake Lighten an geschleppt hatte, wurde nun dienstfrei erklärt — ich atmete auf, als ich das treue Tier ohne Last sah. Dann kauften wir vier Schafe zu je vier Rupien und vertauschten unsere drei letzten Schafe mit zwei Rupien Draufgeld gegen zwei neue. Hier am Gomosee fanden auch unsere letzten acht Ziegen die wohlverdiente Ruhe und wurden gegen ebensoviel tibetische vertauscht, wobei wir für jede Ziege noch eine Rupie zuzahlen mußten. Am Abend erhielt ich dreimal soviel Milch als gewöhnlich und fettere und bessere als die, welche meine erschöpften Ziegen geliefert hatten. Beide Teile waren mit dem Geschäft außerordentlich zufrieden.

Die guten Tschangpas! Wie fahrende Ritter der Wildnis kamen sie zu uns, malerisch wild mit dem schwarzen, struppigen Haar, das ihnen

auf Schultern und Rücken herabhing und ihnen den Pelz fettig machte; mit langen, schwarzen Gabelflinten auf der Schulter, plumpen Säbeln und Messern im Gürtel, auf kleinen, feisten, langhaarigen Pferden. Wild und schmutzig, waren sie doch freundlich und gutmütig, und in ihren uralten, verlausten Pelzen froren sie ganz gewiß nicht. Der ältere trug eine kleine runde Pelzmütze, der jüngere einen Pelzbaschlik, der außer dem Gesicht den ganzen Kopf bedeckte. Sie hatten sich ihren Hauptproviant und allerlei andere Sachen, deren sie auf der Reise bedurften, vorn in die Pelze gestopft und an dem Gürtel, der den Pelz zusammenhielt, hingen Messer, Pfriemen, Feuerstahl, Tabaksbeutel und Pfeife, die bei jedem Schritt baumelten und gegeneinanderschlugen. Sie trugen Filzstiefel, die, ursprünglich weiß, jetzt schwarz und abgenutzt aussahen, hatten aber keine Hosen an — es muß gar zu schön frisch sein, bei 20 Grad Kälte hosenlos im Sattel zu sitzen!

Da sie in Gertse, dem Land im Südwesten, zu Hause waren, kannten sie das Land, durch das unser Weg führen sollte, kaum oder gar nicht, glaubten aber, daß wir zu der Reise nach Schigatse wenigstens 50 Tage gebrauchen würden! Den Winter verbringen sie im Gomogebiet und leben dort von der Jagd. Sie würden leicht ein kleines Frühstück auftischen können, mit dem auch der anspruchsvollste Feinschmecker zufrieden sein könnte. Oder ist folgendes Menu vielleicht nicht ansprechend:

Ein Becher Ziegenmilch mit fetter, gelber Sahne. —
Yaknieren in Fett goldgelb gebraten. —
Mark aus Yakknochen über Kohlenfeuer geröstet. —
Feine, kleine Stücke weichen, saftigen Fleisches vom Rückenwirbel der
    Antilope, um das Feuer herumgelegt und so langsam gebräunt. —
Antilopenkopf, mit Haut und Haar in die Flammen gehalten, bis
    er schwarzberußt ist. —

Im allgemeinen aber ist ihr Geschmack ganz anders als der unsere. Wenn sie einen Wildesel erlegt haben, zerteilen sie ihn und verwahren die Stücke in ihrem Zelt, wo sie ringförmig möglichst weit vom Feuer aufgestapelt werden. Je länger sie gelegen haben, desto besser sollen sie schmecken. Die Tschangpas ziehen es vor, das Fleisch roh, hart, trocken und alt zu verspeisen. Man sieht sie aus den Eingeweiden ihres Pelzes eine Yakrippe hervorziehen, die eher einem geschwärzten Holzstück als etwas Eßbarem ähnlich ist. Dann wird das Messer aus der Scheide gezogen und das harte Fleisch in Streifen oder Stücken vom Knochen gelöst. Chinesischer Ziegeltee ist jedoch der höchste aller ihrer Genüsse, und je dicker und schmutziger er ist, desto besser erscheint er ihnen. Sie rühren ihn mit einem Stück Butter an.

Den Wildgänsen gleich haben sie durch ererbte Erfahrung gelernt, wo die besten Lagerplätze zu finden sind. Man kann sicher sein, daß ihr Zelt stets an einer Stelle aufgeschlagen ist, die wenig oder gar nicht vom Wind berührt wird; daß sie in der Nähe gutes Weideland für ihre zahmen Yaks, Schafe, Ziegen und Pferde — wenn sie welche haben — finden; daß sie vom Zelt aus nicht weit zu ergiebigen Jagdgründen haben und daß dort stets Wasser vorhanden ist. Am Gomosee hatten sie auch vorzügliches Speisesalz umsonst. Wenn ihre zahmen Tiere das Gras in der Nähe abgeweidet haben und das Wild verscheucht ist, verlegen sie das Lager in eine andere Gegend. Die Zelte werden an derselben Stelle aufgeschlagen, wo ihre Vorfahren sie schon seit unzähligen Generationen errichtet haben und wo oft noch alte Votivmale stehen, die aus Geröll aufgeschichtet worden sind, um die Geister, die über Berg und Tal herrschen, milde zu stimmen.

Den Tschangpas, den „Bewohnern des Nordens", die den Winter im Norden zubringen, ist die Jagd die Hauptsache, die Viehzucht Nebensache. Die Tibeter in Gertse und Senkor, am Bogtsang-tsangpo oder in Naktsang, die große Herden besitzen, gehen im Winter nicht nordwärts, denn ihnen ist wieder die Jagd Nebensache. Die Jägerstämme verfolgen den Yak, den Kiang und die Antilope. In hügeligem Gelände schleichen sie sich gegen den Wind an. Das beständige Leben im Freien hat ihre Sinne unglaublich geschärft. Sie kennen die Eigenschaften und Gewohnheiten des Yaks ebenso genau wie dieser selbst und wissen, wie weit sie gehen können, ehe sie die Grenze seiner Sinnesschärfe überschreiten. Sie wissen, daß sein Gesicht- und Gehörsinn nicht besonders fein entwickelt sind, daß er aber den Jäger bald wittert, so daß der Angriff genau gegen den Wind erfolgen muß. Obgleich er in seinem dicken Pelz auf die Jagd geht, schleicht der Jäger doch so lautlos und geschmeidig wie ein Panther am Boden hin, bis er sich seiner Beute auf Schußweite genähert hat. Dann legt er die Flinte auf die Gabel, schlägt mit dem Feuerstahl Funken aus dem Feuerstein, fängt sie mit Zunder auf, setzt das Ende der Zündschnur in Brand und paßt auf, daß der Hahn das Feuer im richtigen Augenblick in das Zündloch bringt. Alles geht so ruhig, kaltblütig und vorsichtig zu, daß der Jäger alle Aussicht hat, sein Wild zur Strecke zu bringen.

Ein andermal lauert er stundenlang hinter einer Schützenmauer, die er oder seine Vorfahren, vielleicht schon sein Ururgroßvater, an einer Quelle erbaut haben, und wartet mit Engelsgeduld auf eine Schar Wildesel, die bei Sonnenuntergang zur Tränke kommt. Die Antilopen aber, die Wildschafe und die Gazellen sind zu wachsam, um sich selbst von dem

geschicktesten Jäger überrumpeln zu lassen. Dennoch gelingt es den Antilopen nicht immer, seinen listigen Hinterhalten zu entgehen. Er legt ihnen auf den altbekannten Antilopenpfaden Schlingen; bei den Jägernomaden im inneren Tibet erstaunt man über die Massen des Antilopenfleisches, das ringförmig die Zeltwände garniert.

Während die Männer draußen sind, besorgen die Frauen die Yaks und die Schafe, und wenn der Jäger bei Sonnenuntergang heimkehrt, sieht er jene wiederkäuend vor dem Zelt liegen, während diese in eine steinerne Hürde eingepfercht sind. Die Yaks bleiben nachts bei den Zelten; dies hat auch den Vorteil, daß man den Dung, der das einzige Brennmaterial der Nomaden ist, nicht weit heranzuholen braucht. Ist es dunkel geworden, so setzen sich alle ans Feuer, über dem der Teekessel kocht. Dann unterhalten sie sich über die einförmigen Angelegenheiten ihres Lebens: über die Ausbeute des Tages, das Gedeihen der Herden und die Arbeit, die der nächste Morgen bringt. Der eine flickt seine Sohlen mit Sehnen und einem Pfriem, ein anderer gerbt mit der Hand eine Yakhaut, und ein dritter schneidet Riemen aus dem Fell eines Wildesels. Ihr Leben scheint so leer und inhaltslos, aber sie selber entbehren nichts — sie kennen nichts Besseres. Sie haben einen schweren Kampf zu kämpfen um die Gunst, in diesem kargen Teil der Erde, der Tschang=tang oder die Nordebene genannt wird und auf dem sie das Schicksal hat geboren werden lassen, leben zu dürfen. Unter Armut und Gefahren leben sie dennoch siegreich und groß in Gottes freier Natur; die majestätischen Stürme sind ihre Brüder, die Herrschaft über die Täler teilen sie nur mit den Tieren der Wildnis, und nachts funkeln die ewigen Sterne auch über ihren schwarzen Zelten! Wenn man ihnen auch drunten im Süden schöne Hütten im Schatten der Walnußbäume gäbe, sie würden sich doch immer in die große Einsamkeit zwischen den Gebirgen, nach der eisigen Kälte und dem Schneetreiben und nach dem weißen Mondlicht der stillen tibetischen Winternächte zurücksehnen.

Dann kommt eines schönen Tages der Tod und schaut in die Zeltöffnung; vergeblich wird das ewige Gebet „Om mani padme hum" hergesagt, vergeblich versucht man die bösen Mächte, die den Menschenkindern feindlich gesinnt sind, zu beschwören oder mild zu stimmen. Gebeugt, runzlig und grau beschließt der alte Jäger seine Laufbahn, und auf starken Schultern wird er nach irgendeiner nicht tiefen Schlucht in der Nähe des Bergkammes getragen und dort — den Wölfen und den Raubvögeln preisgegeben! Wenn seine Enkel erwachsen sind, wissen sie nicht, wohin er damals gebracht wurde; im Leben hatte er keine bleibende Stätte und nach dem Tode hat er kein Grab. Und keiner fragt auch

88. Der improvisierte Schlitten auf dem Ngangtse-tso.

89. Transport über den See.

90. Rast auf dem Eise.

91. Rabsang und Taschi ziehen mich im Schneesturm über das Eis des Ngangtse-tso.

danach), wo die Gebeine der Toten bleichen, denn da hausen böse Geister.

14. November. Windstille! Allerdings hatten wir über Nacht wieder 27,1 Grad Kälte gehabt, aber beim Reiten nach Süden, der Sonne entgegen, war es doch ordentlich warm. Die Pferde der Tibeter waren durchgebrannt. Aber wenn das eine von ihnen arrangierte Finte war, um einen Vorwand zu haben, selber durchbrennen zu können, so wurde diesmal nichts daraus! Denn ich schickte zwei meiner Leute mit dem einen auf die Suche, während der andere mich begleiten und die Namen der Gegenden, die wir passierten, nennen mußte. Noch kannten wir unsere Pappenheimer nicht und wagten es daher nicht, sie außer Sicht zu lassen, da sie sonst durch reitende Boten die Behörden in Gertse hätten benachrichtigen können. Dann hätte man mir früher halt zugerufen, als mir angenehm gewesen wäre. Jetzt konnte ich ruhig sein, wenigstens bis zum nächsten Zelt. Die Pferde fanden sich wieder, und der Alte kam, beide am Zügel führend, uns nachgestiefelt. Dann ritten wir zusammen zwischen den Hügeln weiter und über kleine Pässe hinüber. Auch hier kam an zwei Stellen Gold vor. Jeden Sommer kommt man, um den goldhaltigen Sand aufzugraben, ihn in die Luft zu werfen und die Goldkörner auf einem ausgebreiteten Tuch aufzufangen. Ist der Ertrag reichlich gewesen, so verdoppelt sich im nächsten Sommer die Anzahl der Goldgräber.

Auch im Lager Nr. 61 zeigten die Tibeter keine Lust zum Ausreißen; sie waren eitel Zuvorkommenheit und Freundlichkeit, halfen uns beim Abladen und beim Aufschlagen der Zelte, sammelten Brennmaterial und versprachen, für die Tiere einzustehen. Sie schienen nicht die geringste Ahnung zu haben, daß mir das Land verboten war; nicht einmal das Echo etwaiger besonderen Befehle war von Süden her bis zu ihnen gedrungen. Wie es sich damit verhielt, konnte ich freilich nicht wissen. Der Plan meiner Reise war in der indischen Presse erwähnt worden, und nichts hinderte, daß ein Gerücht über Dardschiling oder Peking hätte nach Lhasa dringen können; auch wußte ich aus Erfahrung, wie schnell ein Befehl gegen einen Europäer unter den Nomaden bekannt wird. Ich hatte beabsichtigt, wie ein Dieb in der Nacht so schnell als möglich nach der englischen Mission in Lhasa zu eilen, und ehe die Tibeter sich über die politische Bedeutung klar geworden, auf der Bildfläche zu erscheinen! Aber vielleicht irrte ich mich, vielleicht waren noch strengere Verordnungen als früher erlassen worden!

Die Abendschatten gleiten über die Ebene; nur im Osten sind die Berge noch intensiv scharlachrot beleuchtet, im Westen bildet das Gebirge

eine rabenschwarze Silhouette. Die neue Nacht breitet ihre dunkelblauen Flügel aus, steigt immer höher nach dem Zenit hinauf und jagt einen erlöschenden Widerschein der untergehenden Sonne vor sich her. Als die Sterne zu funkeln beginnen, befinde ich mich im Freien und mustere unsere Tiere, die sich freuen, auf dem Marsche leichter beladen zu sein. Um sieben Uhr werde ich massiert und gehe zu Bett. Um neun Uhr kommt Robert mit dem Siedethermometer, und wir plaudern dann eine Stunde. Dann darf das Licht so lange brennen, bis es flackernd von selbst erlischt. Noch lange, lange liege ich wach und beobachte die Schatten, wie sie kommen und verschwinden, je nachdem der Wind die Zeltleinwand flattern läßt; ich starre sie an, bis sie sich in Untiere oder wilde Yaks verwandeln, die mit höhnischer Miene mein Gefängnis umtanzen. Jetzt schlägt es Mitternacht in den Städten Sibiriens und Indiens, die auf unserem Meridian liegen, endlich kommt der Befreier Schlaf und verjagt die Schattenbilder; sie lösen sich und verschwinden am Horizont, der immer mehr in die Ferne zurückweicht, nicht mehr von dem dünnen Gewebe der Zeltwände begrenzt. Nun säuselt es leise wie Erinnerungen an Wälder, Wiesen und kleine Felseneilande. Ich träume, daß eine starke Hand mich an einen Scheideweg führt. Sie zeigt auf die eine Straße, und eine Stimme sagt mir, daß diese mich in das Land der Ruhe, der Gastfreiheit und des Sommers führen wird, die andere aber führe zu Gefahren und Entbehrungen zwischen hohen, dunkeln Gebirgen. Als Tsering am Morgen das Kohlenbecken brachte, freute ich mich, daß ich auch im Traum ohne Zaudern den zweiten Weg gewählt hatte!

Immer tiefer drang ich jetzt in dieses geheimnisvolle Tibet ein. Während des nächsten Tagesmarsches kamen wir an einer Reihe verlassener Lagerplätze vorüber, und an einigen Stellen sahen wir Steinmalreihen, die die Antilopen in die Schlingen locken. Dann zogen wir ein Tal hinauf, in dem ein kleines Eisband sich allmählich zu einem Fladen vergrößerte, der den Raum zwischen festen Grünsteinplatten ausfüllte. Der Seojynna erscheint, ein schwarzer Berg im Süden, der uns ein paar Tage lang sichtbar bleiben wird.

Unsere Tibeter sind nun schon so intim mit uns allen, als wären wir von Kindheit an miteinander befreundet! — Sie sagen, sie hätten noch nie so nette Leute wie uns getroffen. Der ältere heißt Puntsuk, der jüngere Tsering Dava. Wir sitzen stundenlang draußen an Muhamed Isas Feuer und plaudern gemütlich, und während sie mir alle Straßen, die sie in Tibet kennen, ausführlich beschreiben müssen, mache ich meine Aufzeichnungen. Tsering Dava hat die Pilgerfahrt zum Tso=rinpotsche, dem heiligen See Manasarovar, mitgemacht, der eines der Ziele

meiner Sehnsucht ist und schon lange der Gegenstand meiner Träume!
Nun sollten die beiden uns nur noch drei Tage begleiten; sie hatten ihre
Yaks und Schafe im Schutz ihrer Weiber und Kinder zurücklassen müssen,
und es gab dort außerordentlich viel Wölfe; sonst hätten sie uns gern
wer weiß wie weit begleitet. Vor 19 Tagen waren sie aus Gertse an=
gelangt und wollten sechs Monate hier bleiben; 40 oder 50 Zeltgemein=
schaften kommen alljährlich aus Gertse in diese Gegend.

Sie erzählten, daß die Tokpas oder Goldgräber, wenn sie sich auf
zwei bis drei Monate nach den Goldfeldern hinauf begeben; geröstetes
Mehl und Fleisch, das Schafe und Yaks tragen müssen, als Proviant
mitnehmen. Wenn ihr Proviant verzehrt ist, kehren sie nach Hause zu=
rück und ziehen an den Salzseen vorbei, wo sie ihre Tiere mit Salz be=
laden, das sie dann in bewohnten Gegenden gegen Gerste eintauschen.
Sie verdienen also bei solcher Wanderung doppelt und können den übrigen
Teil des Jahres davon leben.

Am Abend lag ein totes Pferd, mager und elend, mitten auf dem
Eis in unserem Tal. Ich hatte es von dem Kaufmann in Leh, der mir
im Dezember 1901 meine letzten neun Kamele abkaufte, um 70 Rupien
erstanden. Es war wie ein Gespenst aus jener Zeit! Ebenso unerwartet
starb am folgenden Morgen ein Maulesel. Er sah frisch und gesund
aus und ließ sich wie gewöhnlich beladen, hatte aber noch nicht hundert
Schritte zurückgelegt, als er schon tot hinstürzte. Die beiden kleinen tibe=
tischen Pferde, die uns begleiten, interessieren sich sehr für ihre Stamm=
verwandten in der Karawane; nur scheint es ihnen noch nicht klar zu
sein, daß die Tiere, die so mager und elend aussehen, auch wirkliche
Pferde sind. Im heutigen Lager Nr. 63 sahen wir, wie sie zu ihren
Herren liefen und von ihnen zwei große Stücke steifgefrorenen Antilopen=
fleisches bettelten, das sie wie Brot mit großer Gier aus der Hand fraßen.
Ebenso gern fressen sie Yak= oder Schaffleisch; die Tibeter versicherten,
daß diese Kost sie zäh und ausdauernd mache. Man muß diese kleinen
zottigen Ponies liebgewinnen; sie leben zum größten Teil vom Abfall
der Jagdbeute, sind im Gebirge zu Hause und ertragen die Luftverdün=
nung mit größter Leichtigkeit; ihre Lungen sind ebenso wie die der
Wildesel darauf eingerichtet. Die Kälte macht ihnen rein gar nichts; ohne
die geringste Decke bleiben sie die Nacht hindurch im Freien, und selbst
eine Kälte von — 30,4 Grad, wie wir sie in der Nacht auf den 17. No=
vember hatten, vermag ihnen nichts anzuhaben. Obgleich sie keine Huf=
eisen tragen, laufen sie die Abhänge gewandt und sicher hinauf und hin=
unter — und dabei sehen die Männer, die auf ihnen reiten, größer aus
als die Pferde. Wir beobachten mit großer Heiterkeit, wie freundlich sie

einander auf jedem Lagerplatz begrüßen. Puntsuk, der Muhamed Isa den Weg zeigt, reitet einen kleinen rotbraunen Pony, der schon grast, wenn wir erst erscheinen. Sobald er seinen grauen Kameraden mit Tsering Dava erblickt, wiehert er fröhlich, spitzt die Ohren und läuft zu ihm hin; und der graue antwortet ebenso erfreut. Das ist anders, als unsere beiden Hunde, die, sowie sie einander erblicken, in die tollste Beißerei geraten.

Nun passierten wir das Seojynnagebirge; der eine Abhang war schwarzgetüpfelt durch die vielen, dort grasenden wilden Yaks, von denen Tundup Sonam zwei erlegte. Meine Leute nahmen die besten Stücke, den Rest sollten sich unsere Führer auf dem Heimweg abholen. Tundups Treffsicherheit imponierte ihnen augenscheinlich sehr, aber Tsering Dava versicherte, daß auch er in seinem Leben schon über dreihundert Yaks geschossen habe, was mir nicht übertrieben scheint, da sie ja vom Ertrag ihrer Jagd leben.

Jetzt geht es steil nach dem Paß Tschaktschom-la hinauf. Dava Tsering reitet vor uns her. Sein kleiner Pony rennt den Abhang hinauf! Während wir noch eine gute Strecke zurückzulegen haben, sehen wir den Mann und sein Pferdchen sich schon wie Silhouetten auf der Paßschwelle scharf gegen den Himmel abheben. Da oben, wo in einer Höhe von 5433 Meter viele Goldgräberstraßen laufen, steht ein Mal aus Granitblöcken. An einem Feuer, das Kälte und Wind sehr notwendig machten, betrachtete ich die ungeheuer weite Aussicht nach Süden hin, ein Gewirr von gelben, rötlichen und schwarzen Kämmen. Ebenen zeigten sich zwischen ihnen, und ich ahnte, daß uns ungünstiges Terrain bevorstehen werde. Nur ganz nahe im Südsüdosten bestand der größere Teil des Geländes aus einem flachen Becken und einem kleinen See. Auf sehr schroffem Pfad ritten wir nach dem Lager hinunter, wo die Tibeter aus Rücksicht auf die angekauften Yaks einen Ruhetag beantragten.

Während des Ruhetages rechneten wir mit unseren Führern ab, die so freundlich und hilfreich gewesen waren und die nun nach ihren kahlen, kalten Bergen, wo Winde und Wölfe um die Wette heulen, zurückkehren wollten. Sie erhielten jeder drei Rupien pro Tag als Vergütung, je ein Messer mit Scheide aus Kaschmir und einen ganzen Haufen leer geraucher blecherner Zigarettenschachteln, über die sie sich noch mehr zu freuen schienen als über das Geld! Dann verschwanden sie schnell und leicht wie der Wind hinter den nächsten Hügeln — und wir waren wieder allein.

Bei 20 Grad Kälte feierten unsere neun Mohammedaner heute ihr „Aid" nach dem Ramadan mit Flötenspiel, Tanz und Gesang und mit einem frischgeschlachteten Schaf. In der Nacht sank die Temperatur auf

— 30,6 Grad! Die Tinte gefror unaufhörlich in der Feder, auch wenn ich über das Kohlenbecken gebückt saß; mein Wasserbecher enthielt schon nach wenigen Minuten nur noch einen Eisklumpen!

Am Morgen folgten wir, wie gewöhnlich, der Spur unserer Karawane. Da, nach einigen Stunden, sah ich von einem Paß aus 22 weidende Pferde, 300 Schafe und einige, entschieden zahme Yaks, und zwar in der Nähe eines Zeltes! Weiter westlich weideten an die 500 Schafe und eine Menge Yaks. In einem tiefen Talgang standen an einer vor dem Wind geschützten Stelle noch fünf aufgeschlagene Zelte, aus denen uns eine Schar bissiger Hunde entgegenstürmte. Männer, Frauen und Kinder kamen heraus, um nachzusehen, was denn eigentlich los sei. Die Karawane hatte sich in der Nähe, am Westufer des Sees Dungtsa-tso gelagert, und erhielt in kurzer Zeit Besuch von vier neuen Tibetern. Auch sie waren aus Gertse, vor zehn Tagen angelangt und wollten drei Monate hier bleiben. Die sechs Zelte beherbergten 40 Bewohner, die zusammen 1000 Schafe, 60 Yaks und 40 Pferde besaßen. Der älteste dieser neuen Freunde war ein lahmer, älterer Mann von 53 Jahren und hieß Lobsang Tsering. Er schenkte mir eine Schüssel dicker Milch und ein Bündel Räucherspäne, wie sie in Tempeln benutzt werden. Er war bereit, mir drei große Yaks für 23 Rupien zu verkaufen, und ich nahm sie, ohne mich auch nur einen Augenblick zu bedenken.

Als die Karawane am nächsten Morgen aufgebrochen war, stellten sich noch zwei Tibeter ein, denen es sehr darum zu tun war, uns auch zwei Yaks zu verkaufen. Als ich ihnen sagte, daß mein Geld bereits abmarschiert sei, baten sie um die Erlaubnis, mit mir nach dem nächsten Lager ziehen zu dürfen, wo der Kauf ja abgeschlossen werden könne. Abends waren wir also glückliche Besitzer von zehn vorzüglichen Yaks, zu deren Chef und Führer nun Tundup Sonam ernannt wurde. Unsere letzten Maulesel und Pferde trugen jetzt nur noch das ganz leichte Gepäck, und ich freute mich, sie alle am Leben erhalten zu können. Aber gerade hier erfror uns, allerdings bei 32,9 Grad Kälte, noch ein Maulesel!

Die Tagereise führte um den See herum und in ein breites Tal, das sich in südöstlicher Richtung hinzog. Mitten unter den zahmen Yaks der Nomaden weideten ganz friedlich anderthalbhundert Kulane! Ein Jüngling diente der Karawane als Führer, und der alte Lobsang Tsering ritt auf einem prächtigen gelben Pferd, das er um keinen Preis verkaufen wollte, wie ein Herold vor mir her. Er murmelte im Reiten mit unglaublicher Schnelligkeit Gebete — es klang wie das Summen einer Mückenkolonne über einer Linde am Sommerabend. Ich selber ritt

wieder meinen großen Apfelschimmel aus Jarkent, da mein kleiner weißer Ladaki sich ein paar Tage ausruhen sollte.

Das Lager wurde am Ufer eines Süßwassertümpels aufgeschlagen, in dessen festem Eise wir die ganze Nacht die wunderlichsten Töne hörten; es knallte und klatschte, gurgelte und schnob wie Kamele und Yaks; man konnte glauben, daß ein Heer von Wassergeistern unter dem Eisdach tanze. Die Hunde bellten das Eis wütend an, bis sie endlich begriffen, daß diese Geräusche mit in den Kauf genommen werden müßten.

Am abendlichen Lagerfeuer fragte Lobsang Tsering Muhamed Isa, ob wir am Gomo Tschangpas getroffen hätten. Muhamed Isa aber hatte Puntsuk und Dava Tsering versprochen, sie nicht zu verraten. Da kniff Lobsang ein Auge zu und sagte, Islam Ahun habe ihm schon erzählt, daß wir nicht nur Nomaden gesehen, sondern ihnen auch Yaks abgekauft und sie mehrere Tage lang als Führer gehabt hätten. Muhamed Isa versuchte, der Sache eine scherzhafte Wendung zu geben, und erwiderte lachend, die Geschichte habe Islam Ahun sich wieder einmal ausgedacht. Aber der Alte war gewitzt, lächelte listig und schien die erste Version für die wahrscheinlichere zu halten. Für uns war es ein großer Vorteil, daß wir zuerst mit Gertsenomaden in Berührung gekommen waren, die in dem Lande, das wir durchreisten, selber Fremdlinge waren. Sie hatten keine Befehle, die uns angingen, aus Lhasa erhalten und waren unvergleichlich viel gutmütiger und freundlicher als jene Osttibeter, die während meiner früheren Reise sofort Boten südwärts geschickt hatten. Aber wir fanden jetzt, daß die Gertsenomaden voreinander Angst hatten; die ersten hatten uns ja gebeten, es keinem Menschen zu erzählen, daß sie uns geholfen hätten, und waren auch im richtigen Moment umgekehrt, um nicht von ihren Stammesgenossen aus Gertse gesehen zu werden.

Lobsang Tsering schien dagegen nicht ängstlicher Natur zu sein; er führte uns nach anderen Zelten, gab uns Auskunft über den Weg nach dem Bogtsang-tsangpo und wußte eine Menge interessanter Sachen zu erzählen. So sagte er, daß jährlich gegen viertausend Schafe und mehrere Hundert Yaks zum Transportieren des Salzes von den Seen, die wir vor kurzem verlassen hatten, benutzt würden, und daß das Salz nach Schigatse und Lhasa gebracht werde. Aus diesen Städten kämen auch die meisten Goldgräber, und es gebe nach Norden zu noch viele Goldfundstellen, die wir nicht gesehen hätten.

Daß Lobsang ein vornehmer Mann war, merkten wir bald. Denn alle erwiesen ihm die größte Achtung, und seinem Zeltlager hatten wir es ansehen können, daß er auch ein reicher Mann war. Er sprach mit Würde, und seine Stimme hatte eine gebildete, feine Klangfarbe. In

seinem Aussehen erinnerte er an einen heruntergekommenen Schauspieler, ohne Spur von Bart und mit lebhaftem Mienenspiel in seinem schmutzigen, kupferbraunen Gesicht. Im Gegensatz zu den anderen, die weiße Schaffellmützen trugen, prunkte er mit einem roten Turban, und auch sein Pelz war mit rotem Wollzeug bezogen. Vorn im Pelz hatte auch er allerlei schöne Dinge stecken, unter anderem ein abscheuliches Taschentuch, einen dicken, bunten, viereckigen Lappen, der unaufhörlich benutzt, aber nie gewaschen wurde! Dort verwahrte er auch sein Schnupftabakshorn, das er mit einer gewissen Geschicklichkeit selbst im Wind zu handhaben verstand. Der mehlfeine, gelbe Schnupftabak wird nämlich auf der Spitze des Zeigefingers im Schutz des Daumennagels zu einem Häufchen aufgeschüttet und von dort ziemlich geräuschvoll an seinen Bestimmungsort befördert.

Jeden Abend erstattete mir Muhamed Isa Bericht. Heute stellte er sich mit folgenden Worten ein: „Sahib, Rehim Ali geht es noch immer schlecht; er bittet, Allah ein Schaf opfern zu dürfen."

„Meinetwegen, wenn er davon besser wird."

„Ja, gewiß, Sahib."

„Ich halte es für Schwindel, aber schlechter wird er davon keinesfalls, und die Mohammedaner erhalten ein gutes Extramahl. Ich spendiere also das Schaf."

„Nein, Sahib, das geht nicht, dann bleibt das Opfer ohne Wirkung."

„So. Kann ich morgen mittag die Nieren bekommen?"

„Nein, Sahib, nur Mohammedaner dürfen von einem Opferschaf essen."

„Ja so, es ist ja wahr, euerer Meinung nach bin ich ja ein Kafir (Ungläubiger)."

Da protestierte er lachend, änderte aber das Gesprächsthema: „Jetzt haben wir noch 13 Maulesel und 11 Pferde, oder im ganzen 27 Tiere von der ursprünglichen Karawane."

„13 und 11 macht nur 24".

„So? Dann muß ich sie noch einmal überzählen", sagte mein redlicher Karawanenführer und machte sich noch viel unnötige Arbeit, bis die Zahlen endlich stimmten. Es stellte sich schließlich heraus, daß wir außer den Yaks noch 25 Tiere besaßen.

Sechzehntes Kapitel.

Unsere Schicksale auf dem Weg nach dem Bogtsang-tsangpo.

Während der fünf letzten Tage hatten wir 67 Kilometer nach S 33° O zurückgelegt und zogen am 22. November noch eine kleine Strecke in derselben Richtung weiter. Wir befanden uns jetzt auf einem großen, deutlich erkennbaren Weg, der etwa fünfzig parallellaufenden Fußpfaden glich; die Schafe der Salzkarawanen und die Yaks der Goldgräber hatten sie ausgetreten. In der Gegend Kebetschungu, wo Nomaden lagerten, kehrten unsere neuen Freunde wieder um. In diesem Teil Tibets herrscht nicht dieselbe scharfgezeichnete Anordnung der Berge wie weiter östlich, wo Längstäler mit transversalen Bergketten abwechseln. Hier zieht man tagaus, tagein zwischen zusammengedrängten, weichen Hügeln umher und findet viel seltener zwischen ihnen eine kleine ebene Fläche. Aus diesem Gewirr erheben sich keine hohen, dominierenden Bergstöcke, und vergebens sucht der Blick nach den inselartigen Gletscherkuppen, die wir von Osttibet her kennen.

Während der starken Kälteperiode war das Wetter windstill gewesen, als aber nachts der Sturm wieder kam, wurde es nur —20,4 Grad. Am nächsten Tag war das Reiten überaus schwierig. Wir ritten nach Südsüdost und hatten starken Südweststurm, so daß wir in den Kaskaden staubgemengter Luft, die am Erdboden hinjagten, beinahe erstickten. Es ist eine böse Tortur; die Hände sind nicht zu benutzen, das Kartenblatt zerreißt, und man fragt sich, ob man noch lebend in das nächste Lager gelangt! Das Gesicht verzerrt sich und erhält einen ganz anderen Ausdruck, denn in dem ungehemmten Wind zieht man unwillkürlich die Gesichtsmuskeln zusammen, um die Augen zu schützen, eine Menge überflüssiger Runzeln entsteht, und diese werden weiß von dem feinen Staub, der ihre Falten ausfüllt. Die Augen sind blutunterlaufen und tränen, die Tränen rollen die Backen hinab, gefrieren und fangen den Staub

92. Seine Exzellenz der Gouverneur Kladsche Tsering (links) und sein Sekretär.

93. Hladsche Tsering beim Aufbruch.

94. Hladsche Tserings Gefolge; links Lundup, der mich später am Dangra-jum-tso aufhielt.

95. Der Eilbote Ngurbu Tundup mit den letzten Briefen in die Heimat.

auf. Die Lippen sind geschwollen und gesprungen, und an den Nägeln platzt die Haut, so daß die Fingerspitzen bluten!

Endlich erreiche ich, mehr tot als lebendig, das Lager, wo die Leute mit größter Anstrengung Muhamed Isas Zelt aufgeschlagen und nach vielen Bemühungen schließlich auch ein Feuer angefacht haben, das nun, da es einmal im Brennen ist, in wild flackernden Flammen lodert und nach allen Seiten Funken in den Tanz der Wirbelwinde hineinsprüht. Ich eile hin, um mein Blut wieder in Gang zu bringen, aber das erfordert Zeit. Nach und nach werden die Gesichtsmuskeln wieder beweglich, nehmen ihre frühere Lage wieder ein und erhalten ihr früheres Aussehen zurück, und es zieht nicht mehr so in den Mundwinkeln, wenn man lacht, obgleich verwünscht wenig Veranlassung zum Lachen ist! Durch die Wärme angelockt, erscheint ein halbes Dutzend unserer letzten Maulesel am Feuer. Sonam Tsering will sie forttreiben, aber ich lasse die armen Tiere, die so durchfroren sind, dort stehen. Je weniger ihrer werden, desto mehr pflegen wir die Überlebenden, und ich hoffe immer noch, daß wenigstens einige von ihnen noch freundlichere Gegenden erreichen. Große Aussicht ist freilich dazu nicht, Gerste und Mais sind beinahe aufgezehrt, und an Reis ist auch nur noch ein Sackvoll da.

An solchen Abenden sehnt man sich nach einem warmen Bett! Draußen klingt es, als veranstalteten Artilleriewagen ein Wettrennen über unbehauenes Steinpflaster! Der Wind kommt in Stößen, als werde er wie der Pulsschlag hervorgepreßt. Man hört einen Windstoß im Grase sausen und weit hinten auf der Ebene ersterben, aber man hört gleichzeitig auch den nächsten in der Reihe, der sich wie ein Wasserfall aus dem Gebirge herabstürzt, und macht sich darauf gefaßt, daß er auf seiner wilden Jagd das Zelt fortreißt. Man denkt durchaus nicht mit Bedauern daran, daß der Tag sich jetzt seinem Ende nähert, sondern sehnt sich fort, fort — nur fort aus Tschang-tang!

24. November. In einem Monat ist heiliger Abend! Werden wir noch so lange beieinanderbleiben? Im vorigen Lager hatten die Tiere kein Wasser erhalten, und auch am heutigen Lagerplatz fanden wir nichts anderes als hartes Eis am Eingang einer sehr engen Talschlucht, so daß in der Nacht wieder zwei Maulesel verendeten und ihnen am Morgen ein dritter folgte. Auch mein Apfelschimmel war angegriffen; ich ritt nun einen großen gelben Gaul, der vorher das Boot und dann die Küchenkisten getragen hatte. Diese übernahm einer unserer besten Maulesel; er starb jedoch, noch bevor er den nächsten Lagerplatz erreichte, und ein Pferd mußte die Kisten holen.

Vier Maulesel an einem Tage! Jetzt hatte ich nur noch acht. Das

ganze Gepäck trugen die Yaks, die herrlichen Yaks! Als wir die Toten verließen, schlich ein Rudel Wölfe aus den Schluchten heran. Islam Ahun, der mich und Robert seit Rehim Alis Abenteuer begleitete, versuchte, sie zu verscheuchen, aber ohne Erfolg. Einen der Kadaver hatten vier große Geier schon übel zugerichtet; sie mußten früh angefangen haben, denn sie waren schon satt und hüpften nur langsam beiseite, als wir an ihnen vorüberritten. Die Raben warteten in einiger Entfernung, bis sie an der Reihe sein würden.

Von 58 Pferden und 36 Mauleseln waren uns nun noch zwölf und acht geblieben. Das Verhältnis zwischen den Überlebenden war also beinahe dasselbe, wie einst zwischen den ursprünglichen Zahlen. Es wäre jedoch übereilt, hieraus zu schließen, daß Pferde im Hochlande Tibets ebenso leistungsfähig seien wie Maulesel. Hätten wir statt der Jarkentpferde kleine, zähe Sanskaris besessen, so würde der Erfolg sicherlich zugunsten der Pferde gesprochen haben. Andererseits hatten wir aber nur Maulesel aus Poonch. Hätten wir statt ihrer tibetische gehabt, so würden sich diese wahrscheinlich besser bewährt haben als die Pferde. Aber in Ladak findet man nur selten tibetische Maulesel.

Weiter unten im Tal kamen wir an einem Mani=ringmo, einer Steinmauer, die mit Maniplatten bedeckt war, vorüber, und unsere Leute wurden beim Anblick dieser heimatlichen Denkzeichen ganz lebendig. Wir ritten auf eine Höhe mit weiter Aussicht. Im Südosten zeigte sich ein ziemlich großer See, den weiße Gipsfelder und Terrassen umgaben. Über drei, in sein westliches Ufer auslaufende Felskämme hinweg erreichten wir das Südufer, wo das Lager aufgeschlagen wurde. Dies mußte der Rinak=tschutsän sein, „die heiße Quelle des schwarzen Berges", denn alles stimmte mit der Beschreibung überein, die uns Lobsang Tsering davon gemacht hatte.

Unmittelbar südlich vom Rinak=tschutsän überschritten wir Bowers Route vom Jahre 1891. Wir bleiben nun wieder einige Tage in unbekanntem Land, bis wir Littledales Weg vom Jahre 1895, meinen eigenen von 1901 und den Nain Sings von 1873 schneiden.

Heute schrieben wir den 25. November, den Tag, den ich Oberst Dunlop Smith als den wahrscheinlichen meiner Ankunft am Dangra=jum=tso angegeben hatte. Die Post mußte also schon lange vor mir am See sein. Die Post? Wir wußten nicht einmal, ob wir am Ufer ein gastfreies Zelt finden würden oder eine undurchdringliche Mauer von Pferden und Soldaten und einen Zaun von Gabelflinten!

In der Nacht sank die Temperatur auf —33,2 Grad, die größte Kälte, die wir bisher gehabt hatten! Wir zogen aber südwärts und

nach tieferliegenden Gegenden. Obgleich der Winter noch andauerte, konnte er uns wohl kaum mit noch niedrigeren Kältegraden beschenken. Vier Tage lang ging es nun der Mittagssonne entgegen, langsam über Pässe und durch gewundene Täler, über kleine Ebenen, wo Kiangs ihr prächtiges freies Leben genossen, über einen hartgefrorenen Fluß und an Quellen vorbei, um die herum Eis smaragdgrün in der Sonne glänzte, vorüber an einer Schafherde und vier Zelten und schließlich auf eine offene, von Bergen eingeschlossene Ebene hinaus, die sich nach Süden hin senkte und in deren Mitte ein beinahe ausgetrockneter Salzsee infolge der Gips- und Salzkristallisationen, die sein Becken noch enthielt, einen Lichtschein ausstrahlte, der sich nur mit dem Glanze frischgefallenen Schnees vergleichen ließ.

Die Gegend hieß Mogbo-dimrop; am Fuß der roten Berge erblickten wir sechs von Steinmauern umgebene schwarze Zelte. Namgjal und Tundup Sonam fanden nur acht Bewohner, Kinder, Knaben und Greise, denn die kräftigen Männer und Frauen waren mit dem Vieh ausgezogen. Diese Nomaden gehörten in die Provinz Naktsang; sie standen also unter der Herrschaft des Devaschung in Lhasa, und konnten uns daher über das Land am Dangra-jum-tso, dessen Nomaden von Taschi-lunpo aus regiert werden, keine Auskunft geben. Yaks und Schafe wollten sie gern verkaufen, wenn wir so freundlich wären, morgen noch hier zu bleiben.

Nun wanderte Muhamed Isa nach den Zelten und kam voll düsterer Ahnungen wieder. Ein älterer Mann aus einem benachbarten Zeltdorf war angelangt und hatte die anderen gewarnt! In scharfem, befehlendem Ton hatte er erklärt: „Wir wissen, daß ihr einen Europäer bei euch habt, und denen ist das Land verschlossen. Hindern können wir euch jetzt nicht, aber wir werden uns hüten, euch Yaks und Schafe zu verkaufen, und Auskunft können wir euch auch nicht geben. Es wäre für euch am besten, wenn ihr schleunigst wieder umkehrtet, sonst geht es euch schlimm!"

„Wir sind auf der Reise zum Taschi-Lama, der uns erwartet."

„Hier geht uns der Taschi-Lama nichts an, wir stehen direkt unter der Regierung in Lhasa."

Tundup Sonam, der mitgegangen war, hatte gemerkt, daß zwei Jünglinge fehlten, und war überzeugt, daß sie als Eilboten an den nächsten „Bombo" oder Häuptling im Süden abgeschickt worden seien! Wir mußten also möglichst schnell auf ein Gebiet gelangen, das von Taschi-lunpo aus regiert wurde.

Später näherte sich ein Wanderer unserem Lager. Er sah zerlumpt und elend aus und sagte, daß er zu einer Gesellschaft von 35 Pilgern

aus Naktschu gehöre, die mit 600 Schafen und 100 Yaks den heiligen See und Berg in Ngari-korsum besucht hätten und nun auf dem Heimweg nach Naktschu seien, wo sie erst in drei Monaten anlangen würden. Die Wallfahrt nehme zwei Jahre oder noch länger in Anspruch, da sie überall, wo sie gute Weide fänden, tagelang und manchmal auch wochenlang blieben. Sie zögen auf der Nordseite des Tschargut-tso und benutzten eine altbekannte Pilgerstraße.

Am 1. Dezember brachen wir daher in aller Frühe auf und bei einer Kälte von 31,2 Grad, die wieder einem Maulesel das Leben kostete. Er wurde sofort von fünf Wölfen aufgefressen, die so dreist waren, daß sie nicht einmal aus dem Weg gingen, als wir vorüberritten. Da, wo wir die Hälfte unseres Weges zurückgelegt hatten, stand ein Zelt, dessen einzige Herren zwei bissige, hellgelbe Hunde zu sein schienen. Aber sicher waren die Bewohner nur zu furchtsam, um sich zu zeigen, betrachteten uns aber durch ihre Gucklöcher. In der Nähe des heutigen Lagers standen wieder Zelte, in denen meine gewöhnlichen Unterhändler zwei Yaks, drei Schafe und eine Kanne schmutziger Milch erstanden. Ehe die Tibeter sich auf den Handel einließen, hatten sie sich erst erkundigt, ob sich nicht ein „Peling", ein Europäer, unter uns befinde, und erklärt, daß sie unser Lager besuchen wollten, um sich davon zu überzeugen, daß das nicht der Fall sei. Es war ihnen aber erwidert worden, daß der Vornehmste unserer Gesellschaft ein „Kalun", ein hoher Beamter, aus Ladak sei und daß wir mehrere gefährliche Hunde hätten. Daraufhin hatten sie den Besuch aufgegeben. Doch als wir aufbrachen, fanden sich zwei von ihnen ein, und Muhamed Isa nahm den einen als Führer mit. Der andere blieb bei uns stehen und betrachtete mich prüfend darauf hin, ob ich ein „Peling" oder ein „Kalun" sei. Klar ist ihm die Sache gewiß nicht geworden, denn er sah außerordentlich bekümmert aus, als wir fortritten.

Heute verirrten Robert und ich uns. Wir hatten den Hadschi als Führer mitgenommen, aber er verlor die Fährte und ging in seiner Dummheit aufs Geratewohl weiter. Als er dann die Spur wieder suchen sollte, ließen wir uns auf einer offenen Stelle an einem Feuer nieder, während der Sturm über uns hinsauste, und sahen dunkle, drohende Schneewolken über das Gebirge im Norden hinziehen. Schließlich wurde Muhamed Isa unruhig und schickte Späher aus, die die Vermißten endlich wieder aufspürten.

Das Lager Nr. 77 war in die höheren Regionen eines Nebentales verlegt worden, wo eine Quelle zu gewaltigen Eisschollen gefroren war. Am Feuer trafen wir zwei Fremde mit roten Turbanen, um die sie

ihren Zopf gewickelt hatten, mit elfenbeinernen Ringen, silbernen Götter=
dosen und Pelzen, die mit roten und grünen Bändern verziert waren;
sie waren mit Säbeln bewaffnet, die in silberbeschlagenen, reich mit
schlechten Korallen und Türkisen besetzten Scheiden staken; sie trugen
neue bunte Filzstiefel und hatten ihre schwarzen Musketen über die Achsel
gehängt. Sie gehörten zu der Pilgerschar aus Naktschu. Unsere Ladakis
waren jedoch überzeugt, daß sie nur gekommen seien, um zu spionieren.
Wenn wir ihnen zu stark erschienen, würden sie — wie es auch geschah
— nur fragen, ob wir etwas zu verkaufen hätten, im anderen Fall
aber unsere Pferde stehlen. Sie traten indessen sehr höflich auf, waren
außerordentlich freundlich und versprachen, am nächsten Morgen mit
einigen Yaks und Schafen, die wir kaufen könnten, wiederzukommen.

„Wir bleiben bei euch, bis es dunkel ist und kommen schon vor
Tagesanbruch wieder. Denn wenn jemand sähe, daß wir mit einem
‚Peling‘ Handelsgeschäfte machen, würde es uns teuer zu stehen kommen!“

„Ihr braucht durchaus nicht bange zu sein, wir werden euch nicht
verraten“, sagte ich.

„Auch wenn ihr uns verratet, Bombo Tschimbo, erwischt man uns
nicht so leicht. Es gibt viele Naktschupilger auf dem Weg nach dem
heiligen Berge Kang=rinpotsche (Kailas).“

„Beruhigt euch und kommt mit den Tieren, ihr sollt gut bezahlt
werden.“

„Gut. Aber sagt, seid ihr nicht der Peling, der vor fünf Jahren
mit zwei Begleitern nach Naktschu kam und vom Gouverneur zum Um=
kehren gezwungen wurde?“

„Ja, das war ich.“

„Wir selbst haben euch nicht gesehen, aber die ganze Provinz sprach
von euch, und ihr hattet Schereb Lama als Führer. Ihr hattet auch
eine große Karawane mit Kamelen und mehrere Russen in eurem Dienst.“

„Wie könnt ihr euch alles dessen noch erinnern?“

„Ach, man redete viel davon: es wäre ein Wunder, wenn ihr den
Räubern entgehen würdet.“

An dieser wenig schmeichelhaften Popularität erkannte ich klar, daß,
wenn selbst die gewöhnlichen Leute so genau über mich unterrichtet waren,
es den Behörden leicht sein mußte, meinen Spuren zu folgen. Jetzt wuß=
ten die Tibeter also schon, daß ich und kein anderer nach dem Herzen
des verbotenen Landes zog! Wie schnell mußte diese Tatsache auf den
Flügeln des Gerüchtes nach Süden dringen! Wie schnell würde der
Devaschung mir halt gebieten! Wo würden unsere stolzen Wogen sich
brechen, ein unerbittliches „Bis hierher und nicht weiter!“ sich auf einem

Hintergrund von Vorderladern und blanken Säbeln auf meinem Wege erheben? Ja, wo würden meine Träume wieder in Scherben gehen und die Pulse meiner Sehnsucht zu schlagen aufhören?

Am Morgen, als die Pilger wiedergekommen waren, wurde ich sehr früh geweckt und ging hinaus, um mir den Markt zu besehen, der wie mit einem Zauberschlag aus dem Schutt der Wildnis herausgewachsen war. Die Sonne war noch nicht über das Gebirge gestiegen, das Lager lag in eiskaltem Schatten, und die Luft war trübe und rauh. Der Rauch ringelte sich zum Ersticken dick von den Feuern empor, und durch seine Wolken erblickte ich sechs vortreffliche Yaks mit aufgelegten Holzsätteln. Die Tibeter in ihrer malerischen Tracht mit den an ihrer Seite klappernden Säbeln, Messern und Anhängseln gestikulierten lebhaft und hoben mit einem Schwall gewählter Worte die außerordentlichen Eigenschaften der Grunzochsen hervor. Das Ende vom Liede war, daß alle sechs Yaks in meinen Besitz übergingen und ich außerdem noch zwei Pakete Ziegeltee, einen Sack Bhutantabak und ein paar Magen Butter kaufte. Robert stapelte die blanken Silbermünzen in meiner Zelttür in Reihen auf, und die Augen der Tibeter glänzten vor Freude bei dem Anblick so vielen Geldes und beim Hören des hellen Silberklanges. Einige leere Blechdosen und eine ditto Zigarettenschachtel wanderten wie gewöhnlich vorn in den Pelz.

„Kennt ihr den Weg nach Süden?" fragte ich.

„Ja, den kennen wir schon."

„Habt ihr Lust, uns zu begleiten, so erhaltet ihr täglich drei Rupien."

„Lust hätten wir wohl dazu, aber wir wagen es nicht."

„Wovor fürchtet ihr euch?"

„Wir haben gehört, daß im Süden dieses Passes das Land aufgeboten wird und daß man Soldaten sammelt, um euch das Weiterreisen unmöglich zu machen. Wir müssen schnell nordwärts. Die unseren sind schon vorausgezogen."

„Wo glaubt ihr, daß die Soldaten uns erwarten?"

„Das weiß niemand, aber daß man sie versammelt, ist sicher."

„Was haben sie, euerer Ansicht nach, mit mir vor?"

„Sie werden euch hindern, weiter nach Süden zu gehen, wollen euch aber nichts zuleide tun."

„Woher wißt ihr das?"

„Weil der Bombo Tschimbo das vorige Mal freundlich war und sich nicht weigerte nach Westen zu ziehen, als sie es verlangten."

„Welchen Weg werden sie mich nun wohl ersuchen einzuschlagen?"

„Wahrscheinlich denselben wie damals, nach Ladak."

Das Silbergeld klapperte in den Blechschachteln, als sie zu Pferde stiegen und talabwärts verschwanden, während wir, jetzt Eigentümer von achtzehn prächtigen Yaks, uns mühsam nach dem kleinen, aber steilen Paß, dessen Sattel sich über dem Lager 77 erhob, hinaufarbeiteten. Man hatte eine weite Aussicht nach Süden auf seitliche Kämme, die durch breite Täler voneinander getrennt waren. Aber lange dauerte es nicht, bis heftiges Schneegestöber uns von dort verjagte. Erstarrt vor Kälte ritten wir in das ebene Land hinab.

Von der Ebene aus deutete der Hadschi mit der Hand nach dem Paß zurück — dort hoben sich drei Reiter schwarz vom Schnee ab; sie ritten in starkem Trabe bergab und hatten uns bald eingeholt. Ihre schwarzen, schnaubenden Pferde dampften, sie selber trugen Flinten an Schulterriemen und Säbel im Gürtel. Die rotvioletten Mäntel hatten sie zusammengefaltet hinter sich auf dem Sattel und ritten in Schaf=pelzen, die schwarz und fettig aussahen vom Ruß der Lagerfeuer und dem Blut und Fett des getöteten Wildes, das im Lauf der Jahre zu einer blanken, von Rissen durchfurchten Kruste erstarrt war. Da ich das Ziel ihres Rittes gewesen war, folgten sie uns auf den Fersen, mäßigten dann ihre Eile und ritten an meine Seite (Abb. 85). Kurz und dreist fragte ein grober Kerl:

„Was seid ihr für Leute?"

„Pilger."

„Woher kommt ihr?"

„Aus Ladak."

„Wohin reist ihr?"

„Nach dem Dangra=jum=tso."

„Leute, die aus Ladak kommen, kommen nie von Norden!"

„Das ist gern möglich, aber wir kommen von Norden. Wo seid ihr selbst gewesen?"

„Bei Verwandten, die im Osten lagern. Wir haben noch zwei Tagereisen bis nach Hause."

Darauf spornten sie die Pferde und ritten nach meiner Karawane, die im Schutz eines Felsens lagerte. Hier ließen sie ihre Tiere grasen, betrugen sich, als ob sie zu Haus wären, und unterwarfen Muhamed Isa demselben Kreuzverhör. Kurz vor Sonnenuntergang ritten sie nach Westen weiter. Ich hatte das unbehagliche Gefühl, daß sich etwas Ver=hängnisvolles, etwas Entscheidendes vor uns zusammenbraue und unser Schicksal sich vielleicht schon morgen entscheiden werde. Denn es war sonnenklar, daß die Männer nur Spione gewesen sein konnten. Sie waren eine Patrouille der vielköpfigen Schar von Eilboten, die auf

Befehl von Lhasa in alle Täler geschickt wurden, um die Kriegstüchtigen zusammenzutrommeln. Bald würden wir diese unbestechlichen Reiter wie Pilze aus dem Boden aufschießen sehen!

Zu unserer Stimmung, in Erwartung des Schicksals, das uns erwartete, paßten auch das Lager 78 und das Wetter. Weide war nicht vorhanden, nur Eis, und das Brennmaterial war erbärmlich. Undurchdringliche Wolken verbargen den Himmel, auf den Bergen schneite es, der Nordweststurm heulte klagend um alle Ecken und jagte Asche und Dungfasern in Wirbeln umher, so daß sie auch in mein Zelt hineintanzten, wo die Hunde in einer Ecke zusammengerollt lagen, um einander zu erwärmen.

Am 4. Dezember ließen wir wieder einen Maulesel zurück. Das Land lag unter einer Schneedecke, und der Ritt war schrecklich kalt, Eiszapfen bildeten sich am Schnurrbart, und mein rechter Fuß wurde gefühllos. Hunderte von Antilopen und Kiangs weideten auf der linken Seite unserer Straße; die Hunde stürmten auf sie los, kehrten aber bald wieder um, da jene sich nicht von der Stelle rührten. Menschen zeigten sich nicht; wir glaubten, daß der eigentliche Widerstand erst am Bogtsang-tsangpo erfolgen werde, also gerade da, wo man mich das letztemal gezwungen hatte, mich wieder westwärts zu wenden.

Aber nicht einmal am Bogtsang-tsangpo, den wir am nächsten Tag erreichten und überschritten, zeigte sich etwas Verdächtiges. Wir beruhigten uns wieder und ruhten am 6. Dezember noch hier, in einer Höhe von 4767 Meter. Unser Vorrat an Reis und Mehl war aufgezehrt, nur für mich war noch ein wenig da, so daß ich jeden Morgen und Abend mein frischgebackenes Weißbrot erhielt. Die anderen aber mußten ausschließlich von Schaffleisch leben, so daß jeden Tag mindestens ein Schaf draufging.

Gerade als Tundup Sonam und zwei der anderen von einer Rekognoszierung, die uns sechs fette Schafe einbrachte, heimkehrten, sahen wir wieder sechs Männer zu Fuß auf unser Lager zukommen. Unser Großwesir Muhamed Isa mußte sie erst empfangen, ehe sie vor mich gebracht werden durften. Der vornehmste von ihnen stellte sich selber vor:

„Ich bin der Gova (Distriktschef) dieser Gegend und habe von Norden Nachricht erhalten, daß ihr auf dem Weg nach Süden seid. Vor fünf Jahren seid ihr hier mit 25 Kamelen vorbeigezogen. Ich komme jetzt, um euch zu fragen, wie ihr heißt, wie viele Diener und Lasttiere ihr habt und wohin ihr wollt."

„Warum stellt ihr diese Fragen?"

„Weil ich dem Gouverneur von Naktsang Nachricht geben muß; sonst schneidet er mir den Hals ab!"

96. Der Paß von La-rock. Manis mit flatternden Gebeten.

97. Am Ufer des Brahmaputra bei Lamo-tang.

98. Ein Haus im Dorf Rungma.

99. Das Tal des Tsangpo westlich von Lamo-tang.

Er erhielt die gewünschte Auskunft und fragte dann:

„Will der Bombo Tschimbo so freundlich sein und hier warten, bis die Antwort eintrifft?"

„Wo ist der Gouverneur von Naktsang?"

„In Schansa-dsong am Kjaring-tso."

„Wie lange dauert es, bis ein Bote ihn erreicht?"

„Zehn Tage."

„Die Antwort würde also in zwanzig Tagen hier sein. Nein, danke, so lange zu warten habe ich keine Zeit."

„Ihr müßt aber doch drei Tage hierbleiben, bis ich mir einen Schreibkundigen habe kommen lassen."

„Nein, ich breche morgen auf."

Soweit war demnach alles gut gegangen. Anstatt auf eine Kriegsmacht zu stoßen, fand ich das Land noch zwanzig Tage offen! Nachher aber würde es anders werden; der Gouverneur von Naktsang würde mich keinen Schritt weiter nach Süden lassen, ich kannte ihn aus dem Jahre 1901 und wußte, daß er unerbittlich war! Im allerbesten Fall würde er uns festhalten, bis die Antwort der Regierung eintraf; ich hätte wie Dutreuil de Rhins und Grenard einen, wenn nicht gar zwei Monate warten müssen.

Unser Häuptling verfolgte aber auch seine eigene kleine Privatpolitik und sagte, das Verhältnis zwischen dem Devaschung und Indien sei jetzt freundlich und er werde uns daher wie Freunde behandeln. Uns Lasttiere verkaufen oder uns gar Führer zu geben, wage er ohne Befehl des Gouverneurs nicht, aber alle Auskunft, die ich begehrte, wolle er mir gern erteilen. Er nannte uns auch einige Namen, die mit den von Nain Sing angegebenen übereinstimmten und zeigten, wie gewissenhaft der berühmte Pundit seinen Auftrag ausgeführt hat. Den im Norden unseres Lagers liegenden Kegel nannte er Tugu-lhamo; der Gobrang ist ein Bergrücken nordöstlich davon, und ein Nebental heißt Ragok. Nain Sing nennt dafür Dubu Lhamo, Gobrang und Ragu. Er berechnete die Entfernung nach dem Dagtse-tso, dem Salzsee, an dem ich im Jahre 1901 an der Mündung des Bogtsang-tsangpo lagerte, auf neun Tagereisen. Daß Nain Sing sich hier im Irrtum befindet und den Fluß sich in den Tschargut-tso ergießen läßt, ist leicht erklärlich, da er nicht selbst dort gewesen ist und sich zu sehr auf die oft unzuverlässigen Angaben der Häuptlinge verlassen hat.

Im Lauf des Abends war der Häuptling noch freundlicher geworden und hatte unter dem Vorwand, daß er uns im Auge behalten müsse, den Vorschlag gemacht, uns drei Tage zu begleiten. Er werde

jedoch in einiger Entfernung von uns bleiben und sich, wie die Nachteule, nicht eher bei mir einstellen, als bis es ganz dunkel geworden sei. In der Nacht schlug er sein oben grünes, unten weißes Häuptlingszelt neben unseren Zelten auf.

In fünfeinhalb kurzen Tagereisen zogen wir nun ostwärts am Bog=tsang=tsangpo entlang, teils in unmittelbarer Nähe des Flusses, teils in Paralleltälern auf seiner Südseite. Am 7. Dezember verloren wir ihn aus dem Gesicht, aber in der Gegend von Pati=bo kam er durch ein schmales Quertal wieder. Nach Osten hin ist sein Gefälle außerordentlich langsam, und der Fluß schlängelt sich in den tollsten Bogen, so daß der Pfad das Ufer nur an den Südkrümmungen berührt. Eine Menge Feuersteine und ge=mauerte Herde zeigt, daß viele Nomaden den Sommer am Bogtsang=tsangpo zubringen. Die Wassermasse ist sehr unbedeutend, da der Fluß hauptsäch=lich von Quellen gespeist wird, die ihre Nahrung nur von den Herbstregen erhalten, im Winter aber versiegen. Überall liegt dickes Eis, das infolge des beständigen Sinkens des Flusses stark konkav wird. Die Bergketten auf beiden Seiten ziehen in ostwestlicher Richtung; manchmal sieht man im Süden gleichzeitig drei solche Kämme. Oft wundert man sich über die Launenhaftigkeit des Flusses, mit einer scharfen Biegung einen felsigen Bergkamm zu durchschneiden, und meint, es müsse für ihn doch viel be=quemer sein, in dem bisherigen offenen Längstal weiterzufließen. Aber wie die meisten Gebirgsländer, bietet Tibet viel rätselhafte, schwer zu be=antwortende Probleme solcher Art. Da, wo auf unserer Seite relativ warme Quellen münden, ist der Fluß eine kleine Strecke weit offen. In einigen solcher Waken fing Robert Fische, eine sehr angenehme Abwechs=lung unserer einförmigen Kost.

Nachts hatten wir meist 30 Grad Kälte, am 12. Dezember —31,5 Grad. Die Karawane bestand jetzt außer den 18 Yaks nur noch aus 11 Pferden und 4 Mauleseln! Die Yaks sind nicht an lange Tages=märsche gewöhnt, so daß wir sehr langsam nach Osten vorrückten. Wir konnten die Märsche nicht beschleunigen, so gern wir auch gewollt hätten. Auch unter den Leuten kränkelten nun mehrere, und die Apotheke wurde fleißig benutzt. Besonders litt Muhamed Isa an heftigen Kopfschmerzen, und manch liebes Mal, wenn wir vorbeiritten, lag er hingestreckt auf dem Rücken an der Erde. Er bekam Antipyrin und Chinin, und ich gab ihm den Rat, möglichst wenig zu Fuß zu gehen.

Der Häuptling fühlte sich bei uns immer heimischer und beobachtete die bisherigen Vorsichtsmaßregeln nicht länger. Manchmal sprach er unterwegs bei Nomaden vor, sein Zelt aber wurde stets inmitten der unseren aufgeschlagen. Täglich brachte er mir einen oder zwei Nomaden;

sie erteilten Auskunft über das Land und verkauften uns Milch und Schafe. Mehrere waren aus Ombo, einem Dorf und einer Gegend am Nordufer des Dangra-jum-tso, wo ein paar steinerne Hütten stehen und Gerste gebaut wird. Die Weide soll um den See herum so erbärmlich sein, daß die Bewohner seiner Ufer im Winter mit ihren Herden nordwärts ziehen müssen. Von einem Postboten aus Schigatse hatten sie leider nichts gehört, ebensowenig aber von einem gegen uns gerichteten Aufgebot.

Am 12. Dezember verließen wir den Bogtsang-tsangpo und schlugen die Richtung nach Südosten ein. Am Abend erhob sich heftiger Sturm, und das Temperaturminimum sank auf nur —10,3 Grad; in der vorhergehenden Nacht hatten wir noch 31,5 Grad Kälte gehabt!

Nachdem über Nacht noch ein Maulesel verendet war und die überlebenden Tiere sorgfältig vor den außergewöhnlich dreisten Wölfen hatten behütet werden müssen, brachen wir am 13. Dezember nach dem Paß La-ghjanjak (5161 Meter hoch) auf, wo ein Steinmal in Pyramidenform die Wasserscheide zwischen dem Bogtsang-tsangpo und dem Dangra-jum-tso bezeichnet (Abb. 86). Den Fluß sieht man in seinem Tal bis an seinen Endsee Dagtse-tso sich hinschlängeln; der Dangra-jum-tso ist noch nicht sichtbar, aber zwischen zwei gewaltigen Gebirgsstöcken ahnt man seine Talmulde. Dort liegt der heilige See, der so lange mein Ziel gewesen war und wohin ich den Oberst Dunlop Smith gebeten hatte mir meine Post zu schicken! Im Südosten erhoben sich über einem Meer von Bergeswellen zwei dominierende Schneegipfel, und in derselben Richtung zeigte sich ein kleiner, runder See, Tang-jung-tsaka genannt, den bereits Nain Sing gesehen hat, aber Tang-jung-tso nennt. Das Land macht einen verlassenen, menschenleeren Eindruck; keine Reiter sprengten durch die Täler, um uns den Weg zu versperren! Weiter abwärts kamen wir an zwei Zelten vorüber, deren Bewohner uns sagten, daß wir auf einem falschen Weg seien, wenn wir nach dem Dangra-jum-tso wollten, da man dorthin in vier kurzen Tagereisen in direkt südlicher Richtung gelange. Ganz Naktsang wußte, wie sie behaupteten, daß ein „Peling" sich nahe, ein Gerücht, das sich jedoch augenscheinlich von Norden, nicht von Süden her, verbreitet hatte. Wenn der Postbote wirklich am See angelangt war, mußte er erfahren, daß wir uns in der Nähe befanden, und würde uns aufsuchen.

Jetzt waren es wieder 31,1 Grad Kälte, und wir ließen die Tiere einen Tag verschnaufen. Währenddessen machte ich mit Robert und Schukkur Ali eine Fußwanderung durch einen ungewöhnlich wilden, malerischen Talgang, der stellenweise wenig über einen Meter breit, zwischen

senkrechten Bergwänden eingeschnitten war. Manchmal ist der Boden
durch abgestürzte Blöcke ausgefüllt, die den Weg versperren, im übrigen
aber füllt ihn ein Bach aus, dessen Wasser jetzt gefroren ist. Auch die
Stromschnellen und Wasserfälle dieses Baches bestanden aus glashellem
Eis und schimmerten blaugrün in der Tiefe des Tales, wo die Sommer=
flut seltsame Grotten ausgehöhlt hat. Hier wurde der Wind wie in
einem Blasebalg zusammengepreßt und tobte und pfiff um die Felsenvor=
sprünge. In einer Erweiterung des Tales zündeten wir ein Feuer an
und hielten Rast. Längs der Felswand über uns schwebten sechs stolze
Adler, ohne die Flügel zu bewegen.

Verabredetermaßen kam uns Rabsang mit einigen unserer Yaks ent=
gegen, so daß wir nach Hause reiten konnten. Aber er brachte auch be=
unruhigende Nachrichten. Bei den Zelten, die wir gestern weiter aufwärts
im Tal gesehen hatten, hätten sich zwölf bewaffnete Reiter versammelt,
um uns den Weg zu verlegen. Es sei nämlich durch einen Eilboten
Nachricht aus Schigatse gekommen, daß man mich nach Norden zurück=
zutreiben habe! Ich stellte weiter keine Frage, unser Heimritt ging schwei=
gend vor sich. Es war ein zu bitteres Gefühl, gerade jetzt — nun ich
vom La=ghjanjak auf das große unbekannte Land hinabgeschaut hatte,
das nur von Nain Sings Route im Jahre 1874, die ich an einem ein=
zigen Punkt zu kreuzen beabsichtigt hatte, durchschnitten wird — alle die
schönen Entdeckungen, von denen ich so lange geträumt hatte, wie Nebel=
bilder verblassen zu sehen. Und besonders grämte ich mich in dem Ge=
danken, daß später andere hierherkommen und mir diese Eroberungen
rauben würden! Erinnerungen vom verflossenen Herbst und Vorwinter
summten mir im Kopf; die gewaltige Brücke, die wir über Tschang=tang
gespannt, hatte bis jetzt gehalten, im letzten Augenblick waren uns die
Nomaden zu Hilfe gekommen. Eine schöne, kühne Reise war es bisher
gewesen, aber ich hatte sie immer nur als ein Vorspiel der stolzen Pläne
betrachtet, die mich des Nachts wach hielten und während der trostlos
langen Ritte meine Gedanken fesselten. Und nun wurde ihnen der Todes=
stoß versetzt! Jetzt sollten sich meine Siegesträume in blauen Dunst
auflösen wie der Rauch des Lagerfeuers, das den südlichsten Punkt meines
Vordringens in das verbotene Land bezeichnete!

Siebzehntes Kapitel.

Weihnachten in der Wildnis.

Sehr niedergeschlagen, aber äußerlich ruhig stieg ich vom Yak und ging in mein Zelt, als gerade Tsering das Kohlenbecken brachte. Das Zelt erschien mir öder als sonst, das Kohlenbecken erregte in mir ein Gefühl der Müdigkeit, und mir war als merkte ich in diesem Augenblick erst, wie einsam und schwer mein Leben diesen ganzen Winter hindurch gewesen war. Aber Tsering war ebenso selbstbewußt wie immer und kratzte mit seinen Schmiedfingern im Feuer, um einige noch qualmende Dungkohlen zu entfernen.

„Nun siehst du, daß ich doch recht hatte! Wie oft habe ich euch gesagt, daß man uns am Bogtsang-tsangpo Halt gebieten wird", sagte ich.

„Halt gebieten?" rief Tsering erstaunt aus.

„Ja, jetzt sitzen wir fest! Aber ich gehe keinen Schritt von der Stelle, ehe die Tibeter mich nicht mit einer neuen Karawane versehen haben, selbst wenn der ganze Winter darüber hingehen sollte. Nachher ziehen wir nordostwärts, suchen die mongolische Pilgerstraße und eilen nach Peking. Ich will die Mandarinen zwingen, mich die Teile von Tibet, wo noch kein Europäer gewesen ist, sehen zu lassen!"

„Ich verstehe nicht, was der Sahib meint; bis jetzt hat uns ja noch keiner gehindert, und nach Süden hin liegt das Land offen vor uns."

„Was sagst du da? Sind sie nicht gerade heute gekommen, um uns am Weiterziehen zu hindern?"

„Nein, im Gegenteil, bei Muhamed Isa sitzen drei Tibeter und sind eitel Höflichkeit und Freundlichkeit."

„Hat Rabsang mir und dem Babu Sahib (Robert) denn einen Streich gespielt?"

„Ach," antwortete Tsering lachend, „jetzt verstehe ich die Geschichte! Rabsang war heute morgen bei den oberen Zelten und hat sich dort von einem Tibeter bange machen lassen, der ihm gesagt, man würde uns zwingen, zu bleiben, wo wir sind, weil wir nicht berechtigt seien, durch

Naktsang südwärts zu reisen. Aber das waren nur die eigenen Gedanken des Tibeters, und Rabsang, der gleich nachher mit den Yaks nach dem Tale gehen mußte, hat gar nicht gehört, was bei uns wirklich vorgegangen ist."

„Schön, Tsering, schlachte das fetteste Schaf, das wir haben und lade alle zu dem Schmause ein; ich will Nieren haben, in ihrem eigenen Fett gebraten!"

Jetzt erschien mir das vom Sturm gepeitschte Zelt bequemer als je zuvor, und das Kohlenbecken strömte gemütliche, freundliche Wärme aus! Ich saß noch in Gedanken vertieft und fragte mich, ob dies vielleicht ein gutes Omen sei, da kündigte Muhamed Isa mir den Besuch der drei Tibeter an. Ich bat sie, sich ans Kohlenfeuer zu setzen. Mich an den Vornehmsten wendend, der einen blutroten Pelz mit ziegelroter Fuchspelzmütze trug, fragte ich, wer er sei.

„Ich bin Karma Tamding aus Tang-jung", antwortete er, und ich wunderte mich, daß er sofort seinen Namen nannte, wovor sie sonst oft Angst haben, weil die Kenntnis des Namens zu Repressalien seitens der Machthaber führen kann.

„Wir sind hier also in der Provinz Tang-jung?"

„Ja, Bombo Tschimbo, der Paß, den ihr gestern überschritten habt, ist ihre Nordgrenze; nach Westen hin erstreckt sich Tang-jung drei Tagereisen weit, nach Osten auch drei und nach Süden bis an den Dangrajum-tso."

„Warum bist du in mein Zelt gekommen, Karma Tamding? Hat ein Höherstehender es dir befohlen?"

„Nein, aber tolle Gerüchte sind hier einige Zeit im Umlauf gewesen. Erst war da ein altes Weib, das wissen wollte, von Norden her kämen zweihundert Leute. Große Räuberbanden aus Naktschu haben die Nomaden im Norden ausgeplündert, und wir hielten es für sicher, daß es die Räuber seien, die nun auch in unser Land kämen. Vorgestern hörten wir nun, daß es nur ein friedlicher Europäer sei, der unseren Leuten allerdings auch Yaks, Schafe, Butter und Milch abnehme, aber stets gut dafür bezahle. Ich bin nun gekommen, um mir unsere Gäste mit eigenen Augen anzusehen, und ich freue mich sehr darüber, statt der Räuberbande euch zu finden."

„Du hast also nicht gehört, daß irgendein Bote aus Schigatse sich nach uns erkundigte?"

„Nein, kein Wort. Aber gerade heute habe ich gehört, daß ein Eilbote vom Bogtsang-tsangpo nach Schansa-dsong abgeschickt worden ist und daß von dort Eilboten nach Lhasa gehen sollen."

„Willst du so gefällig sein, uns Yaks zu verkaufen, Karma Tambing?"

„Ja, gern. Ich habe euch übrigens auch vor fünf Jahren am Bogtjang-tsangpo gesehen. Da wurdet ihr mit einer großen Eskorte und zwei Offizieren über die Grenze geschafft, aber jetzt scheinen die Europäer zum Durchzug durch das Land berechtigt zu sein."

„Willst du uns Führer besorgen?"

„Gern, aber welchen Weg gedenkt ihr einzuschlagen? Wenn ihr nach dem Dangra-jum-tso gehen wollt, müßt ihr über den Kam-la, der ein Ende weiter aufwärts in diesem Tale liegt. Zieht ihr den Weg am Ngangtse-tso vor, dann müßt ihr nach Osten weiter. Uns ist es einerlei, welchen Weg ihr einschlagt, aber ich muß es genau wissen. Ich reite dann nach meinem Zelt zurück und hole geröstetes Mehl, das ihr kaufen könnt, wenn ich euch in einigen Tagen eingeholt haben werde. Yaks schicke ich morgen früh her."

Karma Tambing sah mir so zuverlässig aus, daß ich ihm die Hälfte des Kaufgeldes als Vorschuß gab, und am folgenden Morgen kaufte ich drei Yaks zu je 20 Rupien und erhielt einen Wegweiser, der uns über zwei schwer zu überschreitende Pässe ostwärts nach der Gegend Rara führte, und am 16. Dezember über den Pike-la (5169 Meter), eine Schwelle in einem Längstal, das mit dem des Bogtsang-tsangpo parallel läuft.

Durch einen unserer drei Maulesel, der nicht weiterkonnte, wurden wir veranlaßt, das Lager schon früh aufzuschlagen. Auf zitternden Beinen kam das Tier ans Feuer und legte sich nieder. „Sein Tod wird wohl die erste Kunde sein, die ich morgen erhalte", dachte ich; aber so lange brauchte ich nicht zu warten, denn noch ehe die Sterne zu funkeln begannen, lag er steif und kalt im Rauch des Lagerfeuers. Jetzt waren nur noch zwei der Maulesel aus Poonch übrig!

Nun kam Karma Tambing angeritten in Begleitung von zwölf anderen Tibetern, darunter zwei Frauen. Sie setzten sich um das Feuer und besahen mich; und ich besah sie. Die ältere Frau hatte einen schönen Schafpelz und auf der Stirn einen Schmuck von herabhängenden Korallen und Silbermünzen aus Lhasa. Die jüngere war ebenso angetan und hatte eine großartige Lammfellmütze. Man sah daher nicht viel von ihr, aber das Bißchen, was man sah, war unglaublich schmutzig. Die Männer waren kräftig und ebenmäßig gebaut — man sah es, wenn sie den rechten Ärmel auszogen und die Brust an dem wärmenden Feuer entblößten.

Als wir einander genug angesehen und ich erfahren hatte, daß der kleine, in der Nähe liegende See Tarmartse-tso heiße, kroch die ganze

Gesellschaft in Muhamed Jsas Zelt, um ihm ihre Eßwaren zum Kauf anzubieten. Dort wurde für ganze 68 Rupien geröstetes Mehl und Gerste erstanden; es war eine Freude zu sehen, mit welchem Appetit unsere zwölf letzten Tiere ihre Gerstenbeutel leerten; sie hatten ja schon so lange mit dem schlechtesten Gras der Wildnis vorlieb nehmen müssen!

Am folgenden Morgen verabschiedeten wir uns von dem redlichen Karma Tamding. „Auf der Grenze von Naktsang trefft ihr einen älteren Mann, der Tschabga Namgjal heißt und ebenso nett ist wie ich", war das letzte, was er sagte. Wir zogen nun auf unserer langen Winterreise durch Tibet weiter, in demselben bequemen Längstal nach Osten hin, und lagerten in der Gegend Neka, deren ominöser Name (schwedisch: Nein sagen) uns vielleicht hätte verhängnisvoll werden können, wenn der Oberhäuptling von Tang=jung, der hier sein Hauptquartier hat, gerade zu Hause gewesen wäre! Glücklicherweise aber war er vor kurzem mit Weib und Kind zum Neujahrsfest nach Taschi=lunpo gereist und hatte seine großen Yak= und Schafherden der Obhut seiner Diener und seiner Hirten überlassen. Sie verkauften uns Milch und Butter, mißbilligten aber meinen Einfall, die gutmütigen Fische eines in der Nähe liegenden Quellbeckens in ihrem Frieden zu stören. Innerhalb einer Stunde hatte ich 25 Stück auf dem Trocknen, die uns zum Mittagessen herzlich willkommen waren. Robert war schon einige Tage unwohl gewesen und bekam jetzt hohes Fieber, das ihn ans Bett fesselte. Sonam Tsering litt an einer seltsamen Bergkrankheit, infolge deren sein ganzer Körper anschwoll und einen violetten Farbenton annahm. Zwei andere hatten Krämpfe, und der Apothekenkasten stand daher wieder offen. Sonam Tserings Zelt glich einem Lazarett, in dem alle Kranken ein schützendes Dach fanden, sobald sie arbeitsunfähig waren. Nur der alte Guffaru war noch immer gesund, arbeitete für zwei und hatte für sein aus Leh mitgenommenes Leichentuch noch keine Verwendung! Sein großer weißer Bart war vom Rauch der Lagerfeuer gelb geworden, und seine Hände, die im Winter so froren, waren dunkel und hart wie Holz. Um den Invaliden Ruhe zu geben, blieben wir zwei Tage im Lager Nr. 90 liegen. Mein Apfelschimmel aus Jarkent wäre beinahe in einem Quelltümpel ertrunken; zum Glück wurde er vom Lager aus gesehen, und zehn starke Männer zogen ihn wieder aus dem Schlamm. Dann mußte er am Feuer trocknen, wurde massiert und mit Filzdecken umwickelt. Aber seine Tage waren gezählt.

Am 20. Dezember ritten wir in dem mit dem Bogtsang=tsangpo parallellaufenden Längstal weiter und lagerten an der Mündung eines Quertales, das zu dem südlichen Gebirge gehört und Kung=lung heißt.

100. Haus und Garten des Taschi-Lama in Tanak.

101. Der Tsangpo mit Eisgang, östlich von Tanak.

102. Fellboote auf dem Tsangpo.

103. Pilger auf der Reise nach Taschi-lunpo.

Überall sieht man zugefrorene Quellen — je weiter wir nach Süden gelangen, desto mehr sehen wir das Land vom Monsunregen Nutzen ziehen. Der von Milliarden Mauselöchern durchsiebte Boden gleicht einem schwedischen Brotfladen; die Löcher liegen so dicht nebeneinander, daß für noch mehr kein Raum ist. Die Erdmaus führt hier dieselbe Auflockerungs= und Durchpflügearbeit aus, wie der Regenwurm in unserm Humus; neben jedem Loch liegt ein Häufchen aufgeworfener Erde. Doch der Graswuchs hat davon keinen Nutzen, denn die Erdmäuse leben von den Wurzeln und ruinieren das Gras.

Als wir die Grenze zwischen Tang=jung und Naktsang überschritten hatten und gerade am Quellbach des Kung=lung=Tales Lager schlugen, erschienen plötzlich wieder drei Reiter mit Flinten, die demselben Ziel zueilten, und hinter ihnen ein schwarzer Haufen, wohl Soldaten! Wahrscheinlich wollte man uns gerade im ersten Lager in Naktsang festnehmen! O nein, wieder falscher Alarm! Die uns Begegnenden waren einfache Bauern vom Bogtsang=tsangpo, die in Naktsang gewesen waren, sich dort Tsamba (geröstetes Mehl) und Gerste gegen Salz eingetauscht hatten und sich jetzt wieder auf dem Heimweg befanden. Die Schar bestand aus den Vertretern mehrerer Zeltdörfer, unter welche die Waren verteilt werden sollten. Tsamba und Gerste wurden von Yaks, Pferden und Schafen getragen, und der Proviant schien den Winter über für viele Haushalte ausreichen zu können.

Hier hörte ich zuerst von dem See Schuru=tso, ahnte aber nicht, daß ich im nächsten Frühling an seinem Ufer lagern sollte! Die Bergkette, die wir im Norden hatten und deren höchsten Gipfel der Berg Keva bildet, ist die Wasserscheide zwischen dem Dagtse=tso und dem Kung=tso, einem See, der weiter östlich sichtbar wurde. Im Süden hatten wir noch immer dieselbe Gebirgskette, die wir zuerst am Dangra=jum=tso gesehen hatten und die sich dann auf der Südseite des Tang=jung=tso hinzieht.

In der Nacht wurde der ewige Westsüdweststurm zum Orkan, der mein Zelt umwarf. Es wurde wieder festgemacht, aber als der Morgen graute, weckte mich ein flintenschußähnlicher Knall, da eins der gestrafften Zelttaue riß und ein zweites seine Eisenspitze aus dem Boden riß, die dann mit hellem Klang gegen die Zeltwand schlug. Ein Regen von Steinen und grobem Sand trommelte auf meiner luftigen Wohnstatt herum, so daß es einer gewissen Entschlossenheit bedurfte, um sich in dieses Wetter hinauszubegeben, das noch schlimmer war als das in Tschang=tang!

„Wie lange wird es noch so weiterstürmen?" fragte ich unseren

Führer, als er seine 18 Rupien fröhlich und dankbar einsteckte und uns einem anderen Führer vom Naktsangstamm überantwortete.

„Sechs Monate", erwiderte er!

Wir zogen jetzt nach Osten, schwenkten allmählich nach Süden ab und umgingen so die Kette, die bisher zu unserer Rechten gelegen hatte. Unterwegs fanden wir Abdul in einer Rinne liegen und ich fragte ihn im Vorbeireiten, wie es gehe.

„Ich sterbe", antwortete er, ohne ein Glied zu rühren. Ich schickte vom Lager aus einen seiner Kameraden und ein Pferd ab, um die Leiche zu holen, aber am nächsten Morgen war er so frisch wie ein Birkhuhn! Vergnügt macht ein solches Wetter den Menschen nicht, aber es nützt ja nichts, über Wind und Wetter zu klagen. Das Pferd schwankt hin und her, als habe es zuviel getrunken. An der Mündung jedes Quertales, an dem man vorüberreitet, kann man auf eine Ohrfeige, die einen aus dem Sattel zu werfen droht, gefaßt sein. Man beugt sich weit gegen den Wind auf die Seite, um dem Pferd beim Bewahren des Gleichgewichtes zu helfen, man kriecht in sich zusammen, um dem Wind eine kleinere Fläche darzubieten, man gleicht einem Segel, das beständig nach dem Wind gestellt werden muß, ja, man muß sich ebenso benehmen, wie das Segel beim Manövrieren eines Bootes bei hohem Seegang. Im Schutz eines Felsens hielten wir eine Weile Rast, um Atem zu schöpfen, und als ich endlich das Lager in Nadsum erreichte, hatte ich ungefähr so viel gelitten, als ich aushalten konnte. Im Nordosten, jenseits der Berge, liegt der Dagtse-tso, den Bower, Dutreuil de Rhins, Littledale und ich besucht haben; auf dem Weg dorthin kommt man an einem See vorüber, der Goang-tso heißt.

Am 22. führte unser Weg nach Süden, wo uns noch eine bedeutende Bergkette die Straße nach dem Ngangtse-tso versperrte. Wir folgten dem Flusse Sertsang-tschu aufwärts; unter seiner dicken Eisdecke brodelte und rieselte noch ein wenig Wasser. Abends erhielten wir Besuch von acht Tibetern, von denen zwei alle ihre Yaks an einer Art Rinderpest verloren hatten. Noch eine Tagereise führte uns weiter aufwärts, und zwar in demselben Tal; in einer Erweiterung, die Tomo-schapko hieß, standen fünf Zelte; an mehreren Stellen sahen wir große Schafherden, deren Hunde ebenso bissig und dreist waren, wie die Nomaden selber. Einige dieser Kerle kamen in unser Lager und führten unhöfliche Reden, sagten sogar, daß wir hier nicht bleiben dürften, sondern uns schleunigst packen müßten! Vom Kaufe von Milch und Butter konnte keine Rede sein. Muhamed Isa jagte sie fort und drohte ihnen mit einer Anzeige bei dem Statthalter von Naktsang. Unser Führer, ein

fünfzehnjähriger Junge, hatte aber Furcht bekommen; er ließ sich indes überreden, uns noch einen Tag zu begleiten.

24. Dezember. Als ich erwachte, saß ein alter bettelnder Lama singend vor meinem Zelt. Er hatte ein kleines, runzliges altes Weib bei sich, und ihr leichtes Zelt war ganz in unserer Nähe aufgeschlagen. In der Hand hielt er einen Stab, der mit bunten Lappen behängt und mit Messingplatten, Korallen, Muscheln, Quasten und anderen Zieraten bedeckt war, und unter Gesang in rotierende Bewegung versetzt wurde. Der alte Mann war in seinem Leben viel umhergewandert und hatte sich von Zelt zu Zelt durchgebettelt; aber als ich ihn bat, uns zu begleiten und uns heute abend im Lager das Weihnachtsfest einzusingen, erklärte er, daß er zu müde sei!

Unser Weg führte uns immer höher in demselben Tal hinauf, wo die Quellen und Eisschollen bald aufhörten. Wir kamen an zwei Steinwällen mit Gebetplatten vorüber; der eine von ihnen war sieben Meter lang. An einer Stelle, wo zwei große Täler zusammenstießen, standen zwei Zelte. Die unfreundlichen Männer von gestern waren uns hierher vorausgegangen und hatten die Leute gewarnt, uns etwas zu verkaufen, falls wir darum bitten würden. Zwei der unseren hatten es auch versucht, aber eine abschlägige Antwort erhalten, weshalb Muhamed Isa seine Reitpeitsche kräftig auf dem Rücken der Aufhetzer tanzen ließ. Nun fiel die ganze Gesellschaft mit gefalteten Händen auf die Knie, wurde merkwürdig höflich und holte auf einmal alle Butter und Milch herbei, die vorhanden war.

Unser Tal führte uns jetzt ostwärts und schließlich in südöstlicher Richtung nach einem Paß hinauf, über den keine große Straße gehen konnte, denn auf seiner Höhe war kein Steinmal errichtet. Es stellte sich auch später leider heraus, daß der Jüngling uns falsch geführt und versäumt hatte, in ein südliches Tal, das nach dem Paß Gurtse-la hinaufführte, einzubiegen. Es schadete aber nichts, denn die Aussicht hier oben war großartig, und unter uns hatten wir sogar einen See, der auf Nain Sings Karte fehlt. Das vom Paß hinunterführende Tal ist so tief eingeschnitten, daß man lange auf den Höhen der rechten Seite hinziehen muß. Islam Ahun führte meinen großen Jarkandi-Apfelschimmel, der angegriffen und kraftlos geworden war; er machte nur wenige Schritte hintereinander, graste aber noch. Wir hatten einen langen Marsch gemacht, und das Lager konnte nicht mehr weit entfernt sein; er würde es also wohl noch erreichen; ich streichelte ihn daher bloß im Vorüberreiten, während er die Nase am Boden hielt und Gras abrupfte. Aber als ich ihn seinem Schicksal überließ und weiter ritt, hob er den Kopf, seufzte tief und schwer auf und schaute mir nach! Ich habe es nachher bitterlich

bereut, daß ich nicht bei ihm geblieben war. Er hatte mich seit der Abreise aus Leh lange, öde Wege treu getragen, bis sein Rücken aus lauter Wunden bestand; nun sollte er so lange müßig gehen, bis sie geheilt sein würden. Als er so weit war, wurde er zum Lastpferd degradiert, aber als die Yaks unsere Karawane verstärkten, wurde ihm jegliche Dienstleistung erlassen. In letzter Zeit hatten wir überreichlich Gerste für die Tiere gehabt, er hatte sich aber trotzdem nicht wieder erholt. Heute hatte er noch den Paß erklimmen können und war doch wohl noch imstande, auch die letzte kleine Strecke noch zurückzulegen? Aber Islam Ahun traf allein im Lager ein. Das Pferd war auf einem sehr schroffen Abhang gestolpert, war einige Male im Schutt herumgekugelt und dann liegengeblieben. Islam, der strengen Befehl hatte, vorsichtig mit dem Apfelschimmel umzugehen, war stehengeblieben und hatte gewartet. Aber der Schimmel hatte sich nicht mehr bewegt, sondern war in derselben Lage gestorben. Warum hatte ich ihn nicht verstanden, als er mir so deutlich ein letztes Lebewohl zugerufen hatte? Darüber grämte ich mich und konnte den kummervollen Ausdruck seiner Augen, als er mich fortreiten sah, lange nicht vergessen. Der Blick verfolgte mich, wenn es abends dunkel wurde und da draußen in dem kalten, öden Tibet der Wintersturm heulte.

Unten in dem Talzirkus lag der Dumbok-tso und träumte unter seiner Eisdecke, aus der ein kleiner Felsrücken, Tso-ri, der „Seeberg", aufragte. Droben auf den Höhen badete sich die Landschaft noch in der Sonne. Der Dumbok-tso war die wichtigste Entdeckung des heutigen Tages. Vor den Zelten brannten die Weihnachtsfeuer und erhellten mit gelbem Licht die Umgebung.

Dann wurden die am Tag gemachten Aufzeichnungen ausgearbeitet, und wie gewöhnlich klebte Robert Etiketten auf die gesammelten Gesteinproben. „Das Mittagessen ist fertig", sagt Tsering, als er frische Kohlen bringt, und so werden denn der Schißlik und die saure Milch serviert und vor meinem Bett auf die Erde gestellt. Dann bin ich allein mit tausend Erinnerungen von schwedischen Weihnachtsfesten, und die Worte: „Weihnachten ist heut' unter jedem Dache" und „Gefroren ist der klare See, er wartet auf die Frühlingswinde" aus dem Weihnachtslied des Dichters Topelius klingen mir in den Ohren. Die christliche Gemeinde bestand in unserem Lager nur aus Robert und mir, aber wir beschlossen doch, das Weihnachtsfest so zu feiern, daß auch die Heiden ihr Vergnügen daran haben sollten! Seit einiger Zeit hatten wir alle Lichtstümpfe aufgehoben und besaßen nun 41 Stück von verschiedener Länge. In der Mitte meines Zeltes stellten wir eine Kiste auf, auf

der wir die Lichter so anbrachten, daß die größten in der Mitte standen
und die anderen nach den Ecken hin immer kleiner wurden. Das war
unser Weihnachtsbaum! Als alle Lichter angezündet waren, schlugen wir
die vorderen Zipfel des Zeltes zurück, und ein Gemurmel des Erstau=
nens erhob sich unter den Ladakis, die sich inzwischen draußen hatten
versammeln müssen. Sie sangen ein Lied in weich an= und abschwellen=
den Tönen; es ließ mich den Ernst des Augenblicks vergessen; in das
flackernde Spiel der Kerzenflammen starrend, lasse ich die langsamen Mi=
nuten des heiligen Abends verrinnen. Die schmachtende Weise wird bis=
weilen durch ein donnerndes „Chavasch" und „Chabbaleh", in das alle,
wie Schakale heulend, einstimmen, unterbrochen. Die Flöten übernehmen
die Begleitung, und eine Kasserolle dient als Trommel. Lamaistische
Hymnen an einem christlichen Weihnachtsfest unter dem Sternbild des
nördlichen Kreuzes! Vom Zelt aus schwach beleuchtet und vom Silber=
licht des Mondes überflutet nahmen sich meine Leute phantastisch aus,
als sie sich unter dem Lärm der Kasserolle taktfest in den Tänzen ihrer
Heimat drehten. Die Tibeter benachbarter Zelte glaubten jedenfalls, daß
wir alle verrückt geworden seien, vielleicht aber haben sie auch gedacht,
daß wir Beschwörungstänze aufführten und Opferlampen angezündet
hätten, um unsere Götter milde zu stimmen. Und was die Wildesel,
die am Seeufer weideten, sich dabei dachten, das kann niemand wissen.

Großes Vergnügen bereitete uns unser junger Führer, der sich
mitten in die Zelttür setzen mußte. Ohne einen Laut von sich zu geben,
starrte er bald die Lichter an, bald mich; er saß wie eine auf der Lauer
liegende Katze mit den Vordertatzen auf der Erde und tat nichts weiter,
als schauen. Staunenerregende Geschichten wird er seinen Stammver=
wandten hiervon erzählen können, und durch die Ausschmückungen, die er
und die Fama ihnen noch verleihen wird, werden sie sicherlich nicht ver=
lieren! Vielleicht lebt die Erinnerung an unseren Besuch in dieser Ge=
gend fort als Erinnerung an seltsame Feueranbeter, die vor einem mit
41 brennenden Lichtern geschmückten Altar getanzt und gebrüllt haben!
Als man den Jungen fragte, wie ihm die Illumination gefalle, erwiderte
er nichts. Wir lachten, daß wir uns krümmten, aber das genierte ihn
auch nicht, er glotzte weiter mit erstaunten Augen umher. Als er sich
am nächsten Morgen wieder etwas besonnen hatte, sagte er Tundup Sonam
im Vertrauen, daß er schon mancherlei erlebt habe, aber etwas so Merk=
würdiges wie der gestrige Abend sei ihm noch nicht vorgekommen! Er
hatte jedoch die Nacht nicht bei uns schlafen wollen, sondern war nach
den Zelten seiner Stammesbrüder gegangen. Und am ersten Feiertag
bat er um Erlaubnis, nach Hause zurückkehren zu dürfen!

Je tiefer die Lichter herunterbrannten, desto heller funkelten die Sterne des Orion in die Zeltöffnung hinein. Die Ecklichter waren schon lange erloschen, nur in der Mitte flackerten noch ein paar. Nun teilte ich ein kleines Geldgeschenk unter die Leute aus, wobei ich mit Robert und Muhamed Isa begann. Es war das einzige Weihnachtsgeschenk, das es gab. Dann kehrten die Männer nach ihren Feuern zurück, die inzwischen erloschen waren. Nur zwei mußten bleiben, um mir eines der Lieder, worin wiederholt das Wort Taschi-lunpo vorgekommen war, zu erklären. Es war schwieriger, als ich geglaubt hatte, das Lied zu übersetzen. Erstens konnten sie es selber nicht ordentlich, und zweitens wußten sie nicht, was einige der darin vorkommenden Worte bedeuteten. Andere Worte verstanden sie zwar sehr gut, konnten sie aber weder in die Turkisprache noch in das Hindi übertragen. Zuerst schrieben wir die Hymne tibetisch auf, dann übersetzte Robert sie ins Hindi und ich sie ins Turki, und zuletzt kochten wir aus den beiden Übersetzungen eine Geschichte englisch zusammen, die weder Sinn noch Verstand hatte! Doch indem wir das Lied immer wieder zerpflückten und analysierten, kamen wir schließlich dahinter, wovon es handele — es war eine Verherrlichung des Klosters Taschi-lunpo, das ja auch unserer Hoffnungen Ziel war! Gelehrte, welche zufällig etwa die tibetische Urhymne kennen, werden sich, wenn sie sich die Mühe machen, folgende Übersetzung zu lesen, sehr über sie amüsieren. Indessen besitzt sie ganz gewiß das Verdienst, ein Rekord der Licentia poetica zu sein:

Jetzt geht die Sonne strahlend im Osten auf
von den östlichen Landen über den Bergen des Ostens.
Der dritte Monat ist's nun, daß die Sonne
aufgeht, um Fluten der Wärme zu verbreiten.
Zuerst fällt Strahlenglanz nun auf den Tempel,
auf hoher Götter Haus, und liebkost
die goldenen Zinnen Taschi-lunpos,
des ehrenreichen Klostertempels Dach,
und dreifach blank erglänzt die Zinne in der Sonne.
Auf des Tempeltales höchsten Wiesen grasen
zu Tausenden die scheuen Antilopen.
Hart ist sein Boden von Schutt, aber dennoch
ist reich das Tal und grün und schön,
und Gras gedeiht auf seinem kargen Boden,
und Bäche rieseln dort mit kühlen Fluten.
Die höchsten, eisbedeckten Berge glänzen
so wie durchsichtiges Glas. Die vordern Berge
stehn da wie eine hohe Reihe Tschorten,
und dicht an ihrem Fuße schlagen blaue Wellen
des Jum-tso spielend gegen ihren heiligen Strand.

Nehmt Wasser aus dem See und füllet
der heiligen Idole Opferschalen
aus Messing hergestellt! Dann schmückt mit Seidentüchern
von jeder Art und Farbe, die aus Peking kommen,
schmückt auch mit Schleiern hohe goldne Götterbilder,
und hängt die Tempelsäle voll Standarten!
Nehmt Khadaktücher, heilige und teure
von bester Seide aus der Lhasastadt,
und legt sie um die Stirn des Buddhabildes!

So endete mein heiliger Abend in der Wildnis, und während die Glut des Weihnachtsfeuers in der Asche erstarb, las ich die alten Bibeltexte dieses Tages, löschte mein Licht und träumte vom Weihnachtsfest droben im Norden und von Taschi-lunpo drunten im Süden hinter den Bergen, dem Ziel, dem ich unter den Opfern und Entbehrungen eines ganzen, kalten Winters zugestrebt hatte und das mir noch so fern, vielleicht unerreichbar war.

Achtzehntes Kapitel.

Zehn Tage auf dem Eise des Ngangtse-tso.

Vom „Weihnachtslager" gingen wir in südlicher Richtung über zwei Pässe, von denen der zweite Laän-la heißt und eine Wasserscheide zwischen dem Dubok-tso und dem Ngangtse-tso bildet. Den großen See sieht man noch nicht, wohl aber wie einen fernen, bläulichen Hintergrund die Bergkette, die sich am Südufer des Sees erhebt. Ein Yak ging verloren; er war nicht erschöpft, aber seine Vorderhufe waren gesprungen, so daß er sich wundgelaufen hatte. Nachdem er sich einmal mit seiner Last gelegt hatte, konnte ihn keine Macht der Erde wieder zum Aufstehen bringen; alles Ziehen an dem Strick, der durch seinen Nasenknorpel ging, nützte nichts. Wir ließen ihn daher zurück und schenkten ihn den Eingeborenen, die unsere nächsten Lagernachbarn waren. Mehrere Yaks und die noch lebenden Veteranen aus Leh bedurften aber gründlicher Ruhe, so daß ich beschloß, einen halben Monat an dem großen See zu bleiben. Allerdings war es riskant, uns so lange an einem Punkt in Naktsang, wo ich im Jahre 1901 auf so starken Widerstand gestoßen war, festzulegen, da wir ja den Behörden Zeit gaben, sich zu organisieren. Aber wir mußten ruhen, es blieb uns keine Wahl.

Nach einer Nachtkälte von —31,2 Grad zogen wir das Laäntal hinunter bis an einen Punkt unmittelbar oberhalb der Stelle, wo das Tal in die Ebene des Sees übergeht, und lagerten in der Nähe eines aus sechs Haushaltungen bestehenden Zeltdorfes. Das ganze Land ist von Mauselöchern zerfressen, man sieht sie bisweilen etagenweise übereinander liegen. Wenn man im mittelsten Tibet auch nur ein Zehntel Erdmaus auf das Quadratmeter rechnete, so würde man fabelhafte Zahlen erhalten! Im Lager Nr. 97 war es z. B. unmöglich, mein Bett so zu legen, daß es nicht mehrere Löcher zudeckte, und am Morgen wachte ich davon auf, daß die Mäuse unter dem Bett rumorten und quiekten und sich sehr darüber wunderten, daß sie nicht aus ihrer Haustür konnten.

Die Nomaden der Gegend waren uns freundlich gesinnt und ver-

104. Schigatse, Hauptstadt der Provinz Tsang, 3871 m.

105. Die Burg (Dsong) von Schigatse.
Skizze des Verfassers.

kauften uns Schafe, Butter und Milch. Sie sagten, die große Straße nach
Schigatse führe an der Ostseite des Sees entlang; eine zweite im Westen
des Ngangtse-tso sei viel weiter und unwegsamer. Die große Straße
nach Lhasa geht ostwärts über Schansa-dsong. Bis hierher war sie von
Nain Sing benutzt worden, dessen Route ich gerade jetzt kreuzte,
denn von dem Marku-tso, einer kleinen Lagune am Nordufer, geht der
Weg, dem er folgte, nach Westnordwest. Viele Nomadengemeinschaften
überwintern auf den ausgedehnten Ebenen der Seeufer, besonders der
Südseite. Die Nomaden gehen nie über den See, wobei sie durch einen
Richtweg Zeit sparen würden, denn sie trauen dem Eise nicht, und unser
neuester Führer wollte uns um keinen Preis über den See begleiten, son=
dern warnte uns vor dem dünnen Eise. Seine Angaben erschienen mir
um so wahrscheinlicher, als er sagte, daß der See salzig sei, das Wasser
sich nicht trinken lasse und es weder Fische, noch Pflanzen darin gebe.

Irgendwie mußte aber die lange Ruhezeit benutzt werden. Auch
war eines der in meinen ursprünglichen Reiseplan aufgenommenen Ziele,
das Land um die 1873 von Nain Sing entdeckten zentralen Seen
zu untersuchen und auf einem oder mehreren der Seen Lotungen zur Fest=
stellung der Tiefe vorzunehmen. Wenn das Eis hielt, konnte man ja
über den See gehen und durch Waken loten. Zwei Männer wurden
also ausgeschickt, um das Eis zu untersuchen; 100 Schritt vom Ufer
entfernt war es 28 Zentimeter dick, 200 Schritt 26 Zentimeter und
300 Schritt noch $25^{1}/_{2}$ Zentimeter. Ich beschloß daher, am nächsten
Punkt vom Hauptquartier aus zu beginnen.

Dort sollten Robert und Muhamed Isa bleiben, um zu wachen und
unsere Tiere zu pflegen. Es mochte freilich gewagt sein, die Karawane
gerade jetzt in zwei Teile zu spalten, aber ich konnte nicht einen halben
Monat unbeschäftigt bleiben. Beim Hauptquartier gab es alles, was
wir brauchten: Nomaden, Weideland, Wasser und Brennmaterial; der
Ort schien eine gewisse Bedeutung zu haben, denn im Tale stand ein runder
Mani-Haufen und auf einem Bergrücken fand Robert eine „Samkang",
eine Eremitengrotte, vor der eine kleine Steinmauer errichtet war. Dort
pflegte der Lama Togldan im Sommer zu wohnen und seinen Unterhalt
von den benachbarten Nomaden zu beziehen dafür, daß er Formeln zur
Beschwörung der bösen Geister murmelte und Gebete für das Gedeihen
der Herden sprach. Nach dem Nordufer hatten wir anderthalb Stunden
zu gehen, und dort zeugten unzählige Lagerplätze von Sommerbesuchen
der Nomaden. Dort liegen ihre Zelte inmitten vorzüglicher Weideplätze,
der Südsonne ausgesetzt, den großen See, den manchmal heftige Stürme
aufwühlen, gerade vor sich.

Wir rüsteten uns mit Proviant auf zehn Tage für mich und ein halbes Dutzend Ladakis aus. Zwei lebende Schafe wurden mitgenommen; die Männer sollten Roberts kleines Zelt nehmen, ich aber wollte unter der einen Hälfte des Bootes schlafen, das mit dem ganzen Gepäck, Bett, Pelzen und Instrumenten, wie ein Schlitten über das Eis geschoben werden sollte. Das Boot sollte auch unsere Rettung sein, wenn wir uns einmal auf zu dünnes Eis wagten. Der weiße Puppy durfte uns begleiten, um mir Gesellschaft zu leisten. Während meiner Abwesenheit wohnte Robert in meinem Zelt, wo der Barograph und der Thermograph auf meinen Kisten tickten. Die Seehöhe betrug hier 4770 Meter.

Am Nachmittag des 29. Dezembers ritt ich also nach dem Ngang-tse-tso hinunter, wo das Lager 98 im Schutz eines Uferwalls an einer Lagune aufgeschlagen wurde. Nach Ostsüdosten hin ist das Land, soweit der Blick reicht, offen; das östliche Seeufer ahnt man kaum, das westliche überhaupt nicht; im Südwesten erheben sich Schneeberge, und man sagt sich, daß jenes Gebirge Nain Sings „Targot Lha Snowy Peaks" sein muß. Rabsang war mein Leibdiener, Bolu mein Koch; sie brachten meine provisorische Hütte in Ordnung; das Baumaterial bestand aus der Bootshälfte, dem Stativ meines photographischen Apparates und einer Filzdecke. Als Mittagessen erhielt ich Hammelkeule, saure Milch, Brot, Apfelsinenmarmelade und Tee, rauchte dann eine indische Cheroot und betrachtete den See, der während der folgenden Tage gründlich untersucht werden sollte.

Der 30. Dezember, ein Sonntag, brach nach einer Nacht von 25,1 Grad Kälte strahlend an. Puppy hatte meine Füße warm gehalten. Beim Waschen und Anziehen war es etwas eng, aber als ich endlich fertig war, konnte ich mich des Feuers erfreuen, des Anblicks der Sonne und der großen Seefläche. Schnell wurde das Gepäck verstaut, das Boot auf das Eis gebracht und mittels zweier Schienen im Gleichgewicht gehalten, während sechs Mann schoben. Aber das Eis machte uns viel Verdruß. Das beim Gefrieren ausgeschiedene Salz hatte sich wie trocknes Kartoffelmehl auf dem Eise angesammelt, wo es bald zusammenhängende Felder bildete, bald zu Wällen, Rücken und Wehen zusammengefegt war, in denen die Schienen und der Kiel sich festsogen. Wir arbeiteten uns aber trotzdem nach S 9° O hin vorwärts, wo ich einen kleinen schwarzen Felsenvorsprung am Südufer mir als Landmarke genommen hatte. Die erste Wake wurde gehauen; das Eis war 21,5 Zentimeter dick, und die Tiefe des Sees betrug, vom obern Eisrand gerechnet, nur 4 Meter.

Nachdem wir noch eine Weile gewandert waren, hielten wir Rat — ich sah ein, daß es so nicht ging. Wir machten die Schienen los und

banden uns drei einfache Schlitten zurecht, auf denen je ein Drittel der
Bagage festgemacht wurde. Und so arbeitete man sich eine kleine Strecke
weiter, während ich zu Fuß ging. Bei der nächsten Wake betrug die
Tiefe 5,7 Meter — augenscheinlich hatten wir es mit einem jener außer=
ordentlich seichten Salzseen zu tun, die ich im nordöstlichen Tibet so
oft kennen gelernt hatte. Es wurde wieder Rat gehalten; unsere Schlitten
gingen so langsam, daß wir so überhaupt nicht über den See kommen, ge=
schweige denn ihn mehrmals überschreiten konnten. Als die beiden Ge=
päckschlitten, die weit zurückgeblieben waren, uns erreicht hatten, schickte
ich einen Mann zu Robert, mir mehr Leute und alle Holzreste alter
Kisten, die es noch in der Karawane gab, zu schicken.

Inzwischen machten wir die beiden Zinkschienen los, die an der Re=
ling festgeschraubt waren und in welche die Mastbank eingefügt wurde.
Sie wurden nun als Schlittenkufen an zwei zusammengebundene Bänke
befestigt; an den Seiten des sonderbaren Fuhrwerks wurden zwei lange
Stangen angebracht, die eine Spitze bildeten, durch die das Zugtau
geschlungen wurde. Auf den Bänken wurde, mehrfach zusammengelegt,
eine kaukasische Bourkha, die ich in Trapezunt gekauft hatte, ausgebreitet.
Für den Lotungsapparat, das Fernrohr und allerlei andere Sachen
brachten wir zwischen den Stangen eine Hängematte an. Als der Bau
fertig war, erregte er Bewunderung; denn wenn man diesen selbst er=
fundenen Schlitten nur antippte, lief er schon von selbst ein ganzes
Stück weiter (Abb. 88). Jetzt wurde das Boot voller Verachtung kassiert,
und als Rabsang allein mit dem Zugtau auf der Schulter südwärts über
das Eis eilte, entschwand uns das Boot bald wie ein kleiner Punkt aus
dem Gesichte. Die anderen hatten Befehl, der Spur der Kufen gemäch=
lich zu folgen; sie würden ja bald Hilfe erhalten, wenn die neuen Leute
kämen.

Eingehüllt in meinen großen Schafpelz, saß ich mit gekreuzten Beinen
auf dem Schlitten, der stundenweit lustig über das Eis glitt, ohne daß
Rabsang sich anzustrengen brauchte. Der Schlitten durchschnitt die Salz=
rücken wie nichts und überhüpfte mit gemütlichem, dumpfem Ton die
Stellen, wo das Eis höckerig war; er übersprang Spalten und Risse, in
deren Rändern das Eis glashell und grünlich schillerte, und glitt auf glatten
Flächen lautlos vorwärts, so daß er mit seiner Spitze Rabsangs Fersen
erreichte, wenn dieser bei schlaffer Leine nicht rechtzeitig seitwärts sprang.

Gefährlich war es auf dem Eise wahrhaftig nicht; an seiner dünnsten
Stelle war es noch 18 Zentimeter dick! Die Angst der Tibeter vor dem
Ertrinken war also übertrieben. Aber sie haben stets großen Respekt
vor den in den Seen hausenden Geistern und gehen lieber um einen See

herum, als daß sie ihn überschreiten, mißtrauisch gegen die stille Winterruhe der so oft wütenden, sturmgepeitschten Wellen.

Mehrere seltsame Gefriererscheinungen lassen sich beobachten, die regionenweise abwechseln. Bisweilen unzählige, vertikal stehende weiße Figuren in ganz klarem, dunkelm Eis; der Form nach gleichen sie, von welcher Seite man sie auch betrachtet, Eichenblättern, von oben gesehen aber erinnern sie an Sterne mit vier papierdünnen Armen. An anderen Stellen sieht man Schollen weißen, porösen Eises in klares Eis eingekittet, die Folgen eines Sturmes, der die erste Eisdecke des frühen Winters zertrümmert hatte, worauf die Schollen bei endgültigem Zufrieren in das neue Eis eingegossen worden sind. Durch lange schmale Spalten ist Wasser emporgepreßt worden und zu bisweilen meterhohen Schirmwänden erstarrt, die phantastische Blätter und Wölbungen bilden und oft messerscharfe Ränder und Spitzen haben. Rabsang braucht ihnen nur einen Stoß zu versetzen, um einen Torweg für den Schlitten herzustellen; aber diese dünnen Eishecken sind recht irreführend und erschweren die Beurteilung der Entfernungen.

In acht Waken loteten wir, und die größte Tiefe betrug armselige 9,8 Meter. Der Seegrund besteht aus schwarzem Tonschlamm. Das Aufhauen einer Wake mit Beilen und Spießen dauerte eine gute Viertelstunde. Sobald der letzte Stoß ein Loch in den Boden des Eises schlägt, quillt dunkelgrünes klares, kaltes Wasser heraus und füllt die Eisgrube, und dann wird das Lot an seiner Leine hinabgelassen.

Die erste Lotungslinie hatte uns ungebührlich viel Zeit geraubt, hauptsächlich infolge all der Unterbrechungen und des beständigen Umpackens im Anfang, und es war noch ein langer Weg bis ans nächste Ufer, als die Sonne in roten und brandgelben Wolken unterging. Aber der Vollmond stand am Himmel, der Felsenvorsprung war scharf und deutlich zu erkennen, und wir beeilten uns nach Kräften. Das Eis war ungemütlich höckerig, so daß ich weite Strecken zu Fuß zurücklegen mußte. Kalt, weiß und öde dehnte sich die Eisdecke des Sees nach allen Seiten hin; alles war stumm und still, nur das sausende Geräusch unserer eigenen Schritte hörten wir. Wenn etwa Nomaden ihre Zelte am Ufer, dem wir uns näherten, aufgeschlagen hatten, mußten sie über die schwarzen Punkte, die sich draußen auf dem See bewegten, sehr verdutzt sein. Aber keine Feuer erhellten die Nacht, und es heulten keine Wölfe. In der Dunkelheit konnten wir uns freilich keinen Begriff davon machen, wie weit wir noch zu gehen haben würden. Noch bei der letzten Wake hatte sich der Felsenvorsprung nicht sehr vergrößert. Und so marschierten wir denn drauflos, bis Rabsang plötzlich mit der Mitteilung halt machte,

daß wir nur noch einige hundert Schritt vom trocknen Ufer entfernt seien!

Dort ließen wir den Schlitten stehen und zogen weiter nach dem Vorgebirge, an dessen Fuß mehrere abgestürzte Blöcke verstreut lagen. Unter einen von ihnen setzten wir uns wartend. Darauf sammelte Rabsang im Dunkeln so viel Brennmaterial, als er nur finden konnte — wir mußten ja ein Signalfeuer für die anderen haben. Endlich kamen auch sie angetrabt, Taschi, Ische, Bolu und Islam Ahun, alle schwer beladen, da sie es vorgezogen hatten, die Schlitten zu kassieren und das Gepäck zu tragen. Zwei Stunden später wurden einige schwarze Punkte draußen auf dem Eis signalisiert; es war die ankommende Verstärkung, und ich hatte jetzt zehn Mann bei mir. Vom See aus hatten sie an vier Stellen Feuer gesehen; wir waren also auf allen Seiten von Nomaden umgeben, aber wir bedurften ihrer nicht und kümmerten uns nicht um sie.

Durch die Erfahrung klug geworden, richteten wir uns auf die Wanderung des nächsten Tages so praktisch als möglich ein. Islam Ahun sollte ins Hauptquartier zurückkehren, alle Sachen, die wir unterwegs hatten liegen lassen, aufsammeln und dafür sorgen, daß man das Boot hole. Rabsang und Taschi zogen meinen Schlitten, die sieben Anderen trugen das Gepäck (Abb. 89). Sie folgten erst einem Uferweg, ehe sie sich auf das Eis begaben und auf das heutige Ziel im Nordwesten lossteuerten. Wir behielten sie den ganzen Tag über im Gesicht. Sie gingen im Gänsemarsch, trottend, wiegend und singend, manchmal aber setzten sie sich, um sich zu verschnaufen. Dabei benutzten sie die festgeschnürte Last als Rückenlehne (Abb. 90). Aber ohne Hilfe können sie nicht wieder aufstehen; bei sechsen geht es zwar ganz leicht, aber der siebente, d. h. derjenige, der zuerst aufstehen soll, hat es schwerer. Er rollt auf dem Bauche umher und windet sich an einem Stab in die Höhe, und wenn ihm dies endlich gelungen ist, hilft er den anderen auf die Beine.

Das Eis war jetzt vortrefflich, viel besser als auf der ersten Linie. Die Salzmenge war auch geringer, was daran lag, daß die westlichen Stürme das Salz nach Osten hin fegen. Lange Strecken lag das Eis rein und blank vor mir und hatte beinahe schwarzgrüne Farbe. Ich wußte erst nicht, was ich dazu sagen sollte, als wir über die dunkeln Flächen sausten. Ob es auf dem Grunde warme Quellen gibt, die den See stellenweise nicht zufrieren lassen? Aber man gewöhnt sich bald an den Anblick, das Eis hält und ist mindestens 17 Zentimeter dick, während die größte Tiefe 9,68 Meter beträgt. Ich sitze wie eine Buddhastatue mit gekreuzten Beinen auf meinem minimalen Schlitten, rauche, observiere, mache Notizen und freue mich, den Sylvesterabend auf dem Eise des

Ngangtse-tso feiern zu können! Um die Mittagszeit erhob sich südwestlicher Wind, so daß ich rückwärts sitzen mußte, um nicht zu erfrieren.

Eine von Norden nach Süden laufende Spalte machte uns aber dann viel Kopfzerbrechen. Sie war anderthalb Meter breit und zog sich nach beiden Seiten hin, soweit der Blick reichte; zwischen den beiden Eisrändern plätscherte offenes Wasser. Wahrscheinlich war sie während eines Sturmes entstanden, als die ganze Eisfläche sich ein wenig nach Osten hin in Bewegung gesetzt und dabei eine gähnende Rinne hinter sich zurückgelassen hatte. Nach langem Suchen fanden wir eine Stelle, wo sich unten neues Eis gebildet hatte. Den Schlitten als Brücke benutzend, kamen wir trocknen Fußes hinüber. Wie die anderen sich aus der Verlegenheit geholfen haben, weiß ich nicht, aber sie fürchteten sich vor einem kleinen Fußbad nicht.

Verhältnismäßig früh gingen wir an einer Stelle an Land, wo 19 Pferde auf der weiten Uferebene grasten und ein Junge etwa 500 Schafe hütete. Er flüchtete eilig, als er uns kommen sah, und ich wundere mich nicht, daß ihm bange wurde, als er zehn große Kerle wie Gespenster über den noch nie von einem menschlichen Fuß betretenen See schleichen sah! Um ein großes Feuer saßen die Ladakis, sangen und bliesen Flöte, und das Mondlicht überflutete kalt und friedlich den unbekannten Strand, wo eine Schar wandernder Fremdlinge eine einzige Nacht ihres Lebens zubrachte. Es war die letzte Nacht des Jahres 1906, und das Lager war unser hundertstes!

Ein herrlicher Neujahrsmorgen 1907! Mit fröhlichen Hoffnungen für das neue Jahr und seine Arbeit begann ich die dritte Lotungslinie in der Richtung S 19° O nach einem schwarzen Bergvorsprung, der zwischen zwei Tälern lag, in denen Eisschollen in der Sonne glänzten. Es sah aus, als falle der Vorsprung schroff in den See ab und als sei die Entfernung kolossal, aber es war eine Täuschung; die flache Uferebene, die sich zwischen dem Fuß des Gebirges und dem See ausbreitet, war vom Eise aus nicht zu sehen. Wieder mußten wir über die gestrige Spalte, aber sie war über Nacht zugefroren. Doch in mehreren anderen kleineren Spalten stand Wasser, das hoch aufspritzte, als wir sie überschritten. Heute hielten unsere Träger mit uns Schritt, und ihre Lieder pflanzten sich in weiten Schallringen über die Eisfelder fort. Bei jeder neuen Wake lagerten sie mit uns und beobachteten das Ergebnis der Lotung mit wirklichem Interesse. Seltsame Menschen, immer heiter und zufrieden, niemals mutlos oder murrend, alles nehmend wie es kommt, und bei jedem Wetter und Wind gleichmütig und gelassen!

Puppy ist des Laufens auf dem Eis schon überdrüssig, hat kalte

Füße und springt, sobald wir rasten auf den Schlitten, hat aber gegen
das Fahren einen ausgesprochenen Widerwillen.

Ein konischer Gipfel im Süden des Lagers 99 beherrscht wie
ein Leuchtturm den ganzen See. Nain Sing, der das nördliche Ufer
des Ngangtse-tso berührt hat, zeichnet die Seekontur im großen und
ganzen richtig, hat aber den südwestlichen Teil des Sees zu plump
wiedergegeben. Auch dort verschmälert sich nämlich die Wasseransammlung
wie im Osten zu einer Spitze und hat die Gestalt eines Halbmondes.
Das Gebirge, das der Pundit auf der Südseite des Sees in die Karte
eingezeichnet hat, ist dagegen sehr fehlerhaft ausgeführt, was ja auch
kein Wunder ist, da er es nur aus weiter Ferne gesehen hat und es
unter diesen Umständen unmöglich war, sich einen richtigen Begriff von
seiner Anordnung zu machen. Ebenso schwer ist es, sich eine Vorstellung
von einem See zu bilden, den man nur von der Uferebene aus sieht;
nur von einem Paß oder einem Kamm herab ist dies möglich.

Wir fragten uns, ob wir das Südufer noch vor der Dämmerung
erreichen könnten, denn der Abstand sah noch immer unendlich groß aus.
Um die Mittagszeit begann es heftig zu wehen, das trockne Salz wir-
belte in weißen Wolken auf, jagte auf dem Eise hin und trübte uns die
Aussicht. Auf dem Schlitten sitzend (Abb. 91), war ich seinem Ansturm
ohne Deckung ausgesetzt und mußte mich hüten, den Mund zu öffnen. Hier
und dort bildet das Eis kleine Wellenlinien, als habe es sich mitten im
Seegang gebildet; die Eiswogen fallen auch steil nach Ostnordosten, dem
Weg der Winde, ab. In den Einsenkungen zwischen ihnen sammelt sich
der vor dem Wind treibende Salzstaub, durch den das Eisfeld ein
eigentümliches, moireeartiges Aussehen erhält. Die ganze Osthälfte des
Sees wird durch die Felsenvorsprünge, in deren Nähe wir das Lager 99
aufgeschlagen hatten, verdeckt. Wir gingen immer tiefer in die Süd-
bucht hinein. Auf den Abhängen weideten Yaks, die gegen Abend
von einem Mann zu Tal getrieben wurden. Auch im Süden erblickten
wir Zelte, Yaks und Massen von Kiangs. Von unserem niedrigen Gesichtspunkt aus hatte es den Anschein, als gingen sie mitten auf dem
See umher; der kleine Sehwinkel täuschte uns stets. Am letzten Lo-
tungsloch bohrten Axt und Spieß sich immer tiefer in das Eis, ohne
die Decke zu zertrümmern. Erst als eine Tiefe von 44 Zentimeter
erreicht war, preßte das Wasser sich heftig hervor und war voll der
gewöhnlichen kleinen roten Krustentiere — es ist also nicht so arg mit
dem Salzgehalt des Sees. Etwas weiter konnte man sehen, wie das
Eis ohne Wasserschicht auf dem Tongrund ruhte; dann langten wir an
dem unfruchtbaren Ufer an und freuten uns, heute ganz unabhängig

von der Vegetation zu sein. Brennmaterial fanden wir und Wasser erhielten wir durch Auftauen einiger Eisklumpen. Die größte Tiefe betrug auf dieser Linie 9,4 Meter, war also ein wenig geringer als die der anderen.

Gegen Abend hatten wir wieder einmal heftigen Sturm. Der See, der nur ein paar Meter von uns entfernt lag, entschwand spurlos aus dem Gesicht, und die Dungsammler tauchten wie Nebelbilder aus den Staubwolken erst auf, wenn sie nur noch einige Schritt bis an das Feuer hatten. Mir war es unbegreiflich, daß sie den Weg in so dicker Luft fanden. Vermittelst des Schlittens und dreier Säcke Brennstoff bauten sie sich eine Schutzmauer gegen den Wind, und dahinter saßen sie dann an ihrem Feuer, dessen flackernde Flammen ihnen fast das Gesicht versengten. Die Gruppe war in der schwarzen Nacht und den spärlichen Mondstrahlen ungewöhnlich malerisch. Und wie wehte es! Ich konnte kaum aufrecht stehen, als ich die Thermometer ablas, und meine Mütze flog in alle Winde. In der Nacht schliefen die Leute in einen Klumpen zusammengeballt im Schutz des Zeltes.

Am 2. Januar — 22,2 Grad. Heute sollte die vierte Linie abgegangen werden — bei Sturm; kurz war sie freilich, kaum fünf Stunden, aber — aber! Wir mußten nach Südwest, also dem Wind gerade entgegen. Dazu kam, daß das Eis überall schwer zu passieren war, wohl eine Folge der hier sehr geringen Tiefe des Sees. Die Maximaltiefe war 3,23 Meter. In meinem Tagebuch steht, daß dies einer der schlimmsten, wenn nicht gar der allerschlimmste Tag der ganzen Reise gewesen ist. Aber man denkt immer, das Gegenwärtige sei das schlimmste und vergißt, was man vorher schrecklich gefunden hat. Der Sturm trieb das Salz in dicken Wolken, die sich mit sausendem Ton auf dem Eise rieben, vor sich her und jagte es mir gerade ins Gesicht. Wenn ich rief, daß meine beiden „Zugpferde" die Richtung einhalten sollten, flog mir eine Portion Salz in den Mund, und ich konnte den unangenehmen Geschmack um so weniger wieder loswerden, als das Salzpulver auch durch die Nase eindrang! Die Augen röten sich, tränen, schmerzen. Von der Berührung mit der Lotleine während mehrerer Tage belegen sich auch die Hände mit Salz, und wenn man sie dann nach jedem Loten abtrocknet, springt die Haut, und zwar so gründlich, daß Blut fließt. Bald aber werden die Hände blau, steif und gefühllos, und nur mit größter Schwierigkeit kann ich, indem ich die Feder wie einen Meißel mit der ganzen Hand halte, das Ergebnis der Lotungen, die Zeiten und die Abstände aufzeichnen; andere Notizen sind undenkbar. Rabsang und Taschi halten sich wenigstens warm, denn heute müssen sie ihre Kraft bis aufs äußerste aufbieten, um den Schlitten gegen den Sturm vorwärtszuziehen. Wo das

106. Der Labrang, Palast des Taschi-Lama.
Hinter den Draperien in der Mitte der Sitz des Taschi-Lama während der Festspiele.

107. Der obere Altan am Hof der Festspiele in Taschi-lunpo. Hinter der Draperie in der Mitte mein Platz während der Festspiele.

Eis blank ist, können sie nicht festen Fuß fassen, sie gleiten und fallen, einmal setzte Taschi sich mir auf den Schoß — er wurde buchstäblich umgeweht. Oft ist der Winddruck so stark, daß Gespann und Schlitten rückwärts sausen und nur halten können, wenn die beiden Männer sich setzen und die Füße gegen einen Salzhaufen stemmen. Ich bin so steif gefroren und so lahm, daß ich nicht imstande bin, mich zu erheben, sondern sitzen bleibe, während die Waken aufgehauen werden. Bei einer Wake, die mitten in einem spiegelblanken Felde eingeschlagen wurde, faßte der Sturm aber den Schlitten und mich und trieb uns in schwindelnder Fahrt wie eine Eisjacht über den See! Ich versuchte mit den Füßen zu bremsen, aber ich hatte keine Kraft in ihnen, und meine Stiefel, die aus weichem Filz bestanden, liefen leicht und lustig über die Eisscheibe hin, ohne die Geschwindigkeit der Fahrt auch nur im geringsten zu vermindern. Die Kufen waren zwar zu kurz, der Schlitten drehte sich also im Kreise, aber vorwärts ging es dennoch, und wäre das Eis überall blank gewesen, so hätte mich der Sturm in wenigen Minuten über den ganzen See nach dem Lager 98 zurückgeweht! Da kenterte mein Fuhrwerk aber zum Glück in einer Spalte, ich wurde herausgeschleudert, trieb noch eine Strecke auf dem Eise weiter und landete auf einem Salzhaufen. Rabsang kam mir glitschend nachgeeilt, brachte den Schlitten und mich wieder auf die Beine und zog uns nun mit heiler Haut wieder nach der Wake zurück.

Wir sahen aus, daß wir uns voreinander hätten fürchten können. Wie aufgeschwollene, ausgegrabene, an der Sonne getrocknete und mit weißer Ölfarbe angestrichene Choleraleichen! Gesicht, Hände und Kleider waren weiß von Salz. Ich konnte meinen Schafpelz auch nie wieder gebrauchen; er wurde steif, platzte in den Nähten und mußte mit anderen Kleidungsstücken einfach weggeworfen werden.

Noch hatten wir jedoch nicht den halben Weg zurückgelegt. Die Männer strengten sich an, als müßten sie sich durch metertiefes Wasser hindurcharbeiten. Manchmal konnte ich sie kaum durch die Salzwolken hindurch erblicken, auch von dem Eis unter dem Schlitten war nichts zu sehen; mir war, als ständen wir still und eine schäumende, kreideweiße Flutwelle stürme über uns hinweg, um uns zu verschlingen. Ich fragte mich, ob wir das Ufer überhaupt lebendig erreichen würden. Viel Leben hatte ich auch nicht mehr im Leibe, als wir endlich landeten! Der Schlitten wurde verankert, damit der Sturm ihn nicht fortwehe, und dann überkletterten wir fünf Uferterrassen hintereinander, um schließlich hinter der Mauer einer Schafhürde, die oben auf der sechsten errichtet war, Schutz zu suchen. Glücklicherweise fanden wir dort trocknen Yakdung

in großen Mengen und hatten bald ein qualmendes Feuer, in dessen Wärme ich jedoch eine gute Stunde sitzen mußte, ehe ich nur anfing, wieder einigermaßen gelenkig zu werden.

Vom Lager 102 waren es 3260 Schritt bis zur südlichsten Spitze des Sees. Dort weideten große Herden, und in der Talmündung waren sechs Zelte aufgeschlagen. Um fünf Uhr hörte der Sturm ebenso plötzlich auf, wie er gekommen war, und es wurde unheimlich still. Als ich um neun Uhr die meteorologischen Beobachtungen ausführte, lagen alle meine Leute schon in einer Reihe mit dem Kopf an der Mauer, die Stirn auf die Erde gedrückt, die Beine angezogen und so dicht nebeneinander wie Sardinen. Aber sie schliefen gut, das hörte ich an den Balken, die sie sägten!

Am Ufer gab es Schalen von Süßwassermollusken und in einem schwarzen Wall, der aus faulenden Algen bestand, viele Gänsefedern. Heutzutage ist das Wasser des Sees untrinkbar, aber früher ist der Ngangtse=tso ein Süßwassersee gewesen, nämlich als er noch nach einem seiner Nachbarn hin Abfluß hatte.

Angegriffen von den Anstrengungen des gestrigen Tages schliefen wir lange und brachen dann in nordöstlicher Richtung auf, nach dem roten Porphyrvorgebirge, das im Westen des Lagers 99 in den See hineinragte. Sturm hatten wir nicht, aber starken Wind, und da er uns in den Rücken blies, glitten wir wie Öl über das Eis.

Jenseits des Vorgebirges lagerten wir in einer tiefen Schlucht, um vor dem Winde Schutz zu finden. Ein Hirte weidete seine Schafe auf einem Abhang und versuchte sich aus dem Staube zu machen, aber Rabsang holte ihn ein. Er glaubte, daß wir Räuber seien, und zu verkaufen hatte er nichts, da er im Dienst eines anderen stand. Rabsang aber forderte ihn auf, uns seinen Herrn zu bringen. Inzwischen waren auch die anderen angelangt, aber ohne Ische, der krank geworden und mitten auf dem See liegen geblieben war. Zwei seiner Kameraden holten ihn abends. Alle waren erschöpft und baten, am 4. Januar nur eine kurze Wanderung zu machen. Das paßte auch ganz gut, denn der Herr des Hirten kam und verkaufte ein Schaf, Butter, saure Milch und einen Beutel Tabak. Es war hohe Zeit, denn der Proviant war schon beinahe aufgezehrt. Der Tabak war den Leuten das willkommenste, denn in der letzten Zeit hatten sie schon Yakdung geraucht! Der Alte gab mir viele interessante Aufklärungen über den Ngangtse=tso und erzählte uns, daß in den Tälern des Südufers jetzt 50 bis 60 Zelte aufgeschlagen seien. Soweit war alles gut gegangen — aber der Tag war noch nicht zu Ende!

Neunzehntes Kapitel.

Zurückgetrieben!

Ein düsterer, unfreundlicher Tag, dieser 4. Januar 1907! Gegen Mittag stellte sich Islam Ahun ein, halbtot vor Müdigkeit. Er hatte das Hauptquartier am Morgen des 2. Januar verlassen und mich im Zickzack über den See gesucht, war am westlichen und am südlichen Ufer gewesen und hatte uns nun endlich, geleitet von der frischesten Spur der Schlittenkufen, in unserer Schlucht gefunden. Er überbrachte mir einen Brief von Robert: „Gestern, am 1. Januar, kamen sechs bewaffnete Männer ins Lager, stellten einige Fragen und verschwanden wieder. Heute aber, am zweiten, sind sie in Begleitung anderer Männer zurückgekehrt und sagen, der Gouverneur von Naktsang habe befohlen, uns nicht weiterziehen zu lassen, weil wir keinen Paß vom Devaschung hätten; wir müßten daher bleiben, wo wir seien. Sie wollen auch Masters Antwort haben, um den Gouverneur zu benachrichtigen, der sofort nach Lhasa berichten will! Sie warten ungeduldig auf Bescheid, und daher schicke ich diesen Brief."

Nachdem Islam Ahun sich ausgeruht und satt gegessen hatte, mußte er mit einem Brief an Robert nach dem Lager 97 zurückgehen. Robert solle den Abgesandten sagen, daß ich nicht eher Antwort geben würde, als bis ich sie persönlich träfe; wenn ihnen aber so sehr darum zu tun sei, meine Antwort zu hören, so sollten sie sich am Nachmittag des 5. Januar am nördlichen Ufer, drei englische Meilen östlich vom Lager 98, einfinden. Wenn nicht, seien sie selber für die Folgen verantwortlich. Muhamed Isa solle als Dolmetscher mitkommen.

Jetzt spitzte sich die Lage also zu. Es handelte sich nicht mehr um falschen Alarm. Berichte über unsere Reise waren nach Lhasa geschickt worden, und wir waren in den Händen des Statthalters von Naktsang! Ich hatte durch meinen Brief an Robert die Entscheidung nur hinausgeschoben, um Zeit zu gewinnen, wenigstens noch eine Lotungslinie abzugehen. Wenn ich in Naktsang nichts weiter gewönne, wollte ich doch wenigstens den Ngangtse-tso

vollständig erobert haben. Nachher mochte dann der große Rückzug beginnen! Die ungeheure Aufregung, in der ich während des letzten Monats geschwebt hatte, hatte nun ihren Höhepunkt erreicht: der Ngangtse-tso sollte also der Wendepunkt meiner Reise durch Tibet werden. Ich hörte förmlich wie die Angeln knirschten und kreischten, als die großen Pforten des Landes der Heiligen Bücher, des verbotenen Landes im Süden, vor mir zugeschlagen wurden.

Schließlich brachen auch wir nach dem Lager 104 auf, das im Osten des Lagers 99 am Südufer lag.

5. Januar. Alle Halme und Stengel waren bereift, als wir in aller Frühe nach N 19° O über das Eis zogen. Der Tag war herrlich, windstill, die Luft schön, beinahe warm. Wurde es schon Frühling? Trat der Frühling in diesen südlicheren Gegenden etwa so früh ein? Er war uns noch so fern erschienen, daß wir es nicht der Mühe wert hielten, uns nach seinen linden Lüften zu sehnen, während uns noch die ganze Winterkälte von Tschang-tang im Leibe saß. Wir brauchten mehr Wärme, um richtig aufzutauen. Das Eis lärmte, trommelte und knallte in der Nacht wie toll, aber seinetwegen war es nicht, daß ich schlecht schlief!

Die Eisfelder bildeten hier lange Wellen; Schirmwände von emporgepreßtem und dann erstarrtem Wasser, die spröde wie Glas waren, zeigten sich alle Augenblicke. Die größte Tiefe fanden wir, als wir $10{,}7$ Kilometer auf dem See zurückgelegt hatten, $10{,}03$ Meter; sie war die bedeutendste, die wir auf dem Ngangtse-tso abloteten. Der See ist also im Osten tiefer; der Westwind füllt seine Westhälfte energischer mit Sand und Staub aus.

Auf halbem Weg sahen wir einen kleinen schwarzen Punkt auf dem Eise aus der Richtung des Laäntales nahen. Es war der Hadschi mit einem Brief. Die Abgesandten hatten neue Befehle vom Gouverneur von Naktsang erhalten. In vier Tagen wolle er sich in eigener hoher Person bei mir einfinden, bis dahin sollten uns seine Abgesandten scharf überwachen! Daher blieben sie bei der Karawane, erlaubten Robert und Muhamed Isa aber das Hauptquartier nach einer Stelle im Südosten des Lagers 97, wo bessere Weide war, zu verlegen. Wir blieben also noch ein paar Tage der Freiheit. Der Gouverneur von Naktsang! Er war es, der mir 1901 im Süden des Selling-tso Halt geboten hatte. Von ihm hatte ich kein Erbarmen zu erwarten! Im Gegenteil, ich hatte ihm das vorige Mal soviel Scherereien und Unannehmlichkeiten verursacht, daß er über meine Rückkehr in seine Provinz wütend sein mußte.

Am 6. Januar befand Ische sich so schlecht, daß der Hadschi ihn mit nach Hause nehmen mußte. Jetzt zogen wir über den See wieder nach N 49° O. Wir waren erst bis an die zweite Wake gelangt, als hinter uns drei Männer auftauchten, die unserer Spur folgten. Sie winkten uns, stehenzubleiben, es waren also neue Nachrichten gekommen! Wir konnten noch die Wake aufhauen und loten, ehe sie bei uns laufend anlangten. Es war Muhamed Isa mit noch zweien meiner Leute, schweißtriefend und atemlos, und ich bat sie „es sich auf dem grünen Rasen bequem zu machen".

„Was gibt's neues im Hauptlager?" fragte ich.

„Sahib, 25 Tibeter haben ihre Zelte um die unseren herum aufgeschlagen. Heute morgen wollten wir das Hauptquartier nach dem Ufer verlegen, um euch näher zu sein. Alle Tiere waren bereits beladen, und wir wollten gerade aufbrechen, als die Männer aus ihren Zelten krochen, uns zwangen, die Tiere wieder abzuladen, und uns befahlen, dort zu bleiben."

„Habt ihr etwas Neues vom Gouverneur gehört?"

„Er soll in drei Tagen kommen. Reitende Boten kommen und gehen täglich, manchmal mehrere am Tage, und sie scheinen schnell zu reiten. Sie stehen unausgesetzt mit dem Gouverneur in Verbindung und schicken ihm Meldungen."

„Was sagen sie dazu, daß ich so lange ausbleibe?"

„Sie sind außerordentlich verwundert darüber und fragen uns unaufhörlich, weshalb der Sahib draußen auf dem Eis umherziehe. Sie haben an den Ufern Spione gehabt und glauben, daß der Sahib durch die Waken Gold vom Seegrund heraufhole."

„Sind sie höflich gegen euch?"

„Ja, aber bestimmt und unerbittlich. Sie sagen, der Gouverneur werde selber über unser Schicksal entscheiden. In den letzten Tagen hat sich ihre Schar nur immer vergrößert; sie lassen sich Proviant bringen und erwarten noch mehr Verstärkung."

„Was beabsichtigen sie deiner Meinung nach, Muhamed Isa?"

„Ja, jetzt sieht es böse aus. Sie haben entschieden die Absicht, uns das Weiterreisen unmöglich zu machen und uns zu zwingen, nach Norden zu gehen."

„Das verdanken wir dem Unglücksferl am Bogtsang=tsangpo, der seinen Eilboten nach Naktsang geschickt hat! Aber wenn hier alles unmöglich ist, müssen sie uns mit einer neuen Karawane versehen, und wir reisen nach Peking! Dort werde ich mir schon die Erlaubnis der chinesischen Regierung zur Reise in Tibet erwirken. — Wie steht es mit der Karawane?"

„Alles gut. Ein Maulesel starb vorgestern und mein schwarzes

Reitpferd gestern. Acht Pferde und ein Maulesel sind noch übrig. Den Yaks geht es vortrefflich."

„An diesem See wird es ihnen nicht an Zeit zum Ausruhen fehlen. Denn wenn wir mit Lhasa verhandeln sollen, gehen ein paar Monate darüber hin! Geh jetzt wieder zurück und grüße die anderen."

Wir loteten weiter und fanden eine Maximaltiefe von 8,35 Meter. Am Ufer waren die alten Wälle sehr deutlich erkennbar — hier sind sie den Sturzseen der Weststürme ausgesetzt gewesen. Der höchste mochte 15 Meter hoch sein. Dort ging ein einsamer Wolf spazieren, weiter hinten weideten 25 Kiangs; sie betrachteten uns lange neugierig und verschwanden dann leicht und flüchtig wie der Wind. Von unsern Trägern sahen wir keinen Schimmer, und auch auf dem Ufer, wo wir auf dem höchsten Wall entlanggingen, fanden wir ihre Spur nicht. Warum gaben sie uns kein Signal durch Anzünden eines Feuers? Endlich erblickten wir sie ganz fern in nördlicher Richtung. Müde hatten sie sich schlafen gelegt, sobald sie an Land gekommen waren. Ich schalt sie nicht, aber Rabsang packte den ersten, den er zu fassen bekam, beim Schopf und prügelte sie dann alle der Reihe nach durch, was sie jedoch nicht hinderte, am Abend ebenso fröhlich wie sonst zu singen.

Jetzt hatte ich die Arbeit auf dem Ngangtse-tso beendet, nachdem wir 106 Kilometer auf seinem Eise in einer Höhe von 4699 Meter zurückgelegt hatten!

Am 7. Januar mußten die Träger mit all unserm Sack und Pack — außer meinem Zelt — nach dem Hauptquartier aufbrechen; ich wartete auf mein Reitpferd, ließ mich in meiner Gemütsruhe nicht stören und war durchaus nicht eilig, mich selber der tibetischen Miliz auszuliefern — jenen greulichen, schwarzen Reitern, die meine Pläne früher schon so oft durchkreuzt hatten! Aus Schigatse kam keine Nachricht, aus Indien keine Post. Ich hatte sie mir zum 25. November nach dem Dangra-jum-tso bestellt, und jetzt hatten wir den 7. Januar! Hatte Ganpat Sing die Post am Ende verloren, oder war er überhaupt nicht nach Leh gelangt? War es vielleicht aus politischen Gründen unmöglich, mir meine Post aus Indien hierher zu schicken?

Ich mußte lange warten. Erst um ein Uhr zeigte sich ein Fußgänger mit meinem Pferd, und zu gleicher Zeit tauchte oben auf dem inneren Terrassenwall eine Karawane von 50 Yaks auf, die von einigen Tibetern getrieben wurden. Wir nahmen an, es seien die Transporttiere des Gouverneurs, aber die Tibeter erklärten, sie stammten aus Laän und hätten die Messe in Naktsang besucht.

Nur drei Stunden trennten uns vom Lager. Sieben Wildesel liefen eine gute Stunde lang vor uns her, der Wind wehte uns heftig entgegen.

Wolken von Staub und Sand fegten längs des Ufers hin, die Eisdecke wurde unsichtbar und die Wildesel verschwanden wie Gespenster im Nebel. Die Beleuchtung war seltsam und verwirrend, die Steigung nahm zu, und immer neue Hügel tauchten auf aus der dicken Luft, die an trübes Wasser erinnerte. Manchmal eilt ein kleines Rudel Goagazellen in höhnisch leichten Sprüngen an uns vorbei. Wir sehen das Lager Nr. 107 erst, als wir unmittelbar davor stehen.

Eine tiefe Erosionsrinne in der Richtung des Sees. Auf ihrer rechten Böschung unsere vier Zelte, nach Osten schauend. Ihnen gegenüber drei tibetische Zelte. Die Hände in den Taschen, die Pfeife im Munde, steht Muhamed Isa an seinem Feuer. Alle die anderen kommen heraus. Die Tibeter gucken aus ihren Zelttüren wie Erdmäuse aus den Löchern. Robert erstattet die Meldung: „Alles ruhig auf dem Schipkapaß!" Nur unsere Pferde waren gestern abend, von Wölfen gejagt, durchgebrannt und hatten die tibetischen mitgenommen, waren aber unten am Seeufer in zerstreuten Gruppen wiedergefunden worden.

Ich ging in Muhamed Isas Zelt; als ich Platz genommen hatte, wurden die vornehmsten der Tibeter gerufen. Sie stellten sich sofort ein, verbeugten sich tief und streckten die Zunge so lang heraus, wie sie nur konnten (Abb. 87) — diesmal machte diese originelle Begrüßungsweise auf mich einen höhnischen Eindruck! Ein Mann mit rotem Turban, dunkelblauem Pelz und Säbel im Gürtel war im Jahre 1901 mit in Hladsche Tserings Lager am Ostufer des Tschargut-tso gewesen, als wir dort zusammen lagerten, und erinnerte mich an jene Tage.

„Ist Hladsche Tsering noch Statthalter von Naktsang?" fragte ich.

„Ja, er ist es, der übermorgen herkommt."

„Bringt er ein ebenso großes Gefolge mit wie damals?"

„Nein, er hat damals gesehen, daß die Reiterscharen euch nicht erschreckten, und verläßt sich darauf, daß ihr euch auch so seinen Wünschen fügt."

Der 8. Januar wurde zum Umpacken der Bagage benutzt, und am neunten schlugen die Tibeter ein neues Zelt auf, das, wie sie sagten, die Küche des Gouverneurs sein sollte. Als es dämmrig wurde, erschienen zwei Reiter, die mir meldeten, daß der Gouverneur um Entschuldigung bitten lasse, weil er nicht zur festgesetzten Zeit eingetroffen sei. Er sei ein alter Mann, habe unterwegs den Sturm gegen sich gehabt und daher nur langsam vorrücken können, werde aber am Abend des zwölften ganz bestimmt bei mir sein.

Da ließ ich mir die Häuptlinge der Tibeter rufen und sagte ihnen, daß sie sich nie wieder vor mir sehen lassen dürften, wenn sie jetzt nicht die Wahrheit sprächen.

„Bombo Tschimbo," erwiderten sie, „wenn der Gouverneur nicht in drei Tagen hier ist, könnt ihr uns den Hals abschneiden!"

„Dessen bedarf es nicht; es genügt, daß ihr euch schriftlich verpflichtet, mir eine Buße von zehn Pferden zu bezahlen, wenn der Gouverneur in drei Tagen noch nicht hier ist."

„Wir geben euch sogar zwanzig Pferde."

„Nein, zehn sind genug." Und nun wurde der Vertrag aufgesetzt und unterzeichnet.

„Wißt ihr noch sonst etwas Neues?"

„Ja, der Gouverneur hat nur seine eigenen zwölf Diener mitgenommen. Er weiß, daß Bombo Tschimbo zurückgekehrt ist, denn er hat vom Bogtsang-tsangpo einen Brief erhalten, daß derselbe Herr, der vor fünf und einem halben Jahr dort mit einer Kamelkarawane gewesen sei, wieder da sei. Da hat er sofort einen Eilboten nach Lhasa geschickt und zehn Tage auf Antwort gewartet, nachher aber beschlossen, selber herzukommen."

Wieder wurde meine Geduld auf die Probe gestellt, als ob ich mich nicht schon zur Genüge darin hätten üben können. Endlich, am 11. Januar, zeichnete sich eine kleine Reitergruppe auf den Hügeln ab, und bald darauf stand ein blauweißes Zelt im Lager der Tibeter — sie hatten jetzt sieben im ganzen. Darauf kam noch eine Schar Reiter, von denen einer sehr krumm saß, einen roten Baschlik trug und sorgfältig in Pelzwerk gehüllt war. „Das ist Hladsche Tsering", hieß es. Das Gefolge trug Flinten, an denen rote Fähnlein flatterten. Sie sahen durchfroren aus, verschwanden schnell in ihren Zelten, und wir hörten nichts wieder von ihnen.

12. Januar. Viel zu früh kam ein Bote mit der Frage, ob ich nach dem Zelt des Statthalters hinüberkommen wolle oder ob er mir erst einen Besuch machen solle. Ich ließ antworten, daß ich ihm Bescheid schicken würde, wann ich ihn empfangen könne. Mein armseliges, von den Stürmen zerzaustes Zelt wurde nun so schön hergerichtet, als es die Umstände erlaubten; mehr als zwei Gäste hatten darin nicht Platz, aber für diese wurden Filzdecken und Kissen ausgebreitet, und zwischen diese Sitzplätze und mein Bett ein gewaltiges Kohlenbecken gestellt, damit der Alte sich ordentlich wärmen könne. Mein Bote war gerade abgegangen, als vor das blauweiße Zelt zwei Pferde geführt wurden, der Alte bestieg das eine, ein junger Lama das andere; die Pferde wurden am Zügel geführt, die anderen Tibeter stellten sich zu Fuß auf, und dann setzte sich der Zug langsam nach unsern Zelten hin in Bewegung!

Hladsche Tsering, denn es war wirklich mein alter Freund, kam im Paradeanzug von chinesischem Schnitt, mit chinesischer Mütze, die mit

108. Lamas in Taschi-lunpo.

109. Hof der religiösen Festspiele in Taschi-lunpo. Links oben die Fassade des Labrang, Palast des Taschi-Lama.

110 und 111. „Profanum volgus" beim Neujahrsfest in Schigatse.

zwei Fuchsschwänzen und einem weißen Glasknopf geschmückt war, und in Stiefeln, mit Samt überzogen und mit dicken weißen Sohlen (Abb. 92). Über seinem mit weiten Hängeärmeln versehenen Seidenkaftan trug er einen kurzen Kragen von Otterfell und im linken Ohrläppchen einen großen Ohrring von reinem Gold mit runden Türkisen besetzt. Als er erschien, ging ich ihm entgegen, um ihn zu begrüßen. Wir erkannten einander sofort wieder, begrüßten uns herzlich, ja, umarmten einander beinahe, und sprachen davon, wie seltsam es sei, daß wir uns hier mitten in der Wildnis nach fünf langen Jahren wiederträfen! Seine Hand in der meinen haltend, führte ich ihn nach dem bescheidenen Ehrenplatz und bat den Lama, seinen Sekretär, einen Sohn des Junduk Tsering von 1901, Platz zu nehmen. Ich saß mit gekreuzten Beinen auf meinem Bett neben ihm, Robert und Muhamed Isa in der Zelttür, deren Rahmen im übrigen von einem Mosaikbild tibetischer Köpfe ausgefüllt wurde. Muhamed Isa, der Dolmetscher, trug ein Ehrengewand, das ihm Young=husband in Lhasa geschenkt hatte; es bestand aus dickem, kirschrotem tibetischem Wollstoff; um den Leib hatte er einen bunten Gürtel und auf dem Kopf einen hohen, goldgestickten Turban aus Peschawar. Er überstrahlte uns alle in seiner Pracht!

Nachdem ich eine Schachtel ägyptischer Zigaretten bereitgestellt und Hladsche Tsering sich eine Weile alles, was im Zelte stand, betrachtet hatte, sagte er mit ernster, bekümmerter Miene:

„In meiner Eigenschaft als Statthalter von Naktsang kann ich euch nicht gestatten, von hier nach Schigatse oder irgendeinem anderen Ort innerhalb der Grenzen von Naktsang weiterzureisen. Ich habe mich per=sönlich bei euch eingefunden, um euch zu bitten, schleunigst meine Pro=vinz zu verlassen. Bald nach der englischen Lhasaexpedition erhielt ich vom Devaschung Befehl, so wie früher auch in Zukunft Europäer nicht in Naktsang umherziehen zu lassen. Die Instruktion lautet dahin, daß, wenn irgendein Europäer in Naktsang eindringt, es meine Amtspflicht ist, ihn anzuhalten und zum Umkehren zu zwingen."

Ich erwiderte: „Es ist nicht möglich, daß die Verhältnisse jetzt noch ebenso liegen wie vor fünf Jahren, als ihr meine Karawane mit fünf=hundert Mann Miliz anhieltet. Seitdem hat die indische Regierung mit dem Devaschung in Lhasa einen Vertrag abgeschlossen, und jetzt stehen die beiden Regierungen auf durchaus freundschaftlichem Fuße."

„Hedin Sahib, ihr werdet euch erinnern, wie es das vorige Mal ablief. Ihr waret damals so freundlich, auf meine Aufforderung hin umzu=kehren, aber ihr wißt nicht, wie es mir dann ging! Das ganze Auf=gebot gegen euch mußte ich allein bezahlen, und der Devaschung forderte

mir noch obendrein 2000 Rupien ab. Ich war ruiniert, während mein Kollege Junduk Tsering sich durch Ausbeutung der Bevölkerung bereicherte und jetzt als reicher Mann in Lhasa lebt. Wir sind alte Freunde, aber ich kann mich euretwegen nicht neuen Unannehmlichkeiten aussetzen."

„Es ist wahr, Hladsche Tsering, daß wir alte Freunde sind; aber ihr könnt doch nicht verlangen, daß ich mich euretwegen einer neuen Reise durch Tschang=tang unterziehe! Ich besaß 130 Tiere, als ich vor sechs Monaten Ladak verließ. Nun habe ich, wie ihr selber seht, nur noch neun. Ich werde mich nicht überreden lassen, auf jenem Weg wieder zurückzugehen, und nach dem Vertrag von Lhasa habt ihr keine Machtmittel, einen Europäer zu zwingen!"

„Der Vertrag von Lhasa wurde mit England geschlossen. Ihr seid kein Engländer, ihr seid ein Sved=peling."

„Um so mehr habt ihr allen Grund, mir Gastfreundschaft zu er= weisen. Gegen euren Wunsch und Willen hat England euch zum Krieg gezwungen; mein Land hat das nie getan!"

„Ihr habt recht, euer Volk hat uns nie Schaden zugefügt. Aber in meinen Instruktionen wird kein Unterschied gemacht zwischen verschie= denen Nationen. Ich werde euch gewiß nicht zwingen, auf dem langen, schlechten Weg, auf dem ihr gekommen seid, wieder nach Ladak zurück= zugehen; ich weiß, daß dies ohne eine große, starke Karawane unmöglich ist. Es ist mir auch ganz einerlei, ob es euch gelingt nach Schigatse zu kommen oder nicht, aber durch meine Provinz dürft ihr nicht dorthin ziehen! In Naktsang steht euch nur ein einziger Weg offen, der nämlich, auf dem ihr gekommen seid. Die Straße, die ihr nachher einschlagt, ist mir gleich. Und könnt ihr von der nördlichen und westlichen Seite des Dangra=jum=tso nach Schigatse vordringen, so geht mich das gar nichts an!"

„Ihr wißt, daß der Taschi=Lama vor einem Jahr in Indien war, und ihr wißt auch, wie gut er dort aufgenommen worden ist. Er er= wartet mich in seiner Hauptstadt, und kein anderer als er hat das Recht, mich an der Reise zu ihm zu hindern."

„Naktsang steht unter dem Devaschung, nicht unter dem Taschi=Lama."

„Der Dalai=Lama ergriff die Flucht, als die englischen Truppen sich Lhasa näherten. Der Taschi=Lama ist daher jetzt Tibets vornehm= ster Großlama."

„Ganz recht, wir begreifen und billigen die Handlungsweise des Dalai=Lama auch nicht. Er hätte derjenige sein müssen, der das Land vor seinen Feinden schützte. Aber das gehört nicht hierher; ich erhalte meine Instruktionen einzig und allein vom Devaschung."

„Und ich verlasse Naktsang nicht eher, als bis der Taschi-Lama mir eure Rede, daß der Weg versperrt sei, bestätigt hat. Ich werde also einen Brief an den Vertreter der indischen Regierung in Gyangtse, den Major O'Connor, schicken, und wenn er mir antwortet, daß die politische Lage mir die Weiterreise verbietet, werde ich Tibet verlassen. Hier am Ngangtse-tso will ich seine Antwort erwarten. Und dazu habe ich noch einen Grund. Ich erwarte aus Indien Briefe, die mir durch Major O'Connor geschickt werden sollen. Ihr werdet es wohl verstehen können, daß ich Naktsang nicht vor dem Eintreffen meiner Post, die ohne Zweifel auf Befehl des Taschi-Lama weiter befördert werden wird, verlassen will."

„Alles das ist ja schön und gut, aber habt ihr einen Beweis dafür, daß der Taschi-Lama die Verantwortung auf sich nehmen wird, euch eure Post zu schicken? Ihr habt keinen Paß vom Devaschung. Habt ihr einen vom Taschi-Lama? Ich bin nicht angewiesen, euch zu Diensten zu stehen. Wenn ich auf eigene Hand euren Brief nach Gyangtse schickte, würde ich meinen Kopf verlieren."

„Ich werde zwei meiner eigenen Ladakis mit dem Brief absenden."

„Nein, das Land ist ihnen ebenso verschlossen wie euch. Und wie lange Zeit glaubt ihr übrigens mit dem Warten auf die Antwort hier verbringen zu müssen? Mehrere Monate?"

„O nein, nach Gyangtse sind es 165 englische Meilen, und auch bei kurzen Tagemärschen würde die Reise nie länger als 20 Tage dauern."

„Ich verlasse diesen Platz nicht eher, als bis ihr aufgebrochen und nordwärts über die Grenze von Naktsang gezogen seid."

„Und ich breche nicht eher auf, als bis ich aus Gyangtse Antwort auf meinen Brief erhalten habe!"

„Es ist unmöglich, hier lange Zeit liegen zu bleiben. Ihr könnt eure Leute nicht ernähren; es gibt hier keine Nomaden, und die, welche in der Nachbarschaft wohnen, sind blutarm."

„Auf dem Südufer sah ich sehr viele Zelte und große Herden. Schlimmstenfalls können wir von der Jagd leben, Wild gibt es hier viel. Da ich weiter nichts verlange, als daß ihr mich auf eine Antwort warten laßt, müßtet ihr mir doch gefällig sein können."

„Darin irrt ihr euch; in meiner Stellung geht mich weder Schigatse noch Gyangtse etwas an. Als die Engländer Tibet geräumt hatten, schickte der Devaschung nach jedem Dsong (Gouverneurstadt) in ganz Tibet ein Schreiben, daß wir allerdings geschlagen worden seien, aber keinen Teil unseres Landes verloren hätten, und dort noch immer Herr seien, sowie daß hinsichtlich reisender Europäer in Zukunft alles beim Alten bleibe. Ich selber will euch soweit entgegenkommen, wie ich kann, und

werde nun zunächst in mein Zelt zurückkehren und mit meinen Leuten Rat halten." —

Gleichzeitig hielt auch ich mit Robert und Muhamed Isa Kriegsrat. Es war sonnenklar, daß wir unsere Reise nach Süden nicht fortsetzen konnten. Dagegen hatte es den Anschein, als könnten wir auf dem Umweg um den Dangra=jum=tso in das auf seiner Westseite liegende Land, das, wie Hladsche Tsering gesagt, von Saka=dsong aus regiert wurde, eindringen. Vertrieb man uns auch dort, so würden wir nach Peking ziehen! Weshalb? Ich bin freilich sehr optimistisch, aber es stand bei mir fest, daß ich ebensogut als einst Marco Polo den chinesischen Kaiser so würde betören können, daß er mir die Erlaubnis gäbe, mit irgendeinem besonderen Auftrag frei in Tibet umherreisen zu dürfen! Muhamed Isa meinte, nach Peking sei es unendlich weit, aber Robert begeisterte sich für die Reise. Wir wollten nur die besten unserer Leute mitnehmen; den übrigen konnte ich leicht die Erlaubnis zur Rückkehr nach Ladak über Gartok erwirken. Wir selber würden anfangs sehr beschwerlich reisen, aber durch die südliche Mongolei würden wir auf baktrischen Kamelen gerade zur Zeit, wenn die Frühlingsblumen am schönsten dufteten, wie Wilde über die Steppen jagen! Unter keiner Bedingung wollte ich als Besiegter heimkehren. Ich versuchte den beiden anderen meine Begeisterung einzuimpfen und malte ihnen unseren Kamelritt wie ein Märchen und einen Roman aus!

Jetzt wurden zwei der Leute Hladsche Tserings gemeldet, die mir als Geschenk ihres Herrn eine Schüssel Reis und einen Kloß Butter überreichten. Der Sekretärlama schenkte auch eine Schürzevoll Reis. Als Erwiderung schickte ich Muhamed Isa mit einem ganzen Stück Paschminazeug und einem Messer aus Srinagar für den Gouverneur und einem ebensolchen Messer nebst einer Turbanbinde für den Sekretär.

Begleitet von Robert und Muhamed Isa machte ich um drei Uhr meinen Gegenbesuch. Hladsche Tserings Zelt war groß und hübsch eingerichtet, und alle seine Sekretäre und Diener (Abb. 94) saßen um das Feuer herum, das hoch nach der oberen Zeltöffnung hinaufloderte. An den Zeltwänden lagen Säcke Reis und Tsamba und mehrere unzerlegte geschlachtete Schafe; alles sah aus, als habe der Alte sich auf längeres Verweilen eingerichtet. Gewehre mit Gabeln und Fähnchen, Säbel und Lanzen, Geschirr, Zügel, Sättel und Satteldecken; alles ließ dieses Häuptlingszelt malerisch und kriegerisch erscheinen. An der kurzen Wand, dem Eingang gegenüber, waren hohe Kissen aufgestapelt, die mit kleinen Teppichen aus Lhasa bedeckt waren und auf denen runde Kissen als Rückenlehne standen. Hier wurde ich aufgefordert, neben Hladsche Tsering Platz zu nehmen; vor

uns wurde ein kleiner roter, lackierter Tisch gestellt. Zu unserer Rechten stand ein Altarschrein mit vergoldeten Götterstatuen und „Gaos" — kleinen, silbernen Futteralen mit Buddhabildern, die man, wenn man reist, an einem roten Riemen über der Schulter trägt. Vor ihnen flackerten die Butterdochte in glänzenden Messingschalen.

Ein Diener brachte chinesische Porzellantassen, die auf kupfernen Schälchen standen und silberne Deckel hatten. Ein zweiter schenkte aus einer pittoresken Teekanne jenen dicken, mit Butter vermischten Tee, den die Tibeter so sehr lieben und den ich jetzt mit scheinbarem Entzücken trank, obgleich er mir abscheulich schmeckte — aber Hladsche Tsering hatte kurz vorher auch meinen englischen Tee gelobt!

Die Unterhaltung verlief auch hier ruhig, scherzhaft und gemütlich wie in meinem Zelt. Mit den Verhandlungen aber kamen wir nicht von der Stelle, eher das Gegenteil, denn jetzt sagte Hladsche Tsering:

„Nach dem Dangra-jum-tso kann ich euch unter keiner Bedingung ziehen lassen; der See ist heilig, und übrigens sind dort schon Wachen aufgestellt."

„Der Weg nach Osten ist uns auch versperrt?"

„Ja, nach Süden, Westen und Osten ist euch das Land völlig verschlossen, und nach Norden kann ich euch, wie ich jetzt einsehe, nicht zurückbringen."

„Soll ich dann in den Himmel fahren oder in die Unterwelt versinken?"

„Nein, aber ihr müßt hier warten."

„Und ihr schickt meinen Brief nach Gyangtse?"

„Nein, das tue ich nicht; aber ich werde euch nicht hindern, wenn ihr auf eigene Verantwortung zwei eurer Leute hinsendet."

„Wollt ihr mir für sie einige Pferde verkaufen?"

„Nein, dann würde es heißen, daß ich mit euch unter einer Decke stecke und mich hätte bestechen lassen."

„Ihr seid mir ein schöner Statthalter, Hladsche Tsering, nicht einmal ein paar Pferde könnt ihr mir verkaufen! Ich muß folglich meine Leute zu Fuß schicken, und das dauert doppelt so lang."

„Nun gut, ich werde die Sache beschlafen; morgen sollt ihr Bescheid erhalten."

Am Abend erhielten Rub Das und Tundup Galsan ihre Befehle. Sie sollten mit einem Brief an den Major O'Connor nach Gyangtse gehen und erhielten eine Geldsumme, die sie in ihre Leibgürtel einnähen mußten, um sie sicher aufzubewahren. Erst wenn es am nächsten Abend dunkel geworden, sollten sie ihre abenteuerliche Reise antreten.

Zwanzigstes Kapitel.

Vorwärts durch das verbotene Land!

Am 13. Januar! Da hatten wir denn wieder diese kritische Zahl, die so viele Leute als unheilbringend ansehen und die mit einer Atmosphäre von Aberglauben umgeben ist! Ob der dreizehnte auch uns ein Unglückstag wurde?

Die Sonne war kaum aufgegangen, als Hladsche Tsering seinen Besuch melden ließ. In Begleitung seines Privatsekretärs, des Lamas Lobsang Schuntän, und aller der anderen kamen Seine Exzellenz der Statthalter von Naktsang zu Fuß nach meinem Zelt gegangen. Sie nahmen wieder auf denselben Kissen Platz, Hladsche Tsering tat den Mund auf und sprach folgende denkwürdigen Worte:

„Hedin Sahib, wir beide, ihr und ich, haben keine Zeit, hier Wochen und Monate zu liegen und auf eine Antwort aus Gyangtse zu warten. Bei eurer Postverbindung mit Gyangtse kann ich euch nicht helfen. Ich habe die Lage gründlich erwogen und sie mit meinen Sekretären, die wie ich dem Devaschung gegenüber verantwortlich sind, beraten. Wir sind der Ansicht, daß das Einzige, was ihr tun könnt, das ist: ihr zieht südwärts nach dem Gebiet des Labrang, nach Taschi-lunpo, weiter. Ich bitte euch, schon übermorgen aufzubrechen."

Was hatte dieser höchst unerwartete Umschlag zu bedeuten? Gestern sollte ich keinen Schritt südwärts machen dürfen, und heute bat man mich, so schnell wie möglich nach dem verbotenen Lande aufzubrechen. Hatte Hladsche Tsering geheimen Befehl aus Lhasa erhalten? War er benachrichtigt worden, daß der Taschi-Lama mich wirklich erwarte? Darüber sprach er sich nicht aus, und ich war zu klug, um zu fragen. Oder waren wir das Opfer einer Kriegslist, die darauf ausging, uns möglichst schnell nach Gyangtse zu bringen, wo man mich dann zwingen würde, über Dardschiling nach Indien zurückzukehren? Denn dort konnte der

Devaschung sich auf den Vertrag berufen, in dem ausdrücklich gesagt ist, daß nur diejenigen, die einen Paß aus Lhasa besitzen, berechtigt sind, im Lande umherzureisen. So würde meine Reise ein schnelles Ende nehmen. Vielleicht war es besser, mich in das unbekannte Land im Westen des Dangra=jum=tso, das ja das Hauptziel meiner Reise war, hineinzubegeben? Hladsche Tserings Frontveränderung war allem, was ich früher in Tibet gesehen und erfahren hatte, so absolut unähnlich, daß mir die Sache nicht recht geheuer schien und ich mich fragte, ob ich mich den englischen, chinesischen und tibetischen Behörden wirklich gerade in den Rachen stürzen solle, um ihnen binnen kurzer Frist auf Gnade und Ungnade überliefert zu sein.

Doch nein, diese Gelegenheit durfte unter keiner Bedingung versäumt werden! Zwischen dem Ngangtse=tso und Schigatse dehnt sich gerade der östliche Teil des großen, weißen Fleckes im Norden des Tsangpo, den kein Europäer, kein Pundit je betreten hat, das Land, von dem nicht einmal dämmerhafte, dunkle Berichte aus zweiter Hand bis in die geographischen Handbücher gedrungen sind! Selbst wenn ich nur Gelegenheit hatte, diese einzige Linie zu erobern, wäre doch meine Aufopferung nicht vergeblich gewesen. Nain Sing hat auf seiner Karte zwei Flüsse, die nach Osten und Nordosten hin dem Kjaring=tso zuströmen; ihren Oberlauf verlegt er in das Land im Süden des Ngangtse=tso. Von ihnen wußte ich noch nichts, mußte aber alles erfahren, wenn ich Hladsche Tserings Anerbieten annahm. Doch daß die Bergketten, die Nain Sing auf der Südseite des Sees in die Karte eingetragen hatte, vollkommen phantastisch und willkürlich waren, das hatte ich schon sehen können. Jedenfalls durfte ich jetzt aber kein Entzücken verraten, und daher erwiderte ich sehr ruhig und bedächtig:

„Gut, ich werde übermorgen südwärts ziehen, wenn ihr mir bis dahin Pferde besorgen könnt."

„Ich habe in alle Täler der Gegend Leute geschickt und befohlen, alle vorhandenen Pferde hierherzubringen. Von hier führen zwei Straßen nach Schigatse. Geht ihr um die Westseite des Sees, so seid ihr in vier Tagen auf dem Gebiet des Labrang; zieht ihr aber an der Ostseite des Sees entlang, so erreicht ihr es schon in zweien. Ihr könnt den Weg, den ihr einschlagen wollt, selber wählen, aber mir wäre es lieber, daß ihr euch zu dem östlichen entschlösset. Denn für mich ist es die Hauptsache, daß ihr möglichst schnell aus meiner Provinz hinauskommt!"

„Nein, ich werde mich für die westliche Straße entscheiden, um einen Abstecher nach dem Dangra=jum=tso machen zu können. Denn ich will

diesen See selber sehen und muß schon hin, weil ich ihn als Postadresse angegeben habe und mich der Eilbote des Taschi=Lama dort erwartet."

Diese Äußerung war recht undiplomatisch, und ich hätte es wohl vermeiden können, meine Pläne zu enthüllen! Hladsche Tsering brauste denn auch sofort auf und erklärte: „Nach dem Dangra=jum=tso? Niemals! Der See ist heilig; der Berg Targo-gangri auf seinem Südufer ist heilig, dort liegt das große Kloster Serschik=gumpa, in dem mächtige, intrigante Mönche leben; euer Besuch am See würde zu Verwicklungen führen. Nein, wenn ihr solche Absichten habt, dann lasse ich euch nur einen einzigen Weg offen, nämlich die Straße, die auf der Ostseite des Ngangtse=tso entlangführt. Ich kann und will euch nicht zwingen, aber ich bitte euch, gebt mir euer Ehrenwort, nicht nach dem Dangra=jum=tso zu gehen!"

So verlor ich den Heiligen See zum zweitenmal. Doch um nicht auch noch den wichtigen Weg zu verlieren, der mir offen stand, gab ich mein Ehrenwort. Meine übereilte Offenherzigkeit verdroß mich dann sehr, aber ich sollte bald Veranlassung erhalten, mich darüber zu freuen; denn hätte ich Gelegenheit gefunden, jetzt den Heiligen See zu besuchen, so wäre ich an seinem Ufer unfehlbar festgenommen worden — aber das ist eine andere Geschichte, die in ein späteres Kapitel gehört.

„Sagt mir, Hladsche Tsering, glaubt ihr, daß man mir im Gebiet des Labrang Halt gebieten wird?"

„Da ihr hier in Naktsang nicht festgenommen seid, werdet ihr es dort wohl auch nicht werden. Wie es mir gehen wird, weiß ich nicht, aber ich bin sieben Jahre Statthalter gewesen und meine Dienstzeit ist doch in fünf Monaten abgelaufen; da macht es mir nichts aus, wenn ich meine Stelle verliere. Der Devaschung hat mich bereits so gründlich ausgeplündert, daß an Besitztümern und Vieh bei mir wenig zu holen ist. Jetzt z. B. reise ich in meiner Provinz auf Kosten des Volkes; die Nomaden müssen mir und meinen Begleitern die ganze Zeit über Lasttiere und Proviant stellen."

„Der Devaschung muß ja eine saubere Institution sein. Ihr solltet euch freuen, daß eure Dienstzeit bald zu Ende ist."

„Ja, aber ich muß mich an einem Ort niederlassen, wo man billig leben kann."

„Weiß der Devaschung, daß ich hier bin?"

„Noch habe ich nichts von dort gehört, aber ich habe über eure Angelegenheiten gestern wieder eine Meldung durch Eilboten abgeschickt. Wie man euch behandeln wird, weiß ich nicht; ich selber bin um unserer alten Freundschaft willen soweit gegangen, wie es mir möglich war."

112. Lama mit Muscheltrompete.

113. Lama mit Flöte.
Skizzen des Verfassers.

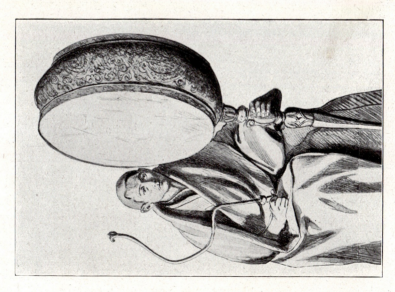

114. Lama mit Tempeltrommel.

115. Lesender Lama mit Dortsche (Donnerkeil) und Drilbu (Gebetglocke).

Skizzen des Verfassers.

Darauf machte ich ihm wieder einen Gegenbesuch. Einige der Leute Hladsche Tserings hatten gesehen, daß wir mit dem Umpacken des Gepäcks beschäftigt waren, und daran anknüpfend, fragte er mich nun, ob er wohl eine leere Kiste erhalten könne. Er bekam vier der besten und allerlei andere entbehrliche Sachen.

War schon der 13. Januar ein Gedenktag in meiner Chronik geworden, so sollte der vierzehnte noch wunderbarere Ereignisse bringen! Mein Leben war während der vergangenen Monate ziemlich eintönig dahingeflossen, nun aber erlebte ich täglich Dinge, wie in einem Roman!

Einen so schönen Tag hatten wir den ganzen Winter hindurch noch nicht gehabt. In der Nähe meines Zeltes war das Universalinstrument auf seinem Dreifuß aufgestellt, und ich hatte die Chronometer, einen Aneroid und einen Thermometer zur Hand. Dort stand ich wohl drei Stunden und beobachtete den Verlauf einer **Sonnenfinsternis**! Sie umfaßte ungefähr neun Zehntel der Sonnenscheibe. Kurz vor ihrem Maximum betrug die Lufttemperatur — 8,5 Grad und bald nach dem Maximum — 11,4 Grad. Die violette Linie des Thermographen sank schnell, und eine schwache Brise sauste längs der Erdoberfläche hin. Einige Tibeter hatten sich nach Muhamed Isas Zelt begeben, um uns Pferde zu verkaufen, aber als es so seltsam dunkel wurde, hatten sie den Kopf geschüttelt und waren wieder in ihre Zelte gegangen. Die Ladakis sind draußen, sitzen an ihren Feuern und murmeln Gebete. Die Raben sind still und rühren sich nicht. Ein Adler kreist auf schweren Flügeln dicht über dem Erdboden. Unsere Schafe kommen aus eigenem Antrieb von der Weide heim, wie sie es abends zu tun pflegen — und doch steht die erlöschende Sonne auf ihrer Mittagshöhe. Die jungen Hunde unterbrechen ihr Spiel, kriechen verzagt ins Zelt und legen sich auf mein Bett. Nur die Pferde grasen weiter und zeigen keine Verwunderung darüber, daß der Tag so kurz ist. Alles ist unheimlich still und ruhig.

Dann aber vergrößert die kleine Sonnensichel, die in der Nacht des Weltenraumes nicht erloschen war, sich wieder. Es wird heller, und die matten Schatten, die eben noch doppelte Ränder hatten, werden wieder scharf. Die Schafe stehen noch unschlüssig da, gehen dann aber langsam nach der Weide zurück. Die Hunde beginnen ihr Spiel von neuem, und die Tibeter lugen, einer nach dem anderen, aus ihren Zelttüren. Die Raben schütteln sich und fliegen krächzend nach einem der Hügel. Die Gebete der Ladakis verstummen, und mit sausenden Flügelschlägen schwingt sich der Adler zur Sonne empor, die wieder in all ihrem glühenden Glanze hervortritt.

Da kam der alte Karpun, um uns zu besuchen, und erhielt Tee, Tabak und ein Stück Zeug.

„Erinnert der Bombo Tschimbo sich noch," fragte er, „wie ich euch vor 5½ Jahren mit dem großen Aufgebot festzuhalten suchte?"[1].

„Ja, am Nordufer des Selling-tso. Ich machte dir damals viele Not, und du konntest mich nicht zum Bleiben bewegen."

„Der Ärger ist jetzt vergessen, und ich freue mich sehr, euch gesund und munter wiederzusehen."

„Damals ahnten wir nicht, daß wir uns wieder treffen würden! Du selber siehst sehr wohl aus, aber sage mir, weshalb du gerade jetzt kommst?"

„Ich bringe dem Gouverneur aus Schansa-dsong Meldung. Die dort zurückgebliebenen Beamten haben mir befohlen, das Volk aufzubieten. Jetzt muß die ganze Miliz unter Waffen treten, um . ."

„Du wirst doch nicht wieder die Absicht haben, mich festzuhalten?"

„Oh bewahre! Aber von den schwarzen Zelten am mittelsten Bogtsang-tsangpo ist Nachricht gekommen, daß eine große Räuberbande zehn Zelte ausgeplündert und sämtliches Vieh der Besitzer nebst allen Schafherden fortgetrieben hat."

„Wann?"

„Vor einigen Tagen."

„Dann können wir von Glück sagen, daß wir ihnen nicht in die Hände gefallen sind, da wir ja fünf Tage am mittelsten Bogtsang-tsangpo entlanggezogen sind und sehr viel Silbergeld in unseren Kisten haben."

„Der Bombo Tschimbo ist der Freund der Götter. Euch kann nichts Böses treffen."

„In welcher Richtung hat die Räuberbande sich mit ihrer Beute zurückgezogen?"

„Sie sind noch auf dem Gebiet von Naktsang; wir werden sie verfolgen, sie fangen und ihnen den Hals abschneiden."

Nun machte ich mit den beiden Eckpfeilern meiner Karawane Exzellenz Hladsche Tsering einen Besuch. Er saß an seinem lackierten Tisch, trank Tee und hatte seine lange chinesische Pfeife im Munde.

„Wißt ihr, warum es eben so dunkel wurde?" fragte ich. „Die Götter des Dangra-jum-tso zürnen darüber, daß ihr mir nicht erlaubt, ihren See zu besuchen!"

„Nein, bewahre. Am Himmel geht ein großer Hund umher, der manchmal die Sonne verdeckt. Aber ich und der Lama Lobsang haben

---

[1] Siehe „Im Herzen von Asien", II, 377 ff.

die ganze Zeit über vor dem Altar gebetet und Räucherspäne vor den Götterbildern brennen lassen. Ihr habt nichts zu fürchten, der Hund ist weiter gezogen."

"Schön!" rief ich aus und machte nun einen verzweifelten Versuch, das Phänomen zu erklären. Robert mußte seine Untertasse, welche die Sonne vorstellte, in die Höhe halten; ich nahm zwei Rupien, die Erde und Mond in ihren Bahnen kreisend darstellten. Hladsche Tsering hörte Muhamed Isas Übersetzung meiner Erklärung aufmerksam an, lächelte, nickte beifällig mit dem Kopf und meinte schließlich — alles das möge ja für uns ganz gut sein, aber für Tibet treffe es durchaus nicht zu!

In demselben Augenblick wurde der Zeltzipfel zurückgeschlagen, Rabsang trat atemlos ein und rief mir zu:

"Die Post ist da!"

Muhamed Isa und Robert sprangen auf, als hätten sie Feuer unter den Sohlen und riefen: "Wir müssen hinaus!" Ich saß ganz still und stemmte die Füße fest auf den Boden, um nicht zu zeigen, daß ich vor Aufregung bebte. War es möglich? Briefe aus der Heimat, aus Indien, aus Gyangtse und vielleicht vom Taschi=Lama!

"Wer hat die Post gebracht?" fragte ich, als ob nichts vorgefallen sei.

"Ein Mann aus Schigatse, den zwei andere begleiten", antwortete Rabsang.

"Wo ist er? Laßt ihn mit der Posttasche herkommen!"

"Das haben wir ihm auch schon gesagt, aber er antwortet, daß er strengen Befehl habe, die Post dem Sahib selber in seinem eigenen Zelt zu übergeben. Er weigert sich, es im Zelt des Gouverneurs zu tun."

"Was ist denn los?" fragte Hladsche Tsering, der sich über den allgemeinen Aufstand wunderte.

"Ich habe Nachricht vom Taschi=Lama", erwiderte ich sehr ruhig. Jetzt war die Reihe, verdutzt auszusehen, an Hladsche Tsering. Die Neuigkeit machte auf ihn einen sehr tiefen Eindruck. Er gab schnell einen Befehl, zwei seiner Männer eilten hinaus und kamen mit der Bestätigung meiner Behauptung wieder. Da klopfte er mir freundlich auf die Schulter und sagte lächelnd:

"Hedin Sahib, dies ist für mich eine viel größere und wichtigere Neuigkeit als für euch! Mich kümmert's nicht, was ihr für Nachrichten erhaltet, aber die Ankunft der Post vom Taschi=Lama ist mir schon an und für sich ein Beweis, daß Seine Heiligkeit euch wirklich erwartet, daß das Gebiet des Labrang euch offensteht und daß ich recht gehandelt habe, als ich

sagte, daß ihr eure Reise fortsetzen könntet. Wenn ich euch die Erlaubnis dazu nicht schon gestern erteilt hätte, heute würde ich sie euch sicher gegeben haben."

„Ich habe es ja immer gesagt, daß ich meine Post vom Taschi=Lama erhalten würde!"

„Das ist wahr, aber erst jetzt habe ich einen greifbaren Beweis, jetzt bin ich völlig beruhigt und gedenke nicht einmal euern Aufbruch noch abzuwarten. Ich reise übermorgen nach Schansa=dsong zurück."

Nun konnte ich aber meine Ungeduld nicht länger zügeln. Ich verabschiedete mich und eilte in mein Zelt, wohin der Postbote gerufen wurde. Es war ein junger, kräftiger Tibeter namens Ngurbu Tundup (Abb. 95), ein Diener des Kung Guschuk, eines sehr vornehmen Beamten in Schigatse und jüngeren Bruders des Taschi=Lama. Auf Befehl aus Indien hatte Leutnant Bailey, der den beurlaubten Major O'Connor in Gyangtse vertrat, die sehr sorgfältig eingewickelte Postkiste dem Taschi=Lama mit der Bitte geschickt, sie mir zustellen zu lassen. Die tibetische Adresse war sogar auf den verbotenen Dangra=jum=tso ausgestellt! Auf Befehl des Taschi=Lama war der Mann mit einem offenen Paß vom Labrang, dem Vatikan von Taschi=lunpo, versehen worden, der ihn berechtigte, sich auf dem ganzen Weg dorthin Pferde stellen und Proviant verabreichen zu lassen. Die Männer, die ihn begleiteten, waren die letzten Nomaden, die ihm am Dangra=jum=tso Pferde zur Verfügung gestellt hatten und ihn jetzt, da es sicher Trinkgelder geben würde, nicht hatten verlassen wollen. Er hatte 18 Tage zu der Reise nach dem Heiligen See gebraucht und mich dort drei Tage lang gesucht, bis er zufällig erfahren hatte, daß wir am Ngangtse=tso lagerten. Dann war er zu mir geeilt, um sich seines Auftrags zu entledigen. Aber weshalb hatte er sich so verspätet? Ich hatte doch den 25. November verabredet? Jawohl, aber Kung Guschuk hatte die Kiste 40 Tage liegen lassen, und Kung Guschuk ist ein Schafskopf! Doch auch dies war ein Glück. Hätte Kung Guschuk seine Schuldigkeit getan, so wäre die Post rechtzeitig angekommen — aber ich selber kam ja erst Ende Dezember nach der verabredeten Stelle. Eine höhere Leitung hatte das Ganze geordnet, alles paßte ganz vorzüglich zusammen.

Nun wurde die Kiste aufgemacht! Welche Spannung! Sie enthielt Pakete von Briefen aus meinem Elternhause, vom Government House in Kalkutta, von Oberst Dunlop Smith und vielen anderen Freunden. Ich überzeugte mich zuerst durch den letzten Brief, daß zu Haus alles gesund war, und las dann alle chronologisch und mit gespanntestem Interesse. Die Briefe waren mir um so willkommener, als sie lauter gute Nachrichten enthielten. Und schwedische Zeitungen erhielt ich in Menge

— sie waren zwar so alt wie der Böhmerwald, aber an Lektüre litt ich nun auf dem Weg nach Schigatse keinen Mangel!

Diesen Abend sah die Karawane von mir nicht viel; ich lag, ausschließlich mit Lesen beschäftigt, auf meinem Bett und ließ meine Leute tüchtig mit Kohlenbecken heizen. Auch die Ladakis waren lustig, zündeten sich ein großes Feuer an, tanzten und sangen. Ich wurde gebeten, einen Augenblick hinauszukommen und mir das Fest anzusehen, und benutzte die Gelegenheit, um eine kleine Rede „An mein Volk" zu halten. Sie hätten mir gut und treu gedient, und bisher sei uns alles geglückt. Jetzt liege die Straße nach Taschi=lunpo offen vor uns, und ihr Wunsch, nach der heiligen Stadt zu wallfahren, werde sich erfüllen! Dort würden sie von ihren Anstrengungen ausruhen. Und dann ging ich wieder zu meinen Briefen hinein und las noch, als im Osten der Tag graute und ich, nachdem das letzte Kohlenbecken längst erkaltet war, 25 Grad Kälte im Zelt hatte! Aber ich war gut in Pelze eingehüllt und fror nicht. In der Nähe meines Zeltes machte ein Rudel Wölfe derartigen Lärm, das Tsering hinaus mußte, um ihnen durch einige scharfe Schüsse Ruhe zu gebieten.

Den fünfzehnten hindurch lag und las ich noch immer. Am sechzehnten machte Hladsche Tsering mir seinen Abschiedsbesuch. Wir plauderten in aller Gemütlichkeit miteinander, scherzten und fragten uns, ob sich unsere Schicksalswege wohl noch einmal im Leben kreuzen würden? Dann begleitete ich ihn hinaus nach seinem wartenden Pferd, das schneeweiß war, eine karminrote Satteldecke hatte und mit blitzenden Messingverzierungen und einem Vorderzeug, woran Glöckchen klingelten, geschmückt war. Er stieg in den Sattel, reichte mir zum letzten Lebewohl beide Hände und verschwand mit seiner kleinen Reiterschar hinter den Hügeln (Abb. 93). Dann kehrte ich wieder zu meinen Briefen zurück, fand es aber nun, da der liebenswürdige Statthalter von Naktsang fort war, hier doch recht öde und leer!

17. Januar. Was machte ich mir daraus, daß der Tag sehr trübe war, daß frischgefallener Schnee die uns umgebenden Berge bedeckte und schwere, graublaue Wolkenmassen über den See hinrollten, wie um ihn im Augenblick des Abschiedes meinen Blicken zu entziehen! Mir erschien alles hell, heiter und freundlich! Ein mächtiger Gouverneur war gekommen, um mich am Weiterreisen zu hindern, und doch stand uns nun der Weg nach Süden ebenso offen, wie vor kurzem das unbewohnte Tschang=tang. Jetzt aber hatte ich es weit besser als dort oben. Täglich würden wir an schwarzen Zelten vorbeiziehen, alles, dessen wir bedurften, kaufen können und keine Veranlassung haben, uns darüber

zu beunruhigen, daß wir nur noch für fünf Tage Proviant besaßen. Wir erfreuten uns unbeschränkter Freiheit und hatten nicht einen einzigen Mann als Eskorte oder Wächter bei uns. Vor mir lag ein Land, von dem sich in geographischer Hinsicht sagen ließ, daß es eines der interessantesten auf der ganzen Erde sei, und in dem jede Tagereise zu Entdeckungen von außerordentlicher Bedeutung führen konnte. Was machte ich mir daraus, daß die Luft rauh und kalt war — einmal mußte der Frühling ja kommen! Aus drei Gründen durften wir jetzt auf mehr Wärme rechnen: wir gingen südlicheren Strichen entgegen, wir konnten bald tiefer liegende Gegenden erreichen und jeder Tag führte uns dem Frühling einen Schritt näher. Und aus drei Gründen sollte der Ngangtse-tso stets als ein Glanzpunkt im Tagebuch meiner Erinnerungen verzeichnet sein: dort war mir unerwartet die Freiheit gegeben worden, dort hatte sich die Verbindung mit der Außenwelt wieder angeknüpft und dort hatte ich Gelegenheit gehabt, durch vollständige Lotungen erstmalig die Tiefe des Sees festzustellen und seinen Umriß in die Karte einzuzeichnen!

Wir hatten ziemlich wohlfeil drei neue Pferde erstanden, auf die Robert, Muhamed Isa und Tsering stiegen, während ich meinen kleinen Ladakischimmel behielt. In Begleitung des Postboten und seiner beiden Kameraden ritten wir in südöstlicher Richtung nach dem See hinunter und zogen an seinem Ostufer entlang, an dessen südlichstem Teil wir in der Nähe zweier schwarzen Zelte lagerten. Kiangs und Wölfe zeigten sich häufig. Ein Kiang war von Wölfen zerrissen worden; bei dem Kadaver blieben der weiße Puppy und der schwarze Pobranghund, um einen schönen Schmaus zu halten. Wir hatten während des 21,2 Kilometer langen Marsches ganz erbärmlich gefroren, und in der Nacht sank die Temperatur sogar auf 34,4 Grad Kälte, die schlimmste, die wir im ganzen Winter gehabt hatten!

Die nächste Tagereise führte uns in einem Quertal des Gebirges, das sich am Südufer des Ngangtse-tso erhebt, aufwärts. Es ist ziemlich eng, und ein kleiner Quellbach sprudelt dort unter seiner Eisdecke. Wir folgen einem deutlich erkennbaren Pfad, lassen ein paar Zelte hinter uns und kommen an Schafhürden, Rasenplätzen und schwarzen Stellen, wo zahme Yaks im Liegen das Gras abgescheuert haben, vorüber; alles ist schwarz: die Zelte, die Tibeter, die halbnackten Kinder und die Hunde. Schließlich führt uns die Talrinne nach Westen; gerade in der Biegung sehen wir einen zu milchweißem Eis erstarrten Wasserfall. Hoch oben im Tal lagerten wir in einer plateauartigen Erweiterung, von wo aus ich eine sehr interessante Aussicht nach Nordosten hatte. Man sah beinahe ganz jenen

See, den Nain Sing im Süden in einiger Entfernung liegen ließ und
den er Daru-tso nennt. Ich kann die Richtigkeit dieses Namens nicht
bestreiten, aber keiner der Tibeter, die ich danach fragte, hatte den
See je so nennen hören; sie nannten ihn Martschar-tso, und unter diesem
Namen figuriert er nun auf meiner Karte. Es kommt indessen manch=
mal vor, daß ein See bei verschiedenen Nomadenstämmen auch verschiedene
Namen hat. Im Lager 109 (5189 Meter) lag er unmittelbar unter uns
wie auf einer Karte; seine Gestalt ist nicht so einfach wie auf Nain
Sings Karte, sondern reich an Halbinseln und Buchten, und in der
Mitte ist er außerordentlich schmal. Die Landenge zwischen dem
Ngangtse-tso und dem Martschar-tso ist nur wenige Kilometer breit; an
der höchsten Stelle berühren sich die alten Uferterrassen der beiden Seen.
In der Zeit, als der Wasserstand noch höher war, hingen die beiden
Seen also zusammen. Der Martschar-tso soll ebenso salzig sein wie sein
Nachbar, sein Eis war aber blank und blau, und auf seiner Oberfläche
sahen wir keine Felder ausgeschiedenen Salzes.

Von dem Augenblick an, da wir den weißen Puppy und den
schwarzen Pobranghund hinter uns zurückließen, hatten wir sie nicht
wieder gesehen; ich schickte deshalb den Hadschi nach dem See zurück.
Aber er kam wieder, ohne eine Spur von den Hunden gesehen zu haben.
Wir sahen sie nie wieder, und ich vermißte den weißen Puppy, der mir
ein treuer Zelt= und Reisekamerad gewesen war, sehr. Entweder waren
sie mit den Wölfen in Streit geraten und hatten dabei den kürzeren
gezogen, oder sie hatten unsere Fährte verloren und waren von Nomaden
adoptiert worden. Das erstere war das Wahrscheinlichere, denn der
Hadschi hatte, als er am See ankam, ein Rudel Wölfe auf das Eis
hinaustrotten sehen.

Am 19. Januar zogen wir über den benachbarten Paß Tschapka-la
(5326 Meter), auf dem eine Steinpyramide zur Ehre der Götter thront.
Als Wasserscheide ist er nur von sekundärer Bedeutung, denn auf beiden
Seiten geht das Wasser zum Ngangtse-tso. Unser abwärts führendes
Tal bildet einen nach Süden gerichteten Bogen; im Tal Lamblung
hatten wir elf Zelte zu Nachbarn und konnten uns gleich auf mehrere
Tage mit allem, was wir brauchten, versehen. Das Gebiet gehört noch
zu Naktsang, aber die Nomaden waren Untertanen des Labrang und
bezahlten ihre Steuern nach Taschi-lunpo. Die Höhe betrug 4895 Meter.

Hier blieben wir zwei Tage, was wir nicht hätten tun sollen und
auch nicht getan hätten, wenn ich mir die Sache ordentlich überlegt hätte.
Nicht der wütende Schneesturm war es, der uns dazu trieb, 48 Stunden
zu opfern, sondern Ngurbu Tundup, der Postbote. Ich hatte die Absicht

gehabt, ihn möglichst lange bei mir zu behalten, denn es war ja klar, daß es uns nur nützlich sein und unser Ansehen heben konnte, wenn sich der Diener eines der vornehmsten Beamten in Schigatse bei unserer Karawane befand. Er galt uns als lebendiger Paß; hatten wir ihn nicht mehr bei uns, so konnte man uns vielleicht wieder als Freibeuter betrachten und irgendein herrschsüchtiger Häuptling uns Halt gebieten. Aber Ngurbu Tundup ließ sich nicht erbitten und erklärte, daß er strengen Befehl erhalten habe, sofort nach Ausführung seines Auftrags zurückzukehren und Meldung abzustatten. Jetzt war er dem Befehl schon ungehorsam gewesen und hatte mehrere Tage verloren, ging aber darauf ein, bei uns zu bleiben, wenn wir im Tal Lamblung rasten würden. Ich bedurfte der Zeit nur zu sehr, um meine gewaltige Post fertigstellen zu können. Am 20. Januar schrieb ich sechzehn Stunden, und am Nachmittag des einundzwanzigsten war die Postsendung fertig und eingepackt! Ngurbu erhielt für seinen vortrefflichen Dienst ein Geschenk von 82 Rupien, und wenn er das Postpaket dem britischen Handelsagenten in Gyangtse ordentlich überlieferte, sollte er, wenn wir uns in Schigatse wiedersahen, noch eine besondere Belohnung erhalten. Aber er sollte sich sputen und mehrmals täglich das Pferd wechseln. Wenn er trödelte und nur 30 Kilometer den Tag zurücklegte, hatte er nicht mehr als 10 Rupien zu erwarten. Machte er die Reise in neun Tagen, so sollte er 20 erhalten, und führte er seinen Auftrag gar schon in acht Tagen aus, so wollte ich ihm 30 Rupien geben, usw., also 10 Rupien mehr für jeden gewonnenen Tag. Tatsächlich kam er nach acht Tagen dort an. Eigentlich beging ich auch hierdurch wieder eine Unvorsichtigkeit, denn ich gab Nachricht von unserem Herannahen nach Süden, und hätte das Unglück es gewollt, so hätten die Tibeter auf böse Gedanken kommen können. Ja, hätten die Chinesen von unserem Anmarsch Kunde erhalten, so wäre ich ganz gewiß sehr bald angehalten worden!

Als Ngurbu über die Hügel fortgeritten war, waren wir wieder von jeglicher Verbindung mit der Außenwelt abgeschnitten und uns allein überlassen.

Am folgenden Morgen ging es bergauf nach Osten weiter durch dasselbe Tal, in dem wir gelagert hatten und wo wieder einmal einige Manimauern stehen, deren längste 10 Meter lang und mit Sandsteinplatten bedeckt ist, die in eingemeißelter Schrift die heilige Formel tragen. Beständige Stürme und ungeheure Wolkenmassen mit Schnee oder ohne Schnee — das war das charakteristische Wetter im Januar.

Der Pongtschen-la (5371 Meter) ist eine flache Paßschwelle und wie die vorige von sekundärer Bedeutung. Auf seiner Höhe erhebt sich

116, 117. Maskierte Lamas (in Hemi-gumpa, Ladak).

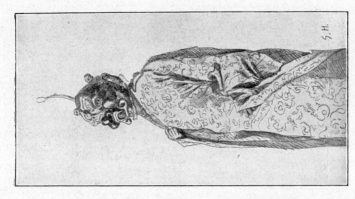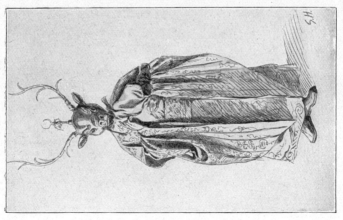

118, 119, 120. Lamas in Tanzmasken.
Skizzen des Verfassers.

ein Opfersteinhaufen mit einem Bündel Gerten, an denen Wimpel, Zeuglappen und Bänder flattern. Von ihm als Mittelpunkt gehen Radien kleinerer Steinmale aus. Von hier aus hat man noch einen letzten Blick auf meinen lieben alten Ngangtse=tso, und nach Nordosten hin zieht sich ein Tal nach dem Martschar=tso hinunter. Im Südosten erhebt sich eine dunkle Bergkette mit mehreren Schneegipfeln, die Pabla heißt. Das Tal, in dem wir hinziehen, ist breit und offen und wird von niedrigen Bergen eingefaßt. Den ganzen Tag über sahen wir keine Zelte, dagegen zahlreiche Spuren von Sommerlagern. Namgjal, der ein lebhafter, aufgeweckter Mensch war, spürte indessen in der Nähe unseres Lagers 111, das in einer Gegend namens Namatschang aufgeschlagen wurde, zwei Zelte auf und kaufte dort einige Schafe, geröstetes Mehl, Gerste, süße und saure Milch. Er brachte auch einen jungen Tibeter mit, der hübsch, ehrlich und sanftmütig war und freundlich und willig alles tat, was wir von ihm verlangten. Sein Tonfall war so weich und fein, daß es ein Vergnügen war, ihn sprechen zu hören. Er gab mir eine Menge glaubwürdiger Aufklärungen und versprach auch, uns eine Tagereise weit zu begleiten.

Es schneite die ganze Nacht und den ganzen folgenden Tag so dicht, daß ich Rabsang, der mit dem tibetischen Führer unmittelbar vor meinem Pferd herschritt, manchmal nicht sehen konnte. Der Schnee hüllte uns ein, umwirbelte uns und häufte sich auf der geschützten Seite aller Steinblöcke, Grashügel und Rinnen zu kleinen Schneewehen an. Das Tal fällt langsam nach Südosten ab, und sein zugefrorener Fluß heißt Buser=tsangpo, ein Nebenfluß des Tagrak=tsangpo, der in die südwestliche Spitze des Ngangtse=tso mündet. Wir befinden uns also noch immer in dem flachen Becken, dessen niedrigsten Teil jener See einnimmt und dessen Grenze im Norden, Westen und Osten ganz nahe am See liegt, im Süden aber mehrere Tagereisen weit von ihm entfernt ist. Der heutige Lagerplatz heißt Kaptschor; nach Osten hin zieht sich ein offenes Längstal, durch das eine Straße nach Schansa=dsong führt; auch auf der Nordseite des Ngangtse=tso und des Martschar=tso geht ein Weg dorthin, und auf diesem war Hladsche Tsering in zwölf Tagereisen nach meinem Lager gekommen. Diese Straße ist durch Nain Sings Reise in den Jahren 1873—74 bekannt.

Am Morgen des 24. Januars wurde man beim Austreten aus dem Zelt beinahe geblendet, so scharfe Reflexe brachen sich in den Milliarden feiner Facetten der Schneekristalle, die ihre weiße Decke in einer dicken, zusammenhängenden Schicht über Berg und Tal ausgebreitet hatten. Der Himmel war klar und blau wie der reinste Türkis aus Nischapur,

aber schneidend kalt strich der Wind über die nur eine Nacht alten Schneefelder hin. Unser Weg führte uns südostwärts nach dem Ausgang des schmalen Tales, wo der Tagrak-tsangpo, jetzt bis auf den Grund gefroren, stumm und gefesselt in den Armen des Winters ruhte. Wir folgten dem Fluß — dem größten fließenden Gewässer, das wir seit dem Tschang-tschenmo gesehen hatten — bergauf. An zwei Stellen hatten kleinere Nomadengemeinschaften ihre Winterweideplätze, und dort bewegten sich auf den Halden große Yak- und Schafherden umher. Der Name des Tales ist Kaji-rung, das Lager 113 hieß Kaji-pangbuk, der Distrikt Tova-tova. Nain Sings „Dobo Dobá Cho", von wo aus er den Fluß Párá-sangpo nach dem Kjaring-tso gehen läßt, kannten die Einwohner nicht. Der Pundit läßt das Wasser nach Osten abfließen, tatsächlich aber strömt es westlich und nordwestlich nach dem Ngangtsetso hin. Dies läßt sich dadurch erklären, daß er nicht selber hier gewesen ist und daß die Angaben der Eingeborenen gewöhnlich recht unzuverlässig sind.

Unmittelbar hinter dem Lager überschreiten wir am 25. Januar eine kleine Schwelle, auf der wir eine orientierende, lehrreiche Aussicht haben. Der Blick schweift ungehindert über die ganze weite Ebene, deren flachen Boden die drei Flüsse, die den Tagrak-tsangpo bilden, wie Silberbänder in dem braungrauen Gelände mit tollen Kurven und Krümmungen durchschlängeln. Ganz in unserer Nähe sehen wir im Südosten den Kesar-tsangpo, der am Nordfuß unserer kleinen Schwelle den Naong-tsangpo aufnimmt, um dann durch ein scharfes Durchbruchstal unseres Gebirges seinen Lauf im Kaji-rung-Tal zu beginnen. Weiter entfernt im Nordosten hat der Naong-tsangpo bereits die Fluten des Kung-tsangpo in sein Bett aufgenommen und läßt sich nun von ihnen auf dem Weg nach dem Kaji-rung-Tal und dem Ngangtse-tso Gesellschaft leisten. Die große Ebene ist von mäßig hohen, abgerundeten Bergen und Hügeln umschlossen.

Nachdem wir den Kesar-tsangpo überschritten haben, ziehen wir an seinem rechten Ufer aufwärts bis nach Toa-nadsum, wo wir lagern. Eine viereckige Mauer von Erdschollen gibt die Stelle an, wo der Bombo oder Häuptling der Gegend sonst sein Zelt hat; jetzt ist er in Taschilunpo, um die Steuer zu bezahlen. In benachbarten Tälern standen augenblicklich 22 Zelte, bei unserem Lager aber nur vier; in ihnen überwinterten Bettler in großem Elend. Die Gegend soll sich auch im Sommer durch ihr kaltes, rauhes Klima auszeichnen. Im Juni und Juli regnet es, aber die Regenmenge ist in den verschiedenen Jahren sehr verschieden. Regnet es aber eine Zeitlang tüchtig, so schwellen alle die

Flüsse, die das Wasser von wohl tausend Tälern aufnehmen, an, und der Tagrak-tsangpo läßt sich dann zeitweise nicht durchwaten.

Als wir am folgenden Tag in wolkenschwerer Dämmerungsbeleuchtung aufbrachen, kamen die armen Eingeborenen herbei, streckten ihre welken Hände nach Tsamba oder Geld aus und erhielten jeder ein Geldstück. Unser Weg führte uns nach Ostsüdosten hin, nach dem Tal Naong-rung, das der jetzt bis auf den Grund zugefrorene Naong-tsangpo durchströmt. Wir stiegen jetzt allmählich und befanden uns im Lager 115 in 5134 Meter Höhe.

Zwei große, schwarze Nomadenhunde hatten sich in die braune Puppy verliebt und begleiteten uns mit einer Miene, als gehörten sie zur Familie. Der eine hinkte, da er sich einmal sein rechtes Hinterbein verletzt hatte; er war alt und zottig und wurde mit Steinwürfen und Schimpfreden empfangen. Trotzdem blieb er unser treuer Begleiter und nahm sowohl mit den harten Worten der Leute, wie mit den weggeworfenen Eingeweiden der geschlachteten Schafe vorlieb. Er wurde schließlich ein Inventarium unserer wandernden Gesellschaft, humpelte mit gesenktem Kopf und langheraushängender Zunge mit uns über hohe Pässe und durch tiefe Täler und hörte auf den Namen „der Lahme". Da er schon alt war, blieb er oft zurück, fand sich aber trotz seiner Langsamkeit immer wieder bei uns ein und bekam seinen Platz vor Muhamed Isas Zelt. Er wurde der Wächter unseres Zelthofes und war sehr um uns besorgt, wenn Gefahr drohte. Natürlich wurde er schließlich unser aller Freund, durfte fressen, soviel er mochte und nahm in der Karawane eine besondere Stellung ein. Da vergaßen wir gern, daß wir es je hatten übers Herz bringen können, ihn zu schlagen und ihn mit Steinen und Reitpeitschen zu begrüßen, ihn, unseren „Lahmen", der doch von selbst zu uns gekommen war, um uns zu verteidigen und unsere Zelte zu bewachen, und dafür nichts begehrte als freie Beköstigung. Denn freie Wohnung hatte er sowieso unter den ewigen Sternen in dem großen, öden, winterkalten Tibet.

Einundzwanzigstes Kapitel.

Über den Transhimalaja!

Am 27. Januar, wie gewöhnlich, Sturm! Geleitet von den immer feiner werdenden Verzweigungen des Flußsystems des Tagraktsangpo, rücken wir in südöstlicher Richtung vor, ohne daß uns jemand hindernd in den Weg tritt oder auch nur die geringste Notiz von unserem Zuge nimmt.

Von einer kleinen Paßschwelle herab überblicken wir die beiden Nebenflüsse des Naong-tsangpo, den Puptschung-tsangpo und den Kelung-tsangpo, und folgen dem letzteren. Er führt uns zu einer zweiten Schwelle mit einem Steinmal und mit Gebetsfahnen; von einer Stange in der Mitte ziehen sich nach allen vier Himmelsrichtungen Schnüre, die mit Lappen und Bändern behängt und mit kleinen Steinblöcken am Boden befestigt sind. Von einer dritten Schwelle zweiten Ranges zeigt uns der Führer hoch droben in den Pablabergen den Paß erster Ordnung, den wir morgen überschreiten müssen. Schon jetzt befinden wir uns in hochalpinen Gegenden ohne Graswuchs; in dem Schutt wächst nur noch Moos. Der Bach kommt von Puptschung-ri, einem Teil des Hauptkammes. Im Südosten sehen wir die beiden mit Schnee bedeckten Bergmassive Tormakaru und Sangra. Hier lagern nie Nomaden, das Land liegt zu hoch. Nur wenn die Beamten aus Taschilumpo offiziell hierherreisen, sind die nächstwohnenden Nomaden verpflichtet, ihnen Lagerzelte aufzuschlagen.

Am Abend legte sich der Wind, und die Töne der Flöten hallten klar und lieblich im Tale wider. Der Mond stand hoch und leuchtete hell auf das stille, wunderbare Land herab. Schweigend und kalt schreitet die Nacht dahin, und das Thermometer fällt auf —33,9 Grad! Bei solcher Temperatur braucht gar keine Zugluft durch die Ritzen zu kommen,

um die Luft des Schlafraumes abzukühlen; man wacht davon auf und muß sich fester in seine Decken hüllen.

Der 28. Januar wurde ein großer Tag in dem Chronikbuch dieser Reise. Wir wußten, daß wir einen anstrengenden Weg vor uns hatten, und brachen deshalb zeitig auf. Das Pferd, in dessen Mähne der Nummerzettel 22 eingeflochten war, lag steinhart gefroren mit von sich gestreckten Beinen vor meinem Zelt; es hatte uns beinahe ein halbes Jahr lang treu gedient. Sieben Pferde und ein Maulesel waren uns jetzt noch geblieben. Sie trugen nur die Filzdecken, die ihnen nachts als Schutz gegen die Kälte dienen sollten. Den neuen tibetischen Pferden ging es vorzüglich; neben unseren alten Tieren, die den ganzen Winter Tschang-tangs hinter sich hatten, sahen sie dick und fett aus.

Schon gegen zehn Uhr war der Wind eisig, aber nicht das geringste Wölkchen schwebte über der Erde. Es ist viel besser, trübes, aber wind-stilles Wetter zu haben. Jetzt blickt die Sonne nur höhnisch auf unsere Leiden herab, bemüht sich aber durchaus nicht, sie zu lindern. Wir ziehen nach Ostsüdosten, über eine endlose, schwachgewellte Ebene, deren ungünstiger Boden aus bemoosten Steinhöckern und scharfkantigem Schutt besteht. Zur Rechten haben wir die Sangraspitze und andere Partien des Pablakammes, von dem kurze Quertäler unbedeutende Erosionsrinnen durch die Ebene senden. Zur Linken wellenförmiges Land, wo die Nebenflüsse des Naong-tsangpo sich zwischen weichgerundeten Hügeln hinschlängeln. Höhere Hügel und Bergrücken, die im Norden auf dem rechten Ufer des Naong-tsangpo liegen, versperren alle Aussicht nach dieser Richtung hin.

So steigen wir langsam aufwärts, bis sich auf einmal unerwarteter-weise ein tiefeingeschnittenes Erosionstal auf der rechten Seite unseres Weges zeigt. Es gehört nicht zum Ngangtse-tso! Ich stehe also im Begriff, das abflußlose Becken zu verlassen, und zerbreche mir den Kopf über die meiner wartenden Überraschungen. Das Tal heißt Sangra-palhé, ist nach Südosten gerichtet und nimmt die ebenso tief eingeschnittenen südlichen Quertäler des Pabla auf. Im Südosten erblicken wir den schwarzen Vorsprung eines Ausläufers des Pabla, um den herum das gewaltige Haupttal und sein Fluß immer mehr nach Süden umbiegen, um weiter zu gehen — aber wohin? Ja, darüber konnte mir der Führer keine Auskunft geben, das sollten wir erst später erfahren. Weiter gelangen wir an ein Tal, das sich in nördlicher Richtung hinzieht, also zum Naong-tsangpo gehört. Nach Norden fällt das Terrain langsam, nach Süden aber steil ab, und wir ziehen auf dem flachen Paßkamm selber, der die Wasserscheide bildet. Gleich hinter dem Hügel Säreding, auf dem eine

einsame Schafhürde steht, geht es steil aufwärts in der Richtung des Kegelberges Särpo-tsungé, den wir später unmittelbar rechts von unserem Wege lassen. Von seiner westlichen und östlichen Seite, sowie von der Schwelle, auf der wir uns jetzt befinden, führt eine Menge ziemlich tiefer Erosionstäler nach dem Sangra-pal-hé hinunter. Zur Linken unserer Straße geht nach Nordwesten ein Tal abwärts, das noch zum System des Naong-tsangpo gehört. Wir bewegen uns also auf dem wasserscheidenden Kamme. Der Särpo-tsungé steht wie eine geographische Grenzsäule da und zeigt an, wo die Herrschaft des Ngangtse-tso endet. Das Ganze ist ein recht seltsames, kompliziertes Relief.

Hier ließen wir einen unserer Yaks zurück, der sich weder durch Bitten, noch durch Drohungen bewegen ließ, auch nur einen Schritt weiter zu gehen, auf diejenigen aber, die ihn anzutreiben versuchten, mit gesenkten Hörnern losfuhr. Er wurde im Stich gelassen — der zweite seiner Art. Yakmoos, Schnee und frische Luft hatte er hier im Überfluß und später fiel er wohl Nomaden in die Hände.

Noch etwas höher, und wir stehen auf der eigentlichen Paßschwelle, erkenntlich an einer in einen Steinhaufen gesteckten Stange mit Wimpelschnüren, die im Winde flattern, klatschen und sich straffen. Es war hohe Zeit, daß ich an einem kleinen Feuer landete, da ich halbtot vor Kälte war. Aber leicht war es mir nicht, das Siedethermometer zum Kochen zu bringen. Auf der Erde sitzend mußte Robert mit einigen Pelzen und einer Filzdecke ein provisorisches Zelt um das Instrument bilden, während ich an der vom Wind abgekehrten Seite auf dem Bauche lag, um durch eine kleine Öffnung das Thermometer abzulesen. Es war nur 9,5 Grad Kälte, aber Westsüdwestwind in Stärke Nr. 8, d. h. halber Sturm. Das abwärtsführende Tal, Sele-nang, lag jetzt am Nachmittag in tiefem Schatten. Durch seine Mündung hindurch erblickt man ein Riesenmeer erstarrter Bergeswellen, steile Felsen mit tiefen Tälern, keine ebenen Stellen, keine Vegetation, nur ein Labyrinth von Bergen, ein viel kräftigeres, ausgeprägteres und wilderes Relief, als ich je in Tschang-tang gesehen hatte. Im Westen versperren naheliegende Partien des Pablakammes die Aussicht.

Der Paß, auf dessen hügeligem Sattel wir uns jetzt befanden, heißt Sela-la oder Se-la und erreicht die bedeutende Höhe von 5506 Meter über dem Meere. Ich sah deutlich, daß er in der Hauptkette liegen mußte, die weiter östlich die bekannte Spitze Nien-tschen-tang-la am Südufer des Nam-tso oder Tengri-nor trägt und von einigen wenigen Europäern und Punditen schon überschritten worden ist. Sie ist eine der hauptsächlichsten und großartigsten Wasserscheiden

der Erde, denn von ihren Nordabhängen strömt das Wasser nach den abflußlosen Seen der Hochebene — von den südlichen aber nach dem Indischen Ozean! Wie diese Wasserscheide läuft und wie die Bergsysteme in dem Lande, das meine Route zwischen dem Ngangtse-tso und Jeschung am Tsangpo durchschneidet, angeordnet sind, das war den Geographen der weißen Rasse bis zu diesem Januar 1907 ebenso unbekannt geblieben, wie die der Erde abgekehrte Seite des Mondes! Aber die Meere und Gebirge, die uns der Vollmond zeigt, kannten wir schon seit dem Altertum viel besser als die Gegend auf der Erdoberfläche, wohin ich nun das Glück habe, meine Leser führen zu können! Ich habe mir erlaubt, dieses geographische Problem, das ich lösen konnte, eines der schönsten, vielleicht das allerimposanteste zu nennen, das noch auf der Oberfläche unserer Erde zu lösen war.

Aber auf dem Sela-la überschritten wir die ungeheure Wasserscheide erst an einem einzigen Punkt. Ich will den Ereignissen nicht vorgreifen. Wir müssen erst unsere Eroberungen ruhig der Reihe nach machen — und dann wollen wir aus dem gesammelten Material unsere Schlüsse ziehen. Und nun wollen wir zunächst unseren mühsamen Zug durch die unbekannte Gebirgswelt, die uns noch von dem großen Flusse trennt, fortsetzen.

Nachdem ich in größter Hast mit blaugefrorenen Händen das Panorama gezeichnet und die Namen, die der Führer mir mitteilen konnte, eingetragen hatte, eilten wir die teilweise mit Schnee bedeckten Geröllabhänge auf der Südseite des Passes hinunter. Im Talgrund mit seinen Eisstücken stiegen wir wieder zu Pferd und begegneten drei berittenen Tibetern, die acht unbenutzte Pferde vor sich hertrieben. Sowie sie uns erblickten, schlugen sie eine andere Richtung ein und machten einen großen Umweg, um uns auszuweichen. Vermutlich gehörten sie zu einer Räuberbande, die hier droben mit ihrer Beute auf ungebahnten Wegen entwischen wollte.

Es war zu schön, an diesem Abend endlich in der Wärme der Lagerfeuer zu sein! Unter schweigendem Nachdenken schweift der Blick von den Felskämmen, die der Mond hell bescheint, bis in die schattige schwarze Tiefe des Talgrundes, wo nur Wölfe in ihren Höhlen hausen. Mir war zumute, als gehöre das alles mir, als sei ich an der Spitze siegreicher Legionen erobernd in dieses Land eingezogen und hätte alle Widerstandsversuche besiegt. Welch glänzende Legionen! Fünfundzwanzig zerlumpte Kerle aus Ladak, zehn magere Gäule und etwa zwanzig abgetriebene Yaks! Und dennoch glückte es mir! Marius hat über seine im Krieg gegen Jugurtha erlangten Triumphe nicht stolzer sein können, als ich es war,

als ich am Sela-la meinen ersten Sieg über den Transhimalaja errungen hatte, an jenem Sela-la, der sich jetzt im Mondlicht badete und mir wie der äußerste Posten auf der Grenze des offenen unendlichen Weltenraumes erschien.

Am 29. Januar war unser Tagesmarsch gemütlich. Im tiefen Tal gegen den Wind geschützt, zogen wir der Sonne entgegen und empfanden dies wie eine erste Mahnung des herannahenden Frühlings. Erst reiten wir nach Ostsüdosten, schwenken aber allmählich in einem Bogen direkt nach Süden ab. Gerade in der Krümmung mündet das Tal Tumsang, in dessen Hintergrund wir wieder einen Teil der großen Kette erblicken, die wir am Sela-la überschritten haben. Von ihrem Kamm müssen sich unzählige Täler wie das unsere, ihm mehr oder weniger parallel, herabziehen. Das vereinigte Tal gewinnt an Breite, und in seiner Mitte schlängelt sich das Eisband des Sele-nang. Zelte erblicken wir nicht, wohl aber Stellen, wo sie im Sommer aufgeschlagen werden, und einige Manis sind zur Erbauung des Wanderers errichtet. In einer Talerweiterung, die Selin-do hieß, wurde das Lager 118 aufgeschlagen.

Während der letzten Tage hatten wir oft davon gesprochen, wie erwünscht es wäre, könnten wir den Nomaden einige Yaks abmieten. Unsere eigenen waren erschöpft, hielten uns auf und liefen sich in den hohen, schuttreichen Gegenden, durch die wir jetzt zogen, die Füße mit jedem Tage mehr wund. Solange das Land offen vor uns lag, mußten wir nach Möglichkeit eilen. Saumseligkeit konnte gefährlich werden, die Yaks marschierten aber, als ob sie einen Klotz am Bein hätten! Im Selin-do sahen wir keine Zelte, in der Dämmerung aber kam Namgjal mit zwei Tibetern, die er in einem Quertal getroffen hatte, angewandert. Sie waren bereit, mir 25 Yaks zur Verfügung zu stellen, wenn sie einen Tenga (etwa 45 Pfennig) für jeden Tagesmarsch erhielten; sie rechneten auf den Weg bis Je-schung am Tsangpo acht Marschtage. Sie selber wollten uns nur eine Tagereise weit begleiten, standen aber dafür ein, daß neue Leute an ihre Stelle treten würden, wenn sie umkehrten. Besseres konnte mir gar nicht begegnen: wir konnten unsere eigenen Tiere schonen, längere Tagesmärsche machen und sollten obendrein noch gute Führer erhalten.

Abends besuchten uns sieben stark bewaffnete Reiter; sie waren auf der Suche nach einer Räuberbande, die ihnen mehrere Pferde gestohlen hatte. Wir konnten ihnen über die Gesellschaft, der wir gestern begegnet waren, Auskunft geben, und sie ritten sehr dankbar talaufwärts weiter.

30. Januar. Morgens fanden sich unsere neuen Freunde mit ihren

121. Audienzzimmer des Taschi-Lama.
Auf dem Diwan an den kleinen Fenstern sein gewöhnlicher Platz.

122. Ansicht von Taschi-lumpo.
Skizze des Verfassers.

Yaks ein; als alles geordnet war, stellte sich heraus, daß wir von dem großen Gepäck, das wir beim Aufbruch aus Leh mitgenommen hatten, nur noch achtzehn Lasten besaßen! Die beiden letzten Ciceroni wurden bezahlt und schritten sogleich dem Sela=la zu.

Unmittelbar unterhalb des Lagers 118 vereinigte sich unser Selin= do=Tal mit dem Tale Porung, in dem wir wieder nach Südosten anstiegen. Es wunderte mich, daß unsere Führer wieder mit uns nach den Höhen hinauftrabten, aber sie folgten einem deutlich erkennbaren Weg, und das vereinigte Tal, das wir rechts liegen ließen, schien nach Westsüdwesten und Südwesten abzufallen. Sie sagten, es münde in den My=tsangpo, der ein nördlicher Nebenfluß des Jere=tsangpo (des oberen Brahmaputra) ist; ich hatte später Gelegenheit, mich zu über= zeugen, daß ihre Angaben richtig waren. Doch jetzt, bei der ersten Durch= querung dieses Landes, erschien mir die Anordnung der Bergketten und der Gewässer unerklärlich und verwirrend. In jedem Lager fragte ich zuverlässige Tibeter aus und ließ sie mit dem Finger kleine Karten in den Sand zeichnen, die ich dann in mein Tagebuch kopierte. Aber jeden Tag sah die Karte anders aus, selbst wenn die Hauptzüge dieselben waren!

Von dem Punkt aus, an dem wir wieder zu steigen begannen, sieht man im Südwesten ein wüstes Gewirr von Bergen. Auf dem rechten Ufer des Porung treten aus dem Geröllbett mehrere warme Quellen hintereinander hervor, die schwefelhaltiges Wasser von 53,28 Grad be= sitzen und Becken bilden, worin das heiße, dampfende Wasser brodelt und plätschert. Die Stelle heißt ganz einfach Tsaka=tschusän, „das warme Salzwasser". Die Terrassen des Tales lassen auf eine kräftige Erosion schließen. Auf beiden Seiten münden Nebentäler; manch= mal überschreiten wir das Eisband, manchmal steile Ausläufer des Ge= birges. In einer Biegung begegnen wir wieder einer Schar bewaffneter Reiter, die auf dem Weg nach Tschoktschu sind, einem Land im Westen des Dangra=jum=tso.

Wir gelangen an eine Talerweiterung, eine sehr wichtige Stelle, weil mehrere Täler an dem gigantischen Erosionsknoten in diesem Meer wilder Berge zusammenstoßen. Das größte ist das von Nordosten kom= mende Terkung=rung, das wieder eine ganze Reihe Seitentäler auf= nimmt und vom Hauptkamm des Pabla herabkommt. Der sich durch das Tal ziehende Weg führt nach mehreren großen Sommerweiden. Auf einem breiten Felsvorsprung mit einem Manihaufen machte ich lange halt, um mich in dieser außerordentlich interessanten Gegend zu orientieren. Auch hier begegnete uns eine Reiterschar, die einen Freibeuter verfolgte, der mit der Gattin eines anderen durchgebrannt war — tout comme

chez nous! Der betrogene Ehemann befand sich selber unter der Schar und sah sehr wütend aus. Dann trafen wir eine Karawane von 55 Yaks, die mit großen Ballen chinesisches Ziegeltees aus Lhasa beladen waren und ihn nach der Provinz Tschoktschu bringen sollten. Ein Dutzend schwarzer, barfüßiger Männer begleitete die Tiere; sie pfiffen und sangen, drehten wollenes Garn mit Hilfe einer vertikalen, rotierenden Spule zusammen oder waren mit ihren Gebetsmühlen beschäftigt. Auch sie hatten ihre Yaks gemietet und sollten sie in Selin-do gegen frische austauschen. Sie hatten noch 50 Schafe mitgenommen, die kleine Gerstenlasten trugen. Kurz, je weiter wir vordrangen, desto lebhafter wurde der Verkehr.

Aus den Seitentälern sieht man kleine Fußpfade in unseren Weg, der jetzt schon breit ist und von recht bedeutendem Verkehr zeugt, einlaufen. Alle unsere Führer sagen auch, daß dies die große Landstraße nach Schigatse sei; sie ist aber auch zugleich ein Teil der großen Straße, die Tschoktschu mit der Hauptstadt des Landes verbindet. Schon hier ist der Weg eine Masse paralleler Fußpfade; wenn diese sich längs der Halden und der steilen Abhänge hinziehen, erscheint das Terrain gestreift.

Immer höher geht es in der Richtung nach Südsüdosten aufwärts; wir befinden uns einige 30 Meter über dem Talboden, den ein sehr mächtiges, gleichmäßig breites Eisband anfüllt, das einem bedeutenden Flusse gleicht; ja, man kann sich in das Industal, wie es im Winter von Saspul aufwärts aussieht, versetzt glauben. Doch es ist nur Schein, denn nachdem wir noch ziemlich große Nebentäler passiert hatten, erreichten wir die ergiebigen Quellen von Mense-tsaka, die 48 Grad warmes, süßes Wasser hatten und weiter abwärts Teiche bildeten, in denen kleine Fische zwischen schleimigen Algen umherhuschten. Allmählich aber kühlt das Wasser sich ab und bildet Eis, und über dieses hinweg rinnt es dann weiter und weiter, bis es, wie jetzt Ende Januar, den ganzen Talboden vom Fuß der einen Bergwand bis an den Fuß der anderen ausgefüllt hat.

Von dem großen Talknotenpunkt an waren wir an vier Manis vorbeigezogen, die selten mehr als 3 Meter lang, aber mit außergewöhnlich schön gemeißelten Platten von rotem, weißem oder grünem Sandstein und Schiefer bedeckt waren. Auf den ersteren hoben sich die Buchstaben in der Verwitterungsrinde grellrot gegen die ausgemeißelten Zwischenräume, deren Bruchflächen weiß waren, ab. Ich war in Versuchung, einige mitzunehmen, dachte dann aber, daß sich wohl noch später Gelegenheit zu solcher Heiligtumsschändung finden werde.

Vor uns erscheint die Paßmulde; umgeben von dem konkaven Kamm-

ring, auf dessen Höhe die Karawane sich hoch oben abzeichnet, sieht der Paß ungemütlich steil aus. Oberhalb der Täler Schib-la-jilung und Tschugge-lung wird uns das Steigen sauer, die Pferde bleiben oft auf dem Schuttabhang stehen. Endlich aber sind wir droben bei dem obligaten Steinmal mit seiner Wimpelstange inmitten kleinerer Steinpyramiden. Dies ist der Schib-la, dessen Höhe 5349 Meter beträgt. Die Aussicht ist großartig und beinahe nach allen Seiten hin frei, da sie durch keine naheliegenden Gipfel versperrt wird. Unten in den Tälern hatten wir Schutz vor dem Wind gehabt, hier oben aber streicht er ungehindert über dieses aufgeregte Meer von Bergkämmen hin.

Im Südwesten zeigt uns der Führer den nächsten Paß, den wir zu überschreiten haben. Zwischen ihm und dem Schib-la ist eine tiefe Talschlucht kräftig eingeschnitten, die nach Westsüdwest abfällt. Ihr Fluß, oder richtiger ihr Eisband, vereinigt sich mit allen den Wasserläufen, die wir heute schon passiert haben, ja, mit allen, die wir seit dem Sela-la kennen gelernt haben. Wir überschreiten also eine Reihe Nebenflüsse, aber der Hauptfluß, der sie alle aufnimmt, bleibt westlich von unserer Straße liegen und ist nicht von einem einzigen Punkt aus sichtbar. Jener Hauptfluß wird My-tschu, My-tsangpo oder auch My-tschu-tsangpo genannt.

Noch hatten wir eine ziemliche Strecke bis ans Lager und es wurde schon dämmerig. Wir gingen die schroffen Abhänge zu Fuß hinunter und stolperten alle Augenblicke über Schutt und Mauselöcher. Es wurde dunkel, aber im Tale zeigte sich ein heller Streifen, das Eis seines Flusses. Und der Schein der Lagerfeuer lockte uns aus Dunkelheit und Kälte. Doch nichts führt so leicht irre, als wenn man in der Dunkelheit einem Feuerschein nachgeht; man geht und geht, aber er vergrößert sich nicht. Müde und durchfroren kamen wir jedoch schließlich an und setzten uns so nahe wie möglich an die Dungglut, und die Unterhaltung mit Muhamed Isa begann — heiter und lebhaft, wie gewöhnlich.

Vier unserer dienstfreien Yaks waren wieder vollständig erschöpft und mußten einen Ruhetag haben — hätte ich zwar gewußt, was sich hinter uns in unserer Spur zutrug, so hätte ich sie ohne weiteres zurückgelassen und wäre am nächsten Morgen eiligst davongezogen! Aber ich ahnte ja nichts und verbrachte den letzten Tag des Januars ruhig im Lager 119. Die Kälte sank auf 34,4 Grad — zum drittenmal las ich dieselbe Gradzahl ab!

Den Ruhetag verbrachte ich mit dem Studieren der von mir gezeichneten Karten und dem Versuch, mir das Labyrinth von Bergen und Tälern, in das wir uns verirrt hatten, zu einem klaren Bilde zu

gestalten. Soviel stand fest, daß die große Wasserscheide zwischen den abflußlosen Seen in Tschang-tang und dem Indischen Ozean sich längs des Hauptkammes Pabla hinzog und — daß dieser die unmittelbare westliche Fortsetzung des mächtigen Kammes Nien-tschen-tang-la war. Wir hatten das Pablagebirge im Sela-la überschritten und befanden uns jetzt in dem ausgedehnten, verwickelten Flußgebiet des My-tschu. Ziemlich parallel mit dem My-tschu strömt weiter ostwärts der Schang-tschu, dessen Tal der Pundit Krishna (A. K.) im Jahre 1872 und Graf de Lesdain im Jahre 1905 durchzogen haben. Zwischen dem My-tschu und dem Schang-tschu muß es also noch eine Wasserscheide zweiten Ranges und eine bedeutende Berganschwellung geben, die in Wirklichkeit nichts anderes als eine Abzweigung vom Hauptkamm des Pabla ist. Vom Sela-la an strömten alle Wasserläufe, die wir überschritten, nach Westen, die sekundäre Wasserscheide aber, auf der ihr Lauf beginnt, lag östlich von unserer Route. Es ist indessen möglich, daß zwischen dem My-tschu und dem Schang-tschu noch eines oder vielleicht mehrere Nebentäler liegen, die den Tälern dieser Flüsse gleichwertig sind.

Der Pabla ist nur ein Teil des Hauptkammes des „Transhimalaja", und der Transhimalaja ist nicht nur eine Wasserscheide erster Ordnung, sondern eine physisch-geographische Grenze von noch außerordentlicherer Bedeutung! Wohl habe ich mich dann und wann schon in greuliche Gebirgsgegenden verirrt, aber so etwas wie das Land im Süden des Transhimalaja hatte ich noch nicht gesehen. In Tschang-tang sind die vorherrschenden Linien der Landschaft flach wellenförmig und horizontal; jetzt hatten wir die peripherischen Gebiete, die Abfluß nach dem Meere haben, erreicht, und sofort machten sich vertikale Linien geltend. Auf der Südseite des Transhimalaja sind die Täler also viel energischer in die Gesteinsmassen eingeschnitten, als irgendwo auf dem hohen Plateauland. Und warum? Weil die Niederschläge der Monsunwolken auf der Südseite des Transhimalaja unvergleichlich reichlicher sind als auf seinem Nordabhang. Es ist wie beim Himalaja, wo die Südseite, die dem Südwestmonsun zugewandt liegt, den Löwenanteil der Niederschläge auffängt und von viel reichlicheren, anhaltenderen Regenschauern bespült wird als die nördliche. Nun fanden wir auch in allen Tälern Quellen, Bäche und Flüsse, während wir vor noch gar nicht so langer Zeit in Gefahr geschwebt hatten, kein Wasser zu finden. Auch in klimatischer Beziehung ist der Transhimalaja also eine Grenzlinie, der an Großartigkeit und Wichtigkeit nur wenige auf Erden gleichen.

Meine Erwartung und Spannung war beständig im Steigen; mit jedem Tag spürte ich die Nähe einer religiösen Metropole deutlicher.

Votivmale, Manis, Wanderer, Karawanen — alles sprach davon! Meine Ladakis waren die Beute derselben exaltierten Gefühle, welche die Pilger des Islam empfinden, wenn sie sich dem Berge Arafat nähern und sich sagen, daß sie von ihm herab zum erstenmal das heilige Mekka sehen werden!

Am frühen Nachmittag stellten sich neue Leute mit neuen Yaks ein, um am 1. Februar unsere Lasten zu übernehmen. Ich fand es unerklärlich, daß die Nomaden ohne die geringsten Einwendungen bereit waren, mir Dienste zu leisten. Die große Heerstraße ist allerdings in Stationen eingeteilt, an denen zum Transport von Gepäck und Waren frische Yaks bereit stehen, aber diese Vorteile sind doch nur Tibetern zugedacht, nicht einer europäischen Karawane, die nicht einmal einen Paß hatte! Jedenfalls hatte Ngurbu Tundup uns keinen Schaden getan; im Gegenteil, überall wußte man, daß ich kommen würde und daß er der Eilbote des Taschi-Lama an mich gewesen war. An jeder Raststelle wurde mir mitgeteilt, vor wieviel Tagen er den Ort passiert habe. Daß die Nomaden uns so bereitwillig Yaks zur Verfügung stellten, beruhte aber zum nicht geringen Teil auch darauf, daß sie stets gut bezahlt und freundlich behandelt wurden. Jetzt marschierten unsere eigenen Yaks ohne Lasten wie die sieben Ladakipferde und der letzte Maulesel. Ich aber war auf alles vorbereitet. Es war verabredet, daß, falls wir einmal keine Transporttiere fänden, ich mit Muhamed Isa und Namgjal auf unseren drei tibetischen Pferden in Eilmärschen nach Schigatse reiten würde, während die Karawane unter Roberts Befehl langsam nachkommen sollte.

Wir hatten in der Nacht 32,5 Grad Kälte gehabt, und der Morgen war abscheulich kalt, trübe und stürmisch. In einem neuen Tal erstiegen wir den nächsten Paß. Wir waren noch nicht weit gelangt, als wir schon halbtot vor Kälte waren; Robert weinte, so fror ihn. Als es am wärmsten war, hatten wir noch 15,3 Grad Kälte und scharfen Wind gerade ins Gesicht! Man würde sich das Gesicht, besonders die Nase, erfrieren, wenn man nicht die ganze Zeit über in die Öffnung des langen Pelzärmels hineinatmete, wo der Atem aber so schnell Eis bildet, daß einem der Ärmel am Schnurrbart festfriert. Da ist es nicht leicht, Kartenarbeit auszuführen! Bevor ich meine Peilung gemacht und nach der Uhr gesehen habe, ist die linke Hand schon wie tot; und wie ich mich auch beeile, habe ich die Beobachtungen doch noch nicht niedergeschrieben, ehe meine rechte Hand vollständig gefühllos wird. Zu Fuß gegen den Sturm angehen, ist bei starkem Steigen und bei der so dünnen Luft unmöglich, wenn man die geringste Rücksicht auf sein Herz nehmen will. Wir krochen in eine Grotte und saßen auf der geschützten Seite

niedergekauert; wir steckten die Hände, um sie aufzutauen, zwischen Pferd und Sattelgurt; wir stampften mit den Füßen und sahen entsetzlich miserabel aus, wenn dabei noch die Gesichtsmuskeln so erstarrten, daß wir kaum sprechen konnten. „Nein, laßt uns lieber weiterreiten, droben zünden wir uns ein Feuer an!" Und so arbeiten wir uns durch scharfkantigen Schutt und zwischen Steinblöcken hindurch mühsam nach der Höhe hinauf.

Endlich sind wir droben auf der flachen Wölbung des Tschesang-la, auf einer absoluten Höhe von 5474 Meter. Dieser Paß ist also noch ein wenig höher als der Sela-la, aber trotzdem ist er nur ein Paß zweiten Ranges, da er in dem Kamm liegt, der zwei der Nebenflüsse des My-tschu voneinander trennt. Als wir kamen, hielten sich drei große graue Wölfe auf dem Paß auf, ergriffen aber schnell die Flucht. Hier tobte der Sturm in ungehemmter Freiheit, nur mit Mühe konnten wir uns auf den Beinen halten. Robert und ich drückten uns auf der geschützten Seite eines großen bewimpelten Steinmales gegen die Erde, während Rabsang und unser tibetischer Cicerone trocknen Yakdung sammelten. Mit Hilfe des Feuerstahles setzten wir ihn in Brand, und dann hockten wir alle vier um das vom Sturm gepeitschte Feuer. Wir öffneten die Pelze, um ein bißchen Wärme in die Kleider strömen zu lassen, und zogen die Stiefel aus, um die Füße zu erwärmen, aber wir saßen anderthalb Stunden, ehe wir uns auch annähernd wieder als Menschen fühlten. Dann eilten wir in der Richtung nach Südsüdwesten abwärts und lagerten im Tale Schamm in der Nähe einiger erbärmlicher Steinhütten.

Zweiundzwanzigstes Kapitel.

Ans Ufer des Brahmaputra.

Das Schammtal verschmälert sich birnenförmig, und am Eingang dieses Trichters liegen an drei Stellen Hütten, während auf den Berghalden große Herden weiden. Eine Manimauer war 45 Meter lang bei 1½ Meter Höhe und mit Erdschollen bedeckt, welche die senkrechten Gebetsteine schützen sollten. Schließlich mündet das Schammtal in ein von Osten kommendes, mächtiges Tal, das einen höheren Rang in diesem Flußsystem einnimmt. Es wird vom Bup=tschu=tsangpo durchflossen, dem größten Flusse, den wir bisher gesehen hatten. Unmittelbar unter der Stelle, wo die beiden Täler zusammentreffen, vereinigt sich ein dritter Fluß mit den beiden; er heißt Dangbä=tschu und kommt aus Südosten. Also fließen drei bedeutende Wasserläufe in dieser kleinen Talerweiterung zusammen. Die Aufklärungen meines Führers machten mir das verwickelte Flußsystem des My=tschu=tsangpo klar. Die Quellen des Bup=tschu=tsangpo liegen zwei starke Tagereisen weiter östlich, und sind natürlich in der mächtigen Abzweigung vom Pablagebirge, das die Wasserscheide des My=tschu=tsangpo im Osten ist, zu suchen. Von dem Vereinigungspunkt, an dem wir uns jetzt befanden, fließt der Bup=tschu zwei kurze Tagereisen weit südwestlich, um sich beim Kloster Linga in den My=tschu=tsangpo, der selbst seine Quellen in der Hauptkette Pabla hat, zu ergießen.

Der Bup=tschu=tsangpo zeigte jetzt eine gewaltige Eisfläche, hatte aber eine offene Wasserrinne. An der Stelle, wo das Eis eine Brücke über sein ganzes Bett bildete, kamen wir trocknen Fußes hinüber und zogen dann in dem engen Dangbätal in südöstlicher Richtung hinauf.

Im Lager 121 ließ ich am 3. Februar Tundup Sonam und Taschi mit unseren eigenen Yaks zurück, da diese jetzt so erschöpft waren, daß sie nur ganz langsam vorwärts getrieben werden konnten. Die beiden Männer erhielten Geld zu ihrem Unterhalt und hatten Befehl, möglichst langsam nach Schigatse zu ziehen. Mit der übrigen Karawane brach

ich bei gutem Wetter und einer Minimumtemperatur von bloß —11,5 Grad in aller Frühe auf.

Unsere Richtung ist jetzt Südsüdosten und schließlich Osten. Alle Täler sind voll Eis, das wir mit Sand bestreuen, wenn die Karawane darüberzieht. Der Paß dieses Tages ist der Dangbä-la, den, wie gewöhnlich, ein Steinmal mit Wimpeln ziert; seine Höhe beträgt 5250 Meter, er ist also viel niedriger als die vorhergehenden. Er ist insofern interessant, als er zu der Wasserscheide zwischen dem Bup-tschu(=My-tschu) und dem Rung-tschu gehört. Dieser letztere Fluß vereinigt sich nämlich nicht mit dem My-tschu, sondern geht seinen eigenen Weg direkt nach dem oberen Brahmaputra. Als ich fragte, weshalb man nicht das Rungtal hinabziehen könne, um die beiden uns noch bevorstehenden Pässe zu vermeiden, erhielt ich die Antwort, daß das Tal sehr eng, zwischen schroffen Bergwänden eingezwängt und mit Eis gefüllt sei. Es gibt dort jedoch einen Sommerweg, der bald auf den Gehängen, bald im Talgrund entlangführt, der aber nach Regen schwer zu passieren ist, da dann große Wassermassen in Wasserfällen und Stromschnellen mit Donnergetöse durch das Tal rauschen.

Wir lagerten in der Gegend Ngartang im Rungtal, wo zwölf Zelte das ganze Jahr hindurch stehen. Das Tal gilt für kalt, während das Schammtal eine warme Gegend sein soll. Tatsächlich hatten wir auch dort einige Wacholdersträuche gefunden, deren erster Anblick uns so erfreute, daß wir das Innere unserer Zelte mit Wacholderzweigen geschmückt hatten. Im Schammtal schneit es im Sommer nie, wohl aber im Rungtal. In manchen Jahren regnet es in beiden Tälern sehr viel.

Wie zur Bestätigung der Angaben der Tibeter fiel die Temperatur in dieser Nacht wieder auf — 28,4 Grad. Sie hatten uns auf eine lange Tagereise und einen schwierigen Paß vorbereitet, und es war daher noch dunkel, als ich schon die Yaks in das Lager treiben hörte. Nachdem wir den Ma-lung-Fluß hinter uns gelassen haben, reiten wir Hügel hinauf, die aus fester Erde bestehen und bemoost sind, und dabei entrollt sich im Nordosten ein unentwirrbares Durcheinander von Bergen. In dem vom Paß uns entgegenkommenden schmalen Tal reiten wir auf steilem Weg aufwärts, zwischen Geröll und Steinblöcken; hier und dort stehen kleine Votivmale. Es folgt eine Strecke fast ebenen Bodens, und schließlich geht es steil nach dem Paß, der voll grauer Granitblöcke liegt, hinauf. Dies ist der Ta-la, der „Pferdepaß"; seine absolute Höhe ist 5436 Meter.

War der Aufstieg zwischen den Steinkegeln beschwerlich und akrobatenhafte Drehungen des Oberkörpers des Pferdes sowohl wie des Reiters nötig gewesen, so erhielt der Pilger aber seine Belohnung, wenn er hier

123. Klostergasse in Taschi-lunpo, links ein Haus mit Mönchszellen.

124. Fassade des Mausoleums eines Taschi-Lama in Taschi-lunpo.

oben stand am wimpelgeschmückten Steinmal auf der Höhe des Ta=la! Denn Großartigeres, Schwindelerregenderes und Überwältigenderes habe ich noch nicht gesehen, wenn nicht auf der Höhe von Tschang=lung=jogma. Man ist so fasziniert von dem Panorama im Südosten und Ostsüdosten, daß man kaum dazu kommt, vom Pferde zu steigen! Es ist ein ziemlich begrenzter Teil des Horizontes, den ich beherrsche, denn zwei Gipfel des Ta=la=Kammes fassen die vor mir liegende Landschaft ein, den Propyläen am Eingang eines ungeheuren Tempelsaals vergleichbar. Unter mir ein Gürtel von rotbraunen, domartigen Hügeln, dahinter ein beinahe schwarzer Ausläufer mit reicher Ausmeißelung an kurzen Quertälern und noch weiter hinten eine dunkelgraue Verzweigung. Alle scheinen sie nach Westen und von der Wasserscheide auszugehen, die ich seit dem Sela=la im Osten unserer Straße vermutet hatte. Dergleichen hatte ich früher schon unzählige Male gesehen. Doch hoch über dem dunkelgrauen Rücken erhob sich eine Gebirgswelt, die eher dem Himmel als der Erde anzuge= hören schien, so leicht und luftig schwebte sie unter einem Baldachin weißer Wölkchen über der übrigen Erde. Sie ist so weit von uns, daß alle ihre Einzelumrisse ineinander verschwimmen, und sie erhebt sich wie eine gigantische Mauer in einer einzigen, das Ganze miteinander ver= schmelzenden hellblauen Schattierung, die freilich immerhin noch ein wenig kräftiger ist als die Farbe des Himmels. Die Grenze zwischen den beiden hellblauen Feldern wird jedoch durch eine ungleichmäßige, blendend weiße Linie scharf bezeichnet. Denn das, was ich vor mir sehe, sind die schneebedeckten Gipfel des Himalaja, und hinter ihnen liegt Indien mit seinem ewigen Sommer! Es sind die nördlichsten Himalajaketten auf der Grenze zwischen Tibet und Bhutan, die ich hier sehe. Zwischen ihnen und dem uns ziemlich naheliegenden dunkelgrauen Kamm öffnet sich ein Abgrund, eine ungeheure Spalte in der Erdrinde — das Tal des Brahmaputra, des Tsangpo. Der Fluß selbst ist noch nicht sicht= bar, aber ich fühle, daß wir nicht mehr weit vom Ziele sind (Abb. 174).

Tsering und Bolu erreichen jetzt mit der kleinen Karawane den Paß. Sie fallen vor dem Steinhaufen auf die Knie und sprechen ihre Gebete, und Tsering reißt von seinem zerlumpten Rock einen Fetzen ab, um ihn als Opfergabe an eine der Schnüre zu befestigen. Bei uns allen herrscht das Gefühl, daß wir auf einer Wallfahrt begriffen sind. Die Tibeter, die uns ihre Yaks vermieten, besorgen das Auf= und Abladen, sie sam= meln uns Brennmaterial und befreien die Ladakis von manchen ihrer Obliegenheiten. Die älteren unserer Leute dürfen auf Yaks reiten. Sie haben es jetzt in allem leichter, aber sie sind ja auch Pilger auf dem Wege nach einer der größten Metropolen des Lamaismus. Die Mütze

in der Hand geht der alte Tsering zu Fuß über den Paß, und er kann seine Augen nicht von den traumhaft hellblauen Bergen, die in bläulicher Ferne zwischen den Wölkchen hervorglänzen, abwenden. Er sagt sich aber auch, daß sie sich weit hinter Taschi-lunpo erheben und daß wir sie nicht noch zu übersteigen brauchen, um das Ziel unserer Sehnsucht zu erreichen!

Aber wir mußten schließlich auch diesen herrlichen Paß, den unvergeßlichen Ta-la, verlassen! Hals über Kopf geht es zwischen Felsblöcken durch schroffe Wände hinunter, auf Erdrücken und Ausläufern abwärts, und mehr und mehr vom Himalaja entschwindet unseren Blicken. Jetzt sehen wir nur noch die mit ewigem Schnee gekrönte Kammlinie; nachdem wir noch ein paar Halden hinter uns haben, wird auch sie von dem dunkelgrauen Bergrücken verdeckt, und nun bilden dessen scharfe Umrisse unseren Horizont. Kabbalo ist ein Dorf mit zwei recht kleinen Steinhäusern in dem Tal Pernanakbo-tang, wo wir lagerten. Verschiedene Tibeter hielten sich im Freien auf und gafften uns an; zu Mittag erhielt ich aber Butter und Rettich und sah das ewige Schaffleisch nicht mehr an.

Am 5. Februar machten wir einen ganz kurzen Marsch im selben Tal abwärts, das da, wo wir das Lager 124 aufschlugen, Dokang hieß. Am Lagerfeuer standen 40 Tibeter! Als ich an sie heranritt, streckten sie alle auf einmal die Zunge so weit heraus, wie es nur irgend ging; sie hebt sich feuerrot gegen ihr schmutziges Gesicht ab. Diejenigen, welche Mützen tragen, nehmen sie mit der linken Hand ab und kratzen sich mit der rechten den Kopf, auch eine Zeremonie, die zur Begrüßung gehört. Spricht man mit ihnen, so schnellen die Zungen unaufhörlich heraus, aber nur aus Höflichkeit und Freundlichkeit; sie wissen gar nicht, was sie uns alles zu Liebe tun sollten. In der Nähe des Lagers liegt die Ruine eines „Dsong", einer Burg, die Dokang-pe heißt, und ein verlassenes Dorf namens Arung-kampa legt Zeugnis davon ab, daß das Tal früher bewohnter gewesen ist als jetzt.

Der Tagesmarsch am 6. gehört zu denen, die ich nie vergessen werde. Denn nun schritten wir die riesenhafte Treppenstufe, den Rand von Tschang-tang, hinab und in das Ginungagap, das wir vom Ta-la-Paß aus gesehen hatten und in dessen Tiefe der obere Brahmaputra fließt. Es geht vom Lager nach Südsüdost, unser Fluß bleibt rechts liegen und durchschneidet das Gebirge in einem tiefen Hohlweg, um dem Rung-tschu zuzuströmen. Am Eingang des engen Tales zeigte sich ein kleiner Tempel, der Tschega-gumpa hieß. In einer Schlucht heulte ein Rudel Wölfe jämmerlich. Der Anstieg nach dem Paß La-rock (4440 Meter) hinauf ist ebenso leicht wie kurz; ehe man sich dessen versieht, ist man oben bei einem großen Denkmal inmitten kleinerer Steinhaufen,

wo sich eine „Tarpotsche" (Votivstange) erhebt, die schon grau, geborsten und von Wind und Wetter arg mitgenommen ist (Abb. 96). Verschiedene Steinblöcke, die auf der Ostseite des Passes haufenweise umherliegen, waren an den senkrechten Seiten weiß getüncht. Man muß indessen noch über zwei kleinere Schwellen, ehe die Aussicht ganz frei und offen wird. Sie ist großartig und erinnert an die Landschaft, die man in Leh vom Palast aus sieht. Man erblickte ganz deutlich die nördlichen Kämme des Himalaja, aber schwere Wolken ruhten einem Dache gleich über ihren Gipfeln. Daher sah man auch den Mount Everest nicht, den höchsten Berg der Erde. Der Tsangpo zeichnete sich als ein sehr schmales, helles Band ab, von dem uns noch eine bedeutende Entfernung trennt. Unter uns fließt der Rung=tschu, den wir von der Stelle an, wo er aus den Bergen heraustritt, sehen können. Am imposantesten sind jedoch die kolossalen Ausläufer und Verzweigungen der Berge, die östlich und westlich von uns liegen und die wie eine endlose Reihe vorgestreckter Tigertatzen jäh nach dem Tal des Brahmaputra abfallen.

Die Ebene, die sich unter uns ausbreitet und die eine sehr ausge= dehnte Erweiterung des Brahmaputratales ist, heißt Je oder Je=schung, während der Fluß hier den Namen Jere=tsangpo trägt. Sie ist dicht bewohnt; die große Anzahl dunkler Flecke sind lauter Dörfer. Rechts, am Fuß eines Ausläufers, erhebt sich das große Kloster Taschi=gembe, das mit seinen vielen weißgetünchten Häusern an eine italienische Küsten= stadt erinnert. Von dort führt eine Straße nach dem berühmten Kloster Sekja. Eine feine, sich nach Südosten hinschlängelnde Linie ist die große Landstraße nach Schigatse, Taschi=lunpo und Lhasa.

Von der letzten Plattform geht es halsbrechend steil abwärts; man geht daher diese schroffen Abhänge von grauem Granit, die Wind und Wetter rund geschliffen haben, hübsch zu Fuß hinunter. Wo loses Ma= terial die Zwischenräume ausfüllt, ist der Pfad metertief eingeschnitten. Viele Pilger, Pferde und Yaks sind hier gewandert, ehe er so klein ge= worden ist. Bald haben wir Abgründe auf den Seiten, bald rutschen wir auf den Granitplatten abwärts, bald steigen wir wie auf einer Treppe hinab, aber abwärts geht es, immerfort abwärts, und wir freuen uns in dem Gedanken, daß uns jeder Schritt endlich in wärmere und dichtere Luftschichten, in denen man leichter atmet, hineinführt. Hier und dort thronen große runde Granitblöcke auf einem Piedestal von losem Material, Gletschertischen ähnlich; Regen und Wind haben diese eigen= tümlichen Bildungen ausmodelliert.

Endlich sind wir unten auf der großen Ebene, in die alle Täler münden. Wir reiten an Gerstenfeldern, Pappelhainen, Höfen und Dörfern

mit weißen Häusern, die blaue und rote Streifen und Fahnen auf ihren Dächern haben, vorüber! Das Kloster Tugdän lassen wir zur Linken; ein wenig weiter, am Fuß eines Bergausläufers, hatte Muhamed Isa haltgemacht.. Wohl an die hundert Tibeter jeden Alters und Geschlechtes umringten die Zelte, unglaublich schmutzig und schwarz, aber sehr freundlich; man verkaufte uns Schafe, Hühner, Milch, Rettiche und Malzbier (Tschang), auch unsere müden Tiere wurden reichlich mit Heu und Gerste versehen. Frauen, mit einem runden Bogen als Schmuck im Nacken, trugen in Weidenkörben Dung zu unseren Feuern herbei und wurden nicht müde, bei uns zu sitzen und uns selber und unsere wunderlichen Beschäftigungen anzustaunen. Hier fand sich auch Ngurbu Tundup wieder bei uns ein und teilte mir die erfreuliche Nachricht mit, daß Kung Guschuk, sein Herr, meine Post weiterbefördern lasse! Er erhielt auch jetzt nur einen Teil seiner Belohnung, der Rest sollte ihm erst ausgezahlt werden, sobald ich Nachricht erhielte, daß die Post wirklich in Gyangtse angelangt sei. Von seinem Herrn händigte er mir ein „Kadach", ein Willkommentuch, ein und sagte dabei, ihm sei befohlen, uns zu begleiten und uns auf der Reise nach Schigatse behilflich zu sein! Und das war mir das Allerwichtigste. Es bedeutete, daß wir keinen Hindernissen begegnen würden.

Hier war die absolute Höhe nur 3949 Meter, die Luft war warm und schön; um neun Uhr hatten wir bloß noch drei Grad Kälte, und die Zelttür durfte daher offen stehen. Mit Robert und Muhamed Isa hielt ich lange Rat. Sollten wir, statt eines einzigen, nicht lieber zehn Tage in dieser herrlichen Gegend bleiben, wo es alles gab, dessen wir bedurften, und wo die Tiere sich erholen konnten, während ich die seltsamen Klöster besuchte, die Storchnestern gleich auf den Felsvorsprüngen thronten oder glänzend weiß an den Eingängen der Täler lagen? Nein, über den Empfang, der meiner wartet, wissen wir nichts Sicheres; bis Lhasa sind es nur noch elf Tagereisen, und in Schigatse, meinem Ziel, können wir in drei Tagen sein! Von der Regierung haben wir nichts gehört, aber in Schigatse erwartet man uns. Jeden Augenblick kann ein Umschlag zu unseren Ungunsten eintreten. Auch nicht einen kostbaren Tag wollen wir verlieren, morgen in aller Frühe aufbrechen und weiter eilen, solange die Straße noch offen vor uns liegt!

Meine Aufregung näherte sich ihrem Gipfel. Würde es mir nach all den schweren Schicksalen und Abenteuern, die wir erlebt hatten, doch noch gelingen, unser Ziel zu erreichen? Spät am Abend sangen die Ladakis ihre Taschi=lunpo=Hymne, aber weicher und inniger als je zuvor. Als es Mitternacht war, sangen sie noch, und ich hörte aufmerksam zu, obwohl ich das Lied in Tschang=tang schon so oft gehört hatte.

Und dann erloschen die Feuer in meinem ersten Lager im Tal des Brahmaputra! Der Troß, der sich am Morgen des 7. vor den Zelten versammelte, war recht gemischt. Pferde, Esel und Kühe sollten das Gepäck tragen, denn Yaks gab es hier nicht. Südweststurm wehte, als ich eine gute Stunde später aufbrach und die ganze Bevölkerung der Gegend sich versammelt hatte, um sich meine Abreise anzuschauen. Gerade als ich in den Sattel steigen wollte, erschienen drei Abgesandte eines Herrn Tscheppa Deva, der Kung Guschuks Freund war. Sie brachten mir von ihm als Geschenk ein ganzes geschlachtetes Schaf, einen fetten, süßen Kuchen mit Relieffiguren und eingemachten Früchten auf der Oberseite, drei große Butterklöße und 30 Eier! Ein Gegengeschenk konnte ich nicht mehr machen, da die Karawane schon vorausgezogen war, aber ich gab ihnen 15 blanke Rupien und bat sie den mir unbekannten Tscheppa Deva herzlichst zu grüßen. Da sagte der vornehmste der drei: „Dieses Geld müssen wir unserm Herrn abliefern; es wäre daher gut, wenn der Bombo Tschimbo uns ein Extratrinkgeld geben wollte." Dies war ja eine kluge, vernünftige Rede — sie erhielten noch eine Barzahlung und zogen befriedigt ab.

Die anderen begleiteten mich in Menge, kichernd und schwatzend bis an die nach Schigatse führende Landstraße. Die einladenden Tempelklöster verschwanden auf der rechten und auf der linken Seite unseres Weges, wir ritten durch einen Teil des Dorfes Dsundi, wo lauter Schmiede wohnen, an einer warmen, Gesundheit spendenden Quelle vorbei, über der ein Badehaus erbaut ist — leider wurde es gerade von einigen Kranken benutzt, und wir durften nicht hinein; durch das Dach, die Fenster und die Türen drangen weiße Dampfwolken heraus. Und weiter zieht unsere pittoreske Schar, durch neue Dörfer und Gerstenfelder, an neuen Klöstern, Felsvorsprüngen und Talmündungen vorüber, bis sich über eine unfruchtbare Ebene hinweg der Weg immer mehr nach Süden krümmt, dem Brahmaputra entgegen — ebenso, wie wenn man sich dem Indus von Leh aus nähert, und ebenso wie dort sind lose Steine aus dem Weg geräumt und liegen an den Seiten der Straße.

Da, wo das Tal sich verengt, haben wir das große Kloster Tarting-gumpa links auf seinem Felsen und auf dem rechten oder südlichen Flußufer das Dorf Rokdso mit der Fährstelle, und nun gelangen wir um den ersten Granitausläufer herum, der sich bis in die Nähe des Flusses erstreckt. Hinter dem Dorf Kam mit seinen Äckern und kleinen Gärten reiten wir durch einen 4 Meter tiefen Hohlweg, einen Korridor in gelbem Lößlehm; hier und dort ist er in der Quere von Rinnen durchbrochen, und durch die Lücken erblickt man, wie aus

den Fenstern einer Galerie, das große Nebental So, das von Süden
her in den Tsangpo mündet. Der Regen hat den Lehm stellenweise
zu meterhohen Pyramiden, die einem Wald riesenhafter Morcheln
gleichen, phantastisch ausmodelliert. Wir begegnen schwarzen, barhäup=
tigen Bauern, die beladene Pferde und Esel vor sich hertreiben, und
Frauen und Kindern mit Körben auf dem Rücken, die Brennmaterial oder
Rüben enthalten. Ein altes Weib saß nach Männerart auf seinem Esel
und hopste taktmäßig auf und nieder, ein Vornehmer zu Pferd geleitete
seine Gemahlin, einige Landleute gingen pfeifend hinter Kühen her, die
mit Heu beladen waren, eine Schar Männer und Weiber in malerischen
Trachten zog als Pilger zu den großen Neujahrsfestlichkeiten nach Taschi=
lunpo, die mitmachen zu können meine Ladakis schon so lange gehofft
hatten. Denn aller Verkehr bewegt sich nach Osten, und wir begegnen
nur Leuten, die von einem Dorf in das andere zu Besorgungen gehen.

Der Weg führt jetzt über angeschwemmtes Land, das im Sommer
vom Hochwasser überflutet wird und die des Weges Kommenden zwingt,
am Fuß der Bergabhänge entlangzuziehen. Auch jetzt ist der Tsangpo
imposant; wir rasten eine Weile an seinem Ufer, das unser Weg
jetzt zum erstenmal berührt. Das erstemal in meinem Leben trinke ich
von dem heiligen Wasser des Brahmaputra! Blaugrün, beinahe ganz
klar, gleitet es lautlos und langsam in einem einzigen Flußbett nach
Osten, während hier und dort Fische emporschnellen. Nur eine außer=
ordentlich dünne Eiskruste hält das Wasser an den Rändern gefesselt,
manchmal aber treibt auch eine wie Bergkristall glänzende Eisscholle an
mir vorüber. Ein mit Gerste belastetes Floß schwimmt gerade vorbei,
es will nach dem großen Handelsmarkt in Schigatse und verschwindet
bald bei der nächsten Krümmung, wo die Steuernden mit ihren langen
Stangen gut aufpassen müssen — ein Anblick, der mich lebhaft an meine
Fahrt auf dem Tarim im Jahre 1899 erinnerte.

Östlich von diesem Punkt ist der Boden sehr sandig und bildet
2 Meter hohe unfruchtbare Dünen. Auf den allerersten Blick erkennt man
schon, wie sie sich gebildet haben, besonders an einem Tag wie diesem,
wenn der Weststurm den Flugsand in Wolken vor sich hertreibt, die die
gewaltigen, schroffen Felswände auf dem rechten Flußufer dem Blick oft
ganz verhüllen. Während des Hochwassers setzt der Fluß an den seichten
Stellen Schlamm= und Sandmassen ab, die im Winter freiliegen und
trocknen. Der Westwind nimmt dann das angeschwemmte Material mit, um
weiter östlich Dünen zu bilden; da, wo diese tief genug liegen, spült das
nächste Hochwasser sie wieder fort, und nachdem es sich verlaufen hat,
beginnt derselbe Vorgang von neuem. So geht im Tal des Tsangpo

eine ununterbrochene Massenversetzung festen Materials von Westen nach Osten vor sich. Es bleibt nicht dabei, daß der Fluß sich sein Bett durch seine eigene Schwere gräbt und im Wasser Schlammassen mit sich führt; auch das an den Ufern abgesetzte Material wird vom Wind, der dem Wasser zu Hilfe kommt, fortgetragen. Winde und fließendes Wasser arbeiten einträchtig miteinander und verfolgen dasselbe Ziel, diese gigantische Abflußrinne immer tiefer auszuwaschen. Seit unzähligen Jahrtausenden haben sie daran gearbeitet und das Resultat ist das Tsangpotal, wie es sich heute meinen Augen zeigt.

Nach achtstündigem Ritt kamen wir in einem kleinen, aus dreißig Häusern bestehenden Dorf namens Rungma an, wo die Zelte in einem Garten wieder zwischen Pappeln und Weiden aufgeschlagen wurden (Abb. 97). Wie schön erschien es uns, die wir ein ganzes halbes Jahr auf dem öden Tschang=tang=Plateau gelebt hatten, nun wieder den Wind durch die entlaubten Zweige der Bäume sausen zu hören! Jetzt wurden die Feuer nicht mehr mit getrocknetem Dung gespeist, trockne Holzbrände sprühten zwischen den Zelten und warfen ihren blendenden Lichtschein auf die Baumstämme und die Tibeter.

Auch am 8. Februar machten wir einen langen Ritt. Ngurbu Tundup beklagte sich, daß ihm sein Maulesel entlaufen sei; er müsse daher hier bleiben und bitte mich, ihm den Rest der Belohnung, die ich ihm versprochen, jetzt auszuzahlen. Dieser Kniff war aber zu leicht zu durchschauen. Ich argwöhnte, daß die Post am Ende doch nicht richtig in Gyangtse angelangt sei. Wir waren jedoch noch nicht weit vom Dorfe, als uns Ngurbu auf einem geliehenen Pferde mit klingelnden Schellen nachgeritten kam. Als wir das Lager aufgeschlagen hatten, mußte er zur Strafe gleich nach Schigatse weiterreiten, um Kung Guschuk mitzuteilen, daß ich am nächsten Tag eintreffen würde und ein ordentliches Haus bereitgehalten haben wollte. Das war unbedacht gehandelt! Denn, wenn Kung Guschuk irgendeinem Chinesen erzählt hätte, was er wußte, so hätte man mich noch im letzten Augenblick vor der Stadt anhalten können!

Weiter und weiter nach Osten führt die gewundene Landstraße auf dem nördlichen Ufer des Tsangpo an terrassenförmigen Äckern vorbei, die der Fluß bewässert. Man ist erstaunt, so viel kulturfähigen Boden und eine solche Menge bewohnter Dörfer mit massiven Steinhäusern und Gärten in Tibet zu finden.

Bei Lamo=tang bespült der Fluß den bergigen Fuß des linken Ufers, und hier führt ein schmaler und halsbrechender Pfad im Zickzack an steilen Abhängen hinauf (Abb. 98). Doch braucht er nur in der Zeit des Hochwassers benutzt zu werden. Jetzt ziehen wir auf einem längs des

Fußes aufgemauerten Wege dahin. Der Fluß sieht nun ganz anders aus als gestern; seine Oberfläche ist mit porösen Eisschollen halb angefüllt (Abb. 99), aber über Nacht waren auch 18,8 Grad Kälte. Tanzend und rasselnd treiben sie flußabwärts und streifen den am Lande festsitzenden Eissaum, auf dem sie ihre kleinen weißen Eiswälle aufschichten. Sie folgen der stärksten Strömung und bleiben manchmal auf Sandbänken liegen, die in dem grünen, klaren Wasser rotbraun schillern. Eine großartige Landschaft unter blauem Himmel und zwischen schweren, zerklüfteten Bergmassen! Am Nachmittag nahm die Menge des Treibeises schon ab, und am Abend bei unserem Lager war es ganz verschwunden.

Der Weg führt bergauf über die äußerste Spitze des Felsvorsprunges auf einer Steintreppe, auf der man lieber zu Fuß geht. und dann steigen wir wieder nach dem ebenen Talgrund hinunter, an neuen Dörfern und neuen Klöstern vorüber, die stets von Tschorten und Manis umgeben sind und oft, wie Tikse-gumpa in Ladak, auf Felsen thronen. Tanak-putschu ist ein mächtiges Tal, das von Norden kommt und dessen Fluß die Felder aller Dörfer in Tanak bewässert. Eine klare Beschreibung dieses Tales konnte ich nicht erhalten; man sagte mir nur, daß es von einem hohen Paß im Norden komme; ich weiß daher nicht, ob es, wie das My-tschu-Tal und das Schang-tschu-Tal, vom Transhimalaja kommt oder nicht. Doch wenn es so sein sollte, dann ist die östliche Wasserscheide des My-tschu eine hydrographische Grenze gegen den Tanak-putschu und nicht gegen den Schang-tschu. Die Frage läßt sich nur an Ort und Stelle durch künftige Forschungen lösen.

In Tanak („das schwarze Pferd") lagerten wir in einem hübschen Garten, wo ein kleines Haus mit bunt bemalter Veranda dem Taschi-Lama als Quartier dient, wenn der hohe Prälat seine jährliche Reise nach dem Tempel Taschi-gembe macht (Abb. 100). Der Garten liegt oben auf der Geröllterrasse, die senkrecht nach dem Flusse abfällt und von deren Rand aus man eine prachtvolle Aussicht über den Tsangpo hat (Abb. 101). Der Fluß wird hier bald Sangtschen, bald Tsangpo-Tschimbo, d. h. „der große Fluß", genannt. Der Tsangpo ist Tibets Fluß par préférence. Nach Waddell wird dieser Name bisweilen so geschrieben, daß er eine getreue Übersetzung des Namens Brahmaputra ist, der „Sohn des Brahma" bedeutet. Den Namen Jere-tsangpo haben wir bereits kennen gelernt, und weiter westlich werden wir noch mehrere Namen finden. Im unteren Teil seines Durchbruchs durch den Himalaja heißt er Di-hong, und erst, wenn er aus dem Gebirge herausgetreten ist, um die Ebenen Assams zu bewässern, nimmt er den Namen Brahmaputra an.

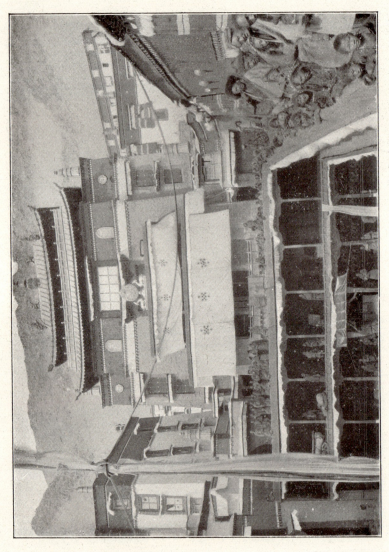

125. Fassade des Mausoleums des ersten Taschi-Lama.
Im Vordergrund der Festspielhof.

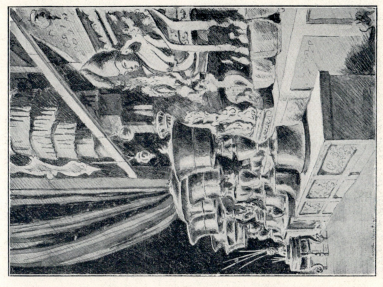
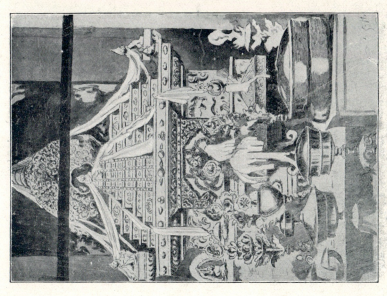

126, 127. Inneres der Mausoleen zweier Taschi-Lamas in Taschi-lunpo.
Skizzen des Verfassers.

Dreiundzwanzigstes Kapitel.

Im Boot den Tsangpo hinunter. — Heimlich in Schigatse.

Der 9. Februar brach an, der große Tag, an dem unsere jetzt in sehnsuchtsvolle Pilger verwandelte Karawane das Ziel ihrer Träume erreichen sollte! Der gestrige Tag war stürmisch gewesen, und am Abend herrschte eine seltsame, rotgelbe Beleuchtung im Tal von all dem Staub, der in der Luft umherschwebte; die Berge zeichneten sich nur undeutlich ab, und im Osten war kein Horizont zu sehen. Aber der Morgen war herrlich, und der Tag blieb windstill. Schon in aller Frühe mußten Sonam Tsering und einige Ladakis sich mit einem Teil der Bagage in zwei Booten einschiffen, während Muhamed Isa und Tsering mit der Karawane auf der Landstraße weiterzogen. Das war eine Kriegslist, die wir ersonnen hatten. Wenn im letzten Augenblick noch jemand auftrat, um uns Halt zu gebieten, so würde das Verbot nur Muhamed Isa und die Karawane treffen, während ich mich auf dem Flusse unbemerkt in Schigatse würde einschleichen können.

Alle anderen waren schon unterwegs, als Robert, Rabsang und ich in einer steilen, schluchtähnlichen Rinne die Terrasse hinunterrutschten und das vorzügliche Fahrzeug, das uns den heiligen Fluß hinabtragen sollte, bestiegen. Diese Tsangpoboote (Abb. 102) sind ebenso einfach wie praktisch. Man denke sich ein Gerippe, oder vielmehr ein Gestell von dünnen, zähen Ästen und Rippen fest zusammengeschnürt und mit vier aneinander genähten Yakhäuten überspannt, die an einem Holzring, der die Reling bildet, befestigt werden — und das Boot ist fertig! Es ist sehr plump, länglich viereckig, aber vorn etwas schmäler als hinten. Schwer ist es nicht, es bildet eine gewöhnliche Manneslast. Alle Boote, die jetzt mit Pilgern zum Neujahrsfest flußabwärts gingen, und die Boote, die landwirtschaftliche Produkte oder Brennmaterial nach Schigatse und Taschilunpo befördern, werden von ihren Besitzern längs des Flußufers wieder zurückgetragen. Ein großer Teil der Bevölkerung Hlindug-lings, des

Teiles von Tanak, wo wir gelagert hatten, erwirbt sich seinen Unterhalt durch solchen Transport. Aber Tragkraft besitzen diese Boote; in meinem waren wir vier Mann, und es hätte eine noch viel stärkere Belastung ertragen können.

Der Ruderer sitzt auf einem dünnen Brett und rudert die ganze Zeit, aber verkehrt herum, so daß das Hinterende vorangeht, denn er muß ja das Fahrwasser flußabwärts übersehen können. Die Ruder sind unten wie eine Gabel gespalten, zwischen den beiden Zinken aber ein Stück Leder festgenäht, das an die Schwimmhäute der Ente erinnert. Unser Ruderer ist ein selbstbewußtes Kerlchen und beantwortet meine Ratschläge nur durch überlegenes Lächeln, sobald ich mich mit meiner Erfahrung in der Flußnavigation mausig mache. Die Strömung tut das meiste, aber um das Boot in der Gewalt zu behalten, läßt er die Ruder nie ruhen.

Die ersten Minuten gleiten wir langsam dahin, bis an das Dorf Segre, dessen weiße, reinliche und feine Häuser malerisch auf dem linken Ufer liegen, und dann noch eine Strecke weiter, bis der Fluß einen steilen Ausläufer des Gebirges bespült. Dann aber wird die Fahrgeschwindigkeit größer und beträgt durchschnittlich $1\frac{1}{4}$ Meter in der Sekunde. Ich konnte ungehindert den Fluß hinabschauen, stellte die Zeiten fest, machte meine Peilungen, maß die Geschwindigkeiten und zeichnete eine Karte des Flußlaufes, ganz wie einst auf dem Tarim. Katarakte passierten wir nicht, wohl aber in engen, eingezwängten Armen einige Stellen, wo das Wasser kleine Stromschnellen bildete und an den Biegungen brauste. Es war eine herrliche Fahrt, die schönste, die ich erlebt habe! Die letzte Tagereise hätte nicht eleganter zurückgelegt werden können; in Tibet, dessen Natur uns bisher eitel Hindernisse in den Weg gelegt hatte, wurden wir jetzt von einer Naturkraft vorwärtsgetrieben. Ein halbes Jahr lang hatten wir unter unaufhörlichen Verlusten uns diagonal durch Tschang-tang hindurchgearbeitet, jetzt standen mir die Pforten weit offen, und lautlos und gleichmäßig wie auf Öl glitt ich meinem Ziel entgegen. Eines der größten Erosionstäler der Erde breitete um uns sein großartiges Panorama aus, die Luft war so still, daß nicht einmal die schwächste Kräuselung sich auf der Wasserfläche des Tsangpo zeigte. Ungestört von den Winden des Himmels konnte das smaragdgrüne Wasser sich den lautlos spielenden Wirbeln überlassen, die an Vorsprüngen und Landspitzen entstehen, um sich dann in eiligem Tanz flußabwärts zu ringeln, immer weitere Kreise zu ziehen und schließlich ganz zu verschwinden. Sie werden geboren und sterben, kommen und gehen, und dieselbe Landspitze erweckt an Stelle der alten stets neue zum Leben, aber jeder neue Wirbel senkt seine Spirale in anderes Wasser des heiligen Flusses, der

den Weg nach dem geheimnisvollen Engpaß Dihong schon seit unzäh=
ligen Jahrtausenden kennt.

Welch ein berauschender Genuß, sich vom Tsangpo ostwärts tragen
zu lassen! Ob der Fluß auch zu Tibets „verbotenen Pfaden" gehört?!
Ja, wenn sie jetzt kommen und mich anhalten, erwidere ich: „Ich bin
nicht in Tibet, meine Füße betreten den Boden Tibets nicht, ich bin auf
dem heiligen Flusse der Hindus, laßt mich in Ruhe!" Die Landschaft
verändert sich in geradezu verwirrender Weise unaufhörlich vor unseren
Blicken; eben haben wir eine schwarze Felswand vor uns; bei der nächsten
Biegung ist sie verschwunden, und eine andere ist auf der entgegengesetzten
Talseite an ihre Stelle getreten. Man fragt sich manchmal, was hier
eigentlich oben und unten sei; wir scheinen stillzustehen, das Panorama
aber horizontal zu schwingen und zu pendeln. Robert ist in Gedanken
versunken, er sieht über die Reling und ruft, durch das Wasser und die
Eisschollen, die uns Gesellschaft leisten, irregeführt, erstaunt: „Aber,
Master, wir liegen ja still!"

„Sieh dir die Sandbank dort links an", sage ich, und er ist ganz
verdutzt, daß sie talaufwärts eilt. Und blickt man da, wo der Fluß seicht
ist, auf den Grund hinunter, so hat es wieder den Anschein, als eilten
der Kies und die rundgeschliffenen Steine und die Sandbänke unter dem
Boot bergaufwärts. Ich versinke auf dieser märchenhaften Fahrt in
Träumerei. Mich überschleicht ein Gedanke: soll ich bis an die Mün=
dung des Ki=tschu weiterfahren und von dort zu Fuß nach Lhasa hin=
aufgehen? Wir können nachts gehen und uns den Tag über verstecken;
Tibetisch ist Rabsangs Muttersprache. Aber der Gedanke zerrinnt ebenso
schnell wie ein Wasserwirbel an den Seiten des Bootes. In Lhasa
habe ich nichts zu gewinnen, was über die Eroberungen, die Younghus=
bands Expedition vor zwei Jahren gemacht hat, hinausgeht; meine Hoff=
nung ist auf die Freundschaft des Taschi=Lama gestellt. Auf dem Sela=la
hatte ich Geschmack am Transhimalaja gewonnen, und auf der ganzen
Erde erschien mir kein geographisches Problem so verlockend wie dieses.
Alles, was ich noch späterhin unternehmen würde, sollte darauf ausgehen,
den Transhimalaja so gründlich für die Wissenschaft zu erobern, wie es
einem einzelnen Manne während einer einzigen Reise nur möglich wäre.
Ja, diese Aufgabe war so überwältigend groß, daß in ihrem Schatten
meine frühere Sehnsucht nach Lhasa erstarb, wie das Abendrot im Tsangpo=
tal, in dem riesenhaften Säulengang aus festem Granit, dieser königs=
lichen Straße Buddhas, die, das Gebirge durchbrechend und im fernen
Osten undeutlich verschwimmend, direkt zum Eingang des Tales von
Lhasa hinführt und auf deren Boden von flüssigem Smaragd wir jetzt in

der Richtung der heiligsten Stadt des Lamaismus hinglitten. Verführerisch und verlockend wie Elfenreigen zog die Strömung meine Gedanken mit sich nach Osten, aber sie erweckte in mir auch neue Pläne zu neuen Feldzügen in Gegenden, die bisher nicht innerhalb meiner Interessensphäre gelegen hatten. In den Tälern, die dem My-tschu ihren Wassertribut gaben, hatte ich mehr als einmal von dem Raga-tsangpo Nain Sings gehört, den einige Tibeter als mindestens ebenso bedeutend wie den Tsangpo geschildert hatten. War der Raga-tsangpo vielleicht der wirkliche Hauptfluß? Hatte er vielleicht Nebenflüsse, die ihr Wasser aus dem Herzen jenes geheimnisvollen Landes im Norden erhielten? Während des ganzen Winters war kein Abend vergangen, an dem nicht Ryders und Nain Sings Karten meine Aufmerksamkeit stundenlang gefesselt hatten. Stand es denn wirklich fest, wo die Quelle des Brahmaputra lag? Hatte ich nicht noch eine Aufgabe zu lösen, unendlich viel feiner, als die, in der Fußspur „Tommy Atkins", des englischen Soldaten, nach Lhasa zu ziehen? Die in der Sonne glitzernden Wellen, die unser Boot auf ihrem Rücken trugen, brachten mir verständliche Botschaften aus zahllosen Talschluchten, von dem abschmelzenden Saum ewiger Firnfelder, von bläulichen Gletschern und grünen Gletschergrotten in den himmelhohen Kämmen des Himalaja, ja ein verhallendes Echo aus jenem Tal, wo die Quelle des Brahmaputra rieselnd aus dem Gestein hervorsprudelt!

Aber die Zukunftsträume dürfen uns die Anforderungen der Gegenwart nicht vergessen lassen. Taschi-lunpos goldene Götter erwarten uns zum Fest! Bald verschmälert sich der Fluß und wird tief, und sein Grund ist nicht mehr sichtbar, bald erweitert er sich, und die Fahrgeschwindigkeit nimmt ab. Unterhalb des Dorfes Pani, wo ein Tal mündet, macht der Fluß eine Biegung nach Südost, aber nur, um wieder nach Osten abzubiegen, wobei er das gewaltige Sommerbett durchschneidet, das beinahe das ganze Areal des Talgrundes unter Wasser setzt. Nur selten fahren wir an einem höheren, merklicher mit Gras bewachsenen Ufer, das nicht vom Hochwasser überschwemmt ist, vorüber. Von Zeit zu Zeit schickt der Fluß einen Seitenarm aus, der sich aber bald wieder mit dem Hauptbett vereinigt. Auf den Ufern stehen Wildgänse, die schreien, wenn wir vorbeifahren; schwarze und weiße Enten, Reiher und andere Wasservögel sind furchtlos und zutraulich, als wüßten sie ganz genau, daß es strenge verboten ist, in Taschi-lunpo einem lebenden Wesen das Lebenslicht auszublasen.

Gerade als wir Tanak verließen, fuhr ein Dutzend Boote am Dorf vorbei; einige waren paarweise zusammengebunden, wodurch sie vor dem

Umschlagen gesichert werden. Die Insassen waren Pilger aus weiter aufwärts liegenden Dörfern, die sich zum Neujahrsfest begaben. Dort saßen Frauen in ihren zierlichsten Festgewändern mit Halsbändern von bunten Glasperlen, an denen Silberdöschen mit kleinen Götterbildern und Reliquien oder Silbermünzen hingen, und mit den hohen Bogengestellen im Nacken, die mit rotem Wollenstoff überzogen und mit Türkisen und Korallen besetzt sind. Da saßen Greise, Männer und Knaben, und auch ein paar Lamas hatten sich in ihren roten Togen der weltlichen Gesellschaft angeschlossen. Die meisten Boote trugen kleine Gebetswimpel an Gerten, die an der Reling festgebunden waren, und über die Reling hingen kleine Reliquiendosen herab — um der Bootreise der Pilger Segen zu bringen. In einigen Booten hatten sie Sand ausgestreut und Steinplatten hineingelegt, um Feuer anzünden und Tee kochen zu können. Uns schenkten sie wenig Aufmerksamkeit; sie plauderten und schwatzten unaufhörlich und amüsierten sich ausgezeichnet. Man sah, daß die Passagiere einiger Boote gut miteinander bekannt und aus demselben Dorfe zusammen abgefahren waren. Alle Boote, die es am Flusse gab, waren an einem solchen Tage in Anspruch genommen, eine ununterbrochene Reihe von Pilgern strömte auf dem Wasserweg nach dem heiligen Kloster hin. Wo die Ufer flach waren, sahen wir diese kleinen, schwarzen Punkte stromaufwärts und stromabwärts.

Wir treiben an einer Sandbank vorbei, auf der sich einige Eisschollen festgefahren haben, um uns als Warnung zu dienen. Nur ein paarmal schrammt das Boot auf den Grund; unser Ruderer ist aufmerksam und steuert sicher. Er kennt auch den Weg — und hier ist es nicht so leicht, als man glauben sollte, den Weg zu finden. Denn der Fluß teilt sich in Arme, und nur ein mit ihnen allen vertrauter Ruderer weiß, welcher der beste und der kürzeste ist. Es kommt auch vor, daß er uns in einen engen Kanal hineinführt, wo wir in sausender Fahrt dahingleiten.

Jetzt wendet sich der Fluß der rechten, südlichen Talseite zu, wo das Gebirge jäh nach dem Wasser abstürzt und nur soviel Platz am Ufer läßt, daß sich ein gemauerter, durch Steinblöcke befestigter Weg am Ufer entlangziehen kann. Dort gingen wohl ein Dutzend Ruderer, die ihre Fellboote auf dem Rücken trugen, von hinten gesehen einer Reihe riesiger Käfer gleichend. Und nach der anderen Seite wurden Eselkarawanen getrieben, die Brennholz nach Schigatse brachten. Hier beginnt nun eine Reihe der großartigsten und malerisch wildesten Szenerien, die man sich nur denken kann. Ein Felsvorgebirge nach dem anderen fällt steil nach dem Flusse ab, der leise rauschend seinen Fuß bespült.

Manchmal richtet sich eine Scholle in einem Strudel quer auf, erhebt sich über die Wasserfläche und glitzert blendend in der Sonne, bevor sie ihre frühere Lage wieder einnimmt.

Wir warteten auf eine Gelegenheit, um einmal zu landen, aber die Strömung war zu stark. Schließlich gelang es dem Schiffer, uns in eine Gegenströmung hineinzubringen, und ich stieg auf einer Landspitze aus, an der gerade eine Pilgergesellschaft vorbeitrieb, eben zur rechten Zeit, um sie in meiner Kamera festzuhalten (Abb. 103). Sie zerbrachen sich den Kopf über mein Vorhaben, und ihre Unterhaltung verstummte; sie schienen erleichtert aufzuatmen, als sie mit heiler Haut davongekommen waren und sich überzeugt hatten, daß meine Kamera keine Feuerwaffe war! Wohin man sich auch wendet, überall rollen sich neue Motive auf, die so zum Festhalten verlocken, daß man tagelang davorsitzen und zeichnen möchte. Aber jetzt habe ich keine Zeit; es ist mein letzter Tag und ich habe ein viel zu hohes Spiel gewagt, um im letzten Augenblick alles auf eine Karte zu setzen. „Es ist noch weit", sagt der Schiffer, der uns schon bei der Abfahrt die Spitze gezeigt hat, hinter der das Schigatsetal liegt, von dem wir noch immer weit entfernt sind.

Nachdem wir wieder in die Mitte des Tales gekommen sind, wird der Fluß breit wie ein See, ist spiegelblank, vornehm und majestätisch, gleitet langsam wie Öl dahin und wirft die Bilder der Berge und der Boote zurück. Die Ausläufer und Vorsprünge des Gebirges auf dem nördlichen Ufer schillern rosig, das sonst grüne Wasser erscheint durch den Widerschein des Himmels blau, alles ist so feierlich still und ruhig! Robert und Rabsang schlafen beide in ihrer Ecke, aber ich kann keine Minute von dieser Pilgerfahrt verlieren. Hier und dort steht ein Steinmal mit wimpelgeschmückten Gerten — es sind die Stellen, wo Wege den Fluß kreuzen. An einer Fähre hatte gerade eine große Yakkarawane haltgemacht, und ihre Lasten Schafwolle wurden am Ufer zu einer Mauer aufgestapelt. Die schwarzen Männer hoben sich vom Hintergrund der gelben Sanddünen scharf ab. Weiter abwärts war Tsering gerade beschäftigt, seine Abteilung in einem Boote unterzubringen, während seine Pferde durch Bitten und Drohungen gezwungen wurden, an Bord eines zweiten zu gehen. Hier überschreitet die große Straße von Tanak den Fluß, und Tsering teilt uns im Vorbeifahren schnell noch mit, daß Muhamed Isa schon weit voraus sei. In einer großen Bucht des Flusses waren zwei Fischerboote mit ihrem Netz bei der Arbeit; die Männer versuchten die Fische durch Steinwürfe in das Netz hineinzujagen; sie hatten einen schlechten Fang gemacht, versprachen uns aber, morgen Fische zum Verkauf nach Schigatse zu bringen. Wieder machen

wir eine Biegung nach Südost und nähern uns den Bergen der Süd=
seite, an deren Fuß wir die hübsch zwischen Gärten liegenden Dörfer
Tschang=dang, Taschi=gang und Tang=gang passieren. Der
Fluß ist jetzt in einer einzigen Rinne gesammelt und fließt sehr langsam,
als ob er an der Mündung des Tales, das nach einem Kloster führt,
nur vorsichtig vorbeizuströmen wage.

Am Fuß des nächsten Bergvorsprunges herrschte Leben und Be=
wegung; viele mit Gerste, Stroh, Brennholz und Dung beladene Boote
wollten gerade landen, und von andern wurden die Lasten unter Geschrei
und Singen gelöscht. Ganze Reihen Boote waren aufs Land gezogen
worden und lagen dort mit dem Boden nach oben gekehrt, großen Kröten
mit Pelzen vergleichbar. Der Schiffer, der uns nach der Mündung des
Njangtales befördert hatte, erhielt das vierfache der gewöhnlichen Be=
zahlung und traute kaum seinen Augen — jetzt war er in der Lage,
sich morgen einen Ruhetag gönnen zu können.

An dieser eigentümlichen „Landungsbrücke" wartete Guffaru mit un=
seren Pferden; ich bestieg wieder meinen kleinen weißen Ladaki und Robert
seinen rotbraunen Tibeter, und während die Sonne unterging, ritten wir mit
Rabsang als Vorläufer das Njangtal hinauf. Bald verliert man sich
in eine Landschaft, die aus lauter Hohlwegen und Rinnen in gelbem
Lehm besteht. Eines Führers bedürfen wir jedoch nicht, denn verschiedene
Wanderer und Eseltreiber sind noch unterwegs; sie geben uns die nötige
Auskunft, und keiner ist unhöflich. Ein wenig links von unserem Wege
fließt der Njang=tschu, der Fluß von Gyangtse, einer der größeren Neben=
flüsse des Tsangpo von Süden her, an dessen Ufern sich mehrere Dörfer
zeigen. Es wird dämmerig; ich fühle, wie mein Herz klopft; sollte es
wirklich gelingen? Es wird dunkel; ein großer weißer Tschorten erhebt
sich wie ein Gespenst unmittelbar rechts von unserer Straße. Rabsang
fragt einen nächtlichen Wanderer, wie weit es noch sei, und erhält die
Antwort: „Folgt nur dem Weg, dann kommt ihr gleich in eine Gasse."
Zur Rechten erhebt sich ein Hügel, und auf seinem Gipfel zeichnen
sich die Umrisse des Schigatse=dsong, des Rathauses, schwach gegen
den Himmel ab! Jetzt sind wir zwischen weißen Häusern und folgen
einer schmalen Gasse, in der es noch dunkler ist. Auf einem offenen Platz
stehen einige Chinesen, die uns angucken. Bissige Hunde kommen aus
den Höfen und bellen uns an. Sonst aber liegt die Stadt im Schlaf,
und keine Volksversammlung ist Zeuge unseres Einzuges! Wo sind aber
die Unseren? Wir wissen nicht, wo sie sich einquartiert haben. Aber
da steht auch schon Namgjal, um uns den Weg zu zeigen, und führt uns
zum Tor der Mauer, hinter der Kung Guschuks Garten liegt.

Hier kommen uns Muhamed Isa und alle die anderen entgegen und begrüßen uns, als ob sie mir zu dem großen Triumph gratulieren wollten. Wir steigen ab und gehen über den Hof nach dem Hause, das mir Kung Guschuk zur Verfügung gestellt hat. Aber es ist kalt und unfreundlich wie ein Gefängnis, und ich ziehe mein unter den Pappeln des Gartens aufgeschlagenes Zelt vor. Während wir auf Tsering warten, setzen wir uns um ein großes Reisigfeuer, an dem sich nach und nach auch mehrere Tibeter einfinden. Ich schenkte ihnen keine Aufmerksamkeit, ich war zu sehr von meinen Gedanken in Anspruch genommen. Es war geglückt, und ich hatte nach einer sechsmonatigen Reise durch ganz Tibet mein erstes Ziel erreicht! In später Nacht wurde mein Mittagessen fertig — es war mir sehr willkommen, denn wir hatten auf der Flußreise keinen Proviant gehabt. Und dann hatte ich noch zwei gute Stunden an den während des Tages gemachten Aufzeichnungen zu arbeiten.

Da wurde ich plötzlich durch einen Herrn gestört, der dem weltlichen Stabe des Taschi=Lama angehörte. Er sagte, daß er keinerlei Auftrag habe, doch da ihm eben erzählt worden, daß ein ungewöhnlicher Fremder angelangt sei, bitte er mich um Aufklärung. Und dann schrieb er sämtliche Namen, die Nationalität und die Größe der Karawane auf und erkundigte sich, auf welchem Weg wir gekommen seien, wohin wir zu reisen gedächten und welche Absichten ich mit meinem Besuch in Schigatse verfolge. Er war eitel Artigkeit und hoffte, daß wir unter der Kälte in Tschang=tang nicht gar zu sehr hätten leiden müssen. Er selber sei ein viel zu untergeordneter Beamter, um mit dem Taschi=Lama sprechen zu dürfen, aber er werde das, was er erfahren habe, seinen Vorgesetzten mitteilen. Er ließ jedoch nie wieder etwas von sich hören. Selten habe ich so gut geschlafen wie in dieser Nacht — ja, doch vielleicht, als ich mein Abiturium glücklich hinter mir hatte!

Als der nächste Tag verging, ohne daß jemand, Geistlicher oder Laie, sich auch nur im geringsten um uns kümmerte, schickte ich Muhamed Isa nach Taschi=lunpo hinauf, dessen goldene Dächer im Glanz der Abendsonne auf einem Bergabhang im Westen dicht bei unserem Garten, der in der südlichen Vorstadt Schigatses lag, wie Feuerschein leuchteten. Mein prächtiger Karawanenführer suchte einen hochgestellten Lama auf, der antworten ließ, daß er morgen jemand schicken werde, um über mich und meine Absichten Genaueres zu erfahren, und daß er mir dann weiteren Bescheid zukommen lassen werde. In demselben Augenblick kam Besuch, ein vornehmer Chinese namens Ma. Er stellte sich mir als Chef der „Lansa" oder Truppenmacht von 140 Chinesen vor, die, wie es

128. Studierstunde in der Bibliothek Ranbschur-Lhakang in Taschi-lunpo.
Skizze des Verfassers.

129. Portal zum Mausoleum des dritten Taschi=Lama in Taschi=lunpo.
Skizze des Verfassers.

hieß, in Schigatse in Garnison liegen. Ma, der ein Dungane war und sich zum Islam bekannte, wurde vom ersten Augenblick an mein ganz besonderer Freund, der vor Gemütlichkeit und guter Laune schmunzelte. Vor fünf Tagen war er aus Lhasa hierhergekommen und sollte so lange bleiben, bis der Amban, der Generalgouverneur Lien Darin, ihn wieder abrufen würde.

„Es ist unbegreiflich," sagte Ma, „wie es Ihnen geglückt ist, nach Schigatse vorzudringen, ohne daß man es verhindert hat."

„Ja, offen gesagt, hatte auch ich allerlei Schereien erwartet, und wenn nicht eher, so doch, als ich nur noch einen oder ein paar Tage von hier entfernt war."

„Ich habe kein Wort von Ihrem Kommen gehört; wenn ich aber gewußt hätte, daß Sie sich der Stadt nähern, so wäre es meine Amtspflicht gewesen, Sie anzuhalten."

„Dann ist es ja für mich ein Glück, daß Sie hier noch fremd sind."

„Ja, aber das schlimmste ist, daß es mir schlimm ergehen wird, sowie der Amban hört, daß Sie hier einfach in Schigatse wohnen! Jetzt aber ist es zu spät, jetzt ist nichts mehr zu ändern."

„Sagen Sie mir, Ma Daloi, glauben Sie, daß der Taschi=Lama mich empfangen wird?"

„Das möchte ich bezweifeln. Gleich nach meiner Ankunft bat ich um eine Audienz beim Großlama, er hat mich aber nicht einmal einer Antwort gewürdigt. Und doch bin ich chinesischer Beamter."

Das sah nun für mich, einen Fremdling, der ohne Erlaubnis von Norden her gekommen war und von dem niemand wußte, wes Geistes Kind er war, wenig ermutigend aus. Und dabei ist morgen das Neujahrsfest, zu dem ich um so weniger ohne weiteres gehen kann, als der Taschi=Lama selber bei der Feier zugegen ist. Aber etwas mußte er doch von mir wissen, wie sollte ich mir sonst Ngurbu Tundups Ankunft mit der Post am Ngangtse=tso erklären?

Wir warteten indessen den Gang der Ereignisse ab und gingen mit einer Papierlaterne hinaus, um eines unserer Pferde anzusehen, das in seinem Stand verendet war und nun fortgeschafft werden sollte. Warum konnte es jetzt nicht am Leben bleiben, da die Krippen so voller Gerste, Stroh und Häcksel waren wie noch nie und die Tiere an einer Mauer standen, die sie gegen Kälte und Wind schützte, und nun ihre Ruhezeit vor sich hatten? Fünf der Veteranen und der letzte Maulesel aus Poonch waren noch am Leben! Die letzten sechs Tiere der stattlichen Karawane, die vor sechs Monaten aus Leh aufgebrochen war! Alle die anderen lagen in Tschang=tang, und die Stürme sausten über sie hin.

Diese sechs sollten nun wie unser Augapfel gehegt und gepflegt werden. Ihre wunden Rücken sollten gewaschen und eingerieben, ihre Seiten gestriegelt werden, bei Nacht sollten sie unter Filzdecken schlafen, und an Gerste und Häcksel durfte nicht gespart werden. Der Boden unter ihnen sollte mit Stroh bedeckt werden, damit sie weich lägen, wenn sie sich ausruhen wollten, und zu regelmäßigen Zeiten sollten sie ans nächste Wasser zur Tränke geführt werden. Ich streichelte meinen kleinen Schimmel, aber wie gewöhnlich biß er nur und schlug aus. Er befand sich am besten von allen Veteranen, und Guffaru versicherte, daß er, wenn es sein müsse, noch einmal durch Tschang-tang gehen könne.

In unserem Garten hatten wir es in jeder Weise gut. Rechts und links von meinem Zelt standen die Zelte Roberts und Muhamed Isas, ein wenig weiter das der Ladakis, und vor den beiden zuletztgenannten brannten, wie gewöhnlich, die großen Lagerfeuer. Ein Mann und eine Frau von Kung Guschuks Leuten wohnten in einer jämmerlichen Hütte unmittelbar im Eingangstor und besorgten uns alles, was wir bedurften. Die Frau war alt und gebrechlich, schwarzgeschminkt, aber über alle Maßen freundlich. Unaufhörlich kam sie an mein Zelt, verbeugte sich und kicherte und grinste aus purem Wohlwollen.

Am 11. Februar wurde ich früh um halb sieben mit der Nachricht geweckt, daß zwei Herren mich sofort zu sprechen wünschten. Das Kohlenbecken und warmes Wasser wurde gebracht, ich kleidete mich in größter Eile an, im Zelt wurde aufgeräumt und gefegt, und dann ließ ich die Gäste bitten, näher zu treten. Der eine war ein hochgewachsener Lama von hohem Rang, er hieß Lobsang Tsering und war einer der Sekretäre des Taschi-Lama; der andere, Duan Suän, war ein junger Chinese mit feinen, edlen Gesichtszügen. Beide waren außerordentlich höflich und von feinen Manieren. Wir plauderten zwei Stunden lang über alles mögliche; seltsamerweise schien meine Ankunft in Schigatse beiden Herren eine vollkommene Überraschung zu sein. Sie fragten wieder nach meinem Namen, nach dem Weg, auf dem ich gekommen sei, und nach meiner Absicht; von dem armen, kleinen Schwedenland hatten sie natürlich noch nie gehört, schrieben sich aber seinen Namen schwedisch, englisch und chinesisch auf.

„Ich habe die Absicht, heute dem Neujahrsfest beizuwohnen", sagte ich. „Ich kann Schigatse nicht verlassen, ohne bei einem der größten kirchlichen Feste zugegen gewesen zu sein."

„Ein Europäer hat unseren Festen, die nur für Tibeter und Pilger unseres Glaubens sind, noch nie beigewohnt und wird auch nie die Erlaubnis erhalten, sie sich anzusehen."

„Der Pantschen Rinpotsche (‚der heilige Lehrer‘, der Taschi=Lama) muß doch seit zwei Monaten von meinem Kommen unterrichtet sein? Seine Heiligkeit hat auch gewußt, von welcher Seite ich kommen würde, sonst hätte er mir nicht meine Post nach dem Dangra=jum=tso schicken können."

„Der Pantschen Rinpotsche befaßt sich nie mit weltlichen Angelegen= heiten; alles das besorgt sein Bruder, der Herzog (Kung Guschuk)."

„Dennoch muß ich Seine Heiligkeit selber sehen; ich weiß, daß er mich erwartet."

„Nur einer kleinen Anzahl Sterblicher ist es vergönnt, sich vor dem Angesicht des Heiligen zeigen zu dürfen."

Nun stieg mir der Gedanke an den Brief des Radscha von Stogh und den chinesischen Paß auf. Der Brief machte jedoch auf sie keinen Eindruck. Als aber der Paß mit seiner blauen Einfassung und seinen roten Stem= peln vor dem jungen Chinesen ausgewickelt wurde, machte er ein sehr interessiertes Gesicht, und je weiter er las, desto größer wurden seine Augen. Er las ihn noch einmal durch und übersetzte ihn dann langsam Herrn Lobsang Tsering.

„Weshalb," fragten sie dann beide, „haben Sie uns dieses Papier nicht sofort gezeigt? Es würde uns alles Überlegen erspart haben!"

„Weil der Paß auf Ostturkestan und nicht auf Tibet ausgestellt ist", antwortete ich der Wahrheit gemäß.

„Das ist jetzt, da Sie einmal hier sind, ganz einerlei. Sie haben einen sehr feinen chinesischen Paß und stehen daher sofort unter chine= sischem Schutz!"

Der junge Chinese nahm den Paß und verschwand damit, während Herr Lobsang Tsering mir noch mehr Fragen stellte und sich unsere Waffen und anderen Sachen ansah. Schließlich aber fragte ich ihn, ob er sich nicht auch meinen Garten besehen wolle, und aß dann in seiner Abwesen= heit schnell mein Frühstück. Darauf kam der Chinese wieder und erklärte kurz, daß ich das Fest besuchen dürfe, daß für mich und zwei meiner Leute besondere Plätze bereit gehalten würden und daß ein Kammerherr vom Hof des Taschi=Lama uns, wenn es an der Zeit sei, abholen werde! Und nun segnete ich den chinesischen Paß, der mir seinerzeit so viel Verdruß bereitet hatte, und ich segnete „The Government of India", das auf seine Besorgung gedrungen hatte, ich segnete den Grafen Wrangel, der ihn mir in aller Eile ver= schafft hatte, und ich segnete den chinesischen Gesandten in London, der ihn mit Erlaubnis seiner Regierung ausgefertigt hatte! Aber nie hätte ich geglaubt, daß er für mich die geringste Bedeutung haben werde, da er ja auf ein ganz anderes Land als Tibet ausgestellt war!

Dies war mein Einzug in Schigatse, und dies meine ersten Er=
fahrungen dort. Keine Katze hatte mich gehindert, keine Neugierigen
hatten sich auf den Straßen gedrängt, um uns anzugaffen. Nun aber,
da wir uns in der Stadt schon häuslich eingerichtet hatten, erregte unsere
Anwesenheit im Orte so allgemeine Verwunderung, als ob wir direkt vom
Himmel heruntergepurzelt seien! Daß dieser Streich ganz ohne mein Zu=
tun oder Verdienst so gut geglückt war, das beruhte auf gewissen „Um=
ständen". Hladsche Tsering hatte mich aus uns unerklärlichen Gründen
durchgelassen und uns selber den Sack, in dem er uns gefangen gehabt,
wieder geöffnet. Die Häuptlinge aber, die südlich vom Ngangtse=tso
wohnten, hatten wohl gedacht: „Wenn der Statthalter von Naktsang sie
passieren läßt, können wir sie nicht anhalten." Ein Glück für mich war
es auch, daß einige dieser Häuptlinge sich zum Neujahrsfest nach Taschi=
lunpo begeben hatten, und daß wir selber, als wir auf die große Land=
straße kamen, unter den übrigen Pilgern verschwanden. Denn während
der Neujahrstage gleichen die Tibeter balzenden Auerhähnen, die weder
hören, noch sehen! Und schließlich war ich, der einzige Europäer der
Karawane, erst in die Stadt eingeschlichen, als die Nacht schon ihren
dunkeln Schleier über der Erde ausgebreitet hatte (Abb. 104).

Vierundzwanzigstes Kapitel.

Das Neujahrsfest.

Außer den allmonatlichen Festen hat die lamaistische Kirche vier große Jahresfeste, und das größte unter ihnen ist das Neujahrsfest, das Losar, das zur Erinnerung an Schakya Muni Buddhas Sieg über die sechs Irrlehren, den Sieg der wahren Religion über den Unglauben, gefeiert wird. Es fällt stets auf den Anfang des Februars und ist daher auch ein Fest des Frühlings und des Lichtes, an dem die Kinder Buddhas die Rückkehr der Sonne, den Sieg der zunehmenden Tage über das winterliche Dunkel, das Abziehen der Kälte, das Erwachen des Lebens und der keimenden Saat aus dem Winterschlaf und das Herannahen des Lenzes begrüßen, und an dem linde Lüfte, die Herolde einer wärmeren, heitereren Jahreszeit, auf allen Tempeldächern die Wimpel flattern lassen. Das Losar ist daher ein außerordentlich populäres Fest, das ganze 15 Tage lang den Tagelöhner von seiner Arbeit abzieht, den Hirten von seinen Yaks und den Kaufmann von seinem Ladentisch, eine Zeit der Freude und Lust, der Schmausereien und der Tänze, eine Zeit der Besuche und Gegenbesuche, der Geschenke und Gegengeschenke, in der die Häuslichkeiten und die Tempel geputzt und gefegt und die besten Gewänder und Schmucksachen aus den Truhen hervorgeholt werden, in der man sich im Freundeskreis in seiner eigenen Kammer betrinkt, um dann in unterwürfiger Andacht vor den Götterstatuen in dunkeln Tempelsälen die Nase auf dem Boden breit zu drücken — in der man weit hergekommenen Gästen zweideutige Anekdoten und tolle Räubergeschichten erzählt, die vom Schnurren der Gebetmühlen begleitet und von der ewigen Wahrheit „Om mani padme hum" oft unterbrochen werden.

Zu den großen Tempelfesten haben alle Zutritt; man macht keinen Unterschied zwischen Geistlichen und Laien, Mönchen und Nomaden, Reichen und Armen, Männern und Frauen, Greisen und Kindern; man sieht das in Lumpen gehüllte Bettelweib neben einer mit Edelsteinen übersäten Herzogin. Das Losar ist ein Fest des ganzen Volkes, ein

Karneval des Lamaismus, wie einst im alten Rom die Luperkalien und Saturnalien.

Für mich war es ein Glück, daß wir gerade rechtzeitig zum größten Jahresfest des Lamaismus eingetroffen waren und bei seiner Feier in der Klosterstadt Taschi-lunpo anwesend sein durften. Um halb elf erschien Tsaktserkan, ein junger Kammerherr aus dem Vatikan, in außerordentlich elegantem, gelbem Seidengewande und mit einem Hut, der aussah, wie eine umgekehrte Schüssel mit einer herabhängenden Quaste, und erklärte, daß er von Seiner Heiligkeit komme, mich zum Fest abzuholen, und daß er und der Lama Lobsang Tsering beauftragt seien, während meines Aufenthaltes in Schigatse mein persönliches Gefolge zu bilden. Er bat mich aber, ja das Feinste, was ich hätte, anzuziehen, da ich so sitzen würde, daß man mich die ganze Zeit über vom Platz des Großlamas aus sehen könne. Ganz unten in einer meiner Kisten hatte ich nun wirklich einen alten Frack, mehrere Chemisetthemden und Lackschuhe, die ich eigens des Taschi-Lama wegen mitgenommen hatte, und als Robert dann in einer anderen Kiste mein Rasierzeug aufgestöbert hatte, nahm ich mich auch inmitten der kahlen Berge Tibets wie ein veritabler Gentleman aus Europa aus! Mit meinem Dolmetscher Muhamed Isa konnte ich es jedoch an Eleganz nicht aufnehmen, sein goldgestickter Turban überglänzte alles. Von den andern durften mich nur Robert, Tsering, Rabsang und Namgjal begleiten.

Wir bestiegen nun die neuen Pferde vom Ngangtse-tso und ritten nach dem Kloster, das nur zwölf Minuten entfernt lag. Das Schigatse-dsong (Abb. 105), das im Sonnenschein malerisch auf seinem Hügel thront und mich an das Schloß in Leh erinnert, lassen wir rechts liegen. Unser Weg führt über einen offenen Platz, an vereinzelten Häusern und Höfen, Feldern, Teichen und Gräben vorbei, das Gedränge nimmt zu, der Weg verschmälert sich, Menschenmassen strömen nach dem Kloster hin, Städter und Nomaden, Pilger aus fernen Landen und zerlumpte, schmutzige Bettler, und an jeder Ecke sitzen alte Weiber, die mit lauter Stimme Süßigkeiten und Krengel feilbieten. Knaben, Hunde und Chinesen, alles wimmelt durcheinander wie in einem kolossalen Ameisenhaufen. Doch Tsaktserkan und seine Heiducken bahnen uns den Weg, und im Schritt reiten wir die Gasse hinauf, an deren Seiten ganze Reihen großer vertikaler Gebetmühlen in weißgetünchtes Mauerwerk eingelassen sind. Noch ein wenig höher oben verwandelt sich der Weg in eine richtige Straße mit hohen weißen Häusern, in denen die Mönche ihre Zellen haben. An einem Haupteingang, einem großen Tor, steigen wir ab. Hoch über uns erhebt sich ein ziegelrotes Tempelgebäude, das Tsogla-kang heißt,

und zu alleroberst glänzt die weiße Fassade des Labrang, die oben einen
schwarzen Rand hat und vor deren Fenstern weiße Markisen angebracht
sind. Man erstaunt über die stolze, eigenartige Architektur, die in allen
Linien und Einzelheiten hervortritt und einen so einheitlichen, gediegenen
Eindruck macht (Abb. 106). Vielleicht aber ist es auch eine Folge meiner
Liebe zu Tibet, daß ich in diesem wunderbaren Lande alles so bezaubernd
und großartig finde.

Jetzt geht es ernstlich bergauf, nach den heiligen Wohnstätten hin;
die steilen, korridorähnlichen Gassen sind zwischen ihren geheimnisvollen
Mauern mit Steinplatten gepflastert, deren Form und Größe wechselt,
die aber alle blank sind und wie Metall glänzen, obgleich sie schon sehr
uneben und ausgetreten sind, da sie ja schon seit Jahrhunderten durch
die Schritte unzähliger Pilger und die Fußsohlen eilfertiger Mönche
abgenutzt werden. Stellenweise wird das Gedränge in diesem dichtgepackten
Pilgerstrom recht lästig (Abb. 108), und in den Gassen riecht es muffig
nach Menschen. Immer höher steigen wir hinauf, gehen durch gewundene
Passagen, biegen mehrmals rechtwinklig bald nach rechts und bald nach
links ab, gelangen durch noch ein Tor mit massiver Schwelle unter ein
Dach und folgen nun halbdunkeln, dunkeln und stockdunkeln Gängen und
Korridoren, die voller Lamas in roter Toga sind; sie sind entweder
an einem oder auch an beiden Armen nackt, haben kurzgeschorenes Haar
und tragen keine Kopfbedeckung. Sie begrüßen mich alle artig mit freund=
lichem, gutmütigem Lächeln und treten sofort beiseite, um uns durchzulassen.
Da, wo tückische Stufen im Finstern lauern, fühle ich sofort einen starken
Arm, der bereit ist, mich zu stützen, falls ich stolpern sollte — es ist
irgendein aufmerksamer Lama, der gleich bei der Hand ist.

Jetzt wird es vor uns im Klostergang heller, und die Silhouetten
der Mönche heben sich schwarz gegen das einfallende Tageslicht ab; wir
treten in eine Galerie unter mächtigen Holzsäulen und setzen uns auf
ihren schmalen, mit einem Holzgeländer versehenen Balkon, den schwarze,
schwere Vorhänge von Yakwolle, die unten wagerecht weißgestreift sind,
von der Galerie trennen (Abb. 107). Für mich war sogar ein Lehnstuhl von
europäischer Fasson hingestellt worden, und er war auch nötig, denn das
heutige Schauspiel, das vornehmste während des ganzen Neujahrsfestes,
dauerte drei Stunden. Hier saßen wir wie auf dem zweiten Rang eines
dachlosen Theaters und hatten eine herrliche Aussicht über den Schau=
platz, der an einen rechtwinkligen Marktplatz erinnerte und von offenen
Plattformen oder Altanen, die auf hölzernen Säulenreihen ruhten, umgeben
war (Abb. 109). Das Ganze erinnerte mich auch an einen großen Hör=
saal ohne Dach. In der Mitte des gepflasterten Hofes erhob sich ein hoher

Maſt, dem der Wind ſchon arg mitgeſpielt hatte und der durch die Sonne vieler Sommer und den Froſt ebenſo vieler Winter riſſig geworden war; von ſeiner Spitze hingen lange Fahnen bis auf den Boden nieder. Unmittelbar unter unſerem Balkon zog ſich der oberſte Altan hin, über deſſen Rand hinweg wir tief drunten den ganzen Hof überſahen, auf dem die religiöſen Schauſpiele ſtattfinden ſollten, mir gegenüber aber und an den Seiten die eine Etage hoch liegenden Galerien und den unter ihnen befindlichen Hofraum.

Überall, auf allen Altanen und Dächern, auf allen Vorſprüngen und Balkons, ja ſogar ganz hoch oben unter den chineſiſch geſchweiften Golddächern der Grabkapellen längſt entſchlafener Großlamas wimmelte es von Menſchen. Von unſerm hohen Ausſichtspunkt aus war es ein Meer von Köpfen, ein Menſchengewirr, ein Moſaikbild von lebhaften, ſchreienden Farben, eine Ausſtellung von Nationaltrachten, unter denen ſich zwar die tibetiſche Tracht am meiſten geltend machte, aber bei der der Blick auch auf Erſcheinungen fiel, deren Heimat Bhutan und Sikkim, Nepal oder Ladak war, während man in anderen leicht chineſiſche Kaufleute oder Soldaten und Pilger aus den Grasſteppen der Mongolei erkannte. Ein alter Lama von hohem Rang, der uns unſere Plätze angewieſen hat, teilt mir mit, daß über 6000 Zuſchauer anweſend ſind und ſeine Veranſchlagung iſt eher zu niedrig als übertrieben. Ganz vorn auf dem uns gegenüberliegenden höchſten Altan ſitzt der Konſul von Nepal, ein junger Leutnant mit runder ſchwarzer Mütze, die einen Goldrand, aber keinen Schirm hat. Er bläſt Ringe aus ſeiner Zigarette und iſt der einzige, der ſich eine ſolche Entweihung des Ortes zuſchulden kommen läßt. Hinter ihm ſitzen eine Menge andere Nepali unter Vertretern der übrigen Himalajaländer, die durch Geſchäfte oder Glaubenseifer nach Taſchi-lunpo gelockt worden ſind. Links von ihnen in langen Reihen Herren in ganz roten oder ganz gelben Gewändern, langen Kaftanen mit bunten Gürteln und Schärpen um den Leib und ebenfalls roten oder gelben champignonähnlichen Hüten, die den Umfang eines Sonnenſchirmes haben und mit einer Schnur unter dem Kinn befeſtigt ſind — es ſind Beamte verſchiedenen Ranges, die zu den Vätern der Stadt, dem Zivilhofſtaat des Taſchi-Lama oder zu dem Verwaltungskörper der Provinz Tſchang gehören. Auf der Galerie unter ihnen ſitzen ihre Frauen und andere Damen von Stande, die mit den bunteſten, phantaſtiſchſten Schmuckgegenſtänden buchſtäblich überlaſtet ſind; ihre Kleider ſind rot, grün und gelb; ſie tragen Halsbänder und ſilberne Gehänge, ſilberne Futterale mit Türkiſen und im Nacken hohe weiße Aureolen, die dicht mit Edelſteinen und Verzierungen beſetzt ſind. Andere haben

Festkleidung und Schmuck tibetischer Frauen aus Kjangrang
im Transhimalaja.
Aquarelle des Verfassers.

hinter der Haarfrisur rote Bogen mit Korallen und Türkisen. Frisiert sind sie auf verschiedene Weise; teils haben sie in der Mitte einen Scheitel und an beiden Seiten einen wie Ebenholz glänzenden Haarpuff, teils ist das Haar in eine Menge dünner Zöpfe geflochten, die aufgesteckt und mit Perlen und Schmucksachen verziert sind (s. bunte Tafel). Dort sitzen Frauen aus Pari und Kamba=dsong, aus Ngari-khorsum im Westen und Kham im Osten und aus den schwarzen Zelten an den Ufern des Tengri-nor. Sie erinnern mich an meine Heimat, an Leksand, Mora und Vingaker, denn in diesen weiblichen Gruppen ist Leben und Farbe; Schönheit nach europäischen Begriffen wird man wohl vergeblich suchen, aber viele sahen angenehm und heiter aus, sie waren gesund, harmonisch und gut gewachsen und freuten sich sichtlich über ihre hübschen Kleider. Doch wenn sie auch mit der Venus von Milo nur ganz entfernt verwandt waren, so waren sie doch immerhin Frauen; sie plauderten und schwatzten, knabberten getrocknete Pfirsiche und Süßigkeiten, schnäuzten sich mit den Fingern und rauchten ihr Pfeifchen, ja sie guckten ihre Nachbarinnen mit Blicken an, in denen sich die feste Überzeugung aussprach, daß sie diese Mitschwestern an äußerer Eleganz übertrumpft hätten! Wie ganz anders sind diese Damen doch als die Weiber, die wir in Tschang=tang gesehen hatten. Alltags waschen sie sich allerdings auch nicht, aber heute haben sie sich des Festes wegen das Gesicht gewaschen, und man ist erstaunt, so viele helle Gesichter zu sehen — ganz ebenso helle wie bei uns, mit kaum einem Anflug von Gelb, aber oft mit so frischen Farben auf den Wangen wie Herbstäpfel.

Auf dem Altan unter unserm Balkon aber gibt es keine Honoratioren, dort befindet sich in schönster Eintracht der Pöbel, dort hat das profanum volgus seine Plätze (Abb. 110, 111), dort sitzen ländliche Mütter und stillen ihre schreienden Kinder, und dort stehen zerlumpte Bettler auf ihre Stäbe gestützt oder sitzen auf dem Boden an die Wand gelehnt, während sie ihre alltäglichen Bettellieder summen, die in dem Stimmengewirr unverständlich bleiben. Viele haben kleine Kissen oder zusammengefaltete Kleidungsstücke mitgebracht, um bequem zu sitzen. In einigen Gruppen trinkt man Tee aus mitgebrachten Holztassen, in anderen laust man seine Bekannten und legt einander abwechselnd den Kopf in den Schoß. Und immerfort kommen neue Zuschauer auf die Plattformen hinaus, und das Gedränge wird allmählich ungeheuer. Das Geländer ist ganz niedrig, um nicht die Aussicht auf den darunterliegenden Schauplatz zu verdecken. Diejenigen, die zuletzt ankommen, müssen sich hinten an der Hausmauer Platz suchen und bleiben stehen, um über die Köpfe der Sitzenden hinwegsehen zu können. Einige Plätze ganz oben unter den Dächern

sahen ziemlich gefährlich aus, aber die Leute traten ruhig und voller
Selbstbeherrschung auf, man knuffte sich nicht, man schlug sich nicht um
die Plätze, man fiel nicht über die niedrigen Geländer, überall herrschte
die größte Eintracht und die vollkommenste Ordnung.

Das Wetter war so herrlich, wie man es sich zu einem Fest im
Freien nur wünschen konnte — wie säuerlich muß es aus dem Menschen=
haufen duften, wenn es während eines Spätsommerfestes regnet! Erst
gegen das Ende erhob sich ein wenig Wind, und die gefalteten Bahnen
von leichtem gelbem Zeug mit bunten Streifen, die von den Galerien
herabhängen, begannen sich in der Zugluft zu blähen. Heute herrschte
Feststimmung; mir aber wurde wenig Aufmerksamkeit geschenkt, ob=
gleich wir mitten in der Sonnenglut auf einem Platze saßen, der
von allen Seiten sichtbar war. Nur manchmal drehte sich jemand nach
mir um und machte eine Bemerkung, die bei den anderen Heiterkeit
hervorrief.

Wie in den beiden vorhergehenden Jahren hatte das Neujahrsfest des
Jahres 1907 ein feierlicheres Gepräge als gewöhnlich, und es hatte größere
Pilgerscharen als früher herbeigelockt, denn der Dalai=Lama war geflohen,
als die Engländer nach Lhasa zogen, und dieser Feigling unter den
Päpsten weilte jetzt, unverstanden und verachtet, in Urga, in der Mon=
golei, nachdem er sein Land, wo alles drüber und drunter ging, den an=
drängenden Nachbarn als Beute preisgegeben hatte. Manch ein Pilger,
der sonst nach Lhasa gezogen wäre, wallfahrte jetzt lieber nach Taschi=
lunpo, wo der Pantschen Rinpotsche, der Papst von Tschang, auf seinem
Posten geblieben war, als das Land in Gefahr schwebte! Die Chinesen
hatten sogar eine umfangreiche Proklamation in Lhasa an allen Straßen=
ecken ankleben lassen, worin sie den Dalai=Lama für abgesetzt erklärten,
weil er seine Untertanen, statt sie zu verteidigen, ins Feuer geschickt und
so den Tod vieler Tausende verursacht habe, und worin der Taschi=Lama
an seiner Stelle zum höchsten Leiter der inneren Angelegenheiten Tibets
ernannt wurde. Allerdings hatte der Pöbel diese Proklamationen zer=
rissen und in den Staub getreten, und allerdings hatte der Taschi=Lama
erklärt, daß er darauf nicht eingehen werde; aber selbst jetzt noch, nach
zwei und einem halben Jahr, konnte man merken, daß der Taschi=Lama
in unendlich viel höherem Ansehen stand als der Dalai=Lama. Denn ob=
gleich der Dalai=Lama für allmächtig, allsehend und allwissend gilt, waren
seine Truppen von ungläubigen Fremdlingen geschlagen worden; obgleich
er seinen Kriegern Unverwundbarkeit versprochen hatte, waren sie wie
Fasanen von den englischen Mitrailleusen niedergeschossen worden, ob=
gleich er heilig gelobt hatte, daß nichts Schlimmes Lhasa, „die Wohn=

stätte der Götter", treffen könne, hatte der Feind die Stadt besetzt, der
Unüberwindliche aber, der Allmächtige, die Inkarnation der Gottheit, war
Hals über Kopf wie der feigste der Marodeure entflohen, feiger und
gemeiner als der schlechteste Söldling aus Kham! Man muß es den
Tibetern verzeihen, wenn sie nach den Metzeleien bei Guru und Tuna
angefangen haben, an der Unfehlbarkeit des Dalai=Lama zu zweifeln,
obwohl die Priester auch hierbei mit sehr plausiblen Erklärungen bei der
Hand waren.

Der Taschi=Lama dagegen hatte auf seinem Posten ausgehalten und
war Gegenstand derselben Ehrfurcht und Achtung geblieben, die den
obersten Priestern in Taschi=lunpo der Tradition nach zukommt. Er war
nun Tibets höchster Prälat, während der Papst von Lhasa als heimatloser
Flüchtling in der Mongolei umherirrte. Beim Neujahrsfest 1907 konnte
man nun leicht sehen, welch großes Ansehen und welch unbegrenztes
Vertrauen die Person des Taschi=Lama umgab. Die Menge im Fest=
gewand, die Altane und Balkons bis auf den letzten Platz füllte, sollte den
Heiligsten aller Heiligen in Tibet nun bald mit eigenen Augen sehen
dürfen. Und je näher die Zeit herankam, desto mehr steigerte sich ihre
Spannung und Erwartung. Stundenlang haben sie deshalb hier ge=
sessen, wochen= und monatelang sind sie deshalb durch öde Gebirge ge=
wandert, und nun bald — — —.

Plötzlich erschallen von den obersten Dachplattformen tiefe, lang=
gezogene Hornstöße über die Gegend hin; ein paar Mönche zeichnen sich
gegen den Himmel ab; sie blasen auf seltsamen Meermuscheln (Abb. 112),
sie erzeugen einen durchdringenden Ton, der gellend und gleichzeitig dumpf
von den zerrissenen Felswänden hinter dem Kloster widerhallt; sie rufen
die „Gelugpa", die Brüderschaft der gelben Mönche, zum Fest. Die ehr=
würdigen Lamas, die beauftragt sind, mir zu Diensten zu stehen, erklären
mir alles; aber es wird mir nicht leicht ihnen zu folgen, besonders, da
ja ein Mohammedaner mir ihre Rede übersetzt. Sie sagen, dieser erste
Hornstoß bedeute, daß die Mönche gemeinschaftlich Tee trinken. Da
steigt ein Jubelruf von den Lippen der versammelten Menge auf, denn
jetzt beginnen die Festspiele.

Schräg rechts, jenseits des Hofraumes, ruht auf fünf Frontsäulen
eine Galerie, von der eine steinerne Treppe mit elf Stufen nach dem
Hof hinabführt. Die Galerie liegt hinter schwarzen, schweren Vor=
hängen verborgen, durch die sich alle Lamaklöster charakterisieren. Un=
sichtbare Sänger, unter denen man jedoch Männer= und Jünglingsstim=
men herauszuhören glaubt, stimmen jetzt einen mystischen Chorgesang an.
Er ist gedämpft, tief und langsam, er zittert in religiöser Begeisterung

unter dem dunkeln Gewölbe der Galerie und scheint voll Überzeugung und mahnend in Gebirge und Täler hinauszurufen:

„In der Erde Ländern allen,
soll dies Lobeslied erschallen!"

Das Stimmengewirr verstummt, der Gesang aber schwillt zum Crescendo an, aber nur um wieder zu verhallen und wie in einer fernen Unterwelt zu versinken und zu ersterben, als befänden sich die Sänger schon an den Pforten des Nirwana. Ergreifend, mystisch, voller Sehnsucht und Hoffnung ist diese wunderbare Losarhymne in Taschi=lunpo. Nichts von allem gleichartigen, was ich gehört habe, weder der Chorgesang in der Jsaakkathedrale in Petersburg, noch in der Uspenskij Sobor, der Kathedrale in Moskau, haben einen tieferen Eindruck auf mich gemacht. Denn dieser Gesang ist gewaltig und erhaben und wirkt doch zugleich einlullend wie ein Wiegenlied, berauscht wie Wein und spendet Ruhe wie Morphium. Erfüllt von feierlicher Stimmung lauscht man ihm begierig, und wenn das wiederbeginnende Stimmengewirr die letzten Töne verschlungen hat, vermißt man den Gesang.

Oberhalb dieser Galerie befindet sich eine zweite, die nach dem Dobschas=tschimbo, wie der Hof heißt, offen ist. Nur ihre Mitte wird durch einen Vorhang von gelber Seide mit roten Streifen, der unten schwere Goldfransen und Goldquasten hat, verdeckt. Hinter diesem Vorhang nimmt der Papst Platz; er ist zu heilig, um in ganzer Person von der Menge gesehen werden zu dürfen, damit er aber selber den Spielen zuschauen kann, ist in der Gardine eine kleine rechtwinklige Öffnung angebracht. Eine Weile vergeht; lange Kupferposaunen blasen ein neues Signal: — der Heilige hat den Labrang verlassen und ist auf dem Weg nach dem Schauplatze. Eine Prozession hoher Lamas betritt die Galerie, jeder trägt einen Teil des Ornates und der oberpriesterlichen Insignien des Taschi=Lama. Man hört ein leises, ehrfürchtiges und gedämpftes Gemurmel, die Menge erhebt sich, die Spannung erreicht ihren Höhepunkt, es ist so still wie im Grabe, und aller Blicke sind auf die Tür der Galerie gerichtet, durch welche die Prozession eingetreten ist. Er kommt, er kommt! Da geht wieder ein Gemurmel, noch ehrfurchtsvoller als vorhin, durch die Menge, wieder erheben sich alle und bleiben stehen, vorgebeugt, die Hände auf den Knien, von der heiligen Andacht der Nähe des Pantschen Rinpotsche ergriffen. Er geht langsam nach seinem Platze hin, setzt sich mit gekreuzten Beinen auf ein paar Kissen, und dann sieht man nur noch sein Gesicht durch die Öffnung in dem seidenen Vorhang. Dem Anschein nach ist er ein ziemlich junger Mann; auf dem Kopfe trägt er eine große, gelbe Mitra, die in ihrer Form jedoch an einen

130. Treppe zum Mausoleum des fünften Taschi-Lama in Taschi-lunpo.
Skizze des Verfassers.

131. Schigatse.

132. Am Wettrennen beteiligte Reiter auf Besuch in meinem Garten.

römischen Helm oder einen französischen Infanteriehelm erinnert, sein oberpriesterliches Gewand besteht aus gelber Seide, und in den Händen hält er einen Rosenkranz. An seiner rechten Seite sitzt sein jüngerer Bruder Kung Guschuk, der Herzog, mein Wirt, in rot und gelbem Gewande, und an dessen rechter Seite sehen wir drei andere weltliche Herren in Gelb. Zur Linken des Taschi=Lama sitzt der Staatsminister, Lobsang Tsundo Gjamtso, ein kleiner, feister Kardinal, dessen Kopf einer Billardkugel gleicht, neben ihm der Lehrer des Taschi=Lama, Jonsin Rinpotsche, und seine taubstumme Mutter Taschi=Lamo, ein kleines Frauchen mit rasiertem Kopf und in einem goldgestickten rot und gelben Kleid — ich hätte sie für einen Mann gehalten, wenn man mir nicht gesagt hätte, wer sie sei. Hinter ihnen sieht man im Halbdunkel eine ganze Reihe vornehmer Lamas, alle in gelben Gewändern — alltags tragen sie rote. In Wahrheit ein imposanter Anblick! Man glaubt das ganze Konklave ehrwürdiger Kardinäle der buddhistischen Hierarchie vor sich zu haben. Und dieser Eindruck wird durch ihre Art sich zu bewegen und zu reden nicht abgeschwächt. Man „hört", wie leise sie in der Nähe des Heiligen miteinander sprechen, ihre Bewegungen sind würdevoll und abgemessen, mit langsamer, berechneter Eleganz nehmen sie Buddhas sitzende Stellung ein, ihre Armbewegungen sind aristokratisch; wenn sie sich unterhalten, neigen sie sich einander langsam zu, ein Schimmer echter, imponierender Noblesse liegt über diesem Bilde, ohne den geringsten Anflug von irgend etwas, das man vulgär nennen könnte.

Die Menge hat sich wieder gesetzt, aber oft sieht man Pilger, die aus weiter Ferne gekommen sind, von heiliger Ehrfurcht ergriffen, aufstehen, sich verbeugen, auf die Knie fallen, die Stirn auf den Boden drücken und dem Großlama durch Anbetung wie einem Gotte huldigen. Aber gar zu oft begegnen meine Blicke den seinen; augenscheinlich interessieren ihn seine Gäste sehr. Schon vor Anfang des Schauspieles hatte er einen Lama nach meinem Garten geschickt, der mir ein großes „Kadach" überreichen sollte, ein langes schmales Stück feiner weißer Seide, das einen Bewillkommnungsgruß und einen Beweis der Höflichkeit und Rücksicht bedeutet. Jetzt gingen hinter meinem Stuhl ganz leise mehrere Mönche; ein Tisch, der eigentlich eher ein Schemel war, wurde hingestellt, und nun tischte man eine ganze Reihe Messingschalen auf, die mit den herrlichsten Mandarinen aus Sikkim, getrockneten Früchten aus Nepal, Rosinen aus Indien, Feigen aus Sining=fu, Süßigkeiten aus Bhutan, getrockneten Pfirsichen aus Baltistan und tibetischen Kuchen bis über die Ränder gefüllt waren. Und Teetassen von chinesischem Porzellan wurden unaufhörlich mit dickem Buttertee gefüllt. Sie sagten dabei: „Der

Pantschen Rinpotsche bittet Sie vorliebzunehmen!" Gerade begegnete ich seinen Augen, ich erhob mich und machte eine Verbeugung, und er nickte mir freundlich lächelnd zu. Alles, was von den Erfrischungen übrig blieb, und das war nicht wenig, wurde meinen Begleitern geschenkt.

Jetzt beginnen die religiösen Zeremonien. Der Taschi-Lama nimmt die Mitra ab und reicht sie einem dienenden Bruder. Alle weltlichen Herren auf der offenen Plattform nehmen nun ebenfalls sofort ihre champignonähnlichen Hüte ab. Zwei Tänzer mit unheimlichen Masken, in bunten Seidengewändern mit weiten, offenen Ärmeln treten aus dem geöffneten Vorhang der unteren Galerie heraus und tanzen auf dem Hof einen langsamen, kreisenden Tanz. Darauf wird der Großlama von den elf vornehmsten Fahnen in Taschi-lunpo begrüßt; jedes Götterbild hat seine Fahne, und jede Fahne repräsentiert also einen Gott der reichhaltigen lamaistischen Mythologie, aber nur die Fahnen der elf Hauptgötter werden vorgeführt. Das Fahnentuch ist quadratisch, aber von seinen freien drei Seiten gehen andersfarbige Lappen oder Bänder in rechtem Winkel aus; da sind weiße Fahnen mit blauen Lappen; blaue Fahnen mit roten Bändern, rote mit blauen, gelbe mit roten Lappen usw. Die Fahne ist auf die gewöhnliche Weise an einer hohen, angestrichenen Stange befestigt, um die sie gewickelt ist, wenn ein verkleideter Lama sie herausbringt. Er schreitet feierlich einher, bleibt mitten vor der Loge des Taschi-Lama stehen, hält mit Hilfe eines zweiten Lama die Stange in horizontaler Lage und wickelt das Fahnentuch ab, woraufhin das göttliche Sinnbild vermittelst einer Krücke aufgerichtet wird und den Großlama begrüßt. Dann wird es wieder gesenkt, das Fahnentuch aufgerollt, und die Fahnenstange wird, auf die Achsel des Trägers gelehnt, durch eine Pforte, die unter meinem Balkon liegt, hinausgetragen. Ebenso wird mit all den anderen Fahnen verfahren, und bei jeder neuen, die sich entfaltet, steigt aus der Volksmenge ein gedämpftes, andächtiges Gemurmel auf.

Nach einer kurzen Pause ertönen wieder Posaunenstöße, und nun erscheinen einige Lamas mit weißen Masken und weißen Gewändern, Herolde einer Prozession von Mönchen, die jeder irgendeinen gottesdienstlichen Gegenstand des Buddhismus tragen, heilige Tempelgefäße, goldene Schalen und Becher, Weihrauchfässer von Gold, die in ihren Ketten schaukeln und aus denen wohlriechende Rauchwolken aufsteigen. Einige dieser Mönche treten in Harnisch und Rüstung auf; drei maskierte Lamas sinken unter der Last ihrer außerordentlich kostbaren Gewänder von roter, blauer und gelber goldgestickter Seide beinahe zusammen. Hinter ihnen werden sechs mit Messing beschlagene, über 3 Meter lange Kupferposaunen getragen; sie sind so schwer, daß ihr Schalltrichter von einem

Novizenknaben mit der Schulter gestützt werden muß. Ihnen folgt eine Gruppe Flötenspieler (Abb. 113), und dann kommen vierzig phantastisch, bunt und kostbar gekleidete Männer, die ihre auf einer geschnitzten Stange hoch in die Luft erhobene und vertikal gehaltene Trommel mit einem schwanenhalsähnlichen Trommelschlägel bearbeiten (Abb. 114). Nun erscheinen die Zimbeln, die taktfest und gellend in den Händen der in rote Seide gekleideten Mönche schmettern. Naktschen, „der große Schwarze", hieß ein kostümierter Mönch, der eine Glocke in der Hand trug. Unten an der steinernen Treppe ist der Hof mit Teppichen belegt, die ein Quadrat bilden. Dort läßt sich die Kirchenmusik nieder, die vierzig Trommeln werden einander parallel gehalten, ebenso die Posaunen, die sich jetzt schräg gegen das Pflaster neigen. Das ganze Musikkorps trägt gelbe Mitren, die der Mitra des Großlama ähneln. Drei Mönche von hohem Rang treten auf die Galerie heraus, die an der kurzen Seite des Hofes unmittelbar über dem Schauplatz liegt. Sie tragen gelbe Gewänder und gelbe Mitren und klingeln von Zeit zu Zeit mit Messingglocken, die sie in der Hand halten. Jeder von ihnen ist, wie man mir sagt, das Oberhaupt von tausend Mönchen; nur drei sind anwesend, der vierte war erkrankt. Taschi-lunpo hat gegenwärtig 3800 Mönche!

Der Vorhang oben an der steinernen Treppe öffnet sich, und eine maskierte Gestalt, Argham genannt, tritt mit einer Schale voll Ziegenblut in der Hand heraus. Er hält sie mit ausgestrecktem Arm wagerecht, während er einen mystischen Rundtanz ausführt; auf einmal gießt er das Blut über die Treppenstufen. Beide Arme ausgestreckt und die Schale umgekehrt haltend, tanzt er weiter, während einige dienende Brüder herbeieilen, um das Blut aufzuwischen. Ohne Zweifel ist diese Zeremonie noch ein Überbleibsel aus der Zeit, als in Tibet noch die ursprüngliche Bon-Religion herrschte, bevor der indische Mönch Padmasambhava im 8. Jahrhundert n. Chr. durch Einführung des Buddhismus in Tibet den ersten Anlauf zur Begründung des Lamaismus nahm. Denn der Lamaismus ist nur eine Abart des reinen Buddhismus und hat unter einer äußeren Politur buddhistischer Symbolik eine Menge schiwaitischer Elemente aufgenommen und auch den Aberglauben, der sich während der vorbuddhistischen Zeit in wilden, fanatischen Teufelstänzen, Zeremonien und Opfern aussprach, beibehalten. Der Zweck jener Zeremonien war die Beschwörung, Verjagung und Versöhnung der mächtigen Dämonen, die über alles in der Luft, auf der Erde und im Wasser herrschen und deren einzige Aufgabe es ist, die Menschenkinder zu peinigen, zu quälen und zu verfolgen. Damals wurden der Kriegsgott und die Dämonen auch durch Menschenopfer milde gestimmt; und die Zeremonie,

die ich eben beschrieben habe, ist sicherlich noch ein Überrest jener Opfer. Natürlich hatte der Buddhismus größere Aussicht in Tibet volkstümlich zu werden, wenn der neuen Religion soviel wie möglich von dem alten Aberglauben einverleibt wurde. Aber das erste Gebot des buddhistischen Fundamentalgesetzes gebietet „keinen Lebensfunken auszulöschen", nicht zu töten. Dies hindert die Mönche jedoch nicht, Fleisch zu essen und bei gewissen kirchlichen Feierlichkeiten Ziegenblut zu verwenden — die Schafe und die Ziegen werden aber von gewöhnlichen Fleischern getötet, während die Lamas selber das Gebot des Gesetzes nicht übertreten.

Bagtscham heißt ein Tänzer in fürchterlicher Teufelsmaske; als er sich im Kreis über den Hof hinbewegt, flattern bunte Zeugstücke nach allen Seiten hin. Ihm folgen elf verlarvte Tänzer, die dieselbe Bewegung ausführen. Zu ihnen gesellt sich dann eine Schar neuer Schauspieler in bunten Gewändern mit Halsbändern, Perlen und Schmucksachen. Sie tragen einen viereckigen Schulterkragen mit einem runden Loch in der Mitte, der über den Kopf gezogen wird, so daß der Kragen auf den Schultern ruht und, wenn sie tanzen, horizontal absteht. Eine große Menge bunter Lappen, die sie um den Leib befestigt haben, weht auch wie die Röcke einer Balletteuse, wenn die Tänzer sich im Kreise drehen. In den Händen halten sie verschiedene religiöse Gegenstände und lange, leichte Zeugenden, Bänder und Wimpel (Abb. 116, 117).

Wieder öffnet sich der Vorhang, und hinter zwei voranschreitenden Flötenspielern zeigt sich oben an der Treppe Tschödschal Jum, der Darsteller eines weiblichen Geisterwesens, und führt mit einem Dreizack in der Hand auf der obersten Treppenstufe einen Tanz aus. Schließlich tanzen Lamas in abscheulichen Teufelsmasken mit großen, bösen Augen und mephistophelischen Augenbrauen, verzerrten Zügen und gewaltigen Hauern; andere stellen phantastische, aber immer gleich fürchterliche wilde Tiere dar (Abb. 118, 119, 120). Bei jeder neuen Nummer klingeln die drei Oberpriester mit ihren Glocken, und ununterbrochen lärmt die Musik, die mit ihrem mißtönenden Spektakel von den steinernen Fassaden des engen Hofes dröhnend widerhallt. Taktfest und langsam schlagen die Trommelschläger ihre Trommeln, begleitet von dem schmetternden Geklapper der Zimbeln, den unheimlichen, langgezogenen Posaunenstößen und den einschmeichelnderen Flötentönen. Aber von Zeit zu Zeit wird das Tempo beschleunigt, die Trommelschläge donnern immer dichter hintereinander, und das Klappern der aneinandergeschlagenen Becken verschmilzt in ein einziges ununterbrochenes Getöse. Die Musikanten scheinen sich gegenseitig anzustacheln, es geht im Crescendo; man kann schon bei weniger Lärm taub werden, und es ist daher nicht der Mühe wert, zu versuchen, mit seinen

133. Wettschießen zu Pferd beim Volksfest in der Nähe von Schigatse.

134. Papierpferde, die bei nächtlichem Tanz von innen beleuchtet werden.

Nachbarn zu reden. Dabei wird auch in schnellerem Takt getanzt. Das fanatische Schauspiel macht ohne Zweifel einen tiefen Eindruck auf die Anwesenden. Dann und wann sieht man einen davon überwältigten Fanatiker aufspringen, dem Taschi=Lama zugewandt sich mit den Händen an den Kopf greifen, vornüber mit der Stirn und den Händen auf den Boden fallen und diese Art Verbeugung dreimal ausführen — er hat ja eine Mensch gewordene Gottheit vor sich! Ein Greis aus Tschang=tang, der in seinem Pelz unmittelbar unter meinem Balkon sitzt, ist hierin unermüdlich und springt unaufhörlich auf, um dem Großlama seine Verbeugung zu machen; einmal aber gleitet er auf einer Mandarinenschale aus und macht eine schreckliche Drehung, zur großen Erheiterung der daneben Sitzenden. Andere Pilger ziehen aus ihrem Gürtel ein Säckchen Reis oder Gerste hervor und werfen ein paar Fingerspitzen voll auf den Hof. Dies sind Opferspenden an den Tempel, die den Tauben und den Sperlingen zugute kommen.

Nur das nördliche Drittel des Hofes wird von der religiösen, diabolischen Maskerade in Anspruch genommen, die beiden übrigen sind den Armen Schigatses und seiner Umgegend zur Benutzung freigegeben. Dort herrscht ein ungeheures Gedränge, aber von Zeit zu Zeit wird dort von einer Art Liktoren, die mit Peitschen und Gerten bewaffnet sind, Platz geschaffen. Sie schlagen rechts und links um sich, alle krümmen ihren Rücken unter den Schlägen, aber ihr Einschreiten scheint die Unordnung nur noch zu vergrößern. Unter den Pilgern auf den Plattformen und den Galerien wird von Mönchen niederen Grades kostenfrei Tee herumgereicht; sie tragen große glänzende, mit Messing beschlagene Kupferkannen auf der rechten Schulter, aus denen sie die ihnen hingehaltenen Holzbecher der Gäste füllen. Panem et circenses! Die Mönche wissen, wie sie ihre Schäflein behandeln müssen! Was macht es ihnen aus, einige Yaklasten Ziegeltee ein= oder zweimal jährlich zu spenden, wenn sie selber ausschließlich auf Kosten des Volkes und von den frommen Gaben leben, die aus den Beuteln der Pilger ununterbrochen in die Tempel strömen!

Schließlich machen die Liktoren in der unter uns befindlichen Menge einen Platz frei, auf dem ein Feuer angezündet wird. Zwei Mönche treten vor und halten ein großes Stück Papier möglichst hoch wagerecht über dem Feuer; auf dieses Papier hat man alles Böse, was man in dem jetzt beginnenden Jahr loszuwerden wünscht, und alle die Punkte, in denen man über die Anschläge und die Macht der bösen Dämonen zu triumphieren hofft, aufgezeichnet. Aber das Papier repräsentiert auch das vergangene Jahr mit all seinen Leiden und all seinen Sünden.

Mit einem Stäbchen in der einen und einer Schale in der anderen Hand tritt ein Lama an das Feuer heran. Er spricht einige Beschwörungs= formeln, führt mit den Armen allerlei mystischen Hokuspokus aus und wirft dann den Inhalt der Schale, irgendeinen Brennstoff, in die Flammen, die hell auflodern und das Papier, das fliehende Jahr und seine Sünden und alle Macht der Dämonen im Handumdrehen verzehren. Alle Zuschauer haben sich erhoben und brechen nun in ein nicht enden= wollendes Jubelgeschrei aus — denn jetzt ist das Böse besiegt und man kann sich beruhigt fühlen. Die letzte Nummer des heutigen Programms war ein gemeinsamer Tanz so vieler Lamas, als auf dem Hofe Platz fanden.

Nun erhebt sich der Taschi=Lama und verläßt langsam den Fest= raum, gefolgt von den Seinen. Nachdem er verschwunden ist, ziehen die Pilger in bester Ordnung ab, ohne zu lärmen und sich zu drängen, und begeben sich in einem schwarzen Menschenstrom nach Schigatse hinunter. Als die letzten verschwunden sind, suchen wir, von unseren neuen Freunden begleitet, unsere wartenden Pferde auf.

Das Gaukelspiel, dem ich beigewohnt hatte, war in jeder Be= ziehung glänzend, farbenreich und prachtvoll, und man kann sich sehr wohl denken, welch demütige Gefühle der einfache Pilger aus dem öden Gebirge oder den stillen Tälern einer solchen Schaustellung gegenüber haben wird. Wenn es der ursprüngliche Sinn dieser dramatischen Maske= raden und dieser mystischen Spiele ist, feindliche Dämonen zu beschwören und zu vertreiben, so besitzt die Geistlichkeit in ihnen doch auch ein Mittel, um die leichtgläubigen Massen im Netz der Kirche festzuhalten, und ge= rade dies ist, sowohl für die Kirche wie für die Priester, eine Lebens= bedingung. Nichts imponiert der Unwissenheit so sehr wie Schreckens= szenen aus der Welt der Dämonen, und daher sind Teufel und Unge= heuer bei den öffentlichen Maskeraden der Klöster reich vertreten. Mit ihrer Hilfe und durch Darstellungen des „Todeskönigs" Yama und der friedlos umherirrenden Seelen, die in der Kette der Seelenwanderung vergeblich nach einer neuen Daseinsform suchen, ängstigen die Mönche die große Menge, machen sie verzagt und nachgiebig und zeigen manchem armen Sünder, welche Widerwärtigkeiten und welche Geißel auf dem holperigen Weg zum Nirwana seiner im Tal der Todesschatten warten.

Auf dem Heimweg machten wir meinem Freunde Ma einen Gegen= besuch. Sein „Jamen" war im gewöhnlichen chinesischen Stil erbaut und von einer Mauer umgeben. Ich wurde gebeten, auf dem Ehrensitz Platz zu nehmen, neben dem ein Tischlein stand, auf das aufmerksame Diener Tee, Süßigkeiten und Zigaretten stellten. Das ganze Zimmer

war voller Chinesen, Ma aber war ebenso liebenswürdig wie das vorige Mal.

Im Garten warteten schon Lobsang Tsering und Tsaktserkan. Sie hatten eine ganze Eselkarawane mitgebracht, die mit Tsamba, Reis, Mehl, Dörrobst und Gerste für unsere Pferde beladen war — Vorräte, die für meine ganze Gesellschaft einen vollen Monat ausreichten. Sie überlieferten mir auch in Papier gewickelt 46 Silbertengas (gegen zwanzig Mark) — wofür wir uns, ihrer Meinung nach, Fleisch kaufen sollten, denn der Taschi=Lama durfte ja nichts damit zu tun haben, daß irgendein Lebensfunke ausgelöscht wurde. Die Gesandten sagten auch, daß Seine Heiligkeit mich am nächsten Morgen um neun Uhr erwarte und daß die Gesandten kommen würden, mich abzuholen! Aber ich dürfe ja nicht Ma oder sonst jemand erzählen, daß der Taschi=Lama mich emp=fangen wolle. Übrigens brauche ich nur ein Wort zu sagen, um alle meine Wünsche erfüllt zu sehen! Später am Abend stellte sich ein unterer Beamter bei mir ein, mit dem Bescheid, daß mich niemand abholen werde; ich solle nur um neun Uhr am großen Portal sein — denn die Chinesen könnten sonst Verdacht schöpfen! Am Abend suchte ich aus Burroughs Wellcomes großer Reiseapotheke alle die Drogen heraus, von denen ich an=nahm, daß wir ihrer selbst noch bedürfen könnten, und wir packten sie in kleine etikettierte Beutel. Der Apothekenkasten von Aluminium aber, mit all seinen eleganten Tabloiddosen, Flaschen, Schachteln, Binden und In=strumenten, wurde abgerieben und poliert, bis er wie Silber glänzte, und dann in ein großes Stück gelben Seidenzeuges, das Muhamed Isa im Basar aufgestöbert hatte, eingewickelt, da er am nächsten Morgen — meine Freundesgabe an den Pantschen Rinpotsche bilden sollte!

Fünfundzwanzigstes Kapitel.

Der Taschi-Lama.

Der 12. Februar brach an, der Tag, an dem ich von dem heiligsten Manne in Tibet empfangen werden sollte. Ich machte mich daher so fein, wie ich es nur je zu einem Ball in einem britischen Government House getan hatte, und ritt dann, begleitet von denselben Leuten wie bei den Spielen, nach dem Haupteingang Taschi-lunpos hinauf, wo mich Tsaktserkan, Lobsang Tsering und einige Mönche erwarteten. In ihrer Gesellschaft ging es nun in die höheren Regionen hinauf, durch ein Labyrinth finsterer Gassen und enger, dunkler Klostergänge nach dem Labrang, wo der Taschi-Lama wohnt, jenem Vatikan, der mit seiner weißen Fassade, den pittoresken großen Fenstern und kleinen massiven Balkons hoch über dieser Stadt von Tempelgebäuden thront. Unsere Ciceroni führen uns in dunkle, kalte Kammern hinein und über außerordentlich steile Treppen. Die Stufen, in die die Sohlen der Mönche schon tiefe Höhlungen ausgetreten haben, zeigen vorn am Rand einen Eisenbeschlag, die runden Geländerstangen sind blank von den Griffen unzähliger Hände. Es ist dunkel auf den Treppen, und unsere Freunde bitten, langsam und vorsichtig zu gehen. Dann wird es hell, wir werden auf eine Galerie, ein Dach hinausgeführt, aber nur, um uns wieder in ein Labyrinth dunkler Gänge und Treppen zu verirren. In einer Kammer, auf deren Fußboden rote Kissen liegen, bittet man mich zu warten. Es dauert nicht lange, bis man mir meldet, daß der dem Taschi-Lama im Rang zunächststehende Mann, der vornehme, feiste kleine Lama, der das Amt eines Staatsministers bekleidet, zu meinem Empfang bereit sei. Sein Empfangszimmer, oder wohl eigentlich seine private Mönchszelle, war ein ganz kleines Gemach, aus dessen einzigem Fenster er aber eine wunderschöne Aussicht über die Tempelstadt Schigatse und die Felsengebirge der Umgegend hat. Das Zimmer war mit gediegenem, nicht aufdringlichem und echt lamaistischem Luxus dekoriert. Auf dem Fuß-

boden rote Teppiche, Wände und Decke ebenfalls rot, soviel man nämlich davon sah, denn der größte Teil der Wände wurde durch kunstvoll geschnitzte, rotlackierte Schränke mit bunten Verzierungen und Metalleinlagen verdeckt. Auf ihnen standen größere Silbergaos, die Götterstatuen enthielten, und vor ihnen kleinere aus massivem Gold zwischen Schalen mit Opferspenden oder mit Dochten, die mit matter Flamme in Butter brannten. Man sah auch viel andere Gegenstände, die die Mönche beim Gottesdienst benutzen, Glocken, Zimbeln, Kannen mit Weihwasser und einen „Dortsche", den Donnerkeil, das Sinnbild der Kraft, der einem Zepter gleicht. Links in der Fensternische hing ein fahnenähnliches Gemälde („Tanka") des ersten Taschi=Lama und rechts eine ähnliche Darstellung des Kirchenfürsten Schakya Pandita.

Der ehrwürdige Prälat saß mit gekreuzten Beinen auf einer mit roten Kissen belegten, an der Wand befestigten Bank, vor sich einen kleinen gelben, geschnitzten Tisch, in dessen Platte Seidenzeug eingelassen war. Er glänzte von Fett, innerlichem Behagen und Wohlwollen wie nur irgendein Kardinal; sein Gesicht war fein geschnitten, seine Augen sprachen von großer Intelligenz. Als ich eintrat, erhob er sich mit höflichem Lächeln und bat mich, auf einem Stuhl am Tische Platz zu nehmen, worauf die unvermeidlichen Teetassen gebracht wurden. Ebenso unumgänglich nötig ist es, „Kadachs" und Geschenke auszutauschen. Ich schenkte ihm einen ziselierten Dolch aus Kaschmir und er mir ein vergoldetes Götterbild — da sieht man den Unterschied zwischen weltlichen und geistlichen Geschenken! Wohl eine Stunde plauderten wir über dieses und jenes, und Seine Hochwürden baten mich, die Verzögerung zu entschuldigen, aber der Pantschen Rinpotsche sei in Meditation versunken und mit dem täglichen Gebet beschäftigt und dürfte nicht eher gestört werden, als bis er selber geruhe, das Zeichen dazu zu geben.

Aber auch dieser Augenblick kam; ein Lama flüsterte dem Kardinal zu, daß man mich erwarte. Immer höher geht es wieder auf glatten, steilen Treppen nach offenen Vorplätzen, über neue Treppen, immer höher und höher nach dem Allerheiligsten der Klostertempel Taschi=lunpos. Immer leiser und gedämpfter wird die Unterhaltung, man wagt nicht mehr laut zu reden; in Korridoren und Gängen stehen kleine Gruppen von Lamas, die mich stumm wie Bildsäulen ansehen. Lobsang Tsering teilt mir flüsternd mit, daß wir jetzt in der letzten Vorhalle seien, wo ich mich zurecht machen und die schwarzen Schuhe anziehen könne. Hier heißt man meine Diener, außer Robert und Muhamed Isa, zurückbleiben. Wenn ich ohne Dolmetscher hätte fertig werden können, hätte Seine Heiligkeit mich ganz allein sehen wollen.

Wir treten ein — nicht ohne ein feierliches Gefühl. An der Tür mache ich eine tiefe Verbeugung und dann noch ein paar, ehe ich vor ihm stehe. Der Taschi-Lama sitzt auf einer Bank in einer Fensternische und hat vor sich einen kleinen Tisch mit einer Teetasse, einem Fernglas und einigen gedruckten Blättern. Er ist ebenso einfach gekleidet wie ein gewöhnlicher Mönch, trägt einen kirschroten Anzug von dem üblichen Schnitt, Rock, Weste, Unterjacke und die lange Zeugbahn, die wie eine Toga über die Schulter geworfen und um den Leib gewunden wird; zwischen ihren Falten sieht eine gelbe Unterweste mit Goldstickereien hervor; beide Arme sind nackt und der Kopf unbedeckt.

Seine Gesichtsfarbe ist hell, mit einem kleinen Stich ins Gelbliche, er ist eher klein als mittelgroß, ebenmäßig gebaut, sieht gesund und unverdorben aus und hat bei seinen kürzlich zurückgelegten 25 Jahren Aussicht, ein hohes Alter zu erreichen. In seinen kleinen hübschen, weichen Händen hält er einen aus roten Kugeln bestehenden Rosenkranz. Das kurzgeschorene Haar ist schwarz, auf der Oberlippe kaum eine Andeutung von Bartwuchs, die Lippen sind nicht dick und voll wie bei andern Tibetern, sondern fein und harmonisch modelliert, die Farbe der Augen ist kastanienbraun.

Freundlich nickend reicht er mir beide Hände und fordert mich auf, neben ihm in einem Lehnstuhl Platz zu nehmen. Das Zimmer, in dem er den größten Teil des Tages verbringt, ist im Gegensatz zu dem des Kardinals in den tieferen Regionen erstaunlich einfach (Abb. 121). Es ist klein und besteht aus zwei Abteilungen; die äußere ist eine Art Vorhalle ohne Dach, allen Winden des Himmels, dem Schnee des Winters wie den Regengüssen des Herbstes preisgegeben; die innere liegt eine Stufe höher und ist noch durch eine Barriere abgeteilt, die in einer Gitterwand endet, hinter der sein Schlafgemach liegt. Kein einziges Götterbild, keine Wandmalereien oder sonstiger Wandschmuck, keine Möbel, außer den bereits erwähnten, keine Spur von Teppich, nur der kahle Steinfußboden — und durch das Fenster schwebt sein wehmütig träumerischer, aber klarer und offener Blick über die goldenen Tempeldächer hin, über die unter ihnen liegende Stadt mit all ihrer Sündhaftigkeit und ihrem Schmutz, über die öden Gebirge, die seinen irdischen Horizont abschließen, hinweg in die weite Ferne über den azurblauen Himmel hinaus nach einem uns unsichtbaren Nirwana hin, wo sein Geist dereinst Ruhe finden wird. Nun stieg er aus seinem Himmel herab und wurde einen Augenblick Mensch. Die ganze Zeit über bewahrte er eine wunderbare Ruhe, eine feine, liebenswürdige Höflichkeit und Würde und redete mit bezaubernder, weicher und gedämpfter Stimme, bescheiden, ja beinahe schüchtern; er sprach schnell und in kurzen Sätzen, aber sehr leise.

Worüber wir sprachen? Ja, von allem möglichen zwischen Himmel und Erde, von seiner eigenen Religion angefangen, in deren Pantheon er selber den höchsten Rang unter den jetzt lebenden Prälaten einnimmt, bis zu den Yaks, die wild in Tschang=tang umherstreifen! Er zeigte eine Aufgewecktheit, ein Interesse an allem und eine Intelligenz, die mich in Erstaunen versetzten — bei einem Tibeter. Nie bin ich so taktvoll und zugleich so gründlich interviewt worden! Zuerst erkundigte er sich, ob ich unter der Kälte und den Mühseligkeiten in Tschang=tang gelitten habe und ob wir große Verluste gehabt hätten. Dann bat er mich, zu verzeihen, daß ich so schlecht aufgenommen worden sei; es sei nur daher gekommen, weil ich so still und unbemerkt angelangt sei und niemand gewußt habe, ob ich auch der Richtige sei, den man erwartet habe und von dessen wahr= scheinlicher Ankunft man von Indien aus unterrichtet worden sei. Jetzt aber solle alles nur Mögliche für meine Bequemlichkeit und mein Wohl= befinden geschehen, und er wünsche und hoffe, daß ich eine angenehme Er= innerung aus seinem Lande mitnehme.

Darauf folgten Fragen nach meinem Namen, meinem Alter, meiner Karawane, den Wegen, auf denen ich gekommen, meinem Vaterlande, seiner Größe und Einwohnerzahl, seiner Lage im Verhältnis zu Ruß= land und England, ob Schweden von seinen Nachbarn abhängig sei oder einen eigenen König habe, auf welchem Weg man am besten nach Schweden reise, wie lange Zeit die Reise dauere und welche Jahreszeit dazu die geeignetste sei — ganz als ob er beabsichtige, mir dort einen Gegenbesuch zu machen! Dann frug er nach den verschiedenen europäischen Ländern und ihren Staatsoberhäuptern, ihrer Machtstellung und Größe im Verhältnis zueinander, nach dem Krieg zwischen Rußland und Japan, nach den großen Seeschlachten und den eisernen Panzerschiffen, die unter= gegangen seien, nach der Bedeutung, die der Ausgang des Krieges für Ostasien haben könne, nach dem Kaiser von Japan und dem Kaiser von China — vor letzterem hatte er augenscheinlich den größten Respekt. Er fragte, welche Länder ich besucht und ob ich von Indien, wo er selber vor einem Jahr so gut aufgenommen worden sei, viel gesehen habe. Mit Vorliebe sprach er von seinen Eindrücken in Indien, von den großen Städten mit ihren herrlichen Gebäuden, von der indischen Armee, den Eisenbahnen, der Pracht und dem überall herrschenden Reichtum und der großen Gastfreiheit, die ihm der Lord Sahib (der Vizekönig) erwiesen. „Grüßen Sie den Lord Sahib, wenn Sie ihm schreiben, versprechen Sie es mir, sagen Sie ihm, daß ich oft an seine Güte denke, und grüßen Sie Lord Kitchener", und dabei zeigte er mir eine Photographie mit der eigen= händigen Namensunterschrift des großen Feldherrn. Besonders habe er

sich gefreut, die heiligen Stellen, die er aus Beschreibungen und Tempel=
gemälden so gut gekannt und die im Leben des großen Religionsstifters Buddha
eine Rolle gespielt, besuchen zu können, vor allem Buddhagaya in Magada,
wo Prinz Sarvathasidda, der Buddhasohn, sechs Jahre in Einsamkeit und
Meditation zugebracht, Mâra, den Versucher, den Herrscher in der Welt
der Gelüste, besiegt und die vollendete Weisheit erlangt habe.

Dem Taschi=Lama hatte sich also die Reise nach Indien zu einer
Wallfahrt gestaltet, obwohl, vom englischen Gesichtspunkt aus, die mit
der Einladung verbundene Absicht eher politischer Natur gewesen war.
Für die Engländer in Indien war es natürlich wichtig, an ihrer Nord=
grenze einen Nachbar zu haben, auf dessen Treue und Freundschaft sie
in unruhigen Zeiten rechnen konnten. Schon der große Warren Hastings
hatte im Jahre 1774 Bogle als Gesandten zum dritten Taschi-Lama ge=
sandt, um Erkundigungen über dessen Land einzuziehen und, wenn möglich,
Handelsverbindungen anzuknüpfen. Und an den vierten Taschi=Lama
hatte er im Jahre 1783 Turner gesandt. Jetzt, über 100 Jahre später,
war der siebente Taschi=Lama in eigener hoher Person nach Indien ein=
geladen worden, um den Reichtum, die Macht und den Ruhm der Eng=
länder mit eigenen Augen zu schauen. Und man sparte auch nicht an
Knalleffekten, um einen unauslöschlichen Eindruck auf den einflußreichen
Kirchenfürsten zu machen! Spätere Ereignisse haben gezeigt, daß jene
Berechnungen fehlgeschlagen sind. Die Reise des Taschi=Lama nach In=
dien stieß in Tibet auf großen Widerstand und erweckte mancherlei Be=
denken. Um so größer war die Freude, als er wohlbehalten zurückkehrte.
Denn die Kirche konnte es nicht ertragen, nun, da der Dalai=Lama in
der Fremde verschwunden war, etwa noch den Taschi=Lama zu verlieren.
Was sollte aus den Reinkarnationen werden, wenn man nicht einmal
wußte, wo die beiden Päpste sich aufhielten?

Dann brachte er die Rede wieder auf die europäischen Mächte und
fand, daß Europa ein seltsames Mosaik von Staaten sei. Er holte ein
Bild, das eine Gruppe aller mächtigeren Staatsoberhäupter der Erde
darstellte. Unter jedem Porträt stand Name und Land in tibetischer
Schrift. Er stellte eine Menge Fragen über jeden einzelnen Monarchen
und zeigte das lebhafteste Interesse für ihre Schicksale — er, der mäch=
tiger ist als alle Könige dieser Erde, denn er beherrscht den Glauben
und den Geist der Menschen von den Kalmücken an der Wolga bis zu
den Burjäten am Baikalsee, von der Küste des Eismeeres bis unter In=
diens glühender Sonne!

Ich bin nicht der erste Europäer, den Tubdän Tschöki Nima Gelég
Namgjal, der siebente Taschi=Lama, im Labrang zu Taschi=lunpo emp=

135. Tanzende Gaukler aus Nepal bei der Neujahrsfeier in meinem Garten.

136. Lama in Taschi-lunpo. 137. Bürger in Schigatse.
138. Chinesischer Kaufmann in Schigatse. 139. Pförtner im Tempel des Tsongkapa.
Skizzen des Verfassers.

fangen hat. Nach Younghusbands Expedition war im Herbst 1904 Major W. F. O'Connor als Vertreter der indischen Regierung zu einer Audienz zugelassen worden, und bei dieser Gelegenheit hatten ihn vier Offiziere der Gartokmission begleitet, Major Ryder, die Hauptleute Rawling und Wood und Leutnant Bailey. O'Connor, der die tibetische Sprache beherrscht, war Younghusbands Dolmetscher in Lhasa und der des Taschi-Lama in Indien und hatte in seiner Eigenschaft als englischer Handelsagent oft Veranlassung, mit dem Papst in Taschi-lunpo zu verhandeln. Gleich nach seiner Rückkehr im Jahre 1906 empfing der Taschi-Lama auch den Hauptmann Fitzgerald, Lord Kitcheners Adjutanten, und Herrn David Fraser.

Von den beiden Oberpriestern der Gelbmützen sagt Koeppen: „Von diesen gilt der Pantschen Rinpotsche auf Taschi-lunpo in letzter Instanz meistens für die Verkörperung des Dhyani-Buddha der gegenwärtigen Weltperiode, Amitabha, aber auch der Bodhisattvas Mandschuschri und Vadschrapani, näher endlich für die übernatürliche Wiedergeburt des Reformators und Stifters der Gelbmützen Tsongkapa; der Dalai-Lama von Lhasa dagegen immer für die Inkarnation des Bodhisattva Avalokiteschvara (Padmapani).... In der Tat ist das Lehramt und das königliche Amt zwischen den beiden lamaistischen Päpsten geteilt, dergestalt, daß jenes vorzugsweise dem Pantschen, dieses dem Dalai-Lama zukommt. Das wird auch im Titel beider ausgesprochen; denn der erstere heißt eben Pantschen Rinpotsche, der ‚große kostbare Lehrer‘, der andere dagegen Gjalpo Rinpotsche, der ‚kostbare König‘. Dieser Idee zufolge ist denn auch zuletzt der Dalai-Lama weltlicher Beherrscher des größten Teils von Tibet geworden, was er freilich mehr der Lage und den historischen Beziehungen seiner Residenz, als jener scholastischen Heiligkeitstheorie verdankt, wie etwa der Statthalter Gottes auf den sieben Hügeln diese Statthalterschaft mehr der Bedeutung der Stadt Rom, als zweien wohlfeilen Bibelstellen schuldet. Der ‚große Lehrer‘ des jenseitigen Tibets (der Taschi-Lama) muß sich dafür einstweilen mit einem verhältnismäßig kleinen Gebiete, mit dem Ruf seiner Heiligkeit und schrankenlosen Allwissenheit, mit der Rolle eines Lehrers und Vormunds des unmündigen Dalai-Lama und mit gewissen Hoffnungen für die Zukunft, wenn die Zeit der ‚fünfhundertjährigen Trübsale‘ erfüllt sein wird, begnügen.“

Und ein englischer Gelehrter, Waddell, sagt über das gegenseitige Verhältnis der beiden Päpste: „Die Großlamas von Taschi-lunpo gelten, wenn möglich, für noch heiliger als die Großlamas von Lhasa, weil sie weniger durch weltliche Regierungsgeschäfte und politische Angelegenheiten befleckt und berühmter wegen ihrer Gelehrsamkeit sind.“

Daß dieses Verhältnis zwischen den beiden lamaistischen Päpsten gerade während der Zeit meiner letzten Reise große Veränderungen zugunsten des Taschi-Lama erlitt, werde ich später zeigen. Die Berechnungen der Engländer, durch die Freundschaft des Taschi-Lama Einfluß in Tibet zu gewinnen, waren an und für sich richtig; aber sie hatten nicht damit gerechnet, daß die verlorene weltliche Macht des Dalai-Lama keineswegs auf den Taschi-Lama überging, dessen weltliche Herrschaft auch fernerhin an den Grenzen der Provinz Tschang endete und selbst dort durch Chinas alles verschlingende Herrschermacht eingeschränkt wurde. Der Dalai-Lama hatte also viel zu verlieren, der Taschi-Lama wenig oder nichts. Der Dalai-Lama war ein herrschsüchtiger Intrigant, der durch unvorsichtige politische Kombinationen Lord Curzons für Tibet so unglückliche Offensivpolitik herausforderte und dadurch so gut wie alles verlor. Und wenn der Taschi-Lama bereits vorher seiner Heiligkeit und Gelehrsamkeit wegen größeres Ansehen genossen hatte als sein Mitpapst in Lhasa, so stiegen sein Ruhm und seine geistliche Macht noch höher, als der Ausgang des Krieges bewiesen hatte, daß die schönen Versprechungen des Dalai-Lama eitel Lug und Trug waren und nur zur Beugung der Nacken unter das schwere Joch der Chinesen führten. Kurz vor meinem Besuch hatte der Taschi-Lama eine Gelegenheit gehabt, die lamaistische Hierarchie an sein hohes Dasein zu erinnern; als er nämlich 25 Jahre alt wurde, spendete er allen Klöstern Tibets Geldgeschenke und lud alle ihre Mönche zu einer großen Schmauserei in ihrem eigenen Kloster zu Gaste; so wurde z. B. eine besondere Mönchsgesandtschaft nach Ladak, eine andere nach Lhasa, Sekija, Taschi-gembe usw. geschickt. Das fünfundzwanzigjährige Jubiläum seiner Geburt wurde in der ganzen lamaistischen Welt gefeiert.

Doch kehren wir zur Audienz zurück. Lamas, die auf den Zehen gingen und stumm wie Schattenwesen waren, reichten uns die ganze Zeit über Tee und Früchte. Der Taschi-Lama selbst trank gleichzeitig mit mir ein Schlückchen aus seiner einfachen Tasse, wie um zu zeigen, daß er sich nicht als zu heilig betrachte, um mit einem Ungläubigen am Tische zu sitzen. Einige Lamas, die ein wenig von uns entfernt im Zimmer standen, wurden dann und wann durch eine Handbewegung hinausgeschickt, wenn er nach etwas fragen wollte, das sie seiner Meinung nach nicht zu wissen brauchten. Dies geschah besonders, als er mich bat, es die Chinesen nicht wissen zu lassen, daß er mir Gastfreundschaft erweise, obwohl es ihrer Aufmerksamkeit wohl schwerlich hatte entgehen können.

Ich selber benutzte die Gelegenheit, um einige Vergünstigungen zu bitten; ich bat, ihn photographieren zu dürfen — ja gern, ich dürfe, wenn ich wolle, mit der Kamera wiederkommen. Ich bat, ganz Taschi-

lunpo ansehen und in der Klosterstadt ungehindert zeichnen und photographieren zu dürfen: „Ja, recht gern, ich habe den Lamas, die Ihnen alles zeigen sollen, schon Befehl gegeben." Und schließlich bat ich um einen Paß für künftige Reisen in seinem Lande, um einen der Beamten des Labrang. und einige zuverlässige Leute als Eskorte. Auch dies wurde mir gewährt, und alles sollte geordnet werden, sobald der Tag meiner Abreise bestimmt sei. Alle Versprechungen wurden auch bis ins kleinste erfüllt, und wenn nicht China gerade in dieser Zeit Tibet mit seinen Drachenkrallen so scharf wie nie zuvor gepackt hätte, so wäre der Taschi-Lama sicherlich mächtig genug gewesen, um mir alle Tore zu öffnen. Aber seine Freundschaft und seine Güte wurden mir tatsächlich während meiner ganzen ferneren Reise zur vorzüglichsten Empfehlung und haben mich aus mancher schwierigen Lage befreit. Pilger aus ganz Tibet hatten mit eigenen Augen gesehen, wie gut ich aufgenommen worden war. Sie hatten vor dem Taschi-Lama unbegrenzte Ehrfurcht, setzten das ungetrübteste Vertrauen in ihn und schlossen folgendermaßen: „Wer dieser Fremdling auch sei, immerhin muß er in seinem eigenen Land ein hervorragender Lama sein, sonst würde der Pantschen Rinpotsche ihn nicht wie seinesgleichen behandeln." Und dann kehrten diese Pilger nach ihren schwarzen Zelten in fernen Provinzen zurück und erzählten anderen, was sie gesehen hatten, und als wir nun mit unserer kleinen Karawane angezogen kamen, wußten alle, wer wir waren. Noch anderthalb Jahre später kam es vor, daß Häuptlinge und Mönche sagten: „Bombo Tschimbo, wir wissen, daß ihr des Taschi-Lama Freund seid, wir stehen euch zu Diensten."

Als wir uns zwei Stunden unterhalten hatten, machte ich Miene, mich zu erheben, aber der Taschi-Lama drückte mich wieder auf den Stuhl nieder und sagte: „Nein, bleiben Sie noch ein Weilchen". Und dieses wiederholte sich, bis drei volle Stunden vergangen waren. Wie viele Millionen Gläubige hätten für eine solche Gunst nicht Jahre ihres Lebens hingegeben! Auch die Pilger, die Hunderte von Meilen zurückgelegt haben, um ihn zu sehen, müssen sich mit einem Kopfnicken und einem Segen aus der Ferne begnügen.

Nun aber war die Zeit zur Überlieferung meiner Freundesgabe gekommen; die elegante englische Apotheke wurde aus ihrem Seidentuch ausgewickelt, geöffnet und gezeigt und erregte sein großes Erstaunen und sein lebhaftes Interesse — alles mußte ihm erklärt werden; die Morphiumspritze in ihrem geschmackvollen Aluminiumetui mit sämtlichem Zubehör gefiel ihm besonders. Zwei Mönche aus der medizinischen Fakultät wurden dann mehrere Tage hintereinander in mein Lager geschickt, um

all den Inhalt der verschiedenen Tabloiddosen und die Anwendung der verschiedenen Medikamente tibetisch aufzuschreiben. Aber ich warnte sowohl sie wie den Taschi-Lama, ihre Wirkung zu erproben, ohne vorher Major O'Connors Arzt in Gyangtse um Rat gefragt zu haben. Die Gefahr war jedoch nicht so groß, denn die Lamas sind der Ansicht, daß ihre eigene medizinische Weisheit auf einer viel höheren Entwicklungsstufe steht, als die der Europäer.

Wunderbarer, unvergeßlicher Taschi-Lama! Nie hat ein Mensch einen so tiefen, unauslöschlichen Eindruck auf mich gemacht. Nicht als Gottheit in Menschengestalt, sondern als ein Mensch, der sich in Herzensgüte, Reinheit und Keuschheit der Grenze der Vollkommenheit so sehr nähert, als dies überhaupt möglich ist. Seinen Blick werde ich nie vergessen; er strahlt eine ganze Welt von Güte, Demut und Menschenliebe aus, und niemals habe ich ein solches Lächeln, einen so feingeschnittenen Mund, ein so edles Antlitz gesehen. Sein Lächeln verließ ihn keinen Augenblick, er lächelte wie ein Schlafender, der von etwas Schönem und Ersehntem träumt, und jedesmal, wenn unsere Blicke sich trafen, steigerte sich sein Lächeln, und er nickte mir so freundlich und gütig zu, als ob er sagen wolle: „Vertraue nur blind meiner Freundschaft, denn ich meine es mit allen Menschen gut."

Die Inkarnation Amitabhas! Die irdische Hülle, in der die Seele Amitabhas durch die Zeiten fortlebt! Also eine Gottheit voll übernatürlicher Weisheit und Allwissenheit. Die Tibeter glauben, daß er nicht nur alles weiß, was geschieht und geschehen ist, sondern auch alles, was geschehen wird. Mag er Amitabha selber sein; soviel ist gewiß, daß er ein ganz außerordentlicher Mensch, ein seltener, einziger und unvergleichlicher Mensch ist. Ich sagte ihm, daß ich mich glücklich schätzte, ihn gesehen zu haben, und daß ich die Stunden, die ich in seiner Nähe zugebracht, nie vergessen würde; und er antwortete nur, daß es ihn freuen werde, wenn ich einmal wiederkommen könnte.

Nachdem ich ihm noch einmal für seine große Gastfreundschaft und Güte gedankt hatte, rief er einige Lamas herauf und erteilte ihnen Befehl, mir die Tempel zu zeigen. Dann reichte er mir wieder beide Hände und folgte mir mit seinem wunderbaren Lächeln, als ich mich mit Verbeugungen entfernte. Seine freundlichen Blicke verließen mich nicht, bis ich durch die in das Vorzimmer führende Tür verschwand. Am Fuß der ersten Treppe warteten mehrere Lamas; sie lächelten stumm, machten große Augen und fanden gewiß, daß mir durch eine so lange Audienz eine seltene Gunst erwiesen worden sei. Von nun an behandelten mich alle mit noch größerer Achtung als vorher, und es war klar, daß schon an demselben

Abend der ganze Basar und die ganze Stadt Schigatse wußte, daß ich
drei Stunden bei dem Heiligen zugebracht hatte. Ich selber konnte kaum
an anderes denken als an den Taschi-Lama und den mächtigen Eindruck,
den er auf mich gemacht hatte. Ich verließ den Labrang, sein Kloster=
schloß, berauscht und bezaubert von seiner Persönlichkeit. Dieser Tag wog
viele Tage in Tibet auf, und ich fühlte, daß ich jetzt Tibets größte
Sehenswürdigkeit geschaut hatte, die kaum von den Gebirgsmassen über=
troffen werden konnte, deren schneebedeckte Gipfel seit uralten Zeiten in
den öden Tälern, die sich an ihrem Fuß hinschlängeln, Generationen
haben geboren werden und sterben sehen.

Während unseres Verweilens in Schigatse erwarb ich mir unter
den Mönchen Taschi-lunpos viele Freunde, die mir mit der größten Be=
reitwilligkeit all die Aufklärungen gaben, um die ich sie bat. Einer erzählte
mir, daß ein Taschi-Lama, wenn er den Tod herannahen fühle, nach den
Vorschriften des heiligen Gesetzes in sitzender Stellung bleiben müsse, mit
untergeschlagenen Beinen und die Hände mit der Innenseite nach oben im
Schoß, da er in derselben Stellung sterben müsse wie der meditierende
Buddha. Seine letzten Augenblicke werden ihm von einer Menge Mönche
versüßt, die ihn auf allen Seiten umgeben, die Luft durch das Murmeln
ihrer Gebete erfüllen, unaufhörlich mit den Handflächen und der Stirn vor
ihm auf den Fußböden niederfallen und ihm und seinem fliehenden Geist
göttliche Anbetung zuteil werden lassen. Wenn er das Bewußtsein ver=
loren und keine Gewalt mehr über seinen Körper hat und schlaff zusammen=
sinkt, wird er gestützt, und wenn das Leben entflohen ist, setzt man ihn
so, daß er in der orthodoxen Stellung erstarrt. Der Tote wird mit dem
priesterlichen Ornat bekleidet — jedes Stück ist neu und noch nie getragen
worden —, dann setzt man ihm die hohe Mitra auf den Kopf. Totengebete
werden hergesagt, mystische Zeremonien vorgenommen, und so schnell es
sich machen läßt, setzt man den Toten, immer noch in sitzender Stellung,
in ein metallenes Gefäß, das dann mit Salz gefüllt und hermetisch
verschlossen wird. Darauf wird seine Grabkapelle in Ordnung gebracht;
da diese in einem massiven Steingebäude liegen muß und inwendig
sehr kostspielig und künstlerisch dekoriert wird, mag wohl lange Zeit er=
forderlich sein, ehe sein Staub endgültig Ruhe findet. Die Kosten tragen
die Pilger und die Frommen im Lande, und gerade aus Veranlassung
des Todesfalles strömt der Peterspfennig reichlicher als je, denn es ist
eine gute Tat, zur letzten Ruhestätte eines Taschi-Lama beizutragen; eine
solche Freigebigkeit sichert dem Geber Verdienste in der Kette der Seelen=
wanderung.

Nach dem Tode verkörpert sich Amitabha in dem Leib eines neu=

geborenen Knaben; die Schwierigkeit besteht nur darin, zu erfahren, wo dieser sich befindet. Man schickt daher in ganz Tibet und überall in den lamaistischen Nachbarländern Schreiben umher, worin man sich erkundigt, ob sich irgendein mit ungewöhnlichen Geistesgaben ausgerüstetes Kind männlichen Geschlechts gezeigt habe. Zahlreiche Antworten laufen ein. Nachdem einer oder der andere verworfen worden ist, handelt es sich darum, ihn unter den übrigen herauszufinden, von denen man überzeugt ist, daß unter ihnen der richtige sein muß. Die Namen der Knaben werden auf Papierstreifen geschrieben, die aufgerollt in eine Deckelschale gelegt werden, und diese stellt man vor die Statue eines Hauptgottes, wahrscheinlich vor die des Amitabha oder die des Tsongkapa, worauf dann hohe Kardinäle vor der Schale Gebete sprechen, passende Stellen aus den heiligen Schriften rezitieren, den Göttern Opfergaben darbringen, Weihrauch aufsteigen lassen und allerlei andere Zeremonien vornehmen, bis dann der Deckel schnell entfernt wird und der zuerst herausgenommene Zettel den neuen Pantschen Rinpotsche angibt. Die Entscheidung dieser Verlosung muß jedoch vom Dalai=Lama bestätigt werden, ehe sie Gesetzeskraft erlangt, und der neue Oberpriester, ein unschuldiges Kind, erhält von ihm die Weihen. Wenn der Dalai=Lama abwesend oder selber minderjährig ist, geschieht dies durch ein Konklave hochgestellter Priester.

Sechsundzwanzigstes Kapitel.

Die Gräber der Großlamas.

Bände wären dazu erforderlich, um ein Kloster wie Taschi-lunpo in seinen Einzelheiten zu beschreiben, seine unentwirrbare Anhäufung steinerner Gebäude, die bald durch Passagen, Gänge, Treppen und Terrassen miteinander in Verbindung stehen, bald durch tiefe schmale Gäßchen oder kleine offene Plätze voneinander getrennt sind; seine vielen Tempelsäle mit einem unzähligen Heer von Götterstatuen; seine Mönchszellen, Vorlesungssäle, Grabkapellen, Küchen, Fabriken, Vorrats- und Materialspeicher; seine verwickelte Organisation sowohl in geistlichen wie in weltlichen Angelegenheiten, seine Feste und seine Zeremonien. Eine solche Beschreibung könnte man aber ohne gründliche Kenntnis der lamaistischen Hierarchie und Kirche nicht liefern, und diese Kenntnis läßt sich nur durch das eifrige Studium eines ganzen Lebens erlangen. Denn wer in die Tiefe der Mysterien des Lamaismus eindringen will, muß erst den Buddhismus und sein Verhältnis zum Brahmanismus und Hinduismus beherrschen und den Einfluß verstehen, den der Schivaismus auf die Religion der Tibeter ausgeübt hat, sowie auch die Elemente der uralten Bon-Religion mit ihrer Fetischverehrung und ihrem Schamanismus kennen, die sich eingeschlichen und die lamaistische Form des Buddhismus verzerrt hat. Solch eine Aufgabe liegt daher aus allerlei Gründen außerhalb des Rahmens dieses Buches, nicht zum wenigsten schon deshalb, weil ich nur sehr dunkle Begriffe vom innersten Wesen des Lamaismus habe.* Ich werde mich daher auch in der Folge damit begnügen, nur die malerische Seite der Sache und die äußeren Anordnungen, die ich mit eigenen Augen zu sehen Gelegenheit gehabt habe, zu

---

* Denjenigen, welche den Lamaismus gründlicher studieren wollen, möchte ich besonders folgende Werke empfehlen: Koeppen, „Die lamaische Hierarchie und Kirche"; Waddell, „The Buddhism of Tibet", und Grünwedel, „Mythologie des Buddhismus in Tibet und in der Mongolei". In dem folgenden Text habe ich diesen Werken mehrere historische und rituelle Aufklärungen entnommen.

schildern. Ich werde die Namen auch phonetisch schreiben, ohne alle die stummen Konsonanten, die denen, welche dem Studium der tibetischen Sprache nicht viel Zeit gewidmet haben, ihre gewissenhafte Übersetzung ganz unverständlich machen.

Man stelle sich Taschi-lunpo nicht als einen einzigen riesigen Gebäudekomplex vor, sondern als eine Klosterstadt innerhalb einer Ringmauer, eine Stadt von mindestens hundert verschiedenen Häusern, die sehr unregelmäßig gebaut und gruppiert sind, entweder in Reihen zusammenhängen oder durch ein Labyrinth von schmalen Gassen getrennt werden (Abb. 122). Auf der Südseite des Tsangpo ragt ein felsiger Vorsprung des Gebirges ostwärts in das Tal des Njang-tschu hinein; unterhalb und im Osten dieses Vorgebirges liegt Schigatse in dem breiten Tal auf dem nördlichen linken Ufer des Flusses, während das Kloster auf dem unteren Teil des Südabhanges jenes Bergrückens erbaut ist und also mit seiner ganzen Front nach Süden schaut. Wenn man von der im Süden des Klosters liegenden Ebene aus diese Anhäufung weißer Häuser betrachtet, so bemerkt man jedoch sofort einige auffallende Züge, die die Orientierung erleichtern. Ganz rechts sieht man eine hohe, dicke Mauer ohne Fenster, von deren oberem Rand während gewisser Sommerfeste große Malereien zum Beschauen ausgehängt werden. Ein wenig weiter links erhebt sich über der ganzen Klosterstadt die weiße, italienisch vornehme Fassade des Labrang mit ihrer gediegenen, einfachen und geschmackvollen Architektur, und vor und unter dem Labrang fesseln fünf ganz gleich aussehende Gebäude den Blick, die massiven Türmen mit goldenen Dächern in chinesischem Stile gleichen. Sie bilden eine von Ost nach West gehende Linie und sind die Grabkapellen der fünf früheren Taschi-Lamas. Um sie herum und unter ihnen wird der übrige Raum innerhalb der Mauer von all den anderen Häusern eingenommen, und wo immer man sich auf den platten Dächern befindet, das Erste und das Letzte, was man erblickt, sind immer jene Mausoleen. Denn Taschi-lunpo hat auch ein System sozusagen überirdischer Plätze und Straßen, nämlich die mit niedrigen, gemauerten Geländern versehenen Plattformen der Dächer. In den tiefen Gassen verliert man jedoch, wenn man mit ihnen nicht sehr vertraut ist, alle Möglichkeit zur Orientierung, denn man sieht nur die nächsten hohen Mauern, die entweder aus einer glatten Wand bestehen, oder mit großen länglichen Fenstern in schwarzen Rahmen versehen sind (Abb. 123). Die Mauern neigen sich alle ein wenig zurück, so daß alle Gassen zwischen den Häusern, unten auf dem Boden, am schmalsten sind. Das Pflaster ist unregelmäßig, abgetreten und glatt; einige Gassen und offene Plätze sind überhaupt nicht gepflastert. Aber alle diese Bauwerke sind gediegen

140. Chinesen mit Drachen und Papierlaternen.

141. Grabkapelle zweier Taschi-Lamas. Auf dem Dach des davorliegenden Hauses Zieraten zur Beschwörung der bösen Geister.

142. Inneres der großen roten Galerie von Taschi-lunpo.
Skizze des Verfassers.

143. Der Taschi-Lama kehrt von einer Zeremonie nach dem Labrang zurück.

und solide gebaut und darauf eingerichtet, sowohl der Zeit als dem rauhen Klima Tibets Trotz zu bieten.

Taschi-lunpo wurde im Jahre 1445 n. Chr. von Ge-dun-dup, dem Brudersohn des Tsongkapa, gegründet, der im Jahre 1439 als erster Großlama der Gelugpasekte eingesetzt worden war, obgleich er noch nicht den Titel Dalai-Lama trug. Der jetzige Großlama von Lhasa, Ngavang Lobsang Tubdän Gjamtso, der sein Amt jetzt 34 Jahre bekleidet hat, ist der dreizehnte in der Reihe. Mit den hohen Zahlen der römischen Päpste können sie sich also durchaus nicht messen. Der erste Pantschen Rinpotsche von Taschi-lunpo hieß Pantschen Lobsang Tschöki Gjaltsan und bekleidete seine Papstwürde von 1569 bis 1662, also ganze 93 Jahre, sicherlich ein Weltrekord! Seine Grabkapelle, Tschukang-schär oder das östliche Grab, ist es, nach der wir nun zuerst unsere Schritte richten.

Ihre Fassade ist dem rechteckigen Hof der Festspiele zugekehrt; das Eingangsportal liegt in gleicher Höhe mit der obersten Zuschauerplattform, und über der Tür hängen große weiße Markisen unter einer symbolischen Dekoration: einem Rad zwischen zwei vergoldeten Hirschen (Abb. 124, 125). Das Dach besteht aus vergoldetem Kupferblech und wird in der Mitte durch eine Plattform, die mit einem Geländer versehen ist, in zwei Absätze geteilt.

Das Innere des Mausoleums ist ein kubischer Raum, der nur vom Tageslicht erhellt wird, das durch das Portal eindringt und sich wirkungsvoll mit dem blaßgelben Schein der Butterdochte einer Reihe silberner Tassen und Messingschalen vermischt. Die mittelste Schale ist größer als die übrigen, gleicht einem Kessel und hat einen Deckel, durch dessen rundes Loch aus der zerfließenden Butter eine Opferflamme aufsteigt. Vor dieser Rampe von Butterlampen steht auf einem etwas höheren Absatz des Altartisches eine Reihe pyramidenförmiger Figuren, die aus Butterteig gebacken, auf der Vorderseite bunt angemalt sind und verschiedene lamaistische Symbole vorstellen. Hinter ihnen befindet sich noch eine Reihe Schalen und Becher von massivem Gold und Silber, Geschenke reicher Pilger. Sie enthalten reines Wasser, Mehl, Gerste, Reis und andere eßbare Opfergaben.

Das Grabmonument selbst ist ein Tschorten, der in seiner Form an eine Pyramide mit Stufen, Leisten und Absätzen erinnert, und dürfte 6 bis 7 Meter hoch sein (Abb. 126, 127). Die ganze Vorderseite ist mit Gold und Silber in Ornamenten und Arabesken und einer Menge eingesetzter Edelsteine verziert. Ganz oben thront ein meterhoher „Gao", der einem Schilderhaus mit einer Front von Lotosblättern ähnelt, und darin sitzt eine Statue des Toten, die die gewöhnliche Mitra trägt, in der Tsongkapa stets abgebildet wird und die wir während der Fest-

spiele in so vielen Exemplaren sahen. In die erhobenen Hände der Statue hat man eine Menge langer, seidener „Kadachs" gelegt, die sich strahlen- und girlandenförmig wie eine dünne, leichte Draperie auf beiden Seiten des Monuments herabsenken. Dieses ist übrigens von einem Wald von „Tankas", Tempelfahnen, umgeben, die in Lhasa und Taschi-lunpo gemalt worden sind und verschiedene Szenen aus dem Leben des Religionsstifters und der Kirchenväter darstellen. Zwischen und hinter ihnen hängen auch Kulissen von Standarten und bunten Zeugstücken herab, die unten spitz zulaufen und alt, verstaubt und dunkel sind.

Dieser Tschorten mit seiner so reich dekorierten Vorderseite und seiner bunten Umgebung steht frei in der würfelförmigen Kapelle, und ein schmaler, pechfinsterer Gang führt um ihn herum; auf der Hinterseite sieht man mit Hilfe einer Papierlaterne den massiven, gemauerten Sockel, auf dem das Monument ruht. Die Pilger umwandern es in diesem Gang, je öfter, desto besser, und die orthodoxen „Gelugpa", Glieder der „Tugendsekte", gehen dabei stets in der Richtung des Zeigers einer Uhr, d. h. man biegt beim Hineingehen auf der linken Seite ein. Die Mönche, die uns als Führer dienen, halten darauf, daß auch wir uns nicht gegen diese Vorschrift versündigen.

Jetzt überschreiten wir wieder den Hof der Festspiele und werden durch enge, finstere Korridore langsam nach einer etwas helleren Galerie hingeführt, über deren Balustrade man ungehindert in einen „Dukang" hinunterschauen kann, in einen Saal, in dem fünfmal am Tage das Hochamt abgehalten wird. Auf dem glatten Mosaik des steinernen Fußbodens liegen Reihen roter, sehr verbrauchter Matratzen, auf denen die Mönche während der Messe mit gekreuzten Beinen sitzen. In der Mitte der einen kurzen Seite steht ein hoher Papststuhl, der eine Rückenlehne und Armlehnen hat und mit gelber Seide überzogen ist — es ist der Sitz des Taschi-Lama, der bei bestimmten Gelegenheiten hier predigen und Unterricht erteilen soll.

Darauf führte man uns nach dem Jalloa-tschampa, einem heiligen Raum mit einem Vorhang aus einem Netz von eisernen Ringen, durch das man einige dunkle Götterstatuen und eine Anzahl chinesischer Porzellanschalen schimmern sieht. Erhellt durch Butterlampen und behängt mit langen, seidenen Tüchern, steht hier eine Bildsäule der Dolma, einer der beiden Gemahlinnen des Srong Tsan Ganpo, des ersten tibetischen Königs, die beide in Tibet sehr populär und in den meisten Lamatempeln verewigt sind. Von der hier befindlichen Statue wurde gesagt, daß sie einst mit einem Mönche Worte der Weisheit gewechselt habe. In einer anderen Abteilung finden wir Tsongkapas mit seidenen Tüchern ver-

hüllte Statue wieder, und auch eine Bildsäule des zweiten Taschi=Lama, des Pantschen Lobsang Jische.

Kandschur=lhakang heißt der Bibliotheksaal, wo die 100 oder 108 Folianten umfassende Bibel der Tibeter, der Kandschur, verwahrt, studiert und erklärt wird (Abb. 128). Sie enthält eine Sammlung kanonischer Werke, die im neunten Jahrhundert nach dem Sanskritoriginal übersetzt worden sind. Der Saal ist so dunkel wie eine unterirdische Krypta; seine rotangestrichenen Holzsäulen sind mit minutiösen, künstlerisch bemalten, un= eingerahmten Bildern, „Tankas", behängt, und auch auf den Wänden ist ein Gewimmel bunter Götter dargestellt. An der oberen kurzen Seite des Saales sieht man eine Reihe Altäre, in deren verschiedenen Nischen man Götterstatuen und Abbildungen der Taschi=Lamas und anderer vornehmer Priester findet. Auch vor ihnen brennen Butterlampen und blanke, glän= zende Messingschalen sind bis an den Rand mit Opfergaben gefüllt. Die Beleuchtung ist spärlich und mystisch wie überall in Taschi=lunpo; es hat den Anschein, als ob die Mönche der Dunkelheit bedürften, um den Glauben an das Unglaubliche und Übernatürliche, das hier gelesen und studiert wird, zu verstärken.

In der Gasse, die längs der Vorderseiten der Mausoleen hinführt, nach Westen weiterschreitend, sehen wir in das Grabmal des zweiten Ober= priesters hinein, und darauf in das des dritten. Sie hießen Pantschen Lobsang Jische (1663—1737) und Pantschen Lobsang Palden Jische (1737—1779). Ihre Grabkapellen sind genau nach dem Muster der schon beschriebenen erbaut, aber zwischen den Portalsäulen des dritten hängt ein Schild, das in erhabenen Buchstaben den Namen des Kaisers Kien Lung trägt (Abb. 129). Koeppen gibt in seinem Buche interessante Mitteilungen über die Beziehungen des großen Mandschukaisers zu diesem Taschi=Lama. Kien Lung (1736—1795) hatte schon vom Jahre 1777 an den Groß= lama durch mehrere Schreiben eingeladen, nach Peking zu kommen, aber dieser witterte Unrat und suchte sich auf alle Weise zu entschuldigen. Doch der Kaiser überredete ihn so lange, daß der Prälat schließlich, im Juli des Jahres 1779, aufbrechen mußte. Nach dreimonatiger Reise er= reichte er das Kloster Kum=bum. Überall, wo die heilige Karawane durchzog, versammelten sich Pilgermassen, die den Großlama anbeteten und ihm Geschenke darbrachten. In Kum=bum überwinterte er und mußte täglich mehrere tausend Abdrücke seiner Hand auf Papier liefern, welche Reliquien ihm gut bezahlt wurden. Ein einziger reicher Häupt= ling soll ihm 300 Pferde, 70 Maulesel, 100 Kamele, 1000 Stück Bro= katzeug und 150000 Mark in Silber geschenkt haben. Von Prinzen, Fürsten, Beamten und Soldaten und schließlich auch dem Oberhoflama

des Kaisers, Tschantscha Chutuktu, geleitet, erreichte er nach weiterer zweimonatiger Reise Kien Lungs Sommerresidenz, wo er mit großartigem Pomp und Staat und glänzenden Festen empfangen wurde. Der Sohn des Himmels geruhte, sich von dem Heiligen in den Wahrheiten der Religion unterweisen zu lassen. Während der Kaiser die Gräber seiner Ahnen in Mukden besuchte, hielt der Taschi=Lama seinen festlichen Einzug in Peking, wo alle, von den kaiserlichen Prinzen bis zum Straßenpöbel, ihn sehen und seinen Segen erhalten wollten. Sogar die kaiserlichen Favoritinnen bestanden eigensinnig darauf, Seine Heiligkeit sehen zu dürfen, bei welcher Gelegenheit er stumm und regungslos hinter einem durchsichtigen Vorhang sitzen blieb und die Augen niederschlug, um nicht durch den Anblick der schönen Frauen befleckt zu werden.

Aber plötzlich nahm all dieser weltliche Glanz ein klägliches Ende. Der Taschi=Lama erkrankte und starb, und man behauptete, daß der mächtige Kaiser ihn habe vergiften lassen, weil er ihn in Verdacht gehabt, daß er mit der Absicht umgehe, sich mit Hilfe des Generalgouverneurs von Indien von der chinesischen Oberhoheit zu befreien. Denn gerade an diesen dritten Taschi=Lama hatte Warren Hastings sechs Jahre vorher Bogle als Gesandten geschickt. Wenn unser Freund, der jetzige Taschi=Lama, daran gedacht hätte, würde er vielleicht seinen Besuch in Indien lieber unterlassen haben. Der Kaiser stellte sich indessen untröstlich, ließ die Leiche einbalsamieren und über drei Monate an dem goldenen Sarkophag Totenmessen lesen, worauf der Tote den langen Weg nach Taschi=lunpo, der zu Fuß sieben Monate in Anspruch nahm, auf Menschenschultern getragen und dort in dem prächtigen Mausoleum, dem wir jetzt einen flüchtigen Besuch abgestattet haben, aufgestellt wurde.

Unsere nächste Visite gilt dem sogenannten Namgjal=lhakang, dem Tempel des Tsongkapa, einem großen Pfeilersaal mit einer gigantischen Bildsäule des großen Reformators; vor seiner Statue und anderen, die ihr Gesellschaft leisten, stehen die bekannten Batterien von Lampen, Tempelgefäßen und lamaistischen Sinnbildern (s. bunte Tafel). Der Tempelwächter (Abb. 139), der in einem kleinen Verschlag in der Eingangshalle haust, ist ein jovialer Siebziger, der sechzehn Jahre in der Mongolei gelebt hat und stets herauskommt, um sich nach meinem Befinden zu erkundigen, sobald ich auf dem Wege von oder nach den westlichen Gebäuden Taschi=lunpos an dem Tempel des Tsongkapa vorbeigehe.

Tsongkapas Name ist in der lamaistischen Kirche ebenso berühmt und wird ebenso hochgeehrt wie der des Buddha selber; ich kann mich nicht entsinnen, daß in einem einzigen der vielen Tempel, die ich in Tibet besucht habe, seine Statue gefehlt hätte. Er wurde im Jahre 1355

Namgjal-lhakang mit Tsongkapas Bild in Taschi-lunpo.
Aquarell des Verfassers.

in Amdo geboren, und seine Geburt war selbstverständlich von allerlei
übernatürlichen Umständen begleitet. Im Alter von drei Jahren beschloß
er, sich von dieser Welt abzuwenden, und zu diesem Zweck schnitt seine
Mutter ihm das Haar ab, das die Wurzel und der Ursprung des be=
rühmten Wunderbaumes in Kum=bum (der Tempel der „hunderttausend
Bildsäulen") wurde, auf dessen Blättern Pater Huc mit eigenen Augen
heilige Schriftzeichen gelesen hat. Leider fand mein eigener Besuch in
Kum=bum im Jahre 1896 im Winter statt, als der heilige Baum
entlaubt dastand. Nach gründlichen Studien reifte in Tsongkapa der
Entschluß, den stark verwilderten und entarteten Lamaismus zu refor=
mieren, und in mehreren öffentlichen Disputationen widerlegte er, ganz
wie Luther, alle seine Gegner. Die Zahl seiner Anhänger wuchs schnell,
und im Jahre 1407 gründete er bei Lhasa das Kloster Galdan, dessen
erster Abt er wurde, und darauf die beiden ebenso großen und ebenso
berühmten Klöster Brebung und Sera. Tsongkapa führte den Zölibat
unter den Mönchen seiner Sekte ein, die er „Gelugpa", die „Tugend=
sekte", nannte und deren Kennzeichen die gelbe Mütze wurde. Denn Gelb
war die heilige Farbe der alten buddhistischen Mönche. Unter anderen
Geboten, die er einführte, war auch die Vorschrift, daß die tugendhaften
Mönche sich zu gewissen Zeiten in die Einsamkeit zurückziehen sollten, um
sich in Meditation zu versenken, zu studieren und sich auf Disputationen
vorzubereiten. Heutzutage sind die Gelbmützen in Tibet viel zahlreicher
als die Rotmützen. Tsongkapa starb im Jahre 1417 und liegt in Gal=
dan begraben, wo sein Sarkophag oder „Tschorten" frei in der Luft
schwebt. Er wird als eine Inkarnation des Amitabha, aber zugleich
auch als eine des Mandschuschri und des Vadschrapani betrachtet, und er
lebt also noch in meinem Freunde, dem jetzigen Taschi=Lama, fort, nach=
dem er vorher der Reihe nach auch die fünf Taschi=Lamas, deren Gräber
wir jetzt gerade besuchen, durchlebt hat. Es ist also leicht zu verstehen,
daß sein Ansehen gerade hier in Taschi=lumpo außerordentlich groß
sein muß.

Als wir gerade vor der Statue saßen und Tsongkapas freundlich
lächelnde Gesichtszüge unter der üblichen spitzen Mitra betrachteten, er=
schienen einige jüngere Lamas mit Früchten, Süßigkeiten und Tee, nebst
Grüßen vom Taschi=Lama, der die Hoffnung aussprechen ließ, daß es mich
nicht zu sehr ermüden möge. In der halben Dämmerung der Seiten=
wände lasen einige sitzende Mönche laut aus heiligen Schriften vor, die auf
kleinen Schemeln vor ihnen lagen; dabei hielten sie in der Hand einen
„Dortsche", das Sinnbild der Kraft, und eine Glocke, mit der sie dann
und wann klingelten (Abb. 115). Als wir wieder in das Sonnenlicht hinaus=

traten, ging der indische Elefant des Taschi=Lama in der Gasse spazieren; er ist der einzige seiner Art in der ganzen Gegend und soll das Geschenk eines reichen Kaufmanns sein, der ihn vor acht Jahren von Siliguri hierhergebracht hat.

Auch der vierte Taschi=Lama, Pantschen Tenbe Nima (1781—1854), hat eine Grabkapelle, die denen seiner Vorgänger gleicht. Zu beiden Seiten des Eingangstors sehen wir die in doppelter Lebensgröße auf die Wände der Vorhalle gemalten Bilder der „vier großen Könige", Namböse, Jukorschung, Pagjepo und Tschenmigsang, deren Aufgabe es ist, die Dämonen fernzuhalten und ihnen jede Störung des Tempelfriedens unmöglich zu machen. Sie sind in grellen Farben gemalt und sehen, mit Schwert, Bogen und Spieß bewaffnet und mit einem Gewirr von Wolken, Wellen und züngelnden Flammen, Tigern, Drachen und andern wilden Tieren umgeben, geradezu abscheulich aus. Kaum in einem ein= zigen Tempel Tibets fehlen diese vier Bilder am Eingang, und auf jeder der vier Seiten der fünf Grabmale ist einer dieser vier Schutzkönige in Relief dargestellt.

Unsere Führer sagten mir, dieses Mausoleum sei in demselben Jahre, in dem der vierte Taschi=Lama gestorben, erbaut worden. An beiden Seiten der eigentlichen Grabkapelle liegt ein kleinerer Tempelsaal, links der Jamijang=lhakang mit mehreren Götterbildern und einer Altarfront, deren vergoldete Sphinxe rote Flügel auf dem Rücken, dem Nacken und den Tatzen tragen. Rechts liegt der Galdan=lhakang mit einem Bild des Tsongkapa, das aus den Kronenblättern einer Lotosblume hervor= wächst, wodurch seine himmlische Abstammung gekennzeichnet wird.

Schließlich richten wir unsere Schritte nach der Grabkapelle, in der der fünfte Taschi=Lama, der Pantschen Tenbe Vangtschuk (1854 —1882), den letzten Schlaf schläft. Da dieses Mausoleum erst einige zwanzig Jahre alt ist, sieht es neuer und sauberer aus als die anderen, und es ist außen und innen besonders reich und prachtvoll verziert. Die Vorderseite seines Tschorten glänzt von Gold, Türkisen und Korallen; gegen den reinen lamaistischen Klosterstil aber stechen ein Glaskronleuchter aus Indien und einige gewöhnliche Glaskugeln grell ab, letztere aus blauem Glas und Spiegelglas — billiger Kram der Art, die man in Gärten auf dem Lande oder vor Dorfgasthäusern findet. Sie hängen an einer Querleiste vor dem Sarkophagbehälter. Auf dem Altartisch stehen die üblichen Opfergefäße, von denen viele ganz besonders elegant und geschmackvoll sind. Eine große Schale auf hohem Fuß ist von Gold und enthält einen brennenden Docht. Rechts hängen an Nägeln einfache Gaben von armen Pilgern, billige Kadachs, die Gazebinden

ähneln, Armringe, Halsbänder, Amulettfutterale, Rosenkränze, alles von wohlfeilster Sorte und alles Geschenke von Wallfahrern, die in überwallender Begeisterung die unansehnlichen Schmuckgegenstände, die sie zufällig an sich tragen, als Opfergabe darbringen. Hier sehen wir auch auf einer rot und gelb eingerahmten Steintafel den Abdruck eines Kinderfüßchens; eine detaillierte Beschreibung in erhabenen Buchstaben sagt uns, daß es ein Abdruck des Fußes des jetzigen Großlamas ist, als er ein Kind von sechs Monaten war. Diesem Grab dürften die Gaben in größerer Menge zufließen als den übrigen, denn es gibt noch viele, die sich des Toten erinnern.

Die ersten vier Gräber waren mit vielen massiven, komplizierten Schlössern zugesperrt gewesen, wurden aber meinetwegen geöffnet und, als wir sie verließen, wieder verschlossen. Aber die Grabkapelle des fünften Großlamas stand dem Publikum offen, und dort kam und ging ein Strom von Pilgern. Die uns begleitenden Mönche wollten sie fortjagen, aber ich erlaubte nicht, daß sie gestört wurden; es war ja auch interessant, ihre Andacht eine Weile zu beobachten. „Om mani padme hum" murmelnd, stehen sie mit gesenktem Haupt vor dem Grabmonument, fallen auf die Knie, lassen die Hände auf dem steinernen Fußboden nach vorn gleiten, bis sie der Länge nach mit der Stirn auf dem Boden liegen; dann erheben sie sich wieder und wiederholen diese religiöse Gymnastik immer von neuem. Hinterher verbeugen sie sich vor den Götterbildern, legen eine Handvoll Reis oder Mehl in die Opferschalen und gehen in dem dunkeln Gang um das Monument herum.

In jedem dieser Tschorten ist der Großlama ganz oben in der Pyramide hinter seinem eigenen Bilde beigesetzt. Von der Straße, die sich an der Vorderseite der Mausoleen hinzieht, steigt man einige steinerne Stufen hinauf und gelangt durch ein Portal in einen gepflasterten Vorhof, den eine auf Holzsäulen ruhende Galerie umgibt. Innerhalb der Säulen sind die Wände mit Fresken verziert, die lächelnde Götter und tanzende Göttinnen, die an Nymphen und Odalisken erinnern, Personen aus der Geschichte und der Legende, wilde Tiere, allegorische Figuren und die kreisrunde Scheibe, die ein Bild des Universums mit den Welten der Götter, der Menschen und der Dämonen ist, darstellen. Die Wände im Vorhof des fünften Grabes zeichnen sich durch ihre frischen, lebhaften Farben von kräftiger, dekorativer Wirkung aus, während die der anderen mehr von der Zeit mitgenommen und teilweise so ausgelöscht sind, daß man sie wohl kaum noch restaurieren könnte. Wenn das Alter der ganzen bemalten Fläche seinen Stempel gleichmäßig aufgedrückt hat, so gewinnt das Gemälde dadurch, denn die Farben werden gedämpfter und ruhiger,

aber das Schlimme ist, daß oft der ganze Putz abgefallen ist. Vor jeder Grabkapelle hängt eine große Bronzeglocke.

Die Vorhöfe sind zu eng, als daß die geschmackvollen Portale sich in all ihrer Schönheit geltend machen könnten; man hat sie zu dicht vor sich oder sieht sie in zu starker Verkürzung. Aus dem Vorhof des fünften Grabes führt eine hölzerne Treppe in die Vorhalle hinauf (Abb. 130). Die Treppe besteht aus drei Abteilungen und hat also vier Geländerstangen, von denen die beiden mittelsten unten und oben durch Quertaue abgesperrt sind. Die Mitteltreppe darf nämlich nur der Taschi-Lama selbst betreten, während die beiden äußeren von Krethi und Plethi benutzt werden dürfen und infolgedessen auch schon sehr abgenutzte, beinahe ausgehöhlte Stufen haben. Wenn man die Treppe heraufkommt, hat man das Grabtor vor sich und rechts und links die kurzen Querseiten der Vorhalle mit den Bildern von zweien der vier Geisterkönige, während die zwei andern an beiden Seiten der massiven Pfosten des Tores auf die Wand gemalt sind. Die Vorhalle ist nach dem Vorhof zu offen, und ihre reich geschnitzten Frontleisten und Balken werden von zwei polygonalen, roten Holzsäulen mit geschnitzten und buntbemalten, länglichen Kapitälen getragen. Vor dem Eingangstor hängt eine grobgemusterte, schwere Draperie. Die sehr massiven, schweren Türfüllungen sind dunkelziegelrot lackiert, glänzen wie Metall und sind mit Beschlägen verziert, schildförmigen Platten und Ringen von gelbem Messing, das die Zeit teilweise schon geschwärzt hat. An den Ringen der Schilder hängen ein paar Quasten (s. bunte Tafel). Wenn die beiden Türen aufgeschlagen werden, hat man die geheimnisvolle Dämmerung der Grabkammer und die flackernden Lampen vor sich.

Meine erste Runde in Taschi-lunpo war nun beendet, und übersättigt von seltsamen Eindrücken begaben wir uns, als es dämmerte, wieder nach unseren Zelten in Kung Guschuks Garten hinunter. Es war früher als gewöhnlich dunkel geworden, denn im Westen ballte es sich wieder zum Unwetter zusammen, und noch ehe wir zu Hause ankamen, hatten wir es über uns.

Eingang zum Grab des fünften Taschi-Lama in Taschi-lunpo.
Aquarell des Verfassers.

Siebenundzwanzigstes Kapitel.

Tibetische Volksbelustigungen.

Das leichtgläubige Volk, auf dessen Kosten die Mönche in tatenloser Faulheit dahinleben — und gut leben —, ist mit den religiösen Spielen, die nur seine geistigen Bedürfnisse befriedigen, allein nicht zufrieden; es muß auch mit profanen Schauspielen amüsiert werden, die seinen vulgären Neigungen besser zusagen und geeigneter sind, die Sinne zu entflammen. Am 15. Februar sollte ein derartiges Schauspiel auf der Ebene außerhalb der Stadt Schigatse vor sich gehen; auch ich und die Meinigen wurden eingeladen. Wir bestiegen rechtzeitig unsere Pferde und ritten nach Norden durch die kleine Stadt, die nicht mehr als 300 Häuser haben soll (Abb. 131) — Städte sind in Tibet ebenso selten, wie unbedeutend. Die Häuser sind weiß abgeputzt und haben oben einen schwarzen oder roten Rand; mit wenigen Ausnahmen sind sie nur ein Stockwerk hoch; das Dach ist immer flach und mit einem Geländer versehen; die Fenster und Türen sind in demselben Stil gehalten wie die der Klöster. Von der Straße gelangt man in einen Hof, wo gewöhnlich ein großer bissiger Hund an der Kette liegt. Die Dächer sind mit einem ganzen Wald von Reisigbündeln und Gerten verziert, an denen Gebetswimpel in allen Regenbogenfarben hängen; sie haben den Zweck, die Dämonen in die Flucht zu jagen. Zwischen den unregelmäßigen Häuserreihen ziehen sich schmale Gassen und Wege hin, auf denen schwarze Schweine in weggeworfenen Abfällen wühlen, tote Hunde umherliegen und stinkende Lachen stehen, aber dann passieren wir auch offene Plätze, teils mit Teichen.

Diese ganze Stadt trägt den Charakter des Gleichmäßigen und Abgeplatteten, das mit dem „Dsong", der sich stolz auf dem Gipfel ihres Felsens erhebenden Burg, und den goldenen Tempeldächern Taschi-lunpos am Fuß des Gebirges in scharfem, demütigendem Kontrast steht. Der Erd-

boden besteht aus gelbem Staub, und hier und dort kommen wir an einer scharf abgeschnittenen Lößterrasse vorbei; der vom Wind aufgewirbelte Staub liegt auf allen Häusern und Wegen.

Ein schwarzer wimmelnder Zug von Schaulustigen wandert nach der großen Ebene im Nordosten des Djong hinaus; je weiter wir kommen, desto dichter wird er; die meisten gehen zu Fuß, Männer mit Gebetmühlen oder Tabakpfeifen, Weiber mit runden roten Bogen im Nacken und schreienden Kindern auf dem Arm, Knaben, Bettler, Mönche und allerlei Pilger aus den benachbarten Ländern. Hier und dort reitet ein feiner Herr mit einem oder mehreren Begleitern, während Hausierer auf Eseln Dörrobst und Süßigkeiten befördern, die unter den Leuten verkauft werden sollen.

Am Schauplatz angelangt, lassen wir Rabsang unsere Pferde hüten und beobachten mit gespanntem Interesse das eigentümliche festliche Bild, das sich ringsumher entrollt. Es ist ein Menschenmeer, Tausende und aber Tausende von Tibetern und reisenden Fremdlingen in bunten Trachten, von denen jede ein dankbarer Vorwurf für den Pinsel eines Malers sein würde. Vor uns im Osten haben wir die Gärten der Dörfer des Njangtschu-Tales am Fuß der Berge, und hinter uns haben wir eine ganze Stadt von blau und weißen Zelten mit mehr oder weniger vornehmen Zuschauern, auf dem besten Platz aber erhebt sich ein großes blau-weißes Zelt, das nach dem Schauplatz zu offen ist — dort sitzen mit gekreuzten Beinen auf weichen Teppichen die Beamten des Djong in gelben Gewändern, feierlich wie Buddhastatuen, und nehmen von Zeit zu Zeit Erfrischungen ein. Alle diese Zelte erheben sich wie Felseninseln aus dem Menschenmeer.

Mitten durch die Menge zieht sich von Norden nach Süden eine Reitbahn, die nur 2 Meter breit ist und auf den Seiten fußhohe Erdwälle hat. Von der Zeltstadt senkt sich der Boden nach der Bahn hinab, und die Zuschauer, die sich hier befinden und zu denen auch wir gehören, haben sich deshalb gruppenweise niedergesetzt, auf der Ostseite aber, wo der Boden eben ist, bleiben sie stehen. Und hier zerfällt die Menschenmasse in drei Abteilungen, die durch zwei breite, offene Straßen voneinander getrennt sind. Vor ihnen sind, unmittelbar an der Reitbahn, zwei Ziele errichtet, die aus runden, an Stangen hängenden Schießscheiben mit einem weißen und einem schwarzen Ring und einem roten Punkt in der Mitte bestehen. Die Straßen werden offengehalten, damit beim Schießen keiner verletzt wird. Polizisten in rot und weißen Röcken, mit gelben Hüten und sowohl vorn als hinten bezopft, halten das Volk in Ordnung; der Zopf pendelt hin und her, während ein Tauende in un-

unterbrochener Bewegung ist, um allzu neugierige Zuschauer von der
Bahn zu jagen. Zwei dieser Polizisten sind mir zur Verfügung gestellt,
um mir die Aussicht freizuhalten, aber ich habe von ihnen mehr Verdruß
als Nutzen, denn unaufhörlich muß ich sie beruhigen, wenn sie halbnackte
Jungen schlagen, die mir durchaus nicht im Wege sind.

Jetzt geht es los! Aller Augen richten sich auf eine Schar von siebzig
Reitern in außerordentlich bunten Kostümen (Abb. 132), die im Gänsemarsch langsamen Schrittes nordwärts durch die Bahn reiten, so langsam,
daß man sehr gut Zeit hat, ihre verschiedenen Trachten zu studieren.
Alle tragen sie rote, platte Champignonhüte mit herabhängenden wehenden
Federbüschen, weiße dünne Unterjacken mit einer Weste darüber und weiße
Hosen mit Flicken auf den Knien. Aber in einigen Einzelheiten zeigen
sich allerlei Verschiedenheiten. So ist z. B. ein Reiter mit einer weiß-
seidenen schwarzeingefaßten Weste über einer gelben Seidenjacke mit breiten
aufgekrempten Ärmeln bekleidet, während ein anderer eine hellblaue Weste
über seiner gelben Jacke trägt und ebenfalls blaue Kniestücke auf seinen
gelben Pantalons hat. Sonst sind die Kniestücke gewöhnlich rot. An
einem Schulterriemen hängt der Köcher, der mit rotem Stoff überzogen,
mit blinkenden Metallplättchen, Schildern und Knöpfen verziert ist und
ein Bündel langer Pfeile, an denen unten Federn und Federquasten sitzen,
enthält. Der Sattel mit seinem plumpen, hohen Holzgestell ruht auf
einer buntgestickten Satteldecke. Der Schwanz des Pferdes ist mit roten,
gelben und blauen Bändern umwickelt, und diese laufen unten in einer
Quaste zusammen, die ein Ring von Draht ausgespannt hält, damit
sie sich besser ausbreite und mehr Effekt mache. Eine ähnliche Rosette
ziert auch die Schwanzwurzel, und von ihr gehen an den Seiten des
Pferdes Bänder und Querlappen entlang, die am Sattel befestigt sind
und im Winde flattern. Zwischen den Augen trägt das Roß einen
hoch in die Luft ragenden Busch von Pfauenfedern, der unten in einem
Strauß von Daunen steckt; vor der Stirn hat es ein ganzes Bündel
Zeugstreifen verschiedener Länge und Farbe; der Zaum ist voller Metall-
beschläge, und vor der Brust trägt es ein breites Band mit Schellen,
die bei der geringsten Bewegung klingeln.

Es ist also eine sehr farbenreiche, phantastisch aufgeputzte Reiterschar,
die jetzt in umgekehrter Richtung durch die Bahn zurückkehrt, diesmal
aber in tollster Karriere. Sie reiten so schnell die Pferde nur laufen
können, sie hopsen und hüpfen mit Beinen und Ellbogen auf und
nieder, die Hutfederbüsche wehen, die Köcher klappern in ihrem Gehänge,
die Schellen klingeln, und alle ihre Quasten, Lappen und Bänder fliegen
und flattern nach allen Seiten während dieses tollen Reitens. Die Rosse

schnauben, der Schaum bildet Flocken auf dem Zaum, und jeder Reiter rührt für seinen Nachfolger eine Staubwolke auf. Diese Vorführung wiederholt sich zweimal, beim dritten Rennen aber schießen die Reiter mit ihren langen Bogen auf beide Schießscheiben (Abb. 133). Der Abstand zwischen beiden beträgt etwa 60 Meter, und es gilt, in jede Scheibe einen Pfeil zu schicken. Das erstemal geht es noch ganz gut, dann aber muß der Schütze sehr flink in seinen Bewegungen sein, wenn er den Köcher, der ihm auf dem Rücken baumelt und hüpft, noch rechtzeitig ergreifen, den Pfeil herausziehen, ihn auf die Sehne legen und ihn absenden will — ehe er schon an der zweiten Scheibe vorbei ist! Viele Schützen trafen beide Scheiben, andere jagten den ersten Pfeil in die Scheibe, den zweiten aber in den Erdboden; bei einigen fuhr der Pfeil schräg gegen den Holzrahmen der Scheibe, während noch andere versuchten, sich dadurch aus der Affäre zu ziehen, daß sie sich im Sattel umdrehten und, zur großen Gefahr der Zuschauer, den Pfeil nach rückwärts abschossen. Der rote Punkt in der Mitte ist mit einem roten Pulver gefüllt, das in einer Wolke aufstäubt, wenn das Zentrum getroffen ist.

Die Pferde sind klein und lebhaft, einige halbwild und feurig; sie sind langhaarig, aber schlecht gestriegelt, zottig und ungepflegt. Während des Schießens liegen sie fast langgestreckt im Lauf auf der Bahn, und die losen Zügel hängen über den Hals herab.

Beim vierten Rennen schossen die Reiter mit losem Pulver nach beiden Scheiben, und beim fünften mit der Flinte nach der ersten und mit dem Bogen nach der zweiten Scheibe. Sie benutzten dabei ihre langen, schweren, unförmlichen Musketen und hatten nicht einmal die unbequeme Gabel abgenommen. In der Mündung des Flintenrohrs steckt ein Ball zusammengedrückter Papierstreifen, die sich, wenn der Schuß fällt, nach allen Seiten zerstreuen — des größeren Effektes wegen! Der Start findet in großer Entfernung statt, und der Reiter ist schon in vollem Galopp, wenn er sich der ersten Scheibe nähert. Er hält die Flinte in der Linken, erhebt sie langsam und elegant an die rechte Schulter, umfaßt mit der Rechten den Kolben, hält die Mündung nach vorn in der Richtung der Bahn, und in dem Augenblick, wenn er an der Scheibe vorübersaust, dreht er den Lauf nach der Scheibe hin und schießt, denn die Zündschnur ist schon beim Start angezündet worden. Viele erzeugten die rote Wolke, alle die weiße von den Papierstreifen — falls nicht der Schuß versagte; denn auch das kam vor, wenn man den Zunder nicht im richtigen Moment gegen das Zündloch gehalten hatte. Bei einigen Schützen fiel der Schuß ein wenig zu spät, wenn sie die Tafel schon passiert hatten, und dann begannen die der Gefahr am meisten aus=

gesetzten Zuschauer nach allen Seiten davonzustürmen, da sie die berech=
tigte Furcht hegten, daß ihnen die Augenbrauen versengt werden könnten.
Sowie der Schuß gefallen war, wurde der Flintenriemen schnell über die
Schulter geworfen, und jetzt galt es, in zwei Sekunden den Köcher und
den Pfeil zu ergreifen und ihn auf die zweite Scheibe abzuschnellen. Die
Entfernung war jedoch so kurz, daß die meisten fehlschossen; wenn es
aber einem gelang, brachen die Menschenmassen in nicht endenwollenden
Jubel aus, und wenn es ihm mißglückte, jubelte man noch mehr. An=
strengend und heiß muß es sein, in diesen pompösen Anzügen mit Flinte,
Bogen und Köcher der Sonne gerade entgegenzureiten und von Zeit zu
Zeit spurlos in einer Staubwolke zu verschwinden. Einige Pferde stoßen
so, daß ihre Reiter nicht zum Schusse kommen, und dann amüsiert sich
das Volk wieder. Einem Schützen fällt der Hut ab, das ihm folgende
Pferd scheut vor der Scheibe und sprengt, die abgesteckte Bahn ver=
lassend, mitten in den Zuschauerhaufen hinein. Ein anderer handhabt
seine Flinte sicher, hüllt die erste Scheibe in eine rote Wolke und trifft
auch die zweite, hat aber in der Eile zwei Pfeile hineingeschossen. Einer
zerschießt die Scheibe in kleine Stücke, und einem anderen zerbricht die
Flinte, so daß er mit dem bloßen Kolben in der erhobenen Hand weiter=
reitet — immer amüsiert sich das Volk grenzenlos. Besondere Wachen
lesen die Pfeile auf, erneuern die Scheiben und füllen die roten Punkte
mit neuem Pulver.

Dies ist ein tibetisches Volksvergnügen, frisch, farbenreich und pit=
toresk. Die Zuschauer haben augenscheinlich ihre Lieblinge unter den
Wetteifernden; das kann man an dem steigenden Summen hören, sobald
sich ein bestimmter Reiter nähert. Anderen prophezeit man keine Lor=
beeren, denn sie werden schon beim Kommen mit Lachsalven empfangen.
Alle sind ganz Auge und Ohr, während sie stundenlang stehen oder sitzen
und Nüsse und Naschwerk verzehren. In der Menge sehe ich mehrere
alte Bekannte aus dem Kloster, aber auch Lamas aus Ladak, die an den
geistlichen Hochschulen Taschi=lunpos studieren, Kaufleute aus Nepal und
Bhutan, mongolische Pilger in Pelzmützen mit großen Ohrenklappen von
Fuchsfell, etwa zwanzig Kaufleute aus Kaschmir und Ladak in hohen
weißen Turbanen und schwarzen Kaftanen mit Leibgürteln. Die Chi=
nesen, die in Tibet die Rolle der Engländer in Indien spielen, sitzen in
kleinen Gruppen und rauchen ihre Pfeife; der Verlauf des Preisschießens
scheint sie ganz gleichgültig zu lassen. Sie tragen blaue Anzüge, schwarze
Westen und schwarze Scheitelkäppchen, auf denen oben in der Mitte ein
Korallenknopf sitzt (Abb. 138).

Zwei Reitpferde, die so etwas wohl noch nie mitgemacht hatten,

wurden scheu, stürmten auf die Menge auf unserer Seite los, rannten einige über den Haufen, sprangen über andere hinweg und wurden schließlich erst eingefangen, nachdem das eine, buchstäblich in Menschen und deren Kleidungsstücke eingeschnürt, gestürzt war. Als letzter im letzten Rennen kam ein zerlumpter Kerl auf einem jämmerlichen Gaul angehumpelt und erregte die größte Heiterkeit. Dies war das Signal, daß das Fest beendet war, und nun sah man die Reiter absitzen und zu Fuß in langer Reihe an dem Dsongzelt vorbeiziehen, wo jeder das Haupt vor dem „Vorsteher der Stadtverordneten" beugte und einen Kadach um den Hals gelegt erhielt. Dasselbe billige Gnadenzeichen wurde ihnen dann auch von ihren Freunden und Bekannten zuteil, und einige Günstlinge wanderten sogar mit weißen Halstüchern umher, die bis zu sechzig Ellen lang waren. Ich selber spendierte der ganzen Gesellschaft Tee und gab ihnen allen ein Trinkgeld für das Vergnügen, das sie mir und meinem Gefolge bereitet hatten. Als wir schließlich wieder in Schigatse einritten, begleitete uns ein ganzes Heer schwarzer Tibeter.

Am 21. Februar lud mich Ma Daloi ein, auf dem inneren Hof seines Jamen einige Aufführungen zur Feier des chinesischen Neujahrsfestes mit anzusehen. Die Auftretenden sollten Soldaten der Garnison sein, das Schauspiel aber war von den vier chinesischen Tempeln in Schigatse inszeniert worden. Es war spät abends und stockfinster; das Ganze war auf Beleuchtungseffekte angelegt. Zwei Stühle mit einem Tisch dazwischen wurden auf die Veranda gestellt, und während Ma mich mit echtem chinesischen Tee, Kuchen und Zigaretten bewirtete, traten zwanzig Mann ein, jeder mit zwei großen, kleeblattförmigen Laternen von weißem Zeug, das mit Blumen und Drachen bemalt war. In der Mitte der Laterne ist der Fettdocht so angebracht, daß sie sich im Kreise herumwirbeln läßt, ohne Feuer zu fangen. Die Männer tanzen und schwingen die Laternen, die eine in gleichmäßiger Wellenbewegung fortschreitende Linie bilden; sie stellen sich dann so auf, daß die Laternen verschiedene Muster bilden, deren Gestalt schnell wechselt; sie drehen sich blitzschnell im Kreise, und die hellleuchtenden Laternen gleichen großen, in der Nacht umherschwebenden Feuerkugeln. Während der ganzen Zeit werden Schwärmer und Frösche losgelassen, die zwischen den Beinen der Zuschauer sprühen und knallen, denn der Hof ist auch voll tibetischer Zuschauer, die ganz ungeniert hereinkommen. Schließlich bleiben die Laternen stehen, und ein Riesenvogel mit hohem, beweglichem Schwanz und langem, gebogenem Hals schreitet gravitätisch über den Hof. Die nächste Nummer wird von Nepalis ausgeführt; jeder von ihnen trägt zwei Laternen, die wie Bienen-

körbe aussehen; die Spitze der vorderen besteht aber aus einem Pferdekopf mit üppiger, herabhängender Papiermähne, und an der Spitze der hinteren hängt ein Papierschwanz. Als sie um den Hof herum einen recht lustigen Reitertanz aufführten, hatte es daher den Anschein, als ob sie auf innen erleuchteten Pferden heranritten (Abb. 134). Die ganze Zeit über sangen sie in langsamem Takt ein schwermütiges Lied. Und nun schlängelte sich der grün und gelbe Drache heran und erschien auf dem Schauplatz. Sein Kopf ist aus Holz und Papier und wird von einem Mann getragen, von dessen Rücken ein bemaltes Tuch, der Leib des Drachen, sich herabzieht, der einen zweiten niedergekauerten Mann bedeckt. Der Drache tanzt, windet sich, sperrt den Rachen auf und gebärdet sich, als wolle er alle Anwesenden verschlingen. Während der Spiele erschallt dröhnend eine bizarre, überlaute Musik von Trommeln, Becken und Flöten, deren Töne an eine Sackpfeife erinnern. Diese Possenreißer stellen sich während der Neujahrstage auf den Höfen aller angesehenen Leute ein, um sich eine kleine Einnahme zu verschaffen. Sie drohten auch uns einen Abend; ich bat sie aber, lieber bei Tage zu kommen, um sie auf einigen Platten verewigen zu können. (Abb. 135, 140.)

Achtundzwanzigstes Kapitel.

Mönche und Pilger.

Während der Zeit von 47 Tagen, die ich, durch die Macht der Verhältnisse gezwungen, in Schigatse verweilte, hatte ich Gelegenheit, zahlreiche Besuche im Kloster zu machen, interessante Einzelheiten zu zeichnen und zu photographieren, mich mit dem täglichen Leben und den Gewohnheiten der Mönche vertraut zu machen, bei Studien und Rezitationsübungen zugegen zu sein und mich immer mehr in der hierarchischen Metropole einzuleben. Mit einem oder zwei Begleitern pflegte ich nach Taschi-lunpo hinaufzureiten und in seinen dunkeln Grabkapellen und Tempelsälen den ganzen Tag zuzubringen. Erst in der Dämmerung wurde ich von einigen meiner Leute mit Pferden wieder abgeholt. Von diesen Besuchen will ich erst noch einige Eindrücke festhalten, ehe wir wieder aufbrechen, um auf der Weiterreise neuen Schicksalen entgegenzugehen.

Am 14. Februar saß ich auf dem obersten der westlichen Altane und zeichnete eine Skizze der Fassade des östlichen Grabes, aber die Pilger, die sich gerade zu den religiösen Spielen, die an diesem Tage stattfinden sollten, versammelten, zeigten sich so neugierig, daß ich die Arbeit abbrechen und sie auf eine ruhigere Gelegenheit verschieben mußte. Statt dessen ging ich auf die mit einem Geländer versehene Dachplattform vor dem Labrang hinauf und stellte unten an der hinaufführenden Leiter Wachen aus, um die Leute am Mitkommen zu verhindern. Dort oben fällt der Blick auf eine Menge zylinderförmiger Gestelle, die ein paar Meter hoch sind; teils mit schwarzem und weißem Stoffe überzogen, teils mit faltigen Draperien von verschiedener Länge und Farbe überkleidet, sehen sie Unterröcken sehr ähnlich (Abb. 141). Zwischen ihnen ragen vergoldete Dreizacke, Fahnenstangen und andere heilige Symbole in die Luft, die die Tempel vor den Dämonen schützen. Während ich eine perspektivische Skizze der Fassaden der drei mittelsten Grabkapellen zeichnete, stellte sich der Oberintendant von Taschi-lunpo, der die

144. Die große rote Galerie von Taschi-lunpo von außen.
Skizze des Verfassers.

145. Der Taschi-Lama bei einer religiösen Disputation auf dem Festspielhof in Taschi-lunpo. Skizze des Verfassers.

Aufsicht über die Verproviantierung, das Reinigungswesen, die Beleuchtung usw. hat, bei mir ein, ließ Teppiche und Kissen legen und setzte uns den üblichen Imbiß vor. Es ist ein alter Lama, der nach vorbereitenden Studien im Kloster Tösang=ling schon 30 Jahre in Taschilunpo dient.

Von unserem Aussichtspunkt aus sehen wir mehrere kleinere, vergoldete Kupferdächer in chinesischem Stil, die vor den Grabfassaden liegen und sich ohne jeden vermittelnden Übergang direkt aus den flachen Dächern erheben. Unter jedem Dach befindet sich irgendeine bedeutendere Götterstatue in einem Tempelsaal.

Ich ging auf dem Dache umher und genoß die wunderbare Aussicht über die Tempelstadt und ihren Wald von Dachornamenten und kam dabei an einen Platz, wo mehrere Gruppen priesterlicher Schneider mit einem Eifer und einer Hast, als gelte es ihr Leben, bunte Zeugstücke zusammennähten. Hätte man sie ohne die klösterliche Umgebung und die wehenden Symbole gesehen, so würde man geglaubt haben, daß es sich um Gewänder zu einem Ballett oder Kostümfest handle. O nein, die Götterbilder waren es, die neue Seidenkleider haben und wegen des fünfundzwanzigsten Geburtstags des Taschi=Lama mit neuen Draperien und Standarten umgeben werden mußten. Die geistlichen Ritter von der Nadel saßen im vollen Sonnenschein, nähten, plauderten miteinander und schienen sich sehr behaglich zu fühlen. Sie baten mich ungeniert um Geld zu Tee und erhielten auch eine Handvoll Rupien.

Unter dem Platz, wo ich den Taschi=Lama bei den Spielen zuerst erblickte, liegt eine offene Galerie, ein Säulengang (Abb. 142) mit Aussicht über den Hof; die Säulen sind von Holz, nach oben hin mit rotem und nach unten mit weißem Stoff umwunden. Diese Galerie ist sehr malerisch, vom Hause aus gesehen besonders der Platz, wo die Statuen der vier Geisterkönige stehen (Abb. 144). Die Säulen heben sich dunkel gegen den hellen Hintergrund des offenen Hofes ab, und zwischen ihnen bewegte sich gerade eine Staffage, die das Bild nicht verdarb, nämlich rotgekleidete Mönche und Pilger in bunten Gewändern.

Gerade jetzt wurde auf dem Hofe ein religiöses Spiel aufgeführt. An der nördlichen kurzen Querseite des Hofes stand unter dem ersten Altan ein Thronaltar. An seinen beiden Seiten saßen Mönche in gelben Kaftanen. Zwei ebenfalls gelbgekleidete Lamas traten barhäuptig vor den Altar und blieben in vorgebeugter Haltung regungslos stehen. Dann schritten drei Lamas in roten Togen und gelben Zipfelmützen langsam über den Hof, führten unter gellenden Rufen seltsame Armbewegungen aus und nahmen die Mützen ab, aber nur um sie mit mystischen Gesten

sofort wieder aufzusetzen. Diese Zeremonie wurde solange fortgesetzt, daß wir dem Beispiel der meisten Pilger folgten und die Geistlichkeit ihrem Schicksal überließen.

Am nächsten Tag ging eine andere Zeremonie vor sich, über deren Bedeutung ich leider keine ganz zuverlässige Aufklärung erhalten konnte. Auf dem gelbseidenen Thron an der Querseite des Hofes hatte der Taschi-Lama in vollem päpstlichem Ornat Platz genommen, als zwei Mönche in roten Gewändern und mit hohen, roten, helmähnlichen Kopfbedeckungen an ihn herantraten (Abb. 145). Nachdem sie Seine Heiligkeit begrüßt hatten, ging der eine nach den elf Stufen der steinernen Treppe und stellte sich auf die unterste Stufe, und nun begannen sie eine höchst eigentümliche Konversation. Der Lama auf der Treppenstufe ruft etwas, wahrscheinlich ein Zitat aus den heiligen Schriften, oder stellt vielleicht auch eine Frage, schlägt die Hände klatschend zusammen, daß es auf dem Hofe widerhallt, und macht dann mit der rechten Hand eine Gebärde, als ob er dem anderen Mönche irgend etwas direkt an den Kopf schleudern wolle. Dieser antwortet sofort ebenso laut und klatscht ebenso in die Hände. Dann und wann wirft der Taschi-Lama selbst ein Wort hinein. Lobsang Tsering, der mich begleitete, sagte, diese Zeremonie sei eine Art Doktordisputation, und die beiden disputierenden Mönche erlangten, wenn sie die Prüfung bestanden hätten, einen höheren Grad in der priesterlichen Rangskala.

Links unten sitzen auf dem Teppich des Hofes sechs Lamas in gelber Tracht. Zwischen den Säulen ist die Galerie gedrängt voll von rotgekleideten Lamas niederen Ranges, aber vor ihnen sitzen vornehmere Mönche in roten, reich mit Gold gestickten Kaftanen. Unmittelbar an der rechten Seite des Taschi-Lama hat Lobsang Tsundo Gjamtso seinen Platz. Die dunkelroten und strohgelben Farben sind in dem schmutziggrauen Ton des Hofes von kräftiger Wirkung.

Jetzt tritt eine Menge dienender Brüder ein; sie stellen auf dem offenen Platz vor dem Taschi-Lama lange Reihen kleiner Tische auf, die im Handumdrehen mit Schalen voll getrockneter Früchte, Backwerk und Mandarinen besetzt werden. Dann beginnt ein Festmahl zu Ehren der Promotion. Sobald die Tische und Schalen leer sind, werden sie ebenso schnell, wie sie gebracht worden waren, hinausgetragen, und nun erscheint eine feierliche Prozession von Mönchen mit Teekannen — eine Art Teezeremonie beginnt, weniger kompliziert, aber ebenso vornehm wie die in Japan. Vor den Thron des Taschi-Lama stellen sich zwei hochgestellte Priester und bleiben dort, ein wenig nach vorn gebeugt, so regungslos stehen, daß sie an die am Altar betenden Geistlichen unserer

Kirchen erinnern. Ihre Aufgabe ist es, Seiner Heiligkeit Tee zu servieren. Der erste Mönch der Prozession trägt eine Kanne von massivem Gold, die ihm der eine der beiden vor dem Thron stehenden Priester abnimmt, um die Tasse des Taschi-Lama zu füllen. Die übrigen Mönche der Prozession tragen silberne Kannen, deren jede 900 Mark wert ist und aus denen allen den anderen, nicht inkarnierten Mönchen eingeschenkt wird. Jeder Mönch trägt seine eigene Holztasse in den Falten seiner Toga stets bei sich, und wenn der Einschenkende mit der Kanne kommt, hält er ihm nur die Tasse hin.

Während der Zeremonie fahren die beiden Kandidaten unausgesetzt fort, zu disputieren und in die Hände zu klatschen. Nachdem er drei Stunden lang mit gekreuzten Beinen so unbeweglich wie eine Buddhastatue dagesessen, steigt Seine Heiligkeit vom Thron herab und schreitet langsam, auf zwei Mönche gestützt, die Steintreppe hinauf, die mit einem schmalen, bunten Läufer belegt worden ist; denn der Taschi-Lama darf die unreine Erde mit seinen heiligen Sohlen nicht direkt berühren. Hinter ihm geht ein Mönch, der ihm einen gewaltigen gelbseidenen Sonnenschirm mit herabhängenden Fransen über den Kopf hält. Man fühlt unwillkürlich, daß der kleine Mann im päpstlichen Ornat und der gelben Mitra, der unter allgemeinem Schweigen zwischen den Säulen der Galerie im Dunkel verschwindet, wirklich ein Heiliger und einer der Mächtigsten der Erde ist. Er geht nun nach seinem Gemach im Labrang hinauf, wo er sich persönlichem Frieden in der Stille hingeben kann, bis irgendeine neue Zeremonie ihn wieder zur Erfüllung kirchlicher Pflichten hinausruft (Abb. 143).

Der ganze Hof schien finster geworden zu sein, nachdem er fortgegangen war. Die Mönche, die sich eben noch so still verhalten hatten, begannen zu plaudern und zu lachen, die jüngeren spielten und rangen miteinander, und schmutzige Novizen mit nackten Armen verjagten mit Gerten zwei räudige Hunde, die sich auf dem heiligen Platze eingeschlichen hatten.

Es war jedoch nicht nur die Abwesenheit des Taschi-Lama, die den Hof verfinsterte; Wolken gelben Staubes wurden vom Weststurm über Taschi-lunpo hingejagt. Alle Wimpel, Fenstergehänge und Markisen und die langen weißen Fahnen an den Fahnenstangen begannen zu flattern und zu klatschen, und der Klang von tausend Tempelglocken verschmolz in einen einzigen Ton, der die Luft erfüllte und einer Hymne gleich zu den Wohnstätten der Götter emporzusteigen schien. Denn an allen Ecken, Vorsprüngen und Dachleisten hängen Messingglocken, an deren Klöppel eine Feder befestigt ist, so daß auch ein unbedeutender Wind Töne aus dem

Erz hervorzulocken vermag. Beim Durchwandern der Labyrinthe Taschi=lunpos lauscht man gern diesem großen Glockenspiel der Winde.

Ein Lama aus Ladak, der seit fünf Jahren in Taschi=lunpo studierte, erzählte mir, das Kloster habe vier verschiedene Grade gelehrter Priester. Wenn es in einer Familie mehrere Söhne gibt, muß sich stets einer von ihnen dem Klosterleben widmen. Um aufgenommen zu werden, muß er erst das Klostergelübde ablegen und sich verpflichten, keusch und enthaltsam zu leben, nicht zu trinken, zu stehlen, zu töten usw. Er wird dann Novize bei der Brüderschaft der gelben Mönche. Nach diesen vorbereitenden Studien erlangt er den ersten Grad als Priester, der Getsul heißt und ihm die Pflicht auferlegt, gewisse heilige Schriften zu studieren und am Unterricht teilzunehmen, den ein Kanpo=Lama erteilt. Es ist auch seine Pflicht, sich bestimmten dienstlichen Verrichtungen zu unterziehen, höheren Mönchen mit Tee aufzuwarten, Holz und Wasser zu tragen, das Reinigen der Tempel zu besorgen, die Opferschalen zu füllen, die Dochte der Butterlampen geradezuschneiden und dergleichen mehr. Der nächste Grad, Gelong, zerfällt in drei Abteilungen: Ringding, Riktschen und Katschen, von denen erst der letzte seinem Inhaber die Berechtigung verleiht, sich als Lehrer zu betätigen. Dann folgt der Grad Kanpo=Lama oder Abt, und schließlich der Jungtschen, der der nächste zum Pantschen Rinpotsche ist.

Ein Getsul=Lama muß eine Abgabe von 20 Rupien bezahlen, um zum Rang eines Ringding=Lama erhöht zu werden; das ist also nur eine Geldfrage, und der Grad kann einen Monat nach seinem Eintritt ins Kloster erworben werden, kann aber auch, wenn der Lama mittellos ist, mehrere Jahre dauern. Ein Ringding=Lama muß eine ganze Menge Schriften studieren und zahlt, um Riktschen=Lama zu werden, wieder 50 oder 60 Rupien, um Katschen zu werden aber 300. Einem anderen Gewährsmann zufolge werden der Ringding und der Riktschen noch zum Getsulgrad und nur der Katschen zum Gelonggrad gerechnet. In diesen Graden wird es ihm jedoch leichter, die nötigen Mittel aufzutreiben, denn jetzt hat er Gelegenheit, den Priesterberuf unter dem Volke auszuüben. Um zum Kanpo=Lama befördert zu werden, bezahlt man nichts, sondern diese Ernennung erfolgt durch den Taschi=Lama; sie ist verhältnismäßig selten, und es ist große Gelehrsamkeit dazu erforderlich. Der Ernannte erhält ein Zeugnis, das mit dem Siegel des Taschi=Lama versehen ist. Zur Erlangung des Jungtschengrades muß man die heiligen Bücher vollständig beherrschen, und ein Konklave hoher Mönche reicht Vorschläge zur Verleihung der Würde ein.

Gegenwärtig gibt es in Taschi=lunpo 3800 Mönche. Während der

Festtage steigt ihre Zahl jedoch auf fünftausend, weil dann viele aus
benachbarten Tempeln hierher kommen. Von den 3800 sollen 2600 dem
Getsulgrad und 1200 dem Gelonggrad angehören. Die Gelong=Lamas
brauchen sich nicht mit weltlichen Arbeiten zu befassen, sondern haben nur
den Tempeldienst zu besorgen und beim Gottesdienst mitzuwirken. Den
Kanpograd haben jetzt nur vier in Taschi=lunpo und den Jungtschen nur
zwei, einer aus der Provinz Tschang und einer aus Kanum in Beschar,
dem Kloster, wo der Ungar Alexander Csoma de Körös vor einigen 80
Jahren als Mönch lebte, um die Urkunden des Lamaismus zu studieren.
Dieser Jungtschen=Lama, der Lotsaba heißt, ist Abt des Klosters Kanum
und dreier anderen Klöster am Satledsch. Er kam als neunjähriger Knabe
nach Taschi=lunpo und lebt hier seit 29 Jahren. Er sehnt sich nach seiner
Heimat, aber der Taschi=Lama will ihn nicht eher dorthin reisen lassen,
als bis der Dalai=Lama nach Lhasa zurückgekehrt ist.

Unter den 3800 Mönchen sind im ganzen 400 aus Ladak und an=
deren Ländern im westlichen Himalaja; einige wenige sind Mongolen, die
übrigen Tibeter. Die Kirchenmusik besorgen 240 Mönche, und das
Tanzen wird von 60 ausgeführt. Sie tanzen nur zweimal im Jahr.
Während der Zwischenzeiten liegen die wertvollen Kostüme in versiegelten
Kisten in einer Rüstkammer, die „Ngakang" heißt. Da sie nur sehr ge=
ringer Abnutzung ausgesetzt sind, halten sie Hunderte von Jahren.

Das eben geschilderte Disputationsfest galt der Erlangung des
Katschengrades, dessen Promotion nur während des Neujahrsfestes statt=
findet; an diesem werden jährlich 18 Lamas vom Getsul zum Gelong
promoviert. Die Zeremonie dauert drei Tage; am ersten Tage werden
zwei vormittags und zwei nachmittags promoviert, am zweiten Tage sechs
und am dritten Tage acht. —

Am 16. Februar ritt ich wieder zum Kloster hinauf, um Portale
abzuzeichnen und den Taschi=Lama zu photographieren, der mir am Morgen
hatte sagen lassen, daß es ihm passen würde, wenn ich Zeit hätte. Das
Wetter war auch das beste, das man sich wünschen konnte, windstill und
klar. Auf der obersten Plattform, vor dem Eingang des östlichen
Grabes, ist ein breiter, offener Platz, auf dem starkes Gedränge herrschte.
Besonders interessierte es mich, einen endlosen Zug von Nonnen zu sehen,
die aus benachbarten Tempeln gekommen waren, um zum neuen Jahre
den Segen des Taschi=Lama zu erbitten. Alle Altersstufen waren ver=
treten, von alten runzligen Weibern bis zu ganz jungen Mädchen. Schreck=
lich häßlich und schmutzig waren sie alle, in ihrer ganzen Reihe konnte ich nur
zwei entdecken, die leidlich hübsch waren. Sie hatten kurzgeschnittenes
Haar, und ihre Kostüme glichen denen der Mönche; einige hätte man für

Männer gehalten, wenn man nicht das Gegenteil gewußt hätte. Jedoch trugen sie, im Gegensatz zu den Mönchen, kleine gelbe Zipfelmützen mit aufgekremptem Rand, der auf der unteren Seite rot war.

Über die Höfe, Plattformen, Dächer und Treppen sah man auch Lamas und Pilger kommen (Abb. 147), die heraufzogen, um den heiligen Segen zu empfangen; die andächtig und geduldig wartenden Massen, die hier Queue bildeten, machten einen tiefen Eindruck auf den Zuschauer. Für mich jedoch bedeutete ihre Anwesenheit, daß mir eine längere Wartezeit bevorstand, und ich ging deshalb nach dem Grab des Großlamas, dessen prachtvolles Portal ich abzeichnete. Ich war kaum fertig, als Tsaktserkan erschien, um zu melden, daß Seine Heiligkeit mich erwarte; wir eilten deshalb die Treppen wieder hinauf und an den gewöhnlichen Gruppen roter Mönche vorbei, die überall umherstreifen und sehr wenig zu tun zu haben scheinen. Auf dem großen Hof traf man wieder Vorbereitungen zur Feier des Disputationsfestes.

Diesmal begleitete mich nur Muhamed Isa. Der Taschi-Lama empfing mich in demselben halboffenen Raum wie das letztemal. Er war ebenso bezaubernd wie damals und lenkte das Gespräch wieder auf ferne Länder, weit fort von diesem so hermetisch verschlossenen Tibet. Diesmal sprach er indessen hauptsächlich von Agra, Benares, Peschawar, Afghanistan und dem Weg von Herat nach dem Khaiberpasse. „Was liegt westlich von Jarkent?" fragte er.

„Pamir und Turkestan."

„Und westlich davon?"

„Das Kaspische Meer, das von großen Dampfern befahren wird."

„Und westlich vom Kaspischen Meere?"

„Kaukasien."

„Und wohin kommt man, wenn man immerfort nach Westen weitergeht?"

„Nach dem Schwarzen Meer, der Türkei, Rußland, Österreich, Deutschland, Frankreich und dann nach England, das draußen im Weltmeer liegt."

„Und was gibt es westlich von diesem Weltmeer?"

„Amerika, und darauf wieder ein Weltmeer und dann Japan, China und wieder Tibet."

„Die Welt ist unendlich groß", sagte er nachdenklich und nickte mir freundlich lächelnd zu.

Ich bat ihn, nach Schweden zu kommen, wo ich sein Cicerone sein wolle. Da lächelte er wieder: er möchte gern nach Schweden und nach London reisen, aber hohe, teuere Pflichten hielten ihn beständig an Taschilumpos Klostermauern gefesselt.

Nach dem Tee und dem Imbiß ging er wie ein gewöhnlicher Mensch in seinem Zimmer umher und bat mich, die Kamera aufzustellen. In dem von der Sonne beschienenen Teil des Gemaches wurde ein gelber Teppich ausgebreitet und ein Stuhl daraufgesetzt. Leider hatte er nicht sein bezauberndes Lächeln, als die drei Platten aufgenommen wurden, sondern sah ernst aus (Abb. 146, 194) — vielleicht dachte er darüber nach, ob es wohl gefährlich sein könne, sich inmitten seiner eigenen Klosterstadt von einem Ungläubigen abkonterfeien zu lassen. Ein langer junger Lama mit angenehmem Gesicht verstand sich auch aufs Photographieren und machte ein paar Aufnahmen von mir für den Taschi-Lama. Er hatte selbst eine Dunkelkammer, wo wir unsere Platten entwickeln sollten — lamaistische Tempel eignen sich vorzüglich zu Dunkelkammern!

Dann nahmen wir unsere Plätze wieder ein, und der Taschi-Lama erkundigte sich, wie mir das Reiterspiel gestern gefallen habe; ich antwortete, daß ich einen solchen Spaß noch nicht erlebt hätte; er selbst hatte diese weltlichen Vergnügungen noch nie besucht, denn er war an diesem Tage stets durch seine religiösen Pflichten in Anspruch genommen. Nun machte er ein Zeichen, worauf einige Mönche sein Ehrengeschenk für mich hereinbrachten: zwei Stück des kirschroten Wollstoffes, der in Gyangtse gewebt wird, einige Abschnitte goldgewirktes Zeug aus China, zwei Kupferschalen mit silbernem Rand und eine vergoldete Untertasse nebst einem ebensolchen Deckel zu einer Porzellantasse. Eigenhändig gab er mir dann ein vergoldetes, in rot und gelbe Seide gekleidetes Götterbild und ein großes hellgelbes „Kadach". Die Figur, die er mir gab, war ein sitzender Buddha mit blauem Haar, einer Krone und einer Schale in den Händen, aus der eine Pflanze aufkeimte; er nannte es Tsepagmed. Es ist dies die Form des Amitabha Buddha, die Amitayus oder „derjenige, der ein unermeßlich langes Leben besitzt", genannt wird. Es ist bezeichnend, daß der Taschi-Lama mir gerade dieses Götterbild gab. Denn er ist selber eine Inkarnation des Amitabha, und er ist allmächtig. Durch das Bild des Tsepagmed wollte er mir also gleichsam ein Unterpfand geben, daß mir noch ein langes Leben bevorstehe. Das aber begriff ich damals noch nicht; erst als ich in Grünwedels „Mythologie" blätterte, erkannte ich die Bedeutung des Geschenks.

Dieses Mal dauerte die Audienz zwei und eine halbe Stunde. Und es war das letztemal, daß ich den Taschi-Lama von Angesicht zu Angesicht sah. Denn nachher traten allerlei politische Komplikationen ein, die ihm — nicht mir — gefährlich werden konnten, und ich hielt es daher für meine Pflicht, ihn nicht durch neue Besuche, die den Argwohn

der Chinesen hätten erregen können, irgendwelchen Unannehmlichkeiten auszusetzen. Aber es schmerzte mich, wochenlang in seiner Nähe zu sein, zu wissen, daß er täglich von seinem kleinen Klosterfenster aus mein weißes Zelt sah, und ihn doch nicht besuchen und mit ihm reden zu dürfen. Denn er war eine jener seltenen, feinen und edlen Persönlichkeiten, die andern das eigene Leben wertvoller und inhaltsreicher erscheinen lassen. Ja, die Erinnerung an den Taschi-Lama wird mich begleiten, solange ich lebe. Seine Freundschaft kennt kein Falsch, sein Schild ist fleckenlos und sonnenhell, in Treue und Demut sucht er die Wahrheit und weiß, daß er durch tugendhaften, pflichtgetreuen Lebenswandel eine würdige Freistatt ist für den Geist des mächtigen Amitabha.

Der Taschi-Lama war sechs Jahre alt, als ihn das Schicksal zum Papst in Taschi-lunpo berief, einer Würde, die er bei meinem Besuch schon 19 Jahre bekleidete. Er soll in Tagbo im Lande Gongbo geboren sein. Wie der Papst in Rom, ist auch er, trotz seines großen religiösen Einflusses, ein Gefangener im tibetischen Vatikan und führt ein nur durch religiöse Vorschriften geregeltes Leben, da jeder Tag des Jahres seine bestimmten kirchlichen Verrichtungen und Geschäfte hat. So hatte er zum Beispiel am 20. Februar in Begleitung der ganzen höheren Geistlichkeit vor den Gräbern aller seiner Vorgänger das Knie zu beugen. Als ich fragte, wo er selbst beigesetzt werden würde, wenn es dem Amitabha gefiele, sich in einem neuen Taschi-Lama zu reinkarnieren, erhielt ich die Antwort, daß man ihm eine ebenso prachtvolle Grabkapelle bauen werde wie den früheren und daß ein Konklave hochgestellter Priester über den Platz zu entscheiden habe. Entweder werde das sechste Mausoleum auf der Westseite der schon vorhandenen erbaut werden, also mit ihnen in einer Reihe liegen, oder man werde vor den ersten fünf eine neue Reihe beginnen.

Eines Tages erhielten auch alle meine lamaistischen Begleiter Zutritt bei Seiner Heiligkeit. Es war vorher vereinbart worden, daß sie keine größeren Tempelabgaben als drei Rupien pro Mann zahlen sollten. Natürlich bezahlte ich für sie, und sie versicherten mir nachher, daß der heilige Segen ihnen für den ganzen Rest ihres Lebens nützlich sein werde.

Über die Zahl der Pilger, die jährlich nach Taschi-lunpo strömen, Auskunft zu erhalten, gelang mir nicht. Fragte ich danach, so lachte man und antwortete mir, sie seien so zahlreich, daß es ganz unmöglich sei, sie zu zählen. Vornehme und wohlhabende Pilger bezahlen gut, andere eine kleine Silbermünze oder einen Beutel mit Tsamba oder mit Reis, andere kommen haufenweise im Gefolge irgendeines wohlhabenden Häuptlings,

146. Seine Heiligkeit der Pantschen Rinpotsche oder Taschi-Lama.

147. Pilger in einem Portal in Taschi-lunpo.

148. Eine Klosterküche in Taschi-lunpo.
Skizze des Verfassers.

der für sie alle zahlt. Ist der Zulauf zu groß, so werden sie von den höheren Mönchen durch Handauflegen gesegnet; erscheinen sie in geringerer Anzahl, so empfangen sie den Segen vom Taschi=Lama selbst, aber nicht mit der Hand, sondern mit einem Stabe, der mit gelbem Seidenzeug umwickelt ist. Mit seiner Hand segnet er bloß vornehme Leute und Mönche.

Unter den Pilgern sah man sowohl Laien als Geistliche. Ich sprach schon von den Nonnen, die, Queue bildend, auf den Segen warteten. Vierhundert Nonnen waren aus benachbarten Klöstern angelangt. Während ihres Aufenthaltes erhalten sie freie Wohnung im Tschini=tschikang, einem Gebäude in Taschi=lunpo, freie Beköstigung und außerdem bei der Abreise ein kleines Geldgeschenk. Sie stellen sich nicht alljährlich ein, in diesem Jahre aber kamen sie am zweiten Tag des Festes und brachen am 18. Februar wieder auf.

Wir sahen auch Novizen aus anderen Klöstern, die zu gewissen Zeiten mit Tee bewirtet wurden; sie mußten sich jedoch damit begnügen, vor der Küche auf der Straße zu sitzen, wo sie die enge Gasse füllten, so daß man kaum durchkommen konnte.

Man findet unter den Pilgern auch wandernde Lamas. Eines Tages machte ich von einem solchen, der weit und breit herumgekommen war, eine Zeichnung. Um den Hals trug er seinen Rosenkranz, ein Muschelhalsband und ein „Gao" mit einem Götterbild, das ihm der Taschi=Lama geschenkt hatte. Vor nicht langer Zeit hatte er die Kniefallwanderung um alle Klöster von Lhasa ausgeführt, und eben hatte er dieselbe, den Göttern wohlgefällige Tat um Taschi=lunpo herum vollbracht. Er bewegt sich dabei in der Richtung des Uhrzeigers und mißt die Länge des Weges um das Kloster mit der Länge seines eigenen Körpers. Er faltet die Hände vor der Stirn, fällt auf die Knie, legt sich dann der Länge nach auf den Weg, streckt beide Arme nach vorn, kratzt ein Zeichen in die Erde, steht auf, geht bis an das Zeichen, fällt dort wieder auf die Knie und setzt diese Prozedur so lange fort, bis er um das Kloster herumgelangt ist. Ein solches Umwandern Taschi=lunpos erfordert einen ganzen Tag, will er aber auch in die Gassen hinein und auch um alle Grabkapellen und Tempel herum, so verbringt er mit dieser religiösen Gymnastik drei Tage. Täglich sahen wir ganze Reihen sowohl geistlicher als weltlicher Pilger, die auf diese Weise ganz Taschi=lunpo und alle seine Götter umkreisten. Ich fragte mehrere von ihnen, wievielmal sie bei einer Umkreisung der Mauer der Länge nach auf die Erde fielen, aber sie wußten es nicht; denn, sagten sie, wir beten die ganze Zeit: „Om mani padme hum", jede Niederwerfung bedeutet zwanzig Manis,

wir können daher die Zahl der Kniefälle nicht auch noch zählen. Viele von ihnen gehen mehrere Male um die Mauer herum.

Jener wandernde Lama gehörte zu einer Brüderschaft von neun Mönchen, die uns manchmal in unserem Garten besuchten, vor den Zelten saßen, ihre Gebetmühlen drehten und sangen (Abb. 152). Sie hatten freie Wohnung in einem Gebäude Taschi-lunpos, das Hamdung hieß. Ein anderes Mitglied war der siebzigjährige Tensin aus Amdo; er hatte vier Monate gebraucht, um von dort nach Taschi-lunpo zu gehen. Alle waren des Festes wegen gekommen und wollten über Lhasa und Naktschu nach Hause zurückkehren.

Die Abgaben der Pilger sind eine der Haupteinnahmequellen Taschi-lunpos. Aber das Kloster besitzt auch bedeutende Landgüter und Herden, und gewisse Mönche, die die wirtschaftlichen Angelegenheiten besorgen und den Ertrag verwalten, treiben sowohl mit der Umgegend wie mit Nepal Handel. Der Ertrag von ganz Tschang fällt an Taschi-lunpo, das infolgedessen ziemlich reich ist. Ein jeder der 3800 Mönche erhält, ohne Unterschied des Grades, jährlich 15 Rupien und lebt natürlich kostenlos im Kloster.

Eine andere große Einkommenquelle ist der Verkauf von Amuletten, Talismanen und Reliquien, Götterbildern aus Metall oder Terrakotta, religiösen Malereien (Tankas), Räucherspänen und dergleichen. Auch für kleine unbedeutende, beinahe wertlose Tongötter oder Papierstreifen mit symbolischen Figuren, die die Pilger als Talismane um den Hals tragen, werden die Priester recht gut bezahlt, wenn der Taschi-Lama diese Dinge gebührenderweise gesegnet hat.

Am 21. Februar verbrachte ich beinahe den ganzen Tag in Teilen des Klosters, die ich noch nicht gesehen hatte. Wir wanderten durch enge, gewundene Korridore und Gassen in tiefem Schatten zwischen hohen, weißabgeputzten Steinhäusern, in deren Innerm die Mönche ihre Zellen haben. Eines der Häuser bewohnten ausschließlich studierende Mönche aus den Gegenden um Leh, Spittok und Tikse herum. Wir traten denn auch in die kleinen, dunkeln Verschläge hinein, wo kaum mehr Raum war als in meinem Zelt. An der einen Längswand hat das Bett seinen Platz: eine rotbezogene Matratze, ein Kopfkissen und eine Filzdecke. Im übrigen besteht die Einrichtung aus einigen Kisten mit Büchern, Kleidungsstücken und religiösen Gegenständen. Heilige Schriften liegen aufgeschlagen. Ein paar Beutel enthalten Tsamba und Salz. Ein kleiner Altar mit einigen Götterstatuen, Opfergefäßen und brennenden Butterlampen — das ist alles. Hier ist es dunkel, kühl, feucht und muffig, nichts weniger als gemütlich, eher wie in einem Gefängnis. Aber hier

verlebt der seine Tage, der sein Leben der Kirche geweiht hat und höher steht, als andere Menschen. Mönche niederen Grades wohnen zu zweien oder dreien in einer Zelle, Gelongs haben eine Zelle für sich; die höchsten Prälaten jedoch besitzen viel elegantere und geräumigere Wohnungen.

Jeder Mönch erhält täglich drei Schalen Tsamba und nimmt seine Mahlzeiten in seiner Zelle ein, wohin ihm auch dreimal am Tage Tee gebracht wird (Abb. 150). Doch wird ihnen auch während des Gottesdienstes Tee gereicht, in den Tempelsälen, in den Vorlesungssälen und auf dem großen Hofe. Keine religiöse Handlung scheint so heilig zu sein, daß sie nicht zu beliebiger Zeit durch ein Schälchen Tee unterbrochen werden könnte.

Eines Tages beobachtete ich von der roten Säulengalerie (Kabung) herab den Hof voller Lamas, die in kleinen Gruppen saßen und nur enge Durchgänge freiließen, durch die Novizen mit den heißen silbernen und kupfernen Teekannen gingen und das mit Butter angerührte, suppenähnliche Getränk anboten. Allem Anschein nach ein gemeinsamer „Five o' clock tea" nach irgendeinem Gottesdienst! Aber einen gewissen religiösen Anstrich hatte der Teeklatsch doch, denn bisweilen sangen sie gemeinschaftlich eine feierliche, monotone Hymne, die in dem engen, widerhallenden Hofe wunderbar schön und ergreifend klang. Am 4. März wimmelte es auf dem Hof und anderen Plätzen innerhalb der Mauern Taschi-lunpos von Weibern (Abb. 149) — es war der letzte Tag, an dem ihnen das Gebiet des Klosters offenstand; vor dem nächsten Losarfest werden sie hier nicht wieder zugelassen.

Der junge Mönch, der als Reisebegleiter des Taschi-Lama in Indien Gelegenheit zur Erlernung des Photographierens gehabt, hatte seine Dunkelkammer neben seiner großen eleganten Zelle. Auch ich konnte einige meiner Platten dort entwickeln. Er bat mich, ja recht oft zu kommen, um ihm Anweisungen zu geben. Er hatte massive Tische, bequeme Diwans und schwere, vornehme Draperien in seinem Salon, der abends durch Öllampen erleuchtet wurde. Dort konnten wir stundenlang sitzen und plaudern. Plötzlich war er auf den Gedanken verfallen, Englisch zu lernen. Wir begannen mit den Zahlworten, die er mit tibetischen Schriftzeichen aufschrieb; nachdem er sie auswendig gelernt hatte, fragte er nach anderen gewöhnlicheren Worten und Begriffen. Sehr bedeutende Fortschritte machte er indessen während der wenigen Lektionen, die ich ihm erteilte, gerade nicht.

Wenn man durch die Straßen der Klosterstadt wandert, muß man sich vorsehen, denn die Steinplatten, über die seit Jahrhunderten Tausende von Mönchen und Pilgern hinschritten, sind blank von der

Abnutzung und tückisch. Gewöhnlich herrscht lebhafter Verkehr, besonders an den Festtagen (Abb. 153). Mönche kommen und gehen, stehen in plaudernden Gruppen an Straßenecken und in den Portalen, gehen zum Gottesdienst, kommen von dort zurück oder sind auf dem Weg, um ihre Brüder in ihren Zellen zu besuchen. Andere tragen neugenähte Standarten und Seidenvorhänge von der Schneiderwerkstatt in die mystische Dämmerung der Götter hinein, während andere wieder Wasserkannen schleppen, um die Messingschalen auf den Altartischen zu füllen oder zum selben Zweck Säcke mit Mehl und Reis tragen. Man begegnet kleinen Eselkarawanen, die die Vorratskammern des Klosters zu füllen kommen, wo der Umsatz sehr lebhaft ist — es ist ja auch eine Familie von 3800 Mitgliedern zu versorgen. Und dann haben wir wieder Pilger, die nur umherstreifen, zu den Göttern hineingucken, ihre Gebetmühlen schwingen und ihr ewiges „Om mani padme hum" murmeln. Hier und dort längs der Mauern sitzen Bettler, die ihre Holzschalen ausstrecken, damit der Wanderer etwas hineinlege, sei es auch nur eine Fingerspitze voll Tsamba. Man findet täglich dieselben abgezehrten und zerlumpten Bettler an derselben Straßenecke, wo sie in demselben bittenden und klagenden Ton die Barmherzigkeit der Vorübergehenden anrufen. In den schmalen Gassen, wo die großen, in die Mauern eingebauten Gebetmühlen in langen Reihen stehen und von den Passanten gedreht werden, sitzen viel Arme, eine lebende Mahnung an die Törichten, die glauben, daß das Drehen der Gebetmühlen allein ein genügendes Verdienst auf dem Wege nach den Wohnungen der Seligen sei. In einem besonderen kleinen Raum stehen zwei kolossale, zylinderförmige Gebetmühlen, vor denen sich stets eine Menge Leute ansammelt, Mönche, Pilger, Kaufleute, Arbeiter, Bummler und Bettler. Eine solche Gebetmaschine enthält kilometerlange dünne Papierstreifen, die mit Gebeten bedruckt sind, und Schicht auf Schicht rollt um die Achse des Zylinders. Am Zylinder befinden sich Kurbeln, mit denen die Achse in Drehung versetzt wird. Eine einzige Umdrehung, und Millionen Gebete steigen gleichzeitig zu den Ohren der Götter empor!

Neunundzwanzigstes Kapitel.

Streifzüge in Taschi-lunpo. — Der Weg der Toten.

Unmittelbar unter der roten Säulengalerie liegt die Soktschin-runkang-tschimbo, die Küche mit ihrem aufgemauerten Herd von kolossalen Dimensionen und sechs eingemauerten gewaltigen Kesseln (Abb. 148). Der größte versieht alle 3800 Mönche auf einmal mit Tee. An dem Teil des Kessels, der sich über die Herdfläche erhebt, sind Schriftzeichen und gegossene Ornamente. Jeder Kessel hat seinen großen Holzdeckel, der aufgelegt wird, wenn man den Kessel nicht benutzt. Man kochte gerade in zweien dieser Riesentöpfe Tee; wahrscheinlich sollte er auch für zufällige Gäste reichen. Glühende, flammende Heizlöcher gähnen unter den Kesseln, mit langen Eisengabeln werden Wellen von Reisig und Zweigen hineingeschoben. Im Dach ist eine Öffnung für den Rauch, der in grauen Ringen emporwirbelt und in der heiligen Küche, die eher einer Grotte gleicht, eine malerische Beleuchtung hervorzaubert. Eine ununterbrochene Reihe junger Lamas und Tagelöhner steigt die von der Gasse in die Küche hinaufführende Treppe empor. Auf dem Rücken tragen sie Wasserzuber verschiedener Größe, die den Kräften des Tragenden angepaßt sind, denn es sind ganz kleine Buben darunter, die erst kürzlich von den Angehörigen den Händen der Mönche überantwortet wurden. Einer nach dem anderen stülpen sie ihren Zuber über den Rand des Kessels aus, während der Heizer mit der Gabel neue Brennholzwellen in den Herd hineinschiebt. Andere dienende Brüder bringen eine Menge Ziegelteewürfel angeschleppt, die sie in das kochende Wasser hineinwerfen, dessen helle Dampfwolken sich mit dem Herdrauch vermengen. Am Rand der Kessel stehen zwei Köche, die mit gewaltigen Stangen, größer als Ruder, umrühren und malerisch in den aufsteigenden Dampfwolken verschwinden, aber nur um bei einem schwachen Lüftchen von der Tür her wieder sichtbar zu werden wie von oben beleuchtete Schattengestalten. Bei ihrer Arbeit singen sie ein langsames, rhythmisches Lied.

Wenn der Tee fertig ist, wird er in große glänzende Kupferkannen mit gelben, blitzenden Messingbeschlägen gefüllt, die einen Henkel und allerlei Verzierungen haben; Novizen tragen die Kannen auf den Schultern nach den verschiedenen Sälen und Zellen (Abb. 151). Vorher wird jedoch vom Tempeldach auf einer Meermuschel ein dröhnendes Signal geblasen, damit die Mönche, die ihren Tee nicht einbüßen wollen, aufpassen und die Gelegenheit wahrnehmen. Ich sah oft in die Küche hinein; sie war zu pittoresk, die Köche waren zum Scherzen aufgelegt und nicht abgeneigt sich zeichnen zu lassen.

Auf einem offenen Platz vor den Mausoleen sind auf einer Terrasse zwei große und einige kleine Tschorten errichtet, ganz derselben Art, wie man sie so oft in Ladak sieht (Abb. 154). Dort gibt es auch steinerne Nischen, in denen Götterbilder und andere Reliquien angebracht sind. Eine Menge Menschen hatte sich auf der Terrasse angesammelt, als ich zeichnete, und es war daher gar nicht leicht, die Aussicht freizuhalten. All diese roten und bunten Gewänder auf dem Hintergrund der kreideweiß abgeputzten Erinnerungstürme boten ein überaus ansprechendes Bild.

Eines Tages, als ich lange plaudernd in der Zelle des photographierenden Lamas gesessen hatte, war es schon dunkel, als wir nach Hause gingen. Wie schon so oft gingen wir am Eingangsportal des Vorhofes zum Namgjal-lhakang vorüber, jenem Tempelsaal, in dem uns der Taschi-Lama einmal Erfrischungen hatte vorsetzen lassen. Dort war gerade ein nächtlicher Gottesdienst in vollem Gang, und wir traten selbstverständlich hinein, um zuzuschauen. Die Beleuchtung war noch mystischer als gewöhnlich, aber man konnte sich wenigstens beinahe orientieren, wenn man direkt aus der draußen herrschenden Dunkelheit hineinkam. Die Mönche saßen auf langen roten Diwanen und zeichneten sich gegen eine Rampe von etwa 40 Lichtflammen, die in den Schalen auf dem Altar brannten, wie schwarze Schattenrisse ab. Die vergoldeten Lotosblätter der Sockel waren grell beleuchtet, und die gelben Seidenbahnen, die Tsongkapas Statue in der Hand hält und die sich wie Girlanden nach den Götterbildern hinziehen, traten scharf hervor. Aber die oberen Teile der Bildsäule verschwammen im Dunkel unter der Decke, und Tsongkapas Antlitz mit den schwellenden, rosigen Wangen und der breiten Nase wird von unten so eigentümlich beleuchtet, daß man sein Lächeln nicht wiedererkennt. Die vier bunten Säulen in der Mitte des Saales hoben sich schwarz gegen die Altarrampe ab. Die Mönche trugen gelbe Mäntel, saßen barhäuptig und sangen ihre melancholischen Litaneien, die dann und wann durch das Schellen der Klingeln und das Dröhnen der Tempeltrommeln unterbrochen wurden. Zuerst trifft der Lederball

des Trommelschlägels das straffe Trommelfell langsam und taktmäßig, dann immer schneller und plötzlich hört das Trommeln auf. Ein Mönch rezitiert in steigenden und fallenden Tonwellen mit virtuosenhafter Geschwindigkeit „Om mani padme hum", und die anderen stimmen ein — eine Art Responsorium. Die Rezitation geht in ein anhaltendes Gesumm über, in dem man nur manchmal die Silben „Om mani" lauter und das Wort „Lama" langsamer aussprechen hört. Das ganze Ritual wirkte mystisch und einschläfernd; keiner hörte aufmerksamer zu als Tsongkapa, der mit weitgeöffneten, starren Augen und bis auf die Schultern herabhängenden Ohren träumend dasaß. Auch hier wurde der unentbehrliche Tee herumgereicht; damit der Einschenkende die Tassen auch sehen könne, begleitete ihn ein Mönch mit einer Öllampe. Die Mönche waren jetzt an meine Besuche gewöhnt und beachteten mich kaum mehr, aber sie begrüßten mich stets höflich und freundlich und fragten, was ich im Lauf des Tages gezeichnet hätte.

Ein Lama gab mir Aufklärungen über einen merkwürdigen Brauch. Gewisse Mönche übernehmen freiwillig die Verpflichtung, sich für drei, sechs, höchstens zwölf Jahre in dunkle Grotten oder Höhlen einmauern zu lassen. Bei dem kleinen Kloster Schalu=gumpa, eine Tagereise von Taschi=lunpo, gibt es einen Mönch, der schon fünf Jahre in seiner Grotte zugebracht hat und noch sieben darin bleibt. In der Wand der Grotte ist eine Öffnung von einer Spanne im Durchmesser. Wenn die zwölf Jahre vergangen sind und der Eingeschlossene wieder an das Tageslicht zurückkehren darf, kriecht er aus der Öffnung heraus. Ich wandte ein, daß dies ja eine physische Unmöglichkeit sei, aber der Lama erwiderte, daß dies Wunder geschehe, und übrigens werde der Eingemauerte in den zwölf Jahren so mager, daß er mit Leichtigkeit durch die Öffnung schlüpfen könne! Einer der Mönche des Klosters geht täglich mit Tee, Wasser und Tsamba nach der Grotte und schiebt diese Lebensmittel in die Öffnung; er darf aber nicht mit dem Eingeschlossenen sprechen, da sonst der Zauber gebrochen wird. Durch die Öffnung dringt so viel Licht in die Grotte, daß der darin Sitzende Tag und Nacht unterscheiden kann, mehr aber nicht. Beim Lesen der heiligen Schriften, die mit dem sich Kasteienden zugleich in die Grotte gebracht worden sind, muß er daher eine Öllampe benutzen; von Zeit zu Zeit wird neues Öl in die Öffnung gesetzt. Den ganzen Tag über sagt er seine Gebete her, und die Nacht teilt er in drei Wachen, von denen zwei mit Schlafen und eine mit Lesen verbracht werden. Während der zwölf Jahre darf er die Grotte kein einziges Mal verlassen, nicht die Sonne sehen und kein Feuer anzünden. Seine Kleidung ist nicht die gewöhnliche Lamatracht, sondern besteht nur

aus einem dünnen baumwollenen Hemd und einem Gürtel um den Leib, er trägt weder Hosen noch Kopfbedeckung oder gar Schuhe.

Unter anderen tiefsinnigen Sachen muß dieser Büßer nun eine Schrift über irgendeine Art Magie lesen, die ihn unempfindlich gegen die Kälte und beinahe unabhängig von den Gesetzen der Schwere macht; er wird leicht und geht, wenn die Stunde der Freiheit schlägt, auf beflügelten Sohlen; während er sonst drei Tage gebraucht hat, um von Taschi=lunpo nach Gyangtse zu gelangen, eilt er nun in weniger als einem Tage dorthin. Sobald die zwölfjährige Prüfung beendet ist, hat er sich nach Taschi=lunpo zu begeben, um dort auf dem Dache in ein Horn zu stoßen, worauf er nach Schalu=gumpa zurückkehrt. Solange er noch lebt, gilt er nun als Heiliger und hat den Rang eines Kanpo=Lama. Sobald er aber die Grotte verlassen hat, findet sich gewiß ein anderer, der sofort in die Dunkelheit hinein will, um dieselbe Prüfung zu bestehen. Dieser Lama war der einzige, der jetzt in dieser Gegend in einer Grotte lebte. Eremiten dagegen gibt es in Hülle und Fülle. Sie leben in halboffenen Grotten oder kleinen Steinhütten und werden von den in ihrer Nachbarschaft lebenden Nomaden unterhalten. Wir werden später noch von fanatischen Mönchen hören, die der Welt auf eine noch viel strengere Weise entsagen.

In Taschi=lunpo scheint das Klosterleben streng zu sein; es gibt besondere Aufseher, Polizisten und Liktoren, die das Leben in den Mönchszellen kontrollieren und aufpassen, daß niemand sich gegen die Klostergelübde vergeht. Kürzlich hatte ein Mönch das Keuschheitsgelübde gebrochen; er war auf immer aus der Gelugpabrüderschaft ausgestoßen und aus dem Gebiet Taschi=lunpos verbannt worden. Er hat also keine Aussicht, in einem anderen Kloster eine Freistatt zu finden, sondern muß irgendeinen weltlichen Beruf ergreifen.

Eines Tages besuchte ich den Däna=lhakang, einen Tempelsaal, der einem halbdunkeln Korridore gleicht, denn er erhält sein Licht nur durch zwei völlig unzureichende Fenster. Das Innere, in der Mitte des Korridors, ist in einer Nische angebracht, die nach dem Saale zu Türen hat, denn die Mauern sind sehr dick. Zwischen den Türen und dem Fenster entsteht so ein kleines Gemach, in dem der diensttuende Lama wie in einer Hütte wohnt. Er gehörte dem Gelonggrade an, hieß Tung Schedar, war in Tanak beheimatet und jetzt 70 Jahre alt, hatte kurzgeschorenes weißes Haar und war dürr wie altes, gelbes, zerknittertes Pergament.

Beim Eintreten hat man zur Rechten an der Querwand ein Bücherregal mit tiefen, viereckigen Fächern, in welche heilige Bücher geschoben

149. Pilgerin aus Nam-tso.   150. Lama mit Teekanne.   151. Der Tee wird zu den Zellen der Mönche gebracht.   152. Bettelnder Lama.

Skizzen des Verfassers.

153. Straße mit Lamas in Taschi-lunpo.

sind. An der äußeren Längswand sind zwischen den beiden Fenstern, also im tiefsten Schatten, Bilderstandarten in einer Reihe aufgehängt; die meisten von ihnen haben schon ein ehrwürdiges Alter und sind ebenso verstaubt wie verblichen — eine lamaistische Bildergalerie. An der Längswand sind Säulen von rotlackiertem Holz, zwischen denen Gitter von kurzen Eisenstäben, die geometrische Figuren bilden, aufgehängt sind. Sie haben den Zweck, den Diebstahl der Wertsachen zu verhindern. In einer solchen Nische sehen wir Hunderte von kleinen, 10 oder 20 Zentimeter hohen Götterbildern in seidenen Mänteln amphitheatralisch aufgestellt. Vor ihnen stehen höhere Götterstatuen und chinesische Vasen von altem, wertvollem Porzellan. Besondere Ehrfurcht erweist man dem mit einer offenen Tür versehenen Schränkchen, in dessen Innerem eine mit Kadachs behängte Tafel mit chinesischen Schriftzeichen aufbewahrt wird zum Andenken an den großen Kaiser Kien Lung, der sich vom dritten Taschi=Lama in die Brüderschaft der gelben Mönche hat aufnehmen lassen. Oben, die Kapitäle der Säulen verdeckend, zieht sich bizarr und schäbigelegant eine Draperie von verschieden gefärbten Zeugstücken und Papierstreifen hin. Im übrigen ist der Saal reich an den gewöhnlichen Gefäßen, Messingelefanten mit Weihrauchspänen, großen Kelchen und Schalen, kleinen und großen Tempelfahnen und dergleichen mehr (Abb. 155, 156).

Ein andermal hatte ich in einer Grabkapelle gezeichnet und die Gelegenheit wahrgenommen, einige weibliche Pilger, die dort beteten, zu verewigen. Als die Arbeit beendet war, gingen wir über einen 20 Meter breiten, 80 Meter langen, gepflasterten Hof, der unmittelbar unter der Fassade des Labrang liegt. Er war voller Menschen, die darauf warteten, den Taschi=Lama zu sehen; er sollte auf dem Wege zu einer Zeremonie vorbeikommen. Und er kam, in rotem Mönchsgewand und gelber Mitra. Über seinem Kopf schwebte der gelbe Sonnenschirm und sein Gefolge war eine Prozession von Mönchen. Er ging ein wenig vornübergeneigt und machte einen demütigen Eindruck. Viele fielen der Länge nach nieder und beteten ihn an, andere bewarfen ihn mit Reiskörnern. Er sah mich nicht; sein Lächeln war aber ebenso freundlich und versöhnlich wie beim letztenmal, als wir zusammengetroffen waren. Er ist also gleich freundlich gegen alle.

Täglich machte ich Streifzüge im Kloster und vervollständigte dabei meine Kenntnisse über das einsame Leben der Mönche. Gumpa bedeutet „die Wohnstätte der Einsamkeit" oder Monasterium; im Kloster leben die Mönche ja abgeschieden von der Außenwelt, ihrer Eitelkeit und ihren Versuchungen. Einmal, im Kandschur=lhakang, hatte ich die Absicht, die Götterstatuen mit den brennenden Lampen davor an der innersten,

dunkelsten Querwand zu zeichnen. Aber als ich gerade anfangen wollte, füllte sich der Saal mit Mönchen. Ihre Plätze auf den langen Diwanen waren schon in Ordnung gebracht worden, vor jedem Platz lag auf einem fortlaufenden Pult ein gewaltiger Band der heiligen Schriften, des Kandschur. Die großen gelben Mäntel, die beim Tempeldienst umgebunden werden, aber im Freien nicht getragen werden dürfen, waren bereitgelegt. Die jungen, braungesichtigen und kurzhaarigen Mönche traten in den roten Togen ein, warfen die gelben Mäntel über die Schultern und setzten sich dann mit gekreuzten Beinen vor den Büchern nieder (Abb. 157). Ein älterer Lama, ein Kanpo, bestieg ein Katheder an der Querwand und sang nun mit grober, feierlicher Baßstimme die heiligen Texte vor. Die Schüler fielen mit eintöniger rhythmischer Stimme ein. Einige lasen in den vor ihnen liegenden Blättern mit, andere schienen die gesungenen Stellen auswendig zu können, wenigstens guckten sie sich nach allen Seiten um. Musterhafte Ordnung herrschte nicht. Einige Jünglinge, die entschieden noch weit mehr dieser Welt als der Kirche angehörten, plauderten während des Gesanges, kicherten und verbargen ihr Gesicht im Mantel, damit man ihr Lachen nicht höre. Aber niemand achtete auf sie, sie erregten keinen Anstoß. Andere erhoben die Augen nicht vom Buche. Der Saal war dunkel wie eine Krypta und wurde nur durch einen rechtwinkligen Lichtfang in der Decke, zwei kleine Scharten und die Tür ein wenig erhellt.

Nachdem sie eine Weile gesungen haben, folgt ein Pause, und durch die langen Gänge zwischen den Bankreihen gehen Lamaknaben, die mit unglaublicher Sicherheit, ohne einen Tropfen zu verschütten, Tee in die ihnen gereichten Holztassen gießen. Noch ehe die Schüler ausgetrunken haben, ertönt droben in der Götterdämmerung aber wieder der tiefe Baß des Vorsängers, und nun geht es von neuem an. Währenddessen gehen Pilger durch die Gänge nach der Altarreihe hinauf, um aus mitgebrachten Beuteln und Bündeln kleine Haufen Tsamba oder Mehl in die vor den Statuen stehenden Schalen zu legen.

Ein hochaufgerichteter Lama steht an der Eingangstür. Ein Pilger sagt ihm einige Worte: „Ich bezahle drei Tenga für einen Segen." Der Lama verkündet laut singend den Betrag und den Zweck, zu dem er bezahlt wurde, und nun wird eine Strophe eigens für den zahlenden Pilger gesungen, worauf alle Mönche in die Hände klatschen. Dies wiederholt sich immer wieder, wenn neue Pilger kommen. Auch ich bezahlte fünf Rupien für einen Segen und erhielt ihn samt einem schmetternden Händeklatschen. Während einer Pause von zehn Minuten standen die Lamas auf, liefen in den Gängen außerhalb des Vorlesungssaales umher oder

musterten mich, der ich den Schulsaal und die Schüler abzeichnete. Manch=
mal hagelt eine Handvoll Reiskörner auf die Jünglinge herab — irgend=
ein Pilger geht oben gerade an dem Lichtschacht vorbei. Bei derartigen
Lektionen und beim Gottesdienst sitzen die Mönche, die dem Kloster am
längsten angehören, auf den vordersten Plätzen und die Neugekommenen
auf den letzten. Und wenn die Vorlesung vorüber ist, sieht man den
Kanpo=Lama die aus den Taschen der Pilger geflossene Einnahme über=
zählen, die Geldstücke in Papier einwickeln, das versiegelt und in die Schatz=
kammer gebracht wird, und den Betrag in ein großes Kontobuch eintragen.

Die Götterbilder auf der Altarreihe des Kandschur=lhakang sind klein
und aus vergoldetem Metall hergestellt. Ebenso die meisten anderen
Götterstatuen in Taschi=lunpo. Ein Teil ist aus Holz geschnitzt, und
einige wenige, wie die große Statue des Tsongkapa, bestehen aus pulve=
risierten Gewürzen, die vermittelst eines aus Pflanzenwurzeln ausgepreßten
Bindestoffes zu einer festen Masse zusammengeklebt sind. Die Statue
des Tsongkapa soll vor 72 Jahren angefertigt und ebenso teuer sein
wie eine goldene. Zum Neujahrsfest läßt der Taschi=Lama 1500 kleine
Götter gießen, die je sieben Rupien kosten; sie werden in Taschi=lunpo
hergestellt und sollen verschenkt oder verkauft werden. Das Anfertigen
derselben wird als eine besonders segensreiche Arbeit angesehen, und die
Lamas, die damit beschäftigt sind, dürfen überzeugt sein, daß sie lange
leben werden. Besonders gilt dies von denjenigen, die Statuen des
Tsepagmed anfertigen. Je öfter sie seinen Namen aussprechen und sein
Bild aus dem Rohmetall hervorbringen, desto länger dauert es, bis sich
ihre arme Seele wieder auf die Wanderschaft begibt. Indessen besitzt
kein Götterbild Wunderkraft oder auch nur einen Schatten göttlicher
Macht, wenn es nicht von einem inkarnierten Lama vorschriftsmäßig ge=
weiht und gesegnet worden ist. Die „Eingeweide" dieser Götterbilder sind
auf dünne Papierstreifen gedruckte und zusammengerollte Zauberformeln,
Dhâranîs (s. Innenseite des Einbands).

Nun aber habe ich die Geduld des Lesers wohl schon zu lange
mit meinen Erinnerungen aus der Klosterstadt Taschi=lunpo auf die
Probe gestellt. Ich habe mich, ohne es zu wollen, lange bei der Brüder=
schaft der Gelbmützen aufgehalten und darüber ganz vergessen, auch an
die Erlebnisse, die uns noch anderswo erwarten, zu denken! Ich hätte
mir vielleicht sagen sollen, daß andere die Tempelhallen und die Mönchs=
zellen nicht mit demselben Interesse umfassen können wie ich. Aber die
Erinnerung an jene Zeit ist mir besonders lieb, ich bin in Taschi=lunpo
freundlicher und gastfreier aufgenommen worden, als in irgendeiner an=
deren Stadt Asiens! Von Tibets Wüstenpfaden kamen wir zum größten

Fest des Jahres, von der Einsamkeit in die religiöse Metropole, in der es von
Tausenden von Pilgern wimmelte, von Armut und Not zu Überfluß an
allem, was wir uns nur wünschten; dem Heulen der Wölfe und der Stürme
waren Hymnen und Fanfaren von goldglänzenden Tempeldächern gefolgt.
Es waren seltsame Kontraste gewesen, die Galabälle in Simla und
Tibets öde Gebirge; aber noch größere die Einsamkeit der Gebirgswüsten
und die heilige Stadt, in die wir im Gewande weitgereister Pilger einzogen und wo wir gastfreundlich eingeladen wurden, uns umzusehen und
an allem zu beteiligen.

So ist es denn an der Zeit, Taschi-lunpo seiner mystischen Götterdämmerung und seinen weithin schallenden Posaunenstößen wieder zu
überlassen. Ich tue es mit dem Gefühl, es nur sehr mangelhaft und
bruchstückartig geschildert zu haben. Eine systematische Untersuchung der
Klosterstadt lag zwar nicht in meinem Plan; dieser ging im Gegenteil dahin, möglichst schnell zu jenen Teilen Tibets zurückzukehren, wo ich große,
geographische Entdeckungen zu erwarten hatte! Umstände, über die ich
später kurz berichten werde, zwangen mich aber, sozusagen von einem
Tag zum anderen, noch zu verweilen. Da mir also eine wahrscheinliche Abreise immer unmittelbar bevorstand, wurden auch die Besuche
im Kloster kürzer. Auch hatte ich stets vor Augen, es möglichst zu vermeiden, Mißtrauen zu erwecken. Taschi-lunpo war bei einigen Gelegenheiten, allerdings vor mehr als 100 Jahren, von Gurkhas aus Nepal
geplündert worden. Die Engländer aber waren erst ganz kürzlich mit
bewaffneter Hand bis Lhasa vorgedrungen. Manche Mönche mißbilligten
meine täglichen Besuche; sie sahen es als unpassend an, daß ein Europäer, dessen eigentliche Absichten man doch nicht kannte, ungehindert umhergehen, die Götter zeichnen und all die Schätze an Gold und Edelsteinen
sehen und aufzeichnen durfte. Und man wußte, daß die in Tibet herrschende und gebietende Rasse, die Chinesen, mit meinem Hierherkommen
unzufrieden war, und daß ich eigentlich überhaupt nicht die Berechtigung
hatte, mich in dem Verbotenen Lande aufzuhalten. Wollte ich noch mehr
erreichen, so mußte ich in jeder Beziehung mit größter Vorsicht handeln.

Bevor wir aber von Taschi-lunpo Abschied nehmen, noch einiges über
die Totengebräuche.

Südwestlich von Taschi-lunpo liegt ein kleines Dorf, Gumpa-sarpa,
„das neue Kloster", wo der Tradition nach früher ein Tempel stand, den
die Dsungaren geplündert haben. Hier ist jetzt Schigatses und des
Klosters Begräbnisplatz, die Schädelstätte, wo die Leiber der Mönche
und der Laien in gleicher Weise der Verwesung überlassen werden.

Wenn die Seele eines Lama der irdischen Hülle, in der sie ein

Menschenleben zugebracht hat, überdrüssig geworden ist, und der Lama, nachdem er vielleicht 50 Jahre hindurch in seiner dunkeln Klosterzelle gelebt hat, merkt, daß seine Lebenslampe aus Mangel an Öl zu erlöschen droht, so versammeln sich einige Brüder um sein Krankenbett, sagen Gebete her oder beten in der Zelle aufgestellte Götter an, deren Vorbilder im Nirwana oder im Todesreiche etwas mit dem Tode oder der Seelenwanderung zu tun haben. Sobald das Leben entflohen ist, werden besondere Totengebete gesprochen, die der Seele das Scheiden aus dem Körper erleichtern und sie während ihrer ersten Schritte auf dem dunkeln Wege jenseits der Grenzen des Lebens trösten sollen. Die Leiche eines Lamas bleibt drei Tage lang in der Zelle liegen, die eines Laien drei bis fünf Tage, damit man die nötige Zeit zu allen Totengebeten und Zeremonien gewinnt. Reiche Leute behalten die Leichen länger im Hause; dies ist allerdings kostspieliger, aber es lassen sich mehr Gebete sprechen, und diese bringen dem Toten Nutzen. Mönche bestimmen den Zeitpunkt der Beerdigung und auch den Moment, in dem die Seele wirklich aus ihren irdischen Banden befreit ist und sich emporgeschwungen hat, um sich eine neue Wohnstatt zu suchen.

In einen neuen Anzug gewöhnlichen Schnittes und Aussehens eingekleidet, wird der tote Lama in ein Stück Zeug gewickelt und von einem oder zweien seiner Amtsbrüder auf dem Rücken, ein toter Laie auf einer Bahre von Leichenträgern fortgetragen. Letztere heißen „Lagba" und bilden eine verachtete Kaste von 50 Personen, die abgesondert im Dorf Gumpasarpa 15 jämmerliche kleine Hütten bewohnt. Sie dürfen sich nur innerhalb der Leichenträgerzunft verheiraten, und ihre Kinder dürfen keinen anderen Beruf ergreifen als das Gewerbe, von dem ihre Väter gelebt haben. Es ist also innerhalb der Kaste erblich. Sie müssen in erbärmlichen, tür- und fensterlosen Hütten wohnen; die Luftlöcher und Türen stehen den Winden des Himmels und jeder Witterung offen. Selbst wenn sie gut verdienen, ist es ihnen nicht erlaubt, sich bequemere Häuser zu bauen. Es gehört auch zu ihren Obliegenheiten, tote Hunde und Kadaver aus Taschi-lunpo fortzuschaffen, das Klostergebiet aber innerhalb der Ringmauer dürfen sie nicht betreten. Erregt ihnen das Heil ihrer Seele Skrupel, so bezahlen sie einen Lama, der für sie betet. Wenn sie sterben, gehen ihre Seelen in Tierleiber oder in die Körper schlechter Menschen über. Doch kann ihnen auch infolge ihrer bereits erduldeten Qualen ein gar zu schweres Schicksal in der endlosen Kette der Seelenwanderung erspart bleiben.

Die Lagbas brauchen nur die Lamas, ihre eigenen Verwandten und die Leichen armer Heimatloser zu zerstückeln. Wohlhabende Laien

besorgen dies bei den Ihren selbst ohne berufsmäßige Hilfe in Anspruch zu nehmen. Dies ist überhaupt die Regel, denn nur in Taschi=lunpo und Lhasa kann man von einer Zunft der Leichenzerschneider sprechen.

Wenn die Mönche mit dem toten Bruder am Leichenzerstückelungsplatz angelangt sind, entkleiden sie ihn vollständig, teilen sich seine Kleidungsstücke und machen sich nichts daraus, sie schon am nächsten Tag selber anzuziehen. Die Lagbas erhalten zwei bis fünf Tengas (1—2,25 Mark) pro Leiche und einen Teil der alten Kleider eines Lamas; bei Laien erhält der Lagba alle Anzüge des Toten, und bei Frauen darf er ihre Ohrgehänge und andere einfachere Schmucksachen behalten. Die Mönche, die den Toten gebracht haben, eilen so schnell wie möglich wieder fort, denn einesteils soll es dort sehr schlecht riechen, anderenteils wollen sie die Zerschneidung der Leiche, bei der nur die Lagbas zugegen zu sein brauchen, nicht mit ansehen; auch wenn der Tote ein Laie ist, wird er nur in Gegenwart von Lagbas zerstückelt.

Ein Strick, der an einem in die Erde gerammten Pfahl befestigt ist, wird dem Toten um den Hals gelegt, und die Leiche dann an den Beinen gezogen, um sie möglichst gerade zu recken, was sehr anstrengend sein soll, wenn es sich um einen Lama handelt, der ja in sitzender Stellung gestorben und erstarrt ist. Darauf wird der Leichnam abgezogen, so daß das Fleisch überall bloßliegt, die Lagbas lassen einen Lockton erschallen, und Geier, die in der Nähe horsten, kommen mit schweren Flügelschlägen herbeigesegelt, stoßen auf ihre leichte Beute nieder und reißen und zerren an ihr herum, bis das Gerippe freigelegt ist. Im Gegensatz zu demselben Vorgang in Lhasa gibt es hier keine Hunde, und auch wenn es welche gäbe, würden sie nichts von dem Schmause abbekommen, denn die Geier besorgen ihre Sache schnell und gründlich. Später besuchte ich jedoch auch Klöster, wo heilige Hunde mit Priesterfleisch gefüttert wurden. Die Lagbas sitzen dabei, während die Vögel schmausen, und diese sind so zahm, daß sie ungeniert über die Beine der Männer hinüberhüpfen.

Gewöhnlich wird der Kopf abgeschnitten, sobald die Leiche abgehäutet ist. Das Skelett wird zwischen Steinen zu Pulver zermahlen, das mit dem Gehirn durchknetet einen Teig bildet, der in kleinen Klößen den Vögeln hingeworfen wird. Sie rühren Knochenmehl nicht an, wenn es nicht mit Gehirn vermengt ist. Die Zunft der Leichenschneider besorgt ihre Arbeit mit größter Gemütsruhe; sie nehmen das Gehirn mit den Händen heraus und kneten es mit den Händen in das Pulver, und mitten in dieser greulichen Hantierung machen sie auch wohl eine Pause, um Tee zu trinken und Tsamba zu essen; es ist mir höchst zweifelhaft, ob sie sich je waschen! Ein alter Lagba, den ich in mein Zelt rufen ließ,

damit er mir zu den Aufklärungen, die ich bereits von den Mönchen er=
halten hatte, noch allerlei ergänzende Auskunft gebe, hatte an demselben
Morgen eine alte Lamaleiche zerschnitten. Muhamed Isa hielt sich
während der ganzen Unterhaltung die Mütze vors Gesicht und mußte
schließlich hinausgehen, weil er einen Anfall von Übelkeit bekam! Der
Mann sah unangenehm und roh aus, trug eine kleine, graue Schlapp=
mütze und war mit einigen Lumpen, die aus gröbster Sackleinwand be=
standen, bekleidet. Aber er hatte seine eigenen bescheidenen Ansichten über
Obduktionskunst und Anatomie. Er sagte mir, daß, wenn im Gehirne
ein Bluterguß stattgefunden habe, dies ein Beweis sei, daß der Mann
verrückt gewesen, und daß, wenn die Gehirnsubstanz gelb aussehe, der
Tote bei Lebzeiten gewohnheitsmäßig geschnupft habe.

In einigen Fällen, so versicherte mir ein Mönch, wird die Leiche
nicht abgehäutet, sondern der Kopf abgeschnitten, der Rumpf mit einem
scharfen Messer längs des Rückgrates in zwei Teile zerlegt, und jede
Hälfte in kleine Stücke zerschnitten, und erst, wenn dies geschehen ist,
ruft man die Geier herbei. Kleine Kinder und ausgewachsene Männer
werden auf gleiche Weise zerstückelt. Vor der Nacktheit toter Frauen hat
man nicht den geringsten Respekt. Die ganze Geierbestattung soll darauf
hinauslaufen, daß der Tote sich noch Verdienste erwirbt, indem er den
Vögeln, die sonst hungern würden, seinen Leib schenkt. Er führt also
noch nach seinem Tode eine fromme Tat aus, die seinem Seelenfrieden
zugute kommt. Die Geier spielen hier ganz dieselbe Rolle wie in den
„Türmen des Schweigens" bei den Parsi in Bombay und Persien.

Sobald die Forderungen der Religion erfüllt sind, haben die
Angehörigen von dem Toten schon Abschied genommen. Er selbst ist
dann bereits fort; seine Leiche aber ist vollkommen wertlos, sobald die
Seele ihre Wanderung fortgesetzt hat; der Körper wird daher der bru=
talen Behandlung der Lagbas ohne die geringsten Bedenken überlassen.
Keiner geleitet den Toten nach dem Heim der Geier, wenn die Leiche
bei Nacht aus dem Hause abgeholt wird, um zerstückelt zu werden, bevor
die Sonne wieder aufgeht. Das ist jedoch keine gesetzliche Vorschrift,
denn sind der Leichen mehrere, so ist die Sonne meistens schon aufge=
gangen, ehe man mit der Arbeit fertig ist. Von da an läßt man einen
oder höchstens zwei der Patienten bis zum Abend liegen und nimmt sie
erst nach Sonnenuntergang in Behandlung. Dies auch schon deshalb,
weil die Geier von ihrem Morgenschmaus gesättigt sind und bis zum
Abendessen der Ruhe bedürfen. Selten werden in Gumpa=sarpa mehr
als zwei Todesfälle an einem Tage angemeldet. Vor etwa zwölf Jahren,
als in Schigatse eine Blatternepidemie herrschte, wurden täglich 40 bis

50 Leichen abgeholt. Damals begnügte man sich, nachdem die Geier sich satt gefressen hatten, damit, die übrigen Leichen in dünne Laken gewickelt zu begraben.

Man sollte meinen, daß der Sterbende vor dem Gedanken schaudern müsse, daß in demselben Augenblick, wenn sich ihm die Pforten des Totenreiches öffnen, der Leib, mit dem er sein Leben in so inniger Gemeinschaft verbracht hat, um den er so ängstlich besorgt gewesen ist und den er vor Gefahr und Krankheit, ja gegen das geringste Leiden zu schützen gesucht hat, einer so barbarischen Behandlungsweise überantwortet werden soll. Wahrscheinlich aber denkt er in seinen letzten Augenblicken mehr an seine Seele und addiert noch schnell die guten Taten, die er getan, und die Millionen Manis, die er hergesagt hat.

Der Bestattungsweise der Tibeter und ihrem Verhalten gegen die Toten fehlt es also an jeglichem Hauch von Poesie. Die Kinder des Islam besuchen die Gräber ihrer Lieben und weinen ihren Kummer unter den Zypressen aus, die Tibeter aber haben keine Gräber und keine grünbewachsenen Hügel, an denen sie der Erinnerung an ein vergangenes Glück ein Stündchen weihen können. Sie weinen nicht, denn sie trauern nicht, und sie trauern nicht, weil sie nicht geliebt haben. Wie hätten sie auch eine Gattin lieben können, die sie mit anderen gemeinschaftlich besessen haben, so daß also für den Begriff der Treue in der Ehe kein Raum ist. Die Familienbande sind locker und unsicher, der Bruder geleitet nicht den Bruder, der Mann nicht sein Weib und noch viel weniger sein Kind zu Grabe — er weiß ja nicht einmal, ob es sein eigenes ist! Und überdies ist die Leiche an und für sich eine wertlose Hülle; selbst eine Mutter, die ihr Kind zärtlich geliebt hat, empfindet keinen Schatten von Pietät für seinen toten Leib und nicht mehr Abscheu vor dem Messer des Totenzerstücklers als wir vor dem des Arztes am Seziertisch.

154. Tschorten in Taschi-lunpo.
Skizze des Verfassers.

155, 156. Religiöse Gegenstände und Götterbilder (in Sanskar-gumpa).
In 156 rechts ein Miniaturtschorten, heilige Bücher, Tempelgefäße, an beiden Seiten des kleinen Altartisches Holzmatrizen, mit welchen die heiligen Bücher gedruckt werden.

Dreißigstes Kapitel.

Mein Leben in Schigatse.

Die Zeit, die ich nicht im Kloster zu Taschi=lunpo zubrachte, wurde auf mancherlei Weise ausgenutzt. Ich hatte Freunde, die mich besuchten, und manchmal zeichnete ich viele Stunden lang Volkstypen in mein Skizzenbuch und fand unter den Pilgern, den Bürgern und Strolchen der Stadt und den Mönchen des Klosters ein dankbares Material (Abb. 136, 137, 158).

An einem der ersten Tage machte mir der Konsul von Nepal eine Visite. Er war ein vierundzwanzigjähriger Leutnant, hieß Nara Bahadur und trug zwischen den Augen das gelbe Abzeichen seiner Kaste. Er war in eine schwarze anschließende Uniform mit blanken Messingknöpfen gekleidet und hatte auf dem Kopf ein rundes Scheitelkäppchen ohne Schirm, mit einer Goldquaste und der von einem sternförmigen Strahlenkranz umgebenen Sonne Nepals am Vorderrand. Vier Monate hatte er in Lhasa Dienst getan und seit zwei Monaten hier. Zu der Reise von Katmandu hatten er und seine junge Frau zwei Monate gebraucht; die erste Woche hatten sie reiten können, dann aber ihre Pferde zurückgeschickt und waren 15 Tage lang zu Fuß durch sehr gefährliche, unwegsame Gebirgsgegenden gezogen; den Rest des Weges hatten sie auf gemieteten tibetischen Pferden zurückgelegt. Hier liegt es ihm ob, die Interessen der 150 nepalesischen Kaufleute zu schützen und den Pilgern seines Landes zu helfen, falls dies nötig sein sollte. Die Kaufleute haben ihr eigenes Serai, das Pere=pala heißt und jährlich 500 Tenga Miete kostet, sie kaufen von den Nomaden im Norden Wolle und bezahlen sie mit Getreide und Mehl, das daher in Schigatse teuer und selten ist, besonders während der Festzeit, in der so viele Pilger hierherströmen. Der Konsul selbst erhielt 200 Tenga monatlich, also etwas weniger als 1200 Mark Jahresgehalt, und fand selber, daß der Maharadscha ihn außerordentlich schlecht bezahle. Bhutan hat in Schigatse keinen Konsul, obgleich auch von dort zahlreiche Pilger hier anlangen.

Am 14. Februar erhielt ich einen sehr unerwarteten Besuch, nämlich

von einem Lama und einem Beamten aus Lhasa! Als der Dewaschung, die Regierung, den Brief Hladsche Tserings über meine Ankunft am Ngangtse-tso erhalten hatte, hatten der chinesische Gesandte und die Regierung nach gemeinsamer Beratung diese beiden Herren in Eilmärschen nach dem See geschickt, wo sie jedoch erst mehrere Tage nach meinem Aufbruch angekommen waren! Seltsamerweise hatten sie über den Weg, den wir eingeschlagen hatten, ganz irreführende Auskünfte erhalten, vielleicht aus dem Grunde, weil unsere Eiswanderungen kreuz und quer über den See die Nomaden verwirrt hatten. Daher hatten sie uns 22 Tage lang an den Ufern des Ngangtse-tso und des Dangra-jum-tso (!) gesucht, bis sie schließlich dahinter kamen, daß wir schon längst nach Südosten abgezogen waren. Nun waren sie unserer Spur gefolgt und hatten sich bei den Nomaden weitergefragt, die überall gesagt hatten, daß sie freundlich behandelt und für das, was sie uns verkauft hätten, auch gut bezahlt worden seien. Die Herren ritten schnell und hörten in Je-schung, daß wir erst vor ein paar Tagen durchgezogen seien; unsere Lagerfeuer waren kaum erkaltet. Sie wechselten die Pferde und spornten sie zu noch größerer Eile an, denn sie hatten Befehl erhalten, mich um jeden Preis zu zwingen, auf demselben Weg, auf dem wir gekommen waren, wieder nach Norden zurückzukehren! Aber ich drehte ihnen eine Nase, denn sie erreichten Schigatse erst 36 Stunden nach uns, und auch eine andere Mannschaft, die von Lhasa abgeschickt worden war, um uns auf einem näheren Weg zuvorzukommen, hatte in dem Labyrinth von Bergen und Tälern, in das wir uns hineinbegeben hatten, unsere Spur gänzlich verloren!

„Wir haben unseren Auftrag so gut, als wir konnten, ausgeführt," sagten sie nun, „und es bleibt uns weiter nichts zu tun, als um Ihren Namen und alle Einzelheiten über Ihre Reise und Ihre Begleiter zu bitten."

„Alles das habe ich Ma Daloi und Duan Suän, die meinen Paß gesehen haben, bereits mitgeteilt; wünschen Sie aber eine zweite Auflage, so kann es gern geschehen."

„Ja, es ist unsere Schuldigkeit, dem Dewaschung einen Bericht zu schicken. Nach dem Vertrag von Lhasa stehen nur die Marktflecken in Jatung, Gyangtse und Gartok den Sahibs und nur unter gewissen Bedingungen offen, aber keine anderen Wege. Sie sind auf einem verbotenen Weg gekommen und müssen wieder umkehren."

„Warum haben Sie mir nicht den Weg verlegt? Es ist ihre eigene Schuld. Sie können dem Dewaschung mitteilen, daß ich mich nicht eher zufrieden gebe, als bis ich ganz Tibet gesehen habe. Übrigens verlohnt es sich gar nicht der Mühe, daß der Dewaschung mir Hindernisse in den Weg

zu legen versucht, denn ich stehe gut mit Ihren Göttern, und Sie haben
selber gesehen, wie freundlich der Taschi=Lama gegen mich gewesen ist."

„Das wissen wir, und es hat den Anschein, als trügen Sie die
Gnade der Götter wie ein Kastenabzeichen auf der Stirn."

„Wie steht es mit Hladsche Tsering?"

„Er ist im Verdacht von Ihnen bestochen zu sein; er ist abgesetzt
worden und hat seinen Rang und seine ganze Habe verloren."

„Es ist eine Gemeinheit vom Devaschung, ihn zu verfolgen! Aber
die Regierung besteht aus dem erbärmlichsten Pack, das in ganz Tibet
zu finden ist! Sie sollten sich freuen, endlich im Ernst unter chinesischen
Schutz zu kommen!"

Erst warfen sie einander vielsagende Blicke zu, allmählich aber be=
kannten sie sich zu meiner Ansicht und fanden auch, daß ihre Regierung
eine unangenehme Gesellschaft sei. Daß sie sich mir nicht gleich bei ihrer
Ankunft zu erkennen gegeben hatten, lag daran, daß sie erst meine Be=
schäftigungen und unseren Verkehr ausspionieren wollten. Denn, falls sie
ausfindig machen sollten, daß wir hier Freunde besäßen, sollten diese na=
türlich denunziert werden! Sonst aber waren sie nette Leute und ließen
sich gern mit Tee und Zigaretten bewirten. Leider war gerade Tsaktserkan
bei mir, und ihm muß die Sache nicht geheuer erschienen sein, denn er
verduftete sofort hintenherum, als sie in mein Zelt traten, bat mich aber
nachher, ihm doch mitzuteilen, was sie gesagt hätten.

Am meisten imponierte es ihnen, daß es mir trotz aller Hinterhalte
und Schlingen in Gestalt herumziehender Patrouillen, die nach uns aus=
spähten, überhaupt gelungen war, nach Schigatse vorzudringen. Jetzt
wollten sie zunächst Befehle aus Lhasa abwarten. Mit dem Dalai=Lama
rechnete man gar nicht, er war wie tot und begraben.

Während der folgenden Tage kamen sie oft, um mich zu begrüßen,
und sprachen sich dabei immer freimütiger über ihre hohen Vorgesetzten
aus. Ihr Verbleiben auf dem Schauplatz bewies jedoch, daß sowohl die
tibetische Regierung als die Chinesen ihre Augen auf mich gerichtet hatten;
ich zerbrach mir den Kopf darüber, wie dies wohl enden würde.

Als ich am 15. Februar von den Reiterspielen zurückkehrte, fand ich
eine große Postsendung von Major O'Connor vor und verschlang gierig
die neuen Briefe aus dem Elternhaus und von Freunden in Indien,
Lady Minto, den Obersten Dunlop Smith und Younghusband und von
O'Connor selbst, der mich auf die liebenswürdigste Weise willkommen
hieß und die Hoffnung aussprach, daß wir uns bald treffen würden. Er
hatte auch die große Güte gehabt, mich mit zwei Kisten zu überraschen,
die Konserven, Kakes, Biskuits, Whisky und vier Flaschen Champagner

enthielten! Man denke, ich einsam in meinem Zelt in Tibet Champagner trinkend! Jeden Mittag trank ich, solange der Vorrat reichte, in aller Einsamkeit ein Glas auf das Wohl des Major O'Connor!

In dem Kapitel über Leh habe ich schon den Hadschi Naser Schah und seinen Sohn Gulam Rasul erwähnt. Der alte Hadschi hatte auch in Schigatse einen Sohn, der Gulam Kadir hieß, zehn Jahre in Tibet gewesen war und jetzt die Filiale in Schigatse leitete. Er verkaufte hauptsächlich golddurchwirkte Stoffe aus China und Benares, die ihm Lamas zu Paradeanzügen abkaufen, und sagte mir, daß er jährlich 6000 Rupien verdiene. Ein Ballen solcher Goldstoffe, den er mir zeigte, war 10000 Rupien wert. Gulam Kadir leistete mir mancherlei Dienste während dieser Zeit und besorgte uns alles, was wir brauchten.

Von dem Dach seines Hauses hat man eine prachtvolle Aussicht auf den Dsong, die Burg, deren stattliche Fassade aus dem Felsen herauszuwachsen scheint. Die Fenster, Balkons, Dachverzierungen und Wimpelschnüre wirken harmonisch und malerisch. Nur in der Mitte der Häuserreihe liegt ein rotes Gebäude, alles übrige ist weiß oder hat vielmehr jene unbestimmte, graugelbe Farbe, die die Zeit dem ursprünglich weißen Kalkputz gibt.

Am Südfuß des Dsongberges liegt der offene Basarplatz, auf dem täglich zwei Stunden lang Handel getrieben wird. Tische oder Stände gibt es dort nicht, man sitzt auf dem staubigen Boden des Marktplatzes und hat seine Waren auf Tüchern ausgebreitet oder in Körben neben sich. In der einen Reihe sitzen die Geschirrhändler, in einer anderen werden Bretter und Planken verkauft, Eisenwaren, Zeugstoffe, Korallen, Glasperlen, Muscheln, Nähgarn, Nadeln, Farbstoffe, billige Öldrucke, Gewürze und Zucker aus Indien, Porzellan, Pfeifen, Feigen und Tee aus China, Mandarinen aus Sikkim, getrocknete Früchte und Türkisen aus Ladak, Yakhäute und Yakschwänze aus Tschang-tang, Kessel, Metallschüsseln, Deckel und Untertassen, die hier am Orte angefertigt werden, religiöse Bücher und andere für die Pilger bestimmte Gegenstände usw. Stroh und Häcksel, Reis, Korn, Tsamba und Salz verkaufen mehrere Krämer. Walnüsse, Rosinen, Süßigkeiten und Rettiche gehören auch zu den Waren, die man bei vielen findet. Pferde, Kühe, Esel, Schweine und Schafe wurden feilgeboten; für letztere verlangten sie sieben Rupien; wir hatten in Tschang-tang, wo man ein Schaf doch schon für zwei Rupien erhalten kann, nie mehr als höchstens vier Rupien gegeben. Jede Ware hatte ihren besonderen Platz, aber soviel ich sehen konnte, waren die Verkäufer nur Tibeter, denn die Kaufleute aus Ladak, China und Nepal haben ihre Läden in ihren eigenen Häusern.

Die meisten Feilbietenden sind Frauen; auch Heu, Brennholz und
Fleisch wird von ihnen verkauft; sie tragen gewaltige Haarbogen mit
schlechten Türkisen, Glasperlen und allerlei bunten Gehängen, die grell
gegen ihre mit schwarzer Salbe eingeschmierten Gesichter abstechen. Wenn
sie auf diesen Putz verzichten und sich dafür lieber ordentlich waschen
wollten, würden einige von ihnen vielleicht ganz menschlich aussehen.
Welche Farbe ihre Kleider ursprünglich gehabt haben, läßt sich nicht gut
sagen, denn jetzt ist sie unter Staub, Ruß und Schmutz verschwunden.
Aber diese Hökerinnen sind immer höflich und freundlich; sie sitzen in
langen Reihen, parallel mit der Nordmauer der Chinesenstadt, die eher
einer Ruine gleicht. Dann und wann zieht eine Eselkarawane in den
Durchgang zwischen den Reihen der Verkäuferinnen und bringt neue
Waren auf den Markt. Manchmal reiten halb chinesisch gekleidete Herren
aus dem Dsong vorbei. Und unter dem Kundengewimmel sieht man
jede Art Leute, Geistliche und Pilger, Kinder des Landes und Fremd=
linge, weiße Turbane aus Ladak und Kaschmir und schwarze Scheitel=
käppchen aus China. Der Markt ist Schigatses Klatschnest; von dort
her dringen allerlei mehr oder weniger wahrscheinliche Gerüchte zu uns.
Sowie jemand aus Lhasa ankommt, wird er sofort bis zur Bewußt=
losigkeit ausgefragt, denn alle verfolgen das neue chinesische Regime mit
gespanntem Interesse. Im Basar wurde erzählt, daß Lamas in Lhasa
einen blutigen Aufstand gegen die Chinesen vorbereiteten, weil diese ver=
langt hätten, daß die Hälfte aller Lamas Kriegsdienste leisten solle.
Ferner hieß es, daß man mich und meine Begleiter bald zwingen werde,
das Land zu verlassen, und daß es nicht mehr lange dauern werde, bis
die englische Handelsagentur in Gyangtse aufgehoben würde. Jeder, der
etwas Neues gehört hat, trägt es sofort auf den Markt, wo ebenso viele
Besucher sind, die nur hören wollen, was es Neues gibt, als solche, die wirk=
lich einkaufen. Der Markt ist, mit einem Wort, Schigatses einzige Zeitung.

Gulam Kadir erzählte mir, daß die beiden Herren aus Lhasa
Spione besoldeten, die täglich über das, was sie von uns wußten,
Bericht erstatteten. Als Hausierer pflegten diese in unsere Zelte zu
kommen und dort stundenlang zu sitzen. Auch Ma umgab mich mit Spio=
nen. Mit Hilfe Gulam Kadirs stellte auch ich zwei Ladakis als Spione
an, um den Spionen der Lhasaspione nachzuspionieren! Ich konnte mich
nun in acht nehmen, da ich wußte, was um uns herum vorging.

Meine eigenen Ladakis hatten in Schigatse eine ihnen sehr notwendige
Ruhezeit. Ich schenkte ihnen Geld zu neuen Anzügen, die sie sich allein
nähten; nach einigen Tagen stolzierten sie von Kopf bis Fuß neu ein=
gekleidet umher. Auch konnte ich ihnen einen Krug „Tschang" täglich

nicht verweigern; sie tranken sehr selten zuviel, nachdem einer von ihnen unter dem Einfluß des Bieres sich eines Tages das Gesicht schwarz angemalt und so verziert in komischen Pirouetten mitten auf dem Hof herumgetanzt hatte. Muhamed Isa kam gerade vom Markt nach Hause, griff sich den Tänzer und prügelte ihn windelweich, und dieser ließ es sich nicht wieder einfallen, geschminkt aufzutreten! Sowohl Chinesen wie Tibeter sagten, daß meine Leute sich musterhaft beträgen und keine Veranlassung zu Streitigkeiten gäben. Aber man hätte Tsering abends singen hören sollen! Es klang wie das Knarren einer schlecht geschmierten Stakettür auf den Schären meines Heimatlandes, und darum hörte ich seinem rauhen Gesang gern zu. Zwar, wenn er dann manchmal drei Stunden hintereinander gesungen hatte, konnte es auch mir zuviel werden. Doch ließ ich ihn gewähren — es ist so angenehm, heitere, zufriedene Menschen um sich zu haben.

Unterm 19. Februar steht in meinem Tagebuch folgendes: Trotz des windigen, staubigen Wetters habe ich den ganzen Tag verschiedene Typen gezeichnet, meistens Frauen, die mir vor meinem Zelt Modell saßen (Abb. 159). Die ersten waren vom Nam=tso (Tengri=nor), trugen mit Muscheln, Porzellanperlen und Silberflittern besetzte Kopfbedeckungen und glichen in ihren mit roten und blauen Bändern besetzten Schafpelzen Mädchen aus Dalekarlien; jedenfalls wirkten ihre Kleider als Nationaltrachten. Die Mädchen waren grobknochig, stark gebaut, sahen frisch und gesund aus, und ihre breiten, angenehmen Gesichter waren merkwürdig rein. Die Frauen aus Schigatse dagegen hatten sich das Gesicht mit einer braunen, mit Ruß angerührten Salbe eingeschmiert, die wie Teer aussah. Diese Maske macht sie abscheulich; es ist unmöglich zu unterscheiden, ob sie hübsch sind oder nicht, das Schwarze kollidiert mit den Lichtern und den Schatten und verwirrt den Porträtzeichner. Eine hatte sich nur die Nase beschmiert und sie so blank wie Metall gerieben. Diese eigentümliche Sitte soll aus einer Zeit stammen, als die Moral der Lhasamönche sehr tief stand und ein Dalai=Lama deshalb ein Gebot ergehen ließ, daß kein weibliches Wesen sich im Freien sehen lassen dürfe, ohne schwarz angemalt zu sein, damit die Reize der Frauen möglichst wenig verführerisch auf die Männer wirken sollten! Seitdem ist das Schwarzschminken eine Mode geblieben, die jetzt jedoch im Abnehmen begriffen zu sein scheint.

Die Kleider sind stets schwarz vor Alter, Schmutz und Ruß. Die Frauen geben das meiste auf ihren Kopfschmuck, und je vornehmer sie sind, desto mehr übersäen sie ihre Frisur mit Bogen, Gehängen und Schmucksachen. Das Haar ist mit all diesen Zierden oft so eng verflochten, daß sie wohl kaum jede Nacht herausgenommen werden können,

sondern erst wenn die Geschichte so verwickelt geworden ist, daß eine
Entwirrung notwendig erscheint. In den Ohrläppchen tragen sie große,
schwere Ohrgehänge von massivem Gold und seltenen Türkisen, wenn die
Besitzerin reich ist, sonst aber einfachere und kleinere Ringe. Um den
Hals trägt man verschiedenfarbige Perlenketten und Gaos, kleine Silber=
futterale, in denen sich Amulette befinden und die mit Korallen und Tür=
kisen dicht besetzt sind. Arme Frauen müssen sich mit kupfernen Gaos
derselben plumpen Art, wie sie bei den Zaidammongolen so gewöhnlich
ist, begnügen.

Taschi=Buti hieß eine vierzigjährige Frau aus Schigatse; sie sah
aus wie bei uns eine Sechzigerin; man altert hier sehr schnell (Abb. 160).
Über ihrer gewöhnlichen Kleidung hatte sie sich einen groben Schal um
die Schultern gelegt, der vorn durch Messingspangen, Blättchen und
Ringe zusammengehalten wurde.

Ein Nomadenweib aus Kamba trug den rechten Arm und die rechte
Schulter unbedeckt und war so kräftig und muskulös gebaut wie ein
Mann, aber so verzweifelt schmutzig, daß man sich von ihrer Hautfarbe
keinen Begriff machen konnte. Sie hatte keinen Kopfschmuck, sondern
das schwarze Haar war in unzählige dünne Rattenschwänze geflochten,
die auf die Schultern herabhingen und auf der Stirn zu einer gitter=
förmigen Ponymähne zusammengebunden waren. Sie hätte gut ausge=
sehen, wenn ihre Züge nicht so männlich gewesen wären; ernst war sie
und still saß sie wie eine Buddhastatue. Ein fünfzehnjähriges Mädchen
hatte in der Mitte des Kopfes einen Scheitel, ihr Haar war in zwei sich
nach den Ohren hinabziehenden Wülsten frisiert, die gekämmt, eingefettet
und glänzend wie bei den Japanerinnen waren, und als Schmuck trug sie
ein mit Korallen besetztes Diadem. Sie war niedlich und reingewaschen
und hatte rosige Wangen.

Burtso war eine kleine Schigatsedame von 17 Lenzen und mit dem
Schmutz dieser 17 Lenze im Gesicht (Abb. 161). Wie die meisten anderen,
hatte auch sie in ihren Zügen die scharf ausgeprägten Kennzeichen der mon=
golischen Rasse: schrägstehende Augen, die schmal wie Ritzen sind und sich
nach den Seiten hin wie Nadeln zuspitzen; der untere Teil des Augen=
lides ist teleskopisch unter den oberen geschoben, so daß eine scharfgezogene,
schwach bogenförmige Linie entsteht und die kurzen Wimpern beinahe
ganz verdeckt; die Iris ist dunkel kastanienbraun und erscheint in dem
markierten Rahmen der Augenlider schwarz; die Augenbrauen sind ge=
wöhnlich wenig entwickelt, dünn und unregelmäßig und bilden niemals
den schön geschweiften persischen und kaukasischen Bogen, der an eine
Sichel erinnert. Die Backenknochen stehen ziemlich hervor, aber nicht so

kräftig wie bei den Mongolen; die Lippen sind ziemlich groß und fleischig; die Nase aber weniger platt als bei den Mongolen. Unter den männlichen Tibetern findet man oft Gesichter mit klassisch edlen Zügen. Aber die Verschiedenheiten zwischen einzelnen Tibetern sind oft größer, als die zwischen Tibetern einerseits und Mongolen, Chinesen und Gurkhas andererseits. Die Nomaden von Tschang-tang sind augenscheinlich ein Stamm für sich, der sich selten oder nie mit anderen vermischt. Sonst aber ist das tibetische Volk ohne Zweifel sehr stark mit Nachbarelementen versetzt. Chinesen, die in Lhasa und Schigatse wohnen, verheiraten sich mit Tibeterinnen. Im Himalaja, südlich von der tibetischen Grenze, leben die Bothias, ein Mischvolk, halb aus indischen, halb aus tibetischen Elementen hervorgegangen. Das Volk von Ladak hat sich in noch höherem Grad mit arischen und türkischen Nachbarn vermischt, weil es in näherer und lebhafterer Berührung mit ihnen gestanden hat. In anthropologischer, ethnographischer und linguistischer Hinsicht bietet also das tibetische Volk eine Menge merkwürdiger, eigenartiger Probleme, die zu lösen die Aufgabe künftiger Forschung sein wird.

So zeichnete ich weiter, und ein Modell nach dem andern landete in meinem Skizzenbuch. Der Ausdruck meiner Modelle ist geistlos und gleichgültig, der Blick abwesend und leidenschaftslos; sie scheinen sich um das, was vorgeht, wenig zu bekümmern, wenn sie nur nach der Sitzung die versprochene Rupie einheimsen (Abb. 162). Sie sitzen regungslos, ohne zu lachen oder zu quengeln. Eher sind sie zu ernst, und nie spielt ein Lächeln um ihre Mundwinkel, wenn ihr Blick dem meinen begegnet. In dieser stummen aber gefühllosen Damengesellschaft verbrachte ich den größten Teil des Tages!

Dann und wann kommt eine Gruppe Neugieriger, um mir zuzusehen, bald Tibeter, bald Chinesen, bald Pilger, die etwas zu erzählen haben wollen, wenn sie wieder daheim in ihren schwarzen Zelten sein werden. Sie stehen um mich herum und zerbrechen sich den Kopf, ob es wohl gefährlich ist, von einem Europäer abgezeichnet zu werden, und weshalb das eigentlich geschehe. Unter ihnen befinden sich natürlich viele Spione. Hinsichtlich der Typen und der Trachten ist der Vorrat unerschöpflich, und wenn ich durch die Stadt reite und ihre Bewohner bei den verschiedenen Beschäftigungen sehe, habe ich ein Gefühl der Beklemmung bei dem Gedanken, daß ich nicht Zeit haben werde, sie alle zu zeichnen. Dort steht ein Mann und spaltet Holz, dort kommen zwei Jünglinge, die mit Reisig und Zweigen beladene Esel vor sich hertreiben. Dort gehen ein paar Frauen mit großen Wasserkrügen auf dem Rücken, während kleine Mädchen Viehdung von der Straße aufsammeln. Dort

157. Vorlesung für Novizen in Taschi-lumpo.
Skizze des Verfassers.

158. Pilger aus Kamba-dsong.

159. Pilgerinnen aus Nam-tso.
Skizzen des Verfassers.

naht sich eine Gruppe von Beamten in gelben Gewändern auf stolzen Rossen, indes einige Lamas langsamen Schrittes nach dem Kloster hinaufwandern. Alles ist so pittoresk, so verführerisch für den Pinsel, man verliebt sich unaufhörlich in verlockende Motive, in ungewöhnliche Genrebilder, in dankbar gruppierte kleine Situationen von Käufern und Verkäufern; man könnte Monate hierbleiben und nur zeichnen und wieder zeichnen, Typen und Volkstrachten studieren, und doch immer neue Motive finden; man trauert bei dem Gedanken an den baldigen Aufbruch.

Nachmittags erschien oft eine Gesellschaft Tänzer und Tänzerinnen auf dem Hofe und führte ihre durchaus nicht üblen Leistungen vor, die mich lebhaft an die Tänze in Leh erinnerten. Sie werden stets von unserem Mütterchen Mamu eingeführt, die die Aufsicht über das Gartengrundstück hat und lächelnd und freundlich wie ein Sperling umherhüpft. Sie spricht Hindi, und Robert kann sie infolgedessen als Dolmetscher benutzen. Dann erscheinen Eselkarawanen, die Heu, Brennholz, Häcksel und Gerste für unsere letzten Tiere oder Proviant für uns selber bringen, und unaufhörlich kommen Leute, die allerhand Eßbares zu verkaufen haben, Hühner, Eier, Butter oder Fische aus dem Tsangpo, die Milchmänner rennen mit ihren klappernden Metallkannen, und Saitenspiel und Flöten ertönen unter unsern Bäumen. Wie ein Troubadour nähert sich ein Bettler mit einer Laute meinem Zelt und singt ein melodisches Lied. Wenn ich nach ihm hinsehe, unterbricht er den Gesang und streckt die Zunge heraus. Barhäuptige Jungen, die nicht schwärzer aussehen könnten, wenn man sie zweimal durch einen Schornstein zöge, laufen mit hellem Gelächter umher oder gucken hinter den Bäumen hervor. Drei von ihnen zeigen sich auf einem ausgespannten Seil, tanzen wie richtige Seiltänzer und schlagen auf ihre Trommeln los, während sie in buntem Durcheinander halsbrechende Purzelbäume ausführen (Abb. 163).

Auch fromme Herrschaften besuchen mich auf meinem Hofe; so auch zwei Nonnen mit einer großen „Tanka", die eine Reihe verwickelter Ereignisse aus der heiligen Geschichte darstellt. Während die eine die Erklärung singt, deutet die andere mit einem Stock auf die dazugehörenden Bilder. Und sie singt so weich und gefühlvoll, daß es ein Vergnügen ist, ihr zu lauschen (Abb. 168).

Oder es kommt ein bettelnder Lama mit der Gebetmühle in der Hand und zwei Handschienen an einem um den Nacken gelegten Riemen (Abb. 182). In diese fährt er, wie in Striegelbürsten, mit den Händen, wenn er sich beim Umwandern der Tempel der Länge nach auf die Erde wirft. Sie sind schon sehr abgenutzt, was die Herzen des Volkes zur Freigebigkeit bewegt, und er sieht seine Almosenschale sich täglich füllen.

Diese Frommen sind Tibets Schmarotzer, die auf Kosten des arbeitenden Volkes leben. Und dennoch werden sie geduldet und von jedermann mit der größten Rücksicht und Ehrerbietung behandelt. Ihnen ein Scherflein zu geben, gereicht dem Geber zum Nutzen. Das Volk wird von den Lamas in geistiger Sklaverei gehalten, und die Lamas selber sind die gehorsamen Sklaven jener Folianten engherziger Dogmen, die seit Jahrhunderten verknöchert sind, an denen aber nicht gerührt werden darf und die nicht kritisiert werden dürfen, denn sie sind kanonisch, verkündigen die absolute Wahrheit und verrammeln jeglichem freien und selbständigen Denken den Weg. Die Geistlichen bilden einen sehr bedeutenden Prozentsatz der spärlichen Bevölkerung dieses kargen Landes. Ohne die frommen Gaben der Pilger würde Tibet sich wirtschaftlich nicht im Gleichgewicht halten können. So ist Taschi-lunpo eine gewaltige Sparbüchse, in die der Reiche seinen Goldklumpen, der Arme sein letztes Scherflein einlegt. Und weshalb? Um die Mönche milde zu stimmen, denn sie sind die Vermittler zwischen dem Volk und den Göttern. Kaum irgendein anderes Land auf der Erde steht so unter der Herrschaft der Priester wie Tibet. Und während das Volk sich abrackert, versammeln sich auf den Ruf des Muschelhorns die Mönche um ihre schweren silbernen Teekannen und ihre Schalen voll Tsamba!

Die drei letzten Abende sind Wildgänse in großer Anzahl niedrig und schreiend von Nordwest nach Südost gerade über unsern Garten hinweggeflogen. Die Raben sind wie gewöhnlich dreist, im übrigen aber hausen in unseren Bäumen nur Spatzen. Sonst ist das Lager innerhalb seiner Mauer friedlich. Aber wir haben draußen eine Nachtwache aufgestellt, denn in einer Stadt, die wie Schigatse reich an hergelaufenem Gesindel ist, gibt es viel Strolche. Als ich eines Abends zwei Mönche bei mir gehabt hatte, um sie auszufragen, wagten sie nicht, in der Dunkelheit nach Taschi-lunpo zurückzukehren, wenn ich sie nicht durch einige meiner Leute, die mit Flinten bewaffnet waren, nach Hause bringen ließe. Neulich ist zwischen der Stadt und dem Kloster ein Lama abends überfallen und buchstäblich bis auf die Haut ausgeraubt worden.

Nach nur 9,8 Grad Kälte herrschte am 20. Februar den ganzen Tag über Schneetreiben; der Wind heulte klagend durch die Pappeln und der Schnee fiel auf mein Zelt. Von den goldenen Tempeldächern war nichts mehr zu erblicken, der Erdboden und die Berge waren weiß; auf dem Basar war kein Mensch, und keine Neugierigen kamen uns besuchen. Gerade so wie in Tschang-tang!

Am 4. März machte mir Gulam Kadir eine Abschiedsvisite; er wollte am folgenden Morgen nach Lhasa, das, seiner Rechnung nach,

neun Tagereisen entfernt liegt. Da er unterwegs durch Gyangtse kommt, mußte er eine große Posttasche an Major O'Connor mitnehmen. Am Tag vorher hatte er eine Karawane von 201 mit Ziegeltee beladenen Yaks nach Ladak abgeschickt. Ein Yak trägt 24 Ziegel, und ein Ziegel kostet in Schigatse 6 Rupien, in Ladak aber 9—11. Es ist nur der Abfall des Teestrauches, der in China verschmäht wird, aber für Tibeter und Ladakis gut genug ist. Gulam Kadir mietet die Yaks und muß bis Gartok für jeden 5 Rupien bezahlen — ungeheuer billig, aber sie ziehen die Gebirgspfade und daher kostet ihr Unterhalt nichts. Fünf Monate sind sie unterwegs, denn die Karawane macht kurze Tagemärsche und bleibt an Stellen, wo üppiges Gras wächst, liegen. Von Gartok, wo der Hadschi Naser Schah eine große Niederlage hat, der sein anderer Sohn Gulam Rasul vorsteht, wird der Tee auf anderen Yaks weiterbefördert. Durch einen einzigen solchen Transport erzielt das Handelshaus des Hadschi höchst bedeutenden Gewinn. Moschus, Korallen, chinesische Stoffe und andere wertvolle Waren werden auf Mauleseln auf der großen Heerstraße verschickt, die am Tsangpo und am oberen Indus entlang geht.

Bei mehreren Gelegenheiten hatte ich im Kloster Kung Guschuk, den Herzog, getroffen und ihm für seine Güte, mir meine Post nach den Seen zu schicken, gedankt. Aber erst am 7. März machte ich ihm meinen Besuch in seinem Hause. Die Wände der Vorhalle sind mit Tigern und Schneeleoparden bemalt; auf dem Hofe, um den herum sich Ställe und Dienerwohnungen ziehen, liegt ein großer, schwarzer Hofhund mit roten Augen und einem roten gewellten Halsring an einer Kette, ist aber so wütend, daß er gehalten werden muß, während wir an ihm vorbeigehen. Nachdem man zwei leiterähnliche Treppen erstiegen hat, gelangt man in das Empfangszimmer, das sehr elegant ist und viereckige, rotangestrichene Säulen und geschnitzte Kapitäle in Grün und Blau hat. An den Wänden steht eine Reihe Götterschreine aus vergoldetem Holz mit brennenden Butterlampen davor, und über ihnen hängen Photographien des Taschi-Lama, die in Kalkutta aufgenommen worden sind. Im übrigen sind die Wände unter Tempelfahnen versteckt.

Das mit Papier überklebte Gitterfenster, das beinahe die ganze Breite der dem Hof zugekehrten Längswand einnimmt und auf der Außenseite mit einer weißen Gardine verhängt ist, liegt ziemlich hoch über dem Fußboden. Unmittelbar unter dem Fenster zieht sich eine lange, niedrige Diwanmatratze hin, auf der da, wo der Ehrenplatz ist, ein viereckiges, mit einem Pantherfell bedecktes Kissen liegt. Vor diesem Kissen stehen auf goldenen Füßen zwei kleine schemelartige, lackierte Tische. Wenn man hier sitzt, hat man unmittelbar zur Linken an der kurzen

Querwand einen würfelförmigen Thron, zu dem einige Stufen hinauf=
führen; hier nimmt der Taschi=Lama Platz, wenn er seinen jüngeren
einundzwanzigjährigen Bruder gelegentlich besucht.

Kung Guschuk ist also noch jung, sehr schüchtern und sichtlich erfreut,
wenn der Gast spricht und er selber sein eignes kleines, schlecht möblier=
tes Gehirn nicht anzustrengen braucht (Abb. 164). Von Indien, wohin er
seinen hohen Bruder begleitete, hatte er sehr unklare Erinnerungen mit=
gebracht, aber er wußte doch noch, daß Kalkutta eine große Stadt ist und
daß es dort unten entsetzlich heiß gewesen war; im übrigen schien ihm
die Reise wie ein unverständlicher Traum vorzuschweben. Über meine
bevorstehende Reise erlaubte er sich keine Meinung, sagte aber offen, daß
die Lamas es nicht gern sähen, daß ich so oft in Taschi=lunpo sei. Seine
Frau hatte mich fragen lassen, ob ich sie nicht porträtieren wolle, und
ich bat nun, mich erkundigen zu dürfen, wann es ihr genehm sei. Jeder=
zeit. Als ich fortging, stand die Gnädige mit ihren schwarzen Ehren=
damen am anderen Ende des offenen Balkons, der einen Lichthof umgab
(Abb. 165). Ich grüßte höflich hinauf und bezauberte gewiß die Dame
im Vorübergehen — es war nicht weiter gefährlich, sie war gründlich
passée, da sie Kung Guschuk gemeinsam mit einem älteren Bruder gehört
hatte, der auf der Rückreise von Indien in Sikkim gestorben war. Sie
soll es sein, die die Finanzen des Hauses in Ordnung hält und das Re=
giment hat. Und das ist auch notwendig, denn Kung Guschuk führt ein
wüstes Leben, ist bis über die Ohren verschuldet und spielt Hasard!
Das ist unanständig — wenn man Bruder des Taschi=Lama ist!

Erst am 22. März wurde etwas aus dem Porträtzeichnen, das in
dem großen Gemache stattfand und mit Bleistift geschah (Abb. 166).
Die Herzogin ist groß und etwas aufgeschwemmt und behauptete, 33 Jahre
alt zu sein — ich taxierte sie auf 45! Ihr Teint ist hell und schlecht,
das Weiße im Auge glanzlos. Sie hatte sich zu dieser Gelegenheit mit
soviel Schmuck beladen, wie nur auf ihr Platz hatte; ein Perlengehänge,
das an der linken Seite ihrer Fassade herabhing, hatte 1200 Rupien ge=
kostet. Im Haar hatte sie dicke Perlenbogen, Korallenbüschel und Türkisen.
Freundlich und liebenswürdig war sie; es sei ihr einerlei, wie lange sie
sitzen müsse, wenn es nur gut werde, sagte sie. Ihr kleiner Pantoffelheld
von Gatte saß dabei und sah zu, und um uns herum standen die anderen
Hausbewohner und noch ein kleiner Bruder Kung Guschuks und des
Taschi=Lama (Abb. 167). Sie selber tranken Buttertee, setzten ihn mir
aber nicht vor, was die Visite bedeutend angenehmer machte.

Dann besahen wir die übrigen Zimmer, die auch an sonnigen Tagen
so düster wie Kerkerlöcher sind, denn die Fenster sind klein, das Papier

162. Bürgerfrau in Schigatse.

161. Junge Dame in Schigatse.
Skizzen des Verfassers.

160. Frau Taschi Puti in Schigatse.

163. Tanzende Knaben mit Trommeln.
Skizze des Verfassers.

dick, und die weißen Gardinen der Außenseite tragen zur Verstärkung der
Dämmerung bei. Ein kleiner Tempelsaal mit roten Säulen war so dunkel,
daß man kaum die Götterstatuen unterscheiden konnte. Im „Arbeits=
zimmer" des Herzogs steht ein niedriger Diwan am Fenster und davor
ein Tisch mit Papier, Tintenfaß und Federn und einem religiösen Buch.
Das Schlafzimmer war mit Tankas, Statuen und Bechern geschmückt.
Hier und dort kämpfen Butterflämmchen gegen die Dunkelheit, während
gegen die Kellerluft Kohlenbecken von Messing auf Gestellen von dunkelm
geschnitzten Holz verwandt werden. Das ganze Haus gleicht einem
Tempel — das gehört sich wohl so, wenn man Bruder des Groß=
lama ist!

Ein paar Gänge, die verschiedene Teile des oberen Stockwerkes
miteinander verbanden, waren nicht überdeckt, standen also allen Winden
des Himmels offen. Eine dritte Treppenleiter führte nach dem obersten
Dach, das von einer meterhohen Brüstung umgeben und mit Kalk weiß
abgeputzt war. Ein Wäldchen von Dachverzierungen und Gertenbündeln
mit Wimpeln verscheuchte die bösen Dämonen. Es stürmte gerade tüchtig,
und Staub und Späne von Schigatses Straßen flogen in der Luft um=
her, so daß meine Augen ihren Anteil erhielten. Mit dem Porträtieren
dauerte der Besuch vier geschlagene Stunden; — zuletzt war ich mit der
Familie schon so intim, als ob wir uns von Kindheit an gekannt hätten!

Einunddreißigstes Kapitel.

Politischer Wirrwarr.

In den ersten Kapiteln dieses Buches habe ich in größter Kürze über die Schwierigkeiten berichtet, die mir von englischer Seite in den Weg gelegt wurden, und erzählt, wie die liberale Regierung in London sich nicht allein weigerte, mir die Vergünstigungen, um die ich gebeten hatte, zu gewähren, sondern sogar versuchte, die ganze Reise zu hintertreiben. Aus diesem Grunde hatte ich mich gezwungen gesehen, den ungeheuren Umweg durch ganz Tschang-tang zu machen, wo wir mehr als einmal unser Leben aufs Spiel setzten und so große Verluste erlitten. Dann stießen wir auf den schwachen Widerstand seitens der Tibeter, gelangten aber trotzdem nach Schigatse; es war ja das reine Glück, daß die gegen uns ausgeschickten Patrouillen uns nicht hatten finden können. Am 14. Februar hatten Vertreter der tibetischen Regierung mich darauf aufmerksam gemacht, daß ich nicht berechtigt sei, mich überlange in Tibet aufzuhalten, sondern daß ich das Land verlassen müsse. Als ob ich nicht schon an den englischen, indischen und tibetischen Regierungen genug hätte, erschien nun am 18. Februar auch noch die chinesische Regierung auf der Bildfläche! Ich stand nun allein einem vierblättrigen Kleeblatt von Regierungen gegenüber und wünschte alles, was Politik und Diplomaten hieß, dahin, wo der Pfeffer wächst!

An diesem Tag erschien also der junge Chinese Duan Suän im Auftrag Gaw Dalois, des politischen Agenten Chinas in Gyangtse. Er brachte mir von ihm einen Brief, der folgenden lakonischen Inhalt hatte:

Übereinkommen zwischen Großbritannien und China, unterzeichnet in Peking im Jahre 1906, § 2: Die großbritannische Regierung verpflichtet sich, kein tibetisches Territorium zu annektieren und sich nicht in Tibets Verwaltung zu mischen.

Vertrag, abgeschlossen am 7. September 1904, § 9b: Keine Vertreter oder Agenten irgendeiner fremden Macht sollen Erlaubnis erhalten, Tibet zu besuchen.

Duan Suän bestellte mir außerdem noch mündlich von Gaw Daloi, daß ich unter keiner Bedingung nach Gyangtse reisen dürfe, nachdem ich schon ohne Paß und Erlaubnis bis Schigatse vorgedrungen sei, und daß mir nur ein einziger Weg offen stehe, nämlich der durch Tschang=tang, auf dem ich gekommen sei. Ich antwortete ebenso lakonisch, daß Gaw Daloi, wenn er etwas über mich wissen wolle, sich an Major O'Connor, den Vertreter Großbritanniens in Gyangtse, wenden möge, anstatt mir unverschämte Briefe zu schreiben!

Es war mein Plan und mein Wunsch gewesen, O'Connor zu besuchen; ich kannte ihn sehr gut von Hörensagen, er hatte mich mit Freundlichkeiten überhäuft, und ich wußte, daß er einer der außerordentlich Wenigen ist, die Tibet gründlich kennen.

Von meiner Ankunft an hatten wir miteinander in eifrigem Briefwechsel gestanden, ich hatte ihm meine bisherigen Gedanken über die westliche Fortsetzung des großen Gebirgssystems auseinandergesetzt, und O'Connor hatte geantwortet, daß er sich stets nach den großen unbekannten Teilen des tibetischen Inneren gesehnt und schon lange das Vorhandensein eines mächtigen Bergsystems im Norden des Tsangpo vermutet habe. Noch kannte ich dieses System nur mangelhaft, und deshalb hatte ich O'Connor vorgeschlagen, daß wir das Gebirge künftig Nientschen=tang=la nach dem hohen Gipfel am Südufer des Tengri-nor nennen wollten. Für mich würde es die größte Bedeutung gehabt haben, gerade jetzt mit einem Manne wie Major O'Connor zusammenzutreffen.

Indessen begann ich die Sache bald in einem anderen Lichte zu betrachten, denn ich sah ein, daß ich mich in Gyangtse in einer noch unhaltbareren Lage befinden würde als hier in Schigatse. Solange ich in Schigatse blieb, wußten die Chinesen nicht, was sie mit mir anfangen sollten; in Gyangtse aber kam ich direkt unter die Vertragsparagraphen und konnte also gezwungen werden, südwärts nach Indien zurückzugehen. Gaw Dalois Verbot in betreff Gyangtses reizte mich ein wenig, aber ich hatte ihn in Verdacht, dies nur als Kriegslist gebraucht zu haben, und zwar um so mehr, als die Behörden von Schigatse mir gleichzeitig anboten, daß ich Lasttiere zu meiner Reise dorthin mieten dürfe. Sowohl Tsaktserkan wie Ma wußten, daß ich einen Brief von Gaw erhalten hatte, und Ma hatte lange Unterhandlungen mit den beiden Herren aus Lhasa. Es war klar, daß eine politische Intrige im Gange war; für mich kam es nun darauf an, meine Karten gut auszuspielen.

Schon um den 20. Februar herum hatte ich bemerkt, daß die Lamas wegen meiner vielen Besuche im Kloster vor den Chinesen in Sorge waren und täglich zurückhaltender wurden. Ich fuhr jedoch ganz ruhig fort,

ihnen dicht vor der Nase zu sitzen und sogar den Schakya Toba (Buddha) zu zeichnen. Die Chinesen gaben sich den Anschein, als fürchteten sie, daß die Engländer ihnen Vertragsbruch vorwerfen könnten, wenn sie mein Verweilen auf verbotenem Boden duldeten. Meine englischen Freunde dagegen freuten sich darüber, daß mir bis dahin alles geglückt war, und hofften, daß ich mich auch fernerhin halten könne. Indessen konnte jeden Tag ein Umschlag eintreten, und ich lebte daher in der aufregendsten Ungewißheit.

In meiner Antwort an Gaw Daloi bat ich ihn, sich völlig darüber zu beruhigen, daß ich als Schwede Absichten haben könnte, tibetisches Territorium zu annektieren, und was den § 9 anbetreffe, so habe er ihn unvollständig zitiert, da er nämlich folgendermaßen laute: „Die Regierung Tibets übernimmt die Verpflichtung, ohne vorhergehende Zustimmung der Regierung Großbritanniens keinen Vertretern oder Agenten irgendeiner fremden Macht den Besuch Tibets zu gestatten." Dieser Paragraph finde auf mich durchaus keine Anwendung, da ich bereits in Tibet sei, und es gehe mich gar nichts an, was für Vereinbarungen die beiden Regierungen miteinander getroffen hätten. Mein Fall müsse von ganz anderen Gesichtspunkten behandelt werden.

Ma hatte sich anfangs bereit erklärt, meine Post nach Gyangtse zu schicken, jetzt aber lehnte er es mit der Entschuldigung ab, daß es so aussehen könne, als ob er mir zu gern gefällig sein wolle. Daher mußte am 24. Februar Muhamed Isa nach Gyangtse reiten, um Gaw Daloi meinen Brief und den Paß zu bringen, und auch 3000 Rupien in Gold mitzunehmen, die Major O'Connor mir gegen Silbergeld einzuwechseln versprochen hatte.

Ich schickte auch ein ausführliches Telegramm an den englischen Premierminister und bat um die „Zustimmung der Regierung Großbritanniens", da die tibetische Regierung mir bis jetzt tatsächlich kein Hindernis in den Weg gelegt habe. Auf dieses Telegramm erhielt ich aber keine Antwort!

Am 27. Februar traf Gaws Antwort ein — nicht mit Muhamed Isa, sondern mit einem besonderen Kurier; das war diplomatisch, aber unvorsichtig. Gaw schrieb, er könne nicht glauben, daß ich, nur um der wissenschaftlichen Forschung zu dienen, einen Vertrag zwischen zwei Großmächten werde brechen wollen, mein chinesischer Paß sei hier wertlos, und wenn man mir erlaube, in Tibet herumzureisen, könnten Russen und Engländer dieselben Vergünstigungen beanspruchen. Er schloß mit den Worten: „Ich habe von meiner Regierung Befehl erhalten, Sie sofort zu verhaften, falls Sie nach Gyangtse kommen sollten, und Sie mit Soldaten über die indische Grenze schaffen zu lassen." Später

164. Der Herzog Kung Guschuk, Bruder des Taschi-Lama.

165. Die Herzogin Kung Guschuk mit dem jüngsten Bruder des Taschi-Lama und fünf ihrer Dienerinnen.

erfuhr ich, daß er keinen einzigen Soldaten hatte und daß er, wenn ihm auch die ganze chinesische Armee zur Verfügung gestanden hätte, sie doch nicht hätte gegen mich benutzen können, falls ich als Gast in der britischen Agentur in Gyangtse weilte. Ich erwiderte jedoch, daß ich sehr gern aufbrechen wolle, aber nach Nordwesten, wenn Gaw mir eine genügend große Karawane besorgen könne!

Am 1. März besuchte mich Ma. Er war ganz außer sich. Der Amban Lien in Lhasa habe ihm scharfe Vorwürfe darüber gemacht, daß er, der 1000 eingeborene und 150 chinesische Krieger befehlige, nicht genug Verstand und Wachsamkeit besessen habe, um mein Einschleichen in Schigatse zu verhindern! Er solle mir auch bestellen, daß ich die Stadt sofort zu verlassen hätte, und bat mich nun, ihm zu sagen, an welchem Tage ich abzureisen gedächte. „Damit hat es noch gute Weile", antwortete ich. „Erst muß die Karawane fertig sein, die mich durch Tschang=tang zurückbefördern soll." Auch den Mönchen war von Lhasa aus geraten worden, sich sowenig wie möglich mit mir abzugeben.

Mein Verweilen in Schigatse hatte also nach und nach zu einem Noten= und Telegrammwechsel zwischen Lhasa, Gyangtse, Schigatse, Peking, Kalkutta und London Veranlassung gegeben, und ich war ganz wider meinen Willen ein kleiner, hochpolitischer Zankapfel geworden! Meine Lage war jedoch so unsicher, daß ich keine Bemühung unversucht ließ. Der schwedische Gesandte, Herr G. O. Wallenberg, tat in Peking alles, was in seiner Macht stand, um die Erlaubnis der chinesischen Regierung und einen Paß für mich zu erhalten; er sprach mit allen hohen Mandarinen, aber sie beriefen sich mit größter Liebenswürdigkeit auf die bindenden Verträge. Auch die japanische Gesandtschaft in Peking machte, auf des Grafen Otani (Kyōto) Wunsch, Vorstellungen, erhielt aber die überraschende Antwort, daß ich, wenn ich überhaupt in Tibet sei, was man bezweifle, sofort aus dem Lande ausgewiesen werden müsse. Also überall abschlägiger Bescheid! Aber in einer Beziehung war ich stark: ich war allein, während meine Gegner nur zu sehr von der Rücksicht, die sie aufeinander nehmen mußten, abhängig waren.

Zwischendurch wurde ich in kleine Bruchstücke innerer tibetischer Politik eingeweiht. Vom Taschi=Lama geschickt, pflegte Tsaktserkan mich in der Dämmerung zu besuchen. Er fragte mich, wie es möglich sei, daß, nachdem die Engländer im Krieg gegen Tibet gesiegt hätten, China alle Vorteile dieses Sieges ernte und daß Chinas Macht im Lande wachse, während das englische Prestige abnehme. Das lange Fortbleiben des Dalai=Lama beunruhigte den Taschi=Lama aufs höchste. Gleich nach seiner Rückkehr aus Indien hatte er dem Dalai=Lama Geschenke

gesandt und ihm viele Briefe geschrieben, aber nie eine Antwort erhalten. Der Dalai-Lama war sein Lehrer gewesen, und er grämte sich darüber, daß er ihm in seiner schwierigen Lage nicht helfen könne. Die Behörden in Lhasa waren ihrerseits wütend auf Taschi-lunpo und behaupteten, daß der Taschi-Lama sich von den Engländern habe bestechen lassen, um nicht am Kriege teilzunehmen. Der Taschi-Lama ließ mich auch fragen, ob ich glaube, daß der Kaiser von China ihm wegen seiner Reise nach Indien zürne, worauf ich antwortete, meiner Meinung nach sei der Kaiser zufrieden, wenn der Taschi-Lama mit seinen mächtigen Nachbarn im Süden Frieden halte und ein gutes Verhältnis zwischen Tibet und Indien bestehe.

Da erhielt ich am 5. März einen merkwürdigen Brief von Gaw Daloi. „Im größten Vertrauen" riet er mir, an Chang Yin Tang (Tang Darin, „Kaiserlich Chinesischer Oberkommissar in Tibet") und an den Amban Lien Yü in Lhasa zu schreiben und die beiden Exzellenzen zu bitten, mir als besondere Gnade die Erlaubnis zu erteilen, über Gyangtse nach Sikkim ziehen zu dürfen; er zweifele nicht daran, daß sie damit einverstanden sein würden. Erst hatte er mir geschrieben, daß seine Regierung ihm befohlen habe, mich zu verhaften, wenn ich nach Gyangtse käme; jetzt riet er mir selbst dazu? Dadurch aber, daß er nun gegen die Befehle seiner Regierung handelte, gab er mir ein gefährliches Übergewicht; ich hatte ihn jetzt in der Hand und betrachtete ihn als aus dem Spiele ausgeschieden. Auf Umwegen erfuhr ich aber dann, daß sein Brief auf Befehl aus Lhasa geschrieben worden sei, wo man fürchtete, daß man mich überhaupt nicht wieder loswerden würde, wenn man mir erlaubte, auf dem Rückweg weiter nach Tibet hinein zu ziehen. Ma teilte mir mit, daß er Befehl habe, meinetwegen Kuriere stets in Bereitschaft zu halten, und daß ein Brief jetzt in fünf Tagen Lhasa erreiche.

Ich schrieb nun an den Tang Darin und sagte ihm, daß ich durchaus nicht den Wünschen der chinesischen Regierung durch das Abreisen über Gyangtse zuwider handeln wolle, sondern nach Nordwesten zurückzukehren gedächte, wenn Seine Exzellenz Befehl geben wolle, daß mir Yaks zur Verfügung gestellt würden. In meiner Eigenschaft als Schwede gehörte ich einem Lande an, das mit China seit uralten Zeiten in freundlichem Verhältnis stehe und in Tibet keine politischen Interessen habe.

Gleichzeitig schrieb ich auch an Lien Darin und betonte, daß weder die chinesische, noch die tibetische Regierung das Recht habe, mich wegen meiner Reise nach Schigatse anzuklagen; wenn ihnen mein Kommen unangenehm sei, hätten sie mich rechtzeitig daran verhindern sollen! Sie müßten mir im Gegenteil dankbar sein, weil ich sie auf diese Möglichkeit

einer Durchquerung des Landes aufmerksam gemacht hätte, und ich riete
ihnen, in Zukunft wachsamer zu sein, wenn sie Europäern das Land ver=
schließen wollten! Nach Indien zu reisen falle mir nicht ein, meine Leute
seien Bergbewohner und würden in der Hitze wie Fliegen umfallen;
sie seien übrigens britische Untertanen, und ich sei für ihre glückliche
Heimkehr nach Ladak verantwortlich. Durch Tschang=tang zu reisen, sei
unmöglich, aber ich würde gern einen Weg auf der Nordseite des Tsangpo,
wo es Nomaden gebe, einschlagen. Wenn sie mich loszusein wünschten,
sollten sie mir die Rückreise doch nicht erschweren, sondern sie mir lieber
in jeder Weise erleichtern.

Als nun die Herren aus Lhasa und die Abgesandten aus Schigatse=
Dsong mir an demselben Tag aufs neue vorstellten, daß ich unverzüglich
aufbrechen müsse, konnte ich ihnen erwidern, daß dies vor zehn Tagen nicht
geschehen könne, da es so lange dauere, bis aus Lhasa Antwort eintreffe!

Meine Lage glich immer mehr einer Gefangenschaft, und doch tat man
alles, um mich loszuwerden. Am 4. März war ich zum letztenmal in
Taschi=lunpo gewesen. Jetzt war mir das Kloster verschlossen, da man
mich aus Furcht vor dem Argwohn der Chinesen ausdrücklich gebeten
hatte, dort keine Besuche mehr zu machen. Ich versprach, es zu unter=
lassen, aber unter der Bedingung, daß ich das Ngakang noch sehen dürfe,
wo die Gewänder und die Masken verwahrt werden. Als dies für un=
möglich erklärt wurde, einigten wir uns schließlich dahin, daß einige
Gewänder, Masken und Instrumente mir in meinem Garten gezeigt
werden sollten, wo ich ja auch Gelegenheit hätte, sie abzuzeichnen. Die
Gegenstände wurden des Nachts gebracht, und während ich am Tage zeich=
nete, wurde um das Haus herum Wache gehalten, so daß die Lamas
Repressalien nicht zu fürchten hatten. So kam der 10. März heran, als
Taschi mit meinen letzten 13 Yaks anlangte, die so außerordentlich er=
schöpft waren, daß sie zu einem Ramschpreis einem Kaufmann über=
lassen wurden.

Vom 12. März enthält mein Tagebuch folgende Betrachtungen: „In
diesem heiligen Lande scheint der Frühling mit Pauken und Trompeten
einzuziehen, die noch gellender sind als alle die, welche bei Tagesanbruch
von den Tempelplattformen erschallen und die Lamas zu ihrem ersten
Tee rufen. Stürme, dunkle Wolkenmassen und Staubwolken, die am
Erdboden entlang wirbeln und die ganze Umgebung verhüllen außer
dem Dsong, der wie ein düsteres Märchenschiff durch den Staubnebel
schimmert. Die Temperatur steigt, bei Tage haben wir mehrere Grade
über Null, aber sonst sehen wir vom Frühling noch nichts. Einmal
wird er wohl kommen, wenn er sich jetzt auch erst im Bett umdreht und

sich den Winterschlaf langsam aus den zugefrorenen Augen zu reiben versucht. Heute tobte einer der heftigsten Weststürme, die wir erlebt haben. Die Klosterglocken klingen freilich wie Sturmglocken, aber ihr Klang dringt bei dem Heulen des Sturmes nicht zu uns. Die Küche ist ins Haus verlegt worden, auf dem Hofe läßt sich niemand sehen und in den Pappeln knackt und pfeift es. Nur hin und wieder hört man die Schellen eines Kurierpferdes, das an der Außenmauer vorbeisprengt und vielleicht neue Verhaltungsmaßregeln in Beziehung auf mich bringt. Ma läßt nichts von sich hören, Lobsang Tsering ist verschwunden, und Tsaktserkan kommt nur, wenn ich ihn darum bitten lasse. Ich werde immer mehr isoliert, keiner darf mehr mit mir verkehren. Unsere Lage ist zwar aufregend, aber doch auch interessant. Daß wir Schigatse einmal verlassen müssen, ist klar, aber auf welchem Wege? Daß ich nicht über Gyangtse gehe oder Katmandu (Hauptstadt von Nepal), wie Ma mir vorschlug, habe ich ihnen schon mitgeteilt, und hier eine Karawane für Tschang-tang auszurüsten, ist undenkbar. Ich habe nur ein Ziel, den Norden des Tsangpo, wo die wichtigsten Entdeckungen meiner harren! Erst in dem Augenblick, in dem wir Schigatse verlassen, sind wir im Ernst Gefangene; solange wir hier still liegen, haben wir wenigstens Freiheit innerhalb unserer eigenen Mauern. Und solange ich mich in Tibet befinde, bin ich für die Engländer „tabu", aber sowie ich die englische Grenze überschreite, bin ich geliefert! Nach Ostturkestan kann ich nicht gehen, denn die chinesische Regierung hat, wie ich durch Gaw weiß, meinen Paß annulliert, da er am unrechten Orte benutzt worden sei. Direkt nach China mit Ladakis zu reisen, geht auch nicht an. Zwingt man mich aber nach Sikkim zu ziehen, so muß ich die Ladakis entlassen, und ich reise dann allein nach Peking, um den Mandarinen den Standpunkt klarzumachen!"

Am 15. März fanden sich die beiden Herren aus Lhasa wieder bei mir ein. Sie waren in Gyangtse gewesen und hatten von Gaw Befehl erhalten, alle meine Schritte scharf zu überwachen. Wieder wollten sie den Tag meiner Abreise wissen, und ich antwortete, daß ich darüber nichts entscheiden könnte, bevor ich wüßte, welchen Weg ich einschlagen würde. Solle dieser durch Tschang-tang gehen, so müßten sie sich auf langes Warten gefaßt machen; sie könnten sich inzwischen ruhig ein Haus kaufen und sich verheiraten! Sie beklagten sich nun selbst über das Zunehmen der Macht der Chinesen in Tibet und glaubten, daß die infolge des neuen, strengen Regimes in Lhasa entstandene Gärung allein es mir möglich gemacht habe, unbemerkt quer durch Tibet zu reisen.

Darin werden sie wohl recht gehabt haben. Der Mißgriff des

Dalai-Lama und der unerwartete Frontwechsel der Engländer hatten den Chinesen eine Gelegenheit gegeben, die Herrschergewalt über Tibet so zu übernehmen, wie sie es seit den Tagen des Kang-hi und des Kien-lung im 17. und 18. Jahrhundert nicht wieder gekonnt hatten. Von dem englischen Prestige konnte ich keinen Schatten mehr entdecken und hatte ja selber gehört, daß der Taschi-Lama seine Reise nach Indien bereute. Vielleicht war es von der liberalen Regierung in London klug, Tschumbi aufzugeben und durch Sperrung der Grenze alle Möglichkeiten zu Grenzkonflikten und Friktionen von der indischen Seite aus auszuschließen. Denn in unserer Zeit beginnt das alte Asien aus seinem tiefen Schlafe zu erwachen, und die europäischen Großmächte, die dort Interessen haben, sollten lieber dafür sorgen, daß sie behalten können, was sie schon besitzen, als darauf ausgehen, neue Eroberungen zu machen! Jedenfalls zeigten die chinesischen Staatsmänner diesmal wie stets eine bewunderungswürdige Klugheit und Achtsamkeit und ernteten den ganzen Gewinn der englischen Opfer. Wenn der Dalai-Lama überhaupt mit heiler Haut nach Lhasa zurückkehrt (im September 1909 inzwischen geschehen), wird er sich mit der Anbetung, die ihm als Inkarnation in seinem Palaste Potala zuteil wird, begnügen müssen und sich nicht mehr mit politischen Angelegenheiten befassen dürfen. Tibet wird ohne Zweifel in Zukunft ebenso streng verschlossen bleiben, wie früher. Denn die Herrschergewalt über Tibet ist für China eine politische Frage ersten Ranges. Nicht nur weil Tibet sozusagen eine gigantische Festung mit Wällen, Mauern und Gräben zum Schutze Chinas ist, sondern auch wegen des großen geistigen Einflusses, den die beiden Päpste auf alle Mongolen ausüben. Solange China den Dalai-Lama in seiner Hand hat, kann es die Mongolen im Zaume halten, im entgegengesetzten Fall aber kann der Dalai-Lama sie zur Empörung gegen China aufreizen. Und die Mongolei ist auch der Puffer zwischen China und Rußland.

Am 19. März erhellte sich endlich meine Lage. Ma hatte eine Zusammenkunft mit den beiden Herren aus Lhasa und den Behörden des Schigatse-dsong gehabt. Letztere stellten sich bei mir ein und baten nun ihrerseits um Bescheid, wohin meine Reise gehen solle. Ich antwortete: längs des Raga-tsangpo bis an seine Quelle!

Die Herren, welche die Sitzung abgehalten hatten, waren inzwischen augenscheinlich zu dem Entschluß gekommen, die Folgen meiner Reise nach Westen auf ihre Verantwortung zu nehmen. Aber sie bestanden energisch darauf, daß ich nach Je-schung auf genau demselben Weg, auf dem ich gekommen sei, also über Tanak und Rungma, abziehen müsse, da sie sonst Unannehmlichkeiten haben würden.

Nachdem es also abgemacht war, daß ich nicht nach Gyangtse zu reisen brauchte, schickte ich Muhamed Isa mit allen Karten, Aufzeichnungen und den bisher gewonnenen Resultaten an Major O'Connor; die ganze Sendung gelangte später in unversehrtem Zustand an Oberst Dunlop Smith in Kalkutta. Noch 3000 Rupien in Gold ließ ich mir in Silbergeld einwechseln, und ich schrieb einen letzten Abschiedsbrief an meinen liebenswürdigen Freund O'Connor und ebenso an meine vielen Freunde in Indien. Nach Hause schrieb ich auch, wie gewöhnlich, in ausführlicher Tagebuchform.

Am 20. trat Ma durch unser Tor, schwenkte triumphierend einen Brief mit großem rotem Siegel und rief schon von weitem: „Vom Tang Darin!" Der Brief war vom 15. März aus Lhasa datiert, und ich teile ihn hier als Probe der diplomatischen Briefschreibekunst der Chinesen mit:

Lieber Doktor Sven Hedin!

Es hat mich sehr gefreut, Ihren Brief vom 5. dieses Monats zu erhalten und zu hören, daß Sie nach Schigatse gekommen sind, um die Geographie der unbekannten Teile dieses Landes zu erforschen. Ich weiß, daß Sie einer der berühmten Geographen Europas sind und daß Sie hier im Lande umherziehen, ohne sich in Tibets politische oder sonstige Angelegenheiten einzumischen, und einzig und allein geographische Arbeiten ausführen.

Ich habe große Achtung vor Ihnen als Mann der Wissenschaft, der sich ernstlich um das Fortschreiten der Erdkunde bemüht. Solche Männer schätze ich immer hoch und erweise ihnen die größte Ehrerbietung.

Zu meinem Bedauern aber muß ich Ihnen sagen, daß der letzte Vertrag zwischen China und Großbritannien über Tibet einen Paragraphen enthält, der besagt, daß keine Fremden, seien es nun Engländer oder Russen, Amerikaner oder Europäer, berechtigt sind, Tibet zu besuchen, die drei Handelsplätze Gyangtse, Jatung und Gartok ausgenommen. Sie sind es also nicht allein, dem ich das Land verbiete.

Ich wünsche daher, daß Sie auf demselben Weg, auf dem Sie gekommen sind, wieder abziehen, und Sie würden mich dadurch außerordentlich verbinden.

China und Schweden sind in Wahrheit befreundete Mächte, und die beiden Völker sind wirklich Brüder.

Ich hoffe, daß Sie mich nicht falsch beurteilen werden, wenn ich Ihnen nicht erlaube, weiterzureisen, denn ich bin durch den Vertrag gebunden.

Ich habe den chinesischen und den eingeborenen Behörden auf Ihrer Route bereits Befehl erteilt, daß sie Ihnen alle Erleichterungen, die sich möglicherweise erreichen lassen, verschaffen sollen.

Ihnen eine glückliche Rückreise wünschend, bin ich

Ihr ergebener
Chang Yin Tang.

An liebenswürdiger Verbindlichkeit ließ der Brief nichts zu wünschen übrig, dem Inhalt nach war er diplomatisch dunkel. Chinesische und eingeborene Behörden in Tschang-tang, wo wir 81 Tage hintereinander keine lebende Seele erblickt hatten? Wie Gaw berief er sich auf den Vertrag, den England unterzeichnet hatte, um das interessanteste Land der Erde jeder Forschung zu versperren.

Ma kannte den Inhalt des Briefes und fragte, ob es bei meinem Entschluß, am Raga-tsangpo flußaufwärts zu ziehen, bleibe. In solchem Fall stehe mir der Weg offen. Ich antwortete, ohne meine Befriedigung merken zu lassen, bejahend, obgleich diese Straße im Gegensatz zu Tangs Brief stand. Jetzt durften vorläufig zwei Herren des Dsong die Verproviantierung besorgen — alles auf Tangs Befehl!

Im Handumdrehen wurden nun die Behörden Schigatses außerordentlich höflich und überliefen mich mit Visiten, seitdem sie gesehen hatten, daß ich bei dem in weltlichen Angelegenheiten mächtigsten Manne Tibets gut angeschrieben war. Sechs Säcke Tsamba, ein Sack Reis und zwölf Ziegel Tee wurden mir auf den Hof gebracht, und man erbat genaue Auskunft über die Punkte, die ich jenseits der Mündung des Raga-tsangpo zu berühren gedächte. Darauf fiel ich jedoch nicht herein, sondern sagte, daß mir von den Namen dort oben kein einziger bekannt sei. Im stillen dachte ich, daß es am klügsten sein werde, nicht durch allzuviel Einzelheiten ihr Mißtrauen zu erregen; je weiter wir uns von den Zentralbehörden entfernten, desto größere Aussicht hatten wir, uns allein überlassen zu bleiben. Sie erkundigten sich, wieviel Pferde wir bedürften, und ich nannte gleich 65, um reichlich versehen zu sein; sie zogen so still ab, als ob sie bei sich dächten, daß dies doch recht viel sei!

Am 24. März kam Muhamed Isa mit dem Silbergeld, neuer Post und allerlei Sachen zurück, die mir Major O'Connor mit gewöhnlicher Liebenswürdigkeit besorgt hatte. Nachmittags großes Konzil: Ma, die beiden Herren aus Lhasa, der ganze Schigatse-dsong und Tsaktserkan, wohl an die 20 Beamte, etwa 100 Diener, chinesische Soldaten und Neugierige, so daß der ganze Hof voller Menschen war! Der neue Paß wurde mir feierlich vorgelesen. Darin waren die Orte aufgezählt, die ich zu berühren hatte: den Raga-tsangpo, dann Saka-dsong, Tradum, Tuksum, Gartok, Demtschok und die Ladakgrenze. Ich durfte an keinem einzigen Punkt verweilen, mußte lange Tagemärsche machen und in gerader Linie im Tal des Brahmaputra und Indus ziehen! Ich hielt es für unpraktisch, gegen diese Vorschriften Einwendungen zu erheben; von dem Land im Norden des Tsangpo, wo ich das große Gebirgssystem

vermutete, war kein Wort gesagt. Aber ich dachte bei mir, daß wir den Zug dahin schon auf eine oder die andere Weise selber würden ins Werk setzen können, und nahm mir vor, ihnen jedenfalls recht viel Mühe zu verursachen, mich wieder loszuwerden! Zwei Chinesen, ein Beamter aus dem Labrang von Taschi=lunpo und einer aus dem Schigatse=dsong sollten uns zuerst geleiten und dann von vier andern abgelöst werden. Die Eskorte wurde mir vorgestellt. Die Herren bestanden darauf, daß wir schon am folgenden Morgen aufbrechen sollten. Ich aber erklärte, daß wir zu den Vorbereitungen noch zwei Tage gebrauchten. All der Proviant, den sie in der Eile besorgt hatten, wurde in ihrer Gegenwart gewogen und von mir bezahlt.

Die braune Puppy arrangierte am Morgen des 25. ein allerdings nicht unerwartetes Intermezzo. Infolge unzivilisierter Begriffe über die Heiligkeit meines Zeltes hatte die Hündin lange nicht hineingedurft. Aber nun, als ich gerade beim Schreiben meiner letzten Briefe saß, kam sie und kratzte in der einen Ecke des Zeltes mit den Vorderpfoten eine Grube, winselte ängstlich, legte den Kopf an mein Knie und sah sehr unglücklich aus, als wolle sie mir zu verstehen geben, wie hilflos sie sich fühle. Ehe ich mich dessen versah — lagen zwei ganz kleine Hündchen quiekend zu meinen Füßen! Während die junge Mutter ihre Erstgeborenen mit unbeschreiblicher Zärtlichkeit leckte, richtete Muhamed Isa ein weiches Lager für die Familie her. Auf diesem hatte Puppy kaum Platz genommen, als noch zwei Hündchen ihren Einzug in diese seltsame Welt hielten! Dann aber meinte sie wohl, daß es jetzt des Guten genug sei; denn nach einer guten Fleischmahlzeit und einer Schale Milch rollte sie sich mit den vier gut behüteten Jungen zusammen und schlief ein. Die neuen Hündchen sind kohlschwarz und klein wie Ratten. Ich kaufte ihnen einen Korb, in dem sie reisen sollten, bis sie die Karawane, in der sie geboren worden, um echte Karawanenhunde zu werden, auf eigenen Beinen begleiten können. Wir hatten auch hier vergeblich versucht, uns einige gute Hunde zu verschaffen, denn unsere Vagabunden vom Ngangtse=tso waren wohl gute Wächter, aber wenig angenehme Gesellschafter. Jetzt hatten wir plötzlich eine ganze Gesellschaft, und es sollte uns Spaß machen, zu sehen, wie sie sich mit der Zeit entwickelten. Wie unser künftiges Geschick sich auch gestaltete, in kürzerer Frist als einem halben Jahr würden wir Ladak nicht erreichen, und bis dahin würden die Hündchen groß und drollig geworden sein. Von nun an durfte Puppy immer in meinem Zelte wohnen, und wir wurden die besten Freunde von der Welt, denn ich war ebenso ängstlich um die Jungen besorgt wie sie selber. Unberechtigte aber ließ sie nicht heran; kaum eine halbe Stunde nach der

166. Der Verfasser zeichnet die Herzogin Kung Guschuk (Muhamed Isa stehend).

167. Der jüngste Bruder des Taschi-Lama mit einem Diener.

Katastrophe fuhr sie bereits auf zwei Knaben los, die auf dem Hofe umherlungerten. Es war ein entsetzliches Gejaule in der Zeltecke, und es duftete in weitem Umkreis nach kleinen Kindern, aber „sowohl die Mutter wie die Kleinen befanden sich den Umständen nach wohl", wie es in vornehmeren Bulletins heißt.

Währenddessen herrschte auf unserem Hofe ein fürchterlich eifriges Getriebe. Das schwere Gepäck wurde verstaut, Reis und Tsamba der Leute nebst der Gerste für die Pferde in genau abgewogene Säcke genäht; chinesische Makkaroni, Kohlköpfe, Zwiebeln, feines Weizenmehl, Gewürze, Kartoffeln und so viel Eier, wie wir erhalten konnten, vom Markt herbeigeschafft. Die Bücher, die ich von O'Connor erhalten hatte, füllten allein eine ganze Kiste und sollten, wenn sie ausgelesen waren, eines nach dem anderen fortgeworfen werden. Als alles eingepackt war, sah es in meinem Zelte schrecklich leer aus.

Am 26. März, meinem letzten Tag in Schigatse, wurde das Packen beendet, und Ma Tschi Ju, ein junger Beamter in Tschumbi, langte aus Lhasa an und brachte mir Grüße von den Exzellenzen. Er war Dungane (Mohammedaner), sprach weich und höflich und war einer der edelsten, feinsten und sympathischsten Chinesen, die ich je kennen gelernt habe. Dabei sah er außergewöhnlich hübsch aus, hatte große, klare Augen, die kaum die Rasse verrieten, rein arische Züge und trug einen kostbaren Seidenpelz. Er bedauerte, daß er keine Gelegenheit gehabt habe, mir Gastfreundschaft zu erweisen, und bat mich, nicht zu glauben, daß die Eskorte eine kontrollierende Bewachung sein solle; sie sei nur eine Sicherheitswache und habe Befehl, mir aufs beste zu dienen! Ma Tschi Ju brachte auch einen artigen Brief von Lien Darin, dem Amban von Lhasa, in dem es unter anderem hieß: „Ich wußte, daß Sie ein gelehrter Geograph aus Schweden sind. Es tut mir sehr leid, daß ich infolge des Vertrages dieses Mal nicht in der Lage bin, bessere Anordnungen für Sie in Tibet zu treffen. Aber Sie sind ein weiser Mann und werden daher die Schwierigkeiten verstehen, in denen ich mich wider meinen Willen befinde."

So oft ich persönlich oder schriftlich mit den Chinesen in Berührung kam, zeigten sie mir also stets die größte Liebenswürdigkeit und Rücksicht. Sie waren die Herren des Landes, und ich besaß nicht die Berechtigung, mich in Tibet herumzutreiben. Dennoch bedienten sie sich nie harter Worte, geschweige denn der Machtmittel, die ihnen zu Gebote standen, sondern gingen in ihrer Gastlichkeit so weit, als es ihnen, ohne illoyal gegen ihr eigenes Land zu sein, möglich war. Daher bewahre ich ihnen von dieser Reise wie von allen meinen früheren her das beste und angenehmste Andenken.

Abends sagte ich dem guten Ma Lebewohl, schenkte ihm drei untaugliche Pferde, die sich jedoch bei guter Pflege noch retten ließen, und dankte ihm für all seine Freundlichkeit gegen mich. Er sprach die Hoffnung aus, daß wir uns noch einmal im Leben treffen würden. Alle, die uns gedient hatten, erhielten beträchtliche Geldgeschenke, und Kung Guschuk, der Herzog, auf sein Verlangen, 45 Rupien Miete für sein Gartengrundstück! Ich hätte ihm für die unvergeßlichen Tage, die ich unter den schlanken Pappeln im Sausen der aus dem Schlaf erwachenden Frühlingswinde verlebt hatte, mit Freuden das Vielfache dieser Summe gegeben!

Zweiunddreißigstes Kapitel.

Tarting-gumpa und Taschi-gembe.

Am 27. März wurde ich früh geweckt. Ich stieg zu Pferd, begleitet von Robert, Muhamed Isa und drei Herren der Eskorte, während der vierte schon mit der Karawane vorausgezogen war. Muhamed Isa durfte dem Taschi=Lama meinen herzlichsten Abschiedsgruß bringen und ihm meinen Wunsch aussprechen, daß sein Lebensweg immer so glücklich und hell bleiben möge, wie er es bisher gewesen. Ich machte währenddessen einen kurzen Gegenbesuch bei Ma Tschi Fu und hatte ihn noch nicht verlassen, als mein prächtiger Karawanenführer mit den freundlichsten Grüßen vom Taschi=Lama zurückkehrte und mir von ihm ein großes Seidenkadach brachte, das ich als eine Reliquie bei dem Götterbild, das er mir geschenkt hat, aufbewahre. Und dann ritten wir in geschlossenem Zuge zum letztenmal durch die verbotenen Straßen und sahen die goldenen Tempeldächer des Klosters hinter dem Djong verschwinden — so leb' denn wohl auf immer, du großer, liebenswürdiger, göttlicher Taschi=Lama!

Sobald wir das Quertal des Njang=tschu verließen und in das Tsangpotal hinauskamen, waren wir dem Sturme preisgegeben, der von Westen kam und die ganze Landschaft in undurchdringlichen Staubnebel hüllte. Die weißschäumenden langen Wellen des Flusses gingen hoch, so daß man das andere Ufer nicht sah. Die Pferde waren unruhig und wollten nicht in die Fellboote hinein, aber schließlich brachten wir sie doch glücklich hinüber. Ich ritt jetzt einen ziemlich großen Braunen, den ich in Schigatse gekauft hatte. Mein kleiner weißer Ladaki war noch immer gesund, aber von jeder Arbeit dispensiert. Nur drei Veteranen aus Leh hatte ich noch, zwei Pferde und einen Maulesel. Robert ritt eines der Pferde vom Ngangtse=tso und Muhamed Isa einen großen Schimmel aus Schigatse, wo wir noch zwei Maulesel gekauft hatten; im übrigen wurde das Gepäck auf gemieteten Pferden und Eseln befördert. Die Karawane hatte im Dorfe Sadung auf dem Nordufer des Tsangpo das Lager aufgeschlagen. Ische hatte die vier Hündchen im Gewand an

seiner Brust getragen und Puppy an einem Strick mitgenommen, damit die Kleinen unterwegs von Zeit zu Zeit gesäugt werden könnten.

Am nächsten Morgen erwachten wir bei herrlichem Wetter. Nach Osten hin sieht man eine Reihe brauner Bergkulissen in immer heller werdenden Schattierungen langsam nach dem Flusse abfallen, dessen Bett in noch hellerem Farbenton hervortritt. Die Anwohner nannten den Brahmaputra hier Tamtschof-kamba und sagten, daß er noch zwei Monate fallen, dann aber steigen und Ende Juli sein Maximum erreichen werde. Dann überflutet er den größten Teil des Talgrundes und rauscht majestätisch dahin, und in der stilleren Luft des Sommers erhält alles wieder eine frische Farbe. Ende September wird sein Wasserstand niedriger, und er friert hier nur in kalten Wintern zu.

Wir entfernen uns wieder von den heiligen Gegenden und reiten durch Dörfer, die am Ausgang der Quertäler liegen, an Granitvorsprüngen der nördlichen Gebirgsmassen vorbei, über Äcker und Dünen hinweg und lagern wie damals im Garten des Taschi-Lama in Tanak. Die vier Herren, die uns begleiten, haben ihre Diener mitgenommen und sorgen selbst für ihre Unterkunft, ihre Pferde und Beköstigung. Sie sollen bei der Abreise eine bestimmte Summe dazu erhalten haben, leben aber trotzdem auf Kosten der Dorfbewohner, essen und wohnen umsonst und lassen sich zu jeder Tagereise frische Pferde stellen, ohne Miete dafür zu bezahlen. Das Reisegeld haben sie nachher noch vollzählig in der Tasche und sind daher mit ihrem Auftrag sehr zufrieden.

Sowohl am 28. wie am 29., als wir in Rungma lagerten, hatten wir von der Mittagszeit an heftigen Sturm, der uns ins Gesicht wehte. Von der Umgebung sehen wir keine Spur, und oft kann ich nicht einmal den Mann, der unmittelbar vor mir hergeht, erkennen. Man wird mit Sand imprägniert; er knirscht zwischen den Zähnen, kitzelt auf dem Rücken und schmerzt in den Augen. Wo das Tal sich verschmälert, wird der Wind zu verdoppelter Stärke zusammengepreßt und wie eine graugelbe Masse rollen die Sandwolken durch das Brahmaputratal hin.

Bei herrlichem Wetter ging es am 30. nach Karu weiter, immer am Tsangpo entlang, dessen grünes, eisfreies Wasserband leise den Südfuß des Gebirges bespült. Gelegentlich gleitet ein Boot stromabwärts. Die Wildenten an den Ufern sind zahm; keiner darf sie töten und keiner würde es wollen. Nur ein geringer Lokalverkehr ist bemerkbar, wir vermissen die Pilger, die wir auf der Hinreise sahen; sie sind jetzt wieder nach Hause zurückgekehrt. Zur Rechten lassen wir das kleine Kloster Tschuding mit seinen neun Nonnen. An den steilen Wänden sieht man Felsenpfade, die während der Hochwasserzeit benutzt werden, da die Straße

auf der wir ziehen, im Sommer, wenn der Fluß 1$\frac{1}{2}$ Meter höher
steht, vollständig unter Wasser gesetzt ist.

In Karu werden Weizen, Gerste, Erbsen und Rettich gebaut. Wir
hatten eine kurze Tagereise gemacht, und ich hatte überreichlich Zeit, die
Weisen des Dorfes über die Geographie der Gegend, die Verbindungen,
das Klima, die Gewohnheiten des Flusses und die Wege der Winde aus=
zufragen, habe aber für solche Einzelheiten in diesem Buche keinen Platz.
Statt dessen möchte ich dem Leser unsere Eskorte vorstellen. Vang
Jy Tyn ist ein in Schigatse geborener Dungane; Tso Tin Pang
hat einen chinesischen Vater und eine tibetische Mutter, ist in Schigatse
beheimatet, bekennt sich zum lamaistischen Glauben und murmelt unter=
wegs Gebete. Lava Taschi und Schidar Pintso sind echte Tibeter.
Alle vier sind dienstwillig und freundlich und sagen mir im Vertrauen,
daß sie ihr Allerbestes zu tun gedächten, damit ich zufrieden sei und ihnen
ein gutes Zeugnis gäbe.

Der letzte Tag des Märzmonates wird in meinem Tagebuch mit
einem Stern bezeichnet. Während die Karawane direkt nach Je mar=
schieren mußte, ritten wir anderen ein Quertal hinauf, in dessen Mün=
dung, von Feldern und Weidenbäumen umgeben, das Dorf Tarting=
tschoro liegt. Ein kleines, gutgepflegtes Mani ist mit Steinen bedeckt,
die der Fluß abgeschliffen hat und in die nicht die gewöhnliche Formel
eingeritzt ist, sondern in roten und blauen Schriftzeichen eine andere, die
„Om mati moji sale do" heißt. Die Figur 卐 wiederholt sich oft
und gibt die Zugehörigkeit zur Pembosekte an, während die Figur 卍
die orthodoxen Gelbmützen bezeichnet.

Weiter aufwärts liegt ein anderes Dorf mit einem Tschorten, den
ein vergoldeter Turm schmückt, in einem Wäldchen von alten Bäumen.
Ein rotes Haus ist das „Lhakang", der Göttersaal, von Tarting=gumpa,
und dahinter liegt das Haus des Großlama, das, malerisch und eigen=
artig, in dem gewöhnlichen weißgeputzten, steinwürfelartigen, oben ab=
geplatteten tibetischen Stil erbaut ist. Darüber thront Tarting=gumpa
auf seinem Hügel, wie Dschimre oder Tikse in Ladak (Abb. 169, 176, 177).

Wir treten in den Hof des Lhakang mit seinen roten Mauern ein;
an zwei Seiten ruht ein Dach auf einer Reihe Pfosten, ein Schuppen
für Reitpferde, Packesel, Männer und Frauen, die Brennholz und Waren
bringen — Klosterhof und Karawanserei zugleich, wo die Arbeit eine
Freistatt im Schutz des Heiligtums findet, und über beiden weht die lange
Fahne von einem „Tartschen", einem Maste, der mitten auf dem Hofe
steht. Der Klosterhund liegt an der Kette. Ein Tor mit ungeheuerlich
hoher Schwelle; auf den Seitenwänden der Vorhalle in frischen Farben

gemalte Tiger. Wir treten nun in das Lhakang ein, und ich muß gestehen, daß ich im Portale erstaunt zurückfuhr, denn wohl hatten wir viele Göttersäle in Taschi-lunpo gesehen, einen so großen, alten und in seiner mystischen Beleuchtung so wunderbar bezaubernden aber noch nicht.

Welch farbenreiche und doch gedämpfte Stimmung! Das Segotschummo-lhakang, wie es genannt wird, gleicht einer Krypta, einer Märchengrotte, bei der man an Elephantas Felsentempel denkt, aber hier ist alles von rotangestrichenem Holz, und 48 Säulen tragen das Dach (Abb. 170). Ihre Kapitäle sind in Grün und Gold gehalten und ebenso geschmackvoll wie reich geschnitzt, und die Decke zieren drollige Gebälkvorsprünge, geschnitzte Löwen, Arabesken und Ranken. Der Fußboden besteht aus Steinplatten, zwischen deren Ritzen sich der Staub der Jahrhunderte angesammelt und alle Lücken ausgefüllt hat, so daß er glatt und blank wie Asphalt ist. Das Tageslicht fällt durch ein viereckiges Oberlicht, das ein Kettennetz überspannt, in den Saal. Dort steht ein Thron für den Taschi-Lama, der das Kloster vor zwei Jahren besucht hat und in zwei Jahren wieder erwartet wird, und gegenüber ein pyramidenartiges Gestell, das bei gewissen Festen mit Lampen besetzt wird. An einem beinahe 2 Meter hohen Gebetzylinder (Korlo oder Mankor) sitzt den ganzen Tag ein Lama vor einem fußhohen Stapel loser Blätter, die er so hastig umschlägt und deren Inhalt er so schnell herplappert, daß man sich darüber wundert, wie es seiner Zunge möglich ist, mitzukommen. Manchmal schlägt er auf eine Trommel, dann wieder klappert er mit Becken oder dreht den Gebetzylinder in entgegengesetzter Richtung.

In einer anderen Säulenhalle neben diesem Saal ruhen Großlamas der Pembosekte, oberste Priester von Tarting-gumpa. Wir finden hier denselben quadratischen Gang, der sich um die Gräber in Taschi-lunpo zieht. Als ich aber wie gewöhnlich von rechts nach links gehen wollte, eilten Lamas herbei, um mich davon abzuhalten. Die Grabmale gleichen Tschorten und sind mit Goldplatten und Edelsteinen bedeckt. Zwölf Bildsäulen verstorbener Oberpriester haben hinter sich gewaltige, reich geschnitzte und vergoldete Heiligenscheine mit peinlich ausgearbeiteten Details. Neben Schen Rime Kuduns Grabmal liegen zwei schwarze, blankgescheuerte, runde Steinblöcke; sie scheinen aus Porphyr oder Diabas zu sein. In dem einen sieht man den Abdruck des Fußes des ebengenannten Großlamas. Am Rand des anderen erblickt man vier Eindrücke, die seiner vier Finger, als wenn man mit der flachen Hand und ein wenig auseinander gespreizten Fingern über ein Stück harter Butter hingefahren ist. Man kann es mit der eigenen Hand probieren, die Finger passen genau

hinein, und die Eindrücke sind etwa 2 Zentimeter tief. Es ist gut und natürlich gemacht — pia fraus!

„Wann wurde das Kloster gegründet?" fragte ich.

„Das ist schon solange her, daß keiner mehr lebt, der es weiß."

„Wer hat es denn gegründet?"

„Gungtschen Tsche Loto, lange vor Tsongkapas Zeit."

Die Lamas verbringen zwar ihr ganzes Leben in den Klöstern, haben aber keine Ahnung, wie alt diese wohl sein können.

So steigen wir denn nach dem Gipfel des Hügels hinauf, wo mehrere weiße Klostergebäude liegen und werden von einer ganzen Bande böser Hunde empfangen. Der Haupttempelsaal, Dokang-tschummo, ist nach demselben Plan erbaut wie der untere, und reich an Bildsäulen, von denen einige mit Binden und Silberfutteralen dicht behängt sind. Wir werden von einem Heiligtum in das andere geführt und staunen über die außergewöhnlich fein gearbeiteten Fresken, die alle Wände bedecken. Ein hoch gelegener Göttersaal ist von einem ungedeckten Gang mit Geländer und Gebetzylindern umgeben; ringsumher aber breitet sich ein großartiges Panorama wilder, zerklüfteter Berge aus.

Wir hatten gehört, daß am Abend vor unserer Ankunft ein achtzigjähriger Lama gestorben sei, und ich bat, in seine Zelle sehen zu dürfen. Aber man entschuldigte sich damit, daß gerade einige Mönche die Totengebete sprächen und nicht gestört werden dürften. Sie zeigten uns jedoch das Haus des Verstorbenen, und wir gingen dorthin und pochten an das Hoftor. Nach langem Warten erschien ein Mann, der uns auftat. Die Hälfte des kleinen Hofes nahm ein schwarzes Zelt ein, in dem zwei Männer und eine Frau Hunderte von zweifußlangen Holzspänen schnitten, auf die dann Gebete und heilige Sentenzen geschrieben wurden und mit denen der Holzstoß des Toten angezündet werden sollte. Einer zeichnete religiöse Symbole und Kreise auf ein großes Papier, das ebenfalls verbrannt werden sollte. Wir stiegen eine kurze Treppe hinauf und gelangten in eine schmale, offene Veranda vor einem Speicherschuppen mit Lederkisten, die die Kleider des Toten enthielten, und einem Verschlag, worin sein Diener wohnte, der jetzt damit beschäftigt war, mit einem Holzstempel Gebete in Rot auf weißes Papier zu drucken; 700 solcher Papierstreifen werden mit dem Toten verbrannt, und die Gebete folgen seinem Geiste durch die unbekannten Welträume.

Von hier aus kam man in seine Zelle, die wenig mehr als die doppelte Größe meines Zeltes hatte. Dort saßen zwei alte Mönche mit dem Rücken gegen das Gitterfenster. Vor sich hatten sie einen kleinen Tisch, auf dem die Bücher mit den Totengebeten lagen. Zwei andere

saßen in der Mitte der Zelle auf dem Fußboden. Alle vier müssen dreimal vierundzwanzig Stunden lang Tag und Nacht für die Seele des Verstorbenen beten! Die Zelle hat eine Säule und ist voller Götterstatuen, heiliger Gefäße, Standarten und Bücher, ein kleines Museum. Ich fragte, ob ich nicht einiges aus der Hinterlassenschaft kaufen dürfe, erhielt aber die Antwort, daß sie dem Kloster unverkürzt zufallen müsse.

Das Diwanbett, das teilweise mit roten Gardinen verhängt war, stand an der kurzen Querwand, das Kopfende dem Fenster zugekehrt. Hier saß der Tote, stark vornübergeneigt mit gekreuzten Beinen; das Tageslicht fiel auf seinen Nacken. Er war in buntem Gewande mit Schuhen an den Füßen, einem dünnen Kadach vor dem Gesicht und einer Kopfbedeckung von rot und blauem Zeug, die einer Krone glich. Vor ihm auf dem Bett stand ein Schemel mit Götterbildern, Schalen und zwei kleinen brennenden Kerzen.

In diesem Gewande wird er jedoch nicht der Vernichtung übergeben. Man zieht ihm eine weiße Kutte an und breitet ihm über die Knie ein viereckiges Tuch, auf dem ein großer Kreis und andere symbolische Zeichen sind. Auf das Haupt setzt man ihm eine Krone (Vangscha) von Papier: einen viereckigen randlosen Hut, auf dem innerhalb acht breiter Zacken ein Knopf sitzt; er erinnert an eine Kaiserkrone. So angeputzt wird er in sitzender Stellung in einer Talmulde unterhalb des Tempels verbrannt. Seine Asche bringt ein Lama zum Kang-rinpotsche (Kailas), wo sie in einem heiligen Tschorten beigesetzt wird.

Im Alter von fünf Jahren war dieser Jundung Sulting im Jahre 1832 von seinen Eltern der Brüderschaft Tarting-gumpas übergeben worden, sein Klostername war jetzt Namgang Rinpotsche. Auch er war also eine Inkarnation und stand wegen seiner Heiligkeit, Weisheit und Gelehrsamkeit in hohem Ansehen. Wegen dieser Vorzüge wird er verbrannt, während die anderen Mönche in Tarting zerstückelt werden. Seine Schwester, ein altes runzliges Weibchen, war auch anwesend, seine einzige Verwandte. Die Leichenwachen verzehrten gerade ihr Mittagessen, das auf einem Schemel bereit stand, gedörrtes kaltes Fleisch, Tsamba und Tschang (Bier). Sie waren blöde und erstaunt, hatten noch nie einen Europäer gesehen und wußten nicht, ob sie meine Fragen beantworten sollten, als ich mich zu ihnen auf den Fußboden setzte und Aufzeichnungen machte. Ich merkte jedoch, daß sie weniger um ihrer selbst willen als des Toten wegen ängstlich waren. 24 Stunden von den vorgeschriebenen 72 waren eben vergangen, als ich ankam, den Gottesdienst unterbrach und die Seele, die eben im Begriffe stand, frei zu werden, beunruhigte! Aber Namgang Rinpotsche saß noch still da und dachte über die unendlich

168. Wandernde Nonne mit Tanka, eine religiöse Legende darstellend. Sie singt die erklärenden Worte dazu. (In meinem Garten in Schigatse.)

169. Tarting-gumpa.

170. Motiv vom Sego-tschummo-lhakang in Tarting-gumpa.
Skizze des Verfassers.

171. Das Nonnenkloster von Gandän-tschöding.

rätselhafte Perspektive nach, die die Formel „Om mati moji sale do" eröffnet; aber solange ich in seiner Zelle verweilte, geschahen keine unheimlichen Wunder und Zeichen.

Ich selber dachte des wunderlichen Menschenschicksals, das gestern zu Ende gegangen war. Als kindlicher Novize verließ er auf immer das freie Leben zwischen schwarzen Zelten und weidenden Herden, sagte der Welt und ihrer Eitelkeit Lebewohl und wurde unter eine Schar Mönche aufgenommen, von denen jetzt keiner mehr lebte. Er sah die älteren einen nach dem anderen hinsterben, die jungen zu Männern heranwachsen und neue Adepten annehmen. Sie wandelten eine Zeitlang durch die Tempelsäle, zündeten die Kerzen an, füllten die Wasserschalen vor den Götterstatuen und gingen dann von ihm, zu andern Schicksalen auf der ewigen Wanderung nach dem Nirvana. 75 Jahre hatte er dem Kloster angehört und in der Zelle, wo er sich jetzt als Leiche befand, gewohnt; wie viele Sohlen mochte er auf diesem selben Steinfußboden durchgelaufen haben! 75 Jahre lang hatte er sich in die heiligen Schriften vertieft und über ein lichteres Dasein jenseits des Holzstoßes nachgegrübelt. 75 Jahre lang hatte er die Weststürme ihre Flugsandbeute durch das Brahmaputratal jagen sehen. Noch gestern hatte er im Augenblick des Scheidens dem Läuten der Tempelglocken gelauscht, die mit ihren Klöppeln, an die große Falkenfedern gebunden sind, seinen Gang ins Jenseits einläuteten. Und dann war er schwankenden Schrittes der unsicheren Spur seiner voraufgegangenen toten Brüder gefolgt.

Hoffnungslos, melancholisch und düster erscheint eine solche Lebensgeschichte. Und dennoch muß derjenige, der seine Tage und seine Nächte der Dämmerung der Klostermauern anvertrauen soll, Treue, Überzeugung und Geduld besitzen, denn sie sind ein Gefängnis, das er als ein geistig verwirrter Mann freiwillig erwählt hat. Er hat der Welt entsagt, als er sich lebendig in Tartings dunkle Höfe hat einmauern lassen, und wenn der Rauch seines Scheiterhaufens emporsteigt, muß er, wenn gleiche Gerechtigkeit für alle gilt, ein lieblicher Duft vor dem Throne des Ewigen sein.

Aber der Tag neigte sich dem Abend zu, und wir mußten wieder aufbrechen. Drunten auf einem Acker pflügte eine Frau mit zwei Ochsen. Sie sang mit lauter Stimme ein munteres Lied, um sich die Arbeit zu erleichtern. Wir ritten zwischen kleineren Bergen dahin und ließen Tankagumpa links liegen. Als wir unten auf der Ebene ankamen, herrschte undurchdringliche Dunkelheit, die durch dichte Wolken noch verstärkt wurde. Heftiger Nordwind erhob sich und brachte uns kalte Luft aus Tschangtang. Endlich erblickten wir einige Kometenschweife von sprühenden

Funken — unsere Lagerfeuer in Je, wo wir auch vor zwei Monaten eine Nacht Rast gehalten hatten.

Zwei Tage blieben wir in Je oder Je-schung liegen und nahmen uns also schon hier einige Freiheiten heraus, die mit dem Wortlaut des Passes in Widerstreit standen; aber die Eskorte hatte nichts dagegen einzuwenden. Am ersten Tag ritt ich nach Tugdän-gumpa, einer Reihe würfelförmiger, zweistöckiger Häuser, die dunkel graublau mit senkrechten, weiß und roten Streifen angestrichen waren. Das Kloster soll von derselben Farbe sein wie das berühmte Sekija, südwestlich von Taschi-lunpo, und auch jener Sekte angehören, die den Lamas das Eingehen einer Ehe unter gewissen Bedingungen erlaubt. Das Kloster hat 30 Mönche und steht direkt unter dem Labrang von Taschi-lunpo. Ich will mich auf keine ausführliche Beschreibung einlassen, sondern nur sagen, daß der Tsokang, der Versammlungs- und Lesesaal der Lamas, vier rote Säulen, Diwans im Mittelschiff und an den Wänden der Seitenschiffe hübsche Tempelfahnen hatte, die auf chinesische Seide gemalt waren und teils Drachen auf dem unteren Rand hatten, teils drachenlos waren. Die Bildsäulen stellten meistens hochgestellte Mönche (Lama-kuntschuk, d. h. göttliche Lamas oder Inkarnationen) vor. Vor dem Portal stand ein gewaltiges Bündel Gerten mit Wimpeln in allen Farben des Regenbogens, die der Wind schon sehr zerfetzt hatte. In einem oberen Tempelsaal thronte eine Statue von Hlobun-Lama, einem leibhaftigen Bischof mit Mitra, Soutane und Krummstab. Einige dieser Statuen sahen komisch aus; dicke, gemütliche Gevattern mit einem göttlich milden Lächeln auf ihren rosigen Lippen, mit weitaufgerissenen Augen und Pausbacken, ja bisweilen sogar mit Schnurrbärten und Spitzbart. Die Porträtähnlichkeit wird wohl mehr als zweifelhaft sein, aber sie waren untereinander wenigstens sehr unähnlich. Die meisten waren in seidene Mäntel gehüllt. Der hiesige Labrang war verschlossen, denn der Oberlama von Tugdän hatte sich nach dem Zelt eines sterbenden Nomaden im Norden begeben. Statt dessen besuchten wir eine Mönchszelle. Sie hatte einen Hof, einen Stand für das Pferd des Mönchs, ein kleines dunkles Gelaß als Küche, wo eine Katze zwei Kochtöpfen Gesellschaft leistete, und eine große Kammer, die mit Kleidungsstücken, Lumpen, Buddhabildern, Büchern und Werkzeugen vollgepfropft war und in der ein Novize, der Zögling des Mönchs, hauste.

Gerade südöstlich von Tugdän liegt, zwischen Hügeln verborgen, ein kleines, armes Nonnenkloster Gandän-tschöding (Abb. 171). Durch ein unansehnliches Portal in der Mitte der Fassade gelangt man in den Dukang, eine dunkle Tempelkrypta mit sechs roten Säulen und nett geschnitzten Kapitälen. Armselige Opferspenden, Eisenschrot und anderer Trödel ist an

Nägeln, die in die Säulen eingeschlagen sind, aufgehängt. Das Serkulhakang, das Allerheiligste, erhält sein Licht von dem größeren Saal, und da dieser dunkel ist, muß es drinnen stockdunkel sein. Nur mit Hilfe einer Lampe erkennt man die Statuen des Tschenresi (Avalokiteschvara) und des Tsepagmed (Amitayus).

Die 16 Nonnen des Klosters stehen unter Taschi-lunpo, und der Taschi-Lama spendiert ihnen einmal täglich Tee; im übrigen müssen sie sich ihren Unterhalt in den Häusern und in den Zelten betteln. Daher sind immer einige von ihnen unterwegs. Jetzt waren nur fünf Schwestern daheim, alle schmutzig, kurzgeschoren und armselig gekleidet. Zwei waren jung und schüchtern, die übrigen alte, runzlige Weiber mit silbergrauen Borsten und in Kleidern, die einst rot gewesen, jetzt aber schwarz waren von Schmutz, teils von dem Ruß in der Küche, einem jämmerlichen Loch, wo sie die größte Zeit des Tages zubrachten. Ich fragte sie, ob sie den Tempelfesten in Taschi-lunpo beigewohnt hätten, aber sie erwiderten, daß ihnen ihre Mittel dies nicht erlaubten, wenn ihnen nicht irgendein wohltätiger Mensch das Reisegeld schenke. Ich ließ in den Klöstern, die ich besuchte, stets einige Rupien zurück, und die Insassen waren nie zu heilig, das wertvolle Metall auch aus der Hand eines Ungläubigen anzunehmen.

Das ganze weite Tal bei Je wird von einem Kranz von Klöstern umrahmt. Für den 2. April hatten unsere Chinesen Taschi-gembe, einem großen Kloster mit 200 Mönchen, die zu derselben Farbe wie die Mönche Taschi-lunpos gehören, meinen Besuch angekündigt. Wir hatten eine Stunde zu reiten nach dieser weißen Stadt von Heiligtümern, die am Fuß eines Gebirgsarmes errichtet worden sind. Wohl 100 Brüder begrüßten mich artig am Portal und führten mich nach dem gepflasterten Festspielhof, der ebenso aussieht wie der in Taschi-lunpo, von Säulenaltanen umgeben ist, unzählige al fresco gemalte Buddhabilder auf den Wänden zeigt und auch einen Thron für den Taschi-Lama hat, welch letzterer einmal im Jahr hier Gottesdienst hält. Über eine Treppe von Stein und Holz zwischen zwei Säulen der Vorhalle, auf deren Wänden die vier Geisterkönige Wacht halten, treten wir in einen Dukang mit seinen gewöhnlichen Diwans und Säulen ein. An zweien dieser Säulen hängen vollständige Kriegerrüstungen mit Masken, Sturmhauben, Panzerhemden und Beinschienen von Eisenschuppen, die mit eisernen Ringen zusammengefügt sind, Streitkolben, Speere, Dreizacke und Lanzen; an einer dieser Lanzen hing eine weiße Fahne mit Spitze und brauner Borte; auf dem Fahnentuch waren Schriftzeichen, oben auf der Spitze der Lanze saß ein Totenschädel. Unter den Rüstungen waren Tankas aufgehängt,

die, mit seidenen Tüchern umrahmt, Wappenschildern glichen. Inmitten dieser Waffen und Rüstungen, die von göttlichen Mächten getragen werden, die die Dämonen bekämpfen, glaubt man sich in eine uralte asiatische Ritterburg versetzt.

An dreien der Wände zieht sich eine Galerie entlang, und von ihr hängt ein ganzer Wald Standarten und Tempelfahnen herab, alle in frischen Farben, geschmackvoll und vornehm. In der Mitte der Altarreihe thront Schakya Toba, der Buddha, und vor den Statuen steht eine Reihe polierter Messingschalen, die wie Lichtherde strahlen und einen zauberhaften, von Tageslicht und Lampenflammen gemischten Schein über den dämmrigen Saal werfen. Sie sind mit kristallklarem Wasser, dem Nektar der Götter, gefüllt.

An der einen Längswand liegen in Fächern die Folianten des Kandschur, des Buches der kanonischen Bücher, das 108 Bände umfaßt, ebenso viele wie ein Rosenkranz Kugeln. Der Tandschur, die andere Sammlung, die nicht kanonisch ist, besteht aus 235 Folianten — es bedarf einer Karawane von etwa 150 Pferden, um beide Bibeln der Tibeter zu transportieren! Nur reiche Klöster sind in der Lage, sich beide zu halten. Der Gedanke, daß kein anderer als sie selber in diesen endlosen Schriften bewandert ist, muß den Mönchen ein Gefühl der Sicherheit einflößen. Ein Laie ist nicht imstande, einen Mönch zu widerlegen; er hat ja nie Gelegenheit, tief in jene ewigen Wahrheiten einzudringen.

Über den Götterstatuen und dem Altar zieht sich ein Fries von kleineren Buddhabildern hin, der vielleicht unbeabsichtigt ein höchst dekoratives Element der inneren Architektur des Saales bildet.

Daneben liegt das Kasang-lhakang, ein Tempelsaal mit 16 Säulen und einer Statue des Schakya Toba; der Saal wird durch die Dachfenster gut erhellt und strotzt von Gold und Wertsachen, Blumenranken, religiösen Bäumen und lackierten Schreinen mit eingelegten Goldverzierungen. Auch hier liegen heilige Schriften in außergewöhnlich eleganten Bücherborten; über jedes Buch hat man eine gestickte Seidendecke gelegt. Ein kupferner Gong erschallt jedesmal, wenn frisches Wasser in die Opferschalen gegossen wird.

Der Tsokang ist ein höher liegender Saal, der mit schwarzen Draperien verhängt ist, die unten weißgestreift sind.

Auf einem kleinen offenen Platz saßen Mönche (Abb. 172), vor denen eine Masse Kleinigkeiten standen; es war eine Auktion, in der die weltliche Habe eines Verstorbenen verkauft wurde. Ich erstand einige Holztafeln, mit denen die heiligen Schriften mit der Hand gedruckt werden.

Im Gandän-lhakang sahen wir zwei Tschorten von Gold und Edel-

steinen. In einem von ihnen wurden Reliquien eines Großlama, etwas von seinem Blut, seinen Knochen und seinen Eingeweiden aufbewahrt. In dem danebenliegenden Saal aber erblickte man zu seiner Überraschung sechs seltsame Statuetten aus Gußeisen, die Europäer in der Tracht der dreißiger Jahre des 19. Jahrhunderts vorstellten, mit hohen Zylinderhüten, pompösen gefältelten Halsbinden, Vatermördern und Fräcken mit hochstehenden Kragen, Backenbärten und Schnurrbärten! Sie waren aus Peking gekommen, paßten aber gar nicht hierher vor die geschmackvolle elegante Buddhagruppe, die in einer rotlackierten alkovenartigen Nische aufgestellt ist; letztere zeigt reiche Schnitzereien von Blumenranken, Drachen und kleinen Figuren, die Amoretten oder Engeln gleichen.

Das Mankang-lhakang hat an den Wänden Statuen hoher Götter und in der Mitte, vom Fußboden bis zur Decke, einen Gebetzylinder, der $3^{1}/_{2}$ Meter hoch ist und einen solchen Umfang hat, daß ich beim Messen meine ausgebreiteten Arme viermal, von Fingerspitze zu Fingerspitze, um ihn legen mußte. Seine rote Oberfläche ist mit riesengroßen goldenen Schriftzeichen bedeckt; um die Mitte des Zylinders tanzt ein Kreis von Göttinnen. Ein kleinerer Saal derselben Art heißt Mankang-tschang. Am oberen Rand seines Gebetzylinders ist ein Zapfen, der bei jeder Umdrehung gegen den Klöppel einer Glocke schlägt. Ein alter Lama saß davor und hielt den Zylinder mit einem an einem Bügel der eisernen Achse befestigten Strick unausgesetzt in Bewegung. Ihm und einem zweiten Mönch liegt es ob, dieses Scheusal den ganzen Tag und die halbe Nacht, oder von Sonnenaufgang bis Mitternacht, ununterbrochen schnurren zu lassen! Während er drehend dasaß, sagte er Gebete her, aber er murmelte sie nicht in der gewöhnlichen Weise, nein, er brüllte, er heulte in unartikulierten Lauten, daß ihm der Schaum auf den Lippen stand, er schwitzte und stöhnte und warf sich bei jeder Drehung ungestüm hintenüber, um sich dann wieder nach vorne zu neigen! Er befand sich, wie man mir auseinandersetzte, in religiöser Ekstase und merkte es nicht, wenn man ihn auch noch so laut anrief. Ich würde die Ruder eines Galeerensklaven diesem Ungetüm vorziehen, das im Dunkel der Krypta die Fähigkeit zu freiem Denken zermalmt und bei dessen rastlosem Rotieren nur nebelhafte, stumme Götter Zeuge sein können. Ich sah nach meiner Uhr: die Glocke ertönte neunmal in der Minute — das macht fast 10000 Umdrehungen, ehe die Mitternachtsstunde anbricht und den müden Mönch befreit! Und der Zylinder enthält Millionen Gebete, die sich täglich zehntausendmal aus dem Staub dieser Erde emporschwingen!

Wir verlebten den ganzen Tag in dem wunderbaren Kloster Taschi-gembe, das nächst Taschi-lunpo das reichste und schönste ist, das ich

in Tibet gesehen habe. Hinsichtlich der Reinlichkeit und des guten Geschmacks steht es unter ihnen allen am höchsten. Die Tempelsäle waren durch zahlreiche Fenster gut erhellt, die Mittagssonne schien freundlich zwischen den Säulen hindurch und rief ein zauberhaftes Spiel von Licht und Schatten, ein entzückendes Farbenspiel zwischen Gold und Rot hervor. Einige Mönche sitzen auf einem Diwan und unterhalten sich mit unseren Begleitern; im Sonnenlicht sind sie scharf und wirkungsvoll modelliert, selber rot auf rotem Hintergrunde. Andere lehnen an den Säulen, feierlich wie römische Senatoren in der Toga; der Sonnenschein flutet über sie hin, während eine dichte Gruppe ihrer Brüder unter dem Schatten der Galerien im Dunkel verschwimmt. Und wo die Sonnenstrahlen das Gold auf Buddhas Gewande treffen und sich in den Blättern der goldenen Lotosblume brechen, aus deren Kelch er aufsteigt, zerstreuen sich die Reflexe in dem märchenhaften Saal, so daß selbst die im Schatten liegenden Seiten der Säulen hell werden und die Säulen durchscheinenden Rubinen ähneln. Man wird von diesen Lichteffekten verwirrt und glaubt sich in die Säle des Bergkönigs versetzt.

Doch als wir noch hingerissen von diesem Glanz dasaßen, verließ die Sonne die Fenster des Saales, die Vergoldung erblich, die Säulen verwandelten sich wieder in undurchsichtiges rotlackiertes Holz, und die Mönche erhielten wieder ihr gewöhnliches Aussehen, als sie uns nun liebenswürdig und gastfrei Tee und Gebäck vorsetzten. Unergründlich und mild schaute der Menschenfreund, der barmherzige Königssohn aus dem Stamme des Schakya, auf die vergänglichen Menschen zu seinen Füßen herab!

Als Kontrast zu all diesem Reichtum saß an einer Straßenecke ein achtzigjähriger Blinder mit einem Stab in jeder Hand und sang ein Bettellied (Abb. 181). Neben ihm lag ein halb verhungerter Hund, sein einziger Freund im Leben. Schakya Munis erbarmende Liebe reichte nicht hin, diesen Greis aus den Banden des Alters und des Leidens zu erlösen! Auch er wurde der Galerie meines Skizzenbuches, die sich an diesem denkwürdigen Tage bedeutend vergrößert hatte, einverleibt. Aber wie immer fühlte ich mich nur als ein flüchtiger Pilger, ein Wandersmann, der auf kurze Stunden die Schwelle Taschi-gembes überschritten hatte und ein Fremdling und Gast war in Tibets öden Tälern und in seinen geheimnisvollen, bezaubernden Klostersälen.

Die Sonne war untergegangen, als wir nach Hause ritten, aber die Kämme der östlichen Gebirge glühten noch wie von einem Schneefall durchsichtigen Goldes. In leise rieselnden Wasserarmen schrien zur Frühjahrsreise versammelte Wildgänse, und über die weiten Felder Je-schungs senkten sich die Abendschatten herab.

Dreiunddreißigstes Kapitel.

Der Raga-tsangpo und der My-tschu.

Am 3. April ging es auf dem Wege nach Westen ernstlich weiter, an anmutigen Dörfern und kleinen Klöstern vorüber, und wieder näherten wir uns dem Ufer des Tsangpo an einer Stelle, wo zwischen zwei lockeren Steinblöcken auf den Ufern eine schwankende Seilbrücke ausgespannt ist. Hier bildet das Wasser Stromschnellen; der Fluß bleibt von nun an nur 50 Meter breit, manchmal noch weniger, das Tal ist oberhalb der Weitung von Je-schung schmal und zusammengedrängt. Von dem Dorfe Pusum, wo wir lagerten, sieht man im Südwesten den Berg Najala, einen der Triangulationsfixpunkte auf Ryders Karte. Seine und Rawlings Expedition bewegte sich im Süden des Tsangpo, und es sollte nun noch zwei Monate dauern, ehe ich zum erstenmal ihre Route berührte. Der Fluß stieg infolge der Eisschmelze in den höheren Teilen seines Laufes im fernen Westen jetzt einen Monat lang.

Das Dorf Pusum liegt auf einer steilen Terrasse über dem Fluß. Die Schuttkegel gehen gerade nach dem Ufer hinunter, und auf dem Südufer erheben sich steile Berge. Das Tal ist eng und ganz gerade, so daß man schon von Pusum aus Pinsoling sieht, das Ziel des nächsten Tagemarsches; gleich einer Ritterburg am Rhein thront es auf einem Felsenvorsprung. Der Pfad zieht sich auf steilen, ungemütlichen Geröllabhängen hinauf. Nur grauer und roter Granit nebst schwarzem Schiefer sowohl im anstehenden Gestein wie im Schutt.

Beinahe unmittelbar südlich von Tschagha, einem Dorf mit ein paar Steinhäusern in einem Haine alter Weiden, erblickt man auf dem rechten Ufer das Kloster und den Dsong Pinsoling. Der Fluß ist schmal und die Ufer voll runder Granitblöcke von einem Meter Durchmesser; das nötige Material zu einer Brücke ist also vorhanden. Auf den Ufern sind zwei mächtige Steinpyramiden errichtet, hinter beiden noch zwei kleinere. Zwischen jenen sind zwei dicke Ketten ausgespannt, die sich bis an die kleineren Pyramiden weiterziehen und an ihnen noch einmal

befestigt sind. Zwischen den Ketten wird ein Geflecht von Seilen wie eine Hängematte ausgespannt, auf die man schmale Planken legt; auf diesen geht man und benutzt die Ketten als Geländer (Abb. 175). Seit drei Jahren aber wird die Pinsolingbrücke nicht mehr benutzt; wer bei Tschagha nach Pinsoling hinüber will, muß erst flußaufwärts nach Ladse=dsong gehen und die dortige Fähre benutzen. Ich erkundigte mich, wie alt die Brücke sei. „Ebenso alt wie das Kloster", war die Antwort. „Und wie alt ist das Kloster?" Ein Dorfbewohner sagte aufs Geratewohl: „Tausend Jahre." Ein anderer aber meinte, das sei übertrieben, denn das Kloster solle vor 250 Jahren von einem Lama, der Jitsyn Tara Nara geheißen habe, angelegt sein. 200 Mönche gehörten zum Kloster Pinsoling, aber über die Hälfte seien gerade verreist. Ein Beamter des Dsong, der den Titel „Dsabo" führt, wohnt in Tschagha und visierte meinen Paß.

Der Fluß hatte seinen niedrigsten Wasserstand, soll aber während der Hochwasserperiode bis an die Brückenketten reichen, was mir unwahrscheinlich erscheint, da sie an ihrer tiefsten Stelle gut 6 Meter über der Oberfläche des Flusses hängen. Selbst in kalten Wintern bleibt in der Mitte des Flusses eine Rinne offen. Nach dem Quertal, in dem Schigatse liegt, gelangen Boote in vier bis fünf Tagen, während des Sommers aber in zwei bis drei Tagen, weil der Fluß dann mit riesiger Schnelligkeit dahinrauscht. Man hielt es für weniger gefährlich mit der Hochflut zu fahren, weil die Boote dann glatt über Blöcke und Bänke hinwegtreiben, und sagte mir, daß nur äußerst selten jemand auf dem Fluß verunglücke oder eine Bootslast verloren gehe.

Schwarze und dunkelviolette Berge erheben sich um das Dorf herum, hier und dort sieht man von ihnen nur Streifen zwischen Flugsandgürteln; sie gleichen dann einem Tigerfell. Bei einem Kamm im Südwesten liegt eine bedeutende Düne.

Der Tagesbefehl des 5. April besagte, daß Muhamed Isa mit den gemieteten Tieren und dem Gepäck an dem Punkt lagern solle, wo sich der Raga=tsangpo in den oberen Brahmaputra ergießt. Wir anderen ritten nach dem kleinen Paß Tsuktschung=tschang hinauf in einem Ausläufer des Gebirges, der bis an das Ufer des Hauptflusses reicht. Von diesem Punkt aus hat man einen großartigen Überblick über das Haupttal mit dem Fluß, der sich in zwei Armen über Kies und Sand hinschlängelt. Unten erblickte man Eselkarawanen, klein wie Punkte, aber ihre Schellen erfüllten das Tal mit ihrem Geklingel. Von dem Paß führte der Weg halsbrechend steil nach dem Talgrund hinab, so daß wir Extraleute hatten dingen müssen, die das Gepäck trugen, mit dem die Pferde die schroffen Wände nicht hinunterklettern konnten. In abge=

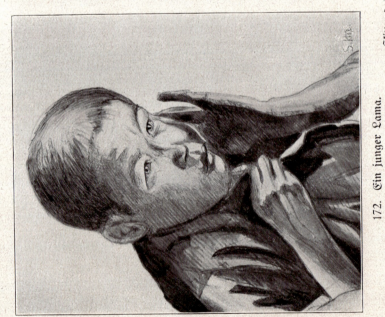

172. Ein junger Lama. 173. Lama in Tong.

Skizzen des Verfassers.

174. Aussicht vom Ta-la (5436 m) nach Südosten. Im Hintergrund das Brahmaputra-Tal mit dem Himalaja. Skizze des Verfassers.

175. Kettenbrücke über den Brahmaputra zum Kloster Pinsoling (rechts).

schnürten Flußarmen schwammen große, dunkle Fische, und bei ihnen saß Schukkur Ali mit seiner Angel. Drei Meter hohe Sanddünen sind etwas ganz Gewöhnliches; an ihrer dem Wind abgewandten Steilseite, der östlichen, hat sich vielfach ein Tümpel gebildet.

Im Südwesten öffnet sich ein mächtiges Taltor, in dessen Hintergrund steile Berge mit kurzen Quertälern eine hübsche Perspektive bilden. Durch dieses Tor tritt der Brahmaputra dem Raga-tsangpo entgegen, aber dieser Fluß ist hier in seinem untersten Teil unter dem Namen Dok-tschu bekannt, während der Hauptfluß Dam-tschu (= Tamtschok) genannt wird. Am Vereinigungspunkt beider waren keine Zelte zu sehen, und Muhamed Isa erklärte mir später, daß er dort nicht habe bleiben können, weil die Gegend vollkommen vegetationslos sei. Wir ritten daher durch das Dok-tschu-Tal hinauf weiter nach dem Dorfe Tangna, das aus zehn Steinhäusern besteht; die Bewohner bauen Erbsen, Weizen und Gerste, können aber nicht sicher auf die Ernte rechnen.

Ich wollte unter keiner Bedingung versäumen, die Vereinigung der beiden Flüsse anzusehen, und befahl daher meinen Leuten, am folgenden Tag durch das Dok-tschu-Tal hinunter nach diesem Punkt zu gehen. Hiervon wollte aber die Eskorte nichts hören. Es stehe deutlich im Paß, daß ich nicht nach meinem Belieben vorwärts oder rückwärts ziehen dürfte, sondern nur geradeswegs nach Ladak zu marschieren hätte! Schließlich gaben sie sich aber zufrieden unter der Bedingung, daß der Ausflug nicht länger als einen Tag dauern dürfe.

Morgens brachte Muhamed Isa das Boot und die Ruder zum Flusse hinab, während Stricke, Stangen, Beile, Pfähle und Proviant von einigen Ladakis auf dem Wege, auf dem wir gestern gekommen waren, nach dem Vereinigungspunkt der Flüsse hingetragen wurden. Am Ufer angekommen, fand ich das Boot schon zusammengesetzt bereit liegen und setzte mich mit einem auf dem Flusse bekannten Tibeter hinein, der die Ruder so gewandt regierte, als habe er sein Leben lang nichts anderes getan; aber er war auch gewöhnt, sein eigenes Boot zwischen den Ufern bei Tangna zu lenken und kannte das Fahrwasser talabwärts.

Unsere Fahrt durch die Stromschnellen wurde jedoch aufregend und abenteuerlich! Das Gefälle des Flusses ist nämlich durchaus nicht gleichmäßig, es verändert sich stufenweise; seichte, brausende Stromschnellen wechseln mit tiefen, ruhigen Bassins. Von den Bergseiten sind große und kleine Blöcke in den Fluß gestürzt, und bisweilen scheint es unmöglich, zwischen ihnen durchzugelangen. Aber der Ruderer weiß, wie er das Boot zu steuern hat. Schon aus der Entfernung hören wir das Tosen der nächsten Stromschnelle und halten scharfen Ausguck nach

vorn. Auf dem Uferweg laufen einige unserer Ladakis, um uns zu warnen, wenn wirkliche Gefahren drohen.

In fliegender Eile saust das Boot stromabwärts. Der Ruderer saß stumm mit zusammengebissenen Zähnen und fest gegen den Boden gestemmten Füßen und umspannte die Griffe der Ruder so fest mit seinen schwieligen Händen, daß seine Handknöchel weiß wurden. Wir waren bereits glücklich über mehrere Stromschnellen hinüber und glitten nun gemütlich über eine ruhige Strecke dunkelgrünen Wassers hin. Da hörten wir vor uns das warnende Tosen der nächsten Stromschnelle, aber diesmal stärker als bisher, und da standen auch zwei Ladakis rufend und gestikulierend. Ich erhob mich im Boot und sah nun, daß der Doktschu sich in zwei Arme teilte, deren Wasser weißschäumend zwischen scharfkantigen schwarzen Blöcken hinunterstürzten. Die Stelle sah unpassierbar aus, die Lücken zwischen den Steinen viel zu eng für das Boot, dessen Boden jeden Augenblick durch tückisch verdeckte Blöcke einen Riß erhalten konnte; über mehreren von ihnen wölbte sich das Wasser zu hellgrünen Glocken, die sofort wieder in schäumendem Spritzwasser zersprühten. „Wenn es gut abläuft, soll's mich freuen!" dachte ich, ließ aber den Ruderer gewähren. Wir waren schon in der saugenden Strömung, die keinen Widerstand duldete, und trieben schneller und schneller nach den beiden Stromschnellen hin. Mit kräftigen Ruderschlägen zwang der Ruderer das Boot, in den linken Arm einzubiegen. Die Ladakis standen sprachlos am Ufer und warteten, daß wir Schiffbruch leiden würden, um in die Schnellen hineinzuwaten und uns zu retten. Da stießen wir gegen den ersten Block, aber der Ruderer führte das Boot in das tiefste Wasser hinaus und ließ es einen kleinen Wasserfall hinabgleiten, hinter dem wir einen Stoß von der anderen Seite erhielten. Jetzt erweiterte sich das Fahrwasser, wurde aber auch seichter und das Boot schrammte immerfort gegen den Grund, zum Glück aber nur mit dem Kiel und ohne leck zu werden. Die Strömung war stark genug, uns über Steine und Schutt hinwegzuspülen.

Nach einer Weile vereinigten sich die beiden Arme, der Fluß wurde ruhig und tief. Der Ruderer hatte keine Miene verändert; jetzt half er mit den Rudern nach. Wir waren noch auf der nördlichen Talseite; aber gerade in der Krümmung, wo der Fluß sich der südlichen zuwandte, tobte und kochte das Wasser wilder als je zuvor, und hier erklärte der unerschrockene Ruderer, daß das Weiterfahren unmöglich sei. Mir stockte der Atem bei dem Anblick des weißschäumenden Wassers, das sich auf der Schwelle des Falles brach; in einer Sekunde mußte das Boot vom Sog gepackt werden und ohne Gnade kentern! Aber im rechten Augen-

blick trieb der Ruderer unsere Nußschale in eine kleine Bucht mit Gegenströmung, und da konnten wir landen. Die Ladakis waren herbeigeeilt, zogen das Boot aufs Land und setzten es unterhalb des Wasserfalles wieder auf das Wasser.

Nun trieben wir herrlich an den steilen Felswänden des Südufers vorbei, wo die Tiefe manchmal 1,6 Meter und manchmal wenig mehr als einen Fuß betrug. Ich habe eine Stange und helfe beim Abhalten vom Ufer. Wieder werden wir nach der nördlichen Talseite hingeführt und tanzen und schaukeln durch eine Reihe schmaler, lustiger Stromschnellen, die gewöhnlich tief genug sind. Hier und dort schrammen wir freilich auch gegen den Boden, aber der hölzerne Kiel pariert die Stöße noch. Unterhalb eines mitten im Fluß liegenden Riesenblockes entsteht ein saugender Mahlstrom, in den wir beinahe hineingeraten wären. Aber es läuft glücklich ab, und schließlich gelangen wir an den Punkt, wo der Dok-tschu sein schneegeborenes Wasser in die Fluten des Brahmaputra strömen läßt.

Der Nebenfluß hat sich hier in zwei Deltaarme geteilt, die anderthalb Meter hohe Kiesufer haben. Auf dem linken Ufer des Hauptarmes wurde ein Pfahl eingeschlagen, um den wir das eine Ende eines Seiles banden; mit dem anderen Ende ruderte ich nach dem rechten Ufer hinüber, wo das Seil an einem zweiten Pfahl befestigt wurde. Die Breite betrug 54 Meter. Dann maß ich in gleichmäßig großen Abständen an elf Stellen die Tiefe des Flusses, die 1,3 Meter nicht überstieg. An derselben Stelle wurde die Stromgeschwindigkeit an der Oberfläche, in der Mitte und am Grunde mit Lyths Strommesser gemessen. Wenn man erst die Breite und die Durchschnittswerte der Geschwindigkeit kennt, erhält man die Wassermenge, die also jetzt in beiden Armen des Dok-tschu 33 Kubikmeter in der Sekunde betrug.

An der Stelle, wo sich die beiden Flüsse miteinander vereinigen, ist der Dok-tschu reißend und rauschend, der Brahmaputra aber langsam, tief und ruhig. Seine Breite betrug 46 Meter und die größte Tiefe 4,67 Meter; das Bett ist folglich sehr ausgehöhlt und schmal; die Wassermenge belief sich auf 84 Kubikmeter in der Sekunde, so daß der Tsangpo jetzt nur anderthalbmal so groß war wie sein Nebenfluß, der Dok-tschu. Die Seehöhe betrug hier 4013 Meter.

Als ich mit dieser Arbeit fertig war, durften unsere Freunde Tso Ting Pang und Lava Taschi mich auf einer kleinen Ruderfahrt den Hauptfluß ein Stück hinunter begleiten; dann landeten wir an einem Vorsprung, wo unsere Leute ein Feuer angezündet und das Beste, was sie besaßen, aufgetischt hatten, nämlich harte Eier, kalten Aufschnitt von Hühnern und Milch. In gemütlicher und gemischter Gesellschaft, ein

Schwede unter Tibetern, Chinesen und Ladakis, verzehrten wir unser spätes Mittagessen in der großartigsten, energisch ausgemeißelten Landschaft, die man sich nur denken kann. Während die anderen ihr Pfeifchen rauchten und ihren fettigen Tee schlürften, zeichnete ich eine Skizze des riesigen Tors von festem Granit, durch das sich die Wassermassen des Brahmaputra auf ihrem Weg nach Osten wälzen, nach dem Dihongtal und den Ebenen Assams hin. Ich wäre hier gern noch lange geblieben und hätte zugeschaut, wie der unersättliche Fluß in jedem Augenblick, der entflieht, seinen bedeutenden Tribut vom Dok-tschu einzieht; aber es wurde dämmerig, und wir hatten einen weiten Heimweg; wir legten daher das Boot zusammen, packten es mit der übrigen Bagage auf gemietete Pferde, stiegen selber in den Sattel und ritten talaufwärts. Wie schon so oft zuvor, überraschte uns auch heute die Dunkelheit. Vor uns ging Rabsang mit einem Tibeter an jeder Hand; alle drei brüllten so laut sie nur konnten! Alle waren brillanter Laune, es war frisch und angenehm unter den funkelnden Sternen, und begleitet vom Schellengeklingel der Chinesenpferde weckten die fröhlichen Sänger ein schlummerndes, schrilles Echo in den Sälen der Berge. An einer gefährlichen Stelle in der Nähe des Dorfes, wo der Weg auf einer über dem Fluß vom Gestein gebildeten Leiste entlang geht, kam man uns mit Papierlaternen entgegen; bald darauf saßen wir nach einem anstrengenden aber lehrreichen Tagewerk friedlich in unseren Zelten.

Langsam stiegen wir am folgenden Tag in nordwestlicher Richtung das Dok-tschu-Tal hinauf, ein hinreißend schöner Weg, auf dem man unaufhörlich absitzen und die wilde Bergszenerie in Ruhe hätten genießen mögen!

Aber jetzt ist es mir nicht möglich, dabei zu verweilen; eine Seite meines Tagebuches nach der andern muß überschlagen werden, wenn ich je mit der Beschreibung dieser Reise, auf der unser noch so viele harte Schicksale und böse Abenteuer warten, zu Ende kommen soll!

Wir reiten durch Schutt und groben Sand, die Verwitterungsprodukte des grauen Granits, wir kommen an einer Reihe kurzer, abschüssiger Quertäler und an mehreren pittoresken Dörfern vorüber. Eines von ihnen, Matschung, hat eine herrliche Lage am Fuß der steilen Felsen auf der Nordseite des Tales, von denen ein ovaler Block abgestürzt ist und wie ein riesenhaftes Ei im Sande steht, ein dekoratives Piedestal, das auf eine Reiterstatue wartet. Auf seiner östlichen, von Wind und Wetter blank polierten Fläche ist eine regelrechte Trikolore gemalt, Weiß in der Mitte, Rot links und Blau rechts, aber weder Bonvalot, noch Dutreuil de Rhins haben dieses Erinnerungszeichen hinterlassen, denn in dieser Gegend ist noch nie ein Reisender gewesen. Die Bewohner des

Dorfes sind es, die hier flaggen, und neben der Trikolore erblickt man eine zweite symbolische Malerei, ein weißes Kreuz in schwarzem Felde. Bei dem Dorf spiegeln sich knorrige Bäume in einem Teich. Die Dorfleute stehen gaffend an den Ecken und in den Haustüren, während ein Mann meinen Dienern einen Schluck Tschang aus einer Holzschale anbietet. Die Seiten der Felsen sind in seltsamen Formationen modelliert; der Granit ist vertikal zerklüftet und steht wie senkrechte Kulissen im Tal. Oft geht es an Manihaufen vorbei — allenthalben zeigt sich, daß wir uns in einer Gegend mit vielen Klöstern befinden, der ganze Weg ist mit religiösen Kennzeichen geschmückt. Bei jedem Mani teilt sich der Weg, denn keiner, außer den Anhängern der Pembosekte, unterläßt es, links an ihm vorüberzugehen, in derselben Richtung, wie sich die Gebetmühlen drehen. Auf dem Gipfel mehrerer Felsen erblickt man Mauer- und Turmruinen; man merkt, daß das Tal in dahingeschwundenen Zeiten dichter bewohnt gewesen ist. An zwei Stellen gewähren geschützte Felsspalten verkrüppelten Wacholdersträuchern gastliche Unterkunft. Auf der nördlichen Talseite hat der Fluß einst die Basis der Granitwand poliert, und auf ihrer blanken Fläche sind zwei Zeichnungen angebracht (Abb. 178). Sie bestehen aus den Konturen zweier Buddhabilder und sind recht künstlerisch ausgeführt. Die westliche ist von zwei anderen, schwach sichtbaren Figuren umgeben, und unter ihnen sind allerlei Ornamente, Ranken und Zeichen in den Granit eingehauen. Gleich oberhalb dieser Stelle lagerten wir in einer höchst malerischen, interessanten Talerweiterung im Dorfe Lingö (Abb. 184).

Ein Teil der Bewohner Lingös zieht im Sommer mit seinen Viehherden sechs bis sieben Tagereisen weit nach Norden, denn der Boden ist um Lingö herum schlecht und auf die Ernte ist kein Verlaß. Der Dok-tschu läßt sich hier im Sommer nicht ohne Boot überschreiten; im Winter friert der Fluß allerdings zu, aber selten so fest, daß sein Eis trägt. Das Interessante an dieser Talerweiterung ist, daß der gerade von Westen kommende Dok-tschu oder Raga-tsangpo sich just hier mit unserm alten Bekannten, dem My-tschu, vereinigt, der 15,11 Kubikmeter Wasser in der Sekunde führt. Für den ganzen Dok-tschu hatte ich am Tag vorher 33 Kubikmeter ausgerechnet; also ist der Unterschied von 18 Kubikmeter das vom Raga-tsangpo gelieferte Wasser, und der My-tschu ist folglich nur ein Nebenfluß des Raga. Andererseits aber ergießt sich der Dok-tschu in mehreren, stromschnellartigen Deltaarmen in den My-tschu, der tiefer im Talgrund liegt und ruhiger fließt; von diesem Gesichtspunkt aus müßte der My-tschu also der Hauptfluß sein; dies kann als Geschmacksache angesehen werden.

Am 8. April hatten wir wieder einen herrlichen Tag, um 1 Uhr 11,4 Grad im Schatten. Wir sollten nun die intimere Bekanntschaft des My-tschu machen, eines Flusses, den wir bis jetzt nur vom Hörensagen kannten; aber um so besser kannten wir seinen von Osten kommenden Nebenfluß, den wir auf der Hinreise überschritten hatten. Wie gewöhnlich wechseln wir die Lasttiere beinahe in jedem Dorf, wo wir lagern, und Robert bezahlt die Miete den Dorfleuten, damit die Eskorte keine Gelegenheit hat, sie in ihren eigenen Beutel zu stecken, wenigstens nicht in unserer Gegenwart. Gewöhnlich zieht die Karawane ein wenig voraus, während zwei Dorfleute mich begleiten und mir Auskunft über die Gegend erteilen.

Gleich hinter Lingö biegen wir in das My-tschu-Tal ein, reiten nordwärts und lassen nun das Tal des Raga-tsangpo westlich hinter uns zurück. In der Biegung selbst geht es über einen kolossalen Kegel von Granit, der aus rundgeschliffenen Blöcken besteht, zwischen denen der Weg im Zickzack auf und nieder kriecht und zuweilen eine Treppe bildet, die beladene Tiere unmöglich passieren können. Wir nahmen deshalb verschiedene Bauern aus dem Dorf zu Hilfe, um das Gepäck zu tragen. Zur Linken haben wir den Fluß, breit, tief und langsam; die abgestürzten grauen Granitblöcke stechen grell gegen das dunkelgrüne Wasser ab, in dem ganze Kolonnen schwarzrückiger Fische umherschwimmen und emporschnellen. Auf einer Granitfläche sieht man eine buddhistische Felsenzeichnung, die die Zeit teilweise verwischt hat. Dann folgt ein Mani dem anderen. In einer Grotte mit schwarzberußter, gewölbter Decke und einer kleinen Schutzmauer von Steinblöcken haust ein Schmied, um Reisenden zu Dienst zu stehen. Hoch droben auf einer Felsenterrasse liegt Gunda-tammo, ein kleines Nonnenkloster; unten führt eine Kettenbrücke zwischen zwei verstümmelten Pyramiden über den Fluß. Sie ist nur für Fußgänger. Der Fluß ist tief zwischen seinen Uferterrassen eingeschnitten, und zwei Streifen klaren grünen Eises sind noch sichtbar. Das Flußbett ist so regelmäßig ausgegraben wie ein Kanal. Eine Felswand am Eingang eines Seitentales zeigt ein schwarzes Gesicht von 2 Meter im Durchmesser, mit Augen, Nase und Mund in Rot gemalt.

Je höher wir hinaufkommen, desto öfter werden wir daran erinnert, daß wir auf einem heiligen Wege sind, der von einem Tempel zum anderen führt, einem Klosterweg der Mönche, einem Wallfahrtsweg der Pilger, einer Straße, auf der man öfter als sonst „Om mani padme hum" murmelt. Bald sind Steinblöcke und Felsenvorsprünge rot angestrichen, bald Steinhaufen am Wegrand aufgetürmt, bald sehen wir schornsteinförmige Monumente mit Büscheln wimpelgeschmückter Gerten,

bald wieder lange Manihaufen, von denen einer 120 Meter lang war. Zwei mitten auf dem Weg liegende einzelne Granitblöcke waren mit erhabenen Schriftzeichen ganz bedeckt — eine ungeheure Arbeit. Wir sind in der Tat in einer großen Pulsader des Verkehrs, der lebhafter ist als am Ufer des Tsangpo. Unaufhörlich begegnen uns Yak- und Eselkarawanen, Reiter und Wanderer, Mönche, Bauern und Bettler. Sie grüßen höflich, die Mütze in der Linken, mit der Rechten den Kopf kratzend, die Zunge weit aus dem Munde gestreckt und rufen mir zu: „Glückliche Reise, Bombo!"

Klare Quellen rieseln über den Weg; das Tal verengt sich und wird immer großartiger an kräftiger, kühner Plastik; der Granit hört auf und an seine Stelle tritt ein feinkörniger kristallinischer Schiefer. In der Landschaft Tong, wo hoch über dem Fluß mehrere Dörfer (Abb. 185), liegen, lagerten wir unterhalb des Klosters Lung-gandän-gumpa (Abb. 179), in dem 21 Mönche der Gelugpasekte wohnen und in dessen „Labrang" wie gewöhnlich ein Prior vom Kanpograde residiert. Wir machten einen Besuch, zogen aber die herrliche Aussicht über das Tal den in der Dämmerung stehenden Götterbildern vor. Einen Teil ihres Unterhaltes bekommen die Brüder (Abb. 173) vom Taschi-Lama und leben im übrigen vom Ertrag ihrer Felder, denn das Kloster besitzt ziemlich viel Ländereien. Ein Blinder, der nicht zur Brüderschaft gehörte, saß wie eine Maschine an der Gebetmühle, um sie für die Mönche zu drehen, und weinte über sein hartes Los. Der „Gova", der Distriktshäuptling von Tong herrscht über mehrere Dörfer der Gegend und lebt in seinem festen, wohleingerichteten Hause wie ein Fürst.

Auch am 10. April folgten wir dem Lauf des My-tschu an bisher unbekannten Dörfern und Klöstern vorbei. Die Dörfer liegen unmittelbar unterhalb der Mündungen der Nebentäler, wo man die größte Aussicht hat, von dem Berieselungswasser Nutzen zu ziehen. Eine Karawane von wohl 100 Yaks, die von Männern und Weibern getrieben und zum Teil auch geritten wurden, war in Tok-dschalung gewesen und hatte dort Tsamba aus Tong verkauft; auf der Rückreise von jener Goldgrube in Westtibet war sie drei Monate unterwegs gewesen. Sie benutzte dabei einen Weg durch das Gebirge, wo die Yaks geeignete Weide fanden. So gelangt der Ertrag des Erdbodens von den besser bedachten Teilen des Landes zu den Nomaden, die ihn gegen Wolle, Häute und Salz eintauschen. Nach kurzem Marsch lagerten wir in Ghe, das 19 Häuser hat. Ein „Angdi", ein Musikant, fiedelte und kratzte auf einem zweisaitigen Instrument (Abb. 186), während seine Frau uns etwas vortanzte.

Hier kehrte die Eskorte von Schigatse um, nachdem sie unseren Paß

vier neuen Männern, deren vornehmster der Gova von Tong war, feier=
lich überliefert hatte. Sie hatten uns vorzügliche Dienste geleistet, ich
gab ihnen daher sehr gute Zeugnisse und Trinkgelder. Sie waren zu=
frieden und wollten bis an ihr Lebensende für mein Wohlergehen beten.
Besondere Sympathie empfand ich für den einen Tibeter, der seine beiden
Söhne in der Schlacht bei Guru verloren hatte; der eine war 23 und
der andere 25 Jahre alt gewesen, und der Vater konnte nicht begreifen,
weshalb sie gefallen waren, da sie doch nichts Böses getan hätten.

Klingelnd wie eine Schlittenpartie begleitete uns die neue Eskorte
am nächsten Tag den My=tschu hinauf, der denselben Charakter beibehält.
Granit und Schiefer wechseln ab. Der Fluß tost, obgleich er gelegentlich
ruhige Strecken hat. Im Hintergrund der Seitentäler erblickt man oft
gewaltige, leicht mit Schnee bedeckte Bergstöcke und an ihrem Eingang
Dörfer mit steinernen Häusern und Äckern, auf denen man nur Gerste
und Erbsen, selten Weizen baut. Die schwarzen Zelte, die wir gelegent=
lich sehen, gehören Kaufleuten, die auf der Reise nach oder von Westtibet
sind. Über Nebenflüsse führen Brücken, flache Steinplatten, die auf ein
paar Balken zwischen ziemlich hohen, ein wenig überhängenden Stein=
mauern ruhen. Die religiösen Steinhaufen sind noch immer zahlreich;
einer davon hatte zur Entstehung einer Sanddüne Veranlassung gegeben.
Wildenten, Tauben und Rebhühner kommen hier vor — die letzteren
kamen ohne ihre Absicht dazu, eine Rolle in Tserings Küche zu spielen.
Im Dorfe Sirtschung ist die Bevölkerung zahlreich; hier treffen auch
mehrere Straßen und Nebentäler zusammen. Unter dem Haufen der
Schaulustigen (Abb. 188) befand sich eine junge Frau, die so außerge=
wöhnlich hübsch war, daß sie auf zwei Platten photographiert wurde. Sie
war 20 Jahre alt und hieß Putön (Abb. 187).

Den Tag darauf besuchten wir das nahe Kloster Lehlung=gumpa,
dessen 26 Mönche irgendeiner heterodoxen Sekte angehören, denn sie er=
kennen weder Tsongkapa noch den Taschi=Lama an; der Prior hatte sich
in seiner Wohnung eingeschlossen, in tiefes Grübeln versunken. Ein Lama
und drei Einwohner aus dem benachbarten Dorf Nesar waren am Tage
vorher gestorben, unsere tibetische Eskorte warnte uns daher, nicht nach
dem Kloster hinaufzugehen, da wir dort angesteckt werden könnten. Als
wir uns aber doch hinbegaben, baten sie um die Erlaubnis, uns wenigstens
nicht begleiten zu müssen. Dieses öde, verfallene Kloster lag stolz und
königlich auf seiner Felsenspitze, ziemlich hoch aufwärts in einem Seiten=
tal, das sich von links nach dem My=tschu hinzieht. Von seinen Dach=
plattformen hatte man eine wunderbare orientierende Aussicht über das
Tal des My=tschu. Was wir bisher noch nie gesehen hatten, war eine

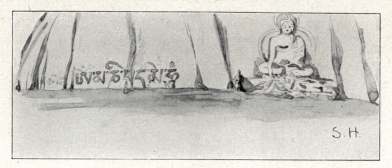

176, 177. Tarting=gumpa. 178. Inschrift und Buddhabild in
Granit eingemeißelt bei Lingö. 179. Lung=gandän=gumpa bei Tong.
180. Linga=gumpa von oben.
Skizzen des Verfassers.

181. Bettler in Taschi-gembe. 182. Wandernder Lama, in der Hand einen hölzernen Handschuh, wie sie gebraucht werden, um die Hände bei der Niederfall-Wanderung um den heiligen Berg Kailas zu schützen. 183. Tibeter.
Skizzen des Verfassers.

Reihe ausgestopfter Yaks, die hart wie Holz und knochentrocken mit Hörnern, Zehenpaaren und Häuten an der Decke einer Veranda aufgehängt waren. Keiner der Mönche konnte sich erinnern, wann sie dort angebracht worden waren. Sie sahen uralt aus und schienen dieselbe Aufgabe zu haben wie die vier Geisterkönige und die gemalten wilden Tiere, nämlich böse Geistermächte fern zu halten.

Unterhalb des Klosters stehen ganz dicht nebeneinander 24 Manis in einer Reihe und gleichen einer Kirchspielgrenze auf einer Landkarte. Auf dem ganzen Wege bergauf sind diese religiösen Steinhaufen so zahlreich, daß sie sogar die bei Leh noch übertreffen. Das Land wird immer hochalpiner, das Tal wilder und öder; bei Lehlung-gumpa bildeten aber einige Bäume noch einen kleinen Hain. Schließlich ritten wir auf einer Geröllterrasse, wohl 40 Meter hoch über dem Fluß, der jetzt kleine Wasserfälle bildete und gemütlich zwischen abgestürzten Steinblöcken hinrieselte. In der Nähe des Seitentales Kathing hatte die Karawane in dem engen Tal unmittelbar am Ufer des My-tschu ihr Lager aufgeschlagen. Das Gepäck war zum größten Teil von Tibetern getragen worden, weil keine Lasttiere vorhanden waren, und jetzt saßen wohl 100 Schwarzköpfe gruppenweise zwischen großen Felsblöcken an ihren Feuern.

Hier befanden wir uns auf einer Höhe von 4229 Meter, waren also von Schigatse, dessen Höhe 3871 Meter beträgt, nur 358 Meter emporgestiegen. Aber die Luft wurde wieder kühler; die letzte Nacht hatten wir 13 Grad Kälte gehabt.

Vierunddreißigstes Kapitel.

Nach Linga-gumpa.

Der Tagesmarsch am 13. April führte uns im Tal des My-tschu wie in einem Hohlweg, der in anstehenden feinkörnigen Granit, Porphyr und kristallinischen Schiefer eingeschnitten und eines der großartigsten Landschaftsbilder ist, die ich je gesehen habe. Wir ziehen am rechten, westlichen Flußufer hin, in dem sich jäh abstürzende wilde Felsen erheben, den Ruinen alter Mauern und Burgen mit Zinnen vergleichbar. Auch auf dem linken Ufer läuft ein Fußpfad, der außerordentlich lebensgefährlich aussieht, da er oben an Felswänden hingeht. Auf der Westseite öffnen sich hier und dort Nebentäler, in deren Hintergrund man Teile eines schneebedeckten Hauptkammes erblickt. Dieser ist jedoch nur ein Kamm zweiter Ordnung, denn er zweigt sich vom Transhimalaja nach Süden ab und begrenzt das Flußgebiet des My-tschu im Westen. Er schickt Verzweigungen dritter Ordnung nach Osten aus, zwischen denen die westlichen Nebenflüsse des My-tschu fließen. Von ihnen gehen dann wieder Verzweigungen vierter und fünfter Ordnung aus; das Ganze sieht in der Zeichnung wie ein Baum mit seinen Ästen und Zweigen aus.

Der Weg zieht sich auf der steilen Geröllterrasse hoch über dem Flusse hin, der jetzt in seinem energisch ausgegrabenen Bett überall zwischen abgestürzten Blöcken hintost und Wirbel bildet. Unmittelbar zur Linken und über uns erheben sich die Felswände, von denen oft Steinlawinen abgerutscht und auf den Weg gestürzt sind. Manchmal sind sie noch ganz frisch, manchmal hat man schon Zeit gehabt, die Blöcke als Deckmauer an der Innenseite und als Brüstung an der Außenseite aufzustellen. Und manchmal passieren wir Stellen, an denen jeden Augenblick ein neuer Bergrutsch stattfinden kann, wo gewaltige Blöcke an einem Haare zu hängen und im Begriff zu sein scheinen, die Wände herunterzurollen. Üppige Hagedornsträucher stehen in großer Zahl auf diesen steinigen Halden, über denen hoch oben die Felsentauben nisten.

Und noch höher schweben Adler mit ausgebreiteten Schwingen längs der Bergwände hin. Wir befinden uns 50 Meter über dem Fluß, an dessen Ufern hier und dort noch kleine Ackerstücke Platz finden; gelegentlich hat auch wohl ein Wacholderstrauch in einer Felsspalte Wurzel geschlagen.

Das Tal gleicht immer mehr einem Hohlweg, und ich genieße die unablässig wechselnde Reihe schöner Perspektiven in vollen Zügen. Man kann sich einbilden, durch einen gotischen Dom und einen Säulengang riesiger, mit dem Gemäuer verbundener Pfeiler zu schreiten, die ein Dach von grauer und weißer Zeltleinwand überspannt, die Wolken nämlich, zwischen denen nur hier und da kleine Felder hellblauen Tuches hervorgucken.

Der Führer, der uns heute begleitet, ist ein halbverrückter alter Kerl; er lacht und schwatzt unaufhörlich und manchmal beginnt er mitten auf dem Weg zu tanzen, wobei er mit den Beinen schlenkert, auf die Erde stampft und sich so schnell im Kreise dreht, daß sein langer Zopf ihn wie ein Schwanz umfliegt. Er erzählt uns im Vertrauen, seine Frau sei ein boshafter, mordhäßlicher alter Drache, den nach dem Heim der Geier bringen zu können er sich schon lange wünsche — eher werde er doch keinen Frieden in seiner Hütte haben! Als ich haltmachte, um eine Skizze zu zeichnen, ließ sich der Alte auf einem Stein nieder, holte sein im Pelz untergebrachtes Frühstück heraus, breitete es dann auf dem Sande aus, holte Wasser in einem kleinen Beutel aus dem Fluß, füllte aus einem zweiten Tsamba in eine hölzerne Schüssel, goß Wasser darüber, rührte mit dem Zeigefinger um und schlürfte dann eine Schüsselvoll nach der anderen von der köstlichen Mischung. Er hoffte, soviel Trinkgeld zu erhalten, daß er sich dieses eine Mal, da seine Alte ihn nicht essen sähe, eine reichliche Mahlzeit gönnen könne. So oft man ihn anguckte, fuhr seine Zunge heraus und hing wie eine feuerrote Flagge in dem schwarzem Gesicht. Zuletzt leckte er seine Schüssel rein und rieb sie mit feinem Sand, damit sie trocken werde. Und dann wickelte er seine Sachen wieder in ein Bündel, das er unter einigen Steinen versteckte. Als Robert ihm aber sagte, daß Leute in der Nähe seien, die das Versteck gesehen hätten, holte er das Bündel schnell wieder heraus, überlegte die Sache eine Weile, schnüffelte dann in der Gegend umher und fand schließlich ein anderes Versteck. Dann setzte er sich neben mich, streckte die Zunge so lang heraus, wie es ihm irgend möglich war, blinzelte mich mit seinen Schweinsäuglein an und nahm eine tüchtige Prise Schnupftabak. Wenn er vor meinem Pferde herschritt, drehte er sich alle hundert Schritt um und streckte mir die Zunge aus — ein Zeichen puren Wohlwollens und reiner Hochachtung.

Jenseits des Nonnenklosters Döle=gumpa vereinigt sich mit dem

Tale des My-tschu das von Westen kommende mächtige Seitental Lendscho, das weiter aufwärts drei Dörfer beherbergt. Aus diesem Tal erhält der My-tschu einen sehr bedeutenden Nebenfluß, über den eine feste Brücke in drei Bogen hinüberführt, die auf vier Steinmauern ruhen; an den Ufern lagern noch dicke Eisstreifen. Hier finden wir zwei hübsche Manis mit Türmen an beiden Enden, wo sechseckige Sterne in flache Steine eingemeißelt sind. Oft stehen diese ewigen Manis in langen Reihen so dicht nebeneinander, daß sie wie ein langer Güterzug aussehen und man erwartet, daß sie sich gleich in Bewegung setzen und nach den Wohnstätten der Heiligen abfahren. Alles zeigt hier eine große Heerstraße an, eine mächtige Verkehrsader, die das festansässige Volk der tiefer liegenden Gegenden mit den Nomaden der Hochebenen verbindet. Der Weg selbst ist der größte und bestgehaltene, den ich in ganz Tibet gesehen habe. Über alle Nebenflüsse, die im Sommer und Herbst den Verkehr unterbrechen könnten, führen Brücken, und überall, wo ein Bergrutsch stattgefunden hat, beeilt man sich, den Weg auszubessern. Auf Schritt und Tritt mahnen religiöse Steinmale, Mauern und Wimpelbüschel die Reisenden an die Nähe der Klöster und daß die Mönche auf einen Besuch und ein Geldgeschenk rechnen. Unaufhörlich begegnen wir Karawanen, Reitern, Bauern und Bettlern, welche den Kaufleuten, die nach guten Geschäften in ihre Heimat zurückkehren, Geld abzwacken. Manche dieser Bettler verwandeln sich auch in Räuber, die unverteidigte Hütten ausrauben. Wenn sie uns aber begegnen, beginnen sie plötzlich zu humpeln, zu keuchen und zu jammern. Nach der Ernte soll der Verkehr noch viel lebhafter sein als jetzt.

Nun verengt sich das Tal zu einem Korridor, dessen Boden der breite, seichte Fluß ganz ausfüllt. Auf der rechten Seite, der wir noch immer folgen, fallen die Schieferklippen beinahe senkrecht nach dem Fluß ab; der lebensgefährlich schmale Weg zieht sich trotzdem wie ein Sims längs der schroffen Wand hin. Hier hat die Natur der Wegebaukunst der Tibeter unüberwindliche Hindernisse in den Weg gelegt. Das Gepäck muß an dieser gefährlichen Stelle vorbeigetragen werden, und man wundert sich nur, daß die Pferde imstande sind, die Stelle zu passieren. In Spalten und Furchen der Bergwand hat man 40 Meter über dem Fluß flache Schieferplatten, Zweige und Wurzeln befestigt und diese mit Planken, Stangen und Steinen belegt, wodurch eine fußbreite Dachrinne entsteht, ohne Spur von Geländer; hier muß man sogar die Zunge gerade im Munde halten, um nicht das Gleichgewicht zu verlieren! Natürlich geht man diese Strecke, die Tigu-tang heißt, zu Fuß, biegt sich nach der inneren Seite hinüber und stützt sich

gegen die Felswand. Man atmet erleichtert auf, wenn man an der anderen Seite ist und die große Talmulde vor sich sieht, in der bei Linga zwei wichtige Täler zusammenstoßen.

Denn hier vereinigt sich mit dem My=tschu ein von Osten kommender Fluß Scha=tschu, der weiter aufwärts Bup=tschu heißt und den wir vor 2½ Monaten auf seiner dicken Eisdecke überschritten hatten Am 15. April führte der Bup=tschu 6,09 Kubikmeter und der My=tschu 6,29 Kubikmeter Wasser in der Sekunde. Sie waren also beinahe gleich groß, aber das Verhältnis kann sich natürlich bedeutend ändern, was von der Verteilung der Niederschläge abhängt. Die Höhe beträgt hier 4331 Meter.

In einem kurzen Tal in den westlichen Bergen erhebt sich auf dem obersten Absatz einer steilabfallenden Terrasse amphitheatralisch das große Kloster Linga=gumpa phantastisch, entzückend und einladend wie ein Märchenschloß (Abb. 180). Seine weißen Häuser ruhen wie Storchnester auf Bergspitzen; eine Reihe Manis zeigen uns den Weg dahin, wo die Frommen, Untadelhaften in erhabener Stille über dem Saus und Braus der Dörfer und dem Rauschen und Tosen der Flüsse wohnen. Unterhalb des Klosters liegt das Dorf Linga=kok, wo unser Lager nicht weit von dem Punkt aufgeschlagen wird, wo eine feste Brücke von zehn Bogen auf elf Pfeilern über den My=tschu führt (Abb. 189). Zeuge unserer Ankunft war eine Menge Tibeter, schwarz wie Mohren, schmutzig, zerlumpt, mützen- und hosenlos, stumm und verwundert (Abb. 183, 190, 191, 192).

In der ganzen Gegend sieht man keinen einzigen Baum; nur droben beim Kloster gibt es zwei. Auch dies Vergnügen ist nun zu Ende; jetzt wo der Frühling gekommen ist und die Knospen schwellen, hören wir das Säuseln der Winde in dichtbelaubten Baumkronen nur noch in der Erinnerung. Uns erwarten wieder die Klagelieder der Stürme auf den Pässen eines kahlen Hochgebirges. Der Frühling war übrigens noch nicht so ernst zu nehmen, denn nachts hatten wir noch bis zu 17 Grad Kälte!

Den Sonntag brachte ich mit Rabsang und Tundup Sonam im Kloster zu, bis es dämmerig wurde. Wir stiegen die Abhänge hinauf, an Reihen guterhaltener Manis vorbei, die aussahen wie abgebrochene Mauern mit rotgemalten, aus den Schieferblöcken ausgemeißelten und mit roten Rahmen umgebenen Schriftzeichen. Dann kamen wir durch ein Tor in der Mauer der Klosterstadt und stiegen zwischen vierzig alten und neueren weißen Häusern, die an den Felswänden klebten, immer höher hinauf. Die Lage erinnert an das Kloster Hemi in Ladak, aber die Gebäude liegen dort nicht so zerstreut wie hier. Mehrere von ihnen sind jedoch unbewohnt, denn es soll hier die Sitte herrschen, daß, wenn

ein Lama gestorben ist, seine Angehörigen Anspruch auf das Besitzrecht an seinem Hause erheben, die Haustür zuschließen und den Schlüssel mitnehmen. Die bewegliche Habe fällt dagegen dem Kloster zu. Wenn ein neugekommener Lama auf das leere Haus spekuliert, kann er es den Verwandten des früheren Besitzers abkaufen; ein gutes Haus ist hier 100 Rupien wert.

Linga hat 30 Mönche, von denen uns einige auf unserer Runde begleiteten (Abb. 193) und die wie stets artig und freundlich waren und nie dreist wurden, wie die Mönche in Kum-bum, die ich im Jahre 1896 besuchte. Das Kloster steht unter Sekijas Oberhoheit, der Sekija-Lama ist sein vornehmstes geistliches Oberhaupt und steuert auch etwas zum Unterhalt der Mönche bei. Im übrigen besitzt Linga-gumpa Ländereien, die jedoch in letzter Zeit nicht viel eingebracht haben, weil die Ernten mehrere Jahre hintereinander fehlgeschlagen sind. Vom Taschi-Lama sind sie nicht abhängig, und von Tsongkapa haben sie nicht eine einzige Statue und erkennen ihn nicht an, was darauf schließen läßt, daß ihre Sekte älter ist als seine reformierte Kirche. Aber irgendwelche Auskunft über das Alter des Klosters zu erhalten, war, wie gewöhnlich, unmöglich. Es scheint im Interesse der Mönche zu liegen, den Ursprung in die grauste Vorzeit zu datieren, aus der keine menschlichen Urkunden vorhanden sind. Es wurde mir jedoch gesagt, der Abt Jimba-Taschi kenne das Alter; es sei in einer alten Klosterchronik aufgezeichnet. Leider war er nicht zu Hause; er hatte sich nordwärts nach einer Gegend namens Kumna begeben, um eine Räuberbande aufzuspüren, die ihn im vorigen Jahr ausgeplündert und ihm alle seine Karawanentiere geraubt hatte.

In der Tiefe unter der Klosterstadt ist eine Schlucht und an ihrer Seite ein schwarzer Schieferabhang, auf dem man in kreideweißen Quarzstücken die sechs heiligen Schriftzeichen ausgelegt hat, die nun in Wind und Wetter die ewige Wahrheit „Om ma-ni pad-me hum" gen Himmel rufen.

Eine Treppe von Schieferplatten führt nach dem „Doptscha", einer offenen, mit Steinfliesen gepflasterten Marktplattform hinauf, wo während der Festtage die religiösen Spiele abgehalten werden. In seiner Mitte steht der gewöhnliche Standartenmast, aber irgendwelche Brüstung hat der Platz nicht; man darf daher nach Dunkelwerden nicht hingehen, denn auf den freien Seiten gähnen bodenlose Abgründe. Hier hatten die Mönche Teppiche und Kissen gelegt und luden mich zum Tee ein. Eine Weile genoß ich die herrliche Aussicht über das Tal, die Vereinigung der beiden Flüsse, die zerstreuten Dörfer und die schachbrettähnlichen Felder. Fern im Osten, im Hintergrund des Bup-tschu-Tales, zeichnen

sich jene hohen Berge ab, über die wir auf dem Weg vom Ngangtse=tso gewandert waren.

Auf der Südseite des Marktplatzes ist der Eingang zu dem Haupt= tempelsaal (Dokang), der sich in allen Klöstern in einem rotangestriche= nen Steinhause befindet. Ich trete ein, bleibe stehen, sehe mich um und bin hingerissen von der seltsamen Mystik, obgleich ich sie — mit un= bedeutenden Variationen — schon so oft empfunden habe. Ich lasse mich auf einem Diwan nieder und glaube mich in ein mit modernen Trophäen und Siegesfahnen überfülltes Museum versetzt, wo an den Wänden zwischen den Säulen undurchdringliche Finsternis herrscht und ganze Reihen Trommeln, Gongs, Gebetzylinder und Posaunen aufgestellt sind. Der Saal ist dunkler als sonst, auf die Götterstatuen aber fällt helles Licht durch ein Dachfenster; sie scheinen sich aus der ihre Sockel um= gebenden Dunkelheit in das verklärende Licht höherer Räume hinaufzu= schwingen. Vor ihnen schreiten die Mönche unhörbar wie Gespenster und Schatten hin und her, mit den Opfergefäßen beschäftigt. Eine wunderlich mystische Stimmung! Wir haben uns in eine Felsengrotte verirrt, in der Kobolde und Geisterwesen umherhuschen!

Und die ganze Zeit über erfüllte diese Grotte der feierliche Gesang der Mönche auf den Diwans, der in rhythmischen Wogen anschwillt und abnimmt, wie das Rauschen der Wellen und das Anschlagen der Wogen ans Ufer. Sie sangen einstimmig und hielten das Tempo tadellos, ohne sich anzustrengen, obwohl sie unglaublich schnell sangen. Darunter sind Greise mit gebrochenen Stimmen, Männer in der vollen Kraft ihrer Jahre, auch Jünglinge und Knaben mit hellen, jugendlichen Stimmen. Es klingt wie schneller Pferdetrab auf einer unendlich langen Holzbrücke; die Mönche klatschen alle in die Hände, dann klingt es, als trabten die Pferde auf einer gepflasterten Straße; aber schon im nächsten Augenblick sind sie wieder auf der Brücke, und monoton rollen ihnen die Konsonan= ten wie Erbsen von den Lippen. Dann und wann übertönt eine Baß= stimme das Gewirre und ruft: „Laso, Laso" (eine Danksageformel). Während einer kurzen Pause gibt es Tee. Dann geht es wieder los. Keine Ekstase, keine Überstürzung, der Takt wird nicht beschleunigt, es geht immer in demselben gleichmäßigen, schnellen Trabe weiter. Bücher haben sie nicht vor sich liegen; sie können ihre Lektion auswendig. Den= noch scheint der Zauber des Rhythmus sie von den Begriffen Zeit und Raum loszulösen; sie lassen sich nicht stören, sie traben weiter auf der Brücke, die nach dem Heim der Götter und dem Nirwana hinführt. Als wir wieder hinausgehen, hören wir den Gesang noch hinter uns wie das Summen in einem Bienenkorb verhallen.

Wir besuchten noch einige Säle, wo ich die Namen der Götterbilder aufzeichnete. Schließlich waren noch zwei Klostergebäude auf einem scharfen Felsengrat übrig. Das erste hieß Tschöri-gunkang und hatte einen schuppenähnlichen Raum, in dem Schwerter, Flinten, Trommeln, Masken, Tigerfelle und anderer Trödel untergebracht waren. Ganz vorn auf dem Vorsprung erhebt sich ein würfelförmiges Haus, Pesu genannt. An drei Seiten ist es von einem Altan ohne Geländer umgeben, und der Abgrund gähnt hier noch tiefer als anderswo. Hier blieb ich, um das Panorama zu zeichnen, aber das Wetter war nichts weniger als angenehm, und von Zeit zu Zeit verhüllte Schneetreiben die Berge. Trotzdem wird es einem schwer, diese Terrasse zu verlassen. Die flachen Dächer drunten in der Tiefe sehen nicht größer aus als Briefmarken. Glänzend wie Silberstreifen, bald dunkel, je nach der wechselnden Beleuchtung, eilen die beiden Flüsse einander entgegen. Ich muß daran denken, wie seltsam es doch ist, daß das höchste und großartigste Bergland der Erde, das dem menschlichen Gemüt mehr als alles andere imponieren müßte, es nicht vermocht hat, bei den Tibetern eine höhere, edlere Religionsform als diesen engherzigen, beschränkten, dogmatischen Lamaismus hervorzurufen. Ich gebe zu, daß er vor mehr als tausend Jahren aus Indien importiert und zu dem sogenannten nördlichen Buddhismus erst zurechtgestutzt worden ist, aber er gedeiht trotz alledem vortrefflich in Tibet. Man sollte meinen, daß die uralte Bon-Religion mit ihrer weitläufigen Dämonologie, ihrem weitverbreiteten Aberglauben und ihren in allen Gebirgen und Seen und in der Luft hausenden Geisterwesen besser hierher passen müsse. Aber wir haben ja auch gefunden, daß der Lamaismus viele ihrer Elemente aufgenommen hat. Jedenfalls haben die Mönche von Linga eine herrliche Aussicht über ein künstlerisch ausgemeißeltes Stückchen Erde. Von ihren schartenähnlichen Fensteröffnungen und platten Dächern aus sehen sie, wie der Winter seine weiße Decke über das Gebirge breitet und die Flüsse in Bande schlägt, wie dann die Frühlingssonne ihr Gold über die Täler ausgießt, wie der Sommer das frische neue Gras hervorzaubert und wie endlich die Regengüsse des Frühherbstes die Berghalden reinspülen und die Flüsse anschwellen.

Jetzt gehen wir in die Vorhalle des Pesutempels, zwei steile, stockfinstere Treppen hinauf, auf denen man sich den Hals brechen kann; als ob der Berg selbst nicht schon hoch genug gewesen wäre! In einem kleineren Raum kämpft die Flamme einer Butterlampe vergeblich gegen die Dunkelheit und wirft ihr mattes Licht auf einige Götterbilder. Pesu ist der eigentliche Göttersaal mit unzähligen Statuetten von Metall, die sehr alt, künstlerisch ausgeführt und gewiß sehr wertvoll sind. Einige

184. Die eine Boothälfte zur Überfahrt über den Doktschu-tsangpo bei Lingö bereit.

185. Tibeter im Dorf Tong.

186. Wandernder Musikant und Tänzerin.

Bilder waren mittelgroß. Ich stand vor der Altarreihe und sah mir die Götter an. An der Decke hingen „Tankas" und lange, schmale Seidenschärpen in bunten Farben. Auf der rechten Seite war der kleine Saal dunkel, aber auf der linken ein Fenster, das knirschend im Wind auf- und zuschlug. Vor den Göttern stand eine Reihe Schalen mit Gerste, Weizen, Maiskolben und Wasser. Ich fragte den Mönch, der mich heraufbegleitet hatte, wieviel Zeit die Götter gebrauchten, um alles aufzuessen; lächelnd und ausweichend antwortete er, die Schalen müßten stets voll sein. Aber beim Eintreten hatte ich einige Mäuse gesehen, die im Dunkeln schnell verschwunden waren. Welch blutige Ironie, welches Bild von selbstgefälliger Eitelkeit und religiösem Humbug! Der dienende Bruder ist gerade im Peſu gewesen, die Schalen sind gefüllt, er hat seine täglichen Gebete hergesagt, ist die Treppen hinuntergestiegen und hat die Haustür hinter sich zugeschlossen. Wenn alles still geworden ist, kommen die Mäuse aus ihren Verstecken. Sie klettern auf den Altartisch, setzen sich auf die Hinterbeine, ringeln den Schwanz um die Opferschalen und verschmausen der Götter Nektar und Ambrosia!

Könnte ich nicht einige dieser reizenden Statuen kaufen? Nein, es ging nicht; der Mönch zeigt mir eine Etikette, die an jedem Bild mit Draht befestigt ist. Jeder Gegenstand, der zu dem religiösen Mobiliar eines Klosters gehört, hat seine Nummer, und die entsprechende Nummer steht in dem von allen aufgenommenen Inventarverzeichnis. Gewöhnlich wird der Prior nur auf eine bestimmte Anzahl Jahre gewählt, und wenn er sein Amt niederlegt, übergibt er seinem Nachfolger die Liste zur Kontrolle. Wenn dann irgendein Gegenstand fehlt, ist er verantwortlich und muß den Wert ersetzen.

Ein Mönch kam herauf, um Rabsang und Tundup Tee zu bringen, die sich in der äußeren Vorhalle niederließen. Ich blieb allein zurück und starrte die Götter an, hypnotisiert von ihren lächelnden, vergoldeten Gesichtern, ihrem behäbigen Doppelkinn und ihren bogenförmigen Augenbrauen. Da begab sich etwas Wunderbares. Ihre Züge veränderten sich und alle drehten den Kopf nach mir hin und blickten mich an. Ein seltsames mystisches Gefühl bemächtigte sich meiner; hatte ich sie durch Mangel an Zartgefühl beleidigt? Nein, im nächsten Augenblick drehten sie den Kopf wieder fort und blickten nun gerade auf die gegenüberliegende Wand! Nur eine Tempelfahne hatte sich in der Zugluft des Fensters so bewegt, daß der Schatten die Gesichter verrückt und einen Schein von Bewegung hervorgerufen hatte.

Linga ist schon ein Gespensterschloß, aber Peſu war am allergespensterhaftesten. Hier schimmerten große Tempeltrommeln und grinsende

Masken wie Geister aus der Dämmerung hervor, und der Wind pfiff klagend in alle Scharten und Löcher hinein. Auch ein Mann mit starken Nerven würde das Gruseln lernen, wenn er in einer stürmischen Herbstnacht beim Lichte des durch die Scharten auf die Götter fallenden Halbmondes gezwungen wäre, ganz allein in diesem Göttersaal zu verweilen. Er würde mit angehaltenem Atem auf jeden Ton und jedes Knacken lauschen. Wenn unten die Haustür gegen ihre Schwelle schlüge, würde er jemand in die Vorhalle kommen hören, und wenn die Dachwimpel im Winde flatterten, würde er sich einbilden, daß der Unbekannte mit leisen Schritten sich dem Saale nähere und im nächsten Augenblick sich über ihn beugen werde. Und die Mäuse, die über den Fußboden huschten, und die Fensterläden, die im Winde schlügen und deren Angeln kreischten und der in den Fensterhöhlen und Dachleisten stöhnende Wind, sie alle miteinander würden seine Phantasie aufs fürchterlichste erregen und ihn die Minuten bis zum Morgengrauen zählen lassen. Seitdem die Götter mir den Kopf zugedreht hatten, war es auch mir klar geworden, daß ich an der Stelle jenes Mannes nicht sein möchte, sondern lieber unten auf der Ebene, in meinem eigenen Zelt — und schlafen.

Fünfunddreißigstes Kapitel.

Eingemauerte Mönche.

Wir hatten von einem Lama reden hören, der seit drei Jahren in einer Höhle im Tal oberhalb der Klosterstadt Linga eingemauert lebte, und obgleich ich wußte, daß ich weder den Mönch noch das Innere seiner schaurigen Wohnung würde sehen dürfen, wollte ich mir die Gelegenheit nicht entgehen lassen, dorthin zu wallfahrten, um wenigstens einen Blick auf seine Behausung zu werfen.

Am 16. April 1907, dem Tage, an dem ich vor anderthalb Jahren Stockholm verlassen hatte, herrschte trübes, windiges Wetter mit dichtem Schneefall und undurchdringlichen Wolken. Wir ritten nach Linga hinauf, an seinen Reihen prächtiger Tschorten vorbei, ließen die letzten Dormitorien hinter uns zurück, sahen einen alten rot- und weißangestrichenen Baumstamm, passierten einen kleinen Teich mit kristallklarem Quellwasser, der dünn überfroren war, einen Manisteinhaufen mit Fahnenstange und langten dann oben bei dem kleinen Kloster Samde-puk an, das unmittelbar an der Spitze eines Gebirgsausläufers zwischen zwei Nebentälern erbaut ist. Es ist eine Filiale des Klosters Linga und hat nur vier Brüder, die mir am Eingang alle freundlich entgegenkamen.

Sein Inneres und Äußeres ist eine Miniaturausgabe dessen, was wir bisher gesehen haben. Der Dukang hatte nur drei Säulen und einen einzigen Diwan für die vier Mönche, die gemeinsam Gottesdienst halten, neun mittelgroße Gebetzylinder, die mit ledernen Riemen in Drehung versetzt werden, eine Gebetstrommel und einen Gong, zwei Masken mit Diademen von Totenschädeln und eine Reihe Götterstatuen, unter denen ich Tschenresi in vielen Auflagen und Sekija Kongma, den obersten Abt von Sekija, erkannte.

Einige Schritte nach Südwesten geht es über eine Schieferplatte; an deren Fuß lagen zwei Steinhütten mit Gestrüpp und Reisig zum

Heizen. In Samde-pu-pe waren zwei kleine Tempel mit Lehmaltären! Der eine enthielt mittelgroße Götterbilder und Meermuscheln vor ihnen glühte Weihrauch auf einer Steinplatte, nicht wie gewöhnlich in Spänen, sondern in Pulverform. Man hatte es in einer dünnen Zickzacklinie hingestreut, zündete es an einem Ende an und ließ es nach dem anderen hinglimmen. Innen war eine Statue des Lovun mit zwei Lichtern davor und ein Wandregal mit Schriften, die Tschöna hießen. Durchsickerndes Regenwasser hatte im Kaltputz weiße senkrechte Rinnen gebildet, unter der Decke flatterten Kadachs und Draperien in der Zugluft. Hier waren die Mäuse noch ungenierter als in dem Gespensterschloß Pesu.

Unmittelbar daneben, am Fuß des Berges, befindet sich die Einsiedelei Dupkang, in der ein Eremit seine Tage und Jahre verlebt. Sie ist über einer Quelle erbaut, die in der Mitte des einzigen Gemaches aufsprudelt, das viereckig ist und fünf Schritt Seitenlänge haben soll. Die Mauern sind sehr dick, solide gebaut und bestehen aus einer festen Masse ohne Fensteröffnungen. Die Türöffnung ist ganz niedrig und die hölzerne Tür davor zugemacht und verschlossen; aber damit nicht genug, man hatte vor der Tür noch eine Mauer aus großen Steinblöcken und kleineren Steinen errichtet und auch die kleinsten Zwischenräume zwischen ihnen sorgfältig mit Kieseln ausgefüllt. Von der Tür war also keine Spur zu sehen. Neben dem Eingang aber befindet sich ein ganz kleiner Tunnel, durch welchen dem Eremiten die Nahrung hineingeschoben wird. Das Tageslicht, das durch die lange schmale Scharte eindringen kann, muß minimal sein; es kommt erst aus zweiter Hand, da die Vorderseite der Hütte von einer Mauer umschlossen wird, die einen kleinen Vorhof bildet, den nur derjenige der vier Mönche, der dem Einsiedler täglich seine Speise bringt, betreten darf. Auf dem flachen Dach erhebt sich auch ein kleiner Schornstein, denn jeden siebenten Tag darf sich der Einsiedler Tee kochen, zu welchem Zweck ihm zweimal im Monat einige Reiser zum Anheizen durch die Scharte geschoben werden. Auch durch diesen Schornstein kann ein schwaches Licht fallen; vermittelst dieser beiden Öffnungen kann sich die Luft in der Krypta erneuern.

„Wie heißt der Lama, der jetzt in der Höhle eingemauert ist?" fragte ich.

„Er hat keinen Namen, und wenn wir ihn auch wüßten, dürften wir ihn doch niemals aussprechen. Wir nennen ihn nur den Lama Rinpotsche." (Nach Koeppen bedeutet Lama: quo nemo est superior, „einen, der keinen über sich hat". Und Rinpotsche bedeutet: Kleinod, Juwel, Heiligkeit.)

„Woher ist er gekommen?"

„Er ist in Ngor in Naktsang geboren."

„Hat er Verwandte?"

„Das wissen wir nicht, und wenn er welche hat, so wissen sie nicht, daß er hier ist."

„Wie lange lebt er schon in der Dunkelheit?"

„Es sind jetzt drei Jahre, seit er dort eingezogen ist."

„Und wie lange wird er da bleiben?"

„Bis er stirbt."

„Darf er vor seinem Tode nie wieder ans Tageslicht kommen?"

„Nein, er hat das strengste aller Gelübde abgelegt, nämlich das heilige Versprechen, die Höhle erst als Leiche wieder zu verlassen."

„Wie alt mag er sein?"

„Sein Alter wissen wir nicht; aber er sah aus, als sei er ungefähr vierzig."

„Aber wie ist es denn, wenn er krank wird? Kann er dann nicht Hilfe erhalten?"

„Nein, er darf nie mit einem anderen Menschen sprechen. Wird er krank, so muß er geduldig warten, bis er wieder besser wird — oder er stirbt."

„Sie erfahren also nie, wie es ihm geht?"

„Vor seinem Tode nicht. Jeden Tag wird eine Schale Tsamba in die Öffnung hineingeschoben und jeden siebenten Tag ein Stück Tee und ein Stück Butter; dies nimmt er sich bei Nacht und setzt die leere Schale wieder hin, damit wir sie zur nächsten Mahlzeit füllen. Doch wenn wir eines Tages die Schale unberührt in der Öffnung finden, dann wissen wir, daß es dem Eingemauerten schlecht geht. Hat er das Tsamba auch den nächsten Tag noch nicht angerührt, so vergrößern sich unsere Befürchtungen. Und wenn sechs Tage vergangen sind, ohne daß er die Speise angerührt, dann halten wir ihn für tot und brechen den Eingang auf."

„Ist das schon einmal vorgekommen?"

„Ja, vor drei Jahren starb ein Lama, der zwölf Jahre darin zugebracht hatte. Und vor 15 Jahren starb einer, der 40 Jahre in der Zurückgezogenheit gelebt hatte und im Alter von 20 Jahren in die Dunkelheit einging. Der Bombo hat doch in Tong gewiß von dem Lama gehört, der in der Eremitenhöhle des Klosters Lung=gandän=gumpa 69 Jahre lang vollständig von Welt und Licht abgeschlossen gelebt hat?"

„Ist es denn aber nicht möglich, daß der Eingemauerte mit dem Mönch, der die Tsambaschüssel in die Scharte schiebt, sprechen kann?

Es ist ja kein Zeuge dabei, der aufpassen könnte, daß alles regelrecht zugeht."

„Das würde nie geschehen können und geschehen dürfen", antwortete mein Berichterstatter lächelnd. „Denn der außenstehende Mönch würde sich ewige Verdammnis zuziehen, wenn er seinen Mund der Scharte näherte und mit dem Eingeschlossenen zu reden versuchte; und jener würde die Verzauberung brechen, wenn er aus dem Innern heraussprache. Wenn der da drinnen jetzt sprechen würde, so würden ihm die drei Jahre, die er bereits hinter sich hat, nicht als Verdienst angerechnet werden, und dem setzt er sich nicht aus. Wenn dagegen in Linga oder Samde-puk ein Lama erkrankt, so darf er sein Leiden und daß er der Fürbitte bedarf, auf einen Papierstreifen schreiben und ihn in die Tsambaschale legen, die in die Öffnung geschoben wird. Dann betet der Eingemauerte für den Kranken, und wenn dieser an die Kraft der Gebete glaubt und während der Zeit keine unschicklichen Reden führt, so hilft die Fürbitte des Lama Rinpotsche schon nach zwei Tagen, und der Kranke wird wieder gesund. Der Eingemauerte macht dagegen nie eine schriftliche Mitteilung."

„Wir sind jetzt ja nur ein paar Schritte von ihm entfernt; hört er denn nicht, was wir miteinander sprechen, oder wenigstens, daß jemand außerhalb seiner Höhle spricht?"

„Nein, der Ton unserer Stimmen vermag nicht bis zu ihm zu dringen, die Mauern sind zu dick; und selbst wenn es der Fall wäre, würde er nicht darauf achten, denn er ist in tiefes Nachdenken versunken; er gehört dieser Welt nicht mehr an, er kauert wahrscheinlich Tag und Nacht in einer Ecke und betet Gebete, die er auswendig weiß, oder er liest in den heiligen Büchern, die er bei sich hat."

„Dann muß er doch so viel Licht haben, daß er lesen kann?"

„Ja, auf einem Wandregal der Höhle steht vor zwei Götterbildern eine kleine Butterlampe und ihr Licht genügt ihm. Wenn die Lampe erlischt, ist es drinnen stockfinster."

Von seltsamen Gedanken erfüllt, nahm ich von dem Mönch Abschied und ging langsam den Weg hinab, den der Eingemauerte nur einmal in seinem Leben gewandert war! Vor uns hatten wir die herrliche Aussicht, die seine Augen nie entzücken darf. Und als ich unten im Lager angekommen war, konnte ich nicht das Klostertal hinaufsehen, ohne des Unglücklichen zu denken, der dort oben in seinem dunkeln Loche sitzt.

Arm, namenlos, keinem bekannt, kam er nach Linga, wo, wie er gehört hatte, eine Höhlenwohnung leer stand, und teilte den Mönchen mit, daß er das bindende Gelübde abgelegt habe, auf immer ins Dunkel einzugehen. Als sein letzter Tag in dieser Welt der Eitelkeit angebrochen

war, folgten ihm alle Mönche Lingas unter tiefem Schweigen in Prozession, feierlich wie ein Leichenzug, nach seinem Grabe in der Höhle, deren Tür für den Rest seines Lebens verschlossen werden sollte. Ich glaubte den merkwürdigen Zug vor mir zu sehen, die Mönche in ihren roten Kutten, schweigend, mit ernster Miene und vorgebeugtem Oberkörper, zu Boden starrend, langsam Schritt vor Schritt gehend, als wollten sie den Einsiedler sich der Sonne und des Lichtes noch solange als möglich erfreuen lassen. Ob sie wohl von Bewunderung seiner ungeheuern Seelenstärke ergriffen waren, mit der verglichen mir alles, was ich mir nur denken kann, sogar Gefahren, die unvermeidlich den Tod herbeiführen, unbedeutend erscheint? Denn, soweit ich es beurteilen kann, ist weniger Seelenstärke dazu erforderlich, daß ein Held wie Hirosé Port Arthurs Hafeneinlauf verstopft, wissend, daß die Batterien über ihm ihn vernichten werden, als dazu, sich auf 40 oder auf 60 Jahre lebendig in der Dunkelheit begraben zu lassen! In jenem Fall ist die Qual kurz und der Ruhm unvergänglich, in diesem bleibt das Opfer nach dem Tode ebenso unbekannt wie im Leben, und die Qual ist unendlich und kann nur durch eine Geduld ertragen werden, von der wir uns gar keinen Begriff machen können!

Gewiß geleiteten ihn die Mönche mit derselben Rücksichtnahme und mit demselben Mitleid dorthin, das der Geistliche empfindet, der einen Verbrecher zum Richtplatz begleitet. Was mag er selbst aber während dieser letzten Wanderung auf Erden gedacht haben? Wir alle gehen einmal diesen Weg, wir wissen aber nicht, wann. Er wußte es, und er wußte, daß die Sonne nie wieder warm auf seine Schultern herabscheinen und nie wieder vor seinen Augen Schatten und Lichter hervorrufen würde auf den himmelhohen Bergen, die das seiner wartende Grab umgaben!

Nun sind sie angelangt, und die Tür des Grabes steht weit offen. Sie treten ein, sie breiten in einer Ecke eine von Zeugstreifen geflochtene Matte aus, sie stellen die Götterbilder auf und legen die heiligen Bücher an ihren Platz; in die eine Ecke wird ein Holzgestell gesetzt, das jenen runden Stühlchen gleicht, an denen kleine Kinder das Gehen lernen, und das er nicht eher zu benutzen braucht, als bis der Tod ihn besucht. Sie setzen sich und sprechen Gebete, nicht die gewöhnlichen Totengebete, nein, andere, die vom Leben und dem Licht der Verklärung im Nirwana handeln. Sie erheben sich, sagen ihm noch einmal Lebewohl, gehen hinaus und verschließen hinter sich die Tür. Nun ist er allein und wird nie wieder den Laut einer menschlichen Stimme hören, nur den seiner eigenen; aber wenn er seine Gebete spricht, wird niemand da sein, der ihm zuhört.

Was mag er gedacht haben, als die anderen fortgegangen waren und das kurze, hohle Echo des Geräusches verhallt war, das er gehört hatte, als die Tür zum letztenmal zugeworfen wurde, um erst seiner Leiche wieder geöffnet zu werden? Vielleicht etwas Ähnliches, wie Fröding es in dem Verse ausgesprochen hat:

>Hier darf lösen die Seele das letzte Band,
>Das sie an Leben und Erde band;
>Hier geht der Weg nach dem dämm'rigen Land,
>Der ewigen Vernichtung Land.

Er hört, wie die Brüder mit Stangen die schweren Steinblöcke nach der Tür hinwälzen, sie in mehreren Reihen aufeinander schichten und alle Lücken mit kleineren Steinen und Scherben ausfüllen. Vollständig dunkel ist es noch nicht, denn die Tür hat Risse und an ihrem oberen Rand erscheint noch das Tageslicht. Aber die Mauer wächst. Schließlich ist oben nur noch eine ganz kleine Öffnung, durch die der letzte Lichtstrahl in das Innere seines Grabes fällt. Gerät er in Verzweiflung, springt er auf, stemmt er die Hände gegen die Tür und versucht er mit den Blicken noch einen Schimmer der Sonne aufzufangen, die seinen Augen im nächsten Augenblick auf immer erlöschen wird? Niemand weiß es, und man wird es nie erfahren; nicht einmal die Mönche, die dabei waren und den Ausgang hatten verrammeln helfen, könnten diese Frage beantworten. Aber auch er ist doch nur ein Mensch, und er sah, wie eine passende Steinfliese auf immer das Loch zudeckte, durch das ein letzter Widerschein des Tages fiel. Und nun hatte er das Dunkel vor sich, und wenn er sich umwandte, stand er einem noch undurchdringlicheren Dunkel gegenüber!

Er vermutet, daß die anderen wieder nach Samde-puk und Linga hinuntergegangen sind. Wie soll er seinen Abend zubringen? Er braucht ja noch nicht gleich mit dem Lesen seiner heiligen Bücher zu beginnen, dazu bleibt ihm noch lange Zeit, vielleicht noch vierzig Jahre! Er setzt sich auf die Matte und lehnt den Kopf gegen die Wand — o Zeit, wie unendlich lang muß ihm schon dieser erste Abend erscheinen! Noch stehen ihm alle Erinnerungen deutlich vor Augen. Er gedenkt der großartigen Aussicht über das Tal mit den Flüssen My-tschu und Bup-tschu, der Tempelfassaden Lingas und der Mauern des Pesu auf seinem Felsen. Er erinnert sich der riesengroßen Schriftzeichen im Quarzit: Om ma-ni pad-me hum, und er murmelt halb im Traume die heiligen Silben: O! du Kleinod im Lotos. Amen! Aber nur ein schwaches Echo antwortet ihm. Er wartet und horcht und lauscht dann den Stimmen seiner Erinnerung, er fragt sich, ob die erste Nacht nicht bald anbreche, aber dunkler, als

187. Die hübsche Frau Putön in Sirtschung.

188. Gruppe von tibetischen Weibern.

189. Dorf und Kloster Linga.

es schon ist, kann es in seinem Kerker, seinem Grabe, nicht werden. Überwältigt von der seelischen Erregung, schläft er müde und matt in einer Ecke ein.

Wenn er wieder erwacht, verspürt er Hunger, kriecht nach der Öffnung, streckt die Hand aus und findet in der Rinne die Schale mit Tsamba. Wasser liefert ihm die Quelle, er bereitet sich sein Mahl und verzehrt es, und wenn er fertig ist, stellt er die Schale wieder in die Scharte. Nun sitzt er mit gekreuzten Beinen, den Rosenkranz in den Händen und betet. Eines Tages findet er Tee und Butter in der Schale und einige Reiser dabei. Er sucht mit den Händen umher und findet sein Feuerzeug und Zunder und zündet sich ein kleines Feuer unter der Teekanne an. Im Schein der Flamme sieht er das Innere der Höhle wieder, zündet die Lampe vor den Götterbildern an und beginnt dann in den Büchern zu lesen; aber das Feuer erlischt, und erst nach sechs Tagen erhält er wieder Tee.

Und die Tage vergehen, und nun kommt der Herbst mit seinen Regengüssen; er hört sie nicht, aber er glaubt zu merken, daß die Wände der Höhle jetzt feuchter geworden sind als bisher. Es dünkt ihm unendlich lange, daß er die Sonne und das Tageslicht zum letztenmal erblickte. Und die Jahre vergehen, und sein Gedächtnis erschlafft und trübt sich. Er hat die Bücher, die er mitbrachte, immer wieder gelesen, und sie sind ihm längst gleichgültig geworden, er kauert in seiner Ecke und murmelt ihren Inhalt, den er längst auswendig weiß, vor sich hin. Mechanisch läßt er die Kugeln des Rosenkranzes durch die Finger gleiten und unbewußt streckt er die Hand nach der Tsambaschale aus. Kriecht er an den Wänden entlang und tastet er mit der Hand über die kalten Steine, um eine Ritze zu finden, durch die ein Lichtstrahl fallen könnte? Nein, er weiß kaum noch, wie es draußen auf sonnigen Wegen war. Wie langsam die Zeit hingeht! Nur im Schlafe vergißt er sein Dasein und ist von der Grenzenlosigkeit des Jetzt befreit. Und er denkt: „Was bedeutet ein kurzes Erdenleben im Dunkel gegen die Ewigkeit der Ewigkeiten in strahlendem Licht!" Das Verweilen im Dunkel ist nur eine Vorbereitung. Tag und Nacht und lange Jahre hindurch einsam, sucht der grübelnde Mönch die Antwort auf das Rätsel des Lebens und das Rätsel des Todes und glaubt und glaubt, daß er in einer herrlicheren Daseinsform wieder aufleben wird, wenn die Zeit der Prüfung vorüber ist. Der Glaube ist es, durch den allein sich seine unfaßbare Seelenstärke erklären läßt.

Es ist schwer, sich die Verwandlungen auszudenken, die mit dem Lama während weiterer Jahrzehnte im Dunkel der Höhle vorgehen.

Seine Sehkraft muß abnehmen, vielleicht sogar ganz erlöschen. Seine
Muskeln schwinden, seine Sinne umnachten sich immer mehr. Sehnsucht
nach dem Licht scheint ihn nicht wie eine fixe Idee zu verfolgen, denn es
würde ihm ja freistehen, auf eines der Blätter seiner Bücher mit einem
in Ruß getauchten Span seinen Entschluß aufzuschreiben, daß er die Prüfungszeit abkürzen und wieder ins Licht zurückkehren wolle. Er hat ja
nur ein solches Papier in die leere Tsambaschale zu legen. Aber ein
solcher Fall war den Mönchen nicht bekannt. Sie wußten nur, daß der
Lama, der 69 Jahre eingemauert gewesen war, die Sonne noch hatte
sehen wollen, bevor er gestorben war. Ich hatte von Mönchen, die damals in Tong gewesen waren, gehört, daß er seinen Wunsch, hinausge-
lassen zu werden, aufgeschrieben hatte! Er war ganz zusammengekrümmt
und so klein wie ein Kind gewesen, sein Körper hatte eigentlich nur aus
hellgrauer, pergamentähnlicher Haut und Knochen bestanden. Seine Augen
hatten ihre Farbe verloren und waren ganz hell und erblindet. Das
Haar hing ihm in ungekämmten, verfilzten Strähnen um den Kopf und
war kreideweiß. Er hatte einen dünnen, ungepflegten Bart und hatte
sich die ganze Zeit über nie gewaschen oder die Nägel geschnitten. Sein
Leib war nur noch mit einem Lumpen bedeckt, da die Zeit seine Kleidung
hatte vermodern und zerfallen lassen und er keine neue erhalten hatte.
Von den Mönchen, die ihn vor 69 Jahren nach der Höhle geleitet hatten,
war keiner mehr am Leben. Er selbst war damals noch ganz jung gewesen, aber alle seine Altersgenossen hatte der Tod dahingerafft, und
neue Mönchsgenerationen waren durch die Klostergänge gewandelt; er
war allen vollständig fremd. Und er war kaum in das Sonnenlicht
hinausgebracht worden, als er auch schon den Geist aufgab.

Beim Analysieren eines solchen Seelenzustandes hat die Phantasie
freien Spielraum. Denn wir wissen darüber nichts. Waddell und Landon, die sich an Younghusbands Expedition nach Lhasa beteiligten und
die Eremitenhöhlen bei Nyang=tö=ki=pu besuchten, erzählen, daß die Mönche,
die dort auf immer ins Dunkel eingegangen sind, vorher kürzere Isolie-
rungsprüfungen bestanden haben, deren erste sechs Monate, die zweite
drei Jahre und 93 Tage dauert, und daß man denjenigen, die die
zweite Prüfungszeit schon hinter sich hatten, anmerken konnte, daß sie
intellektuell tiefer standen als andere Mönche. Der Fall, den die beiden
Engländer beschrieben haben, scheint noch nicht einmal ganz so streng
gewesen zu sein, wie der, den ich in Linga sah und hörte, denn in den
Nyang=tö=ki=pu=Höhlen klopfte der Lama, der den Eingemauerten bediente, an eine Steinfliese, mit der der kleine Eingang verschlossen
gehalten wurde, und auf dieses Zeichen streckte der eingemauerte Lama

seine Hand nach der Speise aus dieser Tür; er zog die Steinluke zwar gleich wieder zu, aber er sah doch auf diese Weise täglich wenigstens eine kurze Minute lang das Licht der Sonne! In den Fällen, die Waddell und Landon beschreiben, hatten die Lebendigbegrabenen einige zwanzig Jahre so zugebracht. Waddell, der ein gründlicher Kenner des Lamaismus ist, glaubt, daß der Brauch, sich auf Lebenszeit einmauern zu lassen, nur eine Nachahmung des Gebotes des reinen indischen Buddhismus sei, das periodische Entsagung der Welt fordert und dessen Zweck Selbstprüfung und das Erlangen größerer Klarheit in dunkeln Fragen ist. Seiner Ansicht nach haben die Tibeter das Mittel zum Zweck gemacht.

Ohne Zweifel ist diese Ansicht richtig, aber sie ist nicht erschöpfend. Mag sein, daß der künftige Eremit in religiösem Wahn den Entschluß faßt, sich lebendig begraben zu lassen. Hat er sich aber überhaupt klargemacht, was das bedeutet? Wenn er in der Höhle stumpf und wie ein Tier wird, müssen auch seine Energie und seine Entschlossenheit erschlaffen, und gerade das, was ihm beim Eintreten erstrebenswert schien, muß ihm nach und nach immer gleichgültiger werden. Das ist aber doch nicht der Fall, denn er hält an seinem Entschlusse fest, seine Energie bleibt also ungebeugt. Er muß daher einen felsenfesten Glauben, eine unerschütterliche Überzeugung besitzen, die auf eine um so härtere Probe gestellt werden, als er ganz allein ist, und kein anderer als der Tod ihn in seiner Höhle besucht. Möglicherweise wird er allmählich ein Opfer der Autosuggestion, so daß seine Sehnsucht nach der letzten Stunde in der langen Nacht der Höhle in das Gefühl übergeht, ständig vor dem Augenblick zu stehen, in dem das Stundenglas der Zeit ausgeronnen ist. Der Begriff Zeit muß ihm entschwunden sein, die Dunkelheit des Grabes erscheint ihm nur wie eine Sekunde der Ewigkeit. Denn die Hilfsmittel, die er vorher gehabt hat, um den Lauf der Zeit zu bestimmen und im Gedächtnis zu behalten, existieren nicht mehr. Den Wechsel zwischen Winter und Sommer, Nacht und Tag spürt er nur noch an der steigenden und fallenden Temperatur in der Höhle. Er erinnert sich, daß mehrere Regenzeiten dahingegangen sind, vielleicht scheint es ihm, als ob sie dicht aufeinander folgten, während sich sein Gehirn in der Einförmigkeit der Geduld umnachtet. Es ist unfaßbar, daß er dabei nicht verrückt wird, daß er nicht nach Licht ruft, daß er nicht aufspringt und in wilder Verzweiflung mit dem Kopf gegen die Wand rennt oder ihn sich an den scharfen Steinen der Wände so lange blutig schlägt, bis er verblutet und sich befreit, indem er sich selbst das Leben nimmt.

Er aber wartet geduldig auf den Tod, und der Tod kann noch

10 oder 20 Jahre auf sich warten lassen! Immer schwächer wird die Erinnerung an die Welt und das Leben da draußen; er hat das Morgenlicht im Osten und die goldenen Wolken des Sonnenuntergangs längst vergessen. Und wenn er nach oben starrt, fällt sein erlöschender Blick auf keine in der Nacht funkelnden Sterne, nur auf die schwarze Decke der Höhle. Endlich aber, nachdem lange Jahre im Dunkel verronnen sind, wird es plötzlich strahlend hell um ihn her — dann nämlich, wenn der Tod kommt, ihm die Hand reicht und ihn hinausführt. Und der Tod braucht nicht zu warten, zu bitten und zu locken, der Lama ist es, der auf seinen einzigen, willkommenen Gast und Befreier gewartet und ihn herbeigesehnt hat. Wenn er noch bei klarem Bewußtsein war, hat er noch vorher das kleine Holzgestell unter die Arme genommen, das ihn dann in derselben heiligen Stellung sterben läßt, in der wir Buddha finden auf allen den Tausenden von Statuen und Bildern, die während unserer Wanderung durch Tibets Klostertempel unserem Blick begegneten.

Wenn die Tsambaschale, die so viele Jahre lang täglich gefüllt worden ist, dann endlich unberührt stehen bleibt und die sechs Tage vergangen sind, dann wird die Höhle geöffnet, und der Abt des Klosters setzt sich zu dem Verstorbenen und betet auch seinerseits für ihn, während alle die anderen Mönche fünf oder sechs Tage lang im Dukangsaale beten. Darauf wird der Verewigte in ein weißes Gewand gehüllt, man setzt ihm eine Kopfbedeckung auf, die „Ringa" heißt, und so wird er auf einem Scheiterhaufen verbrannt. Die Asche wird gesammelt, mit Ton durchknetet und zu einer kleinen Pyramide geformt, die in einem Tschorten beigesetzt wird. —

Die Mönche von Linga sagten, daß ein gewöhnlicher Lama, wenn er gestorben sei, auch zerstückelt und den Vögeln preisgegeben werde. Dies Handwerk üben hier fünf Lamas aus, die zwar zum Kloster gehören, im Dukang dem Gottesdienst beiwohnen und auch mit den anderen Tee trinken dürfen; sie werden aber als unrein angesehen und dürfen nicht mit den übrigen Brüdern zusammen essen. Auch wenn Nomaden in der Gegend gestorben sind, werden sie in Anspruch genommen; dann aber haben die Hinterbliebenen die Verpflichtung, ihnen Pferde zu stellen und dafür einzustehen, daß die Habe des Toten ihnen als Eigentum überliefert wird. —

Tage und Wochen lang konnte ich das Bild, das ich mir vom Lama Rinpotsche gemacht, vor dessen Höhle wir gestanden und gesprochen, nicht wieder loswerden. Und noch weniger konnte ich das seines Vorgängers verjagen, der dort 40 Jahre gelebt hatte. Ich glaubte den Widerhall

190, 191. Knaben. 192. Altes Weib. 193. Junger Lama.
Skizzen des Verfassers.

194. Seine Heiligkeit der Pantschen Rinpotsche oder Taschi-Lama.

des Muschelhorns zu hören, das die Mönche zur Totenmesse für den
Dahingeschiedenen rief. Ich malte mir das Bild der Höhle aus, wo der
Lama, in Lumpen am Boden kauernd, die abgezehrten Hände dem Tode
entgegenstreckt, der ihm freundlich lächelnd, wie die Totenschädelmasken
in den Tempeln, seine eine Hand reicht, während er in der anderen eine
hellstrahlende Lampe hält. Die Züge des Mönches aber verklärt ein
Widerschein des Nirwana, und das „Om mani padme hum", das
Jahrzehnte hindurch von den Wänden der Höhle widerhallte, vergessend,
stimmt er, wenn vom Klosterdache herab die Trompetenstöße schmettern,
ein Siegeslied an, das an eine Strophe aus den Göttersagen eines
anderen Volkes erinnert:

>Heil euch, ihr Götter!
>Walhalls Söhne!
>Die Erde verschwindet.   Zum Asenfeste
>Das Gjallarhorn ruft.
>Seligkeit kröne,
>Schön wie ein Goldhelm, kommende Gäste!

Druck von F. A. Brockhaus, Leipzig.

བཀའ་གདམས་གླེགས་བམ།